普通高等教育土建学科专业"十二五"规划教材
高等学校工程管理和工程造价学科专业指导委员会规划推荐教材

国际工程合同管理

（第三版）

何伯森　主　编

张水波　副主编

中国建筑工业出版社

图书在版编目（CIP）数据

国际工程合同管理/何伯森主编. —3 版. —北京：中国建筑工业出版社，2016.8（2022.8重印）

普通高等教育土建学科专业"十二五"规划教材. 高等学校工程管理和工程造价学科专业指导委员会规划推荐教材

ISBN 978-7-112-19666-1

Ⅰ.①国… Ⅱ.①何… Ⅲ.①对外承包-合同法-高等学校-教材 Ⅳ.①D997.1

中国版本图书馆 CIP 数据核字（2016）第 195008 号

本书介绍了在国际上通用的和近年来新发展的十几种工程项目的管理模式和合同类型；比较详细地介绍了近年世界银行的工程采购和咨询服务标准文件；全面而系统地介绍了七个FIDIC 合同范本，特别是 FIDIC "新红皮书"多边银行协调版（2010 年版）、与"新红皮书"配套使用的《施工分包合同条件》（2011 年第一版）和《代表协议书范本》（2013 年第一版）（紫皮书）的内容；还介绍了英国和美国系列合同范本的新理念和新发展；较详细地介绍了国际工程相关的五个合同（如联营体协议等）；最后全面地讨论了工程参与各方的合同管理，包括风险管理和索赔管理等，并介绍了国际上调解与仲裁的理念和解决争议的新趋势。

本书不仅可作为高等院校工程管理及相关专业本科和研究生教材，也可作为其他工程类专业开设相关课程的教材，还可作为各个对外公司、工程公司、咨询公司员工的培训教材。

* * *

责任编辑：刘晓翠 张 晶 王 跃
责任校对：李美娜 党 蕾

普通高等教育土建学科专业"十二五"规划教材
高等学校工程管理和工程造价学科专业指导委员会规划推荐教材

国际工程合同管理
（第三版）

何伯森 主 编

张水波 副主编

*

中国建筑工业出版社出版、发行（北京西郊百万庄）
各地新华书店、建筑书店经销
北京红光制版公司制版
北京建筑工业印刷厂印刷

*

开本：787×1092毫米 1/16 印张：26¾ 字数：668千字
2016 年 10 月第三版 2022 年 8 月第七次印刷
定价：**49.00** 元
ISBN 978-7-112-19666-1
（29145）

第 三 版 前 言

随着全世界建设行业的稳步增长，许多国家对基础设施建设的需求迫切，以及我国综合国力的大幅度增长，这几年我国对外承包工程的合同额也在快速地增长。由 2009 年的 1262 亿美元跃升到 2014 年的 1917 亿美元。2014 年我国对外投资规模达到 1400 亿美元左右，超过利用外资规模，已成为资本净输出国。这标志着我国开放型经济发展到了较高水平，由投资大国迈向了投资强国。

2013 年，中央提出了建设"丝绸之路经济带和 21 世纪海上丝绸之路"的愿景，这必将大大推进我国与几十个相关亚欧国家的经济合作，开创国际经济合作的新局面，我国在"一带一路"沿线国家的承包工程营业额约占对外承包工程总营业额的一半，由之可见，国际工程咨询和承包行业也必将在这个宏大的战略布局中得到更大更快的发展。

在这个背景下，愈益凸现了学习工程项目管理的国际惯例和培养国际工程管理人才的重要性和迫切性。因而，与时俱进地改写这方面的教材，以满足相关专业大学生和各对外公司干部学习培训的需要就是笔者义不容辞的责任了。

《国际工程合同管理》（第三版）总体上保留了第二版中各章的格式和主要内容，但做了不少扩展、增补和改写，包括：

1. 扩展了对公私伙伴关系（PPP）内容和发展趋势的阐述

考虑到我国今后对外承包工程方式正在向 BOT/PPP 模式方向引导以及国内工程项目投资方式的变化趋势，所以在第一章全面介绍国际上工程项目的 11 种管理模式的一节中，着重对国外 PPP 模式近年来的发展趋势和经验做了较多的补充和阐述。

2. 增加了世界银行、FIDIC 的新合同范本

管理是一门科学，科学总是在实践的基础上不断发展和提高的，国际上高水平的合同范本也是处于不断地总结和完善的过程中。在第二、三章中将分别介绍世界银行《工程采购标准招标文件》（2012 版）和《工程咨询合同标准格式（计时支付）》（2011 版）；在第三、四章中分别增加了 FIDIC《代表协议书范本》（2013 年第一版）（紫皮书）和 FIDIC《施工分包合同条件》（2011 年第一版）；还在 FIDIC《施工合同条件》中介绍了"多边银行协调版"（2010 版）。

在这里要特别说明的一点是，虽然在选用这些国际上高水平的合同范本时，我们会努力做到译文正确，并在反复学习校对后才写入书稿，但限于水平，很可能还会有不妥之处。希望读者在使用这些范本时一定要参照和采用英文原版。

3. 介绍了 NEC 和 AIA 合同范本中的新概念和新发展

英国和美国一直是国际工程项目管理的先行者，第五章中比较全面地介绍了 NEC 和 AIA 系列合同范本中的新概念和新发展，并简要地阐述了相关范本的理念以及条款内容，有许多思路和理念已经跳出了 FIDIC 合同范本的构架，值得我们学习、研究和思考。同时，我国各对外公司正陆续走进英、美等发达国家市场去承包工程，学习了解这些范本就

3

更具有现实意义了。

4. 补充了业主方合同管理的内容

我国现在国力增强，资金相对比较富裕，因而在国际工程中常以投资人的身份参与国际工程项目的管理，也常常以卖方信贷或买方信贷的方式从事一些发展中国家的国际工程项目建设，因而在第七章中，补充了业主方合同管理的内容、DB、EPCT 项目管理的内容以及 FIDIC "银皮书"中业主和承包商双方有可能索赔的条款。

5. 新增了工程项目争议仲裁与调解的内容

在国际工程项目的实施过程中，发生争议几乎是不可避免的，基于笔者作为仲裁员参与仲裁工作 15 年（主要仲裁建设工程的争议）的实践经验和理论研究，在第七章中新增写了"国际工程项目争议的解决"一节，以帮助读者从法理和工程项目管理相结合的视角去了解国际上解决争议的多种途径，学习如何正确处理工程项目各方的矛盾，妥善解决存在的争议，这对国际工程项目的管理者是非常重要的。

考虑到有些高等院校的教学和一些公司的培训课程中，可能只有"国际工程承包"或"国际工程合同管理"一门课程，因而在我主编的这两本相关的教材中，都包含了国际工程的概念和特点、国际工程项目建设的各参与方以及国际工程的形式和类别这三部分重要的基本理念，这是要向各位读者特别说明的。

本书主编何伯森，副主编张水波，各章的作者如下：第一、第二、第七章，何伯森；第三、第四章，何伯森、张水波；第五章，卢欢庆（美国迪士尼公司）；第六章，吕文学。作者单位除在括号中注明者外均为天津大学管理与经济学部。全书由何伯森统稿。

在编写本书过程中，得到世界银行刘振图先生和世行中国办事处何京蓉女士的热心帮助，以及学生志愿者郝利华、王风香、赵燕、高宁、刘思琦、彭颖、杨延城、游洋、张少波、孟友瑞、曾珍、刘冰卿、王艳旭、游静雅、卢东坡、刘相呈等同学的热情协助，特别是已毕业的学生志愿者梁学光、华心萌、潘婧等，也热心地协助译校了一些国际工程合同范本，在此一并表示衷心的感谢。

国际工程管理这门学科在国际上发展很快，特别是一些合同范本，经常处于补充、完善、修改之中。尽管笔者们在边学习、边理解、边改写书稿的过程中，本着对每一位读者负责的精神，认真努力地写好每一部分，但仍可能有疏漏、不妥以及错误之处，热忱欢迎读者多提宝贵指正意见，笔者在此谨致谢忱。

何伯森

于天津大学科学图书馆 115 室

2016 年 3 月

E-mail：hebstju@hotmail.com

4

第 二 版 前 言

从 2005 年土建学科专业"十五"规划教材《国际工程合同管理》(第一版)出版,至今已经 5 年了。其间我国的国际工程承包和咨询事业有了飞速的发展:2005 年我国公司对外工程承包合同额仅为 296 亿美元,2009 年在国际金融危机的不利形势下,我国对外承包工程合同额大步跃升至 1262 亿美元;我国承揽和实施 EPC 交钥匙等大型或超大型项目的数量和能力也有了很大的提高;同时还培养并形成了一支技术水平高、管理能力强的国际工程人才队伍。

《国际工程合同管理》(第二版)基本保留了第一版各章的格式,但是在内容上作了较多的增补和改写,第二版的特点如下:

1. 反映了国际上工程项目管理的最新发展趋势。比较详细地介绍和讨论了七类 11 种国际上近年来通用和新发展的项目管理模式,包括"设计—建造—运营"(DBO)、伙伴关系、公共设施与社会服务私营化(PPP)等模式。

2. 介绍了国际上工程项目管理各种最新的合同范本。重点介绍了世界银行《工程采购标准招标文件》(2007 年版);世界银行《工程咨询合同标准格式(计时支付)》(2008 年版);FIDIC《施工合同条件》的"多边银行协调版"(2006 年)以及《设计,建造与运营项目合同条件》(金皮书)(2008 年第一版);英国《新工程合同》(NEC,2005 年第三版)和美国 AIA. A201《施工合同通用条件》(2007 年版)的内容。

3. 介绍和讨论了国际上工程项目管理的新的理念。如"团队精神"、"伙伴关系"、"双赢"以及各国争议解决的各种新措施。

4. 为了适应我国公司在国内外承建多种总承包项目以及咨询行业日益走出国门的发展形势,本书比第一版增加了对 FIDIC"新黄皮书"、"银皮书"、"金皮书"内容的介绍和对比分析。

5. 本书主要参照"国际工程管理系列丛书"中我主编的《国际工程合同与合同管理》(第二版)一书,对相关内容作了精选和加工改写而成,使之更适合学生和初涉国际工程管理的人员的学习要求。

本书力求做到与国际工程项目中的用词和词组译文一致,但是考虑到一些特定范本的翻译习惯用语,如 Consultant 一词,一般均译为咨询工程师,但在世界银行的咨询服务范本的中译文版中译为咨询顾问,本书保留了两种译法,并作了说明,类似情况在各章中分别说明。

本书力求用简明通顺的中文介绍各种国际上的范本,但为了便于读者对照研究相关的英文原版时方便,在编写序号时有的使用英文原版的序号,类似情况在各章中也分别进行了说明。

本书主编何伯森,副主编张水波,各章的作者如下:第一章、第二章、第七章,何伯森;第三章、第四章,何伯森、张水波;第五章,卢欢庆(美国东卡罗来那大学工程管理系）；第六章，吕文学。除在括号中注明单位者外，其余作者单位均为天津大学管理与经济学部。全书由何伯森统稿。

在编写本书的过程中，得到世界银行中国办事处何京蓉女士的热心帮助，以及学生志愿者李国君、郭晓威、高源、张博楠、母博、刘敏、张卫、李德祯、孔珍珍等同学的热情协助，在此一并表示衷心的感谢。

我们在本书的编写过程中，一直在努力学习和研究国际上有关工程合同和合同管理的文献和书籍，力图将最新的信息和理念介绍给各高校工程管理和相关专业的师生以及初涉国际工程管理的读者。本书虽经多次易稿，但书中仍难免存在不妥以及错误之处，热诚欢迎读者多提宝贵指正意见，以便再版时改进。谢谢。

何伯森

天津大学管理与经济学部

2010 年 4 月 12 日

E-mail：hebstju@hotmail.com

第 一 版 前 言

全国高等学校工程管理专业指导委员会在 2000 年决定组织一套推荐教材，本书是其中之一，是根据工程管理专业国际工程管理方向主要课程教学基本要求编写的。

我国工程技术大军走向国际工程承包和咨询市场已有二十五载春秋，到 2003 年，我国多种行业的公司在"走出去"战略思想的指引下，已经进入 180 多个国家和地区，在国外承包工程和劳务完成的营业总额达到 138 亿美元，有 47 家公司进入世界 225 家最大承包商的行列，这说明我们在开拓和占领国际工程市场方面取得的巨大成绩，但是我们也应看到和发达国家公司的差距。我国 47 家公司的国外营业额之和为 83.3 亿美元，仅仅相当于位列 225 家公司第 3 名的一家外国公司的国外营业额。我们在国外承包的工程项目中大型项目少，设计—建造、交钥匙总承包项目更少，经济效益不理想，工程咨询设计走出国门的很少。产生上述问题的根本原因之一是国际工程管理人才匮乏。

我国已经加入世界贸易组织（WTO），国内的建设市场日益对外开放，外国的咨询设计和工程公司正在走进中国这个巨大的建设市场，但入世也为我国的建设大军走向国际市场创造了更好的条件。如何利用入世的机遇，迎接入世的挑战，使我们的思想、知识和理念更好地与国际接轨，是摆在我国建筑行业有关的政府部门、公司企业、管理人员、技术人员和教育工作者面前的重大课题。

作为教育工作者，我们认为我国工程管理专业的学生应该懂得更多的工程项目管理的国际惯例，而工程项目管理的核心是合同管理。在这本教材中将全面地介绍国际工程合同管理方面的理念、信息和操作知识。

本书的特点是：

1. 注重基本理论概念的阐述。书中对基本理论概念都进行了推敲和分析，如国际工程及其特点；国际工程合同及其特点；咨询服务的概念；合同条件的概念；伙伴关系的概念；风险、索赔的概念等，以帮助读者学习好国际工程合同管理的理论基础知识。

2. 信息量大，宏观与微观相结合。既着重于为读者开拓思路，扩展知识面，如本书介绍了多种工程项目的管理模式、多种合同、合同条件范本的内容，又重点地为读者介绍了较多的可操作性强的知识。

3. 反映国际上的最新动态。国际上的工程管理近十几年来发展很快，本书在阐述传统的国际工程项目管理理论的基础上，尽力做到介绍国际上的最新发展动态和最新合同文本，如世行工程采购标准招标文件 2004 年 5 月的文本，FIDIC1999 年新出版的几本合同条件等。

4. 内容丰富，适用面广。考虑到国际工程涉及面广以及世界上各个地区的差异，我们在本书中介绍了多种典型的、高水平的文本，如既有工程采购合同文本，又有咨询服务协议文本，除 FIDIC 的文本外还介绍了英国土木工程师学会的 NEC 合同和美国建筑师学会的 AIA 系列合同等。

5. 理论与实践相结合。本书是结合作者们多年从事国际工程管理教学、科研、咨询以及在国外承包工程现场从事项目管理的经验编写的，在编写本书的过程中尽量做到理论与实践密切结合。

在这里要特别说明的两点是：

1. 本书是在过去作者编写出版的几本教材和专著的基础上改写的，改写的原则一是遵循高等学校土建学科教学指导委员会工程管理专业指导委员会编制的工程管理专业国际工程管理方向课程教学基本要求，二是补充了国际上最新的动态和各种合同文本，对过去书中成熟的内容我们也重新进行了推敲和加工。

2. 一本书的用词应该是统一的，但编写本书有一个困难，即世界银行的工程采购标准招标文件 2004 年 5 月范本中，仍然采用的 FIDIC1987 年编制 1992 年修订的"土木工程施工合同条件"第 4 版。我们认为在本书中也应该向读者介绍 FIDIC 1999 年出版的"施工合同条件"（新红皮书），因而出现了少数用词不一致的问题。如在 FIDIC "新红皮书"中用 "Letter of Tender"（投标函）代替了过去的 "Tender"（投标书），而对 "Tender"另行定义，但在世行文件中 "Tender"（投标书）的概念未变，等同"新红皮书"中"投标函"；又如"合同价格"的定义也与老版本不同，在"新红皮书"中，"合同价格"指工程最后竣工时的结算价格，这也与其他章节中的概念不同。因此，请读者注意，在本书第四章 FIDIC "新红皮书"中的定义一般仅适用于该文本。

本书主编何伯森，副主编张水波，各章作者如下：第一章、第二章何伯森，第三章张水波，第四章刘雯、张水波、何伯森，第五章卢欢庆、何伯森、赵珊珊，第六章吕文学、张水波，第七章何伯森、张水波，全书由何伯森、张水波统稿，程志鹏、莫鹏、张田、潘婧在编写过程中协助做了一些工作，在此表示感谢。

我们力图向全国工程管理专业和其他工程类专业的老师、同学们及从事国际工程管理的读者们奉献一本既有一定理论水平又有较高实用价值的教科书，但是限于水平和经验，错误、疏漏之处难免。我们热切希望阅读本书的老师、同学和其他读者对本书提出宝贵的指正意见，以便使这本教材不断地完善，作者在此予致谢忱。

目　录

本 章介绍了国际工程的概念和特点、国际工程合同的特点、国际工程建设一般程序和项目建设的各参与方。比较详细地介绍了国际上工程项目的 7 类 11 种管理模式，并分析了各种模式的优缺点和模式相关各方的风险。最后介绍了 3 类 14 种国际工程合同的类型、特点和适用条件。

第一节　国际工程

一、国际工程的概念和特点

（一）国际工程的概念和内容

国际工程（International Project）是指一个工程项目的咨询、设计、投资、融资、采购、施工以及培训等各个阶段的参与者来自不止一个国家、地区或国际组织，并且按照国际上通用的工程项目管理理念进行管理的工程。

根据这个定义，可以从以下四个方面去更广义而深入地理解国际工程的概念和内容。

1. 国际工程包含国内和国外两个市场

国际工程既包括我国公司去国外参与投资和实施的各种工程，也包括国际组织、外国政府或外国公司到中国来投资和实施的工程。我国目前作为一个开放的市场，成为世界贸易组织（World Trade Organization，WTO）的正式成员之后，工程建设市场更加开放，在国内也遇到了大量习惯上称为"涉外工程"的国际工程。主要包括建设资金来源于国外（包括世界银行等国际金融组织）、咨询公司或/和承包商是外国公司的项目。所以我们研究国际工程不仅是走向国外市场的需要，也是巩固和占领国内市场的需要，同时还是我国建设行业提高自身的管理水平，使之逐步与国际接轨的需要。需要说明的是，在中国香港和澳门地区的工程也可认为是国际工程范畴。

从宏观经济学的角度看，国内"涉外工程"列入国内生产总值（GDP），而国外的国际工程应当列入国民生产总值（GNP）。

2. 国际工程包括咨询和承包两大行业

按照传统的习惯划分，国际工程包括咨询和承包两大行业。

（1）国际工程咨询

包括对工程项目前期的规划、投资机会研究、预可行性研究、可行性研究、项目评估、勘测、设计、招标文件编制、项目管理、监理、后评价等工作。咨询业是以高水平的脑力劳动为主的智力再加工行业，一般都是为业主一方服务的，但也可应承包商的聘请为其服务。

（2）国际工程承包

包括对工程项目进行投标、施工、设备和材料采购及设备安装调试、分包、提供劳务等工作。按照业主的要求，有时也做施工详图设计和部分永久工程的设计。

3. 国际上处于发展阶段的新工程建设管理模式

（1）将项目实施全过程或某一阶段的服务交由一家公司总承包的模式

如"设计—建造（Design-Build，DB）"模式，即将设计与建造工作统一由一家公司去实施；又如"设计，采购，施工/交钥匙工程（Engineer-Procure-Construct/Turnkey，EPCT）"模式，即将咨询设计的绝大部分工作内容和设备采购、安装、施工一并发包给一家公司去实施；还有"设计、建造及运营（Design，Build and Operate，DBO）"模式，即除了设计、建造工作之外，也将项目建成后一定期限的运营交由一家公司实施；此外还发展着各种项目管理承包（Project Management Contracting，PMC）模式等。

（2）将项目的投资融资与实施交由一家公司负责的模式

现在国际工程承包的一个重要的发展方向即项目业主方由于缺乏资金，因此要求项目实施的一方也承担项目的投资和/或融资。如"建造—运营—移交（Build-Operate-Transfer，BOT）"模式，即要求项目实施的公司从地方政府获得特许权，既负责项目的投资和/或融资以及设计和建造，又负责项目建成后的运营，通过运营收费来还贷和盈利，最终将项目交由地方政府；又如"公私伙伴关系（Public-Private Partnership，PPP）"模式，即要求私营企业按照相关政府部门的要求负责项目投资和/或融资与实施，建成后交给相关政府部门运营，由相关政府部门和使用单位陆续向私营企业偿还资金。

上述各类模式在本章第四节中有详细介绍。

4. 国际工程是一种服务贸易

国际工程项目实施的成果归业主所有，咨询工程师是受业主雇用，在项目前期为业主进行策划、设计，并可为业主进行项目管理，承包商则是受业主雇用完成项目的实施。从本质上看，咨询工程师和承包商出售给业主的都是自己的技术能力和管理能力，是一种服务，而不是项目本身。因此，在国际贸易和WTO的贸易规则中，国际工程咨询和承包均被明确列入服务贸易的范围内。

综上所述可以看出，国际工程涵盖着一个广阔的领域。各国际组织、国际金融机构、各国政府、外国私营企业等在某一个国家投资的工程，每个国家的咨询公司和工程承包公司等在本国以外的国家或地区参与投资和实施的工程项目的总和，组成了全世界的国际工程。

国际工程涉及多种类型的行业和专业。

（二）项目、工程项目、国际工程项目的特点

1. 项目的特点

项目（Project）是指在一定约束条件下，具有特定目标的一次性任务。如一次会议、一个科研课题、一个工程项目的修建等均是一个项目。项目活动不同于一般商品的批量性生产，必须兼具下列四个特点：

（1）一次性。指一个项目都有其明确的起点和终点，达到项目的目的时，该项目即宣告结束，即项目是在有限的时间段内存在的。

（2）唯一性。又叫单件性或不可重复性，是指任何项目的任务内容、完成过程、完成的组织和最终成果不会完全相同。

（3）目标的明确性。一个项目必定有其特定的目标要求（如进度目标、质量目标、成本目标等），达到此目标要求才算是完成项目。

（4）实施条件的约束性。完成一个项目必然受多种实施条件的约束，包括资源条件和人为条件的约束，如资金条件、自然条件、法律条件的约束等。

2. 工程项目的特点

工程项目（Construction Project）是指在一定的条件约束下，以形成固定资产为目标的一次性事业，也可以说是为了特定目标而进行的投资建设活动。工程项目远比一般项目复杂，除了具有一般项目的四个特点外，还具有以下十个特点：

（1）投资巨大。一个工程项目的投资金额少则几百万元，多则若干亿元。能否做好工程项目的管理对于资金的合理利用和投资效益的回收影响重大。

（2）技术水平要求高。任何工程项目的特定目标必然是对应一个或几个专业，科技含量大，不同专业（如房建、化工、电力、通信等）的技术要求有很大差别，因而对参与单位和人员的专业技术知识和水平要求高。

（3）复杂程度高。从组织实施方面看，参与单位众多，因而项目管理工作必然复杂，尤其是跨行业、跨地区的工程项目；从技术方面看，每个工程项目往往都会采用不同的、新的技术、工艺和材料。

（4）整体性强。一个工程项目，当规划设计确定之后，就是一个不可分割的整体，各个子项目紧密相关，各个部位必须结合在一起才能发挥项目的功能。

（5）建设周期长。每个工程项目的建设周期都很长，少则数月，多则十年以上，在这样长的时间内，将对项目管理班子的管理水平提出很高的要求。

（6）不确定性因素多，风险大，容易产生争议。一个工程项目由于建设周期长、参与方多、受外界自然环境影响大、技术复杂等因素影响，各类风险发生的可能性都很大，很容易引起争议。

（7）不可逆转性。工程项目的各个部位是一个有机结合的整体，对建设程序有严格的要求，一旦开始实施，一般均不可逆转，如果在工程开工后对方案做大的变动，必然会造成很大的经济损失。因此，必须事先认真做好规划和决策。

（8）产品地点的固定性。工程产品必然是固定在某一个地点的，一方面选址十分重要，另一方面当工程开工后，工程的实施将会受到该地点的自然条件、社会条件等诸多条件的影响。

（9）生产要素的流动性。一个工程项目的参与者众多，涉及许多不同性质的单位（如

设计、施工、监理、供应商、运营商等），而各单位往往只参与一个阶段或一项工作，各单位的人员也是流动的，这就加大了项目管理的难度。

（10）当地政府的管理和干预。一个工程固定在某个地点，而且往往会对地区的政治、经济、社会产生重要影响，因而必然会受到当地政府有关部门的管理和干预，这就对工程项目管理提出了更高的要求。

3. 国际工程项目的特点

国际工程项目（International Construction Project）是更为复杂的工程项目，除具有上述工程项目的特点之外，还具有以下特点：

（1）跨多个学科的系统工程。国际工程项目管理是一个在国际上不断发展和创新的学科，由于要按照国际惯例进行管理，因而要求从事国际工程的人员不但要掌握某一个或几个专业领域的技术知识，还应掌握涉及国际领域的法律、合同、金融、外贸、保险、财会等多方面的其他专业的知识。从工程项目准备到项目实施、运行和维护，整个管理过程十分复杂，因而国际工程是跨多个学科的、对人才素质有很高要求的复杂的系统工程。

（2）跨国的经济活动。国际工程是一项跨国的经济活动，涉及不同的国家，不同的民族，不同的政治、经济、文化和宗教背景，不同参与方的经济利益，因而合同中有关各方不容易相互理解，常常产生矛盾和纠纷。

（3）严格的合同管理。由于参与各方来自不同的国家和地区，不可能依靠某一方行政管理的方法进行工程项目管理，而必须采用国际上多年来业已形成惯例的、行之有效的一整套合同管理方法。即要求花费比较多的时间在招标文件的准备、招标、投标、评标和谈判签约等环节，从而为在实施阶段严格按照合同进行项目管理打下一个良好的基础。

（4）风险与利润并存。国际工程是一个充满风险的事业，每年国际上都有一批工程公司倒闭，而又有一批新的公司成长起来。一个国际工程项目如果订好合同、管理得当，将会获得一定的利润。因此一个公司要能在这个竞争激烈的国际工程市场中生存，就需要努力提高公司的管理水平和人员的素质。

（5）发达国家垄断。国际工程市场是从西方发达国家许多年前到国外去投资、咨询和承包开始发展起来的，他们凭借在国际市场开拓和经营的经验、雄厚的资本、先进的技术和高水平的管理，多年来在国际工程市场占有绝大部分份额。近年来，我国在国际工程承包市场上异军突起，现已成为国际工程承包第二大国。但在一些发达国家和地区，特别是国际工程咨询市场中，我们还远远落后于西方发达国家，我们要想全面进入国际工程市场，特别是国际工程咨询市场，还需要长时期加倍努力的付出。

（6）国际工程市场总体上是一个持续稳定的市场。国际工程市场遍布五大洲，大部分国家和地区的政治形势和经济形势是相对稳定的，在全球范围内，尽管国际资金流向各异，但用于建设的资金占了很大的比例，因而可以说国际工程市场总体来说是稳定的。从事国际工程的公司必须加强调查研究，善于分析市场形势，捕捉市场信息，不断适应市场的形势变化，才能立于不败之地。

二、国际工程合同管理的特点

（一）国际工程合同

国际工程合同是指不同国家的平等主体的自然人、法人、其他组织之间为了实现某个工程项目的特定目的而签订的设立、变更和终止相互民事权利和义务的协议。

由于国际工程是跨国的经济活动，因而国际工程合同远比一般国内的合同复杂。

（二）国际工程合同管理的特点

1. 国际工程的合同管理是工程项目管理的核心

国际工程合同从编制招标文件、招投标、谈判、修改、签订到实施，以及实施过程中的变更和补充，各个环节都十分重要。合同有关各方对任一个环节都不能粗心大意。只有订立一个好的合同才能保证项目的顺利实施。

2. 国际工程合同文件内容全面而详尽

一般一份合同文件包括合同协议书、中标函、投标书、合同条件、技术规范、图纸、资料表（含工程量表等）及合同数据表等多个文件。编制合同文件时，各部分的论述都力求详尽具体，并注意尽可能减少各个文件之间出现的歧义和矛盾，以便在实施中减少争议。

3. 国际上已有多种合同范本

国际工程咨询和承包在国际上已有上百年历史，经过不断地总结经验，在国际上已经有了一批比较完善的合同范本，而且每经过一段时间的实践和总结，相关组织就会对已有的范本进行修订和完善，并且还会适时编制新的合同范本，我们应不断地学习研究这些范本，以掌握国际上的最新动态。

4. 认真分析研究每一个工程项目合同的特点

"项目"本身就是一次性、不重复的活动，国际工程项目由于处于不同的国家和地区，有不同的工程类型、不同的资金条件、不同的合同模式、不同的业主和咨询工程师、不同的承包商、分包商和供应商，因而可以说每个项目都是很不相同的。研究国际工程合同管理时，既要研究其共性，更要认真研究其特性。

5. 国际工程合同范本中体现了及时调解争议的理念

近10年来，各国际组织及一些发达国家的学会新编制的合同范本中，一方面考虑到合理分担风险，另一方面，一般不提倡凡有争议就提交仲裁或诉讼，而都增加了"争议审查委员会（Dispute Review Board，DRB）"，"争议评判委员会（Dispute Adjudication Board，DAB）"，争议委员会（Dispute Board，DB）或"评判人（Adjudication）"，"调解人（Mediator）"等角色，以便将争议及时通过调解解决，有利于项目的顺利实施。

6. 国际工程合同制定时间长，实施时间也较长

一个项目的实施期短则1～2年，长则数十年（如BOT/PPP项目、DBO项目）。因而合同中的任一方都必须十分重视合同的订立和实施，依靠合同来保护自己的权益。

7. 国际工程项目包括多个合同

一个国际工程项目往往是一个综合性的商务活动，实施一个工程除主合同外，还需要签订多个相关的合同，如融资贷款合同、各类货物采购合同、分包合同、劳务合同、联营体合同、技术转让合同、设备租赁合同、项目运行合同等，这些合同均是围绕主合同，为主合同服务的，但每一个合同的订立和管理都必然会影响到主合同的实施。

综上所述，我们可以看出合同的制定和管理是搞好国际工程项目的关键，工程项目管理包括进度、质量、造价等方面的管理，而这些管理均是以合同规定和合同管理的要求为依据的。项目任一方都应配备得力人员认真研究合同，管好、用好合同。每一个企业都应尽早地主动培养一批高水平的合同专家，以满足日益对外开放的国内市场和走向国际市场实施国际工程项目时的需要。

第二节 国际上工程项目建设的一般程序

一、概述

管理是一门科学，又是一门学科，科学必定要在实践中发展和进步。工程项目管理比一般的项目管理复杂得多，它必然也要在各国的工程建设实践中逐步地发展、创新和完善。

本章讨论的"工程项目"的一般含义包括：从建设某一特定有形资产的初步构思开始，一直到业主对竣工的工程最终验收、后评价这一过程中的全部阶段。有的项目，在业主要求时，甚至包括运营。

当项目通过可行性研究和评估、立项之后，就需要确定项目的实施策略，包括决定项目执行时拟采用的模式，甚至项目完工后的运营模式，并由之决定参与项目各方所扮演的角色，在合同中的职责和权限，权利和义务以及风险的分担等。

项目的业主方是市场的主导方和决策方。项目立项之后，下一步最重要的决策之一即是选定工程项目的管理模式（以下称项目管理模式）。这个问题将在本章第四节中详细地介绍和讨论，包括各种项目管理模式的合同关系、优缺点及各方风险等。

我国加入 WTO 以来，一方面国内市场逐步国际化，外资的进入步伐在加快。对外资项目或合资项目的业主而言，一般他们会选择在自己国家行之有效的、熟悉的项目管理模式。我国的各类公司不论是参与合资的业主方，还是咨询、监理或承包商，也都应该主动提高自己的水平去适应这个形势。另一方面，我国企业"走出去"的步伐也在加快，出国去投资建厂、提供咨询服务或是承包工程的条件比入世前更好，可以享受更多的"国民待遇"，我们应努力使我国的对外承包工程的市场多元化，逐步开拓发达国家市场，这就更要求我们了解、熟悉和掌握国际上的多种工程项目管理模式和项目管理要求。总之，要积极学习、研究、借鉴国际惯例，才能提高我国企业的项目管理水平，适应入世之后国内外市场形势变化的新要求。

二、国际上工程项目建设的一般程序

各国的工程项目建设程序，政府的和私人的项目都各不相同，但大型工程项目一般均包括如下阶段，如图 1-1 所示。

（一）机会研究（Opportunity Study）

有时也称投资机会研究，是进行可行性研究之前的预备性调研，是花费较短的时间（约 1～2 个月）和较少的经费（约占总投资 1‰～2‰），将项目设想变成初步的项目投资建议。机会研究的重点是做投资环境分析，对建设投资和生产成本进行估算，其精确度在 ±30％左右。机会研究又分为一般机会研究（鉴定某一地区或部门的投资机会）和特定项目的机会研究。

图 1-1　工程项目建设程序和阶段的划分

（二）可行性研究

包括以下内容：

1. 预可行性研究（Pre-feasibility Study）

也称初步可行性研究。目的是对机会研究阶段提出的项目方案通过技术和经济分析做出鉴别和估价，判断投资建议是否可行，项目是否有必要进行详细的可行性研究。一般预可行性研究需花费 2～3 个月，费用约占总投资的 1.25‰～2.5‰，投资估算精确度在±20％左右。

2. 可行性研究（Feasibility Study）

也称详细可行性研究。是对预可行性研究确定的项目方案进行全面深入的技术经济论证，为投资决策提供全面扎实的基础。它调查的范围更广泛，数据更准确。其主要内容是对各种可能的拟建方案和建成投产后的经济、社会、环境效益进行技术经济分析、预测和论证，以确定项目建设的可行性，并在可行的情况下提出最佳建设方案及建设地点的建议，作为决策及设计的依据。

可行性研究报告是业主投资决策、筹措资金和申请贷款的依据，是下一步编制设计文件的依据。投资估算精确度一般在±10％左右。

3. 辅助研究（Auxiliary Study）

辅助研究不是一个阶段，而是大型投资项目在可行性研究阶段中进行的专题研究，如市场、原材料供应、项目规模、设备选择等专题。辅助研究可以在可行性研究工作之前或与之同时进行。

（三）项目评估（Project Appraisal）

当完成可行性研究报告之后，一般都要委托另一家咨询公司对可研报告进行评估，重点是可研报告的真实性和可靠性。不同的业主对评估的内容可能有不同的要求，如政府部门可能侧重项目的国民经济效益，而私营企业则更注重项目的财务效益，商业银行则要注重还贷能力的评估。一般项目评估包括以下内容：项目目标、资源、项目实施条件（包括组织机构）、效果以及项目的效益（包括生产规模、财务和国民经济评价）。项目评估对投资估算的精确度也在±10％左右。

根据评估报告，业主才能最后确定某个项目是否立项及立项后将开始的各项准备工作，并确定项目投资目标、项目规模、投资额度及建设地点。

（四）项目实施准备（Pre-construction Stage）

包括确定项目实施模式，组建项目实施机构，筹集资金，确定项目进度要求，办理各种审批手续和工程设计等。

在设计工作开始后的一段时间，由咨询设计单位协助业主进行工程施工招标（包括招标文件准备、资格预审、招标、评标等）、谈判和签订合同等工作。

（五）工程设计

它是项目实施准备的一项重要内容，在国外一般包括三个阶段：

1. 概念设计（Conceptual Design）

概念设计也叫规划设计或方案设计。主要包括项目的设计依据，基础资料，工程总体布置，主要建筑物和设备选型，环保措施，技术经济分析，价格估算和方案比较、评价。

2. 基本设计（Basic Design）

基本设计即初步设计（Preliminary Design）。根据对概念设计的审查意见和要求编制，应就已确定的方案进行深入的分析和计算，对图纸和技术要求进一步深入研究和细化。以房建项目为例，单个建筑物的基本设计应包括：建设场地和总平面图；不重复的各层平面图、立面图、主要剖面图、结构构件布置图，主体结构，装饰工程和其他设备，项目的概算及技术经济指标。

3. 详细设计（Detailed Design）

详细设计即施工详图设计。在国外，这部分设计多半由承包商负责，由监理工程师审查后即可用于施工。

国外有时只做初步设计即开始招标，签订合同后施工详图交给承包商做，目的是早开工、早投产。

（六）工程施工与设备采购安装

工程施工与设备采购安装是在实施阶段同时进行的工作，一般都通过招标到市场上去采购，所以世行、亚行文件均称之为工程采购（Procurement of Works）或货物采购（Procurement of Goods），这里采购的概念是指完成全部工程，或完成货物的购买、安装和调试，采购的过程包括招标。有时可以由一家总承包商同时承担这两项工作，有时由业主分开招标，由承包商完成全部工程的建设，由供应商负责设备的供货、安装和调试。

（七）试车竣工验收及投产

试车（Commissioning）包括两个阶段：承包商及其分包商进行工程调试和业主方的试运行。在合同文件中应将所有的试车要求（包括检查、测试、维护和运行等）均包含在相应的条款和规范中。

工程调试的目的是检验安装的设备功能是否达到设计和规范要求。承包商应将每一个部位和全部系统的工程调试时间均包含在整个工程进度表中，即要在合同规定的竣工时间内完成调试，在工程移交时提交实际竣工图、试车检验报告和操作维修手册，包括健康、安全和环保（HSE）的应急措施，还应提交相应的计算机软件和 CAD 培训课件等。

业主方试运行的目的是确保工程按计划安装和运行。此工作由业主方人员主持实施，需要时请咨询专家协助。理想的情况是，及时地组建试运行班子参与设计过程，以便将试运行要求写入设计文件。业主试运行后正式交付使用。

（八）项目后评价

项目后评价（Project Post-Evaluation）是世界银行贷款项目生命周期中的最后一个阶段，在英国叫竣工后评价（Post-Completion Review）。项目后评价是在项目正式投产一年后，按照严格的程序对项目执行全过程进行认真地回顾，总结经验和教训，供下一个新项目实施参考。

后评价的内容一般包括过程评价（立项、实施及其过程中的管理等）、效益评价（财务评价、国民经济评价）、影响评价（经济影响、环境影响和社会影响）、可持续性评价和综合评价。凡世行贷款项目都是在项目竣工投产一年后，由世行派专家对项目进行后评价。

第三节 国际工程项目建设的各参与方

下面介绍在国际上工程项目的各类管理模式中的有关参与方。这里要强调的是，并不是每种模式都需要下列全部角色，而是应当依据各国的惯例，特别是业主方的需要而定。

一、业主（Owner）

业主是工程项目的提出者、组织论证立项者、投资决策者、资金筹集者、项目实施的组织者，也是项目的产权所有者，并负责项目生产、经营和偿还贷款。业主机构可以是政府部门、社团法人、国家控股企业、民营股份有限公司、个人独资公司等。一般情况下，业主方既是产权所有者也是项目的使用者，但在房地产或一些商业开发性项目中，则在项目竣工前后通过出售转移产权，或租赁给用户使用。

业主的性质影响到项目实施的各个方面，许多国家制定了专门的规定以约束公共部门业主的行为，尤其是工程采购方面，相对而言，民营企业业主在决策时有更多的自由。

英文中 Employer（雇主），Client（委托人），Promoter（发起人、创办人）在工程合同中均可理解为业主。房地产的投资人一般称为开发商（Developer）。

二、业主代表（Owner's Representative）

业主代表指由业主方正式授权的代表，代表业主行使和履行在合同中明文规定的或隐含的权力和职责。业主代表一般具有合同中规定的业主的全部权力（除终止合同外），但无权修改合同，无权解除承包商的任何责任。

在传统的项目管理模式中，对工程项目的具体管理均由（监理）工程师负责。在某些项目管理模式中（如 EPCT 项目），可不设工程师，业主代表根据与业主签订的服务协议成为业主的受托人，执行类似工程师的各项监督、检查和管理工作，以期圆满地完成业主对所建工程拟订的"业主的要求"。总之，业主代表的具体权力和职责范围均应明确地在合同条件中规定。

业主代表可以由业主机构内部的专业雇员担任，也可以是一家由业主指定的独立的咨询工程公司。

三、项目经理（Project Manager）

如今许多工程项目日益复杂，特别是当一个业主在同一时间内有多个工程处于不同实施阶段时，所需执行的多种职能超出了建筑师以往主要承担的设计、联络和检查的范围时，就需要项目经理。

在国外，一般"项目经理"指为业主方管理项目的负责人而不是指承包商的现场项目经理。项目经理的主要任务是自始至终对一个项目负责，这可能包括项目任务书的编制、预算控制、法律与行政障碍的排除、土地资金的筹集，同时使设计者、工料测量师、结构工程师、设备工程师和施工总承包商的工作协调地分阶段地进行。项目经理的工作范围可包括从项目前期开始直到工程移交的全过程，甚至可延伸到设施管理阶段。项目经理可以决定项目的实施方式。

在这里要特别强调的是，一般如果业主方已从自己机构内委派或聘用了业主代表，就不用再单独任命项目经理了，因为许多类似的职责有一个角色即可胜任了。

四、工程师（Engineer）

在国外，这个角色的全称为"咨询工程师"，指的是为业主就某一具体问题提供有偿技术服务的独立的专业工程师。

工程师提供服务的内容很广泛，可以涉及各自专长的不同专业性工作，一般包括：项目的投资机会研究、可行性研究、项目评估、工程各阶段的设计、招标文件的编制、施工阶段的工程监理、竣工验收、试车、培训、项目后评价以及各类专题咨询。

工程师在施工阶段的监理职责一般包括合同管理、进度管理、投资管理、质量管理、职业健康安全及环境管理（HSE）、信息管理和对各方面工作进行协调等若干方面。他们是在业主的委托合同授权范围内，通过签发指令的手段来监督承包商，从业主的立场来监理项目，但并不对施工过程、施工方法、施工安全进行具体的管理。从承包商角度看来，工程师发出的指令都应被认为已经获得了业主的批准。但工程师的任何批准、校核、证明、同意、检查、检验、指示、通知、建议、要求、试验或类似行为均不解除承包商在合同中的责任。工程师只是某一个工程建造过程中的监督和检查者，他的批准等行为只是临时认可承包商完成的工作量或允许其进行下一道工序，只是保证这个"工程产品"的建造过程符合合同规定的要求以及良好的惯例，而承包商才是承诺向业主方最终提供合格工程的一方。

回顾 FIDIC 合同近些年来的不同版本，工程师这一角色的定位也在发生着一些变化，例如在 FIDIC"新红皮书"中：

（1）"业主的人员"（Employer's Personnel）的定义中明确了"工程师、工程师助理以及工程师和业主的其他职员、工人和其他雇员"都属于业主的人员。而不再强调工程师是独立的第三方。

（2）在要求工程师对某一事项做决定时，不再强调"公正"（Impartiality），即公正无偏，但仍要求"公平"（Fair），即公平合理。

（3）工程师以往"准仲裁员"的部分功能逐渐被由合同双方聘任的"争议委员会"（Dispute Board，DB）所取代。但在工程实施过程中，工程师仍应作为双方产生矛盾和争议时的第一调解人。

工程师是项目建设过程中非常重要的角色，其管理水平、经验和信誉等对工程的实施影响很大，因此，业主应该根据"基于质量选择"（Qualifications Based Selection，QBS）的咨询服务采购理念来选择适合的工程师。

五、建筑师（Architect）

建筑师是指按照相关文件，如美国建筑师联合会（American Institute of Architects,

AIA）明确规定的拥有建筑师专业注册资格的个人或实体。AIA 合同文件中提到的建筑师既是工程项目的设计者，又是合同条件（A201）中规定的受业主委托的项目管理负责人，但在美国的工程项目中，建筑师的首要职责是完成工程设计任务。

建筑师在概念设计阶段负责项目的总体规划、布置、综合性能要求和外观设计，而由结构工程师和设备工程师来完成结构和设备的设计，以保证建筑物的安全。在美国传统项目管理模式中建筑师也承担一部分施工监督的职责，在合同规定的范围内代表业主行事。这种职责仅限于对承包商各种申报资料的审批，其审批责任也主要是与工程设计相关的部分，比如材料替换等。此外，建筑师也到现场进行视察（Observation）和检查，但并不具体地介入施工过程中具体的管理事宜。

在国外，对建筑师/工程师的职业道德和行为准则都有很高的要求，此类准则通常由相应的协会颁布。主要包括：

（1）为委托人服务——建筑师/工程师应使用其专业才能，根据委托人的需求，通过自己的努力工作建立信誉和专业形象；

（2）努力提高专业水平——建筑师/工程师应努力提高其专业水平以便为委托人提供高质量的服务，不应该接受自己不熟悉或不了解的专业的委托服务；

（3）公平的态度——建筑师/工程师作为独立的社会力量，应按照合同条款的规定和证据，尽量公平、客观的作出判断和提出解决问题的意见；

（4）保持独立——建筑师/工程师在接受工程项目的业主委托时，只能接受业主支付的酬金，不得与承包商、制造商、供应商有合伙和经济关系；

（5）禁止不正当竞争——建筑师/工程师不得通过不合理地降低咨询费来与同行竞争，不应故意或无意损害同行的声誉，不得直接或间接取代某一特定工作中已任命的其他咨询工程师的位置；

（6）保密——建筑师/工程师必须注意对接受委托的工作中获得的资料保密。

建筑师/工程师虽然本身就是专业人员，是专家，但是由于在工程的咨询工作中涉及的知识领域十分广阔，因而建筑师/工程师在工作中也常常要雇用其他的咨询专家作为顾问（图 1-2），以弥补自己知识的不足。

六．CM 经理（Construction Manager）

CM 经理是建筑工程管理模式（Construction Management Approach，以下简称 CM 模式）中的关键性角色，必须由精明强干，既懂工程技术和经济，又懂管理的人来担任。CM 经理与业主是合同关系，负责工程的监督、协调及管理工作。CM 经理在施工阶段的主要任务是定期与承包商会晤，对成本、质量和进度进行监督，并预测和监控成本及进度的变化。根据 CM 模式的不同，CM 经理有代理型 CM 经理和风险型 CM 经理两种（详见下文中对 CM 模式的介绍），业主可以根据项目的具体情况加以选用。

CM 经理在开发设计阶段的主要职责包括：向业主和建筑师/工程师就建筑结构类型和构件的选用提供咨询；对整个项目的进程作出安排，包括完成招标文件的时间，招标所需的时间，工程开工的时间，施工期间重要阶段的里程碑等；编写项目预算，并随设计的变化而变更预算；准备招标文件，邀请招标，选择合格的投标者；分析投标书，并提出授标建议。

CM 经理在施工阶段的主要职责包括：检查工程和设备安装是否符合图纸的要求，监督工程质量；协调各个承包商的工作；审核及签发支付申请；如果建筑师认为某部分工作不符合设计要求，只有在通知 CM 经理后，才能拒收；CM 经理也有权力和责任直接拒收不合格的工作，提出变更的建议，供建筑师和业主考虑。

七、工料测量师 (Quantity Surveyor，QS)

工料测量师是英国、英联邦国家以及中国香港对工程造价管理人员的称谓，在美国叫造价工程师（Cost Engineer）或成本咨询工程师（Cost Consultant），在日本叫建筑测量师（Building Surveyor）。

工料测量师的主要任务是为委托人（Client）（一般是业主，也可以是承包商）进行工程造价管理，协助委托人将工程成本控制在预定目标之内。工料测量师可以受雇于业主，向业主建议采购何种合同类型，协助业主编制工程的成本计划，在招标阶段编制工程量表及计算标底，也可在工程实施阶段协助进行支付控制，以及编制竣工决算报表等。工料测量师受雇于承包商时可为承包商估算工程量，确定投标报价或在工程实施阶段协助进行造价管理。

在 2000 年，英国皇家特许测量师学会（Royal Institution of Chartered Surveyor，RICS）总部经过仔细的研究，决定将 QS 的工作范围扩大到 16 个专业科目（Faculty），包括：古董和艺术品、建造测量、商业财产、施工、争议解决、环境、设施管理、地质、管理咨询、矿产和废弃物管理、计划及开发、厂房和机械、项目管理、住房资产、乡村、估价。每一位特许 QS 最多可以参加 4 个专业科目。由此可以看出，国外的学会组织一方面积极拓宽其成员的市场服务专业范围，另一方面又进行合理限制，以保证其成员能够提供真正高水平的专业化服务。

八、监理人 (Supervisor)

监理人只在国外的少数合同范本中出现，如英国 ICE 编制的"新工程合同条件"《工程施工合同》（ECC）中，其工作任务主要是进行施工过程当中的质量管理，并协助业主方的项目经理做一些必要的合同管理工作。

FIDIC 和 AIA 反对用 supervision 这个词来界定"工程师"或"建筑师"的工作。

监理人的工作类似于我国目前监理工程师所从事的施工阶段的质量管理工作。

澳大利亚标准 AS4000（1997）《通用合同条件》中有监督者（Superintendent）这一角色，其职责与 FIDIC "新红皮书"中的"工程师"相近。

九、管理承包商 (Project Management Contractor)

项目管理承包（Project Management Contracting，PMC）是近些年发展起来的一种项目管理模式，是由业主通过招标的方式聘请一家有实力的项目管理承包商（公司或联营体），对项目的全过程进行集成化的管理。因此，在 PMC 模式中，管理承包商是为业主实施项目管理工作中最重要的服务角色。

一般来讲，管理承包商所承担的工作范围因项目管理承包模式的具体合同内容不同而有所不同。但通常来讲，管理承包商的一般职责是与业主的专业咨询顾问（如设计承包商、工程师、测量师）进行密切合作，通过对施工承包商的科学管理，对工程进行计划、管理、协调和控制。

十、承包商（Contractor）与总承包商

承包商通常指承担工程项目施工及设备采购、安装的公司或几个公司的联营体。如果业主将一个工程分为若干独立的合同（Separate Contract），并分别与几个承包商签订，则凡直接与业主签订承包合同的都叫承包商。

总承包商通常指与业主签订合同将整个工程的全部实施过程或部分实施过程中的全部工作承包下来的公司或联营体。我国业内及有关政府文件习惯用"总承包商"这个词，但在国外一般不用，也没有相应的确切的英文专用词，而是具体指明工程项目所采用的管理模式。

笔者认为，总承包商可以大体包含以下五类：

（1）施工总承包商。负责工程施工阶段的全部工作。

（2）设计—建造总承包商。负责设计和施工阶段的全部工作。

（3）EPCT（设计—采购—施工/交钥匙）总承包商。负责设计、施工、采购和设备的安装调试等全部工作。

（4）设计、建造及运营总承包商。负责设计、施工（包括设备安装和调试）的全部工作，并在项目竣工后，受业主委托承担一个较长时期的运营工作。

（5）管理总承包商。不承担具体的设计、施工、运营等工作，而是按照业主的要求和委托，负责业主方的项目管理，其工作范畴可由前期策划开始到项目竣工投产后运营的某一个阶段或全过程的项目管理。

在下一节结合项目管理模式的介绍，我们将对与各类总承包方式相关的模式进行较深入的讨论。

在国外有一种大型的工程公司（Engineering Company），一般指可以提供从投资前咨询、设计到设备采购、施工等贯穿项目建设全过程的总承包服务的公司。这种公司多半拥有自己的设计部门，规模较大，技术先进，在特殊项目中，这类大型公司甚至可以提供融资服务或管理服务。

十一、分包商（Subcontractor）

分包商是指那些直接与承包商签订合同，分包一部分承包商与业主所签订合同中的任务的公司。业主和工程师不直接管理分包商，他们对分包商的工作有要求时，一般通过承包商处理。

国外有许多专业承包商和小型承包商，专业承包商在某些领域有特长，并在成本、质量、工期控制等方面有优势，小型承包商在数量上占优势。如在英国，大多数小公司人数在 15 人以下，而占总数不足 1% 的大公司却承包了工程总量的 70%。宏观看来，大小并存和专业分工的局面有利于提高工程项目建设的效率。专业承包商和小承包商在大工程中一般都是分包商的角色。广义的分包商包括供应商与设计分包商。

指定分包商（Nominated Subcontractor）是业主方在招标文件中或在开工后指定的分包商或供应商，指定分包商仍应与承包商签订分包合同。

十二、供应商 (Supplier)

供应商是指为工程实施提供生产设备、材料和施工机械的公司和个人。一般供应商不参与工程的施工，但是对于一些设备安装要求比较高、专业性较强的工程，设备供应商往往既承担供货，又承担安装和调试工作，如电梯、大型发电机组等。

供应商既可以与业主直接签订供货合同，也可以直接与承包商或分包商签订供货合同，视合同中的具体规定而定。

十三、评判人 (Adjudicator)

评判人，是指在工程实施过程中由双方聘请的一个独立的专家小组，其作用是对合同双方发生的争议进行调解。评判人的形式有多种，例如 NEC 系列合同范本中的评判人，FIDIC99 年系列合同范本中的争议评判委员会（DAB），世界银行标准招标文件中的争议评审委员会（DRB）、多边银行协调版中的争议委员会（DB）或一人争议评审专家（Dispute Review Expert，DRE）等。

虽然在近年来国际上编制的大部分的合同范本之中，对评判人使用了不同的措辞，但是他们的本质及工作内容却都大致相同。评判人应该是对合同当事人之间的施工合同中所包括的工程及专业熟悉的人，他应该能够比较准确地理解合同当事双方的观点（在某些协议下，合同当事方可以要求评判人定期考察工地以便他了解工程进展情况和合同的执行情况）。评判人的公正行事对于整个评判制度是至关重要的。

评判人在认真审查合同双方提出的争议后，应随即就该问题作出公正的评判。他所做出的一切决定必须遵循合同当事双方之间的施工合同及相关法律、法规中的规定。

评判人的职责仅限于争议发生时的争议处理，并且他们所作出的评判属于调解性质，如果一方不同意，可以按相关程序规定将争议提交仲裁，因此该评判意见没有最终的法律约束力。但是引入评判人，使之按照评判程序及时解决工程实施过程中出现的争议，将有利于工程的良好管理和顺利进行。

以上介绍的是工程项目实施的主要参与方。不同的合同类型、不同的项目管理模式有不同的参与方，但即使是同一个参与方（如建筑师），也可能在不同合同类型和不同的工程项目实施阶段中，承担不同的职责。在下一节中将对此进行详细讨论。

第四节　国际上工程项目的管理模式

一个工程项目在前期策划和可行性研究阶段，即应研究采用何种策略才能达到项目的目标，这取决于项目的性质和复杂程度、融资渠道、项目的生命周期费用、业主方的项目管理能力以及外界的政治和经济环境等。而确定项目策略的一个重要内容即确定工程项目的管理模式。

工程项目的管理模式是指一个工程项目建设的基本组织模式以及在完成项目过程中各参与方所扮演的角色及其合同关系，在某些模式下，还要规定项目完成后的运行方式。确定了项目的管理模式才能决定项目的采购方式和招标方式。由于工程项目的管理模式确定了工程项目管理的总体框架、项目参与各方的职责、义务和风险分担，因而在很大程度上决定了项目的合同管理方式以及建设速度、工程质量和造价，所以它对业主和项目的成功都很关键。

工程咨询方也应了解和熟悉国际上通用的和新发展起来的项目管理模式，才有可能为业主选择项目管理模式当好顾问，在项目实施过程中协助业主方做好项目管理。

承包方必须要了解和熟悉各类项目管理模式，才能在建筑市场中处于主动地位，若项目涉及分包，不少项目管理模式也可用于分包工程。

在国际上，各个国家、各个国际组织、学会、协会以及专家学者对工程项目的管理模式分类不尽相同，以下是笔者结合自己的研究和体会，从工程项目的合同关系与组织管理关系的角度，分别介绍国际上比较成熟的和一些新发展起来的工程项目的管理模式，共 7 类 11 种。

一、国际上工程项目的管理模式及其优缺点

（一）传统的项目管理模式

传统的（Traditional）项目管理模式也叫"设计—招投标—建造"（Design-Bid-Build，DBB）模式，或通用模式，这种项目管理模式在国际上最为通用，世行、亚行贷款项目和采用 FIDIC 施工合同条件（Conditions of Contract of Construction）（1999 年第 1 版）的项目均采用这种模式。我国目前采用的"招标投标制"、"建设监理制"、"合同管理制"基本上是参照世行、亚行和 FIDIC 的这种传统模式。这种模式的组织形式如图 1-2。

图 1-2　国际上传统项目管理模式的组织形式

这种模式由业主委托建筑师/咨询工程师（以下用工程师）进行前期的可行性研究等工作，待项目评估立项后再进行设计，编制施工招标文件，设计基本完成后协助业主通过招标选择承包商。业主和承包商签订工程施工合同，由承包商与分包商和供应商单独订立分包及设备材料的供应合同并组织实施。业主单位一般指派业主代表（可由本单位选派，或从其他公司聘用）与咨询方和承包商联系，负责有关的项目管理工作。由于投资控制对业主方很重要，所以有时业主指定工料测量师作为业主代表监督设计和施工，而在施工阶段的有关管理工作一般授权建筑师/工程师（在我国是监理工程师）进行。在国外常常是

由做设计的建筑师/工程师在施工阶段继续担任监理，这有利于检查施工是否满足设计要求，此时建筑师/工程师与业主签订委托服务合同，按照业主方和承包商的合同中规定的工程师的职责和权限进行项目管理。

FIDIC 施工合同条件（1999 年第一版，新红皮书）即适用于传统模式。

图 1-2 是多个主合同（Main Contract）由业主向不同承包商直接发包的形式。这种多个主合同单独发包的方式可节省施工总承包商的管理费，但往往产生协调困难问题，导致众多的纠纷，加大工程师的协调工作量，因而有时也将几个项目发包给一个施工总承包商，或采用 CM 模式（见后文）。

以下对各种模式的优缺点分析，均是以业主方的视角而言的。

该模式的主要优点是：

（1）由于这种模式长期地、广泛地在世界各地采用，因而管理方法成熟，各方对有关程序都很熟悉；

（2）业主可自由选择咨询设计人员，可控制设计要求，施工阶段也比较容易提出设计变更；

（3）可自由选择监理人员监理工程；

（4）可采用各方均熟悉的标准合同文本，双方均明确自身应承担的风险，有利于合同管理和风险管理。

该模式的缺点：

（1）项目设计—招投标—建造的周期较长，以致推迟投产时间，不利于业主资金周转；

（2）建筑师/工程师对项目的施工工期不易控制；

（3）管理和协调工作较复杂，业主管理费较高，前期投入较高；

（4）对工程总造价不易控制，特别在设计过程中对"可施工性"（constructability）考虑不够时，容易产生变更，从而引起较多的索赔；

（5）出现质量事故时，设计和施工双方容易互相推诿责任。

（二）设计—建造模式

1. 通用的设计—建造模式

通用的设计—建造（Design-Build，DB）模式是一种简练的工程项目的管理模式，组织形式如图 1-3 所示。

在这种模式下，业主方首先聘请一家专业咨询公司为其研究拟建项目的基本要求，在招标文件中明确项目完整的工作范围。在项目原则确定之后，业主只需选定一家公司对项目的设计/施工进行总承包。这种模式在投标时和签订合同时通常以总价合同为基础，但允许价格调整，也允许某些部分采用单价合同。DB 总承包商对整个项目的成本负责，总承包商可以利用本公司的设计和施工力量完成一部分工作，也可以招标选择设计或施工分包商。

业主方聘用工程师（FIDIC"新黄皮书"）或业主代表（美国 AIA 合同条件）进行项目管理，管理的内容除了对施工进行监理外，对设计也要进行管理，包括对承包商设计人员资质的审查，对承包商设计文件和设计图纸的审查，按"业主的要求"中的规定检查、审核或批准承包商的文件，参与讨论设计等。

图 1-3 设计—建造模式的组织形式

显然，在通用的 DB 模式中，承包商承担了整个工程大部分责任和风险，此种模式可用于房屋建筑和大、中型土木、机械、电力等项目。

FIDIC《生产设备与设计/建造合同条件》（Conditions of Contract for Plant and Design-Build）（1999 年第一版，新黄皮书）即适用于这种模式。

该模式的主要优点是：

（1）由一个承包商对整个项目负责，有利于在项目设计阶段预先考虑施工因素，避免了设计和施工的矛盾，可减少由于设计错误引起的变更以及对设计文件解释引发的争议；

（2）在选定 DB 承包商时，把设计方案的优劣作为主要的评标因素，从而可保证业主得到高质量的工程设计；

（3）在项目初期选定项目组成员，连续性好，项目责任单一；

（4）总价包干（但可调价），业主可得到早期的成本保证；

（5）可对分包采用阶段发包方式，缩短了工期，项目可以提早投产，业主能节约费用，减少利息及价格上涨的影响。

该模式主要缺点是：

（1）业主无法参与设计人员（单位）的选择；

（2）业主对最终设计和细节（如在建筑美学方面）的控制能力降低；

（3）由于造价包干，可能影响设计和施工质量。

2. 设计—管理模式

设计—管理（Design-Manage）模式通常是指由同一实体向业主提供设计，并进行施工管理服务的工程项目的管理模式。业主只签订一份既包括设计也包括管理服务在内的合同，设计公司与管理机构为同一实体，此实体也可以是设计机构与施工管理企业的联营体。

设计—管理模式可以通过两种形式实施（图 1-4）：

形式一是业主与设计—管理公司和施工总承包商分别签订合同，由设计—管理公司负责设计并对项目实施进行管理；

形式二是业主只与设计—管理公司签订合同，由设计—管理公司负责设计，该公司分别与各个单独的分包商和供应商签订分包合同，由他们负责施工和供货。

设计—管理模式可看作是下文所述的 CM 模式与通用的 DB 模式两种模式相结合的产物。

该模式的优点是：

（1）可对总承包商或分包商采用阶段发包方式以加快工程进度；

（2）设计—管理公司的设计能力相对较强，能充分发挥其在设计方面的长项；

该模式的缺点是：

由于设计—管理公司往往对工程项目管理能力较差，因此可能不善于管理施工承包商，特别是在形式二的情况下，要管理好众多的分包商和供应商，对设计—管理公司的项目管理能力提出了更高的要求。

图 1-4 设计—管理模式的两种组织形式

3. 更替型合同模式

更替型合同（Novation Contract，NC）模式即业主在项目实施初期委托某一咨询设计公司进行项目的初步设计、规划设计，或当这一部分工作完成（根据不同类型的建筑物，可能达到全部设计要求的 30％～80％）时，业主可开始招标选择承包商，承包商与业主签约的内容，除施工外，还包括承担全部未完成的设计工作，并规定承包商必须与原咨询设计公司签订设计合同，完成剩下的一部分设计。此时，咨询设计公司成为承包商的设计分包商，由承包商对设计进行支付。这种新的项目管理模式可看作是传统模式与设计—建造模式的巧妙结合。

该模式的主要优点：

（1）既可以保证业主对项目的总体要求，又可以保持设计工作的连贯性；

（2）可以在施工详图设计阶段吸收承包商的施工经验，提高设计的"可施工性"并有利于加快工程进度，提高施工质量；

（3）可减少施工中设计的变更；

（4）由承包商更多地承担这一实施期的风险管理，为业主方减轻了风险；

（5）后一阶段由承包商承担了全部设计建造责任，合同管理也较易操作。

该模式的主要缺点和注意事项：

（1）业主方必须在前期对项目有一个周到的考虑，因为设计合同转移后，变更就会比较困难；

（2）在签订新合同时，要仔细研究新旧设计合同更替过程中的责任和风险的重新分配，以尽量减少以后的纠纷。

NC 模式各方关系如图 1-5 所示。

图 1-5 更替型项目管理模式的组织形式

（三）设计—采购—施工/交钥匙模式

设计—采购—施工/交钥匙（Engineer-Procure-Construct/Turnkey，EPCT）项目的管理模式，合同各方关系如图 1-6 所示。

图 1-6 EPCT 项目管理模式的组织形式

EPCT 模式即承包商向业主提供包括设计、施工、设备采购、安装和调试直至竣工移交的全套服务，有时还包括融资方案的建议。EPCT 总承包商的工作范围大致包括：

（1）设计（Engineer）。应包括"业主的要求"中列明的设计工作，如项目可行性研究，配套公用工程设计，辅助工程设施的设计以及结构/建筑设计的设计计算书和图纸等。

（2）采购（Procure）。可能包括获得项目或施工期的融资，购买土地，购买工艺设计中包括的各类工艺、专利产品以及设备和材料等。

（3）施工（Construct）。由总承包商负责全面的项目施工管理，如施工方法、安全管理、费用控制、进度控制、质量控制、设备安装调试以及工作协调等。

这种模式与前面所述的通用的设计—建造模式类似，但承包商往往承担了更大的责任和风险，由业主代表对项目进行直接的较宏观的管理，不再设置工程师。EPCT 合同条件主要应用于以大型装置或工艺过程为主要核心技术的工业建设领域，如通常包括大量非标准设备的大型石化、化工、橡胶、冶金、制药、能源等项目，这些项目共同的特点即工艺设备的采购与安装和工艺的设计紧密相关，成为投资建设的最重要、最关键的过程。

从风险承担方面来看，FIDIC 对通用的 DB 与 EPCT 做了区分。DB 和 EPCT 均是总价包干项目，但 DB 允许调价，而 EPCT 一般不允许调价，风险主要由承包商承担。EPCT 合同条件中规定，承包商不但要对自己的设计负责，甚至要对"业主的要求"中的某些错误负责，同时还要承担发生最频繁的"外部自然力的作用"这一风险，因而一般 EPCT 项目的报价较高，但应允许投标人对资料和数据进行调研和核实。在招标投标过程中，投标人和业主就技术问题和商务条件进行讨论并将达成的协议写入备忘录或补充文件，这些文件成为合同的组成部分，其优先权高于合同条件、业主的要求和承包商的投标书。

FIDIC《设计—采购—施工/交钥匙》（Engineer-Procure-Construct/Turnkey，EPCT）（1999 年第一版）"银皮书"即适用于这种模式。

该模式的优点：

（1）由单个承包商对项目的设计、采购、施工全面负责，项目责任单一，简化了合同组织关系，有利于业主管理；

（2）EPCT 项目属于总价包干，不可调价，因此业主在早期即可明确投资成本；

（3）可以采用阶段发包方式以缩短工程工期；

（4）能够较好的将工艺的设计与设备的采购及安装紧密结合起来，有利于项目综合效益的提升；

（5）业主方承担的风险较小。

该模式的缺点：

（1）能够承担 EPCT 大型项目的承包商数量较少；

（2）承包商承担的风险较大，因此工程项目的效益、质量完全取决于 EPCT 项目承包商的经验及水平；

（3）工程的造价可能较高。

（四）设计、建造及运营模式

设计、建造及运营（Design-Build-Operation，DBO）模式是一种新的项目管理模式，其各方关系如图 1-7 所示。

在 DBO 模式下，业主进行项目的融资和招标，由一家承包商（可以是联营体）负责项目的设计、施工以及一定时期或长期的运营和维护工作。在 FIDIC 为 DBO 模式编制的《设计、建造及运营项目合同条件》（Conditions of Contract for Design，Build and Operate Projects）（2008 年第一版，金皮书）中，其主要事件的流程如图 1-8 所示。

上图中几个与日期有关的术语在"金皮书"中定义如下：

（1）D-B 期，即设计—建造期（Design-Build Period）。指从开工日期到试运行证书中规定的日期为止的期间。

（2）运营服务期（Operation Service Period）。指从试运行证书中规定的开始日期，到合同完成证书规定的日期的期间。

（3）保留期（Retention Period）。指试运行证书中规定的日期后的一年，用于完成扫

图 1-7　DBO 模式的组织形式

图 1-8　FIDIC "金皮书" DBO 模式主要事件流程图

尾工作。相当于"新黄皮书"中的缺陷通知期。

（4）截止日期（Cut-Off Date）。指设计—建造竣工时间之后的一个日期（也包含批准的延期之后的该日期），通常在合同数据中规定。承包商必须在该日期前完成设计—建造工作并开始运营项目，否则，可视为承包商违约，业主有权终止合同。

在 DBO 项目运营服务期（"金皮书"规定为 20 年，也可根据业主的需要而定）内，业主向承包商支付运营管理费用和提供运营所需原材料等，承包商仅负责按照业主的要求按时保质地完成运营工作。业主应按时向承包商付款，但运营的收益归业主。

在 DBO 模式下，承包商不仅负责项目的设计和建造，而且负责在项目建成后提供持续性的运营服务，这将鼓励承包商在进行设计时同时考虑项目的建造费用和运营费用，采用工程项目全生命周期费用管理的理念，以实现全生命周期费用最小的目标。

该模式的优点是：

（1）在选定 DBO 总承包商时，可综合考察投标人的设计、建造和运营服务方案，以保证业主得到高质量的设计；

（2）设计—施工—运营一体化，减少各方矛盾，加快设计施工速度；

（3）由于总价包干，减少了业主方资金透支的风险；

（4）质量更有保证，承包商会选用高质量的设施来换取低的运营和维修费用；

（5）综合体现项目全生命周期成本管理的理念。

该模式的缺点是：

（1）业主方负责融资，既要考虑到设计、建造和运营期的支付，又要合理测算运营期的收入，对于整个项目的融资策划有很高的要求；

（2）要承包商具备高水平的设计能力、施工技术和丰富的运营管理经验。如果承包商是联营体，则联营体本身的管理水平和相互协作能力会影响到项目的成败；

（3）DBO 是总价合同，在设计、施工和一个很长的运营期中，不采用调价公式将会招致许多不可预见的风险和矛盾。

（五）项目管理型承包模式

1. 项目管理承包

项目管理承包（Project Management Contracting，PMC）是指由业主通过招标的方式聘请一家有实力的项目管理承包商（公司或公司联营体），对项目的全过程进行集成化的管理，如图 1-9 所示，PMC 在国外也常称作管理承包（Management Contracting，MC）。在这种模式下，管理承包商须与业主签合同，并与业主的专业咨询顾问（如建筑师、工程师、测量师等）进行密切合作，对工程进行计划、管理、协调和控制。由各施工承包商具体负责工程的实施，包括施工、设备采购以及对分包商的管理。施工承包商一般只与管理承包商签合同，而不和业主签合同，管理承包商可采用阶段发包方式选择施工承包商，但选定的施工承包商须经业主批准。

管理承包商和施工承包商的合同可以采用单价合同、总价包干合同或成本补偿合同，但需得到业主的批准。在支付时，业主方要审查管理承包商对施工承包商的支付申请。业主以咨询工程师（一般为工料测量师）提出的项目成本为基础，要求管理承包商在管理施工项目时控制成本，如果成本超出双方约定的百分比（如 5%），则适当减扣管理酬金以

图 1-9 项目管理承包模式的组织形式

促使管理承包商控制成本。

对于管理承包商，英国合同审定联合会（JCT）推出的管理合同的标准范本中将其工作分为两个阶段：施工前阶段和施工阶段。英国土木工程师学会（ICE）也推出了PMC模式的管理承包合同的范本，不同的是它较为侧重对设计承包商和施工承包商的统筹兼顾。其中规定，管理承包商应管理项目的工程设计、施工和安装工作。

管理承包商的角色实质上具有业主咨询顾问的性质，因此无论JCT管理合同还是ICE管理合同，在涉及管理承包商承担的职责时，使用的措辞为"管理"、"组织"、"安排"、"协助"、"准备"、"协调"、"联络"等，这些措辞与"保证"、"承诺"等措辞所带来的责任有着明显的差别。因此，相比设计方及施工方，管理承包商与业主的合同条件较为宽松，适宜发挥其管理的专业职能。

业主向管理承包商的支付采用酬金加成本补偿方式。在英国，其管理酬金约为项目成本的2%～6%，如果管理承包商管理项目前期，其管理酬金一般为包干。

该模式的主要优点是：

（1）可充分发挥管理承包商在项目管理方面的专业技能，统一协调和管理项目的设计与施工，减少矛盾；

（2）管理承包商负责管理整个施工前的阶段和施工阶段，因此有利于减少设计变更；

（3）可方便地采用阶段发包，有利于缩短工期；

（4）一般管理承包商承担的风险较低，有利于激励其在项目管理中的积极性和主观能动性，充分发挥其专业特长，为业主管好项目。

该模式的主要缺点是：

（1）业主与施工承包商没有合同关系，因而控制施工难度较大；

（2）与传统模式相比，增加了一个管理层，增加了一笔管理费，但如果找到有经验的管理承包商，则可以从高水平的管理中获得效益；

（3）管理承包商与设计单位之间的目标差异可能影响相互间的协调关系。

一般采用该模式的业主常常是多个大公司组成的联营体，投资开发大型国际项目，需要从商业银行或出口信贷机构取得国际贷款；而如果业主自身资产负债无法取得融资担保，则需要选用有良好信誉的管理承包商以获得国际贷款；当业主本身的资源和能力无法完成项目时，也需要寻求高水平的管理承包商。

2. 项目管理

如今许多工程日益复杂，特别是当一个业主在同一时间内有多个工程处于不同实施阶段时，所需执行的多种职能超出了建筑师以往主要承担的设计、联络和检查的范围，这就需要由一家项目管理公司派出具有丰富工程项目管理经验的项目经理（及其团队）对一个工程项目进行全过程的项目管理（Project Management，PM）服务。

项目经理的主要任务是自始至终对一个项目负责，按照业主与项目管理公司所签订的服务合同内容，在合同实施阶段负责协调建筑师、工料测量师、结构工程师、设备工程师和施工总承包商的工作，使之分阶段地有序进行，在适当的时候引入指定分包商，以使业主委托的工作顺利实施。

这种模式提供的项目管理服务通常包括项目前期的咨询以及实施期间的管理服务，它虽然与PMC模式类似，但是项目管理公司不与承包商订立合同，而只是管理协调关系。

这种模式服务的范围可能更广，因而也可以叫作项目管理一体化模式。

从本质上来说，这种模式是属于管理型的模式，而不是风险承包型的模式。

该模式的主要优点是：

（1）由项目经理代替业主管理所委托的工作，往往由项目建设一开始就对项目全过程进行管理，这样可以充分发挥项目经理在这方面的经验和优势，有一个统一的管理思路；

（2）当业主同时具有多个项目时，可以避免因本单位派出的项目管理人员缺乏经验而导致的失误和损失；

（3）业主可以比较方便的提出必要的设计和施工方面的变更；

（4）业主可以对投资、进度和质量控制得较好，有利于控制承包商的索赔。

该模式的主要缺点是：

项目经理的选择至关重要，如果选择不好，容易招致大的失误。

由项目经理负责的项目管理模式的组织形式如图 1-10 所示。

图 1-10　项目管理模式的组织形式

3. 建筑工程管理模式

建筑工程管理模式（Construction Management Approach，CM 模式）又称阶段发包方式（Phased Construction Method）或快速轨道方式（Fast Track Method）。最先在美国产生，是在国外较为流行的一种合同管理模式。这种模式是在完成概念设计（包括项目的规划和方案），获得业主批准的基础上，采用"边设计、边发包、边施工"的阶段性发包方式，与设计图纸全部完成之后才进行招标的传统的连续建设模式（Sequential Construction Approach）不同，其特点是：

由业主委托的 CM 方式项目负责人（Construction Manager，CM 经理）与建筑师组成一个联合小组，共同负责组织和管理工程的规划、设计和施工。在项目总体规划、布局和设计时，要考虑到项目总投资的控制，在主体设计方案确定后，完成一部分工程的初步设计，随即对这一部分工程进行招标，发包给一家承包商施工，由业主直接与承包商签订施工承包合同。

传统的连续建设模式的招标发包方式与阶段发包方式的比较，如图 1-11 所示。

阶段发包方式的主要优点是：

（1）可以缩短工程从规划、设计到竣工的周期，整个工程可以提前投产，节约投资，减少投资风险，较早地取得收益；

（2）CM 经理早期即介入设计管理，因而设计者可听取 CM 经理的建议，预先考虑施

图 1-11 连续建设发包方式和阶段发包方式对比图

工因素，以改进设计的可施工性，还可运用价值工程改进设计，以节省投资；

（3）设计一部分，竞争性招标一部分，并及时施工，因而设计变更较少。

阶段发包方式的主要缺点是：

（1）分项招标可能导致承包费用较高，因而要做好分析比较，研究项目分项的多少，充分发挥专业分包商的专长；

（2）业主方在项目完成前对项目总造价心中无数。

需要注意的一点是，该模式要求挑选精明强干，懂管理、懂经济、又懂工程技术的人才来担任 CM 经理。CM 经理与业主为合同关系，他负责工程的监督、协调及管理工作，在施工阶段的主要任务是定期与承包商会晤，对成本、质量和进度进行监督，并预测和监控成本和进度的变化。

CM 模式可以有多种方式，下面介绍常用的两种形式，如图 1-12 所示。

（1）代理型 CM 模式（"Agency" CM）。

采用这种模式时，CM 经理是业主的咨询和代理，替业主管理项目，按照项目规模、服务范围和时间长短收取服务费，一般采用固定酬金加管理费，其报酬一般按项目总成本的 1‰～3‰计算。业主在各施工阶段和承包商签订工程施工合同。

该模式的优点是：

1）业主可自由选定做设计的建筑师/工程师；

2）在招标前可确定完整的工作范围和项目原则；

3）完善的管理与技术支持。

该模式的缺点是：

1）在明确整个项目的成本之前，投入较大；

2）索赔与变更的费用可能较高，业主方投资风险很大；

图 1-12　CM 模式的两种组织形式

3）由于分阶段招标，CM 经理不可能对进度和成本作出保证。

（2）风险型 CM 模式（"At-Risk" CM）。

采用这种模式，CM 经理在开发和设计阶段相当于业主的顾问，在施工阶段担任总承包商的角色，一般业主要求 CM 经理提出保证最大价格（Guaranteed Maximum Price，GMP）以保证业主的投资控制。如最后结算超过 GMP，由 CM 经理的公司赔偿；如果低于 GMP，节约的投资归业主，但可按约定给予 CM 经理的公司一定比例的奖励性提成。这里的 GMP 包括工程的预算总成本（包含工程的直接成本、间接成本）和 CM 经理的酬金（包含管理费、风险费、利润、税金等），但不包括业主方的不可预见费、管理费、设计费、土地费、拆迁费和其他业主自行采购、发包的工作的费用等。总的来说，相对于代理型 CM 模式，风险型 CM 经理的服务费率要高一些，一般在项目总成本的 4%～7%左右。这种形式在英国也被称为管理承包（Management Contracting），以区别于前一种方式。

其优点除代理型 CM 模式的优点外，还有：

1）业主方对总投资心中有数；

2）可在项目初期选定项目组的成员；

3）可提前开工，提前竣工，业主的投资风险较小。

缺点是：

1）GMP 中包含设计和投标的不定因素；

2）可供选择的高水平的能承担风险的 CM 公司较少；

3）在确定 GMP 时，特别是其中 CM 经理的风险费时，业主方和 CM 公司意见不容易统一。

综上所述，在代理型 CM 模式中，CM 经理与专业承包商是工作沟通协调关系；而在风险型 CM 模式中，CM 经理与专业承包商之间是合同关系，由于 CM 经理承担了更多的风险，因此业主应给予其较高的报酬。

能够进行风险型管理的 CM 公司通常是由过去的大型工程公司演化而来的。来自咨询设计公司的 CM 经理则往往只能承担代理型 CM。为了适应市场的要求，许多工程公司已形成独立的机构，能够进行任何一种形式的建筑工程管理。

（六）公共设施及社会服务私营化模式

近三十多年，在国际上，引导利用私人资本或由私营企业融资以及提供服务来代替传统上由政府提供资金的公共设施建设和社会公益服务的项目日益增多，本书在这里将这一类项目统称为"公共设施及社会服务私营化模式"。国际上将这一类项目统称为公私伙伴关系（Public-Private-Partnership，PPP）。

我国对这种模式统称为"政府和社会资本合作模式"，也用 PPP 作为代表符号，但此处"社会资本"既包括民营企业，也包括国有企业，这是和国外显著不同的一点。

下面主要介绍国际上的公共设施及社会服务私营化模式。

自 1984 年土耳其总理 Targut Ozal 提出了建造—运营—移交（Build-Operate-Transfer，BOT）方式，并在全世界许多国家和地区采用以来，BOT 模式发展很快，并演变出多种引申模式。

1980 年，英国认真检讨了政府公共部门采购和公共服务方面的问题，包括大型项目超预算、工程拖期以及政府资金不足等，这些问题致使许多公共建筑年久失修，公共服务质量低下，而英国北海油气田采用私营企业融资和经营管理的模式，效果则很好，这使政府认识到，利用私营企业的资金、经营理念和技术力量，为本应由政府承担的公益事业服务是一种好的方式。

1992 年，英国提出了私人主动融资（Private Finance Initiative，PFI），PFI 是一种为大型基础建设公共项目投资融资的方法，私营企业代替政府预先支付费用，并且承包、实施、完成和管理该项目。项目完成后出租给公共机构使用，而政府负责按年向私营企业支付费用。

到 20 世纪 90 年代末，英国政府总结了 80 年代初私有化政策和早期 PFI 项目在实践中的经验教训，提出并推动建立了 PPP。2000 年，英国政府感到应设立专门的机构来组织管理和协调 PPP 事宜，设立了英国伙伴关系（Partnerships U. K，PUK）公司，英国政府占 49% 股份，私营企业占 51% 股份。PUK 公司专门服务于 PPP 项目，推进 PPP 模式的发展，与私营企业保持稳定的联系，为政府节约投资，根据实际情况推动采用多种形式实现 PPP，并使 PPP 项目保值增值。英国政府对 PPP 项目的建设和经营全过程进行监管，并在相关领域制定或修订了法律。英国 PPP 应用比较有代表性的是在英国保障性住房和伦敦地铁中的成功运用。

英国国家审计署对该国 PPP 项目和政府采购项目，从合同工期和预算两个方面进行了比较，见表 1-1。

英国 PPP 项目和政府采购项目比较表　　　　　　表 1-1

年　限	超过预算的项目比例（%）		超过工期的项目比例（%）	
	PPP	政府采购	PPP	政府采购
2003 年	22	73	24	70
2008 年	35	46	31	37

英国财政部在 2012 年 12 月 5 日出版的"公私伙伴关系新视角"文件中，提供了 PF2

的新的合同范本，该范本充分利用公私伙伴关系的主要优势，又进行了一些改革，旨在克服原先可能存在的一些问题，消除浪费，提高效率，协调对公共部门和私营企业的激励。

澳大利亚和我国香港地区都较早开始探索 PPP 模式，也都有着丰富的实践经验，澳大利亚最普遍的 PPP 模式是，投资者成立一个专门的项目公司（Special Project Vehicle，SPV），SPV 和政府分别与执行项目各项任务的公司签订协议，SPV 负责项目的融资、建设和运营，运营期满，项目被无偿移交给政府；我国香港地区的 PPP 模式通常是政府以政府采购的方式进行招标，中标单位联合组建 SPV，双方签订特许合同，并由 SPV 负责项目的融资、设计、建设和运营，直至项目移交。

据世界银行统计，在过去 20 年间从发达国家到发展中国家，超过 134 个发展中国家采用 PPP 方式进行基础设施和社会服务的提供，约占相关国家基础设施总投资额的 15%～20%。2007～2011 财年期间，PPP 投资额每年新增 790 亿美元。2013 年，世界银行支持发展中国家的基础设施 PPP 项目数量为 291 个，投资金额 1503 亿美元，包括电信和能源类、交通类、水处理类等。

1. PPP 的定义和基本理念

很多国际组织与其他国家也在积极着手研究和推进 PPP 的发展，如联合国培训研究院、世界银行和其他开发银行、欧盟委员会、美国 PPP 国家委员会、加拿大 PPP 国家委员会、日本政府经济贸易与工业部的研究会等，由于各个国家的法律、文化和习惯的不同，因此对 PPP 的理解不尽相同，也没有统一的定义。

从目前的文献来看，一般国际上从三个角度来定义 PPP：

（1）从合约角度来定义：PPP 是政府和私营企业之间一种合同安排，把双方关系看成是一种正式的法律关系，该关系基于双方签订的合同，对双方均有约束力，违约者受罚。

（2）从伙伴关系角度来定义：PPP 是公私部门之间的一种合作关系，强调的是两个部门优势互补的一种"伙伴关系"，该关系基于双方之间的"互信"、"承诺"、"合作"、"双赢"。

（3）从功能性目标角度来定义：PPP 是集"设计、融资、采购、施工、运营"为一体化的项目投融资和复杂的项目管理模式，政府将传统建设模式的风险和相关工作转移给私营企业，尤其是融资和运营工作，目的是解决政府资金缺乏的问题，可实现项目全生命周期决策优化以及建设与运营效率的提高。

从这些定义可以看出，虽然各个国家和国际组织在理解 PPP 时都各有侧重，但是各方在利用公私双方优势互补，提供公共设施和社会服务方面存在共识。

总之，PPP 是一种新的公共产品的供给机制，是政府在公共管理的改革中进行的制度创新，即在政府主导的向社会提供公共服务中引入了市场机制作为一个重要的补充，引导私人机构参与为社会服务项目的市场竞争，但政府对 PPP 具有领导、指导和监管的责任。PPP 的发起、模式确定和监管等顶层设计和制度安排是政府的职责，而具体生产和运营这些为社会服务的项目，则由政府委托给了私人机构。因为其运作成本和效率都比政府部门有优势，也可以说 PPP 是一种公私双方合理分工的"最优风险分担"的模式了。PPP 涵盖了包括 PFI 在内的多种类型的公私合作方式，同时又以 PFI 类型最为成熟，在建设项目领域最为常见，下文中均采用 PFI/PPP 表示这类方式。本书中不对 PFI/PPP 做过多理论上的探讨，主要从实践角度对这一模式作一简要说明。PFI/PPP 主要采用 BOT 或其引申方式作为基本实施方式，并在做法和理念上加以扩展、深化和提高。

2. BOT

（1）BOT 的实施及典型结构

BOT 也可称为"特许经营权"（Concession）方式，是一种复杂的融资与项目管理模式，它是指某一财团或若干投资人作为项目的发起人，从一个国家的中央或地方政府获得某项基础设施的特许建造经营权，然后由此类发起人联合其他各方组建股份制的项目公司，负责整个项目的融资、设计、建造和运营。在整个特许期内，项目公司通过项目的运营获得利润，有时地方政府考虑到运营收费（如过桥费）不能太高，也可能给项目公司一些优惠条件（如将一片土地给项目公司开发经营），以便项目公司降低其运营收费标准。项目公司以运营和经营所得利润偿还债务以及向股东分红。在特许期届满时，整个项目由项目公司无偿或以极低的名义价格移交给东道国地方政府。BOT 方式中的各参与方可以包括地方政府、各类金融机构、运营公司、保险公司等，他们都为项目的成功实施承担各自的职责。BOT 方式的典型结构框架，如图 1-13 所示。

图 1-13　BOT 典型结构框架图

（2）BOT 的融资特点

BOT 是一种有限追索权的项目融资（Limited-recourse Project Financing）方式，贷款人只承担有限的责任和义务，债权人只能对项目发起人（项目公司）在一个规定的范围、时间和金额上实现追索，即只能以项目自身的资产和运行时的现金流作为偿还贷款的来源，而不能追索到项目以外或相关担保以外的资产（如项目发起人所在的母公司的资产）。

（3）BOT 的各类引申方式

目前，世界上许多国家都在广泛研究和采用 BOT 方式，各国在实践的基础上，又发展了多种引申的方式，如：

1）BOOT（Build-Own-Operate-Transfer）建造—拥有—运营—移交

项目公司对所建项目拥有所有权并负责运营，运营期届满时，将项目移交给政府。

2）BOO（Build-Own-Operate）建造—拥有—运营

项目公司对所建项目拥有所有权并长期负责运营，政府只能购买项目服务。

3）BLT（Build-Lease-Transfer）建造—租赁—移交

项目公司在项目建成后，出租给第三者，以租赁分期付款的方式回收资金，租赁期限届满，将项目移交给政府。

4）BT（Build-Transfer）建造—移交

在与政府签订 BT 合同时，即约定政府向项目公司偿还的方式和期限，项目公司完成项目建设后，即将所有权和运营权均移交给政府。

5）BTO（Build-Transfer-Operate）建造—移交—运营

项目公司完成项目的建设，将所有权移交给政府，由政府按合同约定的方式和期限向项目公司偿还资金，但仍由项目公司受政府委托进行运营维护。

6）DOT（Develop-Operate-Transfer）开发—运营—移交

项目公司负责项目的开发、建设和运营，运营期满，将项目移交给政府。

7）DBO（Design-Build-Operate）设计—建造—运营

从设计阶段开始，将项目特许给某一个项目公司，该公司负责项目的设计、建造和运营，通过运营收回投资，获取利润。（注：此处 DBO 与 FIDIC "金皮书" 的 DBO 模式不同，详见前文中的介绍。）

8）DBFO（Design-Build-Finance-Operate）设计—建造—融资—运营

从设计阶段开始，就将项目特许给某一个项目公司，由项目公司负责融资和建造，并通过经营收回投资，取得收益。

9）PUO（Procure-Upgrade-Operate）购买—更新—运营

项目公司从政府手中购买原有项目，取得项目所有权，对项目进行更新改造，并负责项目的运营，以收回投资和收益。

10）ROT（Rehabilitate-Operate-Transfer）修复—运营—移交

政府将现有项目移交给项目公司，由项目公司进行项目的修复、改建和经营，期限届满，再将项目移交给政府。

11）ROO（Rehabilitate-Own-Operate）修复—拥有—运营

项目公司完成原有项目的修复，拥有项目所有权，并负责项目的运营，以收回投资和收益。

12）TOT（Transfer-Operate-Transfer）移交—运营—移交

政府将已建的原有项目移交给项目公司，由项目公司进行改建，并运营收费，期限届满再将项目无偿移交给政府。

13）其他

（4）BOT 方式的优缺点

1) BOT 方式的优点：

① 使急需建设而政府又无力投资的基础设施项目可以提前建成发挥作用，有利于满足社会和公众的需要，加速生产力的发展；

② 能够减少政府直接投资的财务负担，降低了政府的债务风险；

③ 能充分发挥私营企业在融资、管理、建造、运营等方面的优势，为基础设施建设和社会服务；

④ BOT 项目由外国的公司承担时，能够带来先进的技术和管理经验等，有利于本国承包商的成长。

因而，BOT 这种投资建设方式引起了各发展中国家的青睐，被广泛用来进行基础设施建设，并取得了一定成功。

2) BOT 方式的缺点：

① 采用 BOT 承建的项目规模大，投资额高，建设和经营期限长，项目管理十分复杂，涉及各方的风险因素很多，在建造和经营的全过程中，各方均应做好风险防范和管理；

② BOT 项目涉及的参与方多，合同关系十分复杂，需要很高的项目管理水平；

③ 项目收益的不确定性较大，政府在立项前需要做好充分的前期可行性研究及准备工作，项目公司投标时也应对项目收益的可靠性进行充分分析；

④ BOT 项目的收入一般为当地货币，如果项目公司的股东主要来自国外，外国投资者会将其利润兑换成外汇汇出。对外汇储备较少的国家，项目建成后会有较多外汇流出；

⑤ 有时项目公司运营服务收费太高，可能会引起产品或服务的最终用户的不满，甚至诱发社会问题。

3. PFI/PPP

（1）PFI/PPP 的含义

PFI/PPP 指利用私人或私营企业资金、人员、技术和管理优势，向社会提供长期优质的公共设施和社会服务。

PFI/PPP 不同于私有化，公共部门作为服务的主要购买者，或作为项目实施的法定控制者，扮演着重要角色，以保证公共利益的最终实现；PFI 也有别于买断经营，买断经营方式中私营企业受政府的制约很少，是比较完全的市场行为；与公共项目传统的发包承包相比，私营企业要负责融资和经营。

（2）PFI/PPP 的实施和典型操作程序

在英国，PFI/PPP 项目大多采用 DBFO 的方式。通常，政府提出拟建公共设施和拟获得服务的明确标准，由私营企业负责项目的设计、建造、融资和运营，政府不再是公共设施的长期所有者，而主要是使用者。

PPP 的支付方式包括三种：

1) 用户支付费用，即私营企业的成本回收和利润创造完全依赖于向使用者（即用户）的收费来实现；

2) 政府支付费用，即私营企业的成本回收和利润创造依靠地方政府分期支付费用来实现；

3) 用户与政府联合支付费用。

根据英国的实践，PFI 大体上可以分为三类：

1) 私营企业经济上自立的项目（Free-standing Projects）

私营企业负责项目的全部投资，公共部门从规划的角度确定对项目的要求，并授予私营企业特许经营权。私营企业完全依赖向使用者的收费回收投资、赚取利润。这种模式需要协调好私营企业和公共部门之间的利益关系，政府部门建立有效的监督机制，使项目双方充分发挥各自的优势，节约项目的建设成本和经营成本，提高公共服务质量。项目最终是否移交政府取决于是采用 BOT 还是 BOO 方式。

2) 合资经营（Joint Ventures）

私营企业参与部分或全部项目投资，并通过一定的合作机制与公共部门分担风险，分享收益。其中，公共部门的出资方式可以包括提供特许贷款（Concessionary Loans）、参股、固定资产入股等，或上述方式的结合。私营企业通过竞争方式产生，对项目拥有主导控制权。双方的风险分担机制应提前明确，并遵守风险与收益对等原则。项目的成本回收和利润创造仍然依赖向使用者的收费来实现。

3) 向公共部门出售服务（Services Sold to the Public Sector）

由私营企业承包整个项目中的一项或几项职能，负责融资、建成项目并提供服务，费用补偿（包括成本和利润）依靠向公共部门的收费。此处公共部门指政府和/或使用单位（如学校、监狱等），按一定比例交纳费用。在这种模式中，私营企业承担的风险最小。

总之，PFI/PPP 在实施过程中，融资、运营的风险主要由私营企业承担，这既能激发私营企业的积极性，发挥建造、运营、管理的优势，鼓励其提高效率、改进管理、应用先进技术，又有利于保证资金价值的增长和提供优质服务。同时，英国 PFI/PPP 项目的实践经验也表明：风险在公私部门之间的分担必须合理，不可一味地向私方转移过多风险。

英国财政部针对 PFI/PPP 项目编制了公共部门操作程序指南，PFI/PPP 的典型操作程序为：分析项目必要性并明确目标——评估备选方案——编制项目纲要和公共部门评估标准——组建项目团队——确定评估策略——发出投标邀请——投标人资格预审——筛选投标人短名单——复评项目纲要和完善公共部门评估标准——邀请谈判——签收投标书——评标——选出三个候选投标人，最终评判——合同授予——合同管理。

BOT 和 PFI/PPP 模式的结构框架大体相同，主要区别在于：

① BOT 和 PFI/PPP 的组织形式不同。参与 BOT 项目的公共部门和私营企业之间缺乏有效的协调机制；而 PFI/PPP 对项目的组织机构进行了改进，公共部门和私营企业之间互相沟通协调，实现共赢。

② BOT 和 PFI/PPP 的运行程序不同。两种模式都包括立项、招投标、成立项目公司、项目融资、项目建设、项目管理运营、项目移交等环节，二者的不同主要体现在项目前期。在 BOT 项目中，私营企业是从招投标阶段开始参与项目，而在 PFI/PPP 项目中，私营企业在项目论证阶段就开始参与项目，因此更有利于项目参与方合作关系的建立。

(3) PFI/PPP 的应用领域

经过近几十年的发展，PFI/PPP 模式已经拓展应用到许多领域，如：

1) 交通领域。如道路、桥梁、轻轨、地铁等；

2) 教育领域。如教学楼、学生宿舍、学校修缮等；

3）能源领域。如热电站、核电站、水电站、风力电站等；

4）医疗卫生领域。如新建医院、医疗卫生设施等；

5）公检法领域。如监狱、法院、警察局等；

6）国防工程领域。如营房、军事院校、坦克运输车等；

7）其他领域。如水工程（海水淡化、水净化等）、消防站、政府办公楼等。

有些国家规定，某些行业部门或行业部门内的某些服务不能采用 PFI/PPP 模式。

（4）PFI/PPP 模式的优缺点

1）PFI/PPP 模式的优点

① PFI/PPP 模式，使投资主体多元化，私人企业的资金缓解了公共部门的资金缺乏，减轻政府的财政负担；

② 政府部门和私营企业可以取长补短，发挥各自的优势。私营企业利用专业知识和经验提高项目立项和建设水平，并从项目全生命周期的视角，来提高设施的维护水平，降低建设成本和维护成本。

2）PFI/PPP 模式的缺点

① PFI/PPP 实际上未必能够长期解决政府财政困难问题，因为实际上隐含着政府对今后一个相当长时期的财务承诺，如果政府方只顾眼前利益，缺乏长远的财务规划，很可能会导致政府实际给予的财政承诺和承担的风险更大；

② PFI/PPP 模式的规划和项目选择仍是政府部门的责任，政府在选用此模式时，如果前期的项目规划和可行性研究等工作比较匆忙，选择不正确可能给项目的实施带来很多困难；

③ 私营企业管理基础设施效率较高并可定期维护，但这需要靠政府风险分担合理的合约安排与及时的采购支付，否则就会影响运行和维修。

4. BOT 与 PFI/PPP 的比较分析

（1）共性

1）为了满足日益发展的公共项目建设和为社会公众提供服务的需要，而采取由私营企业来负责或承担大部分项目融资的方式。

2）政府提供政策支持，但不直接参与或仅少量参与该类项目的管理工作。项目的实施主要交由私营企业来承担。

3）在这类项目中"项目融资"均指"有限追索权"的项目融资，甚至无追索权的项目融资，而非广义的有 100% 追索权的"伪项目融资"。

（2）特性

1）从 BOT 到 PFI/PPP，应用领域逐步扩大。BOT 一般适用于营利性公共设施项目，以便通过运营期的收费来偿还债务资金，而 PFI/PPP 为私营资本进入非营利性公共设施项目开辟了更广阔的途径，政府通过长期租用协议或建成后使用期的补贴等方式予以有力的支持。

2）对私营企业的角色定位愈加灵活。BOT 的"项目公司"本身一般均具有开发实施和运营项目的能力，项目建成后项目公司自己运营并盈利以还贷；PFI 公司本身不一定具备项目开发能力，可以聘请社会化的专业公司进行项目管理，项目建成后由私营企业提供给有关单位（如学校）使用，由物业公司负责管理和运营，之后由政府和该使用单位共同向私营企业缴纳使用费。即 PFI/PPP 更强调私营资本进入公共领域，项目建设和运营的具体实施方式可以采用包括 BOT、BOO、BOOT、DBFO 在内的多种方式。

3）从应用对象角度，主要涉及两种资产类型。

①"绿地项目"（Green Field Scenery），指新建项目。

我们通常所说的 BOT 项目大都属于新建项目，由于发展中国家的基础设施缺乏，新建项目在发展中国家比较多。就目前而言，BOT 项目很大一部分是发达国家与发展中国家之间的合作，发达国家提供资金、技术和管理服务，发展中国家政府给予支持，授予特许经营权，并以不同方式回报；

②"棕地项目"（Brown Field Scenery），指既有项目。

在发达国家，由于基础设施老化问题严重，政府面临的是对既有项目的升级改造问题，因此，PFI/PPP 更多应用于私营资本较为发达的国家的公共部门与私营企业之间的合作，利用私营企业的资金、经营理念和技术力量进行本应由政府承担的既有的公用基础设施建设的翻新改造或社会服务。

5. PPP 模式在中国的发展

我国尝试采用 BOT 方式进行基础设施建设起步较早，1984 年即采用 BOT 方式建设深圳沙头角 B 电厂。然后我国开始采用国际公开招标，引进外资，用 BOT 方式进行广西来宾电厂 B 厂和成都水厂的建设，用 TOT 方式进行广西来宾电厂 A 厂的改建。之后，陆续采用 BOT 或 BT 等方式进行了多项基础设施的建设，但项目管理公司一方很多情况下都是国营公司。各个地方政府也陆续出台了一些利用社会资本进行基本建设的法规，对 BOT 模式进行了探索。

我国决定全面开展 PPP 模式以来，国家发展与改革委员会、财政部等相关部门针对 PPP 模式出台了一些文件，其中五份重要的文件是：2014 年 12 月 2 日国家发展和改革委员会的《政府和社会资本合作的指导意见》、《政府和社会资本合作项目通用合同指南》，2014 年 11 月 29 日财政部的《政府和社会资本合作模式（PPP）操作指南（试行）》，2014 年 12 月 30 日财政部的《关于规范政府和社会资本合作合同管理工作的通知》、《PPP 项目合同指南（试行）》。

这些文件是中央部委发布的指导性的文件，为 PPP 模式在我国的应用提供了重要的依据。但我国 PPP 项目与国际上不同的一点是，国营或民营企业均可根据自身的能力及业务需求，参与 PPP 项目过程中建设、投资、运营的全过程或某一部分环节，PPP 项目实施的核心是合同，使合同能够生效履行的依据就是法律和法规，而法律和法规的执行要依靠当地政府的指导和监管。

PPP 不是纯粹的商业项目，是政府和社会资本的合作。对于准备获得国际或国内基础设施项目特许权的企业，要认真考虑以下三个问题：

（1）基础设施是自然垄断行业，企业要量力而行，衡量自己是否有经验和能力实施这种特许权项目。

（2）政府对采用 PPP 方式进行的基础设施建设一定会实行价格监管，这对企业的盈利会产生什么样的影响。

（3）社会要求企业提供持续不间断的高质量的服务，这一般要进行十几年至几十年的时间，企业是否有能力提供如此长期的服务。

随着我国"一带一路"战略愿景的出台和国际工程公司走出去步伐的加快，以及国际工程市场的多元化，我国的企业将迎来更加广阔的国际工程投资机会和实施前景。PPP作为"一带一路"和全球国际工程市场上基础设施建设的基本方式将会得到空前的发展。我们应该一方面对我国的PPP模式在理念上和实施方式上不断地总结经验、完善、提高和创新，另一方面更应注意学习和研究国际上PPP模式的特点，特别是从投资—实施方去充分地分析和研究PPP模式的风险，同时要深入研究相关国家的国情，以适应国际上PPP模式基础设施建设的高潮。

（七）伙伴关系模式

1. 伙伴关系模式的概念

伙伴关系（Partnering）是指参与一个项目的各方之间的关系。

美国建筑业协会对于伙伴关系给出的定义是："伙伴关系是两个或两个以上的组织之间作为一个联盟的一种长期的承诺，或可用于较短的周期，例如一个项目的期间。伙伴关系的目的是通过各参与方资源最大化地有效利用来获取特定的商业利益。"

英国国家经济发展委员会也对伙伴关系下了定义："伙伴关系是在双方或者更多的组织之间，通过所有参与方最大的努力，为了达到特定目标的一种长期的义务和承诺。"

从以上两个定义上可以看出，伙伴关系模式的核心内容是互利互信、互相尊重、资源共享、共担风险，以期获得长期合作。

伙伴关系模式就是以伙伴关系理念为基础，业主与参建各方通过签订伙伴关系协议做出承诺和组建工作团队，在兼顾各方利益的条件下，明确团队的共同目标，建立完善的协调和沟通机制，实现风险合理分担和争议友好解决的一种项目管理模式。建立伙伴关系项目管理模式必须具备六项要素，即：

（1）在双方自愿基础上的承诺；

（2）明确的角色和责任；

（3）共同分担风险；

（4）充分的沟通与反馈；

（5）评价履约行为的客观方法；

（6）公平的奖惩机制。

2. 伙伴关系模式的发展沿革

这种模式最先是总结了日本工业（如汽车业）的非契约合作关系。1988年美国军方在建设亚拉巴马州的政府公共项目William Bacon Olive大坝工程中首次应用Partnering模式并取得成功。之后，该模式在美国的公共项目和私人投资项目中均有成功的应用。美国总承包商会（AGC）于1999年1月和美国军方工程兵团联合召开了"伙伴合同模式研讨会"，AGC发布了新千年伙伴合同模式计划，要推动这种模式在美国各地使用。美国建筑业协会（CII）还为这种模式的应用编写了规范。1994年7月英国环境部、建筑业联合会等资助Latham爵士进行该项研究，其研究报告"组建项目团队"中指出：应该从项目组织入手根本改变项目各方之间传统的对立关系。1998年7月，英国政府的建筑业特别工作组发表了《建筑业反思》的报告，提出应将伙伴关系管理模式引入建筑业。香港房屋委员会于2000年起草了一份旨在改善项目各方关系，提高建房质量，采用伙伴关系的工程项目的管理模式的文件。在2002年香港有关部门还按照伙伴关系的思路起草了高速公路项目管理的文件。如上所述，可以看出，国际上许多国家和地区都在研究和推行这种新的工程项目的管理模式。

国外学者 Douglas D. Gnansberg 等对 Partnering 模式的应用效果进行了研究，分别对合同金额达 21 亿美元的 408 个工程项目进行了调研、统计和分析，其中一半实行 Partnering 模式，一半不实行 Partnering 模式。他们设计了 10 个对比指标（如总成本增长比率，每单变更平均成本，工期缩短或拖后，误期项目与总项目之比率等），对于 500 万美元以下的小项目，Partnering 优势不明显，但对于 500 万以上至 4000 万美元的项目，全部 10 项对比指标，Partnering 均优于非 Partnering 项目。

3. 伙伴关系模式的实施方式

伙伴关系是一个宏观而宽广的理念，作为一种项目型的伙伴关系管理模式有两种不同的实施方式，一种为采用现有的项目管理模式（如传统模式，设计—建造模式，CM 模式等），但引入伙伴关系的理念和管理方法，也可以叫作"非合同化"的伙伴关系模式；另一种是逐步发展起来的采用伙伴关系理念的合同，如 NEC 和 PPC2000。现简介如下：

（1）非合同化的伙伴关系管理模式：以中国香港建筑业的应用为例

非合同化的伙伴关系管理模式不同于其他的项目管理模式，不能作为一种独立存在的模式单独使用，而是与其他项目管理模式共同应用，互相补充、互相促进，较为常见的情况是与传统模式、项目总承包模式、CM 模式结合使用。

在香港建筑项目管理中，多方共同管理是其显著特点。但由于香港地区建筑项目各级监管非常严格，一旦出现争议就会走向仲裁或者诉讼，这些程序非常冗长并且耗费大量人力和金钱，因而会促使新的管理模式出现。

Partnering 早期主要在医管局医院项目、房屋署住宅楼项目、港铁公司地铁将军澳新线路等大型工程项目上应用实施。鉴于上述公共工程领域的成功案例，香港政府建议将非合同化的伙伴关系模式作为新的管理方法之一。2001 年，香港建造业检讨委员会提倡建筑业广泛采用伙伴关系，通过所有工程参与者共同合作，来达成一致目标。政府各工程部门及业界私有公司也对伙伴关系做了不同程度的推广。例如环境运输及工务局将非合同化方式的伙伴关系引入到其所管辖的工程项目中。在过去 10 年里，Partnering 在香港政府大中型公共工程中得到更广泛的应用，例如土木工程拓展署的河堤改工程、路政署的公路维修项目等；机场及铁路等公共工程以及近期实施的大型项目包括深港高铁、机场范围发展计划等，在实施伙伴关系的模式上也比较积极。

在私人工程领域，香港置地公司的遮打大厦项目可作为香港首个正式采用伙伴关系策略的私人项目，但总体上，私人工程领域实施 Partnering 的项目相对少些。

按照香港建造业议会于 2010 年提供的《伙伴关系实施指引》，Partnering 在香港项目的实施主要采用非合同化实施方式，实施步骤和程序如图 1-14 所示；另外，业界虽然倡议各团体采用 NEC3 等伙伴关系合同模式，但除少数政府工程试行的项目外，基本仍沿用传统合同采购模式，只是在传统合同基础上添加了关于承包商激励、合同总价调整、风险分担等改善条款。

为了提高非合同化的伙伴关系管理模式的可操作性，一方面，要制定好伙伴关系规章，规章强调团队合作、总结经验、项目各方的共同承诺，以及通过推广自愿裁决和争议解决专家等替代争议解决方案，提倡无争议文化。在私人工程香港遮打大厦项目中，各方也一致认同伙伴关系规章是该项目成功的关键。另一方面，在高层推动上，管理人员需从意识上深入理解伙伴关系的精神实质——理解、合作、信任、双赢，采取跨越合约界限的态度，本着解决问题，推动项目进行的态度协调各方的关系，帮助解决问题。

图 1-14 香港采用伙伴关系的实施程序

（2）采用伙伴关系理念合同的管理模式

1）ICE 的《工程施工合同》（ECC）

ICE 组织了专家工作组，经过几年努力，研究制定了一套全新的合同范本，即 1993 年 3 月出版的新工程合同（New Engineering Contract，NEC），并于 1995 年出版了第二版，更名为《工程施工合同》（Engineering and Construction Contract，ECC）。

NEC 最新版是 2005 年 7 月出版的第三版，简称为 NEC3。新版 NEC 在明显的位置说明，该文件得到了英国政府商务部（Office of Government Commerce，OGC）的支持，推荐在英国所有的公共项目上使用新版的 NEC3。在 NEC3 中，合同双方仍需按照"主要选项条款"中的某一个合同支付模式来签订一个合同。

关于 NEC3 合同内容的介绍，详见第五章，这里只简单介绍其中有关伙伴关系的理念和做法，其主要特点如下：

① 合同核心条款规定，工作原则是合同参与各方在工作中应相互信任相互合作。

② 风险由合同双方合理分担，并鼓励双方以共同预测的方式来降低风险的发生率。

③ 在工作程序中引入了"早期警告程序"用以防范风险。合同明确业主的 6 大类风险和承包商的风险以及可补偿事件的处理方法。任一方觉察到有影响工期、成本和质量的问题时，均有权要求对方参加"早期警告"会议，以提出建议、采取措施，共同努力来防范和处理风险，以避免或减少损失。

④ 引入了评判人（Adjudicator）制度，评判人由双方共同指定，如果承包商与项目经理或监理人产生争议，均可提交评判人评判，由他对争议提出评判意见，如有一方不同意，在工程完工后再提交仲裁或诉讼。

在 NEC 合同的"次要选项条款"中，X12 是为了引进"伙伴关系"而专门拟定的。在合同该选项中明文规定，项目参与各方之间应建立一种多方"伙伴关系"，旨在促进工程项目上的多方合作。达成伙伴关系的各方包括合同的双方以及与项目有关的其他各方。但合同各方之间仍然需要签订传统意义上的双方合同。该选项要求各方在履行各方之间的基本合同规定义务的同时，还应承担 X12 选项所规定的义务。

2）ACA 的 PPC2000

2000 年，英国咨询建筑师协会（Association of Consulting Architects，ACA）出版了《ACA 项目伙伴关系合同标准文本》（The ACA Standard Form of Contract for Project Partnering，PPC2000）。这是世界上第一份以项目伙伴关系命名的标准合同文本，把在项目中建立伙伴关系的理念以合同的形式固定下来，促进了伙伴关系管理模式的进一步完善和发展。这一标准合同文本的面世和应用为在建设项目中应用伙伴关系管理模式奠定了合同基础。

根据伙伴关系管理模式的理念，PPC2000 比一般合同的时间跨度长，它的内容跨越了项目建设的全过程，从概念设计的形成，贯穿整个设计、施工阶段，直至工程竣工。这样，项目各方从项目初期开始就形成伙伴关系并就项目的发展进行充分协作，十分有利于项目的顺利进行。PPC2000 还对工程各参与方（包括业主、承包商、设计团队、项目伙伴关系指导顾问等）进行了详细的分类和说明，明确了各参与方在项目中的角色定位及其相应的义务和权利，从而避免分工不明确或互相推脱责任的情况发生。PPC2000 正文部分共有 28 条，197 款，详细介绍见何伯森主编的《工程项目管理的国际惯例》一书。

二、合理选择工程项目的管理模式

（一）业主方在确定工程项目的管理模式时应考虑的主要因素

项目管理模式选定的恰当与否将会直接影响到项目的质量、投产时间和效益。故业主方应熟悉各类项目管理模式的特点，为做出正确的决策奠定基础。业主方在确定项目管理模式时应考虑的主要因素包括：

（1）法律、行政法规、部门法规以及项目所在地的法规与规章和当地政府的要求。

（2）资金来源：融资有关各方对项目的特殊要求。

（3）项目管理经验：业主方以及拟聘用的咨询（监理）单位或管理单位对某种模式的管理经验是否适合该项目，有无标准的合同范本。

（4）项目的复杂性和对项目的进度、质量等方面的要求：如工期延误可能造成的后果。

（5）建设市场情况：在市场上能否找到合格的管理和实施单位（如工程咨询公司、项目管理公司、总承包商、承包商、专业分包商等）。

（二）一个项目可以选择多种项目管理模式

当业主方的项目管理能力比较强时，也可以将一个工程建设项目划分为几个部分，分别采用不同的项目管理模式。

图 1-15 即为英国的一个民用机场建设项目采用的三种项目管理模式。

项目不同部分使用不同的项目管理模式

图 1-15　英国一民用机场建设项目采用的三种项目管理模式
（此图选自 李世蓉 邓铁军 主编《工程建设项目管理》）

工程项目的管理模式均由业主方选定，但总承包商也可选用一些他需要的项目管理模式，例如设计—建造总承包商可以选用 CM 模式来向有特长的专业承包商发包一部分工程，自己充当"代理型 CM 经理"角色，而留下一部分工程自己施工。另外，工程咨询方也应充分了解和熟悉国际上通用的和新发展的项目管理模式，这样才有可能为业主选择项目管理模式当好顾问，在项目实施过程中协助业主方做好项目管理工作。

随着我国的入世和对建筑业保护期的结束，了解、熟悉更多的国际上通用的及新发展的工程项目管理模式对我国的业主方、咨询设计单位、监理公司以及承包商都很重要，这样不仅会有利于我国公司更多地占领国内市场，也有利于业主利用外资，使我国的各类公司与国外公司更好地合作，学习他们的经验和培养人才，同时还有利于这些公司开拓国外市场。总之，我们应该积极研究和学习国际惯例，以便为我国建设事业的可持续性发展作出更大的贡献。

第五节　国际工程合同的形式和类别

国际工程合同的形式和类别非常之多，有许多分类方法。例如，按工作内容分类可分为：工程咨询服务合同（包含设计合同、监理合同等）、勘察合同、工程施工合同、货物采购合同（包含各类机械设备采购，材料采购等）、安装合同、装修合同等。

按承包范围分类可分为施工总承包合同、DB 合同、EPCT 合同、DBO 合同、分包合同、劳务合同、项目管理承包（PMC）合同、CM 合同等。

本章中主要介绍按支付方式分类的合同，一般分为总价合同、单价合同和成本补偿合同三大类。

一、总价合同 (Lump Sum Contract)

总价合同有时称为约定总价合同 (Stipulated Sum Contracts)，或称包干合同。这种合同一般要求投标人按照招标文件要求报一个总价，在这个价格下完成合同规定的全部工作内容。

总价合同一般有以下六种方式。

(一) 固定总价合同 (Firm Lump Sum Contract)

如果是施工总承包合同，则承包商的报价以业主方的详细的设计图纸及计算书为基础，并考虑到一些费用的上升因素，如图纸及工程要求不变动则总价固定，但当施工中图纸或工程质量要求有变更，或工期要求提前，则总价也应改变。这种合同适用于对工程项目要求十分明确的工程项目。采用这种总价合同，承包商将承担全部风险，将为许多不可预见的因素付出代价，因此报价一般较高。

(二) 调价总价合同 (Escalation Lump Sum Contract)

在报价及签订合同时，以招标文件的要求及当时的物价计算总价的合同。但在合同条款中双方商定：如果在执行合同中，由于通货膨胀引起工料成本增加达到某一限度，合同总价应相应调整。采用这种合同形式，业主承担了通货膨胀这一不可预见的费用因素 (Unpredictable Cost Elements) 的风险，承包商承担其他风险。当工程项目的工期较长时，可采用这种形式的合同。

(三) 固定工程量总价合同 (Lump Sum on Firm Bill of Quantities Contract)

即业主要求投标人在投标时按单价合同办法分别填报业主方编制的工程量表中各分项工程的单价，从而计算出工程总价，据之签订合同。原定工程项目全部完成后，根据合同总价付款给承包商。工期较长的大中型工程一般应分阶段付款，但要在合同中具体说明。如果改变设计或增加新项目，则用合同中已确定的单价来计算项目调整之后的总价；如果工程量表中没有相应的单价，则由双方讨论确定一个新的单价。这种方式适用于工程量变化不大的项目。

这种方式对业主有利，一是可以了解投标人投标时的总价是如何计算得来的，便于业主审查投标价（特别是对投标人过度的不平衡报价），便于在合同谈判时压价；二是在物价上涨情况下，增加新项目时可利用已确定的单价。

(四) 附费率表的总价合同 (Lump Sum Price with Schedule of Rates)

与上一种相似，只是当业主方没有力量或来不及编制工程量表时，可规定由投标人编制工程量表并填入费率，以之计算总价及签订合同。适用于合同额较大的、可能有变更及分阶段付款的合同。

(五) 管理费总价合同 (Management Fee Lump Sum Contract)

业主雇用某一公司的管理专家对发包合同的工程项目进行管理和协调，并由业主支付一笔总的管理费用。采用这种合同时，要明确具体的工作范围。

(六) 目标合同 (Target Contract)

目标合同也是一种总价合同，在签订合同时，对承包商设定了一定的成本和工期目标以及完成这些目标的奖励。但根据招标文件的不同要求，又可分为两种类型：

1. 带分项工程表的目标合同（Target contract with activity schedule）

这类目标合同由承包商提交分项工程表，并对其准确性负责，承包商根据分项工程表在投标时提交一个总价，经过谈判，与业主签订总价目标合同。

2. 带工程量清单的目标合同（Target contract with bill of quantities）

这类目标合同由业主提出工程量清单，并对其准确性负责。承包商根据工程量清单在投标时提交一个总价，经过谈判，与业主签订总价目标合同。

承包商的投标总价将成为合同的"目标成本"（Target Cost）。如果发生费用超支或节约，业主与承包商将按照合同事先规定的方式进行分摊。这样合同双方都会致力于降低项目成本。

在各种总价合同执行过程中，对很小的单项工程，在完工后一次支付；对较大的工程，在投标时投标人最好报出各分部工程的价格，以便按施工过程中的里程碑（Milestone）分阶段支付，或按完成工程量的百分比支付。

总价合同的适用范围一般包括两类工程：

一类是房屋建筑工程（包括住宅和楼宇）。在这类工程中，招标时要求全面而详细地准备好设计图纸，一般要求做到施工详图；还应准备详细的规范和说明，以便投标人能详细地计算工程量；工程技术不太复杂，风险不太大，工期不太长，一般在 1～2 年以内，同时要给予承包商各种方便。此类工程对业主来说由于设计时间长，因而开工期晚，开工后的变更容易带来索赔，而且在设计过程中也难以吸收承包商的建议，但是对控制投资和工期比较方便，总的风险较小。对承包商来说，由于总价固定，如果在签订合同时不能争取到一些合理的承诺（如物价波动、处理恶劣的地基条件时可以调价等），则风险比较大，投标时应考虑足够的风险费。但承包商对整个工程的组织管理有很大的控制权，因而可以通过高效率的组织管理和节约成本来获取更多的利润。

另一类是一些大型工程，包括 DB、EPCT 项目或 DBO 项目。业主可以将 DB 工作，或 EPC 工作，或 DBO 工作一并发包给一个总承包商，这时总承包商则承担着更大的责任与风险。

二、单价合同（Unit Price Contract, Schedule of Rate Contract）

当准备发包的工程项目的内容和设计指标一时不能十分确定，或是工程量不能准确确定时，则以采用单价合同形式为宜。

单价合同又分为以下三种形式：

（一）估计工程量单价合同（Bill of Approximate Quantities Contract）

业主在准备此类合同的招标文件时，委托咨询设计单位按分部分项工程列出工程量表并填入估算的工程量，承包商投标时在工程量表中填入各项的单价，据之计算出总价作为投标报价之用。但在每月结账时，以实际完成的工程量结算。在工程全部完成时，以竣工图和某些只能现场测量的工程量为依据，最终结算工程的总价格。

有的合同规定，当某一分项工程的实际工程量与招标文件上的工程量相差一定百分比（一般为 $\pm15\%\sim\pm30\%$）时，任一方均可要求改变单价，但单价调整的方法和比例最好在订合同时即写明，以免以后发生纠纷。

（二）纯单价合同（Straight Unit Price Contract）

在设计单位还来不及提供施工详图，或虽有施工图但由于某些原因不能比较准确地估算工程量时采用这种合同。招标文件只给出各分项工程内的工作项目一览表、工程范围及必要的说明，而不提供工程量。承包商只要给出表中各项目的单价即可，将来施工时按实际工程量计算。有时也可由业主一方在招标文件中列出单价，而投标一方提出修正意见，双方磋商后确定最后的承包单价。

在英国、法国等国家，对于工程量不确定的土木工程，也经常采用工程量复测合同（Measurement Contracts），这种合同形式也是一种纯单价合同，其特点是：只由单价构成合同内容的一部分。关于单价的谈判确定方法，若议标，双方需协商一致确定单价；若是竞争性招标，通常就按公布的合同费率一览表，作出高于或低于它的百分比报价。这种合同的签订和现场开工可以在设计全部完成之前开始。

（三）单价与子项包干混合式合同（Unit Price Contract with Lump Sum Items）

以估计工程量单价合同为基础，但对其中某些不易计算工程量的分项工程（如水利工程中的施工导流，小型设备购置与安装调试等）则采用包干办法，而对能用某种单位计算工程量的，均要求报单价，按实际完成工程量及工程量表中的单价结算。这种方式在很多大中型工程中都普遍采用。

对业主方而言，单价合同的主要优点是可以减少招标准备工作，缩短招标准备时间，可鼓励承包商通过提高工效等手段从成本节约中提高利润，业主只按工程量表的项目支付，可减少意外开支，只需对少量遗漏的项目在执行合同过程中进行变更结算，结算程序比较简单，但业主方存在的风险也在于工程的总造价一直到工程结束前都是个未知数，特别是当设计师对工程量的估算偏低，或是遇到了一个有经验的善于运用不平衡报价法的承包商时，风险就会更大，因而应要求设计师比较正确地估算工程量和减少项目实施中的变更，以便为业主避免大量的风险。对承包商而言，这种合同比总价合同风险小，避免了总价合同中的许多风险因素。

三、成本补偿合同（Cost Reimbursement Contract，Cost Plus Fee Contract，CPF）

成本补偿合同也称成本加酬金合同，简称 CPF 合同，即业主向承包商支付实际工程成本中的直接费（一般包括人工、材料和生产设备费及施工机械设备费），并按事先协议好的某一种方式支付管理费及利润的一种合同方式。对工程内容及其技术经济指标尚未完全确定而又急于上马的工程（如旧建筑物维修、翻新的项目），完全崭新的项目，或是临时增加的不易计算工程量的项目（如抢险工作）以及施工风险很大的项目，均可采用这种合同。其缺点是发包单位对工程总造价不易控制，而承包商在施工中也不注意精打细算。因为有的合同形式是按照一定比例提取管理费及利润，往往成本越高，管理费及利润也越高。

成本补偿合同有多种形式，现介绍部分形式如下：

（一）成本加固定费用合同（Cost Plus Fixed Fee Contract，CPF）

根据双方讨论同意的工程规模、估计工期、技术要求、工作性质及复杂性、所涉及的风险等来考虑，确定一笔固定数目的报酬金额作为管理费及利润，对人工、材料、机械台班费等直接成本则实报实销。如果设计变更或增加新项目，当直接费用超过原定估算成本的10%左右时，固定的报酬金额也要增加。在工程总成本一开始估计不准、可能变化较大的情况下，可采用此合同形式，有时可分几个阶段支付固定报酬。这种方式虽不能鼓励承包商关心降低成本，但为了尽快得到酬金，承包商会关心缩短工期。有时也可在固定费用之外根据工程质量、工期和节约成本等因素，给承包商另加奖金，以鼓励承包商积极工作。

（二）成本加定比费用合同（Cost Plus Percentage Fee Contract）

工程成本中的直接费加一定比例的报酬费，报酬部分的比例在签订合同时由双方确定。

这种方式的报酬费随成本加大而增加，不利于缩短工期和降低成本。一般在工程初期很难描述工作范围和性质，或工期急迫，无法按常规编制招标文件招标时采用，在国外，除特殊情况外，一般公共项目不采用此形式。

（三）成本加奖金合同（Cost Plus Incentive Fee Contract）

奖金是根据报价书中成本概算指标确定的。合同中对这个概算指标规定了一个"底点"（Floor）（约为工程成本概算的60%～75%）和一个"顶点"（Ceiling）（约为工程成本概算的110%～135%）。承包商在概算指标的"顶点"之下完成工程则可得到奖金，超过"顶点"则要对超出部分支付罚款。如果成本控制在"底点"之下，则可加大酬金值或酬金百分比。采用这种方式通常规定，当实际成本超过"顶点"对承包商罚款时，最大罚款限额不得超过原先议定的最高酬金值。

当招标前设计图纸、规范等准备不充分，不能据以确定合同价格，而仅能制定一个概算指标时，可采用这种形式。

（四）成本加保证最大酬金合同（Cost Plus Guaranteed Maximum Contract）

即成本加固定奖金合同。签订合同时，双方协商一个保证最大酬金额，施工过程中及完工后，业主偿付给承包商花费在工程中的直接成本（包含人工、材料等）和一定比例的管理费及利润。但最大限度不得超过成本加保证最大酬金。如实施过程中工程范围或设计有较大变更，双方可协商新的保证最大酬金。这种合同适用于设计已达到一定深度，工作范围已明确的工程。

（五）最大成本加费用合同（Maximum Cost Plus Fee Contract，MCPF）

这种方式是在工程成本总价合同基础上加上固定酬金费用的方式，即当设计深度已达到可以报总价的深度，投标人报一个工程成本总价，再报一个固定的酬金（包括各项管理费、风险费和利润）。合同规定，若实际成本超过合同中的工程成本总价，由承包商承担所有的额外费用；若是承包商在实际施工中节约了工程成本，节约的部分由业主和承包商分享（其比例可以是业主75%，承包商25%，或其他双方约定的比例），在签订合同时要确定节约分成比例。

在本章第四节中介绍的风险型CM模式的保证最大价格（Guaranteed Maximum Price，GMP）即为此种支付方式。

（六）工时及材料补偿合同（Time and Material Reimbursement Contract）

用一个综合的工时费率（包括基本工资、保险、纳税、工具、监督管理、现场及办公室各项开支以及利润等），来计算支付人员费用，材料的费用则以实际支付材料费为准。

这种形式一般用于招标聘请专家或管理代理人等。

在签订成本补偿合同时，业主和承包商应该注意以下问题：

（1）必须有一个明确的如何向承包商支付酬金的条款，包括支付时间和金额百分比。如果发生变更或其他变化，酬金支付规定应相应调整。

虽然已有了一些 CPF 合同的范本，但在每个项目的合同中列出"可补偿的费用"（reimbursable cost）的准确定义对业主和承包商双方都是至关重要的。因为有一些 CPF 合同中"可补偿的费用"甚至包括了各项管理费及设计的费用，此时承包商投标时的酬金仅仅考虑利润就可以了。

（2）应列出工程费用清单，要规定一整套详细的与工地现场有关的数据记录、信息存储，甚至记账的格式和方法，以便对工地实际发生的人工、机时和材料消耗等数据认真而及时地记录，防止事后在数据统计上的不一致和纠纷。业主一方不仅在支付时，并且在税收、保险等方面也需要这些数据。

（3）应在承包商和业主之间建立起相互信任的关系，有时在合同中往往写上这一条。因为即使业主雇用专职现场监理，也很难详细准确地核查每一项应支付的成本。这种合作形式下，承包商的酬金已有保证，他就应该高效而经济地实施工程，工作中仅使用必要的人员和机械，以诚实的态度实事求是地记录申报每天的人工、机械和材料，并以竞争性的价格去采购材料，而业主方则应及时地提供资料和进行支付。

CPF 合同对业主而言，最大的优点是能在设计资料不完整时使工程早开工，并且可采用 CM 模式，完成阶段设计后阶段发包，从而使项目早日完工，节约时间和尽早收回投资。但业主要承担很大的风险，业主不能在项目早期知道最后的总成本，因而可能最终支付很高的合同价格。为了减少风险，可采用 MCPF 合同方式。

CPF 合同对承包商而言，其优点是可获得比较有保证的酬金，风险较小；而主要缺点是合同的不确定性，由于设计未完成，不知道合同的终止时间，有时很难计划安排其他的工程。

一项工程招标前，选用恰当的合同方式是建设单位制定发包策略及发包计划的一个重要组成部分。招标一般不属于设计的一个阶段，它仅仅作为设计完成后，或与设计平行进行的一项专门工作，这项工作主要是复核工程计划和技术规范，进行全面施工规划，进行工程估价和编制招标文件。招标文件一般由业主委托咨询公司或设计单位编制。

采用何种合同支付方式往往与设计的阶段和深度分不开。对于施工承包合同，如果设计只做到概念设计阶段，则只能采用成本补偿合同方式招标和实施；如果设计进行到基本设计阶段，则有可能采用单价合同；如果设计进行到详细设计阶段则可采用总价合同或单价合同。

思　考　题

1. 国际工程的定义和范畴是什么？有什么特点？
2. 试比较项目、工程项目、国际工程项目的特点。
3. 国际工程合同管理有哪些特点？
4. 国际工程的建设程序如何划分？

5. 试分析比较传统的项目管理模式、DB、EPCT、DBO 模式和项目管理型承包模式的优缺点和应用条件。

6. 试分析"总承包商"的概念和分类。

7. 试分析公共设施与社会服务私营化模式（BOT/PFI/PPP）的理念和实施方式。

8. 试分析伙伴关系模式的理念和实施方式，香港的非合同化伙伴关系模式的特色。

9. 试比较分析按工程支付方式分类的三大类 15 种合同的特点和适用条件。

10. 签订"成本补偿合同"时，合同双方应该注意哪些问题？

本章首先介绍工程采购招标文件编制的原则和分标的方法，对世界银行、世行贷款项目的项目周期作了简介，随后介绍了对投标人的资格审查。全章重点是第三节和第四节，第三节详细地介绍了世界银行贷款项目"工程采购标准招标文件"（2012年版）中三大部分共十节的内容；第四节着重讨论了工程采购招标文件中涉及各类调价公式，支付条款和投标书附录中的几个问题，最后一节介绍了开标、评标和决标。

第一节 概　　述

世界银行（以下简称世行）贷款项目的工程采购、货物采购及咨询服务的有关招标采购文件是国际上最通用的、传统管理模式的文件，也是典型的、权威性的文件。世行的各种文件是世行半个多世纪采购经验的结晶，是高水平的国际工程合同管理文件。

我国自20世纪80年代以来，应用世行贷款，不但修建了大量基础设施项目，也在这个过程中学习了许多国际工程项目管理的知识。现在虽然国内世行贷款项目减少，但在我们走向其他发展中国家去承包工程时，仍会遇到大量的世行及其他国际金融组织贷款的项目。

我们研究工程项目管理的国际惯例时，必然应该认真地学习研究世行的系列文件，这对我国的工程建设队伍了解和熟悉工程采购的国际惯例，在项目管理方面与国际接轨并走向世界有着十分重要的意义。

本节中首先简介了工程采购和招标的概念、工程采购招标文件编制原则、工程项目的分标以及世行贷款项目的"项目周期"，随后在本章第三节中再详细介绍世行贷款项目工程采购标准招标文件。

一、工程采购招标文件编制的原则

国际上，工程采购（Procurement of Works）指业主通过招标或其他方式选择一家或数家合格的承包商来完成工程项目的全过程。工程采购主要的环节包括：

第二章　国际工程项目的工程采购合同

（1）编制招标文件。

（2）进行招标、评标。

（3）谈判和签订合同。

（4）项目实施期间的合同管理。

招标是业主采用市场采购的方式对将实施的工程项目某一阶段特定任务的实施者进行选择的方法和过程，也可以说是业主对自愿参加某一特定任务的承包商或供货商的审查、评比和选用的过程。

招标对于业主一方来说，是进行工程项目管理的极为重要的一环，涉及选择一个合格、胜任的承包商来完成既定的项目，对工程的投资、进度和质量进行有效的控制，保证项目能够按时投产、顺利运行，而编制好招标文件是招标工作中最重要的一个环节。

招标文件也是提供给承包商投标的依据。在招标文件中应明确地向承包商说明工程项目有关内容的实施要求，以便承包商据之投标。

招标文件又是签订工程合同的基础。招标文件 90%以上的内容将成为合同文件。因为招标文件是业主一方对工程采购的基本要求，在招标、投标和谈判过程中是不会作大的变动的，据之签订的合同则是在整个项目实施和完成过程中最重要的文件。招标文件中的招标公告是要约邀请（Invitation to Offer），但在招标工作完成后招标公告并不成为合同文件。

对承包商一方而言，招标文件是业主拟定的工程采购的蓝图和合同草案，正确地理解和掌握招标文件的内容，是成功地投标、谈判、签订合同以及顺利实施项目的关键。

对咨询工程师而言，受业主委托编制招标文件是工程咨询的重要内容之一，在招标文件中既要体现业主对项目的技术和经济要求，又要体现业主对项目实施管理的要求，编制一份完善的高水平的招标文件是一项要求很高的咨询工作。

对监理工程师而言，必须全面而深入地理解和掌握招标文件的内容，因为据之签订的合同中将详细而具体地规定监理工程师的职责和权限，是监理工程师进行业主方合同管理的最重要的文件。

总之，招标文件对于参与项目准备和实施的各方都是十分重要的。

（一）招标文件的编制原则

招标文件的编制要求是系统、完整、准确、明了。编制国际工程项目招标文件的依据和基本原则包括：

（1）遵守法律和法规。应遵守我国和项目所在国家的法律、法规和当地政府部门的有关规章、条例等。

（2）遵守国际组织规定。如果是国际组织贷款项目，必须遵守该组织的各项规定和要求，特别要注意各种相关的审核批准程序，此外还应该符合国际惯例。

（3）风险的合理分担。应注意公正地处理业主和承包商的利益。如果不适当地将过多的风险转移给承包商一方，势必迫使承包商加大风险费，提高投标报价，最终还是业主一方增加支出，甚至可能影响工程的正常实施和工程质量。

（4）反映项目的实际情况，招标文件应该正确、详细地反映项目的实际情况，以使投标人的投标能建立在可靠的基础上，这样才能减少履约过程中的争议。

（5）文件内容应力求统一，招标文件包括许多内容，从投标人须知、合同条件到规范、图纸、资料表等，这些内容应该力求统一，尽量减少和避免各份文件之间的歧义和矛盾。招标文件的矛盾会引发工程实施中的争议和索赔。招标文件用语应力求严谨、明确，以便在产生争议时易于根据合同文件判断解决。

（二）工程项目的分标

工程项目的分标指的是业主（及其咨询人员）计划对准备招标的工程项目分成几个部分单独招标，即对每个部分都编写独立的招标文件进行招标。这几个部分既可同时招标，也可分批招标，既可由几家承包商分别承包，也可由一家承包商全部承包。

分标的原则是有利于吸引更多的投标人参与投标，以发挥各个承包商的专长，降低造价，保证质量，加快工程进度。但分标也要考虑到便于施工管理、减少施工干扰，使工程项目的实施能有条不紊地进行。

分标时考虑的主要因素有：

（1）工程特点。如果工程场地集中、工程量不大、技术上不太复杂，由一家承包商总包比较容易管理，一般不分标。但如果工地场面大、工作战线长、工程量大，有特殊技术要求，则应考虑分标。如高速公路项目，就应该考虑到当地地形、河流、城镇和居民情况等，据此对土建工程进行分标，而其交通工程系统则又是一个标。

（2）对工程造价影响。一般说来，一个工程由一家承包商施工，不但干扰小，便于管理，而且由于不用重复建设临时工程，人力、机械设备可以统一调度使用，因而可望得到较低的报价。但也要具体问题具体分析。如果是一个大型、复杂的工程项目（如特大型水电站），则对承包商的施工能力、施工经验、施工设备等有很高的要求，在这种情况下，如不分标就可能使有资格参加此项工程投标的承包商数量大大减少，竞争对手的减少必然导致报价的上涨，反而不能得到比较合理的报价。

（3）有利于发挥承包商的专长，增加对承包商的吸引力，使更多的承包商来投标。如大型海港工程，既有海洋中的水工工程，又有码头后的陆域工程，还有码头上与装卸有关的工程以及轮船导航设施等，施工技术复杂。对于码头工程的承包商，不但要具备丰富的水上建造码头的施工经验，还要有专用的施工设备；而陆域工程则相对简单得多，只要具备爆破、装卸和运输能力的公司均可投标。显然分标可以吸引更多的承包商参加竞争，有利于降低造价。

（4）工地管理。从工地管理角度看，分标时应考虑两方面的问题，一是工程进度的衔接，二是工地现场的布置和干扰。

工程进度的衔接很重要，特别是在关键路线上的项目，一定要选择施工水平高、能力强、信誉好的承包商，以防止由于这类项目的施工进度影响其他承包商的进度。

从现场布置角度看，则承包商应越少越好。分标时要对几个承包商在现场的施工场地（包括现场分配、附属企业、生活营地、交通运输甚至出渣场地等）进行细致周密的安排。

（5）其他因素。如资金不足时，可以先部分招标；如果是国际工程，外汇不足时则可将部分工程改为国内招标；或为了照顾本国承包商而分标，部分工程仅对国内招标。

总之，分标是正式编制招标文件前一项很重要的工作，必须综合考虑上述原则及因素，有时可拟定几个方案，综合比较确定。

二、世界银行贷款项目的"项目周期"

世界银行贷款项目，是指将世行贷款资金与借款国国内配套资金结合使用进行投资的某一固定的投资目标。世行每一笔项目贷款的发放，都要经历一个完整而较为复杂的程序，也就是一个项目周期（Project Cycle）。这个周期包括 6 个阶段，即项目选定、项目准备、项目评估、项目谈判、项目执行与监督、项目的后评价。在每个项目周期中，前一阶段是下一阶段的基础，最后一个阶段又产生了对新项目的探讨和设想，这样就形成一个周而复始的完整的循环圈。

（一）项目选定（Project Identification）

在这个阶段，借款国需要确定既符合世行投资原则，又有助于借款国实现其发展计划并属于优先考虑的项目。世行将参与和协助借款国进行项目选定，收集项目基础资料，确定初步的贷款意向。在我国，与这一阶段相似的程序是项目的立项阶段，包括项目概念的提出、项目建议书的酝酿、提出与批准等。

（二）项目准备（Project Preparation）

在项目被列入世行贷款规划后，该项目便进入项目准备阶段。这一阶段一般持续 1～2 年，其主要任务和要求就是通过可行性研究得到最佳的设计方案，并提出"项目报告（Project Report，PR）"。与国内项目建设程序相比，这一阶段相当于项目可行性研究阶段。

项目准备工作，主要由借款国自己来做，但世行也直接或间接地对借款国提供帮助，目的在于加强借款国准备和实施开发项目的总体能力。在这一阶段，世行要派由有关专家和项目官员组成的项目准备团，对借款国的项目准备工作进行检查、监督和指导，随时了解项目准备工作进展情况，同时通过搜集项目有关资料，为下一步评估工作做好准备。

（三）项目评估（Project Appraisal）

项目评估，是项目周期中的一个关键阶段。当借款国自己所进行的项目准备工作基本结束，世行就要开始项目评估。由世行职员及聘请的专家承担此工作。

世行要在这一阶段与借款国政府及项目单位讨论项目规模、内容、项目成本、执行安排、项目融资、采购、支付及审计安排等一系列问题，并将这些内容基本确定下来。这一阶段工作一般需 2～4 周时间，评估内容包括技术、组织机构、经济和财务以及社会四个主要方面。在完成项目评估后，评估人员要编写一份详细的《项目评估报告》。世行的项目评估相当于国内项目立项批准之前的评估阶段。

（四）项目谈判（Project Negotiation）

项目谈判是世行与借款国为保证项目成功，力求就所采取的必要措施达成协议的阶段。项目谈判内容主要包括贷款条件与法律性文件（如合同协议书、合同条件等）的讨论与确认，以及技术内容的谈判两个方面。经过谈判所达成的协议，将作为法律性文件由双方共同履行。

谈判结束后，世行方面要将谈判后经过修改的评估报告提交其执行董事会。如果批准了这项贷款，则贷款协定就由双方代表签署。协定的签订标志着项目正式进入执行阶段。

（五）项目的执行与监督（Project Execution and Supervision）

项目的执行，就是指通过项目资金的具体使用以及为项目提供所需的设备、材料、咨询服务以及施工等，将项目目标按照设计内容付诸实施的建设过程。执行的主要内容包括项目采购、贷款资金支付与配套资金提供、技术援助与培训计划的实施等。

在项目执行过程中，世行将提供必要的帮助，并依据项目评估报告对项目的实施进行监督。

（六）项目的后评价（Project Post-Evaluation）

项目后评价阶段的主要目的和任务是在项目正式投产一年以后按照严格的程序，采取客观的态度，对项目执行全过程进行回顾和总结，由项目主管人员编写"项目竣工报告"，再由世行的业务评价局评审该报告，并对项目的执行成果做出全面的后评价，为以后工作的改进和新项目的实施提供参考。

第二节　资　格　审　查

一、资格预审

资格预审（Prequalification）是国际工程招标中的一个重要程序，对采用国际公开竞争性招标的大中型工程，特别是国际金融组织贷款的项目，一般都要对投标人进行资格预审。

资格预审的目的主要是：

（1）了解潜在投标人（Potential Bidder）的财务状况、技术能力及以往从事类似工程的施工经验，从而选择在财务、技术、施工经验等方面优秀的潜在投标人参加投标，淘汰不合格的潜在投标人。

（2）减少评标阶段的工作时间和费用。

（3）为不合格的潜在投标人节约购买招标文件、现场考察及投标等费用。

（4）降低将合同授予不合格的投标人的风险，为业主选择一个较理想的承包商打下良好的基础。

（5）促使一些综合实力差但专项能力强的公司结成联营体。

本节中将对资格预审的程序，资格预审文件的内容，资格预审的评审以及资格后审作一简介。

（一）资格预审的程序

（1）编制资格预审文件。由业主委托设计单位或咨询公司编制资格预审文件。资格预审文件的主要内容有：①工程项目简介；②对潜在投标人的要求；③各种附表。

利用世界银行或其他国际金融组织贷款的项目，资格预审文件编好之后，要经该组织审查批准，才能进行下一步的工作。

（2）刊登资格预审公告。资格预审公告应刊登在国内外有影响的、发行面比较广的报纸或刊物上。我国世行贷款国际招标项目的资格预审公告应刊登在"China Daily"、"人民日报"和联合国"发展论坛"上。

资格预审公告的内容应包括：工程项目名称、资金来源（如国外贷款项目应标明是否已得到贷款还是正在申请贷款），工程规模，工程量，工程分包情况，潜在投标人的合格条件，购买资格预审文件的日期、地点和价格，递交资格预审文件的日期、时间和地点。

（3）出售资格预审文件。

（4）对资格预审文件的答疑。资格预审文件发售后，购买资格预审文件的潜在投标人可能对资格预审文件提出各种质询，这些质询都要以书面形式（包括传真、信件、电子邮件）提交给业主，业主将以书面形式回答并通知所有购买资格预审文件的潜在投标人，但不指明提出问题的潜在投标人。

（5）报送资格预审文件。潜在投标人应在规定的资格预审截止时间之前报送资格预审文件。在截止日期之后，不接受任何迟到的资格预审文件，也不能对已报的资格预审文件进行修改。

（6）澄清资格预审文件。业主在接受潜在投标人报送的资格预审文件后，可以找潜在投标人澄清他提交的资格预审文件中的各种疑点，潜在投标人应按实际情况回答，但不允许修改资格预审文件的实质内容。

（7）评审资格预审文件。详见下文。

（8）向潜在投标人通知评审结果。招标单位（或业主）以书面形式向所有参加资格预审者通知评审结果，并在规定的日期、地点向通过资格预审者出售招标文件。

（二）资格预审文件的内容

资格预审文件的内容包括四个主要方面，现分别介绍如下。

1. 工程项目总体描述

使潜在投标人能够理解本工程项目的基本情况，作出是否参加投标的决策。

（1）工程内容介绍：详细说明工程的性质、工程数量和质量要求、开工和竣工时间。

（2）资金来源：是政府投资、私人投资，还是利用国际金融组织贷款；资金落实程度。

（3）工程项目的当地自然条件：包括当地气候、降雨量（年平均降雨量、最大降雨量和最小降雨量发生的月份）、气温、风力、冰冻期和水文地质等情况。

（4）工程合同的类型：是施工合同、设计/施工合同还是交钥匙合同；是单价合同还是总价合同；是否允许分包工程。

2. 简要合同规定

对潜在投标人提出哪些具体要求和限制条件，对关税、当地材料和劳务的要求，外汇支付的限制等。

（1）潜在投标人的合格条件。对潜在投标人是否有国别和资质等级的限制？是否要求外国潜在投标人必须和本国潜在投标人联合？

利用国际金融组织贷款的工程项目，潜在投标人的资格必须满足该组织的要求。如利用世界银行或亚洲开发银行贷款的工程，投资人必须是来自世界银行或亚洲开发银行的会员国。

（2）进口材料和设备的关税。潜在投标人应调查和了解工程项目所在国的海关对进口材料和设备的现有法律和规定及应缴纳关税的细节。

（3）当地材料和劳务。潜在投标人应调查和了解工程项目所在国的海关对当地材料和劳务的要求、价格、比例等情况。

（4）投标保证和履约保证。业主应规定对潜在投标人提交投标保证和履约保证的要求。

（5）支付外汇的限制。业主应明确向潜在投标人支付外汇的比例限制，外汇的兑换率，这个兑换率在合同执行期间保持不变。

（6）优惠条件。业主应明确是否给予本国潜在投标人以价格优惠。

（7）联营体的资格预审。联营体的资格预审应遵循下述条件：

1）资格预审的申请可以由各公司单独提交，或两个或多个公司作为合伙人联合提交，但应符合下述第3）款的要求。两个或多个公司联合提交的资格预审申请，如不符合对联营体的有关要求，其申请将被拒绝。

2）任何公司可以单独，同时又以联营体的一个合伙人的名义，申请资格预审，但不允许任何公司以单独及合伙人的名义重复投标，任何违背这一原则的投标将被拒绝。

3）联营体所递交的申请必须满足下述要求：

① 联营体的每一方必须递交自身资格预审的完整文件；

② 资格申请中必须确认：联营体各方对合同所有方面承担的连带的和各自的责任；

③ 资格预审申请中必须包括有关联营体各方所拟承担的工程及其义务的说明；

④ 申请中要指定一个合伙人为负责方，由他代表联营体与业主联系。

4）资格预审后组建的联营体的任何变化都必须在投标截止日之前得到业主的书面批准，后组建的或有变化的联营体如果由业主判定将导致下述情况之一者，将不予批准和认可：①从实质上削弱了竞争；②其中一个公司没有预先经过资格预审（不管是单独的还是作为联营体的一个合伙人）；③该联营体的资格经审查低于资格预审文件中规定的可以接受的最低标准。

3. 资格预审文件说明

（1）准备申请资格预审的潜在投标人（包括联营体）必须回答资格预审文件所附的全部提问，并按资格预审文件提供的格式填写。

（2）业主将对潜在投标人提供的资格预审申请文件依据下列五个方面来判断潜在投标人的资格能力：

1）财务状况。潜在投标人的财务状况将依据资格预审申请文件中提交的财务报告，以及银行开具的资信情况报告来判断。

2）施工经验与过去履约情况。投资人要提供过去几年中，令业主满意的，完成过相似类型和规模以及复杂程度相当的工程项目的施工情况，最好提供工程验收合格证书或业主方对该项目的评价。

3）人员情况。潜在投标人应填写拟选派的主要工地管理人员和监督人员的姓名及有关资料供审查，要选派在工程项目施工方面有丰富经验的人员，特别是负责人的经验、资历非常重要。

4）施工设备。潜在投标人应清楚地填写拟用于该项目的主要施工设备，包括设备的类型、制造厂家、型号，设备是自有还是租赁，哪些设备是新购置的。

5）诉讼史。有些业主为了避免雇用那些过度提出工程索赔而又在以前的仲裁或诉讼中失败的承包商，有时会在资格预审文件中规定，申请人需要提供近几年所发生的诉讼史，并依据某些标准来拒绝那些经常陷于诉讼或仲裁且败诉的承包商通过资格预审。

（3）资格预审的评审前提和标准。潜在投标人对资格预审申请文件中所提供的资料和说明要负全部责任。如果提供的情况有虚假，或在审查时对提出的澄清要求不能提供令业主满意的解释，业主将保留取消其资格的权力。

要向每一位潜在投标人说明业主对资格预审的评审标准。

4. 要求潜在投标人填报的各种报表

在资格预审时要求潜在投标人填报的各种报表，一般包括：

（1）资格预审申请表。

（2）公司一般情况表。

（3）年营业额数据表。

（4）目前在建合同/工程一览表。

（5）财务状况表。

（6）联营体情况表。

（7）类似工程合同经验。

（8）类似现场条件合同经验。

（9）拟派往本工程的人员表。

（10）拟派往本工程的关键人员的经验和简历。

（11）拟用于本工程的施工方法和机械设备。

（12）现场组织计划。

（13）拟定分包人。

（14）其他资料表（如银行信用证，公司的质量保证体系，争端诉讼案件和情况等）。

（15）宣誓表（即对填写情况真实性的确认）。

世行、亚行、FIDIC 等国际组织所拟定的资格预审表内容大同小异，一般均根据贷款来源选用有关组织的资格预审表或由业主自己拟定。表格详细内容在此不详述。

（三）资格预审的评审

1. 评审委员会的组成

评审委员会一般是由招标单位负责组织。为了保证评审工作的科学性、公正性和权威性，评审委员会必须由各方面的专家组成。参加的人员有：业主方面的代表、招标单位、财务经济方面的专家、技术方面的专家、上级领导单位、资金提供部门、设计咨询单位等部门的代表，根据工程项目的规模，评审委员会的委员一般由 7～13 人组成。评审委员会下设商务组、技术组等。

2. 评审标准

资格预审的目的完全是为了检查、考核衡量潜在投标人是否能够令人满意地执行合同。

评审内容包括：

（1）财务方面：能否有足够的资金承担本工程，潜在投标人必须有一定数量的流动资金；

（2）施工经验：是否承担过类似于本工程的项目，特别是本工程具有特殊要求的施工项目；过去施工过的工程数量和规模；

（3）人员：潜在投标人所具有的工程技术人员和管理人员的数量、工作经验和能力是否满足本工程的要求，特别是派往本工程的项目经理的情况能否满足要求；

（4）设备：潜在投标人所拥有的施工设备是否能够满足工程的要求。

经过上述四个方面的评审，对每一个潜在投标人统一打分，得出评审结果。

一般情况下，每个项目的满分和最低分数线见表 2-1，只有满足下列全部要求的潜在投标人才能获得投标的资格：

1）每个项目均达到最低分数线；

2）四项累计分数不少于 60 分。

资格预审评审标准表　　　　　　　　　　　　　　　　　　表 2-1

	满分	最低分数线
财务状况	30	15
施工经验/过去履历情况	40	20
人员	10	5
设备	20	10
总计	100	60

此外，还要求潜在投标人遵守合同、有良好信誉，才能被业主认为资格预审合格。

3. 评审方法

首先对收到的资格预审文件进行整理，检查资格预审文件的完整性，潜在投标人提供的财务能力、人员、设备情况及履行合同的情况是否满足评审要求。只有对资格预审做出实质性响应的潜在投标人才能参加评审。

能够获得投标资格的潜在投标人必须达到评审标准，但如果达到评审标准的潜在投标人太多，则只能给予获得较高分数的 8～12 家潜在投标人以投标资格，如数量过多，则会增加正式投标时评标的工作量，如过少，则可能造成实际参加投标的人数量过少，缺乏竞争性。

4. 资格预审评审报告

资格预审评审委员会对评审结果要写出书面报告，评审报告的主要内容包括：工程项目概要；资格预审简介；资格预审评审标准；资格预审评审程序；资格预审评审结果；资格预审评审委员会名单及附件；资格预审评分汇总表；资格预审分项评分表；资格预审详细评审标准等。如为世行等国际金融组织贷款项目则要将评审结果报告送该组织批准。

二、资格后审

（一）资格预审与资格后审的区别

对于开工日期要求比较急，工程不复杂的中小型工程项目，为了争取早日开工，可不进行资格预审，而进行资格后审（Post qualification）。

资格后审即在招标文件中加入资格审查的内容，投标人在报送投标书的同时报送资格审查资料，评标委员会在正式评标前先对投标人进行资格审查。对资格审查合格的投标人再进行评标，对资格审查不合格的投标人，则不对其进行评标。

（二）资格后审的内容

资格后审的内容与资格预审的内容大致相同，主要包括：投标人的组织机构，即公司情况表、财务状况表、拟派往项目工作的人员情况表、工程经验表、设备情况表、其他，如联营体情况等。如果有的内容在招标文件中要求投标人在投标文件中填写，则可以不必要求在此重新填写。

第三节　世界银行贷款项目工程采购标准招标文件

世行每年在全世界有几百亿美元的贷款项目，用于这些贷款项目的标准招标文件是世行多年来经验的总结，经多次修改而成。世行的这些标准招标文件也是国际上通用的工程项目管理模式招标文件中的高水平、权威性、有代表性的文件，掌握了这些文件也有助于理解亚行、非行等其他国际金融组织和各国经常使用的通用的项目管理模式的各种招标文件。因而本章中以较多篇幅介绍世行工程采购招标文件，并对有关问题进行讨论。

世界银行工程采购标准招标文件（Standard Bidding Documents for Procurement of Works，SBDW）经常修改，世行编制的 SBDW 有以下规定和特点：

（1）SBDW 在全部或部分世行贷款额超过 1 千万美元的项目中必须强制性使用；只有经过世行批准同意后才可以采用其他的招标文件。

（2）SBDW 中的"投标人须知"和合同条件第一部分——"通用合同条件"，对任何工程都是不能变动的，如要修改可在"招标资料表"和"专用合同条件"中修改。

（3）使用本文件的所有较重要的工程均应进行资格预审；但是，经世行预先同意，可在评标前进行资格后审。

（4）对超过 5 千万美元的合同（包括不可预见费）需强制采用三人争议委员会（DB），而不宜由工程师来充当准司法（Quasi-Judicial）的角色。低于 5 千万美元的项目的争议处理办法由业主自行选择，可选择三人 DB，或一位争议审议专家（DRE），或提交工程师做决定，但工程师必须独立于业主之外。

（5）本招标文件适用于单价合同。如欲将之用于总价合同，必须对支付方法、调价方法、工程量表、进度表等重新改编。

2007 年 3～4 月修订并开始使用的"工程采购标准招标文件"是基于该文件 2006 年 5 月版编制的，之后在 2010 年 5 月、8 月和 2012 年 3 月又进行了修订。修订版更强调了反腐败的内容并作为单独的一节，在合同条件部分采用了 FIDIC《施工合同条件》2010 年 6 月修订的"多边开发银行协调版"（以下简称"多边银行版"）。

本书下文中主要介绍 2012 年 3 月份修改的工程采购标准招标文件，包括以下三大部分，共十节（section）（此处的"节"仅指世行贷款项目文件下的各节）内容，如表 2-2 所示。

2012 版世行工程采购标准招标文件组成表　　　　　　　　　　表 2-2

序　号	内　容
第一部分	招标程序　（Part 1 - Bidding Procedures）
第一节	投标人须知（Section Ⅰ：Instructions to Bidders，ITB）
第二节	招标资料表（Section Ⅱ：Bid Data Sheet，BDS）
第三节	评标和资格标准（Section Ⅲ：Evaluation and Qualification Criteria）
第四节	投标书格式（Section Ⅳ：Bidding Forms）
第五节	合格国家（Section Ⅴ：Eligible Countries）
第六节	世行政策—腐败和欺诈行为（Section Ⅵ：Bank Policy-Corrupt and Fraudulent Practices）

续表

序 号	内 容
第二部分	工程要求（Part 2-Works Requirements）
第七节	工程要求（Section Ⅶ：Works Requirements）
第三部分	合同条件和合同格式（Part 3-Conditions of Contract and Contract Forms）
第八节	通用合同条件（Section Ⅷ：General Conditions，GC）
第九节	专用合同条件（Section Ⅸ：Particular Conditions，PC）
第十节	合同格式（Section Ⅹ：Contract Forms）

本节中将以 2012 版 SBDW 的框架和内容为主线，并参照其后所附的 SBDW 指南的相关说明，对世行标准招标文件的编制进行较详细的介绍，在相关内容中加上笔者的理解、说明和讨论。

在下文中，各部分用一、二、三表示表 2-2 中对应的各部分的序号，用（一）、（二）、（三）表示表 2-2 中对应的各节的序号。

世行采购文件的网站为：http：//www.worldbank.org/procure

一、招标程序（Bidding Procedures）

（一）投标人须知（Instructions to Bidders）

投标人须知一共包括六部分 42 条内容，其中的说明、要求和规定主要是告知投标人投标时的有关注意事项，招标文件中的这一部分内容和文字不准改动，针对某一个采购项目需要改动时，可在"招标资料表"中改动。须知的内容应该明确、具体。本书中介绍某些问题时有时列举几种方案，但在编制招标文件时只能选定一种方案。

投标人须知这一部分内容，在招标和投标时有重要的指导意义，但在签订合同时不属于合同的一部分。

投标人须知包括的六部分是：总则，招标文件，投标文件的编制，投标文件的递交和开标，投标文件的评审与比较，合同授予。下面分别介绍和讨论。

1. 总则（General）

（1）招标范围（Scope of Bid）

关于招标范围的简单描述体现在本招标文件的招标资料表（Bid Data Sheet，BDS）中，包括国际竞争性招标的标段数量、名称及说明。而工程要求则在第二部分中。

在整个招标文件中，英文 bid 和 tender 及其派生词（bidder/tenderer，bid/tendered，及 bidding/tendering）都是同义词。"日"表示公历日，单数也具有复数的意义。

（2）资金来源（Source of Funds）

说明业主招标项目的资金来源，如系国际金融机构（International Financial Institution，IFI）的贷款则应说明机构名称及贷款支付使用的限制条件。例如 SBDW 中规定，如果联合国安理会对某些国家有禁运决议，则不可使用世行贷款对该国货物采购和支付贷款。同时，除借款人以外的其他任何一方不得从贷款（或其他融资）协议中获得任何权利或享有任何对贷款（或其他融资）收益索赔的权利。

（3）腐败与欺诈行为（Corrupt and Fraudulent Practices）

世行贷款的项目要求项目的所有参与人履行第六节关于腐败与欺诈的政策。同时，为了长期履行该政策，投标人应允许银行及银行指定的审计人员审计其代理人（无论是否公开）、分包商、咨询分包顾问的所有银行账户，记录以及其他资格预审程序相关的文件（包括之前的投标申请、履约记录等）。

（4）合格投标人（Eligible Bidders）

投标人可以是自然人、私有企业、国有企业或者联营体（Joint Venture，JV）。当为联营体时，所有成员应依照合同承担共同和各自的责任；同时，联营体应提名一名代表，在投标、合同授予和执行过程中，代表所有成员管理全部工作。除非在 BDS 中有规定，否则不限制联营体成员的数量。

投标人彼此之间不得有利益关系（Conflict of Interest），所有利益相关的投标人均不合格。在投标过程中，发生下列任一情况，则被认为一方或几方利益相关，如果该投标人：

1）控制其他任何一个投标人，或者与任何一个投标人有共同的控制方；

2）从其他任何一方中直接或者间接地接受补助；

3）为了进行投标，同其他投标人有共同的法人代表；

4）直接或者通过第三方和另一方有关系，使他们能够获得其他投标人的投标信息或者影响其他投标人的投标；或者影响采购人在该招标过程中的决策；

5）参与多个投标（但不限制分包商投多个标）；

6）作为咨询方参与工程的设计和技术规范的编制；

7）附属于业主或者采购方雇佣的某个公司作为合同的工程师时；

8）企图为世行贷款规定的项目提供货物、工程或非咨询服务，而该投标人或与其相关联的公司曾经为该项目的准备或实施提供过相关的咨询服务；

9）与借款人的雇员有着紧密的商业或者家庭关系（或雇员来自项目的执行代理，或借款的接收方）；

投标人可来自任何国家。通过投标公司的成立协议（或等效的章程、协议等文件）和登记文件证明投标人的构成、注册和运营符合该国法律的规定。以上方式也适用于被提名的分包商和咨询顾问国籍的认定。

根据 ITB3.1 款及世行的其他防腐败条款，被世行处罚过的承包商是不合格的。

业主所在国的国有企业或者机构在满足以下条件时才具有资格参与投标：

1）在法律和财务上是独立的；

2）在商业规则下运作；且

3）不依附于业主的机构。

同时，当业主要求证明其合格性时，投标人应该继续提供经营执照等证据资料，以满足业主的要求。具有以下情况的公司和个体是不合格的：

1）借款人国家法律或其他规定禁止和该企业所在国之间有商业往来，则该企业没有资格参加投标。

2）依照联合国安全理事会在联合国宪章第 7 章下做出的决定，借款人国家禁止从该国进口货物或禁止对其进行工程或服务分包，或禁止向该国的个人或企业支付。

（5）合格的材料、生产设备、供货、施工设备和服务（Eligible Materials，Plant，

Supplies，Equipment and Services)

为本合同提供的材料、生产设备、供货、施工设备和服务必须来源于世行《采购指南》中规定的合格的原产地国家（一般指世行成员国）。所有支付也受上述规定约束。

2. 招标文件的内容（Contents of Bidding Documents）

（6）招标文件各节组成（Sections of Bidding Documents）

招标文件包括三个部分，共十节的内容（见表2-2）。招标文件应连同"投标人须知"第8条"招标文件的修改"中提到的"补遗"（Addendum）一起阅读。

业主发出的投标邀请函不是招标文件的一部分。如果招标文件及其补遗不是直接从投标邀请函中业主所列明的来源获得的，业主不承担招标文件及其补遗完整性的责任。如有任何矛盾之处，应以直接从业主处获得的文件为准。

投标人被认为已审阅了招标文件的全部说明、表格、条件和规范。若未按照要求提交招标文件所需要的全部信息或文件，将导致投标被拒绝。

（7）招标文件的澄清、现场考察和标前会议（Clarification of Bidding Documents，Site Visit，Pre-Bid Meeting）

投标人在收到招标文件时应仔细阅读和研究，如发现有遗漏、错误、词义含糊等情况，应书面向业主质询，否则后果自负。招标文件中应规定提交质询的日期限制（如投标截止日期前21天）。业主将书面答复所有质询的问题并送交全部投标人，但不指明提问人。如果澄清的结果导致对招标文件的基本内容进行改变，业主应根据投标人须知第8条的程序和投标人须知第22.2条对招标文件进行修改。

投标人应当按照业主的要求和规定的日期安排，自费赴现场考察，以便了解现场实际情况。考察期间发生的人身及财产损失均由投标人负责。业主可将现场考察与标前会议安排在同一时间进行。

在标前会议上提出的必须对招标文件做出的任何修改，应按照投标人须知第8条的规定，只能以"补遗"的方式发出，而不能通过标前会的会议纪要的方式发出。

未出席标前会议不能作为否定投标人资格的理由。

（8）招标文件的修改（Amendment of Bidding Documents）

业主有权修改招标文件的规定，即不论是业主一方认为必要时或根据投标人质询提出的问题，均可以在投标截止日期以前的任何时间以补遗的方式对招标文件进行修改，如果修改通知发出太晚，则业主应推迟投标截止日期。所有的修改均应以书面文件形式发送给全部投标人。投标人收到后应给业主以回执。

任何发出的补遗都是招标文件的一部分，补遗应以书面形式递交给全部按照投标人须知第6.3款的规定从业主处获得招标文件的投标人。

为了给潜在投标人留出合理的时间在编制投标文件时考虑补遗的内容，业主可按照投标人须知第22.2款的规定，延长投标截止时间。

3. 投标文件的准备（Preparation of Bids）

（9）投标费用（Cost of Bidding）

投标人应自费支付投标过程中发生的一切费用。

（10）投标文件语言（Language of Bid）

应在招标资料表或合同专用条件中为投标规定一种语言，作为正式投标文件和来往信函的主导语言，对招标文件的解释也应以此为准。由投标人提供的证明文件等（如营业执照）可以用其他语言，但是应将有关段落准确翻译成招标资料表中规定的语言，并且以翻译文字为准。

(11) 组成投标文件的文件（Documents Comprising the Bid）

投标人递交的投标文件应由下列文件组成：投标函及其附件，投标保证，完成的所要求的资料表（Schedules）及标价的工程量表；有关资格证明；提出的备选方案（也可不提）以及按"投标人须知"所要求提供的其他各类文件。

除以上要求外，联营体或社团法人的投标应包括全体成员签署的协议，或中标后签署协议的意向书，由全体成员签署并随投标文件一同递交。

投标人应在投标文件中提供已支付或将支付给代理人或任何其他与投标相关参与方的佣金和酬金信息（如果有）。

(12) 投标函和资料表（Letter of Bid，and Schedules）

投标函和资料表，包括工程量表，应该依照第四节"投标书格式"提供的表格进行编制，投标人不能对其进行修改和变动，否则将被拒绝，并应按照要求填写所有的空格。

(13) 备选方案投标（Alternative Bids）

备选方案是在满足原工程项目基本设计要求的基础上，对工程的布置、设计和技术要求进行局部的以至全局的改动，以得到优化的设计方案，有利于提前竣工或/和降低造价或/和改善使用条件。只有在"招标资料表"中规定可以提交备选方案时，承包商才能在投标时提交备选方案。

投标人必须首先按照业主招标文件中的设计和其他要求递交投标报价，然后再提备选方案的建议。此建议应包括业主评标时所需的全部资料，如图纸、计算书、技术规范、价格分析、建议的施工方案、备选方案的竣工日期及其他细节。如果对备选方案的完工时间有明确要求时，招标资料表中应包括有关事项和评审方法的说明。只有符合技术要求且评标价最低的投标人的备选方案才有可能被业主考虑。如果允许对工程的某些指定部分提供技术措施的备选方案，则该部分及其评审方法应在"招标资料表"中说明，并在第六节"工程要求"中对该部分进行描述。

一般规定只允许提一个备选方案，以减少评标时的工作量。备选方案应单独装订成册。

(14) 投标报价和折扣（Bid Prices and Discounts）

投标人应仔细填写工程量表中全部子项的有关单价和价格。如果忽视填写某些子项的单价或价格，则在合同实施时业主可以不对此子项支付。在工程量表中，当没有标明价格的子项被认为不影响该投标实质性响应招标文件时，可将实质性响应招标文件的其他投标人的该子项的平均报价加入该投标人的投标价格中，由此形成的等价的投标总价将用于价格比较。

投标人对一个以上的分标标段（lot）投标时，应将这些标段的投标文件组成一个"包"（Package），可以提出一个"包"及每个单独标段中标时的价格折扣额（也可不提），这样即可按打折扣的价格参与评标。但如果中标时，则必须以投标时许诺的打折扣后的价格作为签订合同的价格。

投标人应在投标函中说明所提供的无条件折扣及其应用方法，但投标函中的报价应该为投标总报价，不包含提供的任何折扣。

在合同实施期间，承包商可得到价格调整后的支付，但投标人在投标时应填写价格指数和权重系数等，同时业主可以要求投标人解释其建议的指数和权重的合理性。

按照招标文件规定，承包商在某一日期（如投标截止日以前 28 天）前应按当地有关税收的规定，将应纳的全部关税、税收和其他征税等均纳入投标的单价、价格和总报价中。

（15）投标和支付的货币（Currencies of Bid and Payment）

应该在"招标资料表"中规定投标报价和支付所用的货币种类。业主可要求投标人说明对当地货币和外币的需求量，说明在单价和价格，以及投标文件附录的调整数据表中包括和表示的金额，在这种情况下，需要投标人提供外币需求的详细分解情况。

（16）组成技术建议书的文件（Documents Comprising the Technical Proposal）

技术建议书包括工作方法、设备、人员的说明、进度表和其他在"工程要求"中规定的信息，技术建议书要足够详细以说明投标人能够满足工程要求并按时完成。

（17）证明投标人资格合格的文件（Documents Establishing the Qualifications of the Bidder）

投标人应根据招标程序中第三节"评标和资格标准"的要求和按照第四节"投标书格式"包含的相应表格进行填写。国内的投标人，无论是个人还是联营体，当享受国内优惠时，应该满足"招标人须知"中第 33 条规定的标准。

在通过资格预审和被邀请投标后，若投标人的构成或组织结构发生任何变化（包括联营体中任何成员的构成或组织结构发生变化），应当在投标日期截止之前，获得业主的书面批准。以下情况业主将拒绝批准：

1）投标人建议与不合格投标人或与不合格联营体中的任何成员联合投标；

2）变化导致投标人实质上不再满足第三节"评标和资格标准"的规定；或

3）在业主看来，变化可能造成竞争的实质性削减。

任何的这些变化应当在投标邀请函发出后 14 天内向业主提交。

（18）投标有效期（Period of Validity of Bids）

投标有效期是从投标截止日期起到公布中标人的日期为止的一段时间，具体天数规定在"招标资料表"中，按照国际惯例，一般为 90～120 天，通常不应超过 182 天。在此期间，全部投标文件均应保持有效，投标人不得修改或撤销其投标。投标有效期长短根据工程大小、复杂程度而定，既要保证招标单位有足够的时间对全部投标文件进行比较和评价，还应考虑报送企业领导批准的时间，如为世行贷款项目尚需报世行审批。如投标文件中要求将业主规定的投标有效期缩短，将被视为非实质性响应标而被业主拒绝。

如果业主要求延长投标有效期，应在有效期终止前书面征求所有投标人意见并通知世行，在此情况下，投标人可同意延缓，但也有权拒绝延长投标有效期，业主不能因此而没收其投标保证金。

同意延长投标有效期的投标人不得要求在延长期间修改其投标文件，而且投标人应将投标保证的有效期延长到延长后的投标有效期之后的 28 天，对投标保证金的各种有关规定在延长期内同样有效。

如果投标有效期的延长超过 56 天时，对中标人的合同价格可按如下规定调整：

1）当合同价格为固定总价合同（Fixed Price Contracts）时，则业主应在"招标资料表"中规定一个合同价格调价系数。合同价格应根据该系数进行调整；

2）当合同价格为可调整价格合同（Adjustable Price Contracts）时，为了确定合同价格，投标价格中的固定部分（Fixed Portion）应根据"招标资料表"规定的系数进行调整。

但评标仍以投标价为依据，不考虑上述修正。

（19）投标保证（Bid Security）

投标保证是保护业主利益的一项措施，投标人应根据"招标资料表"中要求的格式、款额和货币，选定世行合格成员国有信誉的机构，开具投标保证。投标保证应为即付保函（Demand Guarantee），由投标人选择下列任一种格式：开具的保付支票（Certified Check）；不可撤销的信用证（Irrevocable Letter of Credit）；无条件银行保函（Unconditional Bank Guarantee）或"招标资料表"中指定的格式。如果由总部不在业主所在国的保险或担保机构开具担保，则应在业主所在国内有相应的金融机构使之生效。投标保证的有效期为投标有效期（或加上延长期）后的 28 天内。

投标保证的金额通常为投标总额的 1%～3%。一般超过 1 亿美元的工程可选 1% 左右。比较好的办法是业主规定一个固定金额作为所有投标人的投标保证金额，以避免一些投标人打探对手的投标保证金额，从而估计其投标报价。投标保证金额不宜太高，否则将会使许多合格的投标人望而却步。联营体应以联营体的名义提交投标保证金。如果在递交投标文件时该联营体在法律上还没有成立法人单位，联营体的投标保证金应该以联营体意向书中的全部联营体成员的名义递交。

设置上述要求的目的是为了防止投标人在投标有效期间随意撤回投标，或拒绝改正在评标时发现的投标报价中的计算错误，或拒绝签署正式合同协议，或不提交履约保证等。一旦发生上述任一情况，业主便可没收投标保证金以弥补因此而蒙受的损失。业主可以按照"招标资料表"的规定，宣布投标人无资格被授予合同。

未按规定递交投标保证的投标文件，业主可视为不合格的投标而予以拒绝。宣布中标人以后，中标人应在签约时（或业主规定的签约后的一定时期内）递交履约保证换回投标保证。在中标人签约并提交履约保证后，应尽快退还未中标的投标人的投标保证。

在世行 SBDW2012 版中，还增加了投标人可采用的另一种方式，即根据"招标资料表"中要求，提供"投标保证声明"（Bid-Securing Declaration）。在其中声明，如果投标人违反了本次招标要求，在投标函规定的投标有效期内撤回投标；或在投标有效期内，业主通知中标后，投标人未能或拒绝签订合同；或未能，或拒绝按照投标人须知的规定提交履约保证，将被自动取消参与借款人招标合同的投标资格。采用此种方式，实际上是用承包商的诚信资格作为投标保证。

（20）投标文件的格式和签署（Format and Signing of Bid）

投标人应准备一份投标文件的正本（Original）和"招标资料表"中要求份数的副本（Copy）。正本是指投标人填写所购买招标文件的表格以及"投标人须知"中所要求提交的全部文件和资料，包括"投标书格式"和"投标书附录"等。正本和副本如有不一致之处以正本为准。"正本"、"副本"和"备选方案"（如有时）均应有明显的标注。

正本和副本均应使用不能擦去的墨水打印或书写，签署授权的每一位成员的名字和职位必须打印或者印刷在签名下面。正本、副本的每一页均应由投标人的正式授权人签署确认。授权证书应一并递交业主。如果对投标文件中的错误进行增删或修改，同样要由原签署人进行小签（Initialing）。

由联营体提交的签字的投标文件应该根据"投标人须知"中的要求，对所有成员都具有法律约束力，并且授权书由联营体各方代表依法签署。

4. 投标文件的递交和开标（Submission and Opening of Bids）

（21）投标文件的密封和印记（Sealing and Marking of Bids）

投标文件的正本、备选方案和每一份副本都应分别用内、外两层信封包装密封。内外信封上均应写明投标人的姓名和地址，所有这些投标文件装入一个大信封，收件人为"投标人须知"中规定的业主，并写明招标编号、开标的日期以及正式开标时间之前不得启封的警告字样。

如果未按规定书写和密封，业主对由此引起的一切后果概不负责。

（22）投标截止日期（Deadline for Submission of Bids）

投标文件应在"招标资料表"规定的截止日期和时刻前提交。如果由于业主修改招标文件而延误，则业主应适当顺延递交投标文件的截止日期。双方的权利、义务将按顺延后的截止日期为准履行。

若"招标资料表"明文规定可以以电子方式投标，投标人可依据"招标资料表"中规定的程序，以电子方式投标。

（23）迟到的投标文件（Late Bids）

在规定的投标截止日期之后递交的任何投标文件，将被拒绝并原封不动地退还投标人。

（24）投标文件的撤销、替代和修改（Withdrawal，Substitution and Modification of Bids）

投标人在投标截止日期以前，可以通过书面形式向业主提出修改或撤销已提交的投标文件。要求修改投标文件的信函应该按照递交投标文件的有关规定编制、密封、标记和发送。撤销通知书可以通过电传或电报发送，然后再及时向业主提交一份具有投标人签字确认的证明信，业主方收到投标文件的日期不得晚于投标截止日期。任何替代或撤销的投标文件应在内、外信封上注明"修改"、"替代"和"撤销"字样。在投标截止日到投标有效期终止日期间，投标人不得撤销或修改投标文件。

（25）开标（Bid Opening）

业主将按照"招标资料表"中规定的时间和地点举行开标会议，在投标人代表在场情况下公开开标。如果允许使用电子投标，开标程序应按照"招标资料表"中的规定。同时应检查投标文件的密封、签署和完整性，是否递交了投标保证等。

只有收到的撤回、替代、修改的书面通知可以证明该撤回、替换和修改的要求是投标人授权的，投标文件才可以被撤回、替代或者修改。对注明"修改"和"替代"的投标文件将首先开封，并宣布投标人名称。标明"撤回"的投标文件将不被开封。

只有在开标时宣读的折扣和备选方案的报价，在评标时才予以考虑。

如果在"招标资料表"中有规定，投标函和工程量表应该由出席开标会的业主代表草签。

业主应准备一份开标记录，并要求出席开标仪式的投标人代表在上边签字。该开标记录的复印件应发给所有的投标人。

5. 投标文件的评审和比较 （Evaluation and Comparision of Bids）

（26）保密 （Confidentiality）

宣布中标之前，在评标过程中与评标和授予合同有关的信息应对与此工作无关的人员和投标人严格保密。任何投标人如果企图对评标施加影响，将会导致其投标文件被拒绝。

从开标至合同授予期间，如果投标人希望就与招标过程有关的任何问题与业主联系，可以用书面形式提出。

（27）投标文件的澄清 （Clarification of Bids）

在必要时，业主有权邀请任一投标人澄清其投标文件，澄清时不得修改投标文件及价格。对要求澄清的问题及其答复均应用书面公函或电报、电传形式进行。

如果投标人不能在评标委员会规定的澄清时间内对其投标文件进行澄清，该投标文件将被拒绝。

（28）偏差、保留和遗漏 （Deviation，Reservations，and Omissions）

下述定义是为评标时用："偏差"是指与招标文件的要求偏离；"保留"是指设定限制条件或者拒绝完全接受招标文件中规定的要求；"遗漏"是指未能按照招标文件的要求提交所有资料或者文件。

（29）响应性的裁定 （Determination of Responsiveness）

在评标之前，业主将首先裁定每份投标文件是否完全符合招标文件要求，包括是否符合世行合格性标准、是否按要求签署、是否提交了投标保证及要求的各种文件以及是否对招标文件实质上响应，并且对招标文件不能有实质性的偏差、保留和遗漏。

如果业主接受了有重大偏差、保留和遗漏的投标文件，将影响合同中规定的工程的范围、质量和实施，并影响其他投标人的合理竞争地位。

不符合招标文件要求的投标文件将不被业主接受，也不允许投标人进行修改。

（30）非实质性的不符合 （Nonmaterial Nonconformities）

当投标文件实质性响应时，对于未构成重大偏差、保留和遗漏的投标文件，业主可以认为该投标文件符合要求。业主可以要求投标人在合理的时间内提交必要的资料和文件（但不能涉及报价），以更正与招标文件要求非实质性的不符合之处；如果投标人未能遵守，其投标文件将会被拒绝。

当投标文件实质性响应时，业主也可以更改与投标报价有关的非实质性不符合之处，以便能够反映出遗漏的或者不符合的项目的价格，但仅是为了评标比较之用；更改时应该使用第三节"评标和资格标准"中说明的方法。

（31）计算错误的修正 （Correction of Arithmetical Errors）

对于符合招标文件要求而且有竞争力的投标，业主将对其计算和累加方面是否有数字错误进行审核或修改。其中：如数字金额与文字表示的金额不符，则以文字表示的金额为准；如单价乘工程量之和不等于总价时，一般以单价乘工程量之和为准，除非业主认为明显的是由价格小数点定位错误造成的，则以总价为准；如每页小计之和不等于总价时，以每页小计之和为准。

投标人应当对算术上的错误予以纠正，否则该投标将被拒绝。

（32）折算成一种货币（Conversion to Single Currency）

为了方便评标和比较，投标货币应该按照"招标资料表"中的规定换算成单一货币。

（33）优惠差额（Margin of Preference）

"优惠差额"是指在评标时给予本国承包商或由本国承包商参加的联营体一个优惠的评标时用的差价，但签合同时仍按照投标时的总投标价签订。除非在"招标资料表"中规定，否则，优惠差额不适用。

（34）分包商（Subcontractors）

如果业主拟由其事先选定的分包商去实施工程的任何内容，必须在招标资料表（BDS）中说明。

如果是资格预审，投标人的投标书应当同在资格预审中并经业主同意的专业分包商的名称相同；如果是资格后审，根据第三节4.2的规定，业主可以允许分包某些专业的工程。当业主允许分包，应当对专业分包商的经验进行评估。第三部分介绍了分包商的资格标准。

根据招标资料表的规定，投标人可建议分包占合同总额的比例或占工程量的比例。

（35）投标文件的评审（Evaluation of Bids）

只允许业主使用本条中的标准和方法进行评审。评审投标文件时，应考虑以下因素：

1）投标报价，在工程量表总计中，扣除暂定金额和不可预见费（如果有），但应包括具有竞争性标价的计日工；

2）根据"投标人须知"第31条，修正计算错误对报价所作的调整；

3）根据"投标人须知"第14条，按折扣对报价所作的调整；

4）根据"投标人须知"第32条，将上述1）至3）中的金额换算成同一种货币；

5）根据"投标人须知"第30条，对不符合处的调整；

6）第三节"评标和资格标准"中标明的评标因素。

评标时不考虑价格调整对条款的预期影响。

如果招标文件允许投标人对不同的标段分别报价，并授予一个投标人多个标段的合同，此时决定最低组合评标价的评标方法，包括"投标书格式"中提供的折扣的方法，应该在第三节"评标和资格标准"中规定。

如果业主认为，最低标价的投标是严重的不平衡报价（Unbalanced Bid），可要求投标人对工程量清单中个别的或全部的子项目做出详细的价格分析（Breakdown of Prices），以证明该报价和其建议的施工方法和计划之间是一致的。在对价格分析进行评审后，再考虑合同的付款条款，业主可以提高履约保证的金额，以尽量减少业主在中标人不履约时的财务损失。

（36）投标文件的比较（Comparison of Bids）

根据"投标人须知"第34条的规定，业主比较所有实质响应招标文件要求的投标文件，来确定最低评标价的投标文件。

（37）投标人的资格（Qualification of the Bidder）

业主将确定递交了最低评标价并实质上响应招标文件要求的投标人是否能满足第三节"评标和资格标准"的要求。这需要根据"投标人须知"第17.1条提交的资格证明文件对投标人进行审查。投标人满足"评标和资格标准"的要求是授予合同的前提条件，如果不能满足其要求，业主将审查第二个评标价最低的投标人是否满足其要求，以便能履行合同。

（38）业主有接受任一投标和拒绝任何或所有投标的权利（Employer's Right to Accept Any Bid, and to Reject Any or All Bids）

业主有权在授予合同前任何时候接受或拒绝任何投标，以及宣布招标程序无效或拒绝所有投标的权利，而对受影响的投标人不承担任何责任。

6. 授予合同（Award of Contract）

（39）合同授予标准（Award Criteria）

业主将把合同授予评标价最低且又实质上响应招标文件要求的投标人，但前提条件是该投标人必须能够满意地履行合同所规定的义务。

（40）授予合同的通知（Notification of Award）

在投标有效期期满之前，业主应该以书面形式通知中标人，中标函中应明确合同价格；同时业主还应在"联合国发展商报"（UNDB online）或"发展门户网站"（dg Market）上公布招标识别编号、标段编号及以下信息：

1）递交了投标文件的每个投标人的名称；

2）开标时读出的投标价；

3）经过评审的每一投标人的名称及其评标价；

4）投标文件被拒绝的投标人的名称和被拒绝的理由；

5）中标的投标人的名称、投标价以及合同期和范围。

在正式的合同准备好和签字之前，中标通知书将构成有约束力的合同部分。在合同授予公布之后，未中标的投标人可以书面向业主反映情况，要求解释其不中标的原因，对此业主应给予书面答复。

（41）签订合同（Signing of Contract）

业主向中标人寄发中标函的同时，也应寄去招标文件中所提供的合同协议书格式。中标人应在收到上述文件后在规定时间（如28天）内派出全权代表与业主签署合同协议书。

（42）履约保证（Performance Security）

按合同规定，中标人在收到中标函后的28天内应向业主提交一份履约保证。履约保证的格式可采用招标文件第十节中所附的格式或业主同意的其他格式。

如果中标人得到业主同意可提交由担保公司或保险公司开具的履约担保，如这些公司是国外公司，则必须在业主国家有相应的金融机构。如果中标人未能按业主的规定提交履约保证，则业主有权取消其中标资格，没收其投标保证金，而考虑与另一投标人签订合同或重新招标。

（二）招标资料表（Bidding Data Sheet, BDS）

"招标资料表"将由业主方在发售招标文件之前对应投标人须知中有关各条进行编写，为投标人提供具体的资料、数据、要求和规定。

投标人须知的文字和规定是不允许修改的，业主方只能针对具体工程项目在"招标资料表"（表2-3）中对之进行补充和修改。"招标资料表"中的内容与投标人须知不一致时以"招标资料表"为准。

招标资料表 表 2-3

"投标人须知"条款号	
	1. 总则
第 1.1 条	招标邀请编号：_____
第 1.1 条	业主名称：_____
第 1.1 条	国际竞争性招标名称：_____ 国际竞争性招标编号：_____ 组成本次国际竞争性招标的合同标段（lots）编号和名称：_____
第 2.1 条	借款人：_____
第 2.1 条	贷款或融资协议额：_____
第 2.1 条	项目名称：_____
第 4.1 条	联营体成员的最大数量：
第 4.4 条	可查询被禁止的公司和个人的银行的外部网站： http：//www.worldbank.org/debarr.
第 4.8 条	该投标程序根据资格预审_____
	2. 招标文件的内容
第 7.1 条	业主的地址：_____ 收件人：_____ 街道地址：_____ 楼层/房间号：_____ 城市：_____ 邮政编码：_____ 国家：_____ 电话号码：_____ 传真号码：_____ 电子邮件地址：_____ 网页：_____
第 7.4 条	标前会议在下面的日期、时间和地点举行： 日期：_____ 时间：_____ 地点：_____ 组织现场考察的业主单位：_____

续表

"投标人须知"条款号	
	3. 投标文件的准备
第 10.1 条	投标语言：_____ 注：除以上语言外，如世行同意，借款人可以选择其他语言颁布投标文件翻译本，该语言可以是：（a）借款人的母语；（b）借款人所在国广泛使用的商务语言。此种情况下，应当附加以下说明： 此外，该投标文件被翻译成_____［此处填写"母语"或"国内通用语"的名称］，如果超过一种母语或者国内通用语，均将其填入空格中。 投标人可以选择采用以上任何一种语言提交投标书，但不能同时采用两种及以上语言投标。 所有的通信交换应用_____语言。 辅助文件和印刷品的翻译语言是_____
第 11.1（h）条	投标人在其投标文件中将递交下列附加的文件： _____
第 13.1 条	允许的投标备选方案_____
第 13.2 条	允许的投标备选方案的竣工时间_____ 如果投标备选方案的竣工时间被接受，评标方法应在第三节"评标和资格标准"中规定。
第 13.4 条	工程的下列部分允许有技术措施的备选方案：_____ 如果允许提交技术措施备选方案，则应在第三节"评标和资格标准"中规定评标方法。
第 14.5 条	投标人的报价应为：_____
第 15.1 条	投标货币和付款货币应根据下述的选择方案（A 或 B）进行确定： 选择 A（投标人完全用当地货币报价）： （a）投标人在工程量表中所报单价和价格，完全使用业主国家货币（当地货币）。还应在投标书附录中表明所需外币品种和占净投标价（不含暂定金额）的百分比； （b）投标人用于计算和业主用于支付的当地货币的汇率应在投标书附录中表明，投标人不承担汇率风险。 选择 B（允许投标人用当地货币和国外货币报价）： （a）投标人在工程量表中应使用下列货币分别对单价和价格进行报价： （i）投标人期望在业主国内用于工程的投入，使用当地货币，并且 （ii）投标人期望从业主国外使用于工程的投入的外币是（最多使用三种外币） _____。
第 18.1 条	投标有效期为_____天
第 18.3 条（a）	投标价应根据以下系数进行调整：_____

续表

"投标人须知"条款号	
第 19.1 条	所需的投标保证是：（投标保证金或投标保证声明） ———————— 如果需要投标保证金，其金额和币种应为：_____
第 19.3（d）条	其他可以接受的保证类型：_____
第 19.9 条	如果投标人发生了在投标函规定的投标有效期内撤回投标；或在投标文件有效期内，在业主通知中标后，未能或拒绝签订合同；或未能或拒绝提交履约保证金，业主将宣布该投标人在____年内没有资格被授予合同。
第 20.1 条	除了投标文件的正本之外，副本的数量为：_____
第 20.2 条	对代表投标人签字人员的书面授权确认函包括：_____
4. 投标文件的递交和开标	
第 22.1 条	投标文件递交给业主的地址为： 收件人：_____ 楼层/房间号：_____ 街道地址：_____ 城市：_____ 邮政编码：_____ 国家：_____ 提交投标文件的最后期限：_____ 日期：_____ 时间：_____ 如果投标人选择通过电子方式递交投标文件，则电子投标递交程序为：_____
第 25.1 条	开标在下述地点进行： 楼层/房间号：_____ 街道地址：_____ 城市：_____ 国家：_____ 日期：_____ 时间：_____ 如果投标人通过电子方式提交投标文件，则电子方式投标的开标程序为：_____
第 25.3 条	投标函和标价的工程量表［"应由"或"不由"］出席开标会议的业主代表草签。如果要求草签，应该按照下述方式进行：_____

"投标人须知"条款号	
	5. 投标文件的评审和比较
第 32.1 条	为评标和比较之目的，将投标文件中的所有由不同货币表示的投标价转换成如下的单一货币：_____ 　汇率来源：_____ 　汇率日期：_____ 投标货币的转换将根据选择方案(A 或 B) 进行： 　选择 A：投标人完全用当地货币报价 　为比较投标，根据 31 条，将修正了错误的投标价，根据 15.1 条的要求，以投标人提供的汇率分解为不同币种的应付金额。 　然后，业主再将以不同币种支付的应付金额（不含暂定金额，但包括有竞争性报价的计日工），折合成上述单一货币。汇率是用上面规定日期官方发布的为类似交易而公布的那些货币的卖出价。 　选择 B：允许投标人用当地货币和国外货币报价 　业主将以不同货币报价并修正了错误的应付金额（不含暂定金额，但包括有竞争性报价的计日工），按照上面规定日期的汇率来源，官方发布的为类似交易而公布的那些货币的卖出价。
第 33.1 条	优惠差额［"应"或"不"］适用 　如果适用优惠差额，则适用方法应该在第三节"评估及资质标准"中予以说明。
第 34.1	此时业主［"应"或"不"］指定事先选定的分包商去实施工程某些特定的部分。
第 34.4 条	选择 1： 　a) 资格预审情形下 　承包商提议的分包：分包占合同总额的比例是：____%，或者占工程量的比例是：____%。（该百分比应符合资格预审文件的规定） 　选择 2： 　a) 资格后审情形下 　承包商提议的分包：可允许的分包占合同总额的比例：____%，或者占工程量的比例是：____%。 　b) 投标人计划的分包超过总承包量 10% 时，应当在投标函中说明与被分包工程有关的活动或部分的详细信息以及分包商的资质和经验。分包商的资质和经验必须符合有关工作的最低标准，否则，将不被允许参与分包活动。 　c) 分包商的资质和经验将不会纳入投标人的评价当中。投标人自身应满足资质标准。

　注：1. 上述表中的斜体字是为了帮助读者理解本表如何填写。

　　　2. 各条小数点后的数字和（a）(b) …为原文中的序号。

（三）评标和资格标准（Evaluation and Qualification Criteria）

1. 在进行了资格预审之后

该部分包含了按照"投标人须知"第 35 条和第 37 条规定的业主用来评标和对投标人

进行审查的所有标准，不能采用任何其他的因素、方法和标准。

只要投标人需要说明货币金额，投标人应使用如下的汇率说明美元兑换值：

1）对于所需的年度工程营业额或者财务数据，以最初确定的各自的日历年最后一天对应的汇率为准；

2）对于单个合同的评估，以合同日期对应的汇率为准。

根据投标人须知32.1的规定，汇率应当来源于公开可靠的资料。投标文件中任何汇率的错误，业主将可能予以纠正。

（1）国内优惠

应严格依照下列规定，授予国内承包商7.5％的优惠差额：

（a）申请该优惠的承包商应提供作为资格证明的信息，包括所有权的具体结构，根据借款人建立且银行接受的分类，以此决定特定的承包商或者承包商组合是否符合国内优惠的条件。招标文件应明确地说明优惠信息，以及随后将在评标和投标文件的对比中用以落实该优惠的方法。

（b）当借款人收到投标并审查之后，响应性的投标将分为以下类别：

（一）A组：满足优惠条件的国内承包商的投标。

（二）B组：其他承包商的投标。

评标第一步，首先从每个组中的所有经评估的投标中筛选出最低价的投标，然后将各个组中的最低价投标进行进一步的比较。如果从A组中筛选的投标价是最低的，应当授予其中标。如果从B组中筛选的投标价是最低的，进入评标第二步，同时为了比较的需要，应将包括无条件折扣，但不包括暂定金额和计日工的费用的修正算术错误后的投标价的7.5％加到B组的每一个投标的价格中，再将B组中的所有投标同A组的最低标价进行进一步比较，如果A组的投标价是最低的，应当授予其中标。如果不是，授予从B组基于第一步评估的最低投标中标。

（2）评标

除了"投标人须知"35.2中（a）～（e）之外，还应该考虑以下方面：

1）评价技术建议书及其要求的完备性

2）如果"投标人须知"35.4条允许，一次投多个合同将按以下方式评审：_____

3）如果"投标人须知"13.2条允许，备选方案的竣工时间应该按照以下要求进行评价：_____

4）如果"投标人须知"13.4条允许，技术措施的备选方案应该按照以下要求进行评价：_____

（3）资格

1）资料的更新：投标人仍应满足在资格预审时要求的标准。

2）专业分包商：只有业主允许的对专业工作有特定的经验的分包商才予以考虑。专业分包商的一般经验和资金来源，不得为了投标人资格的目的被添加到投标人身上。

3）财务能力：通过使用第四节"投标书格式"中相应的表格（填写表格编号），投标人应说明获得资金的途径和能力（如流动资产、未支配的固定资产、信用额度和其他财产，但不包含合同预付款），以便满足：

a. 下述的现金流要求：_____以及

　　b. 该合同和当前工程任务的全部现金流要求：_____

　　4）人员：投标人应说明关键岗位对应的人员，并满足下面要求：

关键岗位人员表 表 2-4

编号	人员姓名	岗位名称	类似工作岗位的经验 （年）	在类似工程的工作经验 （年）
1				
2				
3				

　　5）设备

　　投标人应在表 2-5 中说明其所拥有的关键设备：

关键设备表 表 2-5

编号	设备类型和特性	所需的最少数量
1		
2		
3		

　　投标人应该按照第四节"投标书格式"中列出的相关表格，提供这些设备进一步的详细信息。

2. 没有资格预审时（Without Prequalification）

　　（1）评标要求与有资格预审时的规定相同。

　　（2）资格审查的要求与有资格预审时的规定相同。资格审查应包含：合格性；不履行合同的历史；财务状况；经验；人员；设备。

　　（3）多个合同（Multiple Contracts）的评估标准。当一个工程中包含多个合同标段时，世行文件中规定了其中单个合同标段的资格标准以及多个合同标段的评标办法。

（四）投标格式（Bidding Forms）

1. 投标函（Letter of Bid）

　　投标函格式是业主在招标文件中为投标人拟定好统一固定格式的、以投标人名义写给业主的一封信。其目的是避免投标人在单独编写投标函时漏掉重要内容和承诺，并防止投标人采用一些含糊的用语，从而导致事后容易产生歧义和争议。

　　FIDIC99 版"新红皮书"等合同范本中的"投标书"（Bid 或 Tender）包括投标函（Letter of Bid）和一些其他构成合同文件的资料，但并不是投标人的全部投标文件。"投标书"被认为是正式合同文件之一，而投标人的投标文件，除"合同"定义和合同协议书中列明者外，均不属于合同文件。

2. 投标书附录（Appendix to Tender）

　　FIDIC "新红皮书"、"新黄皮书"中投标函之后的"投标书附录"中有大量重要的信息、规定和数据。该附录主要由业主方填写，也有少部分由投标人填写，最后由投标人签字后附在投标函之后，在投标时递交业主。

但世行 SBDW2012 版"投标书附录"则主要由投标人填写，并附在投标函之后，在投标时递交业主。其中许多重要信息规定和数据已由业主填写在"招标资料表"中，而世行投标书附录中主要是数据调整表。在下面的表 2-6～表 2-8 中，投标人应：

(1) 说明支付的当地货币的款额；

(2) 提出成本要素中各种外币的来源和基本价格指数值；

(3) 建议当地币和外币支付的权重；

(4) 列出货币换算所使用的汇率。

在遇到很大的或者复杂的工程合同时，可能需要规定适用于各种工程要求的几类价格调整公式，详见本章第四节。

当地货币有关数据表 表 2-6

指数代码*	指数说明*	指数来源*	基本指数值和基本日期*	投标人相关的货币额	投标人提议的权重
	不可调整	—	—		A：＿＿ * B：＿＿ * C：＿＿ * D：＿＿ * E：＿＿ *
			总计		1.00

〔*由业主填写，其余空格由承包商在投标时填写。A应当是固定百分比，B、C、D、E应当规定数值范围，而投标人应在该范围内确定具体的数值，但应使权重之和等于1.00。〕

外币有关数据表 表 2-7

说明外币类型：〔如果投标人希望在报价中使用多种外币时，每种外币都应单独列表〕

指数代码	指数说明	指数来源	基本指数值和基本日期	投标人使用的相关货币种类/数额	第一种外币的等值量	投标人建议的权重
	不可调整	—	—	—		A：* B：＿＿ C：＿＿ D：＿＿ E：＿＿
				总计		1.00

〔*由业主填写，其余空格由承包商在投标时填写。A应当是固定百分比，B、C、D、E应当规定数值范围，而投标人应在该范围内确定具体的数值，但应使权重之和等于1.00。〕

支付货币一览表

用于：［插入工程或某区段的名称］　　　　　　　　　　　　　　　　　　　　　　表 2-8

支付货币的名称	A 货币数量	B 汇率 （单位外币对应的 当地货币值）	C 当地货币等量值 $C = A \times B$	D 占总投标价（TBP） 的百分比 $\dfrac{100 \times C}{TBP}$
当地货币		1.00		
外币♯1				
外币♯2				
外币♯				
总投标价			———	100.00
当地货币表示的 暂定金额	［由业主填写］		［由业主填写］	
总投标价 （包括暂定金额）				

［如果工程的各个区段（或者工程量表）需要采用不同的外币和当地货币支付时，可能需要使用单独的表格。业主应插入工程的各个区段的名称。］

3. 工程量表（Bill of Quantities，BOQ）

工程量表就是对合同规定要实施的工程的全部项目和内容按工程部位、性质或工序列在一系列表内。每个表中既有工程部位和该部位需实施的各个子项，又有每个子项的估算工程量、单位和计价要求，以及每个子项目的报价和每个表的总计等，后两个栏目留给投标人投标时去填写。

BOQ 的用途之一是为投标人（承包商或分包商）对表中各子项进行报价，并逐项汇总为各部位以及整个工程的投标报价；用途之二是在工程实施过程中，每月结算时工程师用来计算应付给承包商的款项；用途之三是在工程变更时或处理索赔时，可以选用或参照工程量表中的单价来确定新项目或索赔项目的单价和价格。

BOQ 中各子项的计价办法一般分为两类：一类是按"单价"（Unit Price，UP 或 Rate）计价的项目，另一类是按"子项总价包干"（Sum 或 Lump Sum，L. S）计价的项目。

BOQ 一般包括：前言、工程量表、各类计日工表和汇总表。

（1）前言

前言中应重点说明下述有关问题：

1) 工程量表中的工程量是估算的，只能作为投标报价时的依据，付款的依据是实际完成的工程量和签订合同时工程量表中最后确定的费率。

2) 除合同另有规定外，工程量表中提供的单价必须包括全部劳力、材料、施工设备（折旧）、燃料、运输、安装、维修、保险、管理、利润、税收以及风险费等，所有上述费用均应分摊入单价内。

3) 每一行的子项内容中，不论写入工程数量与否，投标人均应填入单价或价格，如果漏填，则业主方将不对此子项支付。

4) 测量已完成的工程数量用以计算价格时，应根据业主选定的工程测量标准计量方法或以工程量表前所规定的计量方法为准。所有计价支付的工程量均为该子项在某一计量期间（如一个月）实际完成的工作量测量后的净值。

5) 计量单位。世行鼓励采用公制。国际上采用公制时，建议使用表 2-9 中所列的计量单位和缩写词，但如在业主所在国有强制性的标准时除外。

计量单位和缩写词 表 2-9

单位	缩写词	单位	缩写词
立方米（cubic meter）	m^3 或 cum	毫米（millimeter）	mm
公顷（hectare）	ha	月（month）	mon
小时（hour）	h	数目（number）	nr
千克（kilogram）	kg	平方米（square meter）	m^2 或 sqm
总价（lump sum）	sum	平方毫米（square millimeter）	mm^2 或 sqmm
米（meter）	m	周（week）	wk
公制吨（1000kg）（metric ton）	t		

(2) 工程量表中"子项"划分的原则

编制工程量表时要注意将不同等级要求的工程区分开；将同一性质但不属于同一部位的工作区分开；将情况不同，可能要进行不同报价的项目区分开。

编制工程量表划分"子项"时要做到简单明了，善于概括。使表中所列的子项既具有高度的概括性，条目简明，又不漏掉子项和应该计价的内容。例如港口工程中的沉箱预制，是一件混凝土方量很大的子项，在沉箱预制中有一些小的预埋件，如小块铁板、塑料管等，在编工程量表时不需单列，而应包含在混凝土中，可写成"沉箱混凝土浇筑"（包含××号图纸中列举的所有预埋件）。一份善于概括的工程量表既不影响报价和结算，又大大地节省了编制工程量表，计算标底、投标报价、复核报价书，特别是工程实施过程中每月结算和最终工程结算时的工作量。

(3) 工程量表的方式

工程量表有两种方式：使用较多的是以作业内容列表，叫作业顺序工程量表（Operational BOQ）；另一种是以工种内容列表，叫工种工程量表（Trade BOQ），使用较少。

下面给出工程量表（一般项目）（表 2-10）和一个工程（土方工程）的工程量表（表2-11）示例。

工程量表（一般项目）   表 2-10

序号	内　容	单位	数量	费率	总额
101	履约担保（或履约保函）	总价	项		
102	工程保险	总价	项		
103	承包商的施工设备保险	总价	项		
104	第三方保险	总价	项		
105	竣工后 12 个月的工程维修费	月	12		
106	其他				
112	提供工程师办公室和配备设施	个	2		
113	维修工程师办公室和服务	月	24		
114	其他				
121	提供分支道路	总价	项		
122	分支道路交通管理及维修	月	24		
123	其他				
132	竣工时进行现场清理	总价	项		
合计					

工程量表（土方工程）   表 2-11

序号	内　容	单位	数量	费率	总额
201	开挖表土（最深 25cm）储存备用，最远运距 1km	m³	95000		
202	开挖表土（25cm～50cm）废弃不用	m³	15000		
206	从批准的取土场开挖回填用土料（最远运距 1km）存储、成型、夯实	m³	258000		
207	岩石开挖（任何深度），弃渣	m³	15000		
208	其他				

（4）计日工（Day Work）

计日工也称为按日计工，是指在工程实施过程中，业主有一些临时性的或新增加的项目需要按计日（或计时）使用劳务、材料或施工设备时，按承包商投标时在计日工表中填写的费率计价。在招标文件中一般列有劳务、材料和施工设备三个计日工表。在工程实施过程中任何项目如需采用计日工计价，必须报告工程师，或由工程师直接下达任务，但均需依据工程师的书面指令执行。

按照有关合同条款规定，计日工一般均在暂定金额（Provisional Sums）中开支，暂定金额是业主的备用金，在 2012 版 SBDW 中对在某些合同条款中明确规定由暂定金额开支的项目单列在一张表中，称为"指定的暂定金额"（Specified Provisional Sums）汇总表，并加以小计，然后和工程量表汇总在一起，计入总报价。

FIDIC《施工合同条件》（多边开发银行协调版）中还规定对指定分包商和其他由工程师指示承包商实施的变更工作的支付也在暂定金额中开支。

有的招标文件将估计使用的劳务、材料和施工机械的数量称为"名义工程量"（Nominal Quantity），投标人在填入计日工单价后再乘以"名义工程量"，然后将汇总的计日工总价加入投标总报价中（如表 2-12），以限制投标人随意提高计日工价，这种方式即总价中包括"有竞争性报价的计日工"。但项目实施过程中支付计日工的数量仍根据实际使用数量决定，不受名义工程量的限制。

下面分别讨论一下三类计日工表。

1）劳务计日工表

在编制劳务计日工表时，需对这个表中的工作费用应该包含哪些内容以及如何计算时间做出说明和规定。例如劳务工时计算一般是由到达工作地点开始指定的工作算起至回到出发地点为止的时间，但不包括用餐和工间休息时间。

劳务计日工费用包括两部分：

① 劳务的基本费率（Basic Rates），包括承包商应向劳务直接支付的工资、路途时间和工作时间补助、生活补助以及根据当地法律规定应支付的社会福利补贴。基本费率只能用当地币支付。

② 承包商还有权按基本费率的某一百分比得到承包商的利润、上级管理费、劳务监管费、保险费以及各项杂费等费用，这些费用可要求用外币及当地币支付。有时计日工表中利润、总部管理费等不单列，而统一包含在各工种的费率之中。下面列出一份采用"名义工程量"的劳务计日工表，见表 2-12。一般的劳务计日工表只需将表 2-12 中"名义工程量"一列删去即可。

采用"名义工程量"的计日工表（劳务）　　　　　表 2-12

项目编号	说　明	单位	名义工作量	费率	总额
D100	工长	h	500		
D101	普工	h	5000		
D102	砌砖工	h	500		
D103	抹灰工	h	500		
D104	木工	h	500		
D113	10 吨卡车司机	h	1000		
D115	推土机或松土机司机	h	500		
D116	其他				
D122	承包商的总部管理费、利润等（为上述各项总计的百分率）				
合计					

2）材料计日工表

材料计日工费用包括两部分：

① 材料的基本费率是根据发票的价格加上运费（运至现场仓库）、保险费、装卸费、损耗费等。用当地货币报价，但也可依据票据的实际情况用多种货币支付。

② 按照某一百分比得到利润、总部管理费等费用。用当地货币支付，对以计日工支付的工地内运送材料费用项目，按劳务与施工设备的计日工表支付。

3）施工设备计日工表

① 施工设备计日工表中的费率包括设备的折旧费、利息、保险、维修及燃料等消耗品以及有关总部管理费、利润等费用，但机械驾驶员和其助手应依劳务计日工表中的费率单独计价。

② 一般施工设备是按在现场实际工作的工时数支付。如工程师同意，施工设备由存放处到工地现场的往返时间也可计入支付的工时数内。

对施工设备的基本租赁费率应用当地币说明，但也可以用多种货币支付。

（5）汇总表（Grand Summary）

将各个区段分部工程中的各类施工项目的工程量表的合计加以汇总就是整个工程项目总报价。投标人在汇总时应将"规定的暂定金额"与"用于不可预见用款的暂定金额"均计入总报价。因而，投标人在中标并签订合同后，合同价中自然也包括这两类暂定金额。

4. 技术建议书（Technical Proposal）

（1）技术建议书是由现场组织（Site Organization）、方法说明（Method Statement）、动员计划（Mobilization Schedule）、施工计划（Construction Schedule）、设备（Equipment）、人员（Personnel）及其他部分组成。现场组织、方法说明、动员计划、施工计划四项内容均要求投标人按照项目及自身特性来说明。

（2）设备：投标人应提供（三）"评标与资格标准"中所要求的关键设备（或建议的替换设备）的性能、来源（自有、租用、专门制造等）的单独列表。

（3）人员：为满足第三节"评标与资格标准"中规定的要求，投标人应该提供合格的人员的姓名以及相关人员的简历。

此处应说明相关人员正在履行的有关工程合同、收到中标意向函或中标函的项目，以及这些项目的估计完工日期等。还应说明在第三节"评标与资格标准"中规定的有关项目的资金来源（如流动资产、未支配的固定资产、信用额度和其他财务收入）及数额。

5. 投标保证格式（Form of Bid Security）

SBDW 中附有的投标保证格式为银行保函。

（五）合格国家（Eligible Countries）

根据 2004 年 5 月国际复兴开发银行贷款和国际开发协会信贷采购指南第 1.8 条的规定，世行允许各国的公司和个人为世行贷款项目提供货物、工程和服务。但是，一个国家的公司或在一个国家制造的货物，如果发生下列情况，则可能被排除在外：

（1）根据法律或法规，借款人国家禁止与该国有商业往来，但前提是要使世行满意地认为该排除不会妨碍在采购所需货物或工程时的有效竞争；或

（2）为响应联合国安理会根据联合国宪章第七章作出的决议，借款人国家禁止从该国进口任何货物或对该国的个人或实体进行任何付款。

借款人和投标人应该知道，对于不合格国家，如果要进行货物和服务采购，必须事先得到世行批准（列出不合格国家名称，一般指不是世行成员国的国家）。

（六）世行政策——腐败与欺诈行为（Corrupt and Fraud）

世行的政策要求，在世行贷款合同的采购和执行过程中，借款人（包括银行贷款的受益人）、投标人、供应商、承包商和他们的代理人（无论公布与否）、分包商、分包咨询顾问、服务提供人或供应商及其任何相关人员均应遵守最高的道德标准。根据这一政策：

（1）世行定义以下术语：

1）腐败行为（Corrupt Practice）是指通过直接或者间接地提供、赠予、收受或者索要任何有价值物品而不恰当地影响另一方的行为。

2）欺诈行为（Fraudulent Practice）是指任何作为或不作为，包括虚假陈述，以故意误导或试图误导一方当事人，从而获得经济或其他利益，或免除自己的义务等的行为。

3）串通行为（Collusive Practice）是指两方或多方为实现某一不正当目的（包括不正当地影响第三方的行为）而达成的共同协议。

4）胁迫行为（Coercive Practice）是指通过损害、伤害或者威胁等方式直接或间接地使任何一方遭受损害或其财产遭受损失，从而影响其行为。

5）阻碍行为（Obstructive Practice）是指：①故意毁坏、伪造、变更或者隐藏证据材料，或者向调查官作出错误的陈述，从而实质性地阻碍银行针对有关腐败、欺诈、胁迫或共谋等的控诉的调查；和/或通过威胁、骚扰或者恐吓任何一方来阻止其透露所了解的与调查事项相关的信息，或者防止其配合调查，或②实质性阻碍银行的检查和本款下文中提到的银行审计的权利。

（2）如果世行确定被推荐授予合同的投标人或他的任何人员、代理人、分包咨询顾问、分包商、服务提供人、供应商和/或他们的雇员在合同竞标过程中直接或间接地涉及腐败、欺诈、串通、胁迫或者阻碍等行为，世行将拒绝授标建议；

（3）如果世行在任何时候确定借款人代表或贷款收益的接收人代表在采购或者履行该合同的过程中涉及腐败、欺诈、串通、胁迫、阻碍等行为，而借款人没有在行为发生时及时有效地采取满足银行要求的适当措施以消除这些行为，世行将宣告为不当采购并取消分配给某一合同的贷款。

（4）世行将在任何时候根据银行的一般处罚程序处罚公司或个人，包括公开宣布该公司或个人，无限期的或在规定的期限内不能授予世行资助合同以及成为被提名人；

（5）世行将要求在招标文件和世行资助的合同中包含一个条款，要求投标人、供应商和承包商，以及他们的分包商、代理人、人员、咨询顾问、服务提供人或者供应商，允许世行检查与投标和合同履行相关的所有账户、记录和其他文件，并由世行指定的审计师对其进行审计。

二、工程要求（Works Requirments）

（七）工程要求（Works Requirments）

该部分内容主要包括工程的范围、规范、图纸和补充的资料。这些资料又是投标人在投标时必不可少的资料。因为依据这些资料，投标人才能拟定施工规划，包括施工方案、施工进度、施工工艺等，并据之进行工程估价和确定投标报价。因此业主及其咨询工程师在拟定规范时，既要满足设计和施工要求，保证工程质量，又不能过于苛刻，因为太苛刻的技术要求必然导致投标人提高投标价格。对国际工程而言，过于苛刻的技术要求往往会影响本国的承包商参加投标的兴趣和竞争力。

1. 工程的范围（Scope of Works）

在"投标人须知"1.1条和招标资料表中规定了招标的范围。工程的范围是对招标文件要求承包商工作的范围和内容的具体描述，可能是整个工程，也可能是一个工程的一部分（如一个水利枢纽中的大坝工程），还应说明需要承包商实施的具体工作内容，如设计、施工、设备采购、安装、调试以及其他相关的工作。

2. 规范（Specification）

规范也叫技术规程或技术规范（以下用规范）。每一类工程（如房建、水利、港口、铁路、化工、电信等）都有专门的技术要求，而每一个项目又有其特定的技术规定。规范和图纸两者均为招标文件中非常重要的组成部分，反映了招标单位对工程项目的技术要求，严格地按规范和图纸实施工程与验收才能保证最终获得一项质量合格的工程。

编写规范时一般可引用本国有关各部门正式颁布的规范。国际工程也可引用国际上权威性的外国规范，但一定要结合本工程项目的具体环境和要求选用，同时往往还要由咨询工程师再编制一部分具体适用于本工程的技术要求和规定。合同签订之后，承包商必须按照合同中的规范和图纸的要求施工。监理工程师也应按订入合同中的技术要求来检查和验收承包商的工作质量。如在施工过程中承包商建议采用某些实质上等同或优于合同规范规定的一些规范或标准，必须得到工程师批准。编写规范时应做到用语准确而清晰，这样不仅有利于承包商响应招标文件的要求，平等地竞标，也有利于评标。如果由业主方提供生产设备或材料也应有明确的技术说明。

国际竞争性招标中对材料、生产设备、其他供货以及工艺所需的标准要有一个清楚的说明，准确清晰的规范有利于投标人响应业主的要求。除非另有规定，规范应该要求工程的生产设备、材料及其他供货都是新的，工艺和型号也是新的。

同一个国家在这方面用过的相似的项目的规范样本是很有用的，尤其对一个国家或地区公共部门建设的相关工程，如高速公路、港口、铁路（包括高速铁路）、城市住宅、通信、灌溉、供水、排水等项目，大都将通用规范标准化，对特殊的工程，可在采用通用规范时加以删改和补充。

对生产设备、材料、其他供货以及工艺应尽量采用国际标准，如果采用特殊标准，规范应声明这些标准符合项目所在国官方的标准。

如果合同中采用国家级或涉及某一特殊国家或地区的标准和规范时，其他能保证与合同规定标准和规范实质上等效的官方标准可被采用，但需要事先得到工程师的审查和书面批准，如果承包商想得到工程师的批准，需提前 28 天把所建议的替代标准与原标准的差异书面提交工程师，如工程师未能批准，承包商仍应遵守合同中的标准及准则。

规范可分为总体规定和技术规范两部分。一般包含下列七个方面内容：工程的全面描述；工程所采用材料的技术要求；施工质量要求；工程记录；计量方法；验收标准和规定；其他不可预见因素的规定。

（1）总体规定（General Specifications）

总体规定通常包括工程范围和说明，水文气象条件，工地内外交通，承包商提供的材料质量要求，技术标准，工地内供水、排水，临建工程，安全，测量工作，环境卫生，仓库及车间等。下面就某些内容作一些说明：

1）工程范围和说明。包括工程总体介绍，分标情况，本合同工作范围，其他承包商完成的工作范围，分配给各承包商使用的施工场地，生活区和交通道路等。

2）技术标准。即已选定适用于本工程的技术规范。在总体规定中应列出编制规范的部门或是选用国外规范的国家、机构和规范代号。如美国材料实验学会（ASTM）、英国国家标准（BS）等，多半是用英制，一般情况下，应尽量选用公制。

3) 一般现场设施。如施工现场道路的等级，对外交通，桥梁设计，工地供电电压范围和供电质量，供水，生活及服务设施，工地保卫，通信照明，环保要求等。应明确业主提供的条件及承包商负责的工作，并应规定现场某些设施（如供电、供水等）的收费标准。

4) 安全防护设施。明确工地安全应由承包商负责。对承包商在工地应采取的安全措施做出具体规定，安全措施包括安全规程的考核和执行，安全拦网的设置，防火、照明、信号等有关安全措施以及对安全管理人员的要求等。

5) 水土保持与环境保护。由于工程的大量土石方开挖，破坏了植被，影响了环境的美化，施工中也经常破坏环境，为此应提出有关水土保持和环境保护的要求。

6) 测量。工程师应向承包商提供水准基点、测量基线以及适当比例的地形图等，并应对这些资料的正确性负责。日常测量、放样均由承包商承担，承包商应对现场测量放样精度、现场控制点的设置与保护、人员与设备配备等负责。规范中应说明有关测量的费用不单独支付，均包括在合同价内。

7) 试验室与试验设备。按照国际惯例，土建工程的试验工作（包括材料试验等）多由承包商承担，因此在规范中对要求进行试验的项目、内容及要求等应做出明确的规定。并对试验室的仪器设备等提出要求，以便投标人在投标报价中考虑到这一笔费用。

试验地点一般在工地承包商的试验室，某些有特殊要求的试验，可指定其他单位的实验室。

(2) 技术规范（Technical Specification）

工程技术规范包括设计技术规范与施工技术规范，由咨询工程师参照国家的范本和国际上通用规范并结合每一个具体工程项目的自然地理条件和使用要求来拟定，因而也可以说它体现了设计意图和施工要求，更加具体，针对性更强。

根据设计技术规范要求，应对工程每一个部位和工种的材料及施工工艺提出明确的要求。

技术规范一般按照施工工种内容和性质来划分。例如，一般土建工程包括土方工程、基础处理、模板、钢筋、混凝土工程、圬工结构、金属结构、装修工程等；水利工程还包括施工导流、灌浆、隧洞开挖等；港口工程则有基床工程、沉箱预制、板桩工程等。

施工技术规范中应对计量要求做出明确规定，以避免和减少在实施阶段计算工程量与支付时的争议。

3. 图纸（Drawings）

图纸是招标文件和合同的重要组成部分，是投标人在拟定施工方案、确定施工方法、选用施工机械以至提出备选方案、计算投标报价时必不可少的资料。

招标文件应该提供大尺寸的图纸。如把图纸缩得太小，细节看不清楚，将影响投标人投标，特别对大型复杂的工程尤应注意。图纸的详细程度取决于设计的深度与合同的类型。

近年来，在国际上和国内采用建筑信息模型（Building Information Model，BIM）来进行图纸设计和项目管理的日益增多，但是由于采用 BIM 设计还没有比较统一的规范，因而在招标时，即使提供 BIM 的设计，一般还是应该提供纸质的图纸。目前，在 EPC 模式中，即使要求承包人提交 BIM 模型，一般同时也需要提交传统的图纸。

在传统模式的工程实施过程中，常常会陆续补充和修改图纸，这些补充和修改的图纸均须经工程师签字批准后作为变更正式下达，才能作为施工及结算的依据。在 DB 和 EPCT 模式中，由承包商负责设计，如果在某些情况下（详见第四章 FIDIC 合同条件第三节、第四节）需要工程师或业主审批，则应按照规定办理。

在国际招标项目中图纸往往都比较简单，仅仅相当于初步设计。对业主方来说，这样既可以提前招标，又可以减少开工后在图纸细节上变更，以减少承包商索赔的机会。如果要求承包商负责永久工程任何一部分的设计，必须明确他的职责范围。如果把施工详图交给承包商去设计还可以利用承包商的经验，但必须由工程师对图纸进行认真的检查，以防引起造价增加过多。

业主方提供的图纸中所包括的地质钻孔柱状图、探坑展视图等均为提供投标人的参考资料，它提供的水文、气象资料也属于参考资料。业主和工程师应对这些资料的正确性负责。而投标人应根据上述资料做出自己的分析与判断，据之拟订施工方案，确定施工方法。业主和工程师对这类分析与判断不负责任。

业主有权决定在工程的某些特殊部位是否能够采用替代的技术建议方案（Alternative Technical Proposals），在招标文件中，某些工程的特定部分（如：桩基、桥基等）吸收承包商的经验，采用替代方案，可能对业主有好处。业主应该提供一个工程特定部分的说明以及相关的图纸、工程量表、设计或者性能标准，说明所做的替代解决方案至少应该和原来的设计参数和规范是相当的。替代方案提供的所有资料，如图纸、设计计算书、技术规程、单价分析、建议的施工方法以及其他相关细节，应满足业主评估的需要。

在某些情况下，如采用 DB 或 EPCT 模式，可考虑采用两阶段招标。

4. 补充的资料

补充的资料是指除上面的三方面之外，业主在投标时认为需要的涉及对工程要求的其他资料。

规范中应包括合同条件中的涉及社会福利的条款（如 FIDIC《施工合同条件》（多边开发银行协调版）中的 6.1 款至 6.22 款），应使这方面规定的最低要求达到当地的同等标准及项目所在国法规要求的标准。

三、合同条件与合同格式（Conditions of Contract and Contract Forms）

（八）合同通用条件（General Conditions，GC）

世界银行工程项目采购标准招标文件中全文采用 2010 年出版的 FIDIC《施工合同条件》（多边开发银行协调版），这是 FIDIC 与多边开发银行对 1999 年第 1 版《施工合同条件》修改后出版的合同条件，其中的通用条件不允许作任何修改，需要修改的内容全部放在专用合同条件中。

合同条件一般也称合同条款，它是合同各方必须遵守的"条件"，是合同中商务条款的重要组成部分。合同条件主要规定了在合同执行过程中当事人双方的职责范围、权利和义务；受业主方委托参与项目管理一方（如工程师、业主代表等）的职责和授权范围；遇到各类问题（如工程进度、质量、检验、支付、变更、不可抗力、保险、索赔、争议和仲裁等）时，各方应遵守的原则、规定、程序和采取的措施等。

合同条件一般分为两大部分，即"通用条件（General Conditions）"和"专用条件

(Conditions for Particular Application)"。前者不分具体工程项目，不论项目所在国别，只要在标注的某个大范围内（如"工程施工"、"设计—采购—施工/交钥匙"）均可使用；而后者则是针对某一特定工程项目合同的有关具体规定，用以将通用条件具体化，进行某些修改和补充。这种将合同条件分为两部分的做法，既可以节省招标人编写招标文件的工作量，又方便投标人投标，因为投标人一般对不同国际组织编制的不同版本的通用条件中规定的各方的权利、义务、职责、风险都非常熟悉，投标时只需重点研究"专用条件"即可以了。

目前在国际上，由于承发包双方的需要，根据多年积累的经验，已编写了许多合同条件范本，在这些合同条件范本中有许多通用条件几乎已经标准化、国际化，不论在何处施工，都能适应承发包双方的需要。采用国际通用的合同条件范本的主要好处是合同双方风险分担比较合理，能够比较好地平衡双方之间的权利和义务，节省投标准备时间和投标审查费用，从而为双方创造更多的经济效益。

国际上最知名的高水平的合同条件范本的标准形式有三大系列，即"国际咨询工程师联合会"（FIDIC）编写的各类合同条件；英国"土木工程师学会"（Institution of Civil Engineers，ICE）以及英国其他组织编写的各类合同条件；"美国建筑师协会"（The American Institute of Architects，AIA）编写的各种合同条件。这些合同条件都吸收了国际上许多专家参与讨论修改，在国际工程中常被采用。如 FIDIC "新红皮书"就已被世行、亚行、非行等九个国际金融组织采用，关于 FIDIC 的组织、FIDIC 编制的合同条件将在第四章中详细介绍。

ICE 编写的"新工程施工合同条件"（NEC）和 AIA 编写的"施工合同通用条件"（A201）将在第五章中介绍。

（九）合同专用条件（Particular Conditions，PC）

合同专用条件（PC）是针对某一具体工程项目的需要，业主方对合同通用条件进行具体化、修改和补充，以使整个合同条件更加完整、具体和适用。但 PC 序号应与 GC 一致。如 PC 内容与 GC 不一致时，PC 优于 GC。修改条款或起草新条款时应争取法律顾问的建议。

FIDIC《施工合同条件》（2010 多边银行协调版）的专用合同条件，包括：A 部分——合同数据表、B 部分——特定条款（Specific Provisions）。

A 部分包括了针对通用合同条件每一款的补充说明和具体化的数据，业主在颁发招标文件时应在合同数据表中写入相关数据。天数一律用 7 的倍数，以便与合同条件一致。B 部分是专用合同条件的特有条款，由一套示例条款组成，便于业主在编制专用合同条件时参考采用，它们并不是一套完整的、标准的专用合同条款，而是在某个国家的某个项目中需要根据具体情况进行编制。

表 2-13 为 A 部分"合同数据表"。表 2-14 为区段汇总表。

合同数据表　　　　　　　　　　　　　　　　　　　　　　表 2-13

合同条件	条款	填入内容
业主的名称和地址	1.1.2.2 & 1.3	
工程师的名称和地址	1.1.2.4 & 1.3	

合同条件	条款	填入内容
银行的名称	1.1.2.11	
借款人的名称	1.1.2.12	
竣工时间	1.1.3.3	_____天 如果工程分区段竣工，参考下面的区段汇总表
缺陷通知期	1.1.3.7	365 天
区段	1.1.5.6	如果工程分区段，参考下面的区段汇总表
电子传送系统	1.3	
管辖法律	1.4	
主导语言	1.4	
交流语言	1.4	
参与方达成合同协议的时间	1.6	
银行检查和审计	1.15	承包商应同意，并要求其代理人、分包商、分包咨询顾问、服务提供商或者供应商以及任何人员允许由银行指定的人员检查现场，以及与合同履行和投标文件提交相关的所有账户和记录，同时如果银行需要，应当有可供银行指定的审计师审计的账户和记录。承包商应当注意 15.6 款［腐败或欺诈行为］的特别规定：任何实质性妨碍 1.15 条款所赋予银行检查和审计权利的实施的行为，将会导致合同的终止（同时，根据世行的现行处罚程序做出该单位为不合格主体的决定）。
进入现场的时间	2.1	开工日期后____天
工程师的职责和权利	3.1(b)(ii)	变更导致的费用增加超过中标合同金额的____%需要取得业主的批准
履约保证	4.2	履约保证应采用方式［填入"履约保函"或"履约担保"］，额度为中标合同金额的____%［填入相关数字］，应采用与中标合同金额相同的币种
正常工作小时数	6.5	_____
工程的误期损害赔偿费	8.7&14.15(b)	每天为合同价格的____% 如果工程分区段，参考下面的区段汇总表
误期损害赔偿费的最高限额	8.7	最终合同价格的____%
暂定金额	13.5(b)(ii)	［如果有暂定金额，填入一个百分比作为暂定金额的调整百分率］____%
因费用波动的调整	13.8	期间"n"适用于调整系数"Pn"：［如果这个期间不是一个月，填入这个期间的月数，如果这个期间"n"是一个月，填入"不适用"］

续表

合同条件	条款	填入内容
预付款总额	14.2	中标合同金额的____%，按支付中标合同金额的币种和比例[如果采用分期付款，填入分期的次数和付款的时间安排]
预付款的分期偿还率	14.2(b)	____%
保留金的百分比	14.3	____%
保留金限额	14.3	中标合同金额的____%
生产设备和材料	14.5(b)(i)	如果条款14.5适用： 运往现场途中付费的生产设备和材料____ [列出名称]
	14.5(c)(i)	运抵现场时付费的生产设备和材料____ [列出名称]
期中支付证书的最低金额	14.6	中标合同金额的____%
承包商对业主的最大责任限度	17.6	[在以下两种方式中选择适宜的一种] 中标合同金额与____[填入大于或小于1的系数]的乘积 或____ [填入最高责任险金额]

提交保险的期间
 	
  a. 保险证明
 	
  b. 相关保险单
	18.1	[填入提交保险证明和保险单的期间，这个期间可为14天到28天]
		
		____天
		
		____天

业主风险保险免赔额的最大金额	18.2(d)	____[填入免赔额的最大金额]
第三方保险的最小金额	18.3	____[填入第三方保险金额]
任命DB成员的最晚时间	20.2	开工日期后28天
DB成员应该包括	20.2	独任成员或：三名成员
潜在DB独任成员的名单	20.2	[仅当DB由独任成员组成时，列出潜在独任成员的名称；如果不包括潜在的独任成员，填入："无"]
（如对DB成员未达成一致）由…任命	20.3	[填入进行任命的实体或官方机构的名称]
仲裁规则	20.6(a)	[如果不采用国际仲裁商会的规则，填入采用的仲裁规则]

区段汇总表　　　　表2-14

区段名称/描述 （条款1.1.5.6）	竣工时间 （条款1.1.3.3）	缺陷通知期 （条款8.7）

（十）合同格式（Contract Forms）

1. 授予合同通知（Notification of Award）

授予合同通知即"中标函"（Letter of Acceptance），是形成合同的基础。按照"投标人须知"39 条规定，只有在完成评标，满足贷款协议中规定的世行审查要求后，才填写"中标函"，并寄给中标人。招标文件中附有中标函的标准格式。

2. 合同协议书（Contract Agreement）

投标人接到中标函后应及时与业主谈判，并随后签署协议书。协议书签署时应要求承包商提交履约保证，这时即完成了全部履约手续。

也有的国家规定，投标人的投标书和业主发给他的中标函二者即构成合同，不需另签协议书。但世行贷款项目一般要求签协议书。

协议书的格式一般均附在标准招标文件中。

3. 履约保证（Performance Security）

履约保证是承包商向业主提出的保证认真履行合同的一种经济担保，一般有两种形式，即履约保函（Performance Guarantee），或叫银行保函（Bank Guarantee）以及履约担保（Performance Bond）。世界银行贷款项目一般规定，履约保函金额为合同总价的 10%，履约担保金额则为合同总价的 30%。

保函或担保中的"保证金额"由保证人根据投标书附录中规定的合同价的百分数折成金额填写，采用合同中的货币或业主可接受的自由兑换货币表示。也有在招标文件中由业主规定一个具体的款额，而不采用合同价百分数。

采用何种履约保证形式，各国际组织和各国的习惯有所不同。美洲习惯于采用履约担保，欧洲则一般采用银行保函。世界银行贷款项目列入了上述两种保证形式，由投标人自由选择其中一种。亚洲开发银行则规定只用银行保函。在编制国际工程的招标文件时应注意这一背景。

（1）银行履约保函

履约保函又分为两种形式：一种是无条件履约保函（Unconditional Performance Guarantee），或称"即付保函"（on Demand Performance Guarantee）；另一种是有条件保函（Conditional Performance Guarantee）。

对于无条件履约保函，银行见票即付，不需业主提供任何证据。业主在任何时候通知银行，认为承包商违约，而且提出的索赔日期和金额在保函有效期和保证金额的限额之内，银行即无条件履行保证，进行支付，承包商不能要求银行止付。当然业主也要承担由此行动引起的仲裁或诉讼程序裁决的法律后果。世行贷款项目均采用无条件履约保函。

有条件履约保函即是在银行支付之前，业主必须通知银行并提出理由，指出承包商执行合同有重大失误、不能履行其义务或违约，并由业主方出示证据，并通知承包商。现在使用这种保函的业主很少了。

（2）履约担保

履约担保一般是由担保公司、保险公司或信托公司开出的担保函。担保公司要保证整个合同的完整实施。一旦承包商违约，业主在要求担保公司承担责任之前，必须证实承包商确已违约。这时担保公司可以在担保金额限度内采取以下措施之一：

1）根据原合同要求负责完成合同。

2）为了按原合同条件完成合同，可以与业主一同另选一位承包商，由他与业主另签合同以完成此工程，在原定合同价以外所增加的费用由担保公司承担，但不能超过规定的担保金额。

3）由业主按合同完成原定工程。担保公司支付给业主相应的款额，但款额不超过规定的担保金额。

在实际工程中，业主和担保公司一般均采用第（2）种措施。

在招标文件中一般均附有业主方拟定的履约保证格式。

4. 预付款保函（Advance Payment Security）

在国际招标的工程项目中，除去少数资金匮乏的业主外，大部分业主均对中标的承包商提供无息预付款，这是为了缓解承包商开工时需要垫付大量资金的困难。

承包商在签订合同后，应及时到业主同意的银行开一封预付款保函，业主收到此保函后才会支付预付款。关于预付款的偿还方法在本章第四节中详细讨论。招标文件中一般均附有业主方拟定的预付款保函格式。

5. 保留金保函（Retention Money Security）

当工程已经通过验收并被业主接收后，一般此时承包商应收到业主方返还的保留金总额的一半（返还额比例应按合同条件有相关规定），在缺陷通知期开始前，承包商可以向业主提交保留金保函，要求业主将所扣留的全部保留金返还给承包商。保函中应说明，如果承包商在缺陷通知期内未能履行对工程的维修任务时，则业主可以在保留金保函中扣除相应的款项，支付给其他进行维修的承包商。业主应在收到履约证书副本后的 21 天内，将保留金保函退还承包商。承包商应该尽可能争取采用保留金保函的方式，这将有利于承包商的资金周转。FIDIC《施工合同条件》（多边银行协调版）中明确规定"承包商有权用保证金保函替代另一半保证金"。

在招标文件中一般均附有业主方拟定的保留金保函格式。

大型工程应该使用资格预审，如果某个项目可能有资格获得贷款时，IBRD 应该审查资格预审的程序并给出意见。投标邀请书应在宣布资格预审的结果后才寄送给合格的投标人。例外情况时可使用资格后审。

在招标文件中一般均附有业主方拟定的投标邀请书格式。

第四节　工程采购招标文件中的几个问题

一般国际工程的招标文件中均涉及如下几个问题：价格调整问题；期中付款证书的最低金额的确定；材料和生产设备采购的支付方式；预付款的支付和偿还问题等，这些问题将在本节中介绍和讨论。

本节中"合同价格"均指签订合同时的价格。即 FIDIC《施工合同条件》（1999 版和 2010 多边银行协调版）中的"中标合同款额"。

一、价格调整问题

工程建设的周期往往都比较长，因而在考虑工程造价时，都必须考虑与工程有关的各种价格的波动。下面从价格上涨角度来讨论，价格下跌时也可同样计算。

　　在工程招标承包时，施工期限一年左右的项目和实行固定总价合同的项目（如 EPCT 项目），一般均不考虑价格调整问题，以签订合同时的单价和总价为准，物价上涨的风险全部由承包商承担。但建设周期一年半以上的工程项目一般均考虑调价，DB 项目虽然一般为总价包干，但有时也可调价。具体项目是否调价依据合同规定为准。引起价格变化的主要因素包括：

　　（1）劳务工资、材料费和施工设备费的上涨；

　　（2）其他影响工程造价的因素，如运输费、燃料费、电力等价格的变化；

　　（3）外币汇率的不稳定；

　　（4）国家或省、市立法的改变引起的工程费用的上涨。

　　业主方在编制工程概（预）算，筹集资金以及考虑备用金额时，均应考虑价格变化问题。对工期较长、规模较大的工程，在编制招标文件的合同条件中应明确地规定各类费用变化的补偿办法（一般对上述前两类因素用调价公式，后两类因素编制相应的合同条款），以使承包商在投标报价时不计入或少计入价格波动因素，这样便于业主在评标时对所有承包商的报价可在同一基准线上进行比较，从而优选出理想的承包商。

（一）价格变化的计算公式

　　价格变化的计算公式，一般说来有两种类型，第一类公式主要用于预估在今后若干年内由于物价上涨引起的工程费用上涨值；第二类是由业主方编入招标文件，由工程师与承包商在结算时采用的公式。现分述如下：

1. 第一类公式

$$D = \sum_{i=1}^{n} \left[d_i (1 + R_i)^{t_i/2} - d_i \right] \tag{2-1}$$

式中　D——工程价格在 t_i 年内上涨总费用估算值；

　　　d_i——工程价格中各分项（如某种材料）费用调价前总值；

　　　R_i——工程价格中各分项费用的年平均上涨率；

　　　t_i——工程价格中各分项的使用期或按实际情况确定的时间；

　　　n——分项费用项目数；

　　　i——1，2…n。

　　式（2-1）主要在业主一方编制概（预）算时使用，可以取工资及主要材料、设备的历年上涨率，并假定工程实施期间物价也保持同样上涨率，估算出在工程实施期间工程价格总的上涨费用，以便在筹集资金时考虑到这一不利因素。要特别指明的是，业主一方在计算价格上涨时，使用期不仅指施工期，而应该由编制概（预）算时到预计工程完工的总时间段。

　　式（2-1）同时也可供承包商使用。当招标文件规定在工程实施期间每月结算不考虑调价，或总价包干合同时，承包商在投标报价时用以估算工程实施期间工程价格总的上涨费用，以便在各分项报价中加以分摊，减少或避免由于物价上涨等因素引起的风险；承包商在投标报价进行各个子项的单价分析时，也可用公式中 $(1 + R_i)^{t_i/2}$ 一项，把物价上涨因素考虑进去。

　　但如果业主的招标文件明确规定允许每月结算可以调价时，则绝不能再用此公式，以免导致报价过高。

2. 第二类公式

这类公式是业主和咨询工程师在准备招标时即编入招标文件的。运用这类公式可以在施工过程中每月结算时将物价上涨因素考虑进去。

这类公式又可分别应用于工程施工时用工程所在国当地币结算、用外币结算和订购设备三种情况，现分述如下。

(1) 用工程所在国当地币（或国内用人民币）支付部分的价格调整公式如下：

$$P_1 = P_0\left[a + b\frac{L(1+C_s)}{L_0(1+C_{s0})} + c\frac{P_l}{P_{l0}} + d\frac{T}{T_0} + e\frac{M_1}{M_{10}} + f\frac{M_2}{M_{20}} + \cdots + r\frac{M_n}{M_{n0}}\right] \quad (2-2)$$

式中
P_0——按订合同时的价格结算，应付给承包商的结算月份工程结算款总额的当地币部分；

P_1——价格调整后应付给承包商的结算月份工程结算款总额的当地币部分；

L_0——订合同时工程所在国劳务工资的基本价格指数 (Base Price Index) 或每小时工资；

L——结算月份工程所在国劳务工资的现行价格指数 (Current Price Index) 或每小时工资；

C_{s0}——订合同时工程所在国公布的社会负担系数；

C_s——结算月份工程所在国公布的现行社会负担系数；

P_{l0}——订合同时设备的基本价格指数或价格；

P_l——结算月份设备的现行价格指数或价格；

T_0——订合同时每辆卡车的吨公里运输价；

T——结算月份每辆卡车的吨公里运输价；

$M_{10}, M_{20}, \cdots, M_{n0}$——订合同时各种主要材料的基本价格指数或价格；

$M_1, M_2, \cdots, M_n$——结算月份各种主要材料的现行价格指数或价格；

a——固定系数，代表合同支付中不调整的部分，如各类管理费、利润以及预计承包商固定开支的权重值；

$b, c, d, e, f\cdots r$——权重系数 (Weightings)，代表各类费用（工资，设备，运输，各种材料……）在合同总价当地币中所占比例的估计权重值，$a+b+c+d+e+f+\cdots+r=1$。

式 (2-2) 中方括弧 [ ] 内计算出的数值为价格调整系数。

式 (2-2) 是业主每月为承包商结算工程支付款时，用工程所在国当地币结算时调整价格使用的。使用的指数或价格为由业主指定的当地官方权威机构或商会发布的指数。

订合同时的基本指数或价格是指递交投标书截止日前 m 天的数值，而工程结算月份的现行价格指数或价格是指结算月份结算日前 m 天的数值。一般规定 m 为 28～56 天。如在上述时间内当地政府机关或商会未发布有关指数或价格，则可由工程师来决定暂时采用的指数或价格，待有关的政府机关或商会发布指数或价格时，再修正支付的金额。承包商既不得索取，也不支付此修正支付金额的利息。

劳务工资系指工程所在国当地政府公布的标准基本工资。不考虑各种附加成分的工资（如加班费、奖金、津贴等）。如果工程所在国没有官方价格指数，则由工程师根据工程所在国劳务费用、社会福利费以及有关法律、法规的变更，定期决定劳务的费用指数，进行调价。

固定系数 a 正常的幅度为 $10\%\sim20\%$。在一些招标文件中，由业主规定一个权重系数的允许范围，要求承包商在投标时即确定，并在价格分析中予以论证。但也有的是由业主一方在招标文件中即规定了固定数值。为了减少结算的繁琐计算，对设备和材料，一般成本要素（Cost Elements）应选取主要设备和大宗的、价值较高的材料，如钢材、木材、水泥、砖石等。一般在合同谈判时，双方即通过协商将要调价的成本要素定下来。

FIDIC"新红皮书"、"新黄皮书"有关条款中提到的调价公式与（2-2）式基本相同。当变更和计日工采用当月价格计算时，则对于变更和计日工不再另行调价。

（2）用外币支付部分的价格调整公式如下：

$$P'_1 = P'_0\left[a' + b'\frac{L'}{L'_0} + c' + \frac{P'_l}{P'_{l0}} + d'\frac{T'_m}{T'_{m0}} + e'\frac{M'_1}{M'_{10}} + \cdots r'\frac{M'_n}{M'_{n0}}\right] \quad (2\text{-}3)$$

式中

P'_0——按订合同时的价格结算应付给承包商的结算月份工程结算款总额的外币部分；

P'_1——价格调整后应付给承包商的结算月份工程结算款总额的外币部分；

L'_0——订合同时的外国公司所在国的劳务工资基本价格指数或每小时工资；

L'——结算月份外国公司所在国的劳务工资的现行价格指数或每小时工资；

P'_{l0}——订合同时进口设备来源国的基本价格指数或价格；

P'_l——结算月份进口设备来源国的现行价格指数或价格；

T'_{m0}——订合同时国际海运费用的基本价格指数；

T'_m——结算月份国际海运费用的现行价格指数；

$M'_{10}, \cdots, M'_{n0}$——订合同时各种主要进口材料来源国的基本价格指数或价格；

M'_1, M'_n——结算月份各种主要进口材料来源国的现行价格指数或价格；

a'——含义同式（2-2）中的 a；

$b', c', d', \cdots, r'$——加权系数，代表与外币支付有关的费用在合同总价（外币部分）中所占比例的估计权重值，$a' + b' + c' + \cdots + r' = 1$。

公式（2-3）是业主每月为承包商结算工程支付款时，用工程所在国以外的外币支付时调整价格使用的。外籍人员的工资指数要参照承包商总公司所在国有关工程技术人员及工人工资费用的官方或商会发布的指数。

承包商应在投标书附录中提出各种外币的权重系数和价格指数来源，报工程师批准。如果由于工程实施、变更或设备、材料采购来源有变化等原因，工程师认为原先提出的权重系数不合理时，他可提出调整。基本价格指数和现行价格指数的计算日期规定同式（2-2）。

设备价格指数系指进口设备生产国及其主要部件生产国的官方或商会价格指数。材料价格指数也是指进口材料出售国的有关官方或商会价格指数。

如果承包商未从他在投标时在投标书有关表格中开列的国家采购设备、部件或材料，而且工程师认为这种改变没有充分的理由，则由工程师选择对业主有利的价格指数。

海运费用的价格指数应为航运工会的价格指数。如果承包商愿意选用其他海运公司运输，则工程师在调价时选取二者中对业主有利的海运费用价格指数。

如果合同价格的外币部分不同于采用价格指数的那个国家的外币，则应按照合同文件中经业主批准的指定的兑换率，将合同价格的外币部分折换成实际支出所用外币。

如果有关国家颁布的价格指数不止一个或者价格指数不是由被正式认可的机构颁布，则选用的价格指数需经业主批准。

（3）用于大型设备订货时的价格调整公式如下：

$$P''_1 = P''_0 \left[a'' + b'' \frac{L''}{L''_0} + c'' \frac{M''}{M''_0} \right] \tag{2-4}$$

式中　　P''_0——订合同时的价格；

　　　　P''_1——应付给供货人的价格；

　　　　L''_0——订立合同时人工成本的基本价格指数；

　　　　L''——合同执行期间特定设备加工业人工成本的现行价格指数；

　　　　M''_0——主要原材料的基本价格指数；

　　　　M''——主要原材料现行价格指数；

　　　　a''——固定系数；

　　　b'', c''——分别为劳务及材料的加权系数，$a'' + b'' + c'' = 1$。

一般在设备订货时多采用固定价格合同。由供货人承担物价风险，但对专门定制的大型成套设备或交货期一年以上的大型成套设备，有时可以允许进行价格调整，公式（2-4）即是为此目的而设的，式中基本价格指数的计算日期规定同（2-2）式，但现行价格指数应在招标文件中明确规定，可采用合同中规定的货物装运前3个月时的指数或货物制造期间的平均价格指数。如有多种主要材料时可增加材料项数。

在订合同时应将上述公式中有关成本要素的调价系数确定下来，以免结算时发生纠纷。下面给出在招标文件中业主方对调价公式加权系数的两种不同规定的实例：

① 鲁布革水电站工程 CI 合同是世行在中国第一个提供贷款的项目，对使用外币支付项目调价公式的加权系数范围做了如下规定：外籍人员工资 0.10～0.20；水泥 0.10～0.16；钢材 0.09～0.13；设备 0.35～0.48；海上运输 0.04～0.08；固定系数 0.17。并规定允许投标人在上述范围内选用加权系数，这时投标人就可以根据成本要素价格的变化趋势来选定系数。

② 济南—青岛高速公路也是世行提供贷款的项目，在招标文件中给出了固定的加权系数，固定系数 0.15；外籍人员工资 0.15；设备 0.30；沥青 0.10；水泥 0.08；木材 0.06；钢材 0.10；海上运输 0.06。

价格调整公式一般不应该规定调价之后的最高上限。

对大型工程而言，调价开始日期一般在开工一年以后，当物价变动大时可考虑适当提前。工程如由于承包商方面的原因而延期，则在原合同规定竣工日期以后的施工期限可从原定竣工日的指数或价格和现行指数或价格中选择对业主有利者进行调价。如由于业主方面的原因使工程延期，则在延长的施工期内仍应按原有规定进行调价。

在大型工程合同中，咨询工程师在编制招标文件时应按下述步骤编制价格调整公式：①分析施工中各项成本投入，包括国内和国外投入，以决定选用一个或几个公式；②选择能代表主要投入的成本要素；③确定调价公式中固定系数和不同成本要素的加权系数的范围；④详细规定公式的应用范围和注意事项。

（二）文件证明法

在一些发展中国家，有时难以得到官方的确实可靠的物价指数，则无法利用调价公式。有时这些国家的劳务工资和材料价格均由政府明令规定，在这种情况下，合同价格可以根据实际的证明文件来调价。

文件证明法一般包括下列各点：

（1）投标时报价单上的单价是以工程所在国有关地区的工资、有关津贴和开支、材料设备等的基本价格为基础的，这些基本价格均应明确地填入投标书中的有关表格之中。在合同实施过程中，由于政府规定的改变、物价涨落因素的影响，则应按照有关部门发布的现行价格的有关证明文件来调整各月的支付。

（2）如果在投标书递交截止日期前若干天（一般规定 28 天）内，在工程所在国，由于国家、部委或省市颁布的法律、法规、条例或有关部门规章发生了变更，导致承包商实施合同时所需支付的各项费用有所增减，则工程师在与业主和承包商协商后，在对承包商的支付中加上或减去这部分金额。

文件证明法属于实报实销性质，为了避免副作用，合同文件中应规定业主和工程师有权指令承包商选择更廉价的供应来源。

二、对支付条款和投标书附录（合同数据表）中几个问题的讨论

（一）期中支付证书的最低金额

此项规定的目的是为了督促承包商每个月必须达到一定的工程量，否则不予支付。可以规定一个中标合同金额的百分比，也可以规定一个具体金额。业主方在投标书附录中确定此最低金额时应宽严适度，大型项目应选择下式中"（　）"内较低的系数。"最低金额"一般可参照下列公式计算确定。

$$最低金额 = \frac{中标合同金额}{工期月数} \times (0.3 \sim 0.6) \tag{2-5}$$

（二）用于永久工程的材料和生产设备款项的支付

在国际上，对用于永久工程的材料和生产设备（指承包商负责采购的生产设备的订货、运输和安装）款项的支付，根据业主方的资金是否充裕等因素，在合同条款和投标书附录（或合同数据表）中的规定大体可归纳为以下三种情况：

（1）生产设备订货后凭形式发票（Proforma invoice）支付 40％左右设备款，运到工地经工程师检查验收后支付 30％左右设备款，待生产设备安装、调试后支付其余款项。这种方式对承包商资金周转最有利。

（2）生产设备或材料订货时不支付，运达工地经工程师检查验收后以预支款方式支付 70％～80％的款额，但这笔款在生产设备或材料用于工程时当月扣还（因此时生产设备和材料已成为永久工程的一部分，已由工程量表中有关项目支付），世行 SBDW 和 FIDIC "新红皮书"即采用这种支付方式。也有的合同在支付后的几个月内分批扣还。

（3）生产设备或材料运达工地并安装或成为永久工程的一部分时，按工程量表支付。在此之前，不进行任何支付。这种方式承包商需考虑垫付资金的融资费。

不同的支付方式可反映出业主的资金情况和合同条件的宽严程度。

（三）预付款的支付与扣还

在国际上，一般情况下，业主都在合同签订后向承包商提供一笔无息预付款作为工程开工动员费。预付款金额在投标书附录（合同数据表）中规定，一般为合同额的 10%～15%，特殊情况（如生产设备订货采购数量大时）可为 20%，甚至更高，取决于业主的资金情况。

1. 预付款的支付

在承包商满足下列全部三个条件时，工程师应及时（一般 14 天内）发出预付款支付证书。

（1）已签署合同协议书；

（2）已提交了履约保证；以及

（3）已由业主同意的银行按指定格式开出了无条件预付款保函。在预付款全部扣还前此保函一直有效，但其中担保金额随承包商的逐步偿还而持续递减。

在合同条件中应明确业主在收到预付款支付证书后的支付期限。有些大型工程的合同，预付款也可分期支付，但要在招标文件中说明。

2. 预付款的扣还

预付款扣还的原则是：从开工后一定期限后开始到工程竣工期前的一定期限之内扣还完毕，从每月向承包商的支付款中扣还，不计利息。具体的扣还方式有以下四种：

（1）由开工后的某个月份（如第 4 个月）到竣工前的某个月份（如竣工前 3 个月），以其间月数除以预付款总额求出每月平均扣还金额。一般工程合同额不大、工期不长的项目可采用此法，简单明了。

（2）由开工后累计支付额达到合同总价（指签订合同时的总价）的某一百分数（如 20%）的下一个月份开始扣还，到竣工期前的某个月份扣完。这种方式不知道开始扣还日期，只能在工程实施过程中，当承包商的支付达到合同价的某一百分数时，计算由下一个月到规定的扣完月份之间的月数，每月平均扣还。

（3）由开工后累积支付款达到合同总价的某一百分数的下一个月开始扣还，扣还额为每月期中支付证书总额（不包括预付款及保留金的扣还）的 25%，直到将预付款扣完为止。FIDIC 1999 年版《施工合同条件》即采用此种方式。2010 多边银行协调版进行了改动，笔者认为改动的比原有规定更为合理，详见第四章第二节。

（4）由开工后累计支付额达到合同总价的某一百分数（如 20%）的月份开始扣还，一直扣到累计支付额达到合同总价的另一百分数（如 80%）扣完。用这种方法在开工时无法知道开始扣还和扣完的日期，此时可采用下列公式计算（式中各项金额均不包含调价金额）：

$$R = \frac{(a-c)}{(b-c)} \times A \tag{2-6}$$

式中　R——第 n 个月月进度付款中累计扣还的预付款总金额；

　　　A——预付款总金额；

　　　a——第 n 个月累计月进度支付金额占合同总价的百分比；

b——预付款扣款结束时，累计月进度支付金额占合同总价的百分比；

c——预付款扣款开始时，累计月进度支付金额占合同总价的百分比。

上式中提到的"合同总价"均应减去暂定金额。

第五节　开标、评标、决标

一、开标

开标（Bid Opening）指在"投标资料表"中规定的日期、时间、地点检查投标文件的密封、签署、完整性，有无投标保函，然后当众逐个宣布所有投标文件中投标人的名称和报价，使全体投标人了解各家投标价和自己在其中的顺序。如有要求"撤回"的函，该投标文件应退回。开标前递交信函说明要"替换"或"修改"投标文件的，允许以之替代原先的投标文件并开封。招标单位当场只宣读投标价（包括投标人信函中有关报价内容及备选方案报价），但不解答任何问题。

对包含设备安装和土建工程的招标，或是对大型成套设备的采购和安装，有时分两个阶段开标。即投标文件同时递交，但分两份包装，一份为技术标，另一份为商务标。只有在对技术实施方案的审查通过之后才开商务标，技术标通不过的则商务标将被原封退回。

开标后任何投标人都不允许更改他的投标内容和报价，也不允许再增加优惠条件，但在业主需要时可以作一般性说明和疑点澄清。开标后即转入秘密评标阶段，这阶段工作要严格对投标人以及任何不参与评标工作的人保密。

对未按规定日期寄到的投标书，原则上均应视为废标而予以原封退回，但如果迟到日期不长，延误并非由于投标人的过失（如因邮政、动乱、罢工等原因），招标单位也可以考虑接受该迟到的投标书。

二、评标

（一）评标组织

评标（Bid Evaluation）委员会一般由招标单位负责组织。为了保证评标工作的科学性和公正性，评标委员会必须具有权威性。一般均由建设单位、咨询设计单位、工程监理单位、资金提供单位、上级领导单位以及邀请的各有关方面（技术、经济、法律、合同等）的专家组成。评标委员会的成员不代表各自的单位或组织，也不应受任何个人或单位的干扰。

另一种评标组织的工作方式是由建设单位（如房地产开发商）下属各职能部门对投标书提出评论意见，然后汇总讨论，提出决标意见。一般公共项目、大型项目均应按第一种方式评标。

（二）工程项目的评标

工程项目的评标一般可分为审查投标文件和正式评标两个步骤。

1. 对投标文件的初步审核

主要包括投标文件的符合性检验和投标报价的核对。

所谓实质性响应（Substantial Responsiveness），有时也叫符合性检验。即是要检查投标文件是否符合招标文件的要求。一般包括下列内容：（1）投标书是否按要求填写上报；（2）对"合同数据表"（或投标书附件）有无实质性修改；（3）是否按规定的格式和数额提交了投标保证金；（4）是否提交了承包商的法人资格证书及对投标负责人的授权委托证书；（5）如是联营体，是否提交了合格的联营体协议书以及对投标负责人（或牵头人）的授权委托证书；（6）是否提交了外汇需求表；（7）是否提交了已标价的工程量表；（8）如招标文件有要求时，是否提供了单价分析表；（9）是否提交了计日工表；（10）投标文件是否齐全，并按规定签了名；（11）当前有无介入仲裁和/或诉讼案件；（12）是否提出了招标单位无法接受的或违背招标文件的保留条件等。

上述有关要求均在招标文件的"投标人须知"中作出了明确的规定，如果投标文件的内容及实质与招标文件不符，或者某些特殊要求和保留条款事先未得到招标单位的同意，则这类投标书将被视作废标。但如果某些投标文件并未构成重大偏差、保留和/或遗漏，属于非实质性的不符合时，业主可要求其更正，但不能更改报价。

对投标文件进行评审时应特别注意遵照"投标人须知"，第 14、17、30、31、32、33、35、36 条，（三）"评标和资格标准"中标明的评标因素、（四）"投标书格式"中投标人填写的各种数据和信息以及其他相关的规定。

对投标人的投标报价在评标时应进行认真细致的核对，当数字金额与大写金额有差异时，以大写金额为准；当单价与数量相乘的总和与投标书的总价不符时，以单价乘数量的总和为准（除非评标小组确认是由于小数点错误所致）。所有发现的计算错误均应通知投标人，并以投标人书面确认的投标价为准。如果投标人不接受经校核后的正确投标价格，则其投标书可被拒绝，并可没收其投标保证金。

2. 正式评标

如果由于某些原因，事先未进行资格预审，则在评标时同时要进行资格后审，内容包括财务状况、以往经验与履约情况等。

评标内容一般包含下面五个方面：

（1）价格比较。既要比较总价，也要分析单价、计日工单价等。

对于国际招标，首先要按"投标人须知"中的规定将投标货币折成同一种货币，即对每份投标文件的报价，按某一选择方案规定的办法和招标资料表中规定的汇率日期折算成当地币，来进行比较。

世界银行贷款项目规定，如果公开招标的工程项目是将工程分为几段同时招标，而投标人又通过了这几段工程的资格预审，则可以投其中的几段或全部，即组合投标（Combinations of Bids）。这时投标人可能会许诺有条件的折扣（例如，所投的三个标全部中标时，可降价 3%），谓之交叉折扣（Cross Discounts）。这时，业主方在评标时除了要注意投标人的能力等因素外，应以总合同包成本最低的原则选择授标的最佳组合。

如果投标人是本国公司或者是外国公司与本国公司联营的公司，并符合有关规定，还可以享受到 7.5% 的优惠。把各种货币折算成当地币或某种外币，并将享受优惠的"评标价"计算出来之后，即可按照"评标价"排队，对于"评标价"最低的 3～5 家进行评标。

世行评标文件中还提出一个偏差折价（Priced Deviations），即虽然投标文件总体符合招标文件要求，但在个别地方有不合理要求（如要求推迟竣工日期），但业主方还可以考虑接受，对此偏差应在评标时折价计入评标价。

（2）施工方案比较。对每一份投标文件所叙述的施工方法、技术特点、施工设备和施工进度等进行评议，对所列的施工设备清单进行审核，审查其施工设备的性能和数量是否满足施工进度的要求，以及施工方法是否先进、合理，施工进度是否符合招标文件要求等。

（3）对该项目主要管理人员及工程技术人员的数量及其经历的比较。拥有一定数量有资历、有丰富工程经验的管理人员和技术人员，是中标的一个重要因素。至于投标人的经历和财力，因在资格预审时已获通过，故在评标时一般可不作为评比的条件。

（4）商务、法律方面。评判在此方面是否符合招标文件中合同条件、支付条件、外汇兑换条件等方面的要求。

（5）有关优惠条件等其他条件。如软贷款、施工设备赠给、技术协作、专利转让以及雇用当地劳务等。

在根据以上各点进行评标过程中，必然会发现投标人在其投标文件中有许多问题没有阐述清楚，评标委员会可分别约见每一个投标人，要求予以澄清。并在评标委员会规定时间内提交书面的、正式的答复，澄清和确认的问题必须由授权代表正式签字，并应声明这个书面的正式答复将作为投标文件的正式组成部分。但澄清问题的书面文件不允许对原投标文件作实质上的修改，也不允许变更投标价格。澄清时一般只限于提问和回答，评标委员在会上不宜对投标人的回答作任何评论或表态。

在以上工作的基础上，即可最后评定中标者。世行一般规定：凡实质上响应招标文件要求而报价最低的投标人中标。

业主有时也可采用评分的方法，即是由评标委员会事先拟定一个评分标准，在对有关投标文件分析、讨论和澄清问题的基础上，由每一个委员采用不记名方式打分，最后统计打分结果确定中标者。用评分法评标时，评分的项目一般包括：投标价、工期、采用的施工方案、对业主动员预付款的要求等。

世行贷款项目的评标不允许在标底上下定一个范围，入围者才能中标的办法。

三、决标与废标

（一）决标（Award of Contract）

决标即最后决定将合同授予某一个投标人。评标委员会作出授标决定后，还要与中标者进行合同谈判。合同谈判以招标文件为基础，双方提出的修改补充意见均应写入合同协议书备忘录并作为正式的合同文件。

双方在合同协议书上签字，同时承包商应提交履约保证，至此招标工作方告一段落。业主应及时通知所有未中标的投标人，并退还他们的投标保证。

（二）废标（Rejection of All Bids）

在招标文件中一般均规定业主方有权废标，一般在下列三种情况之一，即可考虑废标：

（1）所有的投标文件都不符合招标文件要求；

（2）所有的投标报价与概算相比，都高的不合理；或

（3）所有的投标人均不合格。

但按国际惯例，不允许业主为了压低报价而废标。如要重新招标，应对招标文件有关内容如合同范围、合同条件、设计、图纸、规范等重新审订修改后才能重新招标。

思 考 题

1. 为什么要重视研究招标文件？它与合同文件是什么关系？二者等同吗？

2. 工程分标的原则是什么？要考虑哪些因素？

3. 资格预审主要审查的内容是什么？

4. 世行贷款项目的"项目周期"的特点是什么？

5. 世行贷款项目工程采购标准招标文件包含的 10 个部分的要点是什么？

6. 世行贷款项目工程采购标准招标文件中包含哪些反对腐败的有关内容？

7. "投标人须知"是不是合同文件的一部分？在什么文件中可以对"投标人须知"进行补充和修改？

8. 为什么说"合同数据表（或投标书附录）"是一个重要的合同文件？

9. 履约保证有几种形式？各有何特点？

10. 使用公式（2-2）时应注意什么问题？

11. 工程项目采购评标的内容有哪些？什么是中标的关键因素？

本章首先介绍了国际工程咨询服务的概念和内容，选择咨询工程师的原则和方法，咨询服务合同的类型和构成。随后介绍了世行贷款项目的工程咨询合同，包括世行选择咨询顾问的六种方法和 2011 年 10 月出版的《标准建议书征询文件——选择咨询顾问》。之后，详细地介绍了世行"基于时间的咨询服务合同"和 FIDIC《委托人/咨询工程师服务协议书范本》（2006 年第四版），以及 FIDIC《代表协议书范本》（2013 年第一版）。

第一节 概 述

一、国际工程咨询服务

咨询服务（Consulting Services）是以信息为基础，依靠专家的知识、经验和技能对委托人委托的问题进行分析和研究，提出建议、方案和措施，并在需要时协助实施的一种高层次、智力密集型的服务。咨询服务也是指付出智力劳动获取回报的过程，是一种有偿服务的知识性商品。它的特点是人才和智力的密集性。

自 20 世纪以来，国际咨询市场取得了重大的发展，一是引入了竞争选聘机制，二是推行了合同管理。竞争性选聘使人们有机会比较不同的技术建议和咨询方案，并且可以在全世界范围内选择最恰当的技术和服务。对有偿咨询服务实行合同管理，明确了这种知识性商品买卖双方的技术和经济责任，对技术知识的国际转让提供了交易规范和法律保障，使双方得以在有偿咨询服务中切实开展技术合作，有效实现技术转让。

近年来，国际工程咨询服务业发展很快，市场对咨询服务的需求范围很广，涵盖了与工程建设相关的政策建议、机构改革、投资融资、项目管理、工程服务、施工监理、法律、保险、财务、采购、社会和环境研究等多个方面。国内外能够提供咨询服务的，既有各种咨询公司，也有个人咨询工程师。

本书中，工程咨询专业人员一般称为"咨询工程师"或

"咨询专家"，但在世界银行的相关文件中，考虑到世行发布的中译文本的习惯译法，称为"咨询顾问"。

本章文字中，一般委托咨询工程师为其服务的一方称为委托人（Client）（有时也用业主），委托咨询工程师为其服务的大部分是业主方，但有时也可能是承包商方或其他机构（如咨询机构请咨询专家）。

二、咨询服务的内容

在国际工程咨询服务市场中，常见的咨询服务包括以下几个方面：

（一）投资前研究

指在确定项目之前进行的调查研究。其目的在于确定投资的优先性和部门方针，明确项目的基本特性及其可行性。

（二）准备性服务

指明确项目内容和准备实施项目所需的技术、经济和其他方面的工作，通常包括：编制详细的投资概算和营运费用概算、投资和/或融资方案、工程设计、编制 EPC 项目合同的实施规范及土建工程和设备的招标文件等。另外还包括与编制采购文件有关的服务，如保险要求的确定、专利人和承包人的资格预审、参与评标、分析投标书并且提出评标建议等。

（三）执行服务

指项目管理和施工监理，包括合同管理、进度管理、质量管理、造价管理以及协调工作等管理与技术性服务。

（四）技术援助

技术援助（Technical Assistance，TA）服务涉及为国际金融机构的借款人提供开发计划、行业规划和机构建设等服务。包括组织和管理方面的研究，人员要求和培训方面的研究，以及协助实施研究中提出的建议等。

三、咨询专家/公司的选聘

（一）选聘的特点

咨询专家的选聘与施工招标相比有很大不同，具体表现在以下几个方面：

（1）委托人在邀请之初提出的任务范围不是已确定的合同条件，只是合同谈判的内容，咨询公司可以对其提出改进建议。而施工招标时提出的采购内容则是正式的合同文件草案，招投标双方只能在规定的时限内修正或谈判修改。

（2）委托人可开列短名单，并且只向短名单内的咨询公司发邀请。施工招标则大多要求通过公开广告直接招标。

（3）委托人选择工程咨询专业人员的原则不同于选择承包商的原则。选聘咨询人员应当以技术方面的评审为主，选择最佳的咨询公司。工程咨询专业人员提供的服务对整个工程项目的质量、工期和成本有至关重要的影响，其专业技术水平、经验与能力才是影响委托人选择的决定性因素，价格在评标时占的权重很低。施工招标则一般是在技术达标的前提下，将合同授予投标价最低的竞争者。

（4）咨询公司的选聘一般不进行公开开标，不宣布应聘者的报价，只有在某一参与投标的咨询公司要求下，才向其披露其他投标者的名称。施工招标一般都是公开开标，当场宣布投标人名单及其投标价格。

(二) 选聘的程序

按照国际上通行的惯例，咨询专家的选聘采用一套与施工招标十分不同的选聘程序，从委托人一方来说，其主要步骤为：

(1) 确定任务大纲 (Terms of Reference, TOR)

任务大纲是指委托人对咨询专家应当完成的咨询任务的具体说明，内容包括咨询服务的背景、目标、工作范围、工作进度、委托人的义务以及培训要求等。咨询公司必须依据委托人提出的任务大纲，提交相应的建议书和配备相应的人员。

任务大纲中还应包括委托人为咨询公司提供的协助性服务，包括人力和物力。

(2) 编制费用概算，作为咨询公司准备建议书时编制预算的依据

费用概算的编制应当以任务大纲为基础，以一个粗略的任务范围作为依据。编制费用概算的必要性，一方面在于借款人的项目预算中应当包括咨询服务的费用，另一方面在于咨询公司要参照概算确定其服务方案和人员配备。

(3) 开列咨询公司短名单，确定致咨询公司邀请信的寄发范围，从而规定竞争性选聘的范围

一般委托人通过各国大使馆、各国专业协会、世行等，获得可供选择的咨询公司大名单。通常委托人参照大名单确定一个长名单 (Long List)，然后通过筛选，再从中选出短名单 (Short List) 作为被邀请人。

世界银行规定短名单中列入的咨询公司一般为 3～6 家，亚行则规定为 5～7 家，其中来自同一个国家的公司最好不超过 2 家，同时鼓励委托人将本国公司列入短名单。

(4) 确定竞争性的评选办法

以竞争性方式挑选作为合同谈判对象的咨询公司，主要有两种办法。第一种是只进行技术性评审，咨询公司递交建议书时不提出报价，委托人对咨询公司提交的建议书的适当性、人员配备和咨询公司的技术能力进行评审。之后，要求技术建议书被评为第一的咨询公司提交报价，并进行价格谈判。第二种是先作技术性评审，再附带考虑咨询公司的报价。咨询公司递交建议书时，应当专门用一只信封单独封装报价，并在该信封上标明内有报价。该信封在技术性评审结束之前不得开启，以便确保技术性评审不受价格因素影响。

(5) 向列入短名单的咨询公司发出咨询招标文件

咨询招标文件 (Request for Proposals, RFP) 一般包括六个部分：邀请函；咨询服务的情况简介（包括服务信息、对建议书的编制与提交的要求、评标程序与标准）；技术建议书；财务建议书；任务大纲（服务范围）；标准合同格式。

(6) 评审各咨询公司递交的建议书，选择一家公司作为谈判对象

咨询公司建议书是咨询公司对委托人发出的邀请信的书面答复，是委托人评选咨询公司的主要书面资料，也是委托人与中选咨询公司谈判咨询合同的基础之一。"建议书"一般包括：公司简介及组织结构，公司所从事类似项目的经营概况；咨询公司对任务大纲的意见和建议，以及咨询公司打算实施咨询工作的方法说明；咨询公司建议的工作组的组成情况，工作组的每个成员情况；咨询公司所提供设备的详细说明；咨询服务费用的估算以及要求委托人提供的资料、服务、设施和人员的详细说明。

不论采用哪一种选择办法，不论选择时是否考虑价格因素，委托人都必须按照邀请信中规定的标准和分项得分方式，对咨询公司提出的建议书作技术评审。技术评审一般要审查三个方面：一是公司的经验，二是工作计划，三是人员配备。委托人可成立一个评审委员会，由委员会的委员按照规定的办法，独立地进行建议书的技术评审，然后再确定各咨询公司建议书的得分。

如果邀请信中说明在评选中要考虑价格因素，则应在技术评审完成之后才比较各咨询公司的报价。常见的做法有三种：一是采用加权方法将技术评审得分与报价结合起来衡量，选择加权得分最高的；二是与技术评审中得分最高的公司相比，得分相差在某一预定百分比以内的公司，拆开其报价信封，选择报价最低的；三是对于技术评审中得分超过规定分数线的公司，拆开其报价信封，选择报价最低的。

（7）与中选的公司洽谈合同

咨询公司评选名次确定后，委托人应当书面通知中选的咨询公司进行谈判。谈判的顺序通常是，先谈工作计划、人员配备等问题，再开始价格谈判。若谈判成功，则双方正式签署咨询服务协议，进入咨询服务的实施阶段。

第二节　咨询服务合同

一、咨询服务合同的类型

咨询服务合同可以按不同的标准进行分类，如按照工作内容分类，可分为投资前咨询、勘察、设计、施工监理、后评价等。在此我们主要以咨询合同的支付机制来划分。根据国际惯例，按照咨询服务合同的支付方式，通常可以分为如下几种：

（一）总价合同（Lump-Sum/Firm Fixed Price Contracts）

总价合同被广泛应用于简单的规划和可行性研究、环境研究、标准或普通建筑物的详细设计等工作范围与工作量比较明确的咨询服务，例如详细工程设计任务。这种计费的内容包括工资、管理费、非工资性费用、不可预见费、投资资本的利息补偿、服务态度奖励和一定数额的利润。

对某些项目的有关设计方面的服务，可以采用总价法计费，也可以利用估算项目施工造价的百分比来计算费用额，我国较常采取后一种做法。

总价合同应有提供服务的具体期限，以及由于咨询专家无法控制的原因而耽搁时如何补偿调整的规定。

采用总价合同时，价格应当作为评选咨询专家的因素之一。总价合同的特点是合同项下的付款总额一旦确定，就不按照人力或成本的投入量计算付款额。总价合同一般按议定的时间表或进度付款，容易管理，但是谈判可能比较复杂。

对于咨询专家应当完成的任务，委托人应当有充分的了解。在谈判中，委托人应当仔细审查咨询公司提出的合同金额费用概算和计算依据，例如所需的人力、工作时间和其他投入。如果合同中无专门规定，在合同执行期间，不论咨询公司的投入高于还是低于预算水平，合同双方均不应要求补偿。

（二）计时制合同（Time-Based Contracts）

计时制合同的价格计算包括下列两种方法。

1. 人月费单价法（Man Months Rate）

人月费单价法是国际工程咨询中最常用、最基本的以时间为基础的计费方法，它通常是按酬金加上其他非工资性开支（即可报销费用）来计算的。

人月费单价主要包括三大部分：

（1）酬金（Fees）。每个人每月所需费用（即人月费率）乘以相应的人月数。人月费率包括以下几项费用：

1）工资（Salary）。是公司每月付给个人的工资，不包括工资以外的任何额外收入。

2）社会福利费（Social Costs）。是给予公司职工的福利待遇，指公司在基本工资费用之外的节假、病假、奖励费、退休费、医疗费、社会保险费和培训费等，一般为工资的 20%～60%，各个国家比例不尽相同。

3）上级（企业）管理费（Overhead）。包括公司行政和业务活动费、办公场所租金、公用事业费、折旧费、办公用品和生活用品、运输费、信息数据处理费及一切杂项开支，一般是基本工资的 65%～150%。

4）利润（Profits）。即税前毛利，通常用基本工资、社会福利费和上级（企业）管理费三项费用总和的百分比来计算，一般为 10%～17%。

5）特别津贴（Special Allowances）。是在工资之外，由公司发给执行海外任务或其他特殊任务人员的基本工资以外的补助费，一般为基本工资的 20%～60%，生活艰苦的国家和地区的津贴应高于一般水平。

将上述五项费用总计求和即得出人月费率。

（2）可报销费用（Reimbursable Expenses）。指在执行项目期间发生的、可以据实报销的费用，是未包括在公司正常管理费中的直接成本。如：国际旅费及其他旅行开支和津贴、通信费用、各种资料的编制、复印和运输、办公设备用品费用等。

（3）不可预见费（Contingency）。是为了解决不可预见的工作量的增加和由于价格调整而发生的费用上涨问题。该项费用通常取酬金和可报销费用之和的 5%～15%。

对于服务期限超过一年的咨询合同，人月费率和可报销费用应规定每年作一定幅度的价格调整。

这类计费方法广泛用于一般性的项目计划和可行性研究、工程设计、施工监理以及技术援助任务。在国际竞争性咨询投标中，财务建议书的编制通常采用这种费用计算方法。

2. 按日计费法（Per diem）

按日计费法也是一种以时间为基础的计费方法。这是按咨询人员工作时间（日数）计费的方法。"按日"是指按一天工作 8 小时为一日来计算天数。

采用按日计费法时，咨询人员为该项工作付出的所有时间，包括旅行和等候时间，都应作为有效工作日计算。咨询人员出差时发生的旅费、食宿费和其他杂费由委托人直接补偿，这些直接费用不包括在按每日费率计算的报价里。

由个人直接提供服务的工作通常用按日计费的方法计费。这种方法特别适合管理咨询、专家论证、其他由个人单独提供服务或间断性工作等类型的报酬计算。如 DAB 专家的报酬，一般除了每月支付的少许固定工资外，去现场调解争议所花费的全部时间（包括来往路途时间及在现场工作的时间）均按日计费，而旅费、食宿费等也由委托人另行支付。

按日计费法中，每日费率与咨询服务项目的重要性、风险性和复杂程度有关，也与咨询工程师的专业水准、资历和工作经验有关。咨询工程师被要求出席有关活动时，其服务费应按出席有关活动的全天计算。当需要加班工作时，咨询工程师应与委托人协商达成一致，相应地提高日计费的费率。

国际上一些咨询公司的高级咨询专家的每日费率在 600 美元到 1500 美元之间，另外再加上直接费用。其他各类人员的平均费率大约是公司高级专家费率的 75%。

（三）成本加固定酬金（Cost Plus Fixed Fee）

使用成本加固定酬金收费方法的前提是，客户和咨询专家应就咨询服务的范围取得一致。这种合同是在咨询专家为完成项目任务提供的所有服务和投入用品的费用给予补偿的基础上，再加一笔固定酬金的方法。

成本包括以下三项费用：

（1）工资性费用，即基本工资和各种社会福利；

（2）公司管理费，包括公司的行政管理费和业务活动费；

（3）可报销费用。

固定酬金是一笔用于补偿咨询专家的不可预见费、服务态度奖励和利润的费用。固定酬金的数额大小依据服务的范围和复杂程度不同而不同，可以按成本的一个百分比来计算。

（四）顾问费合同（Retainer Contracts）

当委托人希望在一段特定的时间内随时使用咨询专家的服务时，常采用此类合同。它介于总价与计时方式之间，可以按月支付，也可以按双方事先约定的方式支付。应注意，此类合同的费用标准主要取决于咨询专家的水平以及咨询服务的性质。

此类合同还有一种变形，即顾问费加成功费合同（Retainer and Success Fee Contracts）。当咨询专家为出售资产或公司兼并提供咨询服务，并且该项工作的成功与咨询专家的参与有直接关系时，常使用这种合同。咨询专家的酬金包括顾问费和成功费，后者通常表示为资产售价的一定百分比。

（五）百分比合同（Percentage Contracts）

这类合同通常用于建筑工程方面的服务，也可用于采购代理服务和检验代理服务。百分比合同将付给咨询人的费用与估算的或实际的项目建设成本或所采购和检验的货物的成本直接挂钩。对此类合同应以服务的市场标准和/或估算的人月费用为基础进行谈判，或寻求竞争性报价。与总价合同一样，合同项下的付款总额一旦确定，就不要求按照人力或成本的投入量计算付款。在有些国家这种合同一度被广为采用，但是容易增加工程成本，因此一般是不可取的。只有在合同是以一个固定的目标成本为基础并且合同项下的服务能够精确界定时，才推荐在建筑工程服务中使用此类合同。

（六）不定期执行合同（Indefinite Delivery Contracts）

在委托人需要"随叫随到"的专业服务以对某一特定活动提出意见，而提意见的程度和时间在事前无法确定的情况下，可使用这类合同。这类合同通常用于为复杂项目的实施、争议解决小组、机构改革、采购建议、技术攻关等保持一批"顾问"，合同期限通常为一年或更长的时间。委托人和公司就对专家付款的费率单价达成协议，并且按实际工作时间付款。

虽然上述各类合同在实践中都存在，但使用最频繁的主要是计时制和总价合同两种类型。

二、咨询服务合同的构成

在确定咨询专家（或公司）之后，双方需要签订咨询服务合同，其依据为咨询招标文件，咨询专家的咨询服务建议书（包括技术建议书和财务建议书），以及各类谈判纪要和备忘录。根据国际惯例，咨询合同通常由下列几部分构成：

（1）合同格式或协议书；

（2）合同的通用条件；

（3）合同的专用条件；

（4）各类附件。

合同的通用条件主要约定双方的权利和义务，具体包括关键术语的定义，服务内容，适用的法律和语言，沟通管理，服务的开始、执行、调整和终止，费用支付以及争议的解决等。

合同的专用条件主要是对通用条件的具体化、修改和补充。

附件的数量取决于咨询工作的性质和复杂程度，一般有工作大纲或服务范围、关键咨询人员的简历以及拟参与本项目的工作时间、委托人为咨询专家提供的各类便利条件、咨询费用的分解等。

在国际上，有许多高水平的咨询服务合同范本。如美国建筑师学会（AIA）的多种范本，包括委托人与建筑师的协议书范本，委托人与 CM 经理的协议书范本、建筑师与专业咨询人员的协议书范本等；又如世界银行就有以时间为基础的咨询任务和总价包干的咨询任务的两种标准合同格式，还有 FIDIC 的咨询服务协议书等。

在实际工作中，委托人常常使用国际通用的标准咨询服务合同范本，世界银行和FIDIC 的咨询服务协议书范本稍加修改后，就可以适用于大多数咨询服务项目。

下面，我们将比较详细地介绍世界银行的咨询服务合同范本以及 FIDIC 的"白皮书"。

第三节 世界银行的工程咨询合同

世界银行贷款项目的借款人在选择和聘用咨询顾问时，必须按照《世界银行借款人选择和聘请咨询顾问指南》（Selection and Employment of Consultants by World Bank Borrowers，以下称"指南"）的规定执行。指南介绍了六种选择咨询顾问的方法，而世行的标准建议书征询文件就适用于这六种方法。

选择咨询顾问的六种方法如下。

（1）以质量和费用为基础的选择（Quality and Cost-Based Selection，QCBS）。是对列入短名单的公司使用的评标程序。在选择过程中首先评审技术建议书，再审查技术建议书合格的公司的财务建议书，然后对质量和价格进行综合评审，以此选定咨询顾问。

（2）以质量为基础的选择（Quality-Based Selection，QBS）。适用于复杂的或专业性很强的咨询任务，该类咨询任务很难提出确定的工作大纲和所需要的咨询顾问的投入；或对下一步的工作影响大，需要邀请高水平的专家来完成任务；或可采用不同方法来完成的咨询工作。采用此方法常用"双信封制"，首先评审提交的技术建议书，然后再评审技术建议书合格的公司的财务建议书。如果只要求提交技术建议书，则再对获得最高技术分的咨询顾问提交的财务建议书进行谈判。

（3）固定预算的选择（Seletion under a Fixed Budget，FBS）。仅适用于简单的并能够准确界定的，而且预算是固定的咨询任务。建议书征询文件（Request for Proposals，RFP）应说明可获得的预算，并要求咨询顾问用双信封分别提交其在预算范围内的最佳的技术和财务建议书。该方法首先评审所有的技术建议书，然后公开拆封财务建议书，然后与未超过指定预算金额的技术建议书中得分最高者进行合同谈判。

（4）最低费用选择（Least-Cost Selection，LCS）。适用于按照公认的惯例和标准来为标准的或常规性质的咨询任务选择咨询顾问。该方法采用双信封提交建议书，选中超过"质量"合格分值的公司，并当众拆封财务建议书，选择报价最低者授予合同。

（5）以咨询顾问资格为基础的选择（Selection Based on Consultants' Qualification，CQS）。适用于小型咨询任务。借款人应准备并发布工作大纲，从感兴趣的公司中确定短名单，从中再选择资质和业绩最合适的公司，由该公司提交一分合并的技术—财务建议书，然后邀请其进行合同谈判。

（6）单一来源选择（Single-Source Selection，SSS）。只可在以下的特殊情况下使用：该工作是公司以前承担工作的自然延续、紧急情况下的任务、非常小的咨询任务或只有一家公司合格并具有特殊的经验。

世界银行 2011 年 10 月出版了《标准建议书征询文件——选择咨询顾问》，该文件包括：邀请函、标准咨询顾问须知（后附资料表）、技术建议书、财务建议书、有资格的国家、世界银行政策——针对腐败和欺诈行为、工作大纲和标准合同书八部分，标准合同书包括两种咨询服务合同模式：

标准合同书 1——咨询服务：基于时间的合同（Time-Based Contract）；

标准合同书 2——咨询服务：基于总价包干的合同（Lump-Sum Contract）。

需要说明的是：任何情况下都不得修改标准咨询顾问须知和标准合同书中的合同通用条件。可通过资料表和合同专用条件去适应不同国家和不同咨询任务项目的具体情况，将有关项目的具体要求或对标准咨询顾问须知和合同通用条件的修改和补充写入资料表和合同专用条件中。

本章主要介绍世行《标准建议书征询文件——选择咨询顾问》的主要内容，其中标准合同书比较详细地介绍了基于时间支付的咨询服务合同的内容。

一、邀请函

邀请函是委托人为选择咨询顾问而邀请短名单中的公司提交建议书的正式信件。

邀请函说明了项目资金来源，介绍了委托人和咨询任务的名称、咨询顾问短名单、选择咨询顾问的方法、建议书征询文件的构成和委托人的通信地址。

二、咨询顾问须知及资料表（Instructions to Consultants and Data Sheet）

咨询顾问须知包括了总则，准备建议书，建议书递交、开封和评审，谈判和授予，以及资料表五个部分。

为了便于读者在对照原版阅读时方便，以下几个部分的编号和合同条款序号，均与世界银行 2011 年 10 月出版的《标准建议书征询文件——选择咨询顾问》及《基于时间支付的咨询服务合同》的编号和合同条款序号相同。

A. 总则（General Provisions）

总则包括了定义、介绍、利益冲突、不公平竞争优势、腐败和欺诈、合格性六个部分。

1. 定义

包含措辞和词组的定义共 23 个，包括："关联机构"（Affiliate（s））、"适用的指导方针"、"适用的法律"、"世行"、"借款人"、"委托人"、"咨询顾问"、"合同"、"资料表"、"日期"、"专家"、"政府"、"联营体"、"主要专家"、"咨询顾问须知"、"邀请函"、"一般专家"、"建议书"、"咨询服务建议书征询文件"、"标准咨询服务建议书征询文件"、"服务"、"咨询分包顾问"、"工作大纲"。

下面就部分措辞和词组进行解释说明。

（a）"关联机构"（Affiliate（s））系指可直接或间接管控咨询顾问的个人或实体，或被咨询顾问管控的个人或实体，或者与咨询顾问共同管控（common control）的个人或实体。

（b）"适用的指南"（Applicable Guidelines）系指世行根据咨询服务建议书征询文件管理选择和将合同授予咨询顾问的政策。

（c）"适用的法律"（Applicable Law）系指在委托人所在国或资料表中规定的其他国家随时可能发布并生效的法律和任何具有法律效力的其他文件。

（d）"世行"（Bank）系指国际复兴开发银行或国际开发协会。

（e）"借款人"（Borrower）系指与世行签订［贷款/融资/赠款］协议的政府、政府代理机构或其他实体。

（f）"委托人"（Client）系指与被选定的咨询顾问签订本咨询服务合同的执行机构。

（g）"咨询顾问"（Consultant）系指依法成立的并按照本合同可能为委托人提供咨询服务的专业咨询公司或实体。

（h）"合同"（Contract）系指委托人和咨询顾问之间签订的具有法律约束力的书面协议书，包括合同第一条中所列出的全部附属的文件（通用合同条件，专用合同条件以及附录）。

（i）"资料表"（Data Sheet）是咨询顾问须知第二章的不可分割的一部分，其作用是体现咨询涉及的国家与咨询工作的具体条件，是对 ITC 规定的补充，而不是重复。

（j）"日期"（Day）系指日历日。

（k）"专家"（Experts）系指主要专家、一般专家或咨询顾问、分包咨询顾问或联营体的任何其他人员的统称。

（l）"政府"（Government）系指委托人所在国政府。

（m）"联营体"（Joint Venture）系指由一家以上咨询顾问构成的（不同于其成员的）具有或不具有法人资格的社团。它的一个成员有权代表联营体的任何和所有成员管理所有的业务，并且联营体的成员在合同的执行中对委托人附有连带的和各自的责任。

（n）"主要专家"（Key Expert（s））系指其技能、资质、知识和经验对合同服务的履行起关键作用的专业人员，并且在咨询顾问建议书的技术评估中会考虑其简历。

（o）"咨询顾问须知"（Instructions to Consultants，ITC）（咨询服务建议书征询文件第二章）系指提供给短名单上咨询顾问的文件，包含了编制他们的建议书所需的全部信息。

（p）"邀请函"（Letter of Invitation，LOI）（咨询服务建议书征询文件第一章）系指委托人发给短名单上咨询顾问的邀请函。

（q）"一般专家"（Non-Key Expert（s））系指由咨询顾问或分包咨询顾问提供的用于履行全部或部分合同服务的专业人员，其资历不单独进行评估。

（r）"建议书"（Proposal）系指咨询顾问的技术建议书和财务建议书。

（s）"咨询服务建议书征询文件"（Request for Proposal，RFP）系指委托人根据标准咨询服务建议书征询文件编制的、用于选择咨询顾问的文件。

（t）"标准咨询服务建议书征询文件"（Standard Request for Proposal，SRFP）系指指导委托人编制咨询服务建议书征询文件时必须使用的文件。

（u）"服务"（Services）系指按照合同由咨询顾问完成的工作。

（v）"分包咨询顾问"（Sub-consultant）系指咨询顾问计划将任何部分的服务分包给予的实体，同时在合同履行过程中，就分包部分，咨询顾问仍应对委托人承担责任。

（w）"工作大纲"（Terms of Reference，TORs）说明工作任务的目的、工作范围、活动、需要实施的工作、委托人和咨询顾问各自的责任，以及咨询服务所期望的和可交付的成果。

2. 介绍（Introduction）

2.1　资料表中的委托人按照资料表规定的方法，在邀请函所列的咨询顾问名单中选择一家咨询顾问。

2.2　按照资料表的规定，列入短名单中的咨询顾问被邀请对资料表中所述的咨询任务提交一份技术建议书和一份财务建议书或只提交一份技术建议书。该建议书将作为谈判和最终签订合同的基础。

2.3　咨询顾问在准备建议书时必须熟悉并考虑当地情况，并可自费参加资料表中提到的"提交建议书前会议"。

2.4　委托人将及时、免费地为咨询顾问提供资料表中规定的，为准备建议书所需要的投入、相关项目数据以及报告。

3. 利益冲突（Conflict of Interest）

3.1　咨询顾问要提供专业、客观和公正的建议，并一直保持委托人的利益至上，严格避免与其他任务或与自身利益的冲突，也不考虑对今后工作的影响。

3.2　咨询顾问有义务向委托人说明真实的情况或潜在冲突，这些冲突可能会影响其为委托人最大利益进行服务的能力。不说明这些情况则可能导致取消咨询顾问的资格，或终止合同，以及/或受到世行的制裁。

3.2.1 除非在资料表中另有说明，咨询顾问在出现下述任一情况时，被认为存在利益冲突，并不应被聘用。

a. 活动冲突（Conflicting Activities）。在咨询活动与货物采购，工程采购，或不属于咨询服务的采购发生冲突时：已被委托人聘请为项目提供货物、修建工程的或不属于咨询服务的公司及其附属机构，均无资格提供与上述工作有关的咨询服务。

b. 任务冲突（Conflicting Assignments）。在咨询任务上的冲突：咨询顾问（包括其专家和分包咨询顾问）或其任何附属机构均不能为同一个委托人（或其他委托人）从事任何可能与咨询顾问的另一项任务有冲突的咨询工作。

c. 关系冲突（Conflicting Relationships）。与委托人职员间的关系：如咨询顾问（包括专家与分包咨询顾问）与借款人（或委托人，或工作代理，或某一部分世行贷款的受援国）的专业人员之间存在着密切的商业或家庭上的联系，而这些专业人员又直接或间接地参与了咨询工作大纲的准备工作，或该合同的选择过程，或合同的监督，则该咨询顾问将不能获得这份合同，除非这些关系所引发的冲突，在合同的选择和实施过程中已解决并被世行所接受。

4. 不公平的竞争优势（Unfair Competitive Advantage）

根据选择过程中的公平性和透明性的要求，竞争特定任务的咨询顾问或子公司不宜从提供与该咨询服务有关的其他咨询活动中获得竞争优势。

为此，委托人应将该咨询顾问相对于其他咨询顾问可能具有的不公平竞争优势的全部信息（连同 RFP），在资料表中列明，并向短名单中的全部咨询顾问披露。

5. 腐败和欺诈（Corrupt and Fraudulent Practices）

5.1 世行要求遵守在第六部分提到的有关腐败和欺诈的政策。

5.2 在该政策未来的实施过程中，咨询顾问应该允许并让有关各方（委托人、专家、分包咨询顾问、分包商、服务供应商或供货商）以及世行检查其与提交的建议书和履行合同有关的账户、记录和其他文件，并由世行指定的审计师对这些文件进行审计。

6. 合格性（Eligibility）

6.1 世行允许所有国家的咨询顾问（个人和公司，包括联营体和他们的单独成员）为世行资助项目提供咨询服务。

6.2 此外，咨询顾问有责任确保其专家、联营体成员、分包咨询顾问、代理人、分包商、服务供应商、供货商和/或他们的雇员满足世行在适用的指导方针中提到的合格性要求。

6.3 上述 6.1 和 6.2 条款的例外如下：

6.3.1 制裁（Sanctions）。依据上述 5.1 款或《反腐败指南》，被世行制裁的公司或个人在世行确定的期间内无资格被授予世行贷款合同，或不能从世行贷款合同中获得财政上或其他方面的收益。资料表中列出了这些被排除的公司和个人。

6.3.2 禁例（Prohibition）。在第五部分（合格国家）中列明的某个国家的公司和个人或某国制造的货物，出现下列情况也可能使其不具有合格性：（a）借款国法律或正式的法规禁止与其发生商业关系的国家，且世行对此无异议，这种禁止并不妨碍所需服务条款的有效竞争；或（b）为了执行联合国安理会根据联合国章程第七章的规定而做出的要求，借款国禁止从该国进口货物，或禁止向该国的任何个人或实体进行支付。

6.3.3 国有企业的限制（Restrictions for Government-owned Enterprises）。借款人所在国的国有企业或部门，只有在他们（i）法律和财务上是独立的，（ii）在商法下运营，以及（iii）不是委托人从属的代理机构，才是合格的。

为确认合格性，国有企业或部门应提供所有相关的文件（包括执照）以证明它是与政府分离的法人实体；目前它不会受到任何实质性的补助或预算支持；它能获得权利、应承担责任，并可获得贷款，有义务偿还债务，可以声明破产；并且它并未参与竞争政府部门或代理授予的合同。

6.3.4 公务员的限制（Restrictions for Public Employees）。借款人所在国的政府官员和公务员没有资格成为咨询顾问建议书中的专家，除非此类雇佣与借款人所在国的任何工作或其他法律、法规或政策没有冲突，并且他们：（i）是无薪休假，或已经辞职或退休；（ii）在将要无薪休假，辞职或退休前，没有被他们工作过的同一代理部门雇佣；以及（iii）雇佣他们不会带来利益冲突。

B. 建议书的编制（Preparation of Proposals）

7. 总论（General Considerations）

7.1 在编制建议书时，希望咨询顾问能够详细地审阅 RFP 的组成文件。如果按照 RFP 要求的信息，提供的材料有缺陷时，可能导致其建议书被拒绝。

8. 建议书的编制费用（Cost of Preparation of Proposal）

8.1 咨询顾问应该承担编写和递交建议书的全部费用，且无论选择结果如何，委托人对这些费用均不负责。委托人并不一定要接受任何建议书，并保留在合同授予前废除本选择过程的权利，且不对咨询顾问承担任何责任。

9. 语言（Language）

9.1 建议书以及咨询顾问与委托人间往来的有关建议书的信函应使用资料表中规定的语言书写。

10. 构成建议书的文件（Documents Comprising the Proposal）

10.1 建议书应该包括资料表中的文件和表格。

10.2 如果资料表中有规定，咨询顾问应声明在提交建议书和实施合同时，遵守委托人所在国有关欺诈和腐败（包括贿赂）的法律。

10.3 咨询顾问应该提供一份与建议书相关的代理方或任何当事人支付或被支付佣金、小费、费用的说明。如果被授予合同，那么应按财务建议书的格式执行合同。

11. 只提交一份建议书（Only One Proposal）

11.1 咨询顾问（包括任何联营体的个体成员）只能以自己的名义或以联营体一方的名义提交一份建议书。如果咨询顾问，包括任何联营体的成员递交一份以上的建议书，则均不合格并将被拒绝。但如果在资料表中说明并允许，分包咨询顾问或咨询顾问的员工可以在另一份建议书中作为主要专家和非主要专家。

12. 建议书有效期（Proposal Validity）

12.1 资料表说明了咨询顾问的建议书递交截止日期后必须保持的有效期。

12.2　在此有效期内，咨询顾问应不对原有的建议书进行任何改动，包括主要专家的可用性、提议的汇率和总价。

12.3　如果咨询顾问的建议书中任命的主要专家在建议书提交时不适用，或建议书中没有主要专家的确认，则此建议书应视为不合格，并应在随后的评估中被拒绝，并可能按照咨询顾问须知第五条的规定被处罚。

a. 有效期的延长（Extension of Validity Period）

12.4　委托人应尽最大努力在建议书的有效期内完成合同谈判。但是，如果需要，委托人可在递交截止日期前书面要求所有咨询顾问延长其建议书的有效期。

12.5　如果咨询顾问同意延长其建议书的有效期，则原始建议书不应有任何改动且其建议书中提名的主要专家随时可以到位。

12.6　在此情况下咨询顾问有权拒绝延长其建议书的有效期，该建议书将不会被评估。

b. 有效期延长期间主要专家的替换（Substitution of Key Experts at Validity Extension）

12.7　如果一个主要专家在有效期的延长期间内不能到位，则咨询顾问应该书面提供充分的令业主满意的理由、证据以及替换请求。在这种情况下，替换的主要专家应比原来建议的主要专家有相同或更好的资质和经验。但是技术评估得分仍会保持原先的主要专家的简历评估情况。

12.8　如果咨询顾问没有可替换的相同或更好资质的主要专家，或委托人不同意替换该专家的原因或理由，在上述情况下，只要世行不反对，该委托人就可拒绝该建议书。

c. 分包合同（Sub-Contracting）

12.9　咨询顾问不可将全部服务分包出去。

13. RFP 的澄清和修改（Clarification and Amendment of RFP）

13.1　咨询顾问可在资料表中指明的递交建议书日期之前，书面要求澄清 RFP 中的任何文件。这些澄清要求必须以书面形式或标准电子方式（Standard Electronic Means）送至委托人的地址。委托人应以书面形式或者标准电子方式回复，并将回复的书面复印件（包括对问题的解释，但不说明问题的来源）送至所有短名单中的咨询顾问。

如委托人认为澄清的结果导致要修改 RFP，应按照以下程序操作。

咨询顾问可以在资料表中指明的递交建议书的日期之前，书面要求澄清 RFP 中的任何文件。如果委托人认为澄清的结果导致要修改 RFP，则：（i）在提交建议书前的任何时候，委托人可以通过书面修改的方式，或标准电子方式修改 RFP；（ii）如果修改是实质性的，委托人可延长递交建议书的截止日期，以便咨询顾问有充分的时间在其建议书中考虑和反映这些修改。

在截止日期后，委托人不接受咨询顾问对技术或财务建议书的任何修改。

14. 编制建议书——具体注意事项（Preparation of Proposals—Specific Considerations）

14.1　在编制建议书时，咨询顾问必须特别注意以下事项。

14.1.1　如果短名单中的咨询顾问认为需要与其他咨询顾问组成联营体，或需要分包咨询顾问时，可与短名单或非短名单（如资料表中允许）中咨询顾问组成联营体，但均须事先获得委托人的批准。联营体各方应指定牵头方，联营体的牵头方必须是短名单中的咨询顾问。

14.1.2   委托人应在资料表中列出主要专家的单位时间的收入（每人每月）或委托人估计的完成任务的总收入，但两者不能同时列出。

14.1.3   如果在资料表中提到，咨询顾问在建议书中应至少包括主要专家单位时间的收入（与资料表中规定的单位时间相同），否则，财务建议书将根据资料表中的程序进行调整以对多份建议书比较并做出授予的决定。

14.1.4   对于固定预算选择方式下的任务，估算的主要专家的时间投入是不公开的。在资料表中表明了全部可用的预算（无论包含还是不含税收），财务建议书不应超过这个预算。

15. 技术建议书格式与内容（Technical Proposal Format and Content）

15.1   技术建议书不应包含任何财务信息。包含有实质性的财务信息的技术建议书将会被宣布为不响应。每个主要专家岗位只应提交一个人的简历。不遵守这个要求将会导致建议书的不响应。

15.2   根据咨询任务的特点，咨询顾问应递交完整的技术建议书（Full Technical Proposal，FTP）或遵照资料表中说明的简化的技术建议书（Simplified Technical Proposal，STP），并采用 RFP 中第三段中提供的标准格式。

16. 财务建议书（Financial Proposal）

16.1   财务建议书应采用 RFP 第四段中提供的标准格式进行编制。它应列出与咨询任务有关的全部费用，包括（a）主要专家和一般专家的报酬；（b）资料表所列示的可报销的开支。

16.2   价格调整（Price Adjustment）。超过 18 个月期限的任务，如资料表中有规定，对于国外和/或本地的通货膨胀，价格调整条款提供补偿费率。

16.3   税（Taxes）。除非在资料表中另有规定，咨询顾问及其分包咨询顾问以及专家有交纳合同规定的各种税金的义务。资料表中会提供委托人所在国的税收信息。

16.4   建议书的货币（Currency of Proposal）。咨询顾问可用资料表中列出的一种或多种货币表示服务价格。如果资料表中有规定，价格中当地费用的部分应采用所在国的货币表示。

16.5   付款时的货币（Currency of Payment）。合同中的支付应该按照建议书中要求的一种或多种货币支付。

C. 建议书递交、开封和评审（Submission，Opening and Evaluation）

17. 建议书的递交、密封和标记（Submission，Sealing and Marking of Proposals）

17.1   咨询顾问应按照第 10 条（组成建议书的文件）中包括的文件和表格，提交一份已签署并完成的建议书。该建议书可以通过邮寄或当面提交。如果在资料表中指定，咨询顾问可以选择电子方式提交其建议书。

17.2   咨询顾问的授权代表应在技术建议书和财务建议书（如需要）的正本递交函上按所要求的格式签署，并应在二者的全部页面上小签。该授权应按照技术建议书中所附的书面授权书的格式。

由联营体提交的建议书应由所有成员签署，并对所有成员都具有法律约束力，或由所有成员授权的一位授权代表签署。

17.3 任何修改、校订、行间书写、删除或覆盖，只有在建议书中签名的人签署或小签后才算有效。

17.4 在签署的建议书上应标注"正本"，其复印件应标注"副本"，复印件的数量应为资料表中要求的份数。如果建议书的正本和副本有不同之处，以正本为准。

17.5 技术建议书的正本和全部副本应该装入写有"技术建议书"［含任务名称］的信封中，写明咨询顾问的编号、名称和地址，并写明在［技术建议书提交截止的日期和时间］之前不得开启的警示标志。

17.6 如果相应选择方式有要求，财务建议书的正本应装入写有"财务建议书"的信封中，写明任务名称、咨询顾问的编号、名称和地址，并写明"不能和技术建议书一起开启"的警示标志。

17.7 技术建议书和财务建议书应分别密封，再一并装入一个大信封并进行密封。此大信封应注明投递地址、"RFP"编号、任务名称及咨询顾问的名称和地址，并应清楚地标明"在资料表中规定的提交截止日期和时间前不得开启"。

17.8 如果建议书的信封和包裹未按要求密封和标注，委托人则不对其错投、丢失或提前打开等事件负责。

17.9 建议书或其修改件应该送至资料表中规定的地址，并于资料表中规定的截止日期或延长的截止日期之前由委托人接收。如果业主收到任何建议书或其修改件超过截止日期，则被宣布迟到并被拒绝，并立即原封退回。

18. 保密性（Confidentiality）

18.1 从建议书开启至合同授予这段时期内，咨询顾问不应与委托人就技术建议书和/或财务建议书的有关事宜进行接触。在合同授予的信息公开之前，有关评估及中标信息不应向咨询顾问或任何其他当事人透露。

18.2 短名单中的咨询顾问或任一位咨询顾问的代表企图不恰当地影响委托人对建议书评估或合同授予的有关决定，都可能导致建议书被拒绝，并可能导致对其应用世行现行的制裁程序。

18.3 虽然有以上规定，从建议书开启至合同授予公开的这段时期内，如果咨询顾问希望就有关选择程序的任何事项联系委托人或世行，只能以书面的形式进行。

19. 技术建议书开启（Opening of Technical Proposals）

19.1 委托人的评判委员会应该在短名单中选择的咨询顾问授权代表在场的情况下开启技术建议书。开启日期、时间及地址应该在资料表中标明。财务建议书的信封应密封并安全保存在声誉良好的公共审计或独立的官方机构，直到根据咨询顾问须知第23条规定应打开为止。

19.2 开启技术建议书时，应宣读下列内容：

（i）咨询顾问的名称及国家，如为联营体，则为联营体的名称、牵头单位的名称及所有成员的名称和国家；

（ii）提交或未提交密封的财务建议书；

（iii）在递交截止日期前提交的有关建议书的任何修改；以及

（iv）任何其他被认为适用的或在资料表中规定的信息。

20. 建议书评审（Proposals Evaluation）

20.1 根据咨询顾问须知第 15.1 条，技术建议书的评审人只有在技术建议书的评审已完成，并在世行发出"无异议"的声明后，才能接触到财务建议书。

20.2 除非咨询顾问须知第 12.7 款允许，在建议书递交截止日期之后，咨询顾问不可通过任何途径对其建议书进行更改或修订。在进行评审时，委托人将对提交的技术建议书和财务建议书单独地进行评审。

21. 技术建议书评审（Evaluation of Technical Proposals）

21.1 委托人的评审委员会应运用资料表所述的评审标准、子标准及打分标准，根据 TORs 及 RFP 的委托范围评价技术建议书。每一份响应的建议书都有一个技术分。如果建议书对 RFP 的主要要求没有做出响应，或者达不到资料表中的最低技术分，则该技术建议书应在这一阶段被拒绝。

22. 基于质量选择方法的财务建议书（Financial Proposals for QBS）

22.1 在技术建议书排序之后，仅在基于质量选择时，排序第一的咨询顾问被邀请进行合同谈判。

22.2 如果财务建议书与技术建议书同时被要求提交，只有技术方面得分最高的咨询顾问的财务建议书才会被评审委员会开启。在合同谈判成功并经签署之后，所有其他的财务建议书应被原封退回。

23. 财务建议书的公开开启（仅适用于 QCBS、FBS 和 LCS 方法）（Public Opening of Financial Proposals（for QCBS，FBS，and LCS methods））

23.1 在技术评审完成和世行发出"无异议"的声明之后，委托人应通知未响应 RFP 及 TOR 或其建议书未达到最低的合格技术分的咨询顾问，其财务建议书在合同签署之后被原封退回。委托人应同时书面通知高于最低综合技术分的咨询顾问开启财务建议书的日期、时间和地点。咨询顾问可自由选择参加与否。

23.2 委托人的评审委员会应该在那些建议书达到最低技术得分的咨询顾问委托代表出席的情况下开启财务建议书，并宣读咨询顾问的名称及其技术建议书总分和分项得分，并大声宣读其总价并记录在案。记录的复印件应送给提交建议书的全部咨询顾问和世行。

24. 错误的修正（Correction of Errors）

24.1 在技术建议书中描述了，但在财务建议书中没有报价的工作和事项，其价格应被认为包括在其他的工作和事项之内，在财务建议书中不可进行修正。

24.1.1 基于时间的合同（Time-Based Contracts）。如果 RPF 中包括基于时间的合同格式，委托人的评审委员会应该（a）修正任何计算或算法错误；以及（b）如果在技术建议书中未能分别反映工作或项目的全部投入，则应调整价格。

如果在下列情况中存在争议：（i）部分合计（子项合计）和总金额；（ii）单价乘数量得到的价格与总价；或（iii）文字和图片，以上情况应以前者为准。如果技术与财务建议书的数量不一致，应以技术建议书为准，评审委员会应修改财务建议书中的数量，使其与技术建议书一致，乘以有关的单价，并修正建议书的总报价。

24.2 总价合同（Lump-Sum Contracts）。如果 RFP 包括总价合同格式，应认为咨询顾问的财务建议书包含了所有的价格，既不能进行算法改正也不能进行价格调整。按照下面 ITC 第 25 条规定的，在财务建议书中（表格 FIN-1）包含净税收的总价格即为总报价。

25. 税费（Taxes）

25.1 委托人对咨询顾问财务建议书的评审应不包含资料表中指明的委托人所在国的税费及关税。

26. 单一货币的转换（Conversion to Single Currency）

26.1 为了评审的目的，应按照资料表规定的卖出汇率、来源及日期，将价格转换成单一货币。

27. 质量与费用相结合的评审办法（Combined Quality and Cost Evaluation）

27.1 以质量和费用为基础的选择（Quality- and Cost-Based Selection，QCBS）在 QCBS 的情况下，按照技术和财务的加权的分数来计算总分，并根据资料表的公式及规定将其相加。技术和财务总分最高的咨询顾问将被邀请参加谈判。

27.2 固定预算的选择（Fixed-Budget Selection，FBS）在 FBS 的情况下，超过资料表的 14.1.4 款规定预算的建议书被拒绝。

27.3 委托人将选择在 RFP 规定的预算范围内，技术建议书得分最高的咨询顾问，邀请其进行合同谈判。

27.4 最低费用选择（Least-Cost Selection）在 LCS 的情况下，委托人将在超过技术得分最低标准的咨询顾问中选择报价最低的咨询顾问，并邀请其参加合同谈判。

D. 谈判和合同授予（Negotiations and Award）

28. 谈判（Negotiations）

28.1 由有书面委托书的咨询顾问授权代表，在资料表所述的日期和地点进行谈判，并代表咨询顾问签订合同。

28.2 委托人应准备由委托人和咨询顾问的授权代表签署的谈判备忘。

a. 主要专家的可用性（Availability of Key Experts）

28.3 作为谈判的首要条件，被邀请的咨询顾问应确认建议书中包括的所有主要专家都能提供服务，或可根据咨询顾问须知第 12 条进行替换。否则，可能导致建议书被拒绝，而委托人可与排名下一位的咨询顾问谈判。

28.4 谈判中主要专家的替换可能是由于意外情况发生而导致的而不是咨询顾问可预见的，包括但不限于死亡或伤残。在此情况下，咨询顾问应在合同谈判时提供与原专家具有相同或更佳资历及经验的替代专家。

b. 技术谈判（Technical Negotiations）

28.5 谈判应包括对咨询工作大纲、建议的方式与方法、委托人的投入、合同专用条款、合同部分中的"服务说明"的讨论。这些讨论不应实质性地替换 TOR 中或合同条款中原有的服务范围，以免影响服务质量、价格或最初评审的相关事宜。

c. 财务谈判（Financial Negotiations）

28.6 谈判包括澄清咨询顾问在委托人所在国的纳税义务以及如何将其包含在合同中。

28.7 如果选择方法包括评估时的费用因素，则总价合同财务建议书中的总价不允许谈判。

28.8   在基于时间的合同中，不允许对单价进行谈判，除非主要专家和一般专家的薪酬率远高于类似合同中咨询顾问规定的一般薪酬率。此时，委托人可以要求进行澄清，如果这些费用非常高，可以在与世行商定后要求改变这些费率。

该方式用于（i）提供以质量为基础的选择中的薪酬率信息；（ii）本款上一段中薪酬率的格式，详见财务格式 FIN-3 的附录 A：财务谈判——薪酬率的分解。

29. 谈判完成（Conclusion of Negotiations）

29.1   审阅了最终合同书草稿，谈判即完成，之后由委托人和咨询顾问授权代表小签。

29.2   如果谈判失败，委托人应该书面通知咨询顾问，说明所有悬而未决的事项和分歧，并提供给咨询顾问最后一次回复的机会。如果仍有分歧，委托人应该终止谈判，通知咨询顾问，并说明理由。在收到世行"无异议"的声明后，委托人将邀请下一个排名的咨询顾问进行合同谈判。一旦委托人与下一个排名的咨询顾问开始谈判，则不能重新开始原来的谈判。

30. 合同的授予（Award of Contract）

30.1   在谈判完成后，委托人在收到世行对谈判的合同草案表示不反对时，则可签署合同，并根据资料表的规定发布合同授予信息，同时尽快地通知短名单中的其他咨询顾问。

30.2   要求咨询顾问在资料表中规定的日期和地点开始咨询工作。

E. 投标资料表（Data Sheet）

表中［ ］内是为委托人准备资料表之用，在给短名单咨询顾问的最终 RFP 中应删除。

咨询顾问须知条款号	
	A. 总则（General）
1（c）	［如果不是委托人的国家，插入国家名称。合同格式中适用法律的国家应与其相同］
2.1	委托人名称：_____ 选择咨询顾问的方法：_____ 适用的指南：世行借款人在世行贷款和国际开发协会贷款和赠款下选择并雇佣咨询顾问，2011 年 1 月 www.worldbank.org/procure
2.2	财务建议书应与技术建议书同时递交：是_____ 否_____ 咨询任务的名称：_____
2.3	将召开"提交建议书前会议"：是_____ 否_____ ［如果是，请说明日期、时间、地点、电话、传真号和电子邮箱地址会议联系人的姓名、地址、电话、传真号和电子邮箱地址。］
2.4	委托人将提供下列投入、项目数据、报告等以帮助准备建议书： ［如果没有，请写"N/A"］
4.1	［如果可以在"不公平的竞争优势"下选择咨询顾问，应解释其怎样被减轻，包括列明报告、信息、文件等，并应指出短名单中咨询顾问可以下载或得到以上信息的来源。］
6.3.1	世行外部网站列有被世行禁止的公司和人员名单：www.worldbank.org/debarr

续表

咨询顾问 须知条款号	
	B. 建议书的准备（Preparation of Proposals）
9.1	RFP 使用_____语言发布。 ［语言的选择：英语、法语或西班牙语。如果短名单中只包含本国公司，那么可使用按照原来世行同意的本国语言或在本国广泛使用的语言。］ ［如果 RFP 使用世行同意的两种语言，加入以下内容： 此外，RFP 还应被翻译成_____［插入本国语言或在本国广泛使用的］语言，［如果本国有不止一种语言，加上］"和_____语言"［插入本国第二语言］（注：国外很多国家都同时说多重语言。） 咨询顾问可选择以任一种上述语言提交建议书。一旦中标，合同将按照建议书的语言签订，并以该语言为合同的主导语言。］ ［如果委托人所在国要求本国公司只能使用本国语言签订合同，则加入以下内容： 本国的咨询顾问应该用_____［本国］语言提交建议书，以使签署的合同（如果授予合同）满足_____［包括参考本国法规/规定/法律］的要求。］ ［如果 RFP 只使用一种语言，要依据以下内容： 建议书应该用_____［选择按照适用的指南中的语言］语言来提交］ 所有来往信函都应该用_____语言
10.1	建议书应该包括以下内容： 对于完整的技术建议书（FTP）： 第一层信封内技术建议书： （1）授权人签署建议书的权力 （2）TECH-1 （3）TECH-2 （4）TECH-3 （5）TECH-4 （6）TECH-5 （7）TECH-6 或 对于简化的技术建议书（STP）： 第一层信封内技术建议书： （1）授权人签署建议书的权力 （2）TECH-1 （3）TECH-4 （4）TECH-5 （5）TECH-6 以及 第二层信封内财务建议书（如需要）： （1）FIN-1 （2）FIN-2 （3）FIN-3 （4）FIN-4 （5）承诺的声明（如果下述资料表 10.2 有要求）

咨询顾问须知条款号	
10.2	需要承诺的声明 需要_____不需要_____ ［如果需要，确保在 TECH-1 中包括在竞争合同时，遵守该国有关反对欺诈和腐败，包括贿赂的内容］
11.1	分包咨询顾问、主要专家和一般专家，在不止一份建议书中被允许参与。 是_____否_____
12.1	建议书必须在提交建议书的截止日期后_____个日历日［一般为 30 天到 90 天］内保持有效。
13.1	可能需要澄清时，至少在提交截止日期_____天之前。 需要澄清的信息通过以下方式： 传真：_____ E-mail：_____
14.1.1	短名单中的咨询顾问可以和非短名单中的咨询顾问联合： 是_____否_____ 或与短名单中的其他咨询顾问联合：是_____否_____
14.1.4 与 27.2	固定预算任务全部可用的预算为：_____（包括/不包括税）。建议书超过全部可用的预算将被拒绝。 ［如果包括税费，分别说明其估算值］
15.2	技术建议书的格式应该为：FTP 或者 STP［检查适用的格式］ 提交错误格式的技术建议书可能会导致该建议书被认为没有响应 RFP 的要求。
16.1	［下面给出的示例列表作为指南。不适用的项目应予以删除，其他的可以添加。如果委托人想要为某些类型的开支设置最高上限，此上限应在 FIN 表格中指明： （1）每日津贴，包括专家为了服务的目的离开本部办公室的每天的酒店津贴； （2）由最适当的交通方式和最直接可行的路线造成的交通费用； （3）办公生活设施的费用，包括管理费与备用支持服务费。 （4）通信费用； （5）需要提供给咨询顾问的任何设备的购置费，或租金，或运费； （6）制作和向委托人提交报告（包括打印）的费用； （7）其他适用的临时的或固定金额的津贴（如果有）。］ （8）［插入其他相关开支的类型，如果/适用］
16.2	适用于报酬费率的价格调整： 是_____否_____ ［适用于所有持续时间超过 18 个月的基于时间的合同。在特殊情况下，也同样适用于先前与世行有约定的持续时间超过 18 个月的总价合同］ ［如果是，需要列明是否适用于国外/本国的通货膨胀］
16.3	［如果委托人获得了适用于合同的免税政策，插入以下内容］ 委托人已在其所在国，按照［插入发布该豁免消息适用的官方来源］为咨询顾问应支付的［插入税费描述，例如增值税或者当地间接税等］获得了减免。 ［如果在委托人所在国没有税费豁免，插入以下内容］ "咨询顾问在委托人所在国的纳税义务的信息将在［插入适用的官方来源］找到。"

续表

咨询顾问须知条款号	
16.4	财务建议书应以下列货币列明： 咨询顾问需要表明他们服务的价格以任何完全可自由兑换的货币，单一或至多三种外币的方式组成。 财务建议书应声明是否采用委托人所在国的货币（当地币）作为当地费用：是_____否_____
	<div align="center">C. 提交、开启和评估（Submission，Opening and Evaluation）</div>
17.1	咨询顾问[插入"将会"或"将不会"]选择用电子版提交他们的建议书。 [如果"是"，插入：电子提交程序应该是：[描述提交程序]]
17.4	咨询顾问必须递交： 技术建议书的一份原件和_____[插入数字]份副本； 财务建议书的一份原件。
17.7 和 17.9	建议书的递交不得晚于： 日期_____年　　月　　日[如 2011 年 1 月 15 日] 时间_____[24 小时制，如"当地时间 16：00"] [如果合适的话，在密封的信封外面加上翻译成本国语言的警告标志——[不要打开…]] 建议书递交的地址是：_____
19.1	是否提供了打开技术建议书的在线方案：是_____/否_____ [如果是，插入："在线打开过程"应为：[描述在线打开技术建议书的过程]] 打开应该在： [插入："与建议书提交的地址相同"，或者插入和填写以下信息：] 街道：_____ 楼层、房间号：_____ 城市：_____ 国家：_____ 日期：与 17.7 所列明的提交截止日期一致 时间：[插入时间以 24 小时制表达，例如"当地时间 16：00"] [时间：应该在 17.7 所列明的提交截止时间之后立即开始]
19.2	另外，以下信息将在开启技术建议书时被大声朗读：[插入 N/A，或者注明哪些附加信息在开封时将要被说明和记录]
21.1 （for FTP）	评审完整的技术建议书的标准、子标准及其打分系统是：　　　　　　　　　　　分数 　（i）咨询顾问（作为一个公司）与咨询任务有关的特别经验　　　　　[0～10] 　（ii）针对工作大纲制定的方法和工作计划的适当性　　　　　　　　[20～50] {咨询顾问注意事项：委托人将评估建议的方法是否清晰、是否响应了 TOR 的要求、工作计划是否现实和可行，整个团队的组成是否均衡并具有适宜的技能搭配，以及工作计划是否有恰当的专家投入} 　（iii）主要专家的资历和工作能力： {咨询顾问注意：每个职务序号要与由咨询顾问准备的 TECH-6 格式中主要专家的序号一致} 　a）序号 K-1：[团队负责人]　　　　　　　　　　　　　　　[插入分数] 　b）序号 K-2：[插入职务]　　　　　　　　　　　　　　　[插入分数] 　c）序号 K-3：[插入职务]　　　　　　　　　　　　　　　[插入分数]

咨询顾问须知条款号	

21.1
(for FTP)
	标准（iii）总分：_____ [30～60]
	分配给上述每一职务或专业的分数应考虑下述 3 种子标准及相应的百分比权重：
	
	1）总的资历（教育水平、培训和经验）： [插入 10%～20%的权重]
	2）工作的适当性（在该部门或相似的工作领域的相关教育、培训和经验）：
	                [插入 60%～80%的权重]
	3）如果与工作相关，加上第三条子标准：在该地区的相关经验（对当地语言，当地文化知识或管理系统，政府组织等的熟悉程度）：
	           [插入 0～10%的权重]
	            总权重：100%
	（iv）培训方案：（方式和方法的恰当性）： [一般不超过 10 分]
	         标准（iv）总分：_____ [0～10]
	（v）建议的本地主要专家的参与 [0～10] [不超过 10 分]
	[不应提供的子标准。计算该国主要专家的时间投入（每人月）和在咨询顾问的技术建议书中的全部主要专家的时间投入（每人月）的比率]
	5 项标准的总分：100
	及格的最低技术分为：_____分[插入分数]
	[在 1～100 的范围内，必要的分数范围是 70 到 85]

21.1 （对于简化的技术建议书）	评审简化的技术建议书的标准、子标准及其打分系统是： 分数 （i）针对 TOR 建议的方法和工作计划的适应性和质量： [20～40] （ii）提供咨询任务的主要专家的资格和胜任能力： {咨询顾问注意：每个职务序号要与由咨询顾问准备的 TECH-6 格式中主要专家的序号一致} a）职位 K-1：[团队负责人] [插入分数] b）职位 K-2：[插入职务] [插入分数] c）职位 K-3：[插入职务] [插入分数] 标准（ii）总分：[60～80] 2 项标准的总分：100 及格的最低技术分为：_____分[插入分数] [在 1～100 的范围内，必要的分数范围是 70 到 85]
23.1	是否提供了开启财务建议书的在线方案：是_____/否_____ [如果是，插入，网上公开程序：[描述财务建议书的网上公开程序]]
25.1	为了评审，委托人将不包括：（a）所有当地可识别的间接税，例如营业税、执照税、增值税或者合同发票上征收的类似的税费；（b）委托人所在国非当地专家的服务报酬的全部附加的本地间接税。如果合同被授予，在合同谈判时，所有此类税收将会被讨论，并最终确定下来（使用逐项列表作为指导，但不限于此），并作为单独一行被加入合同金额中，还需要指明哪部分税收应由咨询顾问支付，哪部分税收由委托人代表咨询顾问支付。

续表

咨询顾问 须知条款号	
26.1	用不同货币表示的全部价格转换成的单一货币是：[指明当地币或全部可兑换的外币] 官方卖出汇率的来源是：＿＿＿＿＿＿＿＿＿＿ 汇率的日期是：＿＿＿＿＿＿＿＿＿＿ [日期不得早于提交建议书截止日期之前的4个星期，并且不得晚于建议书原定的有效日期]
27.1 (QCBS only)	对于"以质量和费用为基础的选择" 评审的报价最低的财务建议书（Fm）被给与财务得分（Sf）的最大值100分 计算决定所有其他财务建议书的得分（Sf）的公式如下： Sf＝100×Fm/F，其中 Sf 是财务得分，Fm 是最低价格，F 是被考虑的建议书的价格， [或插入另一个世行可接受的成反比例的公式。] 给技术建议书（T）和财务建议书（P）的权重是： T＝＿＿＿＿＿＿[插入权重]，和 P＝＿＿＿＿＿＿[插入权重] 按照技术得分（St）乘权重和财务得分（Sf）乘权重之和对建议书进行排序。 （T＝技术建议书的权重，P＝财务建议书的权重，T 与 P 的和为1） S ＝ St×T％＋Sf×P％。
D. 谈判和奖励（Negotiations and Award）	
28.1	合同谈判的预计日期和地点： 日期：＿＿＿＿＿＿＿＿＿＿＿＿＿＿＿[如：2011年1月15日] 地址：＿＿＿＿＿＿＿＿＿＿＿＿＿＿＿
30.1	合同授予的信息将会在合同谈判完成和合同签订之后在＿＿＿＿＿＿[插入信息将会公布的网址] 发布。 信息将会在合同签订后[插入数字]天之内发布。
30.2	预计的服务开始日期： 日期：＿＿＿＿＿＿＿＿＿[插入年月] 地点：＿＿＿＿＿＿＿＿＿[插入地址]

三、技术建议书

主要包括以下函件样本以及各类表格，用于指导咨询顾问编制技术建议书。技术和财务建议书正本的所有页面，都需要由签署建议书的同一个咨询顾问的授权代表小签。

TECH-1 技术建议书递交格式（Technical Proposal Submission Form）

该格式是由委托人拟定的固定格式和内容，是对正式递交技术建议书的书面说明，包括提交建议书的咨询顾问必须承诺的基本原则，不允许作任何修改。

TECH-1 技术建议书递交格式附件：

如果该建议书递交函是由联营体提交的，需要附加一份意向书或者现有联营体文件的副本。如果有分包咨询顾问，则列出其全称和地址。关于授权书，并没有预先设定的格式/表格，在联营体的情况下，要求：包括每个联营体成员的授权代表的授权书以及对代表全体联营体成员的牵头人的授权书。

TECH-2　咨询顾问的机构和经验（Consultant's Organization and Experience）

这部分是关于咨询顾问机构的简要描述以及与本次任务最相关的咨询顾问新近的经验的概括。在联营体情况下，相似的任务信息将会提供给每一个联营体伙伴。上述概括需要说明每一个任务中咨询顾问的主要专家和参与的分包咨询顾问的姓名，作业持续时间与合同金额，以及咨询顾问的角色和参与的工作。

A　咨询顾问的机构要求咨询顾问提供其公司/实体与每一个合作方的背景和机构简介。

B　咨询顾问的经验。主要包括咨询顾问以前正式签署过的合同和其他咨询任务的名称、所在国、委托人名称、地址、合作者、项目大约的合同金额、咨询服务的开始和完成日期、咨询顾问的高级专业人员的姓名和职能、项目说明等。

TECH-3　咨询顾问对工作大纲和委托人应提供的对口人员和设施的意见或建议（Comments and Suggestions on the TOR and on Counterpart Staff and Facilities to be Provided by the Client）包括：

A　对工作大纲修改和改进的意见和建议，以改进和保证完成本任务。

B　对委托人提供的对口人员和设施的意见和建议：如行政管理支持、办公环境、当地交通、设备、数据等。

TECH-4　实施咨询任务的方式、方法和工作计划说明（Description of Approach, Methodology and Work Plan for Performing the Assignment）（下面的要求是用于详细的技术建议书，对于小的咨询服务可适当省略）

A　技术方式和方法（Technical Approach and Methodology）：介绍本任务的目的、服务方式、开展的活动和获得期望成果的方法，以及为解决这些问题拟采用的技术方式。（此处不要重复 TOR 的内容）

B　工作计划（Work Plan）：介绍本任务的主要活动的内容和持续时间、阶段和联系、里程碑（包括委托人的期中批准）和报告的计划递交日期。建议的工作计划应与技术方式和方法相一致。还应包括最终文件的清单，最终成果报告、图纸和表格。工作计划必须与工作进度表保持一致。

C　组织机构与人员计划（Organization and Staffing）：提交执行本任务的工作小组的结构和组成。列出执行任务的主要专家、一般专家和相关的技术和管理人员。

TECH-5　工作计划表和可交付成果的计划（Work Schedule and Planning for Deliverables）（可用于 FTP 和 STP）包括：

A　列明可交付的成果以及完成各个分项工作的说明和相关时间点。对于阶段性任务，需要注明每个阶段的时间点、工作任务、报告的交付时间以及委托人的批准时间等。

B　各项工作的持续时间需要用横道图表示。

C　如有需要，应包括图例，以帮助阅读横道图。

TECH-6　团队组成、主要专家输入，并附简历（Team Composition, Key Experts Inputs, and attached Curriculum Vitae (CV)）

主要专家的简历包括：职务名称和编号、姓名、出生日期、国籍、居住地、教育程度、与本次工作相关任务的受聘记录（包括日期、雇用单位名称、担任的职务、工作类型、工作所在地、原来的委托人和受聘单位的联系方式)、专业学会会员资格、语言以及专家联系方式。要求专家签字证明上述填表内容属实。

四、财务建议书

主要包括以下函件样本以及各类表格,用于指导咨询顾问编制财务建议书。

FIN-1　财务建议书递交函(Financial Proposal Submission Form)

咨询顾问按要求向委托人提供财务建议书的正式递交函。内容包括咨询顾问的名称、地址等基本信息和总费用,以及签字人的名称和职务。如为联营体,则应由所有成员签字或由牵头方签字,但需要有由所有成员签字的对牵头方的授权书。

FIN-2　费用汇总表(Summary of Costs)

指明了应由委托人支付的各种货币的总费用(不含当地税费),包括外币(最多三种)与当地币。财务建议书的总费用(需要与 FIN-1 的总费用以及 FIN-3 中各项分项的总计一致)包括报酬、可报销费用、当地间接税估计值等。

FIN-3　报酬分解表(Breakdown of Remuneration)

内容包括主要专家和一般专家的职务介绍、人月单价、投入的人月数、对应的支付货币情况等。对报酬的单价分解见附录 A。

附录 A:以质量为基础的选择(QBS)的情况下的"财务谈判——报酬单价分解表"(Financial Negotiations-Breakdown of Remuneration Rates)

1. 报酬单价审查

1.1　人员报酬单价由工资或基本酬金、社会福利费、上级(企业)管理费、利润和海外津贴或补助组成。附有一份样本格式可用于单价分解。

1.2　如果 RFP 只要求提交一个技术方案,该样本格式是由指定的咨询顾问在合同谈判时使用。如果 RFP 要求提交财务建议书,该样本格式应该被完成并附于 FIN-3。在谈判时已经同意的分解表应该构成谈判完成的合同的一部分,并且包含在附录 C 或 D 中。

1.3　在谈判中,咨询顾问应准备提供近三年经审计的财务报表以支持公司的单价,并同意对其建议的单价和其他财务事项进行审查。委托人负责管理政府资金,且应保证谨慎地使用这些资金。

1.4　单价组成的细节包括:

(i)工资

这是支付给公司总部办公人员的正常现金总额或酬金,不包括任何海外津贴或奖金。

(ii)奖金

奖金一般不在单价中单列,而是从利润中支付,视公司和国家的政策规定而定。任何关于奖金的讨论都需要有经审计的文件支持,这些文件将被作为机密文件对待。

(iii)社会福利费

社会福利费是公司给予其雇员的非现金福利待遇。这些待遇包括(但不限于)社会保险(如养老金、医疗保险和人寿保险)以及生病或休假费用,其他方面视公司和国家的政策规定而定。

(iv)休假费用

按基本工资的百分比表示年休假费的原则一般如下:

$$按工资百分比表示的休假费 = [总休假天数 \times 100/(365 - w - ph - v - s)]\%$$
$$总休假天数 = w + ph + v + s$$

式中：w＝周末（Weekends），ph＝公共假日（Public Holidays），v＝休假日（Vacation），s＝病假日（Sick Leave）。

必须注意，只有委托人不另行支付休假费时，社会福利费中才能考虑休假费。

（v）上级（企业）管理费

上级（企业）管理费指与本咨询任务无直接联系的公司业务开支，且不能单独在合同下给予支付。在谈判期间，参照经独立会计师审计的财务报表和近 3 年上级（企业）管理费的支持文件进行讨论，应提供详细的上级（企业）管理费构成明细表，说明上级（企业）管理费各细目占基本工资的百分比。委托人不接受咨询顾问为非正式雇员所增加的社会福利费和管理费等开支。

（vi）利润

利润计算的基数是工资、社会福利费和上级（企业）管理费。如果定期支付奖金，则利润就应相应减少。差旅费或其他可报销支出不能用以计算利润。

（vii）不在总部的补助或每日津贴或最低生活保障

有的咨询顾问给其不在总部或者不在居住地办公的人员发放补助，这种补助按工资的百分比计算，不从上级（企业）管理费或利润中提取。联合国开发计划署在具体国家的生活补贴标准可用作参考。

FIN-4　可报销费用分解（Breakdown of Reimbursable Expenses）

内容包括对每日津贴、国际旅费（列明每月旅行往返路线）、当地交通费、个人物品运输、租用办公室、编写报告、培训委托人人员等，每个子项的单位、单价、数量、外币和当地币的统计。

五、符合条件的国家

参照 ITC6.3.2，对于短名单中顾问的信息，下列国家的企业、商品和服务将被排除在外：

参照 ITC6.3.2（a）：[列出受世行限制的国家或声明"无"]；

参照 ITC6.3.2（b）：[列出国家或声明"无"]。

六、世行政策——腐败和欺诈行为（本节内容不得修改）

因为本节介绍的是世界银行的工程咨询合同中有关"世行政策——腐败和欺诈行为"的这一部分内容，与本书第二章第三节"世界银行贷款项目工程采购标准文件"中有关腐败和欺诈行为的内容相同。

七、工作大纲（TOR）

原文中有一个工作大纲的样本，包括下面几部分：背景；任务目的；服务范围、工作（组成）和预期成果；团队组成和主要专家的资格要求（以及按照 ITC 数据表 21.1 中用来评估主要专家的任何其他要求）；报告要求和时间表；委托人的投入（包括服务、设施和财产）和对口人员。

如果咨询顾问的服务包括土木工程的监理，则应加入：在土木工程合同中应指定咨询顾问作为"工程师"，其工作应得到委托人（作为"业主"）的事先批准。

八、合同条款及合同格式（Conditions of Contract and Contract Forms）

这些合同格式所适用的情况均在其前言中说明。总价支付合同多用于以质量和费用为基础的选择方法、固定预算的选择方法或最低费用选择方法；而基于时间支付的合同则多用于以质量为基础的选择方法。

下面主要以基于时间支付的咨询服务合同（2011年修订版）为例介绍合同内容。

基于时间支付的咨询服务合同共包括四方面内容：合同格式、通用条件、专用条件及合同附件。

（一）合同格式（Form of Contract）

（1）合同封面（Cover of Contract）：标准的封页应书明咨询服务项目名称、委托人和咨询顾问正式名称及合同签订日期。

（2）合同格式（Form of Contract）：用法律性文字简明地概述双方签约日期、资金来源、合同包含的全部文件、合同双方应承担的义务和权利，最后是合同双方授权代表签字。如果聘请的咨询顾问不止一家，那么所有公司的授权代表都需在此签字。

全部合同文件的组成部分包括：

（1）通用合同条件（General Conditions of Contract）；

（2）专用合同条件（Special Conditions of Contract）；

（3）附录。

附录A：工作大纲（Terms of Reference）

附录B：主要专家（Key Experts）

附录C：报酬费用估算（Remuneration Cost Estimates）

附录D：可报销支出费用估算（Reimbursable Expenses Cost Estimates）

附录E：预付款保函格式（Form of Advance Payments Guarantee）

（二）合同通用条件

通用条件共包括八条，每条又包括若干子款，下面依次介绍每个条款的内容。

A. 总则（General Provisions）。对合同中一般事项总的说明，包括10个子款。

1. 定义（Definitions）。对下面22个措辞和词组进行了定义和解释说明：

"适用的指南"，"适用的法律"，"世行"，"借款人"，"委托人"，"咨询顾问"，"合同"，"日"，"生效日期"，"专家"，"外币"，"通用合同条件"，"政府"，"联营体"，"主要专家"，"当地币"，"一般专家"，"合同方"，"专用合同条件"，"服务"，"分包咨询顾问"，"第三方"。

下面仅介绍部分措辞和词组的定义，其余措辞和词组定义与SRFP中的定义相同或基本相同。

（a）"适用的指南"（Applicable Guidelines）系指（2011年1月出版的）国际复兴开发银行（IBRD）贷款和国际开发协会（IDA）信贷和赠款的情况下，世界银行借款人选择和聘请咨询顾问时的指南（"咨询顾问的指南"）。

（b）"适用的法律"（Applicable Law）系指委托人所在国或者在合同专用条款中规定

的其他国家随时可能发布并生效的法律和具有法律效力的其他文件。

（c）"日期"（Day）除非另有规定，指工作日。（注：一般在国际上，合同范本均定义为日历日，上文中 SRFP 也定义为日历日。）

（d）"生效日期"（Effective Date）系指根据通用合同条款第 11 条的规定本合同生效并实施的日期。

（e）"通用合同条件"（General Conditions of Contract）系指本合同通用条件。

（f）"专用合同条件"（Special Conditions of Contract）系指可能对通用合同条件进行的修改或补充，但不应过多阐述。

（g）"一方"（Party）系指委托人或咨询顾问；视情况而定，可能"合同双方"系指他们二者。

（h）"第三方"（Third Party）系指政府、委托人、咨询顾问或分包咨询顾问之外的任何个人或实体。

2. 合同双方之间的关系（Relationship between the Parties）

2.1　本条款中的内容不能被解释为在委托人和咨询顾问之间建立雇主与受雇人的关系，或当事人与代理人的关系。根据本合同，咨询顾问完全掌管专家和分包咨询顾问的服务工作，并应对他们的服务负全部责任。

3. 法律主导合同（Law Governing Contract）

3.1　本合同及其含义和解释以及双方之间的关系，均取决于适用的法律。

4. 语言（Language）

4.1　本合同已按专用条件中所规定的语言生效，此语言涉及本合同的含义或解释的所有事项均应有约束力和控制力。

5. 标题（Headings）

5.1　标题不应限制、改变或影响本合同的含义。

6. 通信系统（Communications）

6.1　按照本合同要求或允许做出的通信联络均应为书面形式，且采用通用条件第 4 条所规定的语言。此类通知、要求或同意应当由人员递交给一方的授权代表，或送到专用条款中该方规定的通信地址。

6.2　一方可改变其专用条款中所述的原有地址，并采用任何通信方式通知另一方。

7. 地点（Location）

7.1　服务应在合同附录 A 所述的地点履行。如果特定的任务没有规定地点，或在政府所在国，或在其他委托人可能批准的地点履行。

8. 责任方的权力（Authority of Member in Charge）

8.1　如果咨询顾问是一个联营体，各方应授权专用条款中规定的成员代表各方行使本合同项下咨询顾问对委托人的全部权利，履行全部义务，从委托人处接受指示和付款。

9. 授权代表（Authorized Representatives）

9.1　本合同项下由委托人或咨询顾问所要求或允许采取的任何行动和被要求或允许执行的任何文件，应由专用条款所述的高级职员来执行。

10. 欺诈和腐败（Corrupt and Fraudulent Practices）

10.1　对附录一中阐述的欺诈和腐败行为，世行要求按照其政策处理。

a. 佣金和费用（Commissions and Fees）

10.2　委托人要求咨询顾问披露其可能已经支付或将要支付给代理人或任何其他方与合同选择或实施有关的佣金或费用。该信息应包括代理人或其他方的名称和地址，金额和货币，以及佣金、赏金或费用的目的，否则可能受到世行的制裁和/或终止合同。

B. 合同的开始、完成、修改及终止（Commencement，Completion，Modification and Termination of Contract）

11. 合同的有效性（Effectiveness of Contract）

11.1　合同应在委托人通知咨询顾问开始履行其服务的日期（生效日期）生效并实施。

12. 因合同未生效而终止合同（Termination of Contract for Failure to Become Effective）

12.1　如果本合同在专用条款所述的签字日后的时间段内没有生效，任一方均可在22天后书面通知对方宣布本合同无效，而在一方宣布合同失效后，任何一方均不得向另一方提出索赔。

13. 服务的开始（Commencement of Services）

13.1　咨询顾问应确认在专用条款规定的生效日期后的时间段内，主要专家可以到场并开始其服务。

14. 合同期满（Expiration of Contract）

14.1　除非按照通用条款第 19 条规定提前终止，本合同应在专用条款规定的合同生效日后规定的时间段结束时终止。

15. 全部协议（Entire Agreement）

15.1　本合同包括双方同意的全部合同条款和规定。任一方的代理人或代表均无权做出除此之外的任何声明、说明、承诺或同意。合同双方也均不受这些声明、说明、承诺或同意的约束或承担责任。

16. 修改或变更（Modifications or Variations）

16.1　本合同措辞和条件（含服务范围）的任何修改或变更，只能由双方以书面协议的方式进行。但一方应对另一方关于修改或变更的任何建议给予适当的考虑。

16.2　如果有实质上的修改或变更，需要世行事先的书面同意。

17. 不可抗力（Force Majeure）

a. 定义（Definition）

17.1　"不可抗力"系一方无法合理控制、无法预见、无法避免的事件，在这种情况下，使得一方义务的执行成为不可能或在合理考虑范围内不切实际，包括但不限于：战争、暴乱、内乱、地震、火灾、爆炸、暴风雨、洪水或其他恶劣天气条件、罢工、停工、没收或其他政府行为等。

17.2　不可抗力不应包括：（i）因一方或其专家、分包咨询顾问、代理人或雇员的疏忽大意或故意行为而造成的任何事件；（ii）认真工作的一方在本合同结束时可以合理考虑到和在履行义务时可避免或克服的任何事件。

17.3　不可抗力不应包括资金短缺或无力支付。

b. 不应视为合同违约（No Breach of Contract）

17.4 只要遭受不可抗力影响的一方为了履行本合同采取了所有合理的预防措施和替代措施，则该方未完成合同项下的义务不应视为合同违约。

c. 需要采取的措施（Measures to be Taken）

17.5 受不可抗力事件影响的一方，只要合理可行就应继续履行其在合同下的义务，并应采取各种合理的措施以尽可能减少不可抗力事件的影响。

17.6 受不可抗力事件影响的一方，应尽快将不可抗力事件通知对方，最晚不得超过事件发生后 14 个日历日，并应提供不可抗力事件的性质和原因的证据。在情况恢复正常后，也同样地尽快通知对方。

17.7 一方由于受不可抗力影响，未能完成合同中规定的任务，应允许延长相应的时间以完成此任务。

17.8 由于不可抗力事件的影响而不能履行服务的期间内，咨询顾问应该按照委托人的指示：

（a）遣散，此时，咨询顾问所发生的合理且必要的额外费用应得到补偿，并且如果委托人要求，应恢复服务；或

（b）在合理可能的范围内继续提供服务，此时，咨询顾问应能得到合同条款规定的付款以及合理的和必要的额外费用补偿。

17.9 如果双方对不可抗力事件的存在和范围有不同意见，应该根据通用合同条件第 48 和 49 条解决此事。

18. 暂停（Suspension）

18.1 如果咨询顾问没有履行合同下的任何义务，委托人可以书面形式通知咨询顾问并暂停全部付款。暂停通知：（i）应说明未履约的性质，和（ii）要求咨询顾问在收到其暂停通知后 30 个日历日内采取补救措施。

19. 终止（Termination）

19.1 依据以下条款，合同可由任一方终止：

a. 由委托人终止（By the Client）

19.1.1 在本条款（a）段至（f）段涉及的事件发生时，委托人可终止本合同。在这种情况下，涉及（a）段至（d）段的事件，委托人应至少在 30 个日历日之前向咨询顾问发出书面终止通知；涉及（e）段的事件，应至少在 60 个日历日之前发出书面终止通知；涉及（f）段的事件，应至少在 5 个日历日之前发出书面终止通知：

（a）如果按照通用合同条件第 18 条的暂停通知，咨询顾问没有对未履行的合同义务采取补救措施。

（b）如果咨询顾问（或当咨询顾问包括一方以上的实体时，其中的任一成员）已经资不抵债或破产，或与其债权人签订了不承担债务的协议，或利用法律中有利于债务人的规定，或被迫地或自愿地进入债务清偿或破产管理状态。

（c）如果咨询顾问不能遵守根据通用合同条件第 49.1 条规定的仲裁程序所出的最终裁决。

（d）如果咨询顾问在不可抗力发生后的 60 个日历日之后无法提供服务的实质性的部分。

（e）如果委托人自行或因其他原因决定终止合同。

（f）如果咨询顾问未能根据通用合同条件第 13 条的规定确认主要专家可以到场。

19.1.2　如果委托人认为咨询顾问在竞标或者执行合同的过程中参与了腐败、欺诈、串通、强迫或妨碍行为，委托人可在书面通知咨询顾问 14 个日历日后，根据合同终止对咨询顾问的雇用。

b. 由咨询顾问终止（By the Consultant）

咨询顾问可能在本条（a）段至（d）段所规定的事件发生后，至少在 30 个日历日之前书面通知委托人终止本合同：

（a）如果委托人在收到咨询顾问逾期未付款的书面通知后的 45 个日历日内未向咨询顾问支付根据合同的费用，并且不接受通用合同条件第 49.1 条规定的争议解决。

（b）如果咨询顾问在不可抗力发生后的 60 个日历日的期限之后无法提供服务的实质性的部分。

（c）如果委托人不能遵守根据通用合同条件第 49.1 条的仲裁程序所做出的最终裁决。

（d）如果根据合同，委托人对其义务实质违约，并在收到咨询顾问给委托人发出的违约通知后的 45 个日历日（或咨询顾问后来书面同意的延长期）内，没有进行补救。

c. 权利和义务的终止（Cessation of Rights and Obligations）

19.1.4　按照通用合同条件第 12 条或第 19 条在合同被终止时，或者按照通用合同条件第 14 条合同期满，双方所有的权利和义务应终止时，除了（i）在合同终止或期满时既有的权利和义务，（ii）通用合同条件第 22 条规定的保密义务，（iii）咨询顾问允许按照通用合同条件第 25 条对其账户和记录进行检查、复印和审计的义务，和（iv）在适用法律下某一方的任何权利。

d. 服务的终止（Cessation of Services）

19.1.5　按照通用合同条件第 19a 条或第 19b 条，当一方通知另一方合同终止时，咨询顾问在发出或收到该通知后应立即采取必要措施，迅速而有条理地终结服务并努力使相关的开支最少。对咨询顾问准备的文件和委托人提供的设备和材料，咨询顾问应按照通用合同条件第 27 条和第 28 条的规定进行。

e. 终止时的付款（Payment upon Termination）

19.1.6　一旦合同终止，委托人应向咨询顾问支付下列费用：

（a）按照 42 条，在终止的有效日期之前完成的应给与的服务报酬，和实际发生的可补偿的费用；

（b）依据通用合同条件 19.1.1（d）和（e）终止的情况，因尽快而有序地终止合同所产生的任何有关的合理费用，包括专家往返的旅费。

C. 咨询顾问的义务（Obligation of the Consultant）

20. 总则（General）

a. 绩效标准（Standard of Performance）

20.1　咨询顾问应努力以应有的勤奋、效率和节约的观点去执行和完成服务，并应按照通用的专业标准和管理惯例，使用恰当的技术、设备、装置、材料和方法。咨询顾问在涉及本合同与服务相关的任何事件时，应作为委托人忠实的顾问，并应在与第三方往来时，永远支持和保护委托人的合法利益。

20.2　咨询顾问在提供服务时，应雇用合格的和有经验的专家及分包咨询顾问。

20.3　咨询顾问可以将部分咨询服务分包给委托人事前批准的关键专家和咨询分包。尽管有上述批准，咨询顾问仍应对服务负全部责任。

b. 服务适用的法律（Law Applicable to Services）

20.4　咨询顾问应按照合同和适用的法律履行服务，并应采取可行的步骤保证他的任何专家和分包咨询顾问遵守适用的法律。

20.5　在合同执行的全过程中，咨询顾问应在下列情况下，遵守委托人所在国商品进口和服务的禁例：

（a）因法律或官方条例，借款人所在国禁止与某国有商业关系，或

（b）遵守联合国安理会按照《联合国宪章》第七章做出的决定，借款人所在国禁止从某国进口货物，或向某国的任何个人或实体付款。

20.6　委托人应以书面形式通知咨询顾问相关的当地习俗，并且咨询顾问应注意尊重当地习俗。

21. 利益冲突（Conflict of Interests）

21.1　咨询顾问应坚持委托人利益至上，并严格避免与其他任务或自己企业利益冲突。

a. 咨询顾问不从佣金、折扣等处获利

21.1.1　按照通用合同条件第 41 至 46 条，咨询顾问的报酬应为其在本合同项下的唯一酬金，根据通用合同条件第 21.1.3，咨询顾问及其分包咨询顾问、专家或代理人均不应接受任何贸易佣金、折扣等额外支付。

21.1.2　如果咨询顾问在货物采购、工作或服务方面为委托人提供建议时，应遵守适用的世行指南，并且应一直为委托人的最大利益负责。

b. 咨询顾问和并联机构（Affiliates）不宜参与某些活动

21.1.3　咨询顾问、其任何分包咨询顾问和与他们相关联的实体，同意在本合同期间和终止后，不参与为本项目后续项目的准备和实施工作，如，提供货物或其他非咨询服务性质的工作。

c. 冲突活动的禁止（Prohibition of Conflicting Activities）

21.1.4　咨询顾问及其专家和分包咨询顾问均不应参与将会与合同中的活动冲突的任何商业或专业活动。

d. 揭露冲突活动的责任（Strict Duty to Disclose Conflicting Activities）

咨询顾问及其专家和分包咨询顾问应该有义务揭露任何会影响服务于委托人最大利益的潜在冲突。否则，可导致咨询顾问丧失资格或合同终止。

22. 保密性（Confidentiality）

22.1　除非有委托人事先的书面同意，咨询顾问和专家不应在任何时候与任何个人或实体交流在服务过程中获得的任何机密信息，也不应在服务过程中或服务结束后将服务内容公之于众。

23. 咨询顾问的责任（Liability of the Consultant）

23.1　根据附加条款，如果在专用合同条件中有说明，则咨询顾问在合同下的责任应在适用的法律中有规定。

24. 咨询顾问投保（Insurance to be Taken out by the Consultant）

24.1　咨询顾问（i）应按照委托人批准的条目和条件，针对风险和在专用合同条件中规定的保险范围去自费投保并保持有效，同时也要求分包咨询顾问自费投保和保持有效，并且（ii）应向委托人提供已办理保险并保持有效以及保险费已支付的证明材料。咨询顾问应确保保险在服务开始之前已落实。

25. 会计、检查和审计（Accounting, Inspection and Auditing）

25.1　咨询顾问及其分包咨询顾问应保持涉及服务的准确和系统的会计资料和记录，其形式和细节能清楚地表明相关的时间变化和成本。

25.2　咨询顾问与其分包咨询顾问应允许世行和/或世行指定的人员检查现场和所有与合同及所递交的建议书有关的会计资料和记录，还可包括世行指定的审计员审查过的会计资料和记录。咨询顾问应注意，试图去实质性阻碍世行行使检查和审查的权利的行为，将构成合同终止。

26. 提交报告的义务（Reporting Obligations）

26.1　咨询顾问应按附录 A 中规定的形式、数量和时间期限向委托人提交报告和文件。

27. 委托人对报告和记录的所有权（Proprietary Rights of the Client in Reports and Records）

27.1　除专用合同条件中另有说明，由咨询顾问在服务过程中为委托人编辑或准备的所有的报告以及相关的数据和信息，例如地图、图表、计划、数据库、其他文件和软件应是机密的并应成为委托人的绝对财产。咨询顾问应该在合同终止前，向委托人提交所有的这类文件连同一份详细清单。咨询顾问可以保留这些文件、数据和/或软件的复印版，但不经过委托人事先书面批准，不允许用于与本合同无关的目的。

27.2　如果为了计划的延伸、图纸、规格、设计、数据库、其他文件和软件的目的，咨询顾问必须和第三方之间签订许可证协议，此协议应获得委托人事先的书面批准，并且委托人具有对相关开发费用的酌处权。关于未来使用这些文件和软件的其他限制，将会在专用合同条件中规定。

28. 设备、车辆和材料（Equipment, Vehicles and Materials）

28.1　由委托人给咨询顾问的或由咨询顾问用委托人提供的资金购买的设备、车辆或材料，均应标明为委托人的财产。当本合同终止或期满时，咨询顾问应向委托人提供一份这些设备、车辆和材料的库存清单，并按委托人的指示处置这些设备、车辆和材料。咨询顾问在使用这些设备、车辆和材料时，应按其重置价值金额给予保险，保险费由委托人承担。

28.2　由咨询顾问或其专家带入委托人国家为本项目或个人使用的设备或材料应是咨询顾问或其专家的所有财产。

D. 咨询顾问的专家和分包咨询顾问（Consultant's Experts and Sub-Consultants）

29. 主要专家的描述（Description of Key Experts）

29.1　附录 B 描述了进行咨询服务的咨询顾问的主要专家的职称、工作说明、最低资格要求以及估计的时间投入。

29.2　如要求遵守通用合同条件第 20a 的要求，咨询顾问可以书面通知委托人对附录 B 中所列的主要专家的估计时间投入进行调整，只要（i）对每个主要专家的时间调整不超过原定估计时间投入的 10%或一周，两者取其大，和（ii）这些调整的合计不应使本合同项下的支付超过通用合同条件第 41.2 款中的最高限额。

29.3 如果要求附加的工作超过了附录 A 中所规定的服务范围，咨询顾问和委托人可以书面协议增加主要专家的估计时间投入。如果增加的结果是使本合同项下的支付超过通用合同条件第 41.1 款规定的最高限额，双方应签订一项合同的修正。

30. 主要专家的更换（Replacement of Key Experts）

30.1 除非委托人另外书面同意，不应对主要专家进行改动。

30.2 虽有以上规定，在合同执行过程中主要专家的替代仅能根据咨询顾问的书面申请以及由于咨询顾问无法合理控制的情况，如：死亡或因病丧失工作能力。此时，咨询顾问应立即提出更换具有同等或更好资质和经验的人员。

31. 追加的主要专家的批准（Approval of Additional Key Experts）

31.1 如在合同执行过程中，需要追加的主要专家来执行服务，咨询顾问应提交给委托人一份简历的复印件用来审核和批准。如果委托人在收到简历后 22 天内没有书面反对，则应视为已经批准。这些新的追加的主要专家的报酬费率应基于同类资质和经验的其他主要专家职位的报酬费率。

32. 专家和分包咨询顾问的撤换（Removal of Experts or Sub-consultants）

32.1 如果委托人发现任何专家或分包咨询顾问犯了严重的错误，或因犯罪而被投诉，或在执行服务的过程中参与了任何腐败、欺诈、串通、强迫或阻碍行为，在委托人的书面要求下，应更换相关人员。

32.2 如果任何主要专家、一般专家或分包咨询顾问被委托人发现不适合或不能胜任，委托人可以要求咨询顾问提供替代人员。

32.3 被撤换的专家或者分包咨询顾问的任何替代人员应具有更好的资质和经验，并应被委托人接受。

33. 专家的更换/撤换——对支付的影响（Replacement/Removal of Experts-Impact on Payments）

33.1 除非委托人另有要求：（i）咨询顾问应承担因任何撤换/更换专家引起的所有附加的旅费和发生的其他费用或杂费，且（ii）作为更换的任何专家需支付的报酬不应该超过被更换/撤换专家的报酬。

34. 工作时间、加班、休假等（Working Hours, Overtime, Leave, etc）

34.1 附录 B 规定了专家的工作时间和假日。专家去委托人所在国及回国的旅途时间，均应包括在专家的服务工作时间内，具体天数如附录 B 所规定。

34.2 除了附录 B 另有规定外，专家的加班、病假或休假不应被支付，而咨询顾问的报酬应被认为包括这些项目。

34.3 任何主要专家的离开应被认为已经事先取得咨询顾问的同意，咨询顾问应保证休假人员的离开不会延误进度和对工作造成大的影响。

E. 委托人的义务（Obligations of the Client）

35. 协助与豁免（Assistance and Exemptions）

35.1 除非专用条件另有规定，委托人应尽力：

（a）帮助咨询顾问得到为完成咨询服务所必要的工作许可和类似文件。

（b）帮助咨询顾问尽快得到专家及其家属的所有必要的出入境签证、居住许可、换汇许可，以及在执行合同服务时需要的文件，并帮助服务所需的财产、专家及其家属的个人财产快速清关。

（c）为实施服务，在需要时，向官员、代理人和政府代表发布相关的说明和信息。

（d）根据委托人所在国适用的法律，协助专家、咨询顾问及其雇佣的任何分包咨询顾问去注册或获得许可以从事咨询服务，或在委托人所在国建立独资或合资企业时获得任何要求的豁免。

（e）根据委托人所在国适用的法律，协助咨询顾问，任何分包咨询顾问和/或专家获得为了履行服务或为了专家个人使用带来的外币，以及提取专家挣得的此类款额的特权。

（f）提供给咨询顾问专用合同条款中可能规定的其他任何帮助。

36. 进入项目现场（Access to Project Site）

36.1 委托人保证咨询顾问能免费且自由地进入履行服务所需的任何项目现场。除非损坏是由咨询顾问、分包咨询顾问和/或专家故意违约或玩忽职守造成的，委托人应对因上述进入而造成的项目现场或任何财产的损坏负责，并使咨询顾问及每位专家不承担上述损坏的责任。

37. 与税收和关税有关的适用法律的变更（Change in the Applicable Law Related to Taxes and Duties）

37.1 若在合同日期后，在委托人所在国涉及咨询顾问履约成本增减的有关税收和关税的适用法律发生任何变更，使咨询顾问履约的成本增加或减少，则在本合同项下付给咨询顾问的报酬和可报销开支须由双方协商相应增减，且对本通用合同条款 41.1 款中的限额也须作相应调整。

38. 委托人的服务、设施和财产（Services, Facilities and Property of the Client）

38.1 委托人应按附录 A 中的 TOR 以及规定的时间和事项向咨询顾问及专家免费提供咨询服务所需的服务、设施和财产。

38.2 如果上述服务、设施和财产未按附录 A 中规定的方式和时间向咨询顾问提供，双方应商定：（i）为了履行服务，适当延长咨询顾问的服务时间，（ii）咨询顾问从其他来源采购这些服务、设施和财产的方法，（iii）按通用合同条款 41.3 款的规定支付咨询顾问由此产生的附加费用。

39. 对口人员（Counterpart Personnel）

39.1 如果附录 A 中有规定，委托人应免费向咨询顾问提供按咨询顾问建议所选择的对口的专业人员和辅助人员。

39.2 如果委托人未按附录 A 规定的方式和时间向咨询顾问提供对口人员，委托人和咨询顾问应商定：（i）服务中受影响的部分如何执行，以及（ii）委托人应按通用合同条款第 41.3 条的规定向咨询顾问支付附加费用。

39.3 除委托人的联络人外，对口的专业人员和辅助人员只在咨询顾问的指导下工作。如某一对口人员不称职，咨询顾问可要求更换这个人员，而委托人不得无理拒绝。

40. 支付义务（Payment Obligation）

40.1 对于本合同项下咨询顾问所履行的服务，委托人将按照下面通用合同条款 F 中规定的方式向咨询顾问支付有关费用。

F. 对咨询顾问的支付 （Payments to the Consultant）

41. 费用最高限额 （Ceiling Amount）

41.1 在附录C（报酬）和附录D（可补偿的费用）中阐明对服务费用的估算。

41.2 在本合同项下的付款不应超过专用合同条件中规定的外币支付和当地币支付的最高限额。

41.3 超过41.2所述规定最高限额的任何付款，应由合同双方签字及确认修改合同相关条款。

42. 报酬和可报销费用 （Remuneration and Reimbursable Expenses）

42.1 委托人应支付给咨询顾问每个专家在履约服务过程中实际花费时间所决定的薪酬和合理的可报销费用。

42.2 所有的支付应按照附录C和附录D规定的费率进行。

42.3 如专用合同条件中没有提供报酬费率的价格调整公式，则在合同期限内应为固定报酬。

42.4 报酬费率应该包括：（i）咨询顾问应支付给专家的工资和津贴，并应考虑社会负担费用及（上级）企业管理费（但不包括奖金或其他利润分红），（ii）由母公司支援的员工（不包括在附录B中的专家名单中）的费用，（iii）咨询顾问的利润，和（iv）专用合同条件中列出的任何其他项目。

42.5 对于目前还没有指定的专家，其报酬费率和津贴应在委托人书面批准后确定。

43. 税费和关税 （Taxes and Duties）

43.1 除在专用合同条件中另有规定，咨询顾问、分包咨询顾问及专家对由合同引起的任何和所有的纳税义务负责。

43.2 除非专用合同条款另有规定，所有当地确定的间接税应补偿给咨询顾问，或由委托人代表咨询顾问支付。

44. 支付的货币 （Currency of Payment）

合同中的任何支付均应根据专用合同条件规定的货币进行。

45. 记账和支付方式 （Mode of Billing and Payment）

45.1 涉及本服务的记账和支付方式如下：

（a）预付款。在生效日后的几天内，委托人根据专用合同条件向咨询顾问支付预付款。预付款应与委托人可接受的银行的预付款保函在金额和货币上一致。该保函应：（i）在该预付款全部扣回之前保持有效，和（ii）采用附录E的格式或委托人书面批准的其他格式。委托人将在专用合同条件中规定的咨询服务的月份内等额分期在进度付款中扣回预付款，直至全部扣完为止。

（b）分项发票。在咨询服务期间的每个日历月结束后的15天内，或在专用合同条件中规定的每一时段结束后的15天内，咨询顾问应及时向委托人提交通用合同条件第44条和第45条规定的或专用合同条件中规定的支付款项每一时段的分项发票和收据或其他证明材料及其副本。外币和当地货币费用的发票应分别提交。每个发票应分别表明报酬和可报销费用。

（c）委托人将在收到咨询顾问附有证明文件的此类分项发票后60天内，按咨询顾问的发票向其支付。仅对未能符合要求的发票中的那一部分拒绝支付。如果发现实际支出与咨询顾问所报的费用不一致，委托人可以在随后的支付中增加或减少其差额。

（d）最终支付。最终支付应在咨询顾问提交了委托人批准的最终报告和最终发票之后支付。在委托人收到最终报告和最终发票后的 90 日历天内，如未指出其中缺陷，则应认为服务已完成并被接受，且最终报告和最终发票已获批准。咨询顾问在收到指出缺陷的通知后应立即进行修正，之后重复上述过程。委托人已支付的超出合同中应支付金额的部分应由咨询顾问在收到通知后 30 天内进行偿还。委托人的任何此类索赔应该在收到批准的最终报告和最终账单后 12 个日历月内提出。

（e）本合同项下的支付应全部付给专用合同条件中指定的咨询顾问的账户。

（f）除上述（d）中规定的最终支付外，对咨询顾问的任何支付都不构成对其服务的认可，也不能解除其在本合同下承担的任何义务。

46. 延迟付款的利息（Interest on Delayed Payments）

46.1　如果委托人在通用合同条件第 45.1 款规定的应支付日期之后的 15 天内仍未支付，则应按照专用合同条件规定的年利率，按未付天数支付未付金额的利息。

G. 争议的解决（Settlement of Disputes）

47. 友好解决（Amicable Settlement）

47.1　双方应该共同协商寻找友好解决争议的方式。

47.2　如果任一方对另一方的任何作为或不作为有反对意见，反对的一方应该向对方提出书面争议通知，并提供详细的依据。收到争议通知的一方应该考虑这些意见，并在收到后 14 天内书面答复。如果该方不能在 14 天内书面答复，或者该方答复后的 14 天内不能友好解决，通用合同条件第 49.1 条将适用。

48. 争议的解决（Dispute Resolution）

48.1　因本合同或涉及本合同而产生的双方之间的任何争议，如不能友好解决，任一方均可根据专用合同条件中的规定提交评判或仲裁解决。

（三）合同专用条件（Special Conditions of Contract）

专用条件是根据不同项目的具体情况，对合同通用条件相应条款的补充、修改和具体化，是合同不可分割的重要组成部分，一般是合同谈判的主要内容。以通用条件 F 部分"对咨询顾问的支付"为例，在合同谈判期间，双方要就外币和当地币支付的最高限额、价格调整公式、间接税的支付方式、预付款及预付款保函、利率及支付账户等问题进行专题讨论，达成一致，写入合同专用条件中。咨询顾问应填写附录 C 所附的格式表 1（Model Form 1），即"在咨询服务合同中合同双方同意的固定费率分解表"。

（四）附录（Appendixes）

附录也是合同的重要组成部分，包括：

附录 A——工作大纲（TOR）。系指通过双方谈判最终确定的工作大纲，包括：各种任务的完成日期；不同任务的履约地点；详细的报告要求；委托人的投入，包括由委托人指定的在咨询顾问团队中工作的对口人员；需要由委托人预先批准的特定任务等。

如果服务包括土木工程的"监理"（Supervision），应由委托人事先批准并写入 TOR 的"报告要求"中。此时，在土木工程合同中，委托人以"业主"（Employer）的身份任命咨询顾问为"工程师"（Engineer）。

附录 B——主要专家（Key Experts）。在 TECH-6 中附上主要专家的简历；主要专家的工作时间；到达或者离开委托人国家的旅途时间；假期薪金；可能影响咨询顾问工作的委托人国家的公共假期等（均应与 TECH-6 一致）。

附录 C——报酬费用估算（Remuneration Cost Estimates）。以咨询顾问建议书的FIN-3 格式为基础，输入专家的报酬费率，或根据合同具体情况对报酬进行分解和说明。

附录 D——可报销开支费用估算（Reimbursable Expenses Cost Estimates）。表格以咨询顾问建议书中的 FIN-4 格式为基础，并应将谈判中是否对补偿费用进行了变动加以说明。所有报销费用应以实际花费为依据。除非有特别说明，补偿不能超过合同总额。

附录 E——预付款保函格式（Form of Advance Payments Guarantee）。列出了预付款银行保函格式。

第四节　FIDIC 的咨询服务合同

FIDIC 在 1979 年和 1980 年分别编写了三本委托人/咨询工程师服务协议书的范本。一本被推荐用于投资前研究及可行性研究（简称 IGRA 1979 P. I）；另一本被推荐用于设计和施工管理（简称 IGRA 1979 D&S）；第三本被推荐用于项目管理（简称 IGRA 1980 PM）。

此后，在国际上广泛征求意见的基础上，FIDIC 对上述范本进行了不断地规范和改进，分别于 1990 年、1998 年、2006 年先后编制出版了第二版、第三版和第四版咨询服务合同范本，均命名为《委托人/咨询工程师服务协议书范本》（Client/Consultant Model Services Agreement）（白皮书），并在 2001 年出版了第三版的《委托人/咨询工程师协议书（白皮书）指南》（Client/Consultant Agreement（White Book）Guide），内中附有对咨询协议书文件的有关注释。

"白皮书"的适用范围包括投资前研究与可行性研究、设计、施工管理以及项目管理。在设计与建造的采购时，"白皮书"既可用于委托人主导的设计团队，也可用于承包商主导的设计团队，其中的服务建议书是以国际化为基础编写的，但也可用于国内。

下面的介绍以 2006 年第四版"白皮书"为准。

"白皮书"共由四部分组成，包括：协议书格式、通用条件、专用条件以及附录。

一、协议书（Agreement）

协议书是委托人和咨询工程师达成咨询服务协议的一个总括性的文件。协议书主要包括：通用条件中措辞和词组的定义适用于协议书中的全部文件，协议书包括的各种文件，签订协议书的约因等。

通用条件对任何类型的咨询服务都适用，一般在使用时不能修改；而专用条件则是针对某一具体咨询服务项目的典型环境和地区将有关内容具体化，并可对通用条件进行修改和补充。

附录包括四个：

附录 1——服务范围；

附录 2——委托人提供的职员、设备、设施和其他服务；

附录 3——报酬与支付；

附录 4——服务进度表。

这四个附录要根据服务项目的具体情况编制。

二、通用条件 (General Conditions)

共包含八条，51 款。八条包括：总则，委托人，咨询工程师，开始、完成、变更与终止，支付，责任，保险，争议和仲裁。下面作一简介。

1. 总则 (General Provisions)

1.1 定义 (Definitions)

对下面的 15 个措辞或词组赋予了定义：

"协议书"、"项目"、"服务"、"工程"、"国家"、"一方"与"各方"、"委托人"、"咨询工程师"、"FIDIC"、"开工日期"、"完工时间"、"日"与"年"、"书面"、"当地币"和"外币"、"商定的补偿"。

本节中只介绍以下几个定义：

(1) "协议书"（Agreement）是指包括委托人/咨询工程师服务协议书通用条件和专用条件以及附录 1（服务范围），附录 2（委托人提供的职员、设备、设施和其他人员的服务），附录 3（报酬和支付），附录 4（服务进度表），以及任何报价函和中标函，或专用条件中的其他规定。

(2) "项目"（Project）是指专用条件中指定的咨询工程师为之服务的项目。

(3) "服务"（Services）是指附录 1（服务范围）中规定的咨询工程师根据协议书所履行的服务，含常规服务、附加服务和额外服务。

(4) "咨询工程师"（Consultant）是指协议书中所指的，接受委托人雇用履行服务的专业公司或个人及其合法继承人和经许可的受让人。

(5) "商定的补偿"（Agreed Compensation）是指附录 3（报酬和支付）中规定的根据协议书应支付的额外款项。

其余定义不一一介绍。

1.2 解释 (Interpretation)

协议书中的旁注和标题不应在解释合同条件时使用。

单数包含复数含义，视上下文需要而定，反之亦然。

组成协议书的各文件应可相互解释。如果各个文件之间产生矛盾，除非在专用条件的"Part B"中另有规定，以最后达成协议的文件为准。"Part B"为附加条款，包含对通用条件的任何变更、删减和增加。

条款中包括"同意"（Agree），"被同意的"（Agreed）或"协议书"（Agreement）这些措辞时，均要求该协议用书面记录，并须由双方签字。

1.3 通讯交流 (Communications)

无论何时任何人员颁发的任何通知、指示或其他通信信息，除非另有规定，均应按照专用条件中规定的语言书写，且不应被无理取消或拖延。

1.4 法律和语言 (Law and Language)

在专用条件中规定了协议书的一种或几种语言、主导语言以及协议书所遵循的法律。

1.5 立法的变动 (Change in Legislation)

如果在订立本协议书之后，因委托人要求的服务所在国的立法发生了变动或增补而引起服务费用或服务持续时间的改变，则应相应地调整商定的报酬和完成时间。

1.6　转让和分包合同（Assignments and Sub-Contracts）

除款项的转让外，没有委托人的书面同意，咨询工程师不得转让本协议书涉及的任何利益。没有对方的同意，委托人或咨询工程师均不得转让本协议书规定的义务。

没有委托人的书面同意，咨询工程师不得开始或终止任何为履行全部或部分服务的分包合同。

1.7　版权（Copyright）

咨询工程师拥有其编制的所有文件的设计权、其他知识产权和版权，但委托人有权为了工程和预定目的使用或复制此类文件，而不需要取得咨询工程师的许可。

1.8　通知（Notices）

本协议书的有关通知应为书面的，并从在专用条件中写明的地点收到该通知时生效。通知可由人员递送或传真通信，但随后要有书面回执确认；或通过挂号信或电传，但随后要用信函确认。

1.9　出版（Publication）

除非在专用条件中另有规定，咨询工程师可单独或与他人合作出版有关服务项目的资料，但若在服务完成或终止后两年内出版，则须得到委托人的批准。

1.10　受贿和欺诈（Corruption and Fraud）

在履行协议书义务时，咨询工程师和其代表、雇员应当遵守所有适用法律、法规、规章和适用管辖区的法令，包括经济合作与发展组织关于打击在国际商务中贿赂外国公职人员的公约。

咨询工程师在此表示、保证并承诺他将既不会接受，也不会提供、支付或答应支付（包括直接和间接）任何有价值物品给一个与本协议书范围内的市场机会有关的"公职人员"。并且一旦发现任何公职人员非法索取时，咨询工程师应立即书面通知委托人所有细节。

公职人员是指：

（a）任何政府机构或政府所有，或控制企业的任何官员或雇员；

（b）执行公共职能的任何人员；

（c）公共国际组织（如世界银行）的任何官员或雇员；

（d）任何政治机构的候选人；

（e）任何政治党派或政治党派的官员。

2.　委托人（The Client）

2.1　资料（Information）

委托人应在合理的时间内免费向咨询工程师提供他能够获取的并与服务有关的一切资料。

2.2　决定（Decisions）

为了不耽搁服务，委托人应在合理的时间内就咨询工程师以书面形式提交给他的一切事宜做出书面决定。

2.3　协助（Assistance）

在项目所在国，按照具体情况，委托人应尽一切力量对咨询工程师、他的职员和家属提供如下协助：

(a) 用于入境、居留、工作以及出境所需的文件；

(b) 服务所需要的畅通无阻的通道；

(c) 个人财产和服务所需物品的进出口，以及海关结关；

(d) 发生意外事件时的遣返；

(e) 允许咨询工程师和其职员因服务目的和个人使用的需要将外币带入该国，允许将履行服务中所赚外币带出该国；

(f) 提供与其他组织联系的渠道，以便咨询工程师收集其要获取的信息。

2.4 委托人的资金安排（Client's Financial Arrangements）

委托人应当在收到咨询工程师要求后的 28 天内，提交合理的证据表明已做出了可持续的资金安排，并保证委托人可以按附录 3（支付与报酬）的规定支付咨询工程师费用。如果委托人想对其资金安排做出任何实质性改变，应书面通知咨询工程师并附细节说明。

2.5 设备和设施（Equipment and Facilities）

委托人应为服务的目的，免费向咨询工程师提供附录 2（委托人提供的职员、设备、设施和其他服务）中所规定的设备和设施。

2.6 委托人职员的提供（Supply of Client's Personnel）

在与咨询工程师协商后，委托人应按照专用条件的规定，自费从其雇员中为咨询工程师挑选并提供职员。在执行与服务相关的规定时，此类雇员只听从咨询工程师的指示。委托人提供的职员以及将来必要的人事变动，均应得到咨询工程师的批准。

如果委托人未能提供其应提供的职员，而双方均认为需要提供这些人员时，咨询工程师应安排提供此类人员，作为一项附加服务。

2.7 委托人代表（Client's Representative）

为了执行本协议书，委托人应指定一位官员或个人作为其代表。

2.8 其他人员的服务（Services of Others）

委托人应按附录 2（委托人提供的职员、设备、设施和其他服务）的说明，自费安排其他人员提供服务。咨询工程师应配合此类服务的提供者，但不对此类人员或其行为负责。

2.9 服务的支付（Payment for Services）

委托人应当按照本协议书第 5 部分的规定对咨询工程师的服务给予支付。[①]

3. 咨询工程师（The Consultant）

3.1 服务范围（Scope of Services）

咨询工程师应按附录 1（服务范围）履行与项目有关的服务。

3.2 常规的、附加的和额外服务（Normal，Additional and Exceptional Services）

常规的和附加的服务是指附录 1（服务范围）中所述的那类服务。

额外服务是指那些既不是正常的也不是附加的，但根据第 4.8 条咨询工程师必须履行

---

① 笔者注：此处恐有误，应为"委托人应当按照通用条件第 5 条支付和/或附录 3（支付与报酬）的规定支付"。

的服务。

3.3　认真尽职和行使职权（Duty of Care and Exercise of Authority）

除了本协议书中的其他规定和遵守该国的法律要求或其他司法规定（包括注册地的司法规定）之外，咨询工程师的职责就是在根据协议书履行其义务时，运用合理的技能，谨慎勤奋地工作。

若咨询工程师承担的是按照委托人与任何第三方签订的合同条件中的授权或要求的义务时，咨询工程师要尊重委托人和第三方之间签订的合同，如果对于相关的未包括在附录1（服务的范围）中的权利和义务他可以接受，则应书面同意；作为一名独立的专业人员（而不是仲裁员）在委托人与第三方之间进行证明、决定或处理事件时，应持公平的态度；如果委托人授权，咨询工程师可变更第三方的义务。但若变更对费用、质量和时间有重大影响时，除紧急情况外，咨询工程师应事先从委托人处得到批准。

3.4　委托人的财产（Client's Property）

任何由委托人提供或支付费用以供咨询工程师使用的物品都是委托人的财产，并应标明。

3.5　职员的提供（Supply of Personnel）

由咨询工程师派往项目所在国工作的职员的资质和经验一定要得到委托人的认可。

3.6　咨询工程师代表（Representatives）

为了执行本协议书，咨询工程师应指定一位高级职员或个人作为本方代表；如委托人要求，应指定一人与项目所在国内的委托人代表联络。

3.7　职员的更换（Changes in Personnel）

如果有必要更换咨询工程师提供的任何人员，咨询工程师应安排一位具有同等能力的人员代替，更换费用由提出更换的一方承担。如果委托人一方书面说明理由要求更换人员，但经查实此人既没有渎职也能胜任工作，则更换费用由委托人承担。

4. 开始、完成、变更与终止（Commencement，Completion，Variation and Termination）

4.1　协议书生效（Agreement Effective）

协议书生效日期以下述两个日期中较晚者为准：

咨询工程师收到委托人发给他的中标函之日，或正式协议书最后签字之日。

4.2　开始和完成（Commencement and Completion）

服务应在开工日期开始，根据附录4（服务进度表）进行，并在完工时间（包括协议书给予的延长）内完成。

4.3　变更（Variations）

当任何一方提出申请并经各方书面同意时，可对本协议书进行变更。

如果委托人书面要求，咨询工程师应当提交变更服务的建议书。建议书的准备和提交应被视为附加服务。

委托人书面同意关于变更服务的相关费用后，才可以要求咨询工程师开始变更的服务。

4.4　延误（Delays）

如果由于委托人或其承包商的原因，服务受到阻碍或延误，以致增加了服务的范围、费用或时间，则咨询工程师应将此情况与可能产生的影响通知委托人，增加的服务应视为附加服务，完工时间应相应地予以延长。

4.5 情况的改变（Changed Circumstances）

如果出现不应由委托人和咨询工程师负责的情况，而致使咨询工程师不能负责或不能履行全部或部分服务时，咨询工程师应立即通知委托人。如果因此不得不暂停某些服务，则该类服务的完成期限应予以延长，直到此种情况不再持续，还应加上用于恢复服务的一个合理期限（最多42天）。如果因此不得不降低服务的速度，则服务的完成期限也应予以延长。

4.6 撤销、暂停或中止（Abandonment，Suspension or Termination）

1）委托人有权暂停全部或部分服务或中止协议，但应至少提前56天通知咨询工程师。此时咨询工程师即应安排停止服务并将开支减至最小。

2）如果委托人认为咨询工程师未履行其义务且没有正当理由时，他可通知咨询工程师并指出该问题。委托人若在21天内未收到满意的答复，可在第一个通知发出后35天内发出进一步的通知，终止本协议。

3）如果发生下述两种情况：

当已超过咨询工程师发票的应支付日期后28天，而委托人尚未支付，并且委托人未对之提出书面异议时或暂停服务期限已超过182天时。咨询工程师可至少提前14天向委托人发出通知指出上述问题，他可以决定在至少42天后向委托人发出进一步的通知，终止服务协议；或在不损害其终止权利的前提下暂停或继续暂停履行部分或全部服务。

4.7 腐败和欺诈（Corruption and Fraud）

如果咨询工程师违反1.10款的要求，即便咨询工程师已受到工程所在国法律或其他地方规定的惩罚和制裁，委托人方仍有权依据4.6款终止协议。

4.8 额外服务（Exceptional Service）

如果咨询工程师不是因委托人和咨询工程师的原因造成不能履行服务的（或撤销、暂停或恢复服务时，或未根据4.6款2）的情况终止本协议时，除常规的或附加服务之外，咨询工程师需做的任何工作或支出的费用应被视为额外服务。咨询工程师履行额外服务时有权得到所需的额外时间和费用。

4.9 各方的权利和责任（Rights and Liabilities of Parties）

本协议书的终止不应损害或影响各方应有的权利、索赔以及债务。协议书终止后，6.3款的规定仍有强制力。

5. 支付（Payment）

5.1 对咨询工程师的支付（Payment to the Consultant）

委托人应按合同条件和附录3（报酬和支付）规定的细则向咨询工程师支付常规服务的报酬，并按照或参照附录3规定的费率和价格来支付附加服务的报酬，也可按4.3款商定的费用支付。

委托人应向咨询工程师支付额外服务的报酬，包括额外用于附加服务的时间和额外开支的净成本。

委托人要求咨询工程师任命指定的分包咨询工程师时，由咨询工程师对分包咨询工程师进行支付，这笔费用加在咨询工程师的支付费用中。

5.2　支付的时间（Time for Payment）

除非专用条件中另有规定，委托人应在收到咨询工程师的发票后 28 天内，支付该笔到期款项。如果在上述规定的时间内咨询工程师没有收到付款时，则应按照专用条件规定的利率对其支付商定的补偿，即自发票注明的应付日期起计算复利。委托人若因故拖延对咨询工程师的支付，需在规定支付时间前 4 天内说明原因。如果委托人没有事先说明原因便拖延支付，则咨询工程师对该笔支付具有强制性的合同权利。

5.3　支付的货币（Currencies of Payment）

适用于本协议书的货币为附录 3（报酬和支付）中规定的货币。

如果在服务期间，委托人的国家发生了与协议书的规定相反的下述情况：

阻止或延误咨询工程师把为委托人服务收到的当地货币或外币汇出国外；或在委托人所在国内限制得到或使用外币；或在咨询工程师为了用当地币开支，从国外向委托人所在国汇入外币，而随后把总额相同的当地货币再汇出国外时，对其征税或规定不同的汇率，从而阻止咨询工程师履行服务或使他受到财务损失。

此时若没有做出其他令咨询工程师满意的财务安排，委托人应保证此种情况适用于 4.5 款的规定。

5.4　第三方对咨询工程师的收费（Third Party Charges on the Consultant）

除在专用条件或附录 3（报酬和支付）中规定外，

（a）委托人应无条件地为咨询工程师及其通常不居住在项目所在国的人员就协议书中该国政府或授权的第三方所要求的支付款项办理豁免，包括：

（i）他们的报酬；

（ii）除食品和饮料外的进口物品；

（iii）进口的用于服务的物品；

（iv）文件。

（b）当委托人未能成功地办理上述豁免时，他应偿付咨询工程师合理支付的此类款项。

（c）当不再需要上述物品用于服务，且这些物品不属于委托人财产时，规定：

（i）没有委托人的批准，不得将上述物品在项目所在国内卖掉；

（ii）在没有向委托人支付从政府或授权的第三方处可回收并收到的退款或退税时，不得出口上述物品。

5.5　有争议的发票（Disputed Invoices）

如果委托人对咨询工程师提交的发票中的某一部分提出异议，委托人应立即发出通知说明理由，但不得延误支付发票中的其他款项。5.2 款应适用于最终支付给咨询工程师的所有有争议的金额。

5.6　独立的审计（Independent Audit）

咨询工程师应保存能清楚地证明有关时间和费用的全部记录，并在需要时向委托人提供。

除固定总价合同外，服务完成后 12 个月内，委托人可指定一家有声誉的会计师事务所对咨询工程师申报的任何金额进行审计。

6. 责任（Liabilities）

6.1 双方之间的责任和赔偿 (Liability and Compensation between the Parties)

双方之间的责任：如果咨询工程师未按协议要求认真工作，或委托人违背了他对咨询工程师的义务时，均应向对方赔偿。赔偿的原则如下：

(a) 此类赔偿应限于由违约所造成的，可合理预见到的损失或损害的数额；

(b) 在任何情况下，赔偿的数量不应超过 6.3 款中的赔偿限额；

(c) 如果任一方与第三方共同对另一方负有责任时，则负有责任的任一方所支付的赔偿比例应限于由其违约所负责的那部分比例。

6.2 责任的期限 (Duration of Liability)

除了法律的规定外，如果不在专用条件中规定的期限内正式提出索赔，则任一方均不对由任何事件引起的任何损失或损害负责。

6.3 赔偿的限额 (Limit of Compensation)

任一方向另一方支付的赔偿不应超过专用条件中规定的限额。但此限额不包括逾期未向咨询工程师付款而应支付的利息和双方商定的其他赔偿。如果赔偿额度总计超过上述规定的限额，则另一方应放弃超出部分的索赔要求。

如果一方向另一方的索赔要求不成立，则提出索赔的一方应补偿由此所导致的对方支出的各种费用。

6.4 保障 (Indemnify)

如果适用的法律允许，则委托人应保障咨询工程师免受一切索赔所造成的不利影响，包括由本协议书引起的或与之有关的第三方在 6.2 款责任的期限终止后提出的此类索赔，除非在 7.1 款保险中包括此类索赔。

6.5 例外 (Exceptions)

6.3 款和 6.4 款不适用于由下列情况引起的索赔：

(a) 故意违约，欺骗，或欺诈性的错误表述，粗心渎职；

(b) 与履行合同义务无关的事宜。

7. 保险 (Insurance)

7.1 对责任的保险和保障 (Insurance for Liability and Indemnify)

委托人可以以书面形式要求咨询工程师：对 6.1 款规定的咨询工程师的责任进行保险；对公共的或第三方的责任进行保险；并在委托人第一次邀请咨询工程师为服务提交建议书之日进行保险的基础上，对上述两项保险追加保险额；并应进行委托人要求的其他各项保险。

在任命时已知的 7.1 条款下的保险费用应当算在咨询工程师的费用内。

在达成一致意见后，对 7.1 款规定任何保险额的增加和变更费用由委托人负担。

7.2 委托人财产的保险 (Insurance of Client's Property)

咨询工程师应尽一切合理的努力，按委托人的书面要求对下列各项进行保险：

(a) 根据第 2.5 款委托人提供或支付的财产发生的损失或损害；

(b) 由于使用该财产而引起的责任。

在任命时已知的 7.1 条款下的保险费用应当算在咨询工程师的费用内。

在达成一致意见后，根据 7.2 款规定任何保险额的增加和变更费用由委托人负担。

8. 争议和仲裁 (Disputes and Arbitration)

8.1　争议的友好解决（Amicable Dispute Resolution）

如果协议的履行引发了争议，双方授权的处理争议的代表应该在 14 天内由一方向另一方递交书面请求并进行善意的会谈，应尽最大努力解决争议。如果会谈无法解决争议，则应采用调解方法解决争议。

8.2　调解（Mediation）

除非双方另达成协议或在专用条件中说明，双方应从专用条件中指定的独立调解中心提供的专家表中选定中立的调解人。如果 14 天内双方不能够就选定一个调解人达成一致，则任何一方均有权请求 FIDIC 主席指定一调解人，该人对双方均有约束力。

如果对调解人的雇用已确定，任一方均可用书面形式通知另一方开始调解，调解在收到通知后的 21 天内开始。

调解应该按照指定调解人要求的程序进行。如果专用条件已对程序做出规定，则应该依照该程序，但调解人可随时提出供双方参考的其他程序。

调解中所有的协商和讨论都应秘密进行，并与现进行或随后的诉讼无关，除非另有书面协议。如果双方接受了调解人的建议或另就争议的解决达成一致，均应做出书面协议，当代表签字后，便对双方产生了约束力。

如果无法达成一致意见，任一方可要求调解人就争议向双方给出无约束力的书面意见。除非双方此前已书面同意，此类意见不能作为任何正在进行或随后诉讼的证据。

双方应各自承担准备证据和向调解人提交证据产生的费用。调解和调解服务的费用应该由双方平摊，但双方另有约定的情况除外。

只有双方已尝试通过调解解决争议，或调解终止，或一方无法参加调解，才可将涉及履行协议引起的争议申请仲裁。但如果争议未在发出调解通知的 90 天内解决，任一方均有权申请仲裁。

8.3　仲裁（Arbitration）

如果调解失败，双方应联合草拟一份书面说明来记录双方一致认同的争议事项，提交随后的仲裁。最迟在仲裁开始前，调解人应结束其工作。仲裁过程中，调解人既不可作为证人出庭，也不可提供任何调解期间的附加证据。

除非专用条件另有说明，否则由履行协议书引发的仲裁应依据国际商会仲裁规则，指定一名或数名仲裁员执行。

第五节　FIDIC 的代表协议书范本

FIDIC 在 2013 年编制了《代表协议书范本》（第一版）（Model Representative Agreement）（1ˢᵗ Edition 2013）（紫皮书），这个范本供咨询工程师与他拟聘请的某个代表订立合同之用，范本内容可作为代表提供服务时的合同条款。

应将通用条件与对应条款序号的专用条件填入的数据和信息，连同附录（Appendix）一起理解，通用条件和专用条件（含附录）共同组成了界定各方权利和义务的条件。在专用条件的附录中给出了咨询工程师的诚信政策声明和咨询工程师行为准则。范本的附件（Annex）1 和附件 2 中也给出了"咨询公司标准行为准则范本"以及"FIDIC 道德准则"，并附在本协议书附件 1 和附件 2 中。各方可根据具体情况采用 FIDIC 的标准行为准则，也可以加入咨询工程师自己的行为准则。

FIDIC 编制的《委托人/咨询工程师服务协议书范本》（2006 年第四版），《联营体协议书》（1992 年第一版），和《分包咨询工程师协议书》（1992 年第一版）连同本《代表协议书范本》（2013 年第一版），共同组成了 FIDIC 的系列咨询服务协议书。

"紫皮书"第一版共包含四个部分：协议书格式、专用条件、附录和通用条件。后面还附有"应用注意事项"，但这一部分不属于协议书。

下面分别介绍协议书、通用条件、专用条件和四个附录。

一、协议书（Agreement）

协议书是咨询工程师和代表达成的为代表服务之用的一个总括性的文件，主要包括：通用条件；专用条件以及附录 1（代表服务范围）、附录 2（酬金）、附录 3（咨询工程师的诚信政策说明）、附录 4（咨询工程师的行为准则），还包括本协议书的期限和开始生效日期。协议书由双方正式授权的代表签署并加盖公章后生效。

二、通用条件（General Conditions）

共十六条，包括：定义、解释、代表的服务范围、对代表的限制、保证、酬金、咨询工程师的权利、货币兑换和税收、终止、通知、注册、保障、准据法和争议解决、保密、反腐败、杂项。下面逐条作一简介。

1. 定义（Definitions）

对下面的 10 个措辞或词组赋予了定义："协议书"、"咨询工程师"、"国家"、"货币"、"日、月、年"、"一方"、"项目"、"代表"、"代表服务"、"咨询服务"。

（1）协议书（Agreement）

系指组成协议书的条件、代表协议书的通用条件、专用条件，以及专用条件的附录 1（代表服务的范围）、附录 2（酬金）、附录 3（咨询工程师的诚信政策声明）以及附录 4（咨询工程师的行为准则），或专用条件中另外的规定。

（2）咨询工程师（Consultant）

系指协议书中命名的，由业主聘用作为独立的专业公司去履行咨询服务的一方，其合法继承人和经许可的受让人。

（3）国家（Country）

系指代表履行代表服务所在地所属的领土。

（4）货币（Currency）

系指代表驻地所在国的货币。

（5）"日"（Day）系指日历日；"月"（Month）系指按公历从某月中任何一天开始的一个月的时间段；"年"（Year）系指十二个月。

（6）一方（Party）

系指咨询工程师或代表。

（7）项目（Project）

系指任何咨询工程师有意愿从事的、代表也认同的，可在其建立、实施或跟进后续项目过程中提供咨询服务的项目。

（8）代表（Representative）

系指协议书中命名的，由咨询工程师聘用的个人或公司，履行代表服务的一方。

（9）代表服务（Representative Services）

系指由代表依据协议书和专用条件附录1中的规定履行的服务。

（10）咨询服务（Consultant Services）

系指与项目有关的、由咨询工程师提供的服务。

2. 解释（Interpretations）

单数包括复数含义，阳性包括阴性含义，反之亦然，根据上下文需要而定。

如果协议书的规定之间有矛盾，除非专用条件另有规定，按时间顺序以最后编写的为准。

3. 代表的服务范围（Scope of Representation）

代表应履行专用条件附录1中规定的咨询工程师可能随时要求的所有合理的代表服务。在此期间若因为履行咨询工程师的代表服务的特定目的，代表需雇佣分包商、雇员等，应事先征得咨询工程师的书面批准。

4. 对代表的限制（Limits of Representation）

4.1 代表不得以任何形式和目的，要求或参与与项目有关的任何服务、材料、机械、设备或其他相关内容的销售活动。

4.2 代表不得为本项目的任何竞争对手去代理或履行专用条件中列举的任何服务。

4.3 如有咨询工程师的书面批准，在特殊情况下可删除4.1和4.2款规定的限制条件。

4.4 除非有咨询工程师某位官员的充分书面授权，否则，代表不应被视为咨询工程师的代理人（Agent），没有任何权利或权力为咨询工程师招致任何形式的责任，不可试图以咨询工程师的名义或代其签署合同、协议或承诺或给咨询工程师造成任何约束。

4.5 不影响第4.4款的一般原则，在事先未得到咨询工程师的书面批准时，代表不可改变咨询工程师向委托人提交的任何报价、建议或投标，且只能在授权范围内开展工作。

5. 保证（Warrants）

5.1 代表保证：

（a）代表的官员、董事或主要股东均不是政府雇员，或高级政府雇员的直系亲属，且无官方身份。或如果存在以上任一关系，则应在本协议书签订之前得到咨询工程师的书面认可；

（b）已经公开披露了关于代表的法律地位和所有权的全部信息；

（c）将遵守当地法律和法规；

（d）以书面形式公开披露代表及每位当事人过去的及未来的所有刑事定罪，或税收拖欠，或受到的重大诉讼；

（e）对每个特定项目，自咨询工程师向代表最后一次付款起，本协议书下的全部交易账簿和交易记录应至少保存五年；

（f）应接受和参与咨询工程师关于反腐败活动的指导和培训；

（g）已制定了遵守相关反腐败法律的政策和程序，并将继续维护和保持。

5.2 代表应保证，未经咨询工程师的事先书面批准，不与任何将发生潜在利益冲突的相关方订立任何合同或协议。此外，代表为实施预期的代表服务而需要向相关方提供特定的重大服务之前，应事先取得咨询工程师的书面批准。

6. 酬金（Remuneration）

6.1 根据专用条件附录 2 的规定，代表应自行承担因履行本协议规定的代表服务的相关成本和开支。

6.2 代表如果履行了附录 1 中写明的义务，应有权获得附录 2 中规定的服务酬金。

6.3 咨询工程师只有收到相关委托人的支付款项，才能向代表支付酬金。对代表的支付应遵守专用条件附录 2 的规定，自收到委托人支付款起，或收到关于代表服务的已签署的发票之日起 15 日内支付，以较晚者为准。

6.4 如果代表没有在 6.3 款所注明的时间内收到支付款，咨询工程师应以专用条件规定的费率向代表支付商定的补偿，补偿款应依照发票支付到期日起算的逾期总天数为基础以日复利结算。该商定的补偿不应影响 9.1 款规定的代表权利。

6.5 如果咨询工程师在本协议书期满后 30 日内订立某一个项目合同，并且代表本可因该合同的签订在协议书有效期内获得报酬，则应认为该合同是在本协议书有效期内签订的，因此代表应获得该合同相关的报酬；若根据 9.1 款确定本协议期满，或根据 9.2 款确定代表违约，则 6.5 款不适用。

7. 咨询工程师的权利（Consultant's Rights）

7.1 咨询工程师在签订合同之前保留拒绝任何指令或终止任何谈判的权利，且不承担对代表的任何责任和义务。

7.2 如果代表在履行本协议书服务时被怀疑涉嫌贪污或非法活动，咨询工程师有权雇佣代表服务所在国内合格的会计师事务所，针对本协议书涉及的支付，审查代表的账簿和记录。在审计过程中，审计员应能接触到代表的雇员和官员，以进行当面询问及书面提问。

7.3 若咨询工程师要求进行审计或检查，其范围应限制在用于确认本协议书下发生的支付是否被用于贿赂或各类违法意图，包括行贿、敲诈、欺骗、欺诈、串通、垄断联盟、滥用职权、监守自盗、干扰交易、洗钱或其他犯罪行为。但不得提供给会计师事务所更多的细节。

7.4 若发现违规行为，将由会计师事务所通知代表，代表必须将会计师事务所查实的违规行为披露给咨询工程师，使咨询工程师了解清楚，否则咨询工程师可按照 9.2 款终止本协议。

8. 货币，兑换和税收（Currency，Exchange and Taxes）

8.1 除另有书面商定外，本协议书下咨询工程师对代表的所有支付应使用代表驻地所在国货币。

8.2 根据本协议书，咨询工程师不再向代表另行支付相关税金、关税、税款或任何官方当局征收的其他类似金额。

9. 终止（Termination）

9.1 若咨询工程师或代表通知另一方，指出其违约，并且违约方在收到该通知 10 天之内，没有采取补救措施，本协议应立刻自动终止，且无需进一步通知。

9.2 尽管有 9.1 款之规定，只要发生下述任一情况，本协议书应立刻自动终止，但咨询工程师依据代表就下列情况发出的通知应放弃终止的情形除外：

（a）代表提出破产申请，或被裁定宣布破产或无力偿付债务；委托他人对代表商业运营的资产进行清算清偿；代表试图折中安排或分配其债权人利益，或；寻求免责；

（b）代表试图转让或声称要转让本协议；

（c）进行任何合法安排以改变代表的业务结构；代表的控股权或控股权管理模式发生变动；或代表的法律资格或地位发生改变；

（d）代表未按法律规定获得或更新其执照以确保其商业运作，或执照失效；

（e）代表或其任何雇员或代理人，在代表履约所在国成为"不受欢迎的人"；

（f）正在履约的代表或其雇员、分包商或代理人，无法按本协议继续履约或无法继续经营，超过 10 天；

（g）代表未能履行第 4 条，第 7.2 款，第 7.4 款，第 14 条或第 15 条，或本协议书专用条件附录 4 规定的义务。

9.3　尽管有 9.1 款之规定，只要发生下述任一情况，本协议书应立刻自动终止且无需进一步通知，但代表依据咨询工程师就下列情况发出的通知应放弃终止的情况除外：

咨询工程师提出破产申请，或被裁定宣布破产或无力偿付债务；委托他人对咨询工程师商业运营的资产进行清算清偿；咨询工程师试图折中安排或分配其债权人利益，或寻求免责；

（b）咨询工程师试图转让本协议；

（c）咨询工程师未按法律规定获得或更新其执照以确保其商业运作，或执照失效。

10．通知（Notices）

10.1　代表和咨询工程师相互发出或转递的任何和所有通知、发票、报表和其他信息应被视为合理并适当地提供给了对方（如为书面形式），若由某一方签署并由专人交付（凭收据），或通过电话传真、邮件或信使寄送至专用条件中详细列明的地址，或通过使用任意一种商定好的且在专用条件中说明的电子传输方式发送，应被视为合理并适当地提供给了对方。

11．注册（Registration）

11.1　代表应根据履约所在地相关的法律法规，对本协议书进行注册登记。

12．保障（Indemnities）

12.1　（及 12.2）合同任一方在履行约定义务过程中造成的任何索赔、债务或损害赔偿费，对方不对其承担责任或进行保障。

12.3　因代表违反第 16.6 款规定的责任而使咨询工程师蒙受的所有损失和损害赔偿费，代表应对其进行补偿。

13．准据法和争议解决（Governing Law and Dispute Resolution）

13.1　本协议书受专用条件中列明的咨询工程师总部所属国法律的管辖。

13.2　关于本协议书的任何争议，应在 14 日内由合同一方向另一方提交书面申请，进行会晤，努力友好解决。若会晤时争议未解决，应进行调停，如调停失败，则应提交仲裁解决。

13.3　关于本协议书的任何仲裁，应由国际商会仲裁规则指定的仲裁员按该规则处理。仲裁地应由合同双方商议确定。

14. 保密（Confidentiality）

14.1 代表应在本协议书有效期内及之后，对咨询工程师披露的商业性和技术性的所有信息严格保密。除非此类技术信息已公有，或代表已拥有其所有权。

15. 反腐败（Anti-Corruption）

15.1 在履行本协议书规定义务时：

（a）代表及其代理人、雇员应遵守所有适用的法律、法规和任何有适用管辖权的指令；

（b）代表应表示、保证并承诺不直接或间接参与：行贿、敲诈、欺骗、瞒骗、串通、垄断联盟、滥用职权、侵占、滥用影响力交易、洗钱或其他犯罪行为，包括盗用内部信息、占有非法获得的信息、建立账外账、制造账外账或品名没有充分标明的交易、伪造支出、对标的的错误确认而导致债务，以及使用虚假文件等。代表应进一步保证：涉及本协议内任何商业机会，代表不会直接或间接向公职人员或第三方提供、支付或承诺支付任何有价物品。

公职人员定义如下：

（a）任何政府机构、政府所有或控股企业的任何官员或雇员；

（b）履行某项公共职责的任何个人；

（c）任何公共国际组织的官员或雇员；

（d）任何政治机构的候选人；

（e）任何政党或政党官员。

此外，当代表收到任何关于非法支付或利益的要求，或被要求采取任何可能违反相关法律或协议的行动时，应立刻书面通知咨询工程师。

尽管有本协议书其他条款之规定，代表应在法律许可范围内最大程度地对因自身违背15.1款的规定所造成的任何性质的费用，向咨询工程师提供赔偿、辩护，使其免受伤害。

15.2 结合第15.1款要求，受咨询工程师聘用的代表应：

（a）证明其满足咨询工程师要求，即遵守行为准则文件和相关合规制度；或

（b）确认其同意遵守咨询工程师的诚信政策声明和咨询工程师的行为准则中的规定，并在有效期内每年进行书面确认。

16. 杂项（Miscellaneous）

16.1 除非合同双方通过商定好的传输方式进行书面签署或确认，否则任何合同条款的放弃、变更和修改对合同任一方无约束力。

16.2 本协议书将替代或取消之前双方达成的任何备忘录、协议或承诺。本协议书是合同双方达成的全部协议，而无任何其他的附属、口述或书面条款。

16.3 本协议书应在咨询工程师的官员或其授权代表签署后才生效，并有约束性。

16.4 本协议与咨询工程师签订，不适用于其任何附属公司或子公司。

16.5 代表在此应放弃之前其他协议书中拥有的任何权利。

16.6 代表应承诺，为了双方的权益，其可能参与本协议书中代表服务的所有人，应对咨询工程师承担与代表相同的义务。

三、专用条件（Particular Conditions）

专用条件是对通用条件相关条款的具体化、补充和修改，如：对第6.4款中"延期支

付的补偿费率"做出规定；填入第 10.1 款中咨询工程师和代表的联系方式（包括：地址、电子邮箱、电话号码、传真号码、联系人的姓名和职务以及双方认可的电子通信方式），并写明咨询工程师总部所在国。

在专用条件中，代表还应签字确认已阅读了附录 3（咨询工程师的诚信政策声明）和附录 4（咨询工程师的行为准则），并将遵守本协议书中与"代表服务"有关的所有文件。

在附加条款中，各方可对通用条件、附录中的代表服务范围以及酬金依据等有关的内容进行任何变更、删减和增加。

四、附录（Appendices）

专用条件的附录属于协议书的一部分，以下对附录内容作一简介。

1. 代表服务范围（Scope of Representative Services）

A　常规的代表服务（授予合同前）（Normal Representative Services（Pre-award））

代表应提供为咨询工程师寻找项目机会的下列服务：

A1　识别在代表服务地所在国家的商业机会，并向咨询工程师提出建议。

A2　及时提供在代表服务履行地咨询服务的潜在机会。

A3　与相关的政府部门和行业组织建立并保持联系，以获得合适的机会。

A4　收集有关投标建议书和需要考虑国别因素的成本估算信息。

A5　为咨询工程师提供分包咨询顾问。

A6　承担日常的行政工作，如获取招标文件、批准、许可证、执照和签证等。

A7　协助咨询工程师进行谈判的有关支持工作。

A8　告知咨询工程师代表服务履行地的基础设施和经济状况。

A9　代表应按照咨询工程师的指示进行注册登记。

A10　向咨询工程师按月提交工作报告，其中包括市场动态、委托人日常动态、新项目上马以及咨询工程师赢得该项目的可能性、关键决策人信息等。

A11　（列明任何变更、删减和增加）

B　项目特定的代表服务（授予合同后）（Project-Specific Representative Services（Post Award））

代表也同意为咨询工程师提供合同签约后的下列服务：

B1　承担日常的行政管理工作，咨询工程师为履行项目义务，可能要求代表获取各种文件、批准、许可证、执照和签证等。

B2　对代表服务履行地的咨询工程师人员提供其他定期协助，如：酒店预订、交通安排、后勤保障等。

B3　协助当地采购，以及项目设备和雇员私人物品的清关。

B4　联络项目相关委托人，使咨询工程师知道委托人对咨询工作关注点。

B5　协助咨询工程师完成报账的相关事项。

B6　及时告知咨询工程师提供进一步服务的潜在机会。

B7　与咨询工程师总部所在国的大使馆保持必要的联系。

B8　告知咨询工程师代表服务履行地的基础设施和经济、政治、安全等情况。

B9　（列明任何变更、删减和增加）

C 附加的代表服务（Additional Representative Services）

（如有需要时列表说明）

2. 酬金（Remuneration）

A 酬金依据（Basis for Remuneration）

A1 代表有权基于认可的日费率获得代表服务的支付，该日费率为：_____

针对具体项目、咨询工程师应得到的最大工日约定酬金百分比为：_____

A2 咨询工程师按照上述 A1 规定获得不同档次的酬金应按约定的比例支付给代表。

A3 此外，代表可获得有明确用途的大额零用开支，但应事先得到咨询工程师批准，并具备收据或相关文件。

A4 代表有权获得在此处约定按月支付的预付款，并约定扣还时间。

A5 对于协议项下应付金额，代表应提交发票并遵循通用条件第 6.3 款的声明。

A6 协议项下的到期支付只能通过代表在其住所地开立的银行账户，并以该国的货币进行支付。所有发生在咨询工程师所在国的银行业务费用或其他地点的转账费用均应由代表承担。

A7（列明任何变更、删减和增加）

3. 咨询工程师的诚信政策声明（Consultant's Integrity Policy Statement）

4. 咨询工程师的行为准则（Consultant's Code of Conduct）

附件 1 咨询公司的标准行为准则（Annex 1. Model Code of Conduct for Consulting Firms）

包括：社会责任；服务质量；公司的客观性；公司诚信；竞争。

附件 2 FIDIC 道德准则（Annex 2. FIDIC Code of Ethics）

包括：对于社会和咨询行业的责任；竞争；信誉；公正无偏；对他人公平；腐败。

思 考 题

1. 什么叫咨询服务？咨询服务的主要内容有哪些？

2. 咨询工程师的选择标准。

3. 咨询工程师的选聘程序与工程项目施工招标采购有哪些不同？

4. 简述国际工程项目咨询服务合同的类型和特点。

5. 简述世行贷款项目选择咨询顾问六种方法的适用范围。

6. 世行贷款项目选择咨询顾问的标准建议书征询文件主要包含哪些内容？

7. 世行贷款项目选择咨询顾问以计时制的咨询服务合同主要包含哪些内容？

8. FIDIC"白皮书"中规定的常规服务、附加服务和额外服务有什么区别？

9. FIDIC"白皮书"在保证对咨询工程师的支付方面有哪些规定？

10. 试对比 FIDIC"白皮书"中委托人的义务和咨询工程师的义务。

11. FIDIC"紫皮书"包括哪几部分？代表的服务包括哪些方面的工作内容？

12. 在 FIDIC"紫皮书"中，咨询工程师和代表分别有哪些权利和义务？

13. 哪些情况下代表协议书将立刻自动终止，且无需进一步通知？

14. FIDIC"紫皮书"在反腐败方面有哪些规定和要求？

FIDIC 是国际上最具权威性的咨询工程师组织，本章首先介绍了 FIDIC 的组成、FIDIC 编制的各类合同条件的特点、如何运用这些合同条件以及新版合同条件编制的原则。随后详细地介绍了 1999 年出版的《施工合同条件》（包含 2010 年多边银行协调版），对《生产设备与设计—建造合同条件》、《EPC/交钥匙项目合同条件》中与《施工合同条件》不同之处做了对比和介绍，并对 2008 年出版的《设计，建造与运营项目合同条件》做了介绍。比本书第二版增加了 FIDIC 2011 年出版的《施工分包合同条件》。通过对这些合同条件范本的学习，可以对 FIDIC 编制的合同文件的理念、思路和每个合同条件的主要内容有一个全面的理解。

第一节　国际咨询工程师联合会（FIDIC）与相关合同条款简介

一、国际咨询工程师联合会（FIDIC）简介

FIDIC 是指国际咨询工程师联合会（Federation International Des Ingenieurs-Conseils），它是由该联合会法语名称的五个词的字头组成的缩写，读作"菲迪克"。各国（或地区）的咨询工程师大都在本国（或地区）组成一个民间的咨询工程师协会，这些协会的国际联合会就是"FIDIC"。

1913 年，欧洲三个国家的咨询工程师协会组成了 FIDIC。从 1945 年二次世界大战结束后至今，FIDIC 得到了很大的发展，其成员来自全球各地 90 多个国家和地区，中国在 1996 年正式加入，所以，可以说 FIDIC 代表了世界上大多数独立的咨询工程师，是最具有权威性的咨询工程师组织，它推动了全球范围内高质量的工程咨询服务业的发展。

FIDIC 下设多个专业委员会，如业主咨询工程师关系委员会（CCRC）、合同委员会（CC）、执行委员会（EC）、风险管理委员会（RMC）、仲裁/调停/评判审查委员会（ARB/MED/ADJRC）、环境委员会（ENVC）、质量管理委员会（QMC）、21 世纪工作组（Task Force 21）等。

二、FIDIC 编制的各类合同条件简介

FIDIC 专业委员会编制了许多规范性的文件，这些文件不仅被许多国家采用，而且也经常被世界银行、亚洲开发银行、非洲开发银行等多个国际金融组织采用作为招标范本。FIDIC 最享有盛名的就是其编制的系列工程合同条件，在 1999 年以前，FIDIC 编制出版的合同条件包括《土木工程施工合同条件》（"红皮书"），《电气与机械工程合同条件》（"黄皮书"），《设计—建造与交钥匙工程合同条件》（"橘皮书"）和《土木工程施工分包合同条件》等。

为了适应国际工程建筑市场的需要，FIDIC 于 1999 年出版了一套新的合同条件，旨在逐步取代以前的合同条件。为了表示是对以前版本的彻底更新及面向新世纪，这四本合同条件统一称为 1999 年第一版，分别为《施工合同条件》（1999 年第一版）（Conditions of Contract for Construction）（1st edition 1999）（新红皮书），《生产设备与设计—建造合同条件》（1999 年第一版）（Conditions of Contract for Plant and Design-Build）（1st edition 1999）（新黄皮书），《设计采购施工（EPC）/交钥匙项目合同条件》（1999 年第一版）（Conditions of Contract for EPC/Turnkey Projects）（1st edition 1999）（银皮书），《简明合同格式》（1999 年第一版）（Short Form of Contract）（1st edition 1999）（绿皮书）。2004~2006 年世界银行等九个国际金融组织对 FIDIC1999 年第 1 版（简称"99版"）的"新红皮书"进行了修改，形成了"多边银行协调版"，2010 年又进行了一次修改，本书采用的即是 2010 年"多边银行协调版"。2008 年，FIDIC 又出版了《设计，建造与运营项目合同条件》（Conditions of Contract for Design，Build and Operate Project）（1st edition 2008）（金皮书），以满足国际上新发展的工程项目管理模式的需求。2011 年又出版了与 FIDIC"新红皮书"配套使用的《施工分包合同条件》（2011 年第一版）（Conditions of Subcontract for Construction）（1st edition 2011）。

本章中将对 99 版的四本合同条件进行分析对比，首先，较详细地介绍了"施工合同条件"，并将 2010 年"多边银行协调版"对 99 版修改了的条款，逐条对照比较。在介绍《生产设备与设计—建造合同条件》和《EPC/交钥匙项目合同条件》时，考虑到这两本范本和"新红皮书"70%~80%左右的条款都是相同的，在本书中将这三本书的相关条款进行了对比，对大部分相同的条款进行了说明，并介绍了有区别的条款，这样读者在熟悉了《施工合同条件》的相关条款后，就更容易理解和记住另两本合同条款的相关内容了。本书也比较详细地介绍了与"新红皮书"配套使用的"施工分包合同条件"。最后，对《设计，建造与运营项目合同条件》进行了较为详细的介绍。

三、FIDIC 编制的各类合同条件的特点

FIDIC 编制的合同条件具有以下特点：

1. 国际性、通用性、权威性

FIDIC 编制的合同条件（以下简称"FIDIC 合同条件"）是在总结国际工程合同管理各方面的经验教训的基础上制定的，并且不断地吸取多个国际或区域专业机构的建议和意见加以修改完善。可以说，FIDIC 合同条件是国际上公认的高水平的通用性文件并被广泛地应用于国际工程承包中。这些文件既可用于国际工程，稍加修改后也可用于国内工程，

我国有关部委编制的合同条件或协议书范本也都把 FIDIC 合同条件作为重要的参考文本。许多国际金融组织的贷款项目，都采用 FIDIC 合同条件。

2. 公正合理、职责分明

合同条件的各项规定具体体现了业主和承包商的义务、职责和权利，以及工程师（或业主代表）的职责和权限。由于 FIDIC 大量地听取了各方的意见和建议，因而在合同条件的各项规定中，也体现了业主和承包商合理分担风险的精神，并且倡导合同各方以坦诚合作的精神去完成工程。合同条件中对有关各方的职责既有明确而严格的规定和要求，也有必要的限制，这一切对合同的顺利实施都是非常重要的。

3. 程序严谨、易于操作

合同条件中对处理各种问题的程序都有严谨的规定，特别强调要及时处理和解决问题，以避免由于任一方的拖延而产生新问题，另外还特别强调各种书面文件及证据的重要性，这些规定使条款中的内容易于操作和实施。这一特点在 1999 年新版合同条件中尤为明显。

4. 通用条件和专用条件的有机结合

FIDIC 合同条件一般分为两个部分，第一部分是"通用条件"（General Conditions），第二部分是"专用条件"（Particular Conditions）。

通用条件中包括的内容是在国际工程承包市场上应用于某一类项目管理模式（如"设计—建造"）的条款，而专用条件则是针对一个具体的项目，在考虑到项目所在国或地区的法律环境、项目的具体特点和业主对合同实施的特殊要求的基础上，对通用条件进行的具体化、修改和补充。FIDIC 的各类合同条件的专用条件编写指南中，有许多建议性的措辞范例，供项目的业主与咨询工程师参考和选用。

四、如何运用 FIDIC 编制的合同条件

1. 国际金融组织贷款和一些国际项目直接采用

在世界各地，凡是世行、亚行、非行等国际金融组织贷款的工程项目以及一些国家的国际工程项目招标文件中，都采用 FIDIC 合同条件。因而参与项目实施的各方都必须对其了解和熟悉，才能保证工程合同的顺利执行，并根据合同条件行使自己的职权，保护自己的权利。

2. 对比分析采用

许多国家都有自己编制的合同条件，但这些合同条件的条目、内容和 FIDIC 编制的合同条件大同小异，只是在处理问题的程序规定以及风险分担等方面有所不同。FIDIC 合同条件在处理业主和承包商的风险分担和权利义务时是比较公正的，各项程序比较严谨完善，因而掌握了 FIDIC 合同条件之后，即可以将其作为一把尺子，与工作中遇到的其他项目的合同条件逐条对比、分析和研究，从中可以发现风险因素，以便制定防范或利用风险的措施，也可以发现索赔的机会。

3. 合同谈判时采用

因为 FIDIC 合同条件是国际上权威性的文件，在招标过程中，如承包商感到业主方的招标文件中有些规定不合理或是不完善，可以用 FIDIC 合同条件中的规定作为"国际惯例"，在合同谈判时要求对方修改或补充某些条款。

4. 局部选择采用

当咨询工程师协助业主编制招标文件或是总承包商编制分包项目招标文件时，可以局部选用 FIDIC 合同条件中的某些部分、某些条款、某些思路、某些程序或某些规定，也可以在项目实施过程中借助于某些思路和程序去处理遇到的问题。

总之，系统地、认真地学习 FIDIC 的各种合同条件，将会使每一位工程项目管理人员的水平提高一大步，使我们在工程项目管理的理念上和国际接轨。

五、FIDIC 新版合同条件编制的原则

1. 术语一致，结构统一

为了避免新版合同条件之间再出现 FIDIC "红皮书"第四版和"黄皮书"第三版在语言风格上和结构上不一致的情况，FIDIC 成立了一个专门的工作小组来负责起草新版合同条件（由于 FIDIC 简明合同格式本身的特点，它由另一个合同工作小组来起草）。另外，FIDIC 还成立了一个合同委员会，负责合同工作小组之间的协调工作。

2. 适用法律面广，措辞精确

作为一个国际机构，FIDIC 旨在编制一套国际通用的合同标准文本，因此，在编制过程中，FIDIC 一直努力使新版合同条件不仅在英美法系下能够适用，而且在大陆法系下同样适用。鉴于编制以前合同版本的经验，FIDIC 认识到，要达到这一点并不容易。为此，FIDIC 决定在合同工作小组中包括一名有这方面国际经验的律师，以保证合同中的措辞同时适用于大陆法系和英美法系。这名律师还必须审查合同编写人员所使用的术语，以法律语言来看是否能确切表达出其意图。

3. 变革而不是改良

以前的 FIDIC 合同条件主要是以工程类型和工作范围来划分各个版本的功能，如："红皮书"适用于土木工程施工；"黄皮书"适用于机电工程的设计、制造、供货和安装；"橘皮书"则适用于包括设计的各类工程。但在这些合同条件中，其风险分担方式不能满足当前国际工程承包市场的要求，特别是私人业主方面的要求。另外，第四版"红皮书"和第三版"黄皮书"一出版，其条款的编排顺序不合理就受到了批评。FIDIC 接受了这些批评，在编制新版时，打破了原来的合同编制框架，采用了新的体系。考虑到工程类型和工作范围的划分、工程复杂程度以及风险的合理分担，编制了一套能满足各方面要求的新版本合同条件。在条款的编排上，完全摈弃了原来的顺序，使内容编排更加符合逻辑。

4. 淡化工程师的独立地位

在 FIDIC 的"橘皮书"1995 年出版之前，FIDIC 合同条件中有一个基本原则，即：其中有一个受雇于业主并作为独立的一方的"工程师"，代表业主公正无偏地管理合同的实施。虽然这样做有其自身的优点，但在某些司法体系下，或在某些国家，工程师的角色不被理解，甚至不被接受。在工程实践中，工程师是受雇于业主的，因而不可能完全独立、公正地工作。在编制新版本时，FIDIC 决定，在"银皮书"中采用"业主代表"来管理合同。在"新红皮书"和"新黄皮书"中，虽然继续采用"工程师"来管理合同，但他不再是独立的一方，而是属于"业主的人员"，同时删除了原来要求工程师"公正无偏"（Impartially）的提法。但考虑到工程师这一角色是处理业主和承包商各种矛盾的第一当事人，如能及时化解双方的纠纷，将十分有利于工程的顺利实施，所以作为对原来优点的

继承，FIDIC 在新版中仍要求工程师做出决定时应持公平（Fair）的态度。FIDIC 预计，这种改动会遭到有关人士的批评，认为 FIDIC 丧失了它一直持有的"工程师应为独立、公正的第三方"原则。但是，FIDIC 认为，作为一个国际咨询工程师组织，对国际工程承包市场的实践和动向熟视无睹，既不明智，也不现实。

5. 实践需要简明合同文本

FIDIC 发现，在实践中，不少业主和承包商对那些虽然精确但十分冗长的合同望而生畏，对小型项目来说尤其如此。因此，FIDIC 认为，应在新版系列合同条件中加入一个简明的合同文本，使用这一文本更有利于一些小型项目或工作类型重复的项目的顺利实施。

六、FIDIC1999 年新版四本合同条件的特点及应用范畴

FIDIC1999 年新版四本合同条件的特点及应用范畴，详见表 4-1 所列。

FIDIC1999 年新版四本合同条件的特点及应用范畴对照表　　　　　　表 4-1

对比内容	新红皮书	新黄皮书	银皮书	绿皮书
1. 工程适用范畴	承包商按照由业主或工程师设计的各类建筑或工程项目，组织施工或"施工总承包"	适用于电气、机械设备供货，以及建筑或工程的"设计—施工"总承包，承包商负责设计和提供生产设备和（或）其他工程，可包括土木、机械、电气和（或）建筑物的任何组合	承包商以"交钥匙"方式为业主提供工艺、动力设备或类似设施，承建各类工厂、电力、石油开发以及基础设施的"设计—采购—施工"的总承包项目	投资较少的各类小型工程项目，工期短，不需专业分包，简单的或重复性的项目
2. 合同管理	业主委派"工程师"管理合同，检查工程进度、质量，签发支付证书及其他证书	同"新红皮书"。但工程师还负责设计人员资质、设计图纸、资料及设计分包的审查	由业主或业主代表管理合同，但不能对总承包商的工作干预过多	由业主或业主代表管理合同。也可在需要时委任工程师
3. 合同文件	包括：合同协议书 中标函 投标函及投标书附录 补充文件 合同条件 规范 图纸 已填写的资料表 合同协议书或中标函中列出的其他文件（如果有）	包括：合同协议书 中标函 投标函及投标书附录 补充文件 合同条件 业主的要求 已填写的资料表 承包商的建议书 合同协议书或中标函中列出的其他文件（如果有）	包括：合同协议书 合同协议书备忘录（包括合同价格的细目表） 补充文件 合同条件 业主的要求 承包商的投标书 投标书和合同协议书中列出的其他文件（如果有）	包括：合同协议书 合同条件 规范 图纸 承包商的投标设计 工程量表

续表

对比内容	新红皮书	新黄皮书	银皮书	绿皮书
4. 设计工作	由业主方提供设计。当需要时也可要求承包商负责部分永久工程的设计	由承包商按照"业主的要求"（含"项目纲要"及生产设备性能要求）中的规定提交设计，包括各类技术文件、图纸、竣工文件以及操作和维修手册等	EPC 中的"设计"按"业主的要求"中的规定，可能包括工程的规划和方案设计以及整个设计过程的管理，其余要求同"新黄皮书"	由业主方提供设计。如在招标文件"规范"中列明，也可由承包商负责设计
5. 价格方式	单价合同（一般均为单价加子项包干合同）。可以调价	总价合同，部分工作可采用单价合同。可以调价	总价合同。不可调价（如果有调价要求，则应在专用条件中规定）	一般采用总价合同，但也可用单价合同或成本补偿合同
6. 风险分担	业主和承包商双方对风险的分担比较均衡。业主主要承担政治风险（如战争、军事政变等），社会风险（如罢工、内乱等），经济风险（如物价上涨、汇率波动等），法律风险、设计风险（承包商设计的部分除外），自然风险，不可抗力风险。承包商承担上述业主承担的风险之外的风险	与"新红皮书"基本相同，但设计风险由承包商承担	承包商承担大部分风险，包括社会风险，经济风险，自然风险，设计风险，以及"业主的要求"中说明的风险。因此，投标时风险费高，报价也高，对承包商风险管理的要求也高。业主方承担政治风险，法律风险，不可抗力风险	与"新红皮书"基本相同，在"业主的责任"中列出了 16 种业主方应承担的风险
7. 质量管理	①施工期间的检查和检验； ②竣工检验； ③竣工后检验（如果有此要求，需在专用条件中规定）； ④缺陷通知期的扫尾工作，缺陷修正、重建和补救	①施工期间的检查和检验； ②竣工检验；（包括试车前，试车中的检验和试运行）； ③竣工后检验（检验项目是否达到"业主的要求"中的各项指标）； ④缺陷通知期的扫尾工作，缺陷修正、重建和补救	①施工期间的检查和检验； ②竣工检验持续相当长一段时间； ③竣工后检验（检验项目是否达到"业主的要求"中的各项指标）； ④缺陷通知期的扫尾工作，缺陷修正、重建和补救	①仅在通用条件中对施工期间的检验做了扼要的规定； ②如业主对接收工程以及在接收工程前进行任何测试，则须在"规范"中规定； ③竣工后检验（如果有此要求，需在专用条件中规定）

对比内容	新红皮书	新黄皮书	银皮书	绿皮书
8. 争议委员会（DAB）性质	"常任 DAB"，一般在开工日期后 28 天内，联合任命 DAB 成员	"临时 DAB"，一般在一方向另一方提交争议意向通知书后 28 天内，联合任命 DAB 成员	"临时 DAB"，一般在一方向另一方提交争议意向通知书后 28 天内，联合任命 DAB 成员	双方商定一评判人

第二节　FIDIC《施工合同条件》
（1999 年第一版及 2010 年多边银行协调版）

　　99 版的《施工合同条件》（第一版）以原"红皮书"为基础，与原来的"红皮书"相比，约 20% 的条款基本相同，约 40% 的条款做了较多补充和修改，其余近 40% 为新条款。"新红皮书"、"新黄皮书"、"银皮书"三本书均为 20 条，其中 80% 以上条款的名称和内容都是一致的。三本书均包含"通用条件"与"专用条件"。

　　"新红皮书"通用条件包含了 20 条，163 款。20 条包括：一般规定，业主，工程师，承包商，指定分包商，职员与劳工，生产设备、材料和工艺，开工、延误和暂停，竣工检验，业主的接收，缺陷责任，计量与估价，变更与调整，合同价格与支付，业主提出终止，承包商提出暂停和终止，风险与责任，保险，不可抗力，索赔、争议和仲裁。后附"争议评判协议书一般条件"和"程序规则"。

　　专用条件的内容主要是专用条件的编写指南，包括部分范例条款，后附 7 个体现"国际商会"统一规则的保函格式。上述两部分后还附有投标函、合同协议书及争议评判协议书的格式。

　　以前，各个开发银行在使用 FIDIC 的施工合同条件时，一般会在专用合同条件中加入一些附加条款，对通用合同条件进行修改和补充。但各个开发银行的附加条件之间往往存在差异，造成了使用者的低效率和不确定性，并增加了发生争议的可能性。为此，2004 到 2005 年，以下九个银行，包括：

　　非洲开发银行（African Development Bank）

　　亚洲开发银行（Asian Development Bank）

　　黑海贸易与开发银行（Black Sea Trade and Development Bank）

　　加勒比开发银行（Caribbean Development Bank）

　　欧洲复兴与开发银行（European Bank for Reconstruction and Development）

　　泛美开发银行（Inter-American Development Bank）

　　国际复兴与开发银行（International Bank for Reconstruction and Development）

　　伊斯兰开发银行（Islamic Development Bank）

　　北欧发展基金（Nordic Development Fund）

　　会同 FIDIC 共同对"新红皮书"的通用条款进行了研讨和修改，使之标准化，修改后的版本谓之"多边开发银行协调版（Multilateral Development Banks，MDBs）"，协调修改后的文件不仅方便了银行及其借款人，也方便了所有涉及项目采购的人员（如咨询工程师、承包商和律师等）。

FIDIC 保留了该书的版权和对新的多边开发银行协调版的管理责任。需要说明的是，多边开发银行协调版并不是对 FIDIC 99 版"新红皮书"的替代，它只用于多边开发银行融资的项目。

2006 年和 2010 年，FIDIC 又对"新红皮书"的通用条款做了进一步的修改，发布了 FIDIC《施工合同条件》（多边开发银行协调版，2010 版）。凡涉及上述九个银行的贷款项目，一律采用最新修改的 FIDIC"新红皮书"的协调版本（本书下文中简称为"2010 多边银行版"）。

目前，"新红皮书" 99 版已在世界各地得到广泛的认可和采用，由于"2010 多边银行版"并未对"新红皮书" 99 版作根本性的改变，本节仍以介绍"新红皮书" 99 版的通用合同条件为主，在涉及改动的条款时，将使用"2010 多边银行版"增加、补充、修改或删去的表示方法，予以相应的说明。"2010 多边银行版"的条款均用黑体表示。笔者认为，"2010 多边银行版"对 99 版"新红皮书"一些条款的修改，使双方的风险分担更为合理，也更易于操作，希望读者细心学习和比较。

"2010 多边银行版"在格式上的一个重要改变是将"投标书附录"变成了"合同数据"（Contract Data），并定为专用条件的 A 部分，而 B 部分是专用合同条件的特定条款（Specific Provisions），由一套示例条款组成，详见 99 版"新红皮书"。

下文中的各款标题前面方括号［］内的数字为 FIDIC"新红皮书"（99 版）原版相应的条款号。

本章中对 FIDIC 合同条件各条款的内容介绍，除了少数内容（如部分措辞和词组的定义，"多边银行版"补充和修改的条款）是直接译自原文外，大部分是笔者根据自己理解，对条款内容做了精简扼要地介绍，这样有助于读者以较少的时间理解条款的主要内容，但不可能全面而详尽地介绍各个条款，因而在使用这些范本时一定要学习原文版本。

在有一些条款中加了"（注：……）"，括弧内是笔者的解释、补充说明和建议，而非条款原文中的规定。

第 1 条　一般规定（General Provisions）

本条共 14 款，主要内容包括：

本合同条件中的关键术语的定义；

本合同文件的组成及优先顺序；

文件的提供、照管及版权；

合同双方的信息沟通、保密规定和权益转让；

合同语言、法律和联合承包的规定。

［1.1］定义（Definitions）

本合同条件中的定义非常重要，由于它适用于全部合同文件，因此在编写招标文件或拿到招标文件时，一定要对合同条件中的"定义"仔细推敲。特别是有些招标文件在"专用条件"中对国际通用范本定义中的措辞和词组做了修改。同时，由于有些中文译文不一定恰当，需要正确理解原文中这些定义的含义。

英文原版合同条款的语句中，凡定义的措辞和词组，第一个英文字母均为大写。"新红皮书"、"新黄皮书"、"银皮书"三本书中的措辞和词组约有 85％是一致的。

"新红皮书"的定义共包含 58 个措辞和词组，其中 30 个是 1987 年第 4 版"红皮书"中没有的。分为六大类：（1）合同；（2）合同双方和人员；（3）日期、检验、期间和竣工；（4）款项与支付；（5）工程与货物；（6）其他定义。

下文中各个措辞和词组下面的文字，有一些是定义的译文，有一些是对该措辞和词组的解释和说明，全面的、准确的定义请参看原文。

[1.1.1] 合同（The Contract）

[1.1.1.1] 合同（Contract）

合同是全部合同文件的总称，包括：合同协议书、中标函、投标函、本合同条件、规范、图纸、资料表，以及在合同协议书或中标函中列出的其他文件。

（注：合同文件中有一个十分重要的文件，即"备忘录"（Memoredum），或叫"附录"（Appendix），或叫"谅解备忘录"（Memoredum of Understanding，MOU），是指在合同谈判过程中对原有全部招标文件修改和补充的内容，经双方谈判达成一致之后，写成的一个正式的、双方认可并签字盖章的文件。其优先顺序应该在合同协议书、中标函和投标函之后，但在其他所有文件之前。"银皮书"中列明了"备忘录"，"新红皮书"、"新黄皮书"中可理解为合同协议书中的"补充文件"之一。）

[1.1.1.2] 合同协议书（Contract Agreement）

是对合同文件的组成以及合同的要约高度概括的一个文件。在大部分国家和地区的工程合同中需正式签订此协议书，合同方可生效。但在有些国家和地区，业主签发中标函后，合同即生效。

[1.1.1.3] 中标函（Letter of Acceptance）

指业主签署的正式接受投标函的信件，包括其后所附的任何备忘录（由合同双方签订的协议构成）。有的国家招投标过程中没有签发中标函这个环节，则"中标函"就指合同协议书，颁发或收到"中标函"的日期就指双方签订合同协议书的日期。

[1.1.1.4] 投标函（Letter of Tender）

系指由承包商填写的名为投标函的文件，包括其签署的向业主的工程报价。

（注：一般在招标文件中均有业主方以承包商的角度拟定好的投标函的固定格式，以防止每个承包商自己书写投标函时的任意性。投标时，由承包商填写该文件，签字后提交业主。）

[1.1.1.5] 规范（Specification）

指包含在合同中对工程的要求作出规定的文件，包括根据合同对其作出的补充和修改。

[1.1.1.6] 图纸（Drawings）

指包含在合同中的工程图纸，及由业主（或其代表）根据合同所颁发的对图纸的补充和修改。

[1.1.1.7] 资料表（Schedules）

指合同中由承包商填写并随投标函一起提交的各种文件，可包括工程量表、数据表、表册、单价表和（或）价格表等。

[1.1.1.8] 投标书（Tender）

指承包商投标时提交给业主的投标函以及构成合同的全部其他文件。

（注：投标书仅仅是投标文件中构成合同文件的那一部分，并不是全部投标文件，如在水利工程的投标文件中，往往要包含施工导流方案，这个方案仅仅是承包商施工组织计划的一个内容，并不属于合同文件。）

[1.1.1.9] 投标书附录（Appendix to Tender）

指附于投标函之后并作为其一部分的、填写完成的、名为投标书附录的文件。

（注：因为是附在投标函后面，准确地说应为"投标函附录"。）

[1.1.1.10] 工程量表（Bill of Quantities）和计日工表（Daywork Schedule）

指资料表中具有此名称的文件（如果有）。

以下为"2010 多边银行版"修改和增加的定义：

"2010 多边银行版"删去 FIDIC99 版 [1.1.1.9] 和 [1.1.1.10]，改为：

[1.1.1.9] 工程量表（Bill of Quantities）、计日工表（Daywork Schedule）和货币支付表 (Schedules of Payment Currencies)

指资料表中具有此名称的文件（如果有）。

[1.1.1.10] "合同数据"(Contract Data)

由业主命名为合同数据并填写完成的文件，构成专用合同条件 A 部分。

在本书下文中，凡提到 99 版"新红皮书"的"投标书附录"之处，在"2010 多边银行版"中均以"合同数据"替换。

[1.1.2] 合同各方与人员（Parties and Persons）

[1.1.2.1] 一方（Party）

指业主或承包商（根据上下文而定）。

[1.1.2.2] 业主（Employer）

指在投标书附录中指定为业主的当事人及其合法继承人。

[1.1.2.3] 承包商（Contractor）

指在业主收到的投标书中指明为承包商的当事人（一个或多个）及其合法继承人。

[1.1.2.4] 工程师（Engineer）

指业主为合同目的指定作为工程师并在投标书附录中指明的人员，或由业主按合同规定随时指定并通知承包商的其他人员。

[1.1.2.5] 承包商的代表（Contractor's Representative）

指承包商在合同中指定的或由承包商按合同规定随时指定的代表承包商的人员。

（注：此定义是指承包商在该项目工地上的经理，国内习惯叫"项目经理"，但在国际上，一般"项目经理"（Project Manager）是指业主方管理项目的负责人。）

[1.1.2.6] 业主的人员（Employer's Personnel）

指工程师、根据合同规定得到工程师授权的助理，以及工程师和业主的所有其他职员、劳工或业主的其他雇员以及由业主或工程师通知承包商作为业主的人员的任何其他人员。

[1.1.2.7] 承包商的人员（Contractor's Personnel）

指承包商的代表和承包商在现场使用的所有人员，包括承包商及各分包商的职员、劳工和其他雇员，以及其他所有帮助承包商实施工程的人员。

[1.1.2.8] 分包商（Subcontractor）

指合同中指明为分包商的所有人员，或为完成部分工程指定为分包商的人员及这些人员的合法继承人。

[1.1.2.9] 争议评判委员会（DAB）

指按照本合同条件第 20.2 款［争议评判委员会的任命］或按照第 20.3 款［对 DAB 未能达成一致］规定任命的一人或者三人。

"2010 多边银行版"修改：以争议委员会（DB）代替争议评判委员会（DAB）。（本书下文中同）

[1.1.2.10] "菲迪克"（FIDIC）

指国际咨询工程师联合会。

"2010 多边银行版"增加了"银行"、"借款人"的定义。

[1.1.2.11] 银行（Bank）

"银行"（如果有）是指合同数据中规定的出资银行。

[1.1.2.12] 借款人（Borrower）

"借款人"（如果有）是指合同数据中规定的名为借款人的法人。

[1.1.3] 日期、检验、期限和竣工（Dates，Tests，Periods and Completion）

[1.1.3.1] 基准日期（Base Date）

指提交投标书截止日前 28 天的当日。

（注：因为汇率、材料单价以至适用的法律都是随时间变动的，所以在合同中提及上述可变因素时都要声明对应的日期。一般就以基准日期为固定的参照日期。）

[1.1.3.2] 开工日期（Commencement Date）

工程师按照有关开工的条款通知承包商开工的日期。

[1.1.3.3] 竣工时间（Time for Completion）

指在投标书附录中写明的，按照合同中对竣工时间的规定，由开工日期算起到工程或某一区段（视情况而定）完工的这一段时间（包括根据合同规定已经得到的所有延期）。

[1.1.3.4] 竣工检验（Tests on Completion）

指在业主接收工程或某区段（视情况而定）之前，按照有关条款规定进行的检验，此检验可在合同中说明，或由双方协商决定，或以指示变更的形式进行。

[1.1.3.5] 接收证书（Taking-Over Certificate）

指按照第 10 条［业主的接收］颁发的证书。

[1.1.3.6] 竣工后的检验（Tests after Completion）

指合同中规定的，在业主接收了工程或某区段（视情况而定）之后，按照专用条件的规定进行的检验（如果有）。

"2010 多边银行版"修改：将本款中"专用条件"改为"规范"。

[1.1.3.7] 缺陷通知期（Defects Notification Period）

指根据投标函附录中的规定，从接收证书中注明的工程或区段的竣工日期算起，至根据合同可通知承包商修复工程或该区段中缺陷的期限（包括依据有关合同条款决定的所有延期）。

"2010 多边银行版"修改：

[1.1.3.7] 缺陷通知期（Defects Notification Period）

如果在合同数据中没有另外的规定，缺陷通知期为自工程或区段竣工后的十二个月，从接收证书中注明的工程或区段的竣工日期算起，在该期间（包括依据有关合同条款决定的所有延期）内，根据合同可通知承包商修复工程或该区段中缺陷。

"2010 多边银行版"将本款中"十二个月"修改为"365 天"。

[1.1.3.8] 履约证书（Performance Certificate）

履约证书是证明承包商已经履行完毕其所有合同义务的证书，承包商得到此证书，即意味着业主对工程的认可。

[1.1.3.9] 日（day），年（year）

"日"指一个公历日，而"年"指 365 日。

[1.1.4] 款项与支付（Money and Payments）

[1.1.4.1] 中标合同金额（Accepted Contract Amount）

指业主在中标函中所认可的用于实施、完成工程和修补缺陷的金额。

（注：即签订合同时的价格）。

[1.1.4.2] 合同价格（Contract Price）

指 14.1 款［合同价格］中定义的价格，包括根据合同所作的调整。

（注："合同价格"指合同结束时最终结算的合同价格）。

[1.1.4.3] 成本（费用）（Cost）

指承包商在现场内或现场外发生（或将要发生）的所有合理的开支，包括总部管理费和类似支出，但不包括利润。

[1.1.4.4] 最终支付证书（Final Payment Certificate）

最终支付证书指工程师确认的，说明承包商应从业主方拿到全部结算工程款的一份证书。

[1.1.4.5] 最终报表（Final Statement）

指承包商向工程师提交的最终报表草案，经与工程师协商一致后成为最终报表。如未能协商一致，则根据第 20 条［索赔、争议和仲裁］中解决争议的各种途径取得的一致意见或仲裁结果编制最终报表。

[1.1.4.6] 外币（Foreign Currency）

指可用来支付部分或全部合同价格的某种货币，但不指当地货币。

[1.1.4.7] 期中支付证书（Interim Payment Certificate）

指根据本合同条件第 14 条［合同价格与支付］颁发的付款证书，但不包括最终支付证书。

[1.1.4.8] 当地货币（Local Currency）

指工程所在国的货币。

[1.1.4.9] 支付证书（Payment Certificate）

支付证书包括上述的最终支付证书和期中支付证书。

[1.1.4.10] 暂定金额（Provisional Sum）

指按第 13.5 款［暂定金额］的规定用于实施工程的任何部分或提供生产设备、材料或服务的一笔款项（注：即业主的备用金）。

[1.1.4.11] 保留金 (Retention Money)

在 14.3 款 [申请期中支付证书] 中规定扣留的累计保留金，在 14.9 款 [保留金的支付] 中对保留金的退还作出了规定（注：保留金与履约保函共同构成对承包商的约束）。

[1.1.4.12] 报表 (Statement)

指承包商依据第 14 条 [合同价格与支付] 中的规定，在申请付款证书时提交的报表（注：报表包括期中报表、竣工报表和最终报表）。

[1.1.5] 工程和货物 (Works and Goods)

[1.1.5.1] 承包商的设备 (Contractor's Equipment)

指用于实施和完成工程以及修补缺陷所需要的全部仪器、机械、车辆和其他物品。但不包括临时工程、业主的设备、生产设备、材料和其他将构成或已构成永久工程一部分的其他物品。

[1.1.5.2] 货物 (Goods)

指承包商的设备、材料、生产设备和临时工程，或视情况指其中之一。

[1.1.5.3] 材料 (Materials)

指将构成或正在构成部分永久工程一部分的各类物品，包括按照合同仅由承包商负责供应的材料，但生产设备除外。

[1.1.5.4] 永久工程 (Permanent Works)

指将由承包商按照合同实施的永久工程（注：即工程竣工后留作业主财产的那部分工程）。

[1.1.5.5] 生产设备 (Plant)

指将构成或正在构成部分永久工程的仪器、机械和车辆。

[1.1.5.6] 区段 (Section)

指投标函附录中指明为区段的那部分工程（注：是指业主要求能分阶段单独投产的那一段工程）。

[1.1.5.7] 临时工程 (Temporary Works)

指为了实施和完成永久工程以及修补任何缺陷，在现场上所需的各种类型的临时工程，但承包商的设备除外。

[1.1.5.8] 工程 (Works)

指永久工程和临时工程，或视情况指其中之一。

[1.1.6] 其他定义 (Other Definitions)

[1.1.6.1] 承包商的文件 (Contractor's Documents)

指由承包商按照合同规定提交的所有计算书、计算机程序及其他软件、图纸、手册、模型和其他技术性的文件（如果有）。

[1.1.6.2] 工程所在国 (Country)

指实施永久工程的现场（或大部分现场）所在的国家。

[1.1.6.3] 业主的设备 (Employer's Equipment)

规范中说明的，在实施工程的过程中，由业主提供给承包商使用的机械、仪器和车辆（如果有）。

[1.1.6.4] 不可抗力 (Force Majeure)

本合同条件第 19 条［不可抗力］中给出了"不可抗力"的详细定义。

［1.1.6.5］法律（Laws）

指所有国家（或州）的立法、法令、法规和其他法律、任何合法设立的政府机构的规章和章程。

［1.1.6.6］履约保证［Performance Security］

指第 4.2 款［履约保证］中的保证（可能有多种）。

［1.1.6.7］现场（Site）

指永久工程将要实施且生产设备和材料将运达的地点，以及合同中规定为现场组成部分的任何其他场所。

"2010 多边银行版"补充："现场"包括仓库和工作区。

［1.1.6.8］不可预见（Unforeseeable）

"不可预见"指一个有经验的承包商在基准日期之前不能合理预见。

"2010 多边银行版"修改为："不可预见"指一个有经验的承包商在截止到基准日期时无法合理预见。

［1.1.6.9］变更（Variation）

指按照合同条件第 13 条［变更与调整］的规定，被指示或被批准作为变更的对工程的任何变动。

"2010 多边银行版"增加：

［1.1.6.10］不满意通知（Notice of Dissatisfaction）

"不满意通知"系指任一方根据第 20.4 款［获得争议委员会的决定］对另一方发出的表明其不满并打算开始仲裁的通知。

［1.2］解释（Interpretation）

表示某一性别的词，包括所有性别；表示单数的词也表示复数，反之亦然。

"同意"（agree）、"达成一致"（agreed）、"协议"（agreement）均应作书面记录。"书写的"（written）或"书面形式"（in writing）包括手写的（hand-written）、打印的（type-written）、印刷的（printed）、电子制作的（electronical），而且应该形成永久记录。

"2010 多边银行版"中说明"tender"和"bid"同义，均指投标书，"tenderer"和"bidder"均指投标人，"tender documents"和"bidding documents"均指招标文件。

（注：国内惯用的"标书"一词是一个概念含混不清的不规范用词，应该对不同文件分别使用"投标书"，或"招标文件"。）

"2010 多边银行版"中说明，如果在合同数据中没有另行规定，则"成本加利润"的利润按成本的二十分之一（5%）的比例计取。

［1.3］通信联络（Communication）

许可、批准、证书、同意、决定及通知、请求等均应采用书面形式或投标书附录中提出或商定的电子传输形式，不得无故扣压或拖延。并应交付或传送到投标书附录中指定的接收人的地址。

当发证人向一方颁发证书时，应将复印件送另一方。当另一方（或工程师）向一方发送通知时，应将复印件送工程师（或另一方）。

［1.4］法律和语言（Law and Language）

在投标书附录中应规定合同适用的法律。如合同版本使用一种以上语言，应规定"主导语言"（Ruling Language），往来信函应使用投标书附录中规定的语言。如未规定，使用编写合同的语言。

"2010 多边银行版"修改：如合同数据中未规定通信交流语言，则使用合同主导语言。

[1.5] 文件的优先顺序（Priority of Documents）

合同文件的优先顺序如下：

（a）合同协议书

（b）中标函

（c）投标函

（d）专用合同条件

（e）通用合同条件

（f）规范

（g）图纸

（h）资料表以及组成合同的其他文件

各合同文件之间应可相互解释，工程师可对文件中的歧义进行澄清。

"2010 多边银行版"中将"专用条件"分为两个部分，即 A 部分合同数据和 B 部分特定条款。

[1.6] 合同协议书（Contract Agreement）

合同双方应在承包商收到中标函后 28 天内签订合同协议书，其格式附在"专用条件"后，用于签约的印花税和类似费用由业主承担。

（注：合同协议书一般包括：

（1）合同条件中的措辞和词组适用于全部合同文件；

（2）列出合同的全部文件清单；

（3）合同的要约：业主——支付工程款；

承包商——实施和维修工程。）

[1.7] 转让（Assignment）

任一方都不能将合同的任何利益或权益转让给他人。

如合同一方欲将合同或部分合同的利益或权益转让，必须事先征得对方同意。但任一方可将自己享有的应支付或将支付的合同款项的权利，作为向银行或金融机构提供的担保转让给银行，无需对方同意。

[1.8] 文件的照管和提供（Care and Supply of Documents）

规范和图纸由业主保管。应向承包商提供两套合同及后续图纸。承包商的文件由自己保管，应向工程师提供六套副本。如一方发现对方文件有技术性的错误或缺陷应及时告知对方。承包商应在工地保存一套合同及其他文件供业主方人员查阅。

"2010 多边银行版"删除本款中"有技术性的"这几个字。

[1.9] 延误的图纸或指令（Delayed Drawings or Instructions）

承包商有权根据工程进展需要向工程师索取必要的图纸和指示。如工程师未能在合理的时间内发出承包商要求的图纸和指示，则承包商有权索赔工期、费用和利润。如工程师未能及时发出图纸和指示是由于承包商的原因，则承包商无权索赔。

[1.10] 业主使用承包商的文件（Employer's Use of Contractor's Documents）

承包商的文件的版权和知识产权归承包商。为了合同的目的，合同一方可以使用对方的文件；如为了合同之外的目的使用对方的文件，则需经对方许可。

[1.11] 承包商使用业主的文件（Contractor's Use of Employer's Documents）

业主的文件的版权和知识产权归业主。为了合同的目的，合同一方可以使用对方的文件；如为了合同之外的目的使用对方的文件，则需经对方许可。

[1.12] 保密事项（Confidential Details）

为了证实承包商的工作是否符合合同要求，工程师可合理要求承包商披露有关保密内容。

"2010 多边银行版"修改：承包商和业主的人员都应当把合同内容视为隐私和机密，除非为了履行合同义务或是遵守法律的需要，对于一方完成的工程和工作，另一方在事先未取得对方的同意时，不得私自发表和披露该工程的任何相关内容。但是，承包商可以披露已经向社会公开的内容，或为了在招揽其他项目中证明自己的资历，而披露一些其他必要的信息。

[1.13] 遵守法律（Compliance with Laws）

承包商应在履约过程中遵守有关法律，除非另有规定：

（a）业主应为永久工程建设取得项目规划和规范中要求的许可；

（b）承包商应按法律中关于设计、施工的要求办理所需许可、执照和批准，并办理纳税等事宜。

双方均应保障对方不因己方未完成上述工作而招致损害。

"2010 多边银行版"补充：如承包商在办理这些事宜时受到阻碍，应出示其努力办理的相关证明。

[1.14] 共同的及各自的责任（Joint and Several Liability）

承包商可以是两个或两个以上的当事人组成的联营体或联合集团，并选定牵头公司。不经业主同意不得改变其组成或法律地位。履约时各成员公司对业主负有连带责任。

"2010 多边银行版"增加：

[1.15] 银行的检查和审计（Inspections and Audit by the Bank）

当银行提出要求时，承包商应当允许银行和/或银行指派的人员对承包商的施工现场以及/或对执行合同有关的账目和记录进行检查，并允许银行委任的审计师对这些账目和记录进行审计。

第 2 条 业主（The Employer）

本条共 5 款，主要内容包括：

业主有向承包商提供施工现场的义务；

业主应向承包商提供协助和配合；

承包商对业主的项目资金安排的知情权；

业主的索赔权以及应遵循的程序。

[2.1] 进入现场的权利（Right of Access to the Site）

在承包商提交履约保函后，业主应按投标书附录中的规定，给予承包商使用和占有现场的权利。如业主未能按规定提供，承包商有权索赔工期、费用及利润。

[2.2] 许可、执照或批准（Permits，Licenses or Approvals）

业主应协助承包商获得工程所在国的有关法律文本，以及获得有关的（如劳工、物资进出口）许可证、营业执照或批准等。

[2.3] 业主的人员（Employer's Personnel）

业主应保证在现场的业主的人员及业主的其他承包商与（本合同的）承包商合作，并注意安全和环保。

[2.4] 业主的资金安排（Employer's Financial Arrangements）

如承包商提出要求，业主应在 28 天内向承包商提交其资金安排的合理证明。如业主对自己的资金安排作出重大的变动，也应将变更的详细情况通知承包商。

在专用条款第 14.15 款［支付的货币］中有下述承包商融资的范例条款（可供需要时选择）：如业主要求承包商垫资，则应在签署合同协议书后 28 天内，向承包商提供支付保函，否则工程师不发开工通知。在专用条件后还附有业主支付保函的格式。

"2010 多边银行版"增加：此外，如果银行通知业主，暂停发放用于工程部分或全部支付的贷款，业主应该在收到银行通知后的 7 天内通知承包商，并附上相关说明，包括通知的日期，同时抄送工程师。如果业主在收到此暂停通知的 60 天后才能得到替代资金，用于支付承包商，则业主应在他的通知中包含合理的证据，证明此资金是可以获得的。

[2.5] 业主的索赔（Employer's Claims）

业主有权依据合同规定向承包商索赔工期、费用和利润。业主或工程师得知索赔事件发生时应尽快发出通知并提出依据，工程师应按第 3.5 款［决定］的要求，商定或确定索赔的款额和/或工期（即延长缺陷通知期，但工期索赔应在缺陷通知期期满前发出）。

业主有权根据本款在付款证书中直接扣减其索赔款额，或另外向承包商提出索赔。

"2010 多边银行版"补充：业主发出索赔通知的时限为得知或应当得知索赔事件发生后的 28 天内。

第 3 条 工程师（The Engineer）

本条共 5 款，主要内容包括：

工程师的权力和职责范围；

工程师如何将其权力委托给其助理；

工程师如何下达指令；

对业主更换工程师有何限定；

工程师做决定时应遵循的程序和要求。

[3.1] 工程师的职责和权力（Engineer's Duties and Authority）

工程师的职员应为合格的技术人员和专业人员。业主任命工程师为业主管理项目，履行合同中规定的职责，代表业主行使合同中明文规定或必然隐含的权力，但工程师无权改变合同，无权解除业主或承包商的任何职责、义务或责任。如业主要限制在合同通用条件中规定的工程师的权力，必须在专用条件中注明，如无承包商同意，业主不能进一步限制工程师的权力。工程师的任何批准、检查、证书、同意、通知、建议、检验、指令和要求均不解除承包商在合同中的任何责任。

"2010 多边银行版"删去：如无承包商同意，业主不能进一步限制工程师的权力。

"2010 多边银行版"增加：业主对工程师职责的任何变动应及时书面通知承包商。

"2010 多边银行版"增加：(d) 除非另有明文规定，否则工程师为回应承包商的要求所采取的任何行动，均应在收到承包商要求的 28 天内，用书面形式通知承包商。

"2010 多边银行版"增加：以下规定适用于本合同条件：

工程师在履行本合同条件中的下列各款规定的职责时，应在采取行动前获得业主特别的指示和批准：

(a) 4.12 款：同意或决定竣工时间的延长和/或额外的费用。

(b) 13.1 款：发布变更令。但下列情况除外：

(i) 在紧急的情况下，由工程师决定的变更，或

(ii) 该变更使中标合同金额增加的百分比小于合同数据中规定的百分比。

(c) 13.3 款：批准由承包商根据 13.1 款或 13.2 款提交的建议书。

(d) 13.4 款：决定各种适用货币的支付金额。

(e) 尽管按照上述规定，工程师有义务去取得业主的批准，但是如果工程师认为有紧急情况发生，危及生命或工程或邻近区域的财产，他可以指示承包商执行相应的工作以减轻和降低风险。该指令不解除承包商的任何合同责任和义务。无论工程师是否取得业主的批准，承包商均应立即执行工程师的这类指令。工程师应根据第 13 条确定该变更指令导致合同价的增加额度，并通知承包商，同时抄送给业主。

[3.2] 工程师的委托 (Delegation by the Engineer)

工程师可以书面形式将其权力委托给其助理（包括一名驻地工程师和生产设备、材料的独立检查员等），也可随时撤销委托。助理应具有适当的资质，能履行委派的任务，行使相应的权力，并能流利地使用交流语言。

但助理认可的某项工作，不等于是工程师的最后认可，工程师有权拒绝。如承包商对助理的决定有异议，可向工程师反映，工程师可对之确认、撤回或修改。

[3.3] 工程师的指示 (Instructions of the Engineer)

工程师为了实施工程，可根据合同向承包商发布指示，承包商只能从工程师或其助理处接受指示。工程师一般应发布书面指示。必要时也可用口头指示，在此情况下，承包商应在接到口头指示两个工作日内发出对工程师口头指示的书面确认函，工程师收到此函后应及时答复，如两个工作日内不书面答复，即视为认可该书面确认函是工程师或其助理的书面指示。

（注：承包商在这封"书面确认函"中不仅要确认工程师口头指示的内容，更要明确因为执行了该指示，要求业主方给予补偿的工期、费用和利润。）

[3.4] 工程师的替换 (Replacement of the Engineer)

业主如欲替换工程师，需将人选提前 42 天通知承包商。如承包商提出合理反对意见并附有详细依据，则业主不能以该人替换工程师。

"2010 多边银行版"修改：如果承包商认为替代人选不合适，他有权告知业主他反对

的理由并附详细说明。业主则应对反对意见予以充分的考虑。

[3.5] 决定 (Determination)

当工程师需对任何事项表示同意或做出决定时，应与各方协商，力争达成协议。否则，工程师应按照合同做出公平的决定，并应将决定通知双方并附详细依据。如任一方有异议，可按 20 条 [索赔、争议和仲裁] 解决，但在最终解决前，应先执行工程师的决定。

"2010 多边银行版"增加：除另有规定外，工程师自收到有关索赔或请求后，应在 28 天内将商定意见或决定通知对方并附详细依据。

第 4 条 承包商 (The Contractor)

本条共 24 款，主要内容包括：

承包商在合同中的基本义务；

履约保证的相关规定；

对承包商代表的要求以及对分包、转让、合作以及现场放线的规定；

关于现场作业、安全、质量保证及环保的规定；

关于现场数据、现场条件、道路通行权、运输、化石等方面承包商所承担的责任和享有的权利的规定；

关于进度报告的内容以及提交程序的规定。

[4.1] 承包商的一般义务 (Contractor's General Obligations)

根据工程师指令进行施工和修补缺陷。提供合同规定的人员、物品、生产设备和承包商的文件，并对现场作业和施工方法的安全性和可靠性、承包商的文件、临时工程以及合同要求的生产设备和材料的选用负责。

如合同要求承包商负责设计某一部分永久工程时，则承包商应：

(a) 按照合同规定的程序，向工程师提交该部分的承包商的文件；

(b) 这些承包商的文件应符合规范和图纸要求，并用交流语言编写，以使这部分设计符合合同要求；

(c) 使自己设计的工程，在工程竣工时，达到合同规定的目标；

(d) 提交竣工文件和操作维修手册。

但承包商对业主提供的永久工程的设计和规范不负责任。

"2010 多边银行版"增加：工程中所采用的全部生产设备、材料和服务的供应商都应来自银行规定的国家。

[4.2] 履约保证 (Performance Security)

承包商应在收到中标函 28 天内，按合同规定的金额、货币、时间、机构和格式向业主提交履约保证。

"2010 多边银行版"增加：履约保证的货币为合同中指定的货币或者业主接受的可自由兑换的货币；该履约保证应该由承包商选择的信誉良好的银行或其他类型的金融机构，采用业主在合同数据中规定的，附在特殊合同条件中的格式，或者业主批准的其他格式。

承包商应保证在缺陷通知期期满和收到履约证书前，履约保证一直有效。业主在下列任一情况下可从履约保证中索赔：

　　（a）承包商未按规定延长履约保证的有效期；

　　（b）承包商未能在商定或确定日期后 42 天内向业主支付索赔款；

　　（c）承包商未能在收到业主纠正违约的通知后 42 天内及时纠正和修补缺陷；

　　（d）由于承包商的原因业主有权终止合同。

　　业主应在收到履约证书副本后 21 天内将履约保证退还承包商。

　　"2010 多边银行版"删去：业主可对履约保证索赔的四种情况。仅规定：业主有权根据合同从履约保证中索赔。

　　"2010 多边银行版"增加：无论合同中的其他条款有无限制，如果由于成本、法律变化或变更原因，工程师决定某币种的合同价格增加或减少累积超过 25%，则承包商应按工程师的要求，以与该种货币相同的百分比相应地增加或减少该币种履约保证的额度。

［4.3］承包商的代表（Contractor's Representative）

　　承包商的代表代表承包商执行合同及接受工程师的指令。该"代表"可在合同中事先指定，或开工前提出人选报工程师批准，但不得私自更换。承包商的代表离开工地时可委托替代人员，但须经工程师同意。也可将职责或权力委托其下属，但须事先通知工程师。承包商的代表及所有人员应能流利地使用合同规定的交流语言。

　　"2010 多边银行版"删除了承包商的代表及所有人员应能流利的使用合同规定的交流语言；修改为：

　　承包商的代表应能流利地使用合同规定的交流语言。如果承包商代表的委托替代人员不能流利使用合同规定的语言，承包商应聘用工程师认为足够的翻译人员，并确保能在所有的工作时间内胜任翻译工作。

［4.4］分包商（Subcontractor）

　　承包商对分包商的一切行为和过失负责，并不得将整个工程分包出去。开工后选择分包商需工程师批准。但材料供应商和合同中已列入的分包商无需批准。分包工程开工前 28 天应通知工程师。每个分包合同应包括第 4.5 款［分包合同权益的转让］或第 15.2 款［由业主提出终止］中的有关规定，即业主有权要求将分包合同的权益转让给业主。

　　"2010 多边银行版"增加：

　　承包商应确保其分包商也遵守保密事项条款。

　　在可能时，承包商应给予当地承包商公平、合理的机会，使其成为他的分包商。

［4.5］分包合同权益的转让（Assignment of Benefit of Subcontract）

　　分包合同中应包括在缺陷通知期满后将分包合同的权益转让给业主的条款。转让生效后，承包商不再对业主负责分包商的工作。

［4.6］合作（Cooperation）

　　承包商应按合同规定或工程师指示与业主的人员、业主的其他承包商及公共当局人员合作。如这些合作和服务导致了承包商不可预见的费用，则构成变更。

［4.7］放线（Setting Out）

　　承包商应依据工程师提供的数据负责对全部工程进行放线和定位。承包商应对工程师提供的数据进行校核，如果一个有经验的承包商仍未能发现业主方原始数据的错误且导致了损失，则承包商可索赔工期、费用和利润。

［4.8］安全措施（Safety Procedure）

承包商应遵守安全规章，文明施工，提供安全措施，照管好现场人员的安全。如果施工影响到公众和临近单位人员，应提供必要的防护措施。

[4.9] 质量保证（Quality Assurance）

承包商应按合同要求建立一套质量保证体系，工程师有权对该体系进行审查。每一阶段实施前，在承包商批准之后，应将工作程序及文件送工程师参阅。执行质量保证体系并不解除承包商的任何合同责任、义务或职责。

[4.10] 现场数据（Site Data）

业主应在基准日期之前及以后向承包商提供现场水文、地质、环境等相关数据和资料。承包商对上述数据和资料的解释负责，并应对之进行视察和检查。承包商被认为已取得了他所需要的相关事项，包括（但不限于）：

(a) 现场状况和性质，包括地下条件；

(b) 水文、气候条件；

(c) 为实施、完成工程和修补缺陷所需的工程和货物的范围和性质；

(d) 工作所在国的法律、程序及劳务惯例；

(e) 对各项施工条件（交通、食宿、水电等）的要求。

[4.11] 中标合同金额的充分性（Sufficiency of the Accepted Contract Amount）

中标合同金额是以业主提供的现场数据、承包商的解释以及现场考察等为基础计算出来的。承包商应被认为他已确信中标合同金额是恰当的和充分的。如无其他规定，中标合同金额应包括承包商根据合同所承担的全部义务。

[4.12] 不可预见的物质条件（Unforeseeable Physical Conditions）

"物质条件"指承包商在现场遇到的自然界条件。承包商在发现不可预见的物质条件（不包括气象条件）时，应及时通知工程师，并说明其不可预见性，同时应采取适当措施继续施工，并遵守工程师的指令，如指令构成变更，按变更处理。如不可预见的外界条件导致承包商受到损失，他可以索赔工期和费用。

工程师处理索赔时，应审查所发生的物质条件是否比承包商投标时能合理预见的物质条件更有利，如果是，则可考虑有利条件造成的费用减扣额，但此减扣不能导致合同价格净减少。

[4.13] 道路通行权与设施使用权（Rights of Way and Facilities）

承包商应自费获得需要的专用和/或临时道路和进场道路的通行权以及现场以外任何附加的设施，并自担风险。

"2010 多边银行版"修改：除非合同另有规定，业主应提供工程需要的有效的现场通行权及现场占有权，包括专用和/或临时的道路通行权。承包商应自担风险和费用，并取得用于工程项目可能需要的现场以外的任何附加的道路通行权或设施使用权。

[4.14] 避免干扰（Avoidance of Interference）

承包商在施工中不得干扰公众的便利以及人们正常使用的公共或私人道路，并应保障业主免受由于干扰所造成的各类损失。

[4.15] 进场路线（Access Route）

承包商应了解清楚进入现场道路的适用性，选择合适的运输工具和路线，承包商应自费修建和维护进入现场所需的临时道路及设置标志。业主对因使用进场道路引起的索赔不负责任。

"2010 多边银行版"增加：承包商被认为在基准日期对进场路线适宜性和可用性已经了解清楚。

[4.16] 货物运输（Transport of Goods）

承包商应至少提前 21 天将准备进场的生产设备和其他重要物品通知工程师。一切货物的包装、装卸、运输、接收和保管均由承包商负责。承包商应保障业主不因其他方的索赔而受到损失。

[4.17] 承包商的设备（Contractor's Equipment）

承包商对一切承包商的设备负责。承包商的施工设备运到现场后，不经工程师同意不得运出现场。但运送人员及货物的车辆除外。

[4.18] 环境保护（Protection of Environment）

承包商应采取一切措施保护现场内外的环境，限制污染和噪音，以减少对公众和财产的损害。承包商还应保证在施工时向空中及地面排放的污物不超过规范和相关法律规定的限定值。

[4.19] 电、水和燃气（Electricity，Water and Gas）

如果工地有可供使用的电、水、燃气及其他服务，承包商可使用，但应自费安装计量仪表，自担风险，并按规定向业主支付费用。如无上述条件，承包商应负责提供电、水、燃气等服务。

"2010 多边银行版"增加：承包商提供的电、水、燃气等是为施工作业及检验之目的。

[4.20] 业主的设备和免费供应的材料（Employer's Equipment and Free-Issue Material）

业主应按规范中说明的细节安排和价格将业主的设备租给承包商使用。除了在承包商的人员操作、驾驶、指挥或占用时由承包商负责外，其余时间均由业主负责。

如规范中规定业主向承包商提供免费材料，则业主应对材料自付费用，自担风险并运到工地指定地点。承包商在收到材料后，应检查数量和质量。发现问题应立即通知工程师并要求业主整改。如材料已移交承包商保管，发现数量或质量问题仍由业主负责。

[4.21] 进度报告（Progress Reports）

进度报告由承包商每月编写提交，一式六份。第一次包含的期间是由开工日期至第一个月末，之后每月一次，并在下个月 7 日之内提交。进度报告一直保持到承包商完成所有扫尾工作为止。

进度报告内容包括：

（a）工程进展情况：包括设计、承包商的文件、采购、制造、施工、安装以及分包商工作情况；

（b）设备制造和现场进度的照片；

（c）生产设备和材料厂商情况、工作、进度以及运达日期等；

（d）该月投入的承包商的设备和人员；

（e）质量保证文件，材料的检验结果和合格证书；

（f）业主和承包商的索赔清单；

（g）安全环保和公共关系方面的问题；

（h）实际进度与计划进度对比，影响进度的事件及补救措施。

[4.22] 现场安保（Security of the Site）

承包商应负责阻止未经授权的人员进入现场。有权进入现场的人员仅限于业主的人员、承包商的人员以及业主和工程师通知承包商可进入现场的其他承包商人员。

[4.23] 承包商的现场作业（Contractor's Operations on Site）

承包商应将施工作业及其人员、设备限制在现场范围内，如需增加现场，需工程师同意。施工现场应及时清除垃圾，保持清洁，保证安全。在收到接收证书后，承包商应清理好现场，仅留下维修必需的设备和材料。

[4.24] 化石（Fossils）

现场发现的化石和文物等的照管和处置权均归业主。承包商应采取措施保护化石和文物，并立即通知工程师，听从工程师签发的有关指令。承包商若因此而受到了损失，可索赔工期和费用。

第 5 条 指定分包商（Nominated Subcontractors）

本条共 4 款，主要内容包括：

指定分包商的含义；

承包商在什么情况下可以拒绝接受指定的分包商；

承包商在处理对指定分包商的付款时应注意的问题。

[5.1] 指定分包商的定义（Definition of Nominated Subcontractor）

"指定分包商"包括在合同中由业主指定的分包商，以及在工程实施过程中工程师通过下达变更指示指定的分包商。

[5.2] 对指定的反对（Objection to Nomination）

承包商只要向工程师提出了证明材料和理由，就有权拒绝雇用指定分包商。反对的理由可以是：

（a）指定分包商的能力不足、资源不足或财力不足；

（b）分包合同中未规定保障承包商免受因指定分包商渎职、误用材料引起的损失；

（c）分包合同中未规定指定分包商应承担承包商相应的合同责任，也未规定指定分包商应承担他自身未能履约时的相应责任。

"2010 多边银行版"修改：（b）指定分包商不接受他应保障承包商免受因他的渎职、误用材料引起的损失；

"2010 多边银行版"修改：（c）指定分包商不接受在分包合同中规定指定分包商应承担承包商相应的合同责任，以及他自身未能履约时的相应责任，也不接受仅当承包商在收到业主对指定分包商的支付款后才对指定分包商进行支付的规定。

[5.3] 对指定分包商的付款（Payment to Nominated Subcontractor）

承包商对指定分包商的支付要依据分包合同的规定，并经工程师签证。承包商对指定分包商的支付以及管理费用由业主从暂定金额中支付。

"2010 多边银行版"增加：承包商对指定分包商的支付金额应为显示在指定分包商发票上的，经承包商批准并由工程师证明应按分包合同支付的金额。

[5.4] 付款证据（Evidence of Payments）

工程师在向承包商签发支付证书（包含对指定分包商的支付）之前，可要求承包商证明该指定分包商已收到以前签发证书中应付给他的款项。如承包商不能提供证据，也未向工程师说明他未支付的理由并证明他已将扣款的理由告知指定分包商，则业主可自行向指定分包商直接支付，并从向承包商的支付中扣回该笔款额。

第 6 条　职员与劳工（Staff and Labour）

本条共 11 款，主要内容包括：

承包商雇用职员和劳工应注意的问题，如：工资标准、食宿、交通、安全等；

承包商按规范/工程量表的要求为业主方人员提供设施；

合同对承包商遵守劳动法以及工作时间的要求；

合同对承包商在施工期间日常管理工作的要求；

合同对承包商的人员的技术水平与职业道德的要求。

[6.1] 雇用职员和劳工（Engagement of Staff and Labour）

承包商应自行安排雇用职员和劳工（本地及外籍），支付工资、安排食宿和交通，并执行规范的有关规定。

"2010 多边银行版"增加：承包商应尽可能从当地雇用具备合适资格和经验的职员和劳工。

[6.2] 工资标准和劳动条件（Rates of Wages and Conditions of Labour）

承包商支付的工资标准和劳动条件应不低于该工作地区同行业的标准。如该行业没有相应的标准，则应不低于类似行业的标准。

"2010 多边银行版"增加：承包商应告知其人员按照当时当地的法律交纳工资、津贴以及其他各种收入的所得税，并且若法律赋予承包商代扣税的义务，则承包商可扣除该税款。

[6.3] 正在服务于业主的人员（Persons in the Service of Employer）

承包商不准雇用业主的任何人员。

[6.4] 劳工法规（Labour Laws）

承包商应遵守与其职工相关的一切法规，如雇用、健康、安全、福利、出入境，并使职工享有一切法定的权利。承包商应要求其雇员遵守一切相关法规。

[6.5] 工作时间（Working Hours）

在投标书附录中规定的正常工作时间之外的时间以及当地公共节假日，不允许承包商加班。但以下情况可以安排加班：

（a）合同另有规定；

（b）工程师同意；

（c）为了抢救生命财产或为了工程安全。

[6.6] 为职工提供设施（Facilities for Staff and Labour）

承包商应为其人员提供住房和有关福利设施。但不得允许其人员在永久工程内保持临时的或永久的住房。承包商应按规范规定为业主的人员提供设施。

[6.7] 健康和安全（Health and Safety）

承包商应采取各种措施保证其人员的健康和安全，与当地医疗机构配合，保证现场的医疗设施和急救条件，预防传染病。

承包商应安排专职安全员，负责现场安全和事故预防，应向工程师报告事故情况，并保持有关记录供检查。

"2010 多边银行版"增加：艾滋病的预防（HIV-AIDS Prevention）。承包商应颁布、实施艾滋病病毒预警计划，并行使合同规定的其他措施，以降低艾滋病病毒在承包商人员以及当地公众之间传播的风险，促进艾滋病的尽早诊断以及帮助艾滋病患者。该预警计划由业主认可的服务供应机构提供。

承包商在合同期间（包括缺陷通知期）应该：(i) 至少每隔一个月就一般的性传染病和艾滋病的危害、影响以及其合理的预防措施对现场人员（包括所有承包商的员工、分包商、其他承包商和/或业主的人员、为施工现场运货的卡车司机和船员）和附近公众人员进行一次宣传、讲解和咨询。(ii) 为现场所有员工和劳动人员提供男式或女式的避孕套。(iii) 除非另有协议，否则为现场所有的性传染病和艾滋病患者提供诊断和咨询服务，或将其推荐至国家专门治疗机构。

为了保障现场职员和劳工及他们家属的安全，承包商应在 8.3 款提及的工程实施进度计划中加入性传染病（包括艾滋病）预防计划。该计划应说明，承包商在什么时候，以多大的成本，以及怎样去满足该条款以及其他相关的要求。对该计划的每个组成部分，都应详细说明需要获取和使用什么样的资源和服务，并推荐该资源和服务的提供商。这项计划还应包括详细的成本估算，并附相关的说明。承包商用于准备和实施这项计划的费用不应超过用于此目的的暂定金额。

[6.8] 承包商的管理工作（Contractor's Superintendence）

施工过程中承包商应该提供一切必要的管理工作，包括计划、安排、指导、管理、检验和试验等。为了保证工程顺利实施，要有足够数量的专业管理人员，他们应能用合同规定的语言交流，懂得施工技术和安全作业、熟悉施工中的风险防范。

[6.9] 承包商的人员（Contractor's Personnel）

承包商人员都应是在他们各自行业或职业内具有相应资质、技能和经验的人员。如果承包商的人员有下列行为之一：

(a) 经常行为不当、工作粗心；

(b) 不能胜任工作或渎职；

(c) 不遵守合同规定；

(d) 经常有危害安全、损害健康和环保的行为。

则工程师有权将其（包括承包商代表）逐出现场，并可以要求承包商另行指派合适的替代人员。

[6.10] 承包商人员和设备的记录（Records of Contractor's Personnel and Equipment）

承包商应按工程师规定的格式，每月向工程师提交说明现场的各类承包商人员的数量和各种承包商设备的数量的报告。

[6.11] 妨碍社会治安行为（Disorderly Conduct）

承包商应采取措施，防止其内部人员发生违法的、骚动的和妨碍社会治安的行为，并应保护好现场和周围人员和财产的安全。

"2010 多边银行版" 增加了 6.12～6.22 款：

[6.12] 国外人员（Foreign Personnel）

为了工程的实施，承包商可以在相关法律允许的范围内引进任何必要的国外人员。承包商应确保这些人员获得当地的居住签证和工作许可证。如果承包商要求，业主应尽最大的努力，尽快、及时地协助承包商获得任何当地、州、国家或政府对引进承包商人员所需的许可证。

承包商应负责将这些人员遣返到他们应聘的地方或定居地。如果这些人员或其家属死亡，承包商应该同样地负责安排将其尸体运送回国或就地埋葬。

[6.13] 食品供应（Supply of Foodstuffs）

根据合同委托的要求，承包商应以合理的价格为其人员提供充足、合适的食物。

[6.14] 供水（Supply of Water）

承包商应根据当地的条件，为其人员在现场提供充足的饮用水和其他用水。

[6.15] 防治昆虫及害虫损害的措施（Measures against Insect and Pest Nuisance）

承包商应采取必要的预防措施，保障现场承包商人员免受昆虫和其他害虫的损害，降低它们对现场人员健康的危害。承包商应遵守当地卫生部门制定的所有法规，包括适当使用杀虫剂。

[6.16] 酒品或毒品（Alcoholic Liquor or Drugs）

除非是国家法律允许，否则承包商不得通过进口、出售、以物易物或其他方式进行酒品或毒品交易，也不得允许承包商的人员进行此类交易。

[6.17] 武器和弹药（Arms and Ammunition）

承包商不得与任何人进行任何形式的武器或弹药交易（包括赠予、以物易物或其他方式），承包商人员也不允许这样做。

[6.18] 节日和宗教习俗（Festivals and Religious Customs）

承包商应该尊重当地的节日、休息日、宗教信仰或其他民风民俗。

[6.19] 葬礼（Funeral Arrangements）

如果当地员工在工程实施过程中死亡，则承包商应该按照当地法规要求，负责为其安排葬礼。

[6.20] 禁止强制劳工工作（Prohibition of Forced or Compulsory Labour）

承包商不得雇用强制劳工，以暴力或胁迫手段威胁个体进行任何非自愿的工作或者服务，强制劳工包括任何形式的非自愿的或者被迫的劳工，诸如契约劳工、债役工或者类似的劳工合同安排。

[6.21] 禁止雇佣童工（Prohibition of Harmful Child Labour）

承包商雇用童工时：不得以节约成本为目的，不得影响未成年人的教育，不得对未成年人的健康、生理、心理、精神、思想或者社交发展造成伤害。如果国家的相关劳工法中有关于雇用未成年人的规定，承包商应遵守此类规定。未满 18 周岁的未成年人不得从事危险的工作。

[6.22] 工人雇用记录（Employment Records of Workers）

承包商在现场应持有完整、准确的员工雇用记录。记录应包括他们的姓名、年龄、性别、工作时间以及所有员工的工资。这些记录按月汇总并提交给工程师。这些记录应包含在承包商按照条款 6.10 提交的"承包商人员和设备的记录"详细资料里。

[6.23] 工人组织 (Workers' Organizations)

若国家的劳工法赋予工人自主成立、选择加入工人组织，以及不受干涉的权利和谈判的权利，承包商应遵守这些法律。若劳工法严格限制工人组织的活动，承包商应为承包商人员表达不满提供其他渠道，并保护他们在工作条件和雇佣条款方面的权利。在上述的任一情况，或相关劳工法没有此类规定的情况下，承包商不得妨碍承包商人员自主成立、加入工人组织，不得妨碍其开展劳资谈判，不得歧视或报复那些加入，或寻求加入此类组织以及开展劳资谈判的承包商人员。承包商应当与此类工人代表交涉。工会组织应该公正地代表工人利益。

[6.24] 不得歧视并提供平等机会 (Non-Discrimination and Equal Opportunity)

承包商不得根据与工作内在要求无关的个人特点做出雇用与否的决定。承包商应在雇佣关系中提供平等的机会和公平的对待，不得在雇佣关系中存在歧视，包括招聘和雇用，赔偿（包括工资和津贴），工作条件和雇佣条件，培训机会，晋升，终止雇佣关系，或者退休，惩罚。若相关劳工法规定了在雇佣关系中不得存在歧视，承包商应遵守此类法律。若相关劳工法没有做出此类规定，承包商应遵守本条款的要求。为改正过去的歧视而采取的特殊的保护或帮助措施，以及基于工作内在的要求而采取的选拔措施不应该被视为歧视。

第 7 条 生产设备、材料和工艺 (Plant, Materials and Workmanship)

本条共 8 款，主要内容包括：

承包商应如何实施工程；

业主方人员的现场检查和检验；

工程师在什么情况下可拒收；

不合格工程的返工；

有关矿区使用费的规定。

[7.1] 实施方法 (Manner of Execution)

承包商应按照合同规定的方法、公认的良好惯例、恰当的施工工艺和方法进行生产设备的制造、材料的加工生产以及工程的其他作业。若合同无规定，应使用适当的设备和无公害的材料。

[7.2] 样品 (Samples)

承包商在将材料用于工程之前，应自费向工程师提交样品和资料，取得工程师的同意；样品包括制造商的材料标准样品和合同规定的样品；工程师可用变更指令的方式要求附加样品；样品上应列明原产地和在工程中的拟定用途。

[7.3] 检查 (Inspection)

业主的人员应有权在合理的时间内进入现场及天然料场，有权在生产设备制造、材料加工期间，检查、检验、测量和试验设备用材、工艺和进度。承包商应为上述工作提供方便，但业主方的检查并不解除承包商的任何义务和责任；在任何工作将要隐蔽、包装、储运之前，承包商应通知工程师及时前来检查，如工程师不来检查，应及时告知承包商，如承包商未通知工程师，当工程师要求时，承包商应自费打开已覆盖的工作供检查，随后复原。

[7.4] 检验（Testing）

本款规定适用于合同规定的所有检验（除"竣工后检验"）。

承包商为检验提供的服务包括：合格的人员；设备和仪器；电力、材料等消耗品；文件及有关资料。检验的时间和地点由工程师和承包商商定。

工程师可根据变更条款改变检验地点和要求或指示增加附加检验。如这类项目检验不合格，承包商应承担此项费用，如检验合格时，承包商可以索赔费用和工期。

工程师应将检验意图至少提前 24 小时通知承包商，如他未另发指示而又未来参加检验，则以承包商自行检验的结果为准。承包商应在检验后立即向工程师提交检验报告，如工程师未参加检验，则应认可该检验结果，若检验合格，工程师应在报告上签署或另发检验证书。如工程师变更了已约定好的检验，则承包商有权索赔工期、费用和利润。

[7.5] 拒收（Rejection）

如果发现任何生产设备、材料或工艺检验不合格时，工程师可拒收，承包商应立即修复缺陷使之达到合同要求；工程师有权要求对修复缺陷之处按相同的条件重新检验，如果由此导致业主增加了费用，业主可索赔。

[7.6] 补救工作（Remedial Work）

尽管已进行过检验或颁发了检验证书，工程师仍可要求承包商：

（a）更换不符合合同要求的材料和生产设备；

（b）返工不符合合同要求的工作；并且

（c）在意外情况时，实施为了保证工程安全的工作。

承包商应尽快执行；如果承包商没有执行，业主可另外雇工执行并向承包商索赔。

[7.7] 生产设备和材料的所有权（Ownership of Plant and Materials）

在（a）运达现场后，或

（b）根据第 8.10 款［暂停时对生产设备和材料的支付］规定，在工程暂停而承包商有权得到该相关付款时，（以先发生的条件为准）该设备和材料即归属业主所有，但应符合工程所在国的法律。

"2010 多边银行版"修改：（a）生产设备和材料成为工程一部分时，其所有权才视为业主所有。

[7.8] 矿区使用费（Royalties）

如规范中没有其他规定，则承包商应为在现场之外开采天然材料以及在现场之外弃置施工中开挖及拆除的废弃物及材料，支付一切费用。

第 8 条　开工、延误和暂停（Commencement, Delays and Suspension）

本条共 12 款，主要内容包括：

开工日期和竣工时间应如何确定；

进度计划应如何编制；

承包商的工期索赔和工程拖期时的补偿；

暂停与复工。

[8.1] 工程的开工（Commencement of Works）

如专用条件中没有规定，应在承包商收到中标函后 42 天内开工；工程师应至少提前 7 天向承包商通知开工日期；承包商应在开工日期后尽早开始实施工程。

"2010 多边银行版"修改：除非合同专用条件另有规定，开工日期的确定必须满足下列全部前提条件，并且在工程师的通知书中记录了双方对满足下列全部前提条件的认可，同时承包商收到了工程师开工指示的日期。

（a）双方签订了合同协议书，并且如果需要，该合同已获得该国相关部门的审批；

（b）业主按照 **2.4 款[业主的资金安排]**的规定，向承包商出示了其资金安排的合理证据；

（c）除非合同数据中另有规定，业主将现场的通道和占用许可以及 **1.13 款[遵守法律]（a）**中作为开工所需的各类许可证交给承包商；

（d）按照 **14.2 款[预付款]**，承包商收到了业主的预付款并向业主提供了预付款保函；

如果在收到中标函后的 **180** 天内，承包商仍然没有收到工程师的开工指示，则承包商根据 **16.2 款[承包商提出终止]**有权终止合同。

[8.2] 竣工时间（Time for Completion）

承包商应在相应的竣工时间内完成整个工程或区段。竣工的含义是：

（a）通过竣工检验；并且

（b）完成"工程和区段的接收"一款中要求的全部工作。

[8.3] 进度计划（Programme）

承包商应在收到开工通知 28 天内，向工程师提交一份详细的进度计划。当进度有变动时，应提交一份修订的进度计划。

进度计划的内容包括：

（a）工程实施顺序；

（b）指定分包商的工作；

（c）合同中规定的检查、检验的顺序和安排；以及

（d）一份支持报告，包括：各阶段的施工方法，人员和施工设备的数量等。

如果工程师在收到进度计划后 21 天内，未提出意见，则承包商可据之工作，业主的人员也可据之安排自己的工作；承包商应及时将未来可能影响工作、增加合同价格或延误工期的事件通知工程师。工程师可要求承包商估计事件的影响，按"变更程序"一款提出建议；当工程师指出工程进度不符合要求时，承包商应及时提交一份修正的进度计划。

[8.4] 竣工时间的延长（Extension of Time for Completion）

如果由于下列任一原因延误了工期，承包商可索赔工期：

（a）发生合同变更或某些工作量有大量显著变化；

（b）本合同条件中允许承包商索赔工期的原因；

（c）异常不利的气候条件；

（d）流行病或政府行为造成人员或货物不可预见的短缺；

（e）业主方或其他承包商的影响在现场造成的延误。

承包商应按索赔条款规定提出索赔。工程师在确定延长时间时，可审查已给出的延

期，但只能增加延期，不能减少已批准的延期时间。

　　"2010 多边银行版"删去：第（e）条中"在现场"。

[8.5] 当局引起的延误（Delays Caused by Authorities）

　　如果满足下列全部条件，承包商可提出工期索赔：

　　（a）承包商已经遵守了工程所在国合法当局制定的程序；

　　（b）当局延误或干扰了承包商的工作；

　　（c）这些延误或中断是承包商无法提前预见的。

[8.6] 进度（Rate of Progress）

　　如果工程实际进度太慢，不能按合同要求竣工，承包商又没有可能索赔工期，工程师可要求承包商提交一份修订的加快赶工的进度计划。为了赶工而增加的人员和设备费用以及其他风险费均由承包商承担。如果赶工计划导致业主的额外费用，业主可以索赔；如果承包商未能按时竣工，还应支付误期损害赔偿费。

　　"2010 多边银行版"增加：由于出现 8.4 款［竣工时间的延长］中的事件导致进度落后，工程师下令赶工，修改进度计划，产生的额外费用由业主负责，但承包商不再享有其他利益。

[8.7] 误期损害赔偿费（Delay Damages）

　　如承包商未按期竣工，应向业主支付误期损害赔偿费。拖期的天数为自合同竣工日期到接收证书上写明的实际完工日期之间的天数。误期损害赔偿费是承包商（除违约外）对此类违约应负的唯一赔偿责任，拖期每一天的支付标准和最高限额均在投标书附录中规定。

　　支付此赔偿费不解除承包商完成工程和合同中规定的其他义务和责任。

[8.8] 暂时停工（Suspension of Work）

　　工程师可随时指示承包商对局部或全部工程暂时停工，承包商应认真保护和保管该部分工程；工程师可通知承包商暂停工作的原因。如果是属于承包商的原因，则8.9款［暂停的后果］、8.10款［暂停时对生产设备和材料的支付］、8.11款［持续的暂停］三款不适用。

[8.9] 暂停的后果（Consequences of Suspension）

　　如果工程师指示暂时停工以及复工招致了承包商的损失，承包商可以索赔工期和费用；如果暂时停工是由于承包商的设计、工艺、材料缺陷所致，或暂停后承包商未保护好工程，则承包商无权索赔。

[8.10] 暂停时对生产设备和材料的支付（Payment for Plant and Materials in Event of Suspension）

　　当生产设备的生产或生产设备和材料的运送被暂停28天以上，并且承包商已将这些设备和材料标明为业主的财产时，承包商有权得到这些设备和材料的付款；支付的金额应为暂停日这些物品的价值。

[8.11] 持续的暂停（Prolonged Suspension）

　　如暂停超过84天，承包商可向工程师申请允许复工，如申请后28天内未得到复工许可，承包商可以将暂停的部分按"变更条款"视为删减项目，或如暂停影响到整个工程，承包商可按"承包商的终止"条款终止工程。

　　（注：但也可以不采取以上两项措施，继续等待工程师的复工指示。）

[8.12] 复工 （Resumption of Work）

工程师发出复工许可或指示后，应与承包商共同对受暂停影响的工程、生产设备和材料进行检查；承包商应负责修复暂停期间工程、生产设备和材料的任何缺陷、变质或损失，但可以索赔。

"2010 多边银行版"增加：承包商应在收到工程师根据第 13 条 ［变更与调整］的相应通知后，复工修复缺陷。

第 9 条 竣工检验 （Tests on Completion）

本条共 4 款，主要内容包括：

承包商在竣工检验中的义务；

如果检验被延误，各方应负的责任；

竣工检验未能通过时的处理方式。

[9.1] 承包商的义务 （Contractor's Obligations）

承包商在根据 4.1 款 ［承包商的一般义务］规定提交各种文件后，应按照本条和 7.4 款 ［检验］的要求进行竣工检验；承包商应至少提前 21 天将可以进行每项竣工检验的日期通知工程师，检验应在此后 14 天内，按工程师指定的日期进行；如业主提前使用了工程，竣工检验时应考虑到有关影响；通过竣工检验后，承包商应尽快向工程师提交正式的检验报告。

[9.2] 延误的检验 （Delayed Tests）

如竣工检验被业主方延误，按 7.4 款 ［检验］和 10.3 款 ［对竣工检验的干扰］中的相关规定处理；如竣工检验被承包商延误，工程师可通知承包商在接到通知后 21 天内检验，承包商应将确定的检验日期通知工程师；如承包商未能在接到通知后 21 天内进行竣工检验，业主的人员可自行进行检验，风险和费用由承包商承担，承包商应认可检验结果。

[9.3] 重新检验 （Retesting）

如工程未通过竣工检验，可按 7.5 款 ［拒收］的规定处理；工程师和承包商任何一方均可要求按照相同条件重新进行检验。

[9.4] 未能通过竣工检验 （Failure to Pass Tests on Completion）

如对工程或某个区段进行重新检验后仍未通过，则工程师有权：

（a）下令按第 9.3 款 ［重新检验］要求再次重复竣工检验；

（b）如工程中的问题使该工程或某个区段对业主基本上没有使用价值时，业主可拒收并按 11.4 款 ［未修复缺陷］(c) 的规定处理；或

（c）如业主提出要求，工程师可在对合同价格减扣后，颁发接收证书。

如果在合同中没有规定减扣方法，业主可要求：

（ⅰ）双方商定仅限于弥补业主的损失的减扣额，并在签发接收证书前支付给业主；或

（ⅱ）按第 2.5 款 ［业主的索赔］和第 3.5 款 ［决定］的规定，由工程师和双方商定或确定。

第 10 条　业主的接收 （Employer's Taking Over）

本条共 4 款，主要内容包括：

业主接收工程或区段的前提条件和承包商获得接收证书的程序；

业主接收部分工程的相关规定；

业主干扰承包商按时进行竣工检验时承包商的权利。

[10.1] 工程和区段的接收 （Taking Over of the Works and Sections）

当工程已按合同要求完工，通过竣工检验并颁发了接收证书或视为颁发了接收证书时，业主应接收工程；当承包商认为工程（或某区段）已完工，可在向业主移交之前的 14 天内，通知工程师，申请工程（或区段）的接收证书。工程师在收到申请后 28 天内，应：

（a）向承包商颁发接收证书，注明竣工日期以及在缺陷通知期中应完成的扫尾工作；或

（b）拒绝申请，指出承包商应完善的事项，当承包商完成后，可再度申请。

如果工程师在收到申请 28 天内，既不颁发接收证书又不拒绝申请，且工程基本符合合同要求，则可视为在 28 天的最后一天接收证书已签发。

[10.2] 部分工程的接收 （Taking Over of Parts of the Works）

在业主的自主决定下，工程师可为部分永久工程颁发接收证书，此后，业主即可使用该部分工程；如业主在颁发接收证书前，确实使用了任何部分工程，则：

（a）开始使用日期即为业主接收日期；

（b）自使用日开始，承包商将保管责任移交给业主；且

（c）如承包商要求，工程师应颁发该部分接收证书。

在工程师颁发该部分接收证书后，应要求承包商在缺陷通知期期满前进行竣工检验。如果由于业主的提前接收和/或使用导致承包商增加了费用，承包商可索赔费用和利润；如果对某部分工程（或区段）颁发了接收证书，则剩余工程的误期损害赔偿费的日费率应按工程价值相应减少，但误期损害赔偿费的最高限额不变。

[10.3] 对竣工检验的干扰 （Interference with Tests on Completion）

如由于业主方原因致使竣工检验在 14 天内不能进行，则应视为业主在本应完成竣工检验的日期接收了工程或区段；工程师应为之颁发接收证书，同时要求承包商在缺陷通知期期满前进行竣工检验，并应在检验前 14 天通知工程师。如果由于业主方原因拖延了竣工检验，招致了工期延误或增加了费用，承包商有权索赔工期、费用和利润。

[10.4] 需要复原的地表 （Surfaces Requiring Reinstatement）

对工程的某部分或区段颁发接收证书并不证明需要复原的地表工作已完成；除非在接收证书中注明这部分工作已经完成。

第 11 条　缺陷责任 （Defects Liability）

本条共 11 款，主要内容包括：

　　承包商在缺陷通知期的主要责任；

　　修复缺陷费用的承担；

　　延长缺陷通知期的条件；

　　签发履约证书的条件；

　　签发履约证书后承包商的工作。

[11.1] 完成扫尾工作和修复缺陷（Completion of Outstanding Work and Remedying Defects）

　　为使工程、承包商的文件和每个区段在相应的缺陷通知期期满时达到合同要求（合理的损耗除外），承包商应：

　　（a）在工程师指示的合理时间内，完成接收证书中注明的尚未完成的工作，并且

　　（b）在工程（或区段）的缺陷通知期期满前完成缺陷的修复。

　　如发现缺陷或损害，业主应通知承包商。

[11.2] 修补缺陷的费用（Cost of Remedying Defects）

　　以下原因造成的缺陷，应由承包商承担风险和费用：

　　（a）承包商负责的设计；

　　（b）生产设备、材料和工艺不符合合同要求；或

　　（c）承包商未能遵守任何其他义务。

　　上述原因之外的原因造成的缺陷，业主应立即通知承包商修复并按变更处理。

[11.3] 缺陷通知期的延长（Extension of Defects Notification Period）

　　如果由于缺陷或损害使工程、某区段或某生产设备无法按预定目的使用，业主有权索赔工期，即延长缺陷通知期，但延长期不得超过两年；

　　如由于业主方原因导致暂停了材料和生产设备的交付和/或安装时，则此类材料或设备原定的缺陷通知期届满 2 年之后，承包商不再承担修复缺陷的义务。

　　"2010 多边银行版"补充：如果缺陷是承包商的责任造成的，业主有权延长缺陷通知期。

[11.4] 未修复缺陷（Failure to Remedy Defects）

　　如承包商未及时修复缺陷，业主可通知承包商在限定的日期前修复缺陷；如届时承包商仍未修复应由他自费修复的缺陷，则业主可：

　　（a）自行或委托他人修复缺陷，由承包商支付费用，但承包商对此工作即不再承担责任；

　　（b）由工程师与双方商定或决定减扣合同价款；或

　　（c）如出现的问题使业主基本上不能获得工程或其主要部分的预期使用价值，业主可终止全部或该主要部分的合同，收回全部或部分工程款、融资费以及工程拆除、清理现场和将生产设备和材料退还给承包商所支付的费用。

[11.5] 移出有缺陷的工作（Removal of Defective Work）

　　如缺陷不能就地修复，业主可允许承包商将此部分生产设备移出现场修复；此时业主可要求承包商按照移出生产设备的全部重置成本增加履约保函额度，或提供其他适宜的担保。

[11.6] 进一步的检验（Further Tests）

如果修复工作可能影响工程性能，工程师应在修复后 28 天内发出通知，要求重新进行合同规定的任何检验；进行检验的条件应与以前一致，检验费用由应承担维修费的责任方承担。

[11.7] 进入权（Right of Access）

在签发履约证书之前，为了维修，承包商有权进入工程，但业主基于保安的要求，可以对承包商进行合理的限制。

[11.8] 承包商的调查（Contractor to Search）

如工程师要求，承包商应在工程师指导下调查缺陷产生的原因。如由于承包商的原因造成缺陷，则调查费和修复缺陷的费用应由承包商承担。否则，工程师应与承包商商定或确定向承包商支付的调查费用和利润。

[11.9] 履约证书（Performance Certificate）

只有当工程师向承包商颁发了履约证书，并在其中注明承包商完成合同义务的日期，才应认为承包商的义务已经完成；工程师应在最后一个缺陷通知期期满日之后 28 天内颁发履约证书；或在承包商提供所有承包商文件，完成了所有工程施工和检验，修复所有缺陷的条件下尽快颁发；履约证书副本应提交给业主。只有颁发了履约证书才应被视为对工程的认可。

[11.10] 未履行的义务（Unfulfilled Obligations）

颁发履约证书后，合同各方仍应完成当时未履行的任何义务；为此，合同应被视为仍然有效。

[11.11] 现场清理（Clearance of Site）

收到履约证书后，承包商应从现场撤走承包商的设备和多余的材料，并清理现场，否则，业主有权出售承包商的设备及清理现场，费用由承包商支付，或由出售设备的余款支付，多退少补。

第 12 条　计量与估价（Measurement and Evaluation）

本条共 4 款，主要内容包括：

实际工程量的计量程序和方法；

如何对承包商的工作进行估价；

有关工作删减的规定。

[12.1] 工程计量（Works to be Measured）

当工程师要计量工程时，应通知承包商一方派人协助并提供所需资料，如承包商未派人参加该部分工程的计量，则承包商应认可工程师的计量准确。

一般计量记录应由工程师准备，承包商应在现场对记录进行检查和协商，如达成一致，应签字确认，如未到场，则应认可工程师的记录；如承包商不认同该记录，应书面提出意见，工程师据之修改或确认；如承包商被要求检查记录后 14 天内未发出通知，则视为认可该记录。

"2010 多边银行版" 增加：在期中支付证书、竣工报表和最终支付证书的申请中，承包商应列明他认为依据合同他有权得到的金额以及详细说明款项的其他细节。

　　"2010 多边银行版" 增加：如承包商不认同该记录时，工程师应对其中没有异议的部分支付。

[12.2] 计量方法（Method of Measurement）

　　除合同另有规定外，无论当地有何惯例：

　　(a) 对永久工程的每项工作均应测量其实际完成的净值，并且

　　(b) 计量方法应符合工程量表或其他适用的资料表中的规定。

[12.3] 估价（Evaluation）

　　除合同另有规定，工程师应按照以上两款的计量方法和相应的单价或价格对各项工作进行估价，并商定或确定合同价格。

　　在确定每项工作适用的单价或价格时，如合同中有规定，则取规定值；如合同中未规定，则尽可能取类似值；但当合同中没有可参照的单价或价格时，在以下两种情况下，可参照有关事项或根据实施该工作的合理成本和利润，规定新的单价或价格：

　　(a) 不是子项"包干"，但必须全部满足下列三个条件：

　　(ⅰ) 一项工作的工程量变动超过工程量表中或其他资料表中数量的 10%；**（"2010 多边银行版"修改为：25%）**

　　(ⅱ) 变动的工程量乘以相应单价超过了中标合同金额的 0.01%；**（"2010 多边银行版"修改为：0.25%）**

　　(ⅲ) 此工程量变化直接造成该项工作每单位工程量成本的变动超过 1%。

　　或

　　(b) 变更项目：合同中无规定值或类似参考值时。（注：变更项目不需满足上面三个条件。）

　　工程师在确定适宜的费率和价格前，应确定临时费率或价格用于期中支付。

　　"2010 多边银行版" 增加：在承包商投标时，如果工程量表中的任何子项没有列出单价或价格，则认为该子项已包含在工程量表中其他的单价或价格中，不另外给予支付。

　　"2010 多边银行版" 增加：工程师应在相关工作开始后尽快确定临时单价。

[12.4] 删减（Omissions）

　　当任何工作的删减构成变更，且：

　　(a) 如该工作未被删减，承包商将产生的（或已产生的）费用，包含在中标合同金额内；

　　(b) 删减该工作导致此金额不构成合同价格的一部分；并且

　　(c) 此费用也不包括在任何替代工作的估价中时。

　　承包商有权得到费用补偿。如承包商不能就删减工作的价值与工程师达成一致时，他应致函工程师，并附证明材料，由工程师商定或确定此项费用，计入合同价格。

第 13 条　变更与调整（Variations and Adjustments）

　　本条共 8 款，主要内容包括：

　　工程师有变更工程的权利；

　　承包商可运用价值工程提出建议书；

　　暂定金额的概念和支付；

　　计日工的相关规定；

　　立法变动和物价波动导致的工期和费用的调整。

[13.1] 有权变更（Right to Vary）

　　在颁发接收证书前，工程师有权变更，或要求承包商就变更提出建议书；承包商应执行变更指令，但如不能得到相应货物，可暂不执行，并通知工程师；如果没有工程师的变更指令，承包商不得对永久工程做任何变动或修改。

　　涉及下列任一方面均可能构成变更：

　　（a）合同中任何工作内容数量的改变（但不一定必然构成变更）；

　　（b）工作的质量或特性的改变；

　　（c）工程某部分标高、位置和/或尺寸的改变；

　　（d）工程某部分的删减，但此删减的工作由他人实施的除外；

　　（e）永久工程所需的附加工作、生产设备、材料或服务，包括有关竣工检验、勘探工作等；

　　（f）实施工程顺序及时间安排的改变。

　　"2010 多边银行版"补充：如变更对工程的顺序或进度引起实质性的改变时，承包商可通知工程师，暂不执行他的变更指令。

[13.2] 价值工程（Value Engineering）

　　承包商可随时向工程师提出建议书，只要他认为此建议可缩短工期，降低造价，提高工程运行效率和/或价值，或对业主产生其他效益；承包商应自费编制此建议书，并应包括 13.3 款［变更程序］中所列的内容。如建议书中包含设计的内容，承包商应进行该部分设计，并对之负全部责任。如承包商的建议节省了工程费用，在某些情况下他可得到奖金。

　　（注：价值（Value）是指功能（Function）与成本（Cost）的相对比值。）

[13.3] 变更程序（Variation Procedure）

　　若工程师在发布变更指令前要求承包商提交建议书，他应尽快提交，否则，应说明原因。建议书应包括：变更工作的实施方法和计划；对工程总进度计划的调整以及变更费用的估算。工程师收到建议书后应尽快表态，承包商在此期间应照常工作；每一项变更均按第 12 条［计量与估价］的规定进行估价。

[13.4] 以适用货币支付（Payment in Applicable Currencies）

　　如合同价格是以一种以上货币支付时，变更时应规定适用的货币及款额；为此，应参照变更工作费用的实际或预期的货币比例，和合同价格支付的货币比例。

[13.5] 暂定金额（Provisional Sums）

　　暂定金额只有工程师才能动用，动用的款额构成合同价格的一部分。工程师指示承包商所作的涉及使用暂定金额的工作包括：

　　（a）由承包商实施的变更工作，按变更程序估价；

　　（b）由承包商从指定分包商或其他渠道采购生产设备、材料或服务，此时承包商应得到他为此实际支付的费用以及相应的管理费和利润（按资料表或投标书附录中列明的百分比）。

工程师有权要求承包商提交有关报价单、发票、凭证、收据等。

（注：暂定金额即为业主方的备用金。）

"2010 多边银行版"修改：将本款中"投标书附录"改为"合同数据"。

[13.6] 计日工（Daywork）

在合同中有计日工表的前提下，当工作中出现临时发生的或零星的工作时，工程师可用变更指令的方式要求承包商按计日工进行，同时按计日工表估价。

在要为某项工作订购货物之前，应向工程师提交报价单，申请支付时应提交货物发票等单据。

承包商应每日向工程师提交一式两份计日工表，内容包括：按计日工计算的人员的姓名、工种和工作时间，承包商的设备和临时工程的类别、型号和使用时间，所用的生产设备、材料的数量和类别。工程师在核实每份报表并签字后，退还承包商一份；承包商每月将工程师签字的计日工表的价格，事先列表报工程师，之后再列入月报表，申请支付。

[13.7] 因立法变动的调整（Adjustments for Changes in Legislation）

在基准日期后，如工程所在国的法律有改变（包括颁布新法，废除或修改现有法律），或对此法律的司法或政府解释有改变，影响承包商履约，合同价格应随之进行调整；如承包商因之遭受了损失，可以索赔工期和费用；工程师应在收到通知后，商定或确定承包商所申请的索赔。

"2010 多边银行版"补充：若立法变动造成的延误在上一个延期决定中已经予以考虑，则承包商无权再针对此延误获得延期；在费用方面，若调价公式的指数表中，已经考虑了延误的情况，则承包商无权再索赔费用。

[13.8] 因费用波动而调整（Adjustments for Changes in Cost）

在实施工程过程中，如人工、货物和其他投入的费用发生波动，则月支付款应按本款调价公式调整。可调价的部分是指按照资料表（工程量表）中的项目结算的部分，适用于支付的各种货币。但根据成本及现行价格估价的工作不予调整。

当调价对一些成本的涨落不能补偿时，中标合同金额应视为已包含这些成本涨落的应急费用。

如现行费用指数暂时不能得到，工程师可确定一临时指数用于月支付时的调价，随后得到现行费用指数后再进行调整。

如果承包商未能在原定竣工时间内完成工程，则价格调整应该适用工程竣工时间期满前第 49 天的各指数、价格或现行指数、价格两者中对业主更有利的。

只有当因为变更使"调整数据表"中所列的各项成本要素的权重（系数）变得不合理、不平衡和不适用时，才应对其进行调整。

（注：调价公式详见"新红皮书"13.8 款 [因费用波动而调整]，"数据调整表"以及相关规定详见"新红皮书"投标书附录及本书第二章第五节。）

"2010 多边银行版"修改："数据调整表"在"合同数据"中。

第 14 条　合同价格与支付（Contract Price and Payment）

本条共 15 款，主要内容包括：

合同价格的性质；

预付款的支付与扣还；

期中支付证书和最终支付证书的申请和签发；

材料和生产设备款的支付办法；

应支付的时间和延误支付的处理方法；

保留金的扣留与退还；

支付的货币及各类支付货币间的兑换率的规定。

[14.1] 合同价格（The Contract Price）

除非专用条件中另有规定：

（a）合同价格是按 12.3 款［估价］，用各子项的单价乘以实际完成的工程量之和，再加上子项包干价，并根据合同有关规定进行调整后的最终合同结算价；

（b）承包商应支付合同要求其支付的一切税费（合同价格包括此税费），但立法变更时允许调整。

（c）资料表（工程量表）中均为估计的工程量，不作为实施工程和正式结算的依据。

（d）承包商应在开工日后 28 天内向工程师提交资料表（工程量表）中每一包干的子项的价格分解表，供工程师支付时参考。

"2010 多边银行版"增加：尽管有子条款（b）的规定，但承包商仅仅为履行该合同而进口的承包商的设备及其必需备件，应免除进口税款。

[14.2] 预付款（Advance Payment）

业主应向承包商支付一笔无息预付款用于工程启动；投标书附录中应规定预付款的额度、支付次数、时间以及货币品种和比例。

工程师签发第一笔预付款证书的前提是：工程师收到期中付款申请报表，业主收到履约保函和预付款保函（保函由业主批准的国家的相应机构，按业主同意的格式开具）。

"2010 多边银行版"修改：该保函应由承包商选定的声誉良好的银行或者其他类型的金融机构，按照附在专用合同条件中的格式或者业主批准的其他格式出具。

承包商应保证预付款保函在归还全部预付款之前一直有效，但担保额度可随预付款的归还而减少。如在保函期满前 28 天仍未还清，则应延长保函有效期至预付款全部还清为止。

预付款应通过付款证书中按百分比扣减的方式扣还，如投标书附录中未规定这一百分比，则可按以下规定：

（a）开始扣还时间：当期中付款（不包括预付款和保留金的扣减与退还）累计超过中标合同金额与暂定金额之差的 10％时的付款证书开始；

（b）扣还比例：按预付款货币的品种与比例，扣还每次月支付证书中金额（不包括预付款和保留金的扣减与退还）的 25％，直到预付款还清为止；

"2010 多边银行版"修改：除非"合同数据"中另有规定，否则预付款应该按照第 14.6 款［期中付款证书的颁发］，由工程师通过期中支付证书中按百分比扣减的方式偿还，具体规定如下：

（a）开始扣还时间：当期中付款（不包括预付款和保留金的扣减与退还）超过中标合同金额与暂定金额之差的 30％时。

（b）全部还清时间：按预付款货币的品种与比例，以及合同数据中规定的百分率在每次月支付证书中（不包括预付款和保留金的扣减与退还）扣还，但在工程支付款达到中标合同金额与暂定金额之差的 90% 之前，应还清全部预付款。

如果在整个接收证书签发前，或根据第 15 条［业主提出终止］，或第 16 条［承包商提出暂停和终止］，或第 19 条［不可抗力］（视情况而定）的规定终止前，预付款尚未还清，则承包商应立即偿还剩余部分。

"2010 多边银行版"修改：如果在整个接收证书签发前，或根据第 15 条［业主提出终止］（但第 15.5 款［业主终止合同的权利］中规定的情况除外），或第 16 条［承包商提出暂停和终止］，或第 19.6 款［可选择的终止、支付以及解除履约］（视情况而定）的规定终止前，预付款尚未还清，则承包商应立即偿还剩余部分。

[14.3] 申请期中支付证书（Application for Interim Payment Certificates）

承包商应在每个月末之后，按工程师同意的格式向他提交一式六份的月报表，列出认为自己有权获得的款额，同时附上进度报告等证明文件。

月报表的内容和顺序如下（以应支付的货币表示）：

（a）截至月末已实施的工程和承包商的文件的估算合同价值（包括变更，但不包括以下（b）至（g）项所列项目）；

（b）因立法变动和费用波动导致的增减款额；

（c）保留金的扣除：按投标书附录规定的百分率乘上述两项款额之和，一直扣到保留金限额为止；

（d）预付款的支付与扣还；

（e）为生产设备和材料的预支款和扣还款；

（f）其他应追加或减扣的款项，如索赔款等；

（g）扣除所有以前的支付证书中已经确认的款额。

[14.4] 支付计划表（Schedule of Payments）

如合同中包括用于分期支付合同价格的支付计划表，则

（a）该表中所列的分期付款额对应上一款中的（a）项；

（b）第 14.5 款［拟用于工程的生产设备和材料］的规定不适用；

（c）如分期付款额不是按照工程的实际进度确定的，且工程的实际进度比计划进度慢时，则工程师可调整支付计划表。

"2010 多边银行版"修改：（c）如工程的实际进度比计划进度慢或提前，则工程师可调整支付计划表。

如合同中没有支付计划表，承包商应提交一份工程每季度用款估算书（但无约束力），第一份应在开工后 42 天内提交，以后每季度提交一份修正的季度用款估算书。

[14.5] 拟用于工程的生产设备和材料（Plant and Materials Intended for the Works）

期中支付证书中应包括已运抵现场的生产设备和材料的预支金额，当这些生产设备和材料已构成永久工程的一部分时，再将预支金额从期中支付证书中扣除。

工程师决定生产设备和材料预支金额的前提条件：

（a）承包商已准备好生产设备和材料的可供检查的记录（包括订单、收据、费用和使用情况）和购买生产设备、材料和运往现场的费用报表和证据；

以及（b）或（c）

（b）对于属于投标书附录中所列的装运付费的生产设备和材料，已运抵工程所在国，但正在运往现场途中，应当向工程师提交有装船的清洁提单或其他证明和相应生产设备和材料价值的保函，保函有效期至将生产设备和材料运达现场并妥善保管为止；或

（c）对于属于投标书附录中所列的现场交付时付费的材料和生产设备：这些材料和生产设备已运到现场并妥善保管。

生产设备和材料的预支金额额度为实际费用（包括运费）的 80%，由工程师根据凭证和合同价值确定，支付的货币与合同价值应支付的货币相同。

如投标书附录中未列出有预支金额的生产设备和材料清单则本款不适用。

"2010 多边银行版"修改：将本款中"投标书附录"改为"合同数据"。

[14.6] 期中支付证书的颁发（Issue of Interim Payment Certificates）

在业主收到和认可履约保证之前，不确认和办理付款。

工程师在收到月报表和证明文件后 28 天内，应向业主签发期中支付证书，包括支付金额及说明。在投标书附录中规定了期中付款证书的最低金额，当承包商月报表（扣除保留金等）中的款额低于此金额时，该月即不予支付，该款额转至下月支付。

"2010 多边银行版"补充：工程师应将期中支付证书递送给业主和承包商。如果工程师在支付证书中对承包商报表的款额有任何减少或扣留，则应提供详细说明。

"2010 多边银行版"修改：将本款中"投标书附录"改为"合同数据"。

如承包商提供的货物或工作不合格，在更换和修正前，可扣发相应价值；如进行的工作和服务达不到合同要求，则在该项工作或服务完成前，也可扣发相应的价值。但均不能扣发期中支付证书。工程师有权在任一次支付证书中改正以前支付证书中的错误。工程师颁发支付证书不表明对工作的批准和接受。

[14.7] 支付（Payment）

（a）支付第一笔预付款的时间：选择以下两个日期中较晚者：

（ⅰ）业主签发中标函后 42 天内；或

（ⅱ）承包商提交履约保证、预付款申请表和预付款保函之后 21 天内。

（b）业主应在工程师收到承包商的报表和证明文件后 56 天内，支付期中支付证书中已确认的款额；并且

（c）业主应在从工程师处收到最终支付证书后 56 天内，支付该证书已确认的款额。

各种货币的应付款应汇入合同指定的付款国承包商指定的银行账户。

"2010 多边银行版"增加：（b）业主应在工程师收到承包商的报表和证明文件后 56 天内，将期中支付证书中已证明的款额支付承包商，或当用于支付承包商的贷款暂停的情况下，业主应在工程师收到承包商的报表的 14 天内将承包商提交的任何报表中的款额支付给承包商，若有差错，可在下次支付中予以纠正。

"2010 多边银行版"增加：（c）业主应在从工程师那里收到最终支付证书后 56 天内，将该支付证书中证明的款额支付承包商，或在用于支付承包商的贷款暂停的情况下，根据 16.2 款[承包商提出终止]的规定，业主应在收到暂停贷款通知的 56 天内，将最终报表中的没有争议的那部分款额支付承包商。

[14.8] 延误的付款（Delayed Payment）

如承包商没有按时收到业主付款，他有权按合同规定应付款的日期，就未收到的款额按月计复利收取融资费。除非专用条款另有规定，融资费应以高出支付货币所在国中央银行的贴现率 3％的年利率计算，以同样货币支付。承包商有权得到上述付款而无需证明和通知，也不损害他的其他权利。

"2010 多边银行版"补充：如上述规定不可行，可使用银行同业拆息率（Interbank Offered Rate）。

[14.9] 保留金的支付（Payment of Retention Money）

当颁发相应的接收证书时：

对整个工程：退还金额 ＝ 保留金总额 × 50％

对区段或部分工程：

$$第一次退还金额 = \frac{区段或部分工程的估算合同价值}{整个工程的估算的最终合同价格} × 保留金总额 × 40％$$

在某区段的缺陷通知期到期后，应再次退还保留金：

$$第二次退还金额 = \frac{区段工程的估算合同价值}{整个工程的估算的最终合同价格} × 保留金总额 × 40％$$

在最末一个区段的缺陷通知期期满之后，工程师应将未付清的保留金余额全部支付给承包商；如在缺陷通知期内承包商仍有某些工作未完成，工程师有权扣发相应的费用；计算上述保留金比例时，不考虑立法改变和费用变动导致的调价。

"2010 多边银行版"修改：对按区段竣工的工程，应按该区段占整个工程的比例，在接收证书颁发后，该区段保留金的支付比例应为 50％。

"2010 多边银行版"补充：除非专用合同条件中另有规定，工程师签发接收证书和前一半保留金的支付证书后，承包商有权用保留金保函替换另一半保留金。该保函采用专用条件中所附或由业主批准的格式，并由承包商选择的声誉良好的银行或金融机构出具。该保函的金额和货币与另一半保留金相同，并在工程全部竣工和缺陷修复之前一直有效。业主在收到此保函后，工程师应向承包商签发另一部分保留金的支付证书，并由业主支付。第二部分保留金保函的退还按照本款规定执行。业主应在收到履约证书副本后的 21 天内将保留金保函退还给承包商。

如果履约保证是无条件保函，并且在签发接收证书时，保函的金额比保留金的一半还要多，则不需要另开保留金保函。如果履约保函的金额在签发接收证书时少于保留金的一半，则需要另开保留金保函，但保函的金额为保留金的一半和履约保函金额的差额。

[14.10] 竣工报表（Statement at Completion）

承包商在收到工程接收证书后的 84 天内，按照第 14.3 款 [申请期中支付证书] 的要求向工程师提交工程竣工报表及证明文件一式六份。竣工报表中应列明：

(a) 截止到接收证书上写明的日期，按合同要求已完成的所有工作的价值；

(b) 承包商认为应付的其他金额；

(c) 承包商认为根据合同规定将付给他的任何其他款项的估计数额（此数额单独列出）。

工程师应按颁发期中支付证书的规定予以确认。

[14.11] 申请最终支付证书（Application for Final Payment Certificate）

　　承包商在收到履约证书后 56 天内，应按工程师批准的格式，向其提交最终报表草案一式六份，附证明文件。最终报表草案中应列明：

　　（a）根据合同完成的所有工作的价值；

　　（b）承包商认为业主仍应支付给他的余额。

　　如工程师对此"草案"有异议，承包商应提交补充材料，双方商定对该草案进行修改后，再提交"最终报表"。

　　"2010 多边银行版"增加：工程师要求承包商提交最终报表草案补充材料的时限规定为工程师收到上述"草案"后 28 天内。

　　如双方仍对该草案有争议，工程师应就无争议部分向业主开具一份"期中支付证书"。争议部分按第 20 条［索赔、争议和仲裁］解决后，承包商根据解决的结果编制"最终报表"提交业主并抄送工程师。

［14.12］结清证明（Discharge）

　　承包商在提交最终报表时，应提交一份书面结清证明；结清证明上应确认，最终报表的总额即为应支付给承包商的全部和最终的合同结算款额；结清证明上可注明，直至承包商收到退还的履约保证和合同结算款余额的日期，结清证明才生效。

［14.13］最终支付证书的颁发（Issue of Final Payment Certificate）

　　在收到最终报表和结清证明后 28 天内，工程师应向业主发出最终支付证书；最终支付证书中应包括：

　　（a）最终应支付的金额；

　　"2010 多边银行版"修改：最终由工程师公平决定的应支付金额；

　　（b）在扣除业主已支付给承包商的款额和业主有权得到的全部款额后，还应支付给承包商的余额；或承包商需退还业主的款额。

　　如承包商未按规定申请最终支付证书，工程师应通知他提交，如通知后 28 天仍未提交，工程师可自行合理决定最终支付金额，并相应颁发最终支付证书。

　　"2010 多边银行版"补充：工程师应同时向业主和承包商签发最终支付证书。

　　FIDIC"新红皮书"、"新黄皮书"中，缺陷通知期开始后，有关各类报表、证书的提交及付款的顺序如图 4-1 所示。

［14.14］业主责任的停止（Cessation of Employer's Liability）

　　除最终报表和竣工报表中包含的款项要求外，业主不再对承包商承担有关责任；本款不限制业主因其赔偿义务或其他不当的行为应负的责任。

［14.15］支付的货币（Currencies of Payment）

　　合同价格应以投标书附录中指定的货币种类支付；以下规定适用于用一种以上货币支付的情况：

　　（a）如中标合同金额仅以当地币表示：

　　（ⅰ）当地币与外币的支付比例或款额，以及支付时使用的固定汇率均按投标书附录中规定执行，除非双方另有约定；

　　（ⅱ）暂定金额和因立法变动调价时，按适用的货币和比例支付；

　　（ⅲ）支付进度款时，除因立法变动调价者外，第 14.3 款［申请期中支付证书］一款中，期中支付证书中前 4 项内容按本款（a）中，（ⅰ）项规定执行；

说明：图中的括号内为"新红皮书"对应条款号

图 4-1 FIDIC "新红皮书"、"新黄皮书"中缺陷通知期开始后有关各类报表、

证书的提交及付款的顺序图

（b）误期损害赔偿费的支付也按投标书附录规定的货币及比例执行；

（c）承包商应支付业主的其他款项以业主开支的货币支付，或双方商定；

（d）如承包商应以某种货币支付给业主的金额超过业主应以该货币支付给承包商的金额，业主可由以其他货币支付给承包商的款额中弥补此差额；

（e）如投标书附录中未规定兑换率，则使用工程所在国中央银行在基准日期时的汇率。

"2010 多边银行版"修改：本款中以"付款货币表"替代"投标书附录"。

第 15 条　业主提出终止（Termination by Employer）

本条共 5 款，主要内容包括：

承包商的哪些违约行为可导致业主有权终止合同；

业主终止合同的程序；

业主终止合同后对承包商已完成工作的估价和支付；

业主出于自身的原因终止合同的权利。

[15.1] 通知改正（Notice to Correct）

如果承包商未能履行任何合同义务，工程师可通知他，要求他在规定的合理时间内改正。

[15.2] 由业主提出终止（Termination by Employer）

如承包商有下列任一行为，业主有权终止合同：

（a）未按规定提交履约保证，或在接到工程师通知改正后仍不改正；

（b）放弃工程或明确表示不再履行合同义务；

（c）无正当理由，未能按照第 8 条［开工、延误和暂停］的规定进行工程，或收到工程师按照 7.5 款［拒收］或 7.6 款［补救工作］发出有关质量问题通知后 28 天内不进行整改；

（d）未经必要的许可将整个工程分包出去，或将合同转让他人；

（e）承包商已破产、清算或已无力控制其财产；

（f）承包商及其雇员或分包商直接或间接地向任何人行贿，但不包括支付给其雇员的合法奖励。

当出现上述任一行为时，业主可提前 14 天通知承包商终止合同，并要求其离开现场。在发生上述（e）、（f）情况时，业主可发出通知立即终止合同。

业主终止合同不影响其根据合同应享受的其他任何权利。

此时承包商应撤离现场，并按工程师要求，将有关的货物、承包商的文件和有关设计文件交付给工程师。但仍应按业主通知，努力协助业主转让分包合同，保护人员、财产及工程的安全。

终止后，业主可自行或安排他人完成该工程，并可使用原承包商提交的上述物品和资料。在工程完工后，业主发出通知，将承包商的设备和临时工程在现场或其附近还给承包商。承包商应自费将其运走。如果承包商还欠业主款项，业主可将承包商的上述物品变卖，但扣除欠款后，应将余额归还承包商。

［15.3］终止日的估价（Valuation at Date of Termination）

业主发出的终止通知生效后，工程师应商定或决定工程、货物、承包商的文件的价值，以及承包商根据合同完成的其他工作应得的款项。

［15.4］终止后的支付（Payment after Termination）

业主发出的终止通知生效后，业主可以：

（a）按照第 2.5 款［业主的索赔］的规定进行索赔；

（b）在确定整个工程完工的费用前，暂不向承包商支付一切款项；和/或

（c）在根据第 15.3 款［终止日的估价］的规定算出应付给承包商的款项后，先从承包商处收回业主蒙受的损失、误期损害赔偿费和完成工程所需额外的费用，之后再将余额付给承包商。

［15.5］业主终止合同的权利（Employer's Entitlement to Termination）

业主有权在他需要时，随时通知承包商终止合同；终止生效日期以承包商收到业主终止通知后的第 28 天，或业主退还履约保证后第 28 天，以两者中较晚日期为准。终止合同后，承包商应执行第 16.3 款［停止工作和承包商设备的撤离］的规定，业主应按第 19.6 款［可选择的终止、支付以及解除履约］的规定支付。

不允许业主为了自己实施工程或安排其他承包商实施工程而终止合同。

（注：这一款的规定完全是考虑到业主方在某种特殊情况下的需要，与承包商是否违约没有任何关系。）

"2010 多边银行版"增加：业主不得为了避免"承包商提出终止"而提出终止。

"2010 多边银行版"增加 15.6 款：

［15.6］腐败或欺诈行为（**Corrupt or Fraudulent Practices**）

如果业主根据合理的证据，判定承包商为了获取合同或在合同实施过程中涉嫌参与贿

赂、欺诈、勾结或恐吓行为，则业主应根据第 15 条的规定，采用 15.2 款［由业主终止］终止合同，并提前 14 天通知承包商，将之驱逐出工地。

在工程实施过程中，如果根据合理的证据，承包商的员工涉嫌参与腐败、欺诈或威胁行为，则业主应根据合同第 6.9 款［承包商的人员］将其逐出现场。

［非洲开发银行贷款的合同：］

对本款而言：

"腐败行为"指采购过程或合同执行过程中，通过提供、给予、接受或索取有价物品来影响官员的行为；以及

"欺诈行为"指通过歪曲事实来影响采购过程或合同的执行，对贷款人造成损害，并包括投标人串标（在投标书提交前后），人为的使报价不具备竞争力，以使贷款人通过自由和公开的竞争所获得的利益受到损害。

第 16 条 承包商提出暂停和终止(Suspension and Termination by Contractor)

本条共 4 款，主要内容包括：

承包商暂停工作或放慢进度的含义；

业主的哪些行为将导致承包商有权终止合同；

承包商终止合同后的义务；

承包商终止合同后业主对承包商的补偿。

［16.1］承包商暂停工作的权利（Contractor's Entitlement to Suspend Work）

在以下任一情况下，承包商在至少提前 21 天通知业主后，有权暂停工作或放慢工作速度：

工程师未按合同规定时间签发支付证书；

业主未按合同规定提供资金证明；

业主未按合同规定支付工程款；

一直到上述有关问题获得解决。

即使承包商因此暂停工作或放慢工作速度，他仍有权对迟付的款项获得融资费，或终止合同；如承包商因暂停工作或放慢速度而受到损害，他有权索赔工期、费用和利润。如果承包商在发出终止合同通知前，已收到支付证书，或资金证明，或工程款，他应尽快合理的复工。

"2010 多边银行版"增加：除上述规定外，如果银行暂停了业主用于支付承包商的部分或全部实施工程的贷款，且业主不能得到 2.4 款［雇主的资金安排］中的替代资金，则承包商可以通知业主暂停工程或放慢施工的速度，但该通知至少在业主收到银行暂停贷款通知的 7 天后方可发出。

［16.2］承包商提出终止（Termination by Contractor）

出现下列任一情况，承包商均有权终止合同：

（a）业主未提供资金证明，承包商就此发出通知后 42 日内仍未收到该证明；

（b）工程师未能在收到报表和证明文件后 56 天内签发支付证书；

（c）承包商在合同规定的付款时间到期后 42 天内未收到应付款项；

（d）业主实质上未能履行合同义务；

（e）业主不按合同规定签署合同协议书，或违反合同转让的规定；

（f）如拖长的暂停工程影响到整个工程时；

（g）业主已破产、被清算或已无法控制其财产。

在上述（a）～（e）情况下，承包商可提前14天通知业主终止合同，（f）、（g）情况下可在通知后立即终止合同。

承包商选择终止合同不应影响其根据合同或其他规定所享有的任何其他权利。

"2010多边银行版"修改：（d）业主实质上未履行其合同义务，致使承包商的合同资金不平衡和/或使承包商不能恰当地履行合同的责任。

"2010多边银行版"增加：（h）按照8.1款［工程开工］，在开工准备工作已经完成后，没有收到工程师根据双方签订的协议发出的开工令。

在银行暂停业主用于支付承包商部分或全部工程款贷款的情况下，如果承包商在本该收到期中支付款的14天后仍没有收到付款，则承包商可以在不影响其按照14.8［延误的付款］索赔的权利下，立即采取以下的一项或两项措施：

（ⅰ）按照上述16.1款，暂停工程或放慢施工速度，或

（ⅱ）通知业主终止履行合同，同时抄送工程师，该终止在发出通知的14天后生效。

［16.3］停止工作和承包商设备的撤离（Cessation of Work and Removal of Contractor's Equipment）

不论由业主提出，或由承包商提出，或由于不可抗力导致的工程终止，在终止通知发出后，承包商应：

（a）停止所有进一步的工作，但工程师指示为保护生命、财产、工程安全的工作除外；

（b）移交承包商已得到付款的承包商的文件、生产设备、材料和其他工作；

（c）将安全所需之外的一切物品运离现场。

［16.4］终止时的支付（Payment on Termination）

当承包商提出终止合同后，业主应尽快：

（a）将履约保证退还承包商；

（b）根据19.6款［可选择的终止、支付以及解除履约］的规定向承包商支付；

（c）支付由此类终止导致的承包商的利润损失和其他损失。

第17条　风险与责任（Risk and Responsibility）

本条共6款，主要内容包括：

业主和承包商互为保障的内容；

工程照管的责任；

业主的风险及其后果的处理；

工程知识产权与工业产权的保护；

合同双方的赔偿责任限度。

［17.1］保障（Indemnities）

承包商应保障业主、业主的人员及其代理人在以下情况下免于承担索赔、损害赔偿

费、损失及相关的开支：

（a）由承包商设计、施工、竣工和修补缺陷引起，或在该过程中，如出现人身伤亡或疾病时（除非是由于业主及其人员的渎职、恶意行为或违约引起）；

（b）由承包商的设计、施工、竣工、修补缺陷等引起的，或在该过程中产生的，以及由承包商及其人员、其代理人的渎职、恶意行为或违约引起的，对任何财产的损害或损失；

"2010 多边银行版"修改：（b）由承包商设计、施工、竣工、修补缺陷等引起的对任何财产的损害或损失，除非此类损害或损失是由于业主、业主的人员、其代理人或他们直接或间接雇用的人员的渎职、恶意行为或违约引起的。

若由于业主及其人员的过失、故意行为或违约导致人员伤亡、疾病以及第 18.3 款 [人员伤害及财产损失保险] 中的例外责任事件，业主应保障承包商、承包商人员及其代理人免于承担有关索赔、损害赔偿费、损失和相关开支。

[17.2] 承包商对工程的照管（Contractor's Care of the Works）

从开工到接收证书颁发时，承包商应对工程和货物的照管负全部责任，除业主风险导致的原因外，损失一律由承包商自行承担。

整个工程（或区段，或部分工程）的接收证书颁发后，保管的责任即移交给业主，但承包商仍应负责扫尾工作的照管；在签发接收证书之后，如由于承包商的行为导致损失，或发生的损失是接收证书签发之前承包商负责的原因所致，他均应对损失负责。

[17.3] 业主的风险（Employer's Risks）

业主的风险包括：

（a）战争、敌对行为、外敌入侵活动；

（b）在工程所在国内叛乱、恐怖活动、革命、暴动、军事政变或篡夺政权，或内战；

（c）在工程所在国内人员（承包商的人员以及承包商和分包商的其他雇员除外）的暴乱、骚乱或混乱；

（d）工程所在国内的军火、爆炸物资、电离辐射或放射性引起的污染，但承包商使用此类材料引起的除外；

（e）由音速或超音速的飞机及其他飞行器造成的压力波；

（f）除合同规定之外，业主使用或占有的永久工程的任何部分；

（g）业主方负责的任何部分的工程设计；

（h）一个有经验的承包商无法合理预见并防范的自然力的作用。

"2010 多边银行版"增加：（b）工程所在国内叛乱、恐怖主义、非承包商人员的故意破坏、革命、暴动、政变等；

"2010 多边银行版"删除：（c）中"及承包商和分包商的其他雇员"。

[17.4] 业主风险的后果（Consequences of Employer's Risks）

如由于业主的风险导致对工程、物品或承包商的文件的损害，承包商应立即通知工程师，并按工程师的要求进行修复和补救；如承包商由此招致了损失，可按索赔条款提出工期和费用索赔；对于因业主的行为风险（上一款第（f）、（g）点）造成的损失，承包商还可以索赔利润。

[17.5] 知识产权和工业产权（Intellectual and Industrial Property Rights）

本款中"侵权"是指对工程有关专利、注册设计方案、版权、商标、商号、商业秘密等知识产权或工业产权的侵犯；"索赔"是指对一项侵权的索赔。如合同某一方在收到他人侵权索赔 28 天内，没有向另一方发出通知，则合同某一方即放弃了本款下述保障的权利：

业主对承包商的侵权保障包括以下任一方面：

（a）如承包商的侵权是履行合同要求不可避免的；或

（b）业主因以下原因使用任何工程的结果：

（ⅰ）业主未按合同规定的目的使用了工程而导致的侵权索赔；或

（ⅱ）如合同中没有规定或没有在基准日期前向承包商说明，业主在使用工程时，与不是承包商供应的物品联合使用而导致的侵权索赔。

承包商对业主的侵权保障包括以下任一方面：

（ⅰ）工程使用的任何货物的制造、使用、销售、进口等导致了侵权索赔；

（ⅱ）承包商负责的工程设计导致了侵权索赔。

受到侵权索赔的保障方应自费与提出索赔的权利人进行谈判、诉讼或仲裁。处理过程中，合同另一方应保障方的要求并由保障方承担费用的条件下，协助保障方对侵权索赔答辩。在答辩过程中，合同另一方不得作出对保障方不利的承认，除非保障方在另一方的要求下仍不去参加谈判、诉讼或仲裁。

[17.6] 责任限度 (Limitation of Liability)

无论是哪一方的损失（工程、利润、合同等直接或间接损失），保障方对另一方的赔偿责任仅限于 16.4 款［终止时的支付］与 17.1 款［保障］中规定的限度。

"2010 多边银行版"增加：无论是哪一方的损失（工程、利润、合同等直接或间接损失），保障方对另一方的赔偿责任仅限于 8.7 款［误期损害赔偿费］；11.2 款［缺陷修复费用］；15.4 款［终止后的支付］；16.4 款［终止时的支付］；17.1 款［保障］；17.4 款（b）［业主风险的后果］以及 17.5 款［知识产权与工业产权］中的特殊的规定。

除 4.19 款［电、水和燃气］、4.20 款［业主的设备和免费供应的材料］、17.1 款［保障］和 17.5 款［知识产权和工业产权］的规定外，承包商对业主的全部责任不超过专用条件中规定的限额；如无规定，不超过中标合同金额；如违约一方属于欺诈、故意违约或不轨行为，则本款不限制保障方的责任。

"2010 多边银行版"增加：

[17.7] 业主提供的生活设施 (Use of Employer's Accommodation/ Facilities)

如果在规范中规定了业主向承包商提供生活设施，则自业主向承包商移交该生活设施之日起，承包商对这些生活设施负照管责任，直到承包商归还这些生活设施（移交和归还日期在接收证书中注明）。

在承包商负责照管业主的生活设施期间，如果发生任何损失和损害（非业主原因），则承包商应按照工程师的要求自费修复损失和损害。

第 18 条　保险 (Insurance)

本条共 4 款，主要内容包括：

　　不论哪一方去投保，投保方的投保程序和要求；

　　工程、生产设备和承包商设备的保险要求；

　　对第三方人员和财产的保险要求；

　　对承包商的人员的保险要求。

[18.1] 保险的总体要求（General Requirements for Insurances）

　　投保方（Insuring Party）是指办理保险，并保持合同要求的各类保险有效的一方。如承包商是投保方，应遵循业主批准的条件办理保险，这些条件应与颁发中标函日期前双方商定的投保条件一致，这些条件优先于本款其他规定；如业主是投保方，他应按照专用条件中列出的具体条件去投保；如保险单中业主和承包商均为被保险人，当发生与自己有关的投保的事项时，均可单独运用该保险单提出保险索赔。当保险单对附加联合被保人提供保障时，业主可替业主的人员进行保险索赔；其他被保险人员无权直接与保险公司交涉或直接获得付款，均由承包商统一办理。

　　"2010 多边银行版"增加：如果业主为投保方，他应按照双方在业主发出中标函之前达成的保险协议进行投保。该保险协议的优先权高于本条规定。

　　投保方应要求所有被保险人遵守保单规定，理赔货币应与修复损害所用货币相同；投保方在支付了保险费后，在投标书附录中规定的期限内将支付保险费的证据和保险单副本提交对方并通知工程师。

　　投保方应保持使保险公司随时了解工程变化，并随之增减保险内容，没有得到另一方的事先批准前，任一方均无权对保单做出实质性的修改；若投保方未能及时补办保险，本合同另一方可去办理，并有权从投保方收回补办保险的费用，合同价格也将随之调整。

　　本条规定不限制合同中双方的义务、责任和职责。如投保方对应办的保险未去办理，也未征得对方同意，则发生本应能从保险公司索赔的情况应由投保方赔付。

　　"2010 多边银行版"增加：承包商有权与任何合格成员国（Eligible Countries）的保险公司办理一切与合同相关的保险（包括，但不限于 18 条中提及的保险）。

[18.2] 工程和承包商设备的保险（Insurance for Works and Contractor's Equipment）

　　投保方应为工程、生产设备、材料和承包商的文件办理保险，投保金额应不低于全部重置成本，包括拆除、运走废弃物的费用、专业费用和利润。

　　保险有效期应为保险证据生效至颁发履约证书的日期，保险范围为在此期间承包商负责的或造成的损失和损害。

　　投保方应为承包商的设备投保，保险金额不低于其全部重置价值并包括运至现场的费用。保险期限为由开始运往现场至使用期结束。

　　如专用条款无相反规定：

　　（a）本款规定的保险由承包商以合同双方的名义办理；

　　（b）双方有权联名向保险公司投保并索赔，以之作为修复损害的专用款；

　　（c）保险应覆盖"业主的风险"以外的全部风险；

　　（d）保险应覆盖由于业主使用一部分工程而对另一部分工程造成的损失，以及业主的风险中第（c）、（g）、（h）项风险导致的损失（但不包括按合理商业条件不能投保的风险），对业主风险的保险每次的免赔额不得大于投标书附录中规定的数额，如无此规定，则不对此类业主风险保险；

"2010 多边银行版"修改：

（b）保险应以双方联合名义，双方有权联合向保险公司索赔和获取赔偿款，然后，将该款分配给承担损失的一方；

（d）保险应覆盖由于业主使用一部分工程而对另一部分工程造成的损失，以及业主的风险中第（c）、（g）、（h）项风险导致的损失（但不包括按合理商业条件不能投保的风险），免赔额不得大于合同数据表中规定的数额，如数据表中无此规定，则本段的规定不适用。

（e）保险可以不包括下列情况的损失、损害和修复：

（ⅰ）由于设计、材料、工艺等缺陷导致处于缺陷状态的工程部分（但除非符合下面（ⅱ）的情况，否则由这种缺陷直接导致的其他任何部分的损失、损害仍需保险）；

（ⅱ）为修复由于设计、材料或工艺缺陷造成的处于缺陷状态的工程部分而导致其他部分工程的损失和损害；

（ⅲ）业主已接收的工程部分（但承包商应对损失、损害负责的除外）；

（ⅳ）未运到工程所在国的货物。

如在基准日期一年后，上述（d）项应保险内容不能再按合理的商业条件继续投保，承包商应通知业主，并附证据，业主在收到此证据后，应：

（ⅰ）按索赔程序从承包商处收回此笔原定的保险费；

（ⅱ）如业主也不能按合理商业条件办理此保险，则认为业主已批准删减了此保险。

[18.3] 人员伤害及财产损失保险（Insurance against Injury to Persons and Damage to Property）

投保方应办理第三方保险，即在履约证书颁发前，为除工程、承包商的设备、承包商人员之外可能造成的财产损害和人员伤亡办理保险；此保险对每次事件发生的保险金额应不低于投标书附录中规定的数额，事件发生的次数不限。

如专用条件没有相反的规定：

（a）由承包商作为投保方办理和维持保险，

（b）应以各方联合的名义投保，

（c）保险的财产应包括 18.2 款 [工程和承包商设备的保险] 未包括的，可能受承包商施工损坏的业主财产，

（d）可不包括以下事项引起的责任：业主在土地上实施工程和占有土地的权利，承包商施工及修补缺陷必然导致的损害，业主的风险中的某些事项（但按合理商业条件可保险者除外）。

[18.4] 承包商人员的保险（Insurance for Contractor's Personnel）

承包商应为其雇用的任何人员的伤亡和疾病导致的赔偿责任办理保险；业主和工程师也应由该保单得到保障，但不包括业主和业主人员的行为疏忽引起的损失。

此保险应在这些人员参与实施项目的整个期间保持有效；分包商人员的保险由分包商办理，但承包商应负责要求分包商符合本条规定。

"2010 多边银行版"增加：除业主和业主人员的任何行为或疏忽引起的损失和索赔外，该保险应保障业主和工程师不对任何承包商的人员的伤害、患病、疾病或死亡承担索赔、损害赔偿费、损失和开支（包括法律费用和开支）的责任。

第 19 条　不可抗力 (Force Majeure)

本条共 7 款，主要内容包括：

在本合同条件中对不可抗力的定义；

发生不可抗力后双方各自的责任；

双方对不可抗力造成的后果各自承担的责任和义务；

不可抗力导致终止合同时的处理方法；

由于法律的规定导致解除履约时的处理方法。

[19.1] 不可抗力的定义 (Definition of Force Majeure)

凡满足下列全部条件的事件或情况构成不可抗力：

（a）一方无法控制的，

（b）在签订合同前，该方无法合理防范的，

（c）事件发生后，该方不能合理避免或克服的，

（d）该事件本质上不是由合同另一方引起的。

在满足上述全部条件下，下列任一事件均为不可抗力（但不限于此）：

（ⅰ）战争、敌对行为、入侵、外敌活动，

（ⅱ）叛乱、恐怖活动、革命、暴动、军事政变或篡夺政权，或内战，

"2010 多边银行版"补充：（ⅱ）叛乱、恐怖活动、除承包商人员之外的破坏活动、革命、暴动、军事政变或内战；

（ⅲ）承包商的人员和承包商及分包商的其他雇员之外的人员的暴乱、骚乱、混乱、罢工或封锁工程，

"2010 多边银行版"修改：（ⅲ）承包商人员之外的人员的暴乱、骚乱、秩序混乱、罢工或封锁工程；

（ⅳ）战争军火、爆炸物资、电离辐射或放射性污染，但承包商使用此类材料引起的除外，

（ⅴ）地震、飓风、台风、火山爆发等自然灾害。

[19.2] 不可抗力的通知 (Notice of Force Majeure)

如一方因不可抗力影响到履约，应向另一方发出通知，并说明已经或将要受到阻碍履约的各项义务，此通知应在一方觉察到（或应觉察到）不可抗力事件发生后 14 天内发出；发出通知后，该方应在由于不可抗力阻碍履约期间，免于履行该义务；本条的任何规定均不影响合同一方向另一方的支付义务。

[19.3] 将延误减到最小的义务 (Duty to Minimize Delay)

各方都应尽力使不可抗力事件对履约造成的任何延误降至最小；当一方不再受不可抗力影响时，应向另一方发出通知。

[19.4] 不可抗力的后果 (Consequences of Force Majeure)

若承包商受到不可抗力影响，且按规定向业主方发出通知，则：

（a）承包商可索赔工期；

（b）对 19.1 款［不可抗力的定义］中第（ⅰ）、（ⅱ）、（ⅲ）、（ⅳ）类不可抗力，且（ⅱ）、（ⅲ）、（ⅳ）类情况发生在工程所在国时，承包商可索赔费用。

"2010 多边银行版"补充：若费用是由于第 19.1 款［不可抗力的定义］中列举的第（ⅰ）、（ⅱ）、（ⅲ）、（ⅳ）类不可抗力引起的，并且（ⅱ）、（ⅲ）、（ⅳ）类的情况发生在工程所在国，则承包商可索赔费用。该费用包括为修复或重建被不可抗力损害或破坏的工程和（或）货物所需的费用（如果该费用不能从 18.2 款［工程和承包商设备的保险］中获得保险赔偿）。

［19.5］不可抗力影响分包商（Force Majuere Affecting Subcontractor）

若承包商与分包商签订的分包合同中，遇到同样的不可抗力时，分包商从承包商处得到的补偿如果大于承包商从业主处得到的补偿，对于超出部分，由承包商承担，业主不予补偿，承包商也不能以此为借口而影响履约。

［19.6］可选择的终止、支付以及解除履约（Optional Termination，Payment and Release）

若工程被某一不可抗力事件连续耽误 84 天，或间断耽误累计超过 140 天，双方中的任一方均可发出终止通知，7 天后合同终止生效。此时承包商可按第 16.3 款［停止工作和承包商设备的撤离］，停止工作，并将施工设备等撤离现场。

终止合同后，工程师应随即确定承包商已完成的工作的价值，并签发支付证书；该支付证书中包括的款项有：

（a）合同中标明了价格的任何完成的工作的款项；

（b）已交付给承包商的为工程定购的或承包商按合同已采购而不能退货的生产设备和材料的款项，但业主付款后，此类物品应为业主的财产，承包商应交付给业主；

（c）承包商在预期要完成工程的情况下，合理招致的任何其他费用或债务；

（d）承包商将临时工程或施工设备运回自己本国的存放场地的费用（或运往其他目的地，但费用不能超过前者）；

（e）合同终止时承包商在工程上雇佣的雇员的遣返费。

［19.7］根据法律解除履约（Release from Performance under the Law）

如果发生的事件（包括但不限于不可抗力的事件），双方无法控制，使得双方或一方履约已不可能或已经违法，或者合同适用的法律赋予合同双方放弃进一步履约的权利，则在一方通知另一方后，合同双方解除进一步履约的义务，但不影响履约解除之前，一方因违约而赋予另一方的权利；业主向承包商支付的款额依据第 19.6 款［可选择的终止、支付以及解除履约］的规定执行。

"2010 多边银行版"删除：本款标题中"根据法律"（under the Law）。

第 20 条 索赔、争议和仲裁（Claim，Disputes and Arbitration）

本条共 8 款，主要内容包括：

承包商索赔的程序；

争议评判委员会（DAB）的组成和运作机制；

仲裁的前提、规则和程序；

通过 DAB、友好解决和仲裁解决争议的途径。

［20.1］承包商的索赔（Contractor's Claims）

若承包商认为他有权索赔工期和款项，应在他得知或应当得知索赔事件发生后 28 天内向工程师发出通知，否则他将丧失该项索赔的全部权利；承包商还应提交合同要求的其他通知和支持索赔的详细材料。承包商应保持有关的同期记录，工程师可查阅并可以要求复印这些记录。承包商应在索赔事件发生后 42 天内或工程师认可的期限内，提交详细的索赔报告，包括索赔依据、索赔的工期和款额。

如引起索赔的事件是连续性的，则承包商应每月递交一份报告，说明情况以及累计的索赔时间和/或款额。在索赔事件结束后 28 天内或工程师同意的期限内，递交最终索赔报告。

工程师应在收到索赔报告 42 天内（或工程师提出经承包商同意的时间内）做出回应，表示批准、不批准或要求补充资料；每一份付款证书中，承包商只能得到他已证明并经工程师批准的那一部分索赔款额；工程师在决定批准承包商的工期和款项索赔之前应与双方商定或确定；本款与其他和索赔有关条款的规定互为补充，承包商如果违反，可能失去相应的索赔权。

"2010 多边银行版"修改：将"争议评判委员会"改为"争议委员会"（Dispute Board，DB）。（在本条以下各款中均同）

"2010 多边银行版"增加：如果工程师在本款规定的时间框架内没有做出响应，则任一方均可认为工程师拒绝该索赔，并将按照 20.4 款提交给争议委员会解决。

[20.2] 争议评判委员会的任命（Appointment of the Dispute Adjudication Board）

合同双方应在投标书附录中规定的日期前，联合任命一个争议评判委员会（DAB），DAB 可由一人或三人组成，如为三人时，双方各推荐一人并报对方认可，双方同这二人共同推选商定第三人，由第三人担任 DAB 主席；如果合同中包括备选成员名单，除不能或不愿接受任命外，成员应从名单上的人员中选择；合同双方与 DAB 签订协议书并商定委员及其咨询专家的报酬，双方各担负报酬的一半；双方有权共同解聘 DAB 的任何成员或任命新成员，但不能单方面行动；一般当"结清证明"生效后，DAB 的任期届满。

经双方同意，他们可以在任何时候联合将某事项交由 DAB 提出意见，如果一方未得到另一方同意，则不应单独与 DAB 商谈任何事项。

"2010 多边银行版"补充：DB 将按"合同数据"中的规定由 1 人或 3 人组成，每个成员应能流利使用合同规定语言进行交流。对所实施的工程以及合同文件的解释具有专业经验。

"2010 多边银行版"修改：如果合同双方未能在"合同数据"中规定日期前的 21 天内联合指定 DB 的全部成员，并当 DB 是三人时，各方应指定一名成员并由另一方批准。这两名 DB 成员将一致推荐第三名成员，而合同双方均应同意此成员作为 DB 的主席。

"2010 多边银行版"修改：如果争议委员会的任一成员拒绝此工作或由于死亡、能力不足、辞职、委任到期等原因不能履行其职责时，则应按照本条款的规定安排合适的替代人选。

[20.3] 对 DAB 未能达成一致（Failure to Agree Dispute Adjudication Board）

"2010 多边银行版"修改：对 DB 的组成未能达成一致（Failure to Agree on the Composition of Dispute Board）

如果在任命 DAB 成员过程中发生下列任一情况：

（a）合同双方未能在规定日期就任命一名 DAB 成员达成一致；

（b）合同一方未能在规定日期向对方提出 DAB 人选（三人委员会）；

（c）合同双方未能在规定日期就第三位 DAB 成员达成一致；

（d）DAB 任一成员拒绝或不能履行职责后 42 天内，双方未能就替代人选达成一致。

此时可由投标书附录中指定的任命机构或官员，在与双方协商后任命 DAB 成员，该任命是终局性的。合同双方向任命机构或官员各支付任命工作报酬的一半。

"2010 多边银行版"补充：（b）合同一方未能在规定日期向对方提出 DB 人选（三人委员会）时，或未能批准对方提名的人选时。

［20.4］获得 DAB 的决定（Obtaining Dispute Adjudication Board's Decision）

合同任一方均可将该争议事项以书面形式提交 DAB 主席，副本送交另一方和工程师，合同双方均可就此争议提供附加资料和信息；DAB 应在收到提交的争议后 84 天（或可能由 DAB 建议并经双方同意的此类期限）内做出决定，并说明理由，决定应对双方具有约束力；如果任一方对 DAB 的决定不满意，或 DAB 未能在收到一方提交材料后 84 天（或可能由 DAB 建议并经双方同意的此类期限）内做出决定，则任一方均可在此后 28 天内向另一方发出不满意通知，否则任一方均无权申请仲裁；如果双方在收到 DAB 决定后 28 天内，均未发出不满意通知，则该决定应为最终局的，对双方均有约束力。

在 DAB 调停争议过程中承包商应继续施工。

"2010 多边银行版"补充：只有对 DB 的决定给出不满意通知后，才可以启动争议仲裁。

［20.5］友好解决（Amicable Settlement）

如果任一方对 DAB 的决定已发出不满意通知，双方在仲裁开始之前，应努力友好解决争议；除非双方另有商定，且双方未能友好解决，仲裁可在不满意通知发出后 56 天后开始。

"2010 多边银行版"修改：除非双方另有商定，即使没有努力通过友好方式解决争议，只要根据第 20.4 款一方发出不满意和启动仲裁意向 56 天后，就可以将争议提交仲裁。

［20.6］仲裁（Arbitration）

如 DAB 的决定未能成为终局决定，双方也未能友好解决，则争议应按合同约定的国际仲裁解决；除非双方另有约定：

（a）仲裁应根据国际商会仲裁规则进行；

（b）根据国际商会仲裁规则任命三位仲裁员；

（c）按合同规定的语言进行。

仲裁员有权查阅与争议有关的一切文档（包括工程师的决定和 DAB 的决定）；工程师可被传作证人，并可向仲裁员提供证据，合同双方在仲裁过程中均可补充理由和证据；仲裁可在工程竣工之前或之后进行，但合同双方、工程师和 DAB 的义务，均不应因仲裁工作而改变。

DAB 的任何决定均可作为仲裁的证据。

"2010 多边银行版"增加：合同各方代表和工程师均可以作为仲裁过程中的证人。

"**2010 多边银行版**"修改：若各方之间基于合同产生或与合同相关的任何争议，没有按照上述第 20.5 款的规定友好解决的，且 DB 的决定（如果有）不具有终局效力和约束力的情况下，争议最终应通过仲裁来解决。仲裁应按以下规定进行：

（a）如果合同承包商为外国人

（ⅰ）对于由所有参与银行提供融资的合同（下述子条款（a）（ⅱ）中亚洲开发银行的规定除外）：国际仲裁

（1）应按照合同数据中指定的仲裁机构的执行程序，及该仲裁机构的仲裁规则进行；或者

（2）如果在合同数据中如此规定，则按照联合国国际贸易法委员会（UNCITRAL）的仲裁规则进行国际仲裁；或者

（3）若在合同数据中规定的仲裁机构或者联合国国际贸易法委员会（UNCITRAL）的仲裁规则均不适用，则按照国际商会（ICC）规定的程序及其仲裁规则，指定一名或者多名仲裁员进行仲裁。

（ⅱ）如果是通过亚洲开发银行进行融资的合同：国际仲裁

（1）应该按照合同数据中规定的仲裁机构的执行程序和仲裁规则进行，除非合同数据中规定仲裁应按照 UNCITRAL 的规则进行，并且如果 UNCITRAL 规则也是如此规定，则双方约定的仲裁机构就为"指定机构"，并对仲裁进行管理。或者

（2）如果合同数据中未指定仲裁机构，则仲裁按照新加坡国际仲裁委员会（SIAC）的仲裁程序，依据其仲裁规则，由按照上述规则的规定指定的一个或者多个仲裁员进行。

（b）如果是与当地承包商签订的合同，仲裁的程序应按照业主所在国的法律。

仲裁的地点应为合同数据中规定的中立地区，且仲裁语言应与 1.4 款［法律和语言］中规定的沟通语言一致。

［20.7］未能遵守 DAB 的决定（Failure to Comply with DAB's Decision）

如双方在规定的 28 天时间内，对 DAB 的决定未发出不满意的通知，该决定应对双方具有约束力。

如合同任一方随后不执行该决定，另一方可将此事件提交仲裁；此时其他程序（包括友好解决）均不适用，而另一方同时还享有合同规定的其他权利。

［20.8］DAB 的任期届满（Expiry of DAB's Appointment）

如 DAB 任期结束或其他情况使争议发生时没有 DAB 在工作，此时，双方可直接将争议提交仲裁。

通过 DAB（DB）方式解决争议或走向仲裁的程序如图 4-2 所示，图中的①～⑥为解决争议的六个途径。

图 4-2　FIDIC "新红皮书"、"新黄皮书" 中通过 DAB（DB）方式
解决争议或走向仲裁的程序

第三节　FIDIC《施工分包合同条件》

FIDIC《施工分包合同条件》（2011 年第一版）是与 FIDIC《施工合同条件》（1999 年第一版）以及 FIDIC《施工合同条件》（2010 年多边开发银行协调版）配合使用的，该分包合同条件取代了 FIDIC《土木工程施工分包合同条件》（1994 年第一版）。

《施工分包合同条件》首先以流程图的直观形式表现分包合同特有的关键活动的顺序。

这些流程图包括：施工分包合同实施过程中重要事件的典型顺序、第 14 条中支付事件的典型顺序和第 20 条中分包合同争议事件解决的顺序。这些流程图只作为图解说明，不能用于分包合同条件的解释。

《施工分包合同条件》通用条件包含了 20 条，94 款。20 条包括：定义和解释，主合同，承包商，分包商，分包合同的转让和分包，合作、职员和劳工，施工机械、临时工程、其他设施、生产设备和材料，开工和竣工，竣工检验，分包工程的竣工和接收，缺陷责任，计量和估价，分包合同的变更和调整，分包合同的价格和支付，主合同的终止和由承包商终止分包合同，分包商提出的暂停和终止，风险和保障，分包合同保险，分包合同的不可抗力，通知、分包商的索赔和争议。

专用条件的内容主要包括专用条件的编写指南，及部分范例条款。在使用专用条件中的任何范例措辞之前，必须确定该范例适用于特定的情况，否则，必须进行修改。如果对范例措辞进行了修改，或者在专用条件中加入了额外内容，则必须注意确保没有对分包合同通用条件或者在分包合同专用条件的条款之间产生歧义。专用条件与对应条款号的通用条件共同决定双方的权利和义务。

专用条件的 7 个附件，包括：附件 A 主合同要点；附件 B 分包工程范围和分包合同文件一览表；附件 C 提前竣工奖励，承包商的接收和分包合同工程量表；附件 D 施工机械、临时工程、设施和由承包商供应的免费材料；附件 E 保险；附件 F 分包合同计划；附件 G 其他事项。

专用条件还附有以下 4 个样本格式，包括：分包商报价函；分包商报价书附录；承包商发出的中标函；分包合同协议书。分包合同中重要事件的典型程序见图 4-3 所示。

图 4-3 施工分包合同实施过程中重要的典型顺序

下面主要介绍《施工分包合同条件》（2011 年第一版）中通用条件的主要内容，下文中各标题前［ ］内的数字为该文本原版相对应的款号。

第1条 定义和解释 （Definitions and Interpretation）

本条共11款，主要内容包括：

本合同条件中的关键术语的含义；

本合同文件的组成及优先顺序；

合同语言、法律和联营体的规定；

合同双方的通信联络、分包合同区段和分包商与业主之间的合同关系。

[1.1] 分包合同的定义 （Subcontract Definitions）

在分包合同的专用条件、通用条件及其附录中的措辞及用语，除上下文另有要求外，都应该具有主合同赋予它们的含义，但以下措辞及用语应具有本款所赋予的含义：

[1.1.1] 分包合同中标金额 （Accepted Subcontract Amount）

是指承包商在中标函中接受的、为实施和完成分包工程，以及修补任何缺陷的金额。

[1.1.2] 附件 （Annex）

是由承包商和/或分包商填写的，所有附在分包合同专用条件下的附件，包括附件A、附件B和附件C等。

[1.1.3] 分包商的报价书附录 （Appendix to the Subcontractor's Offer）

指附在分包商的报价书之后已填写完成的附录，它构成分包商报价书的一部分。

[1.1.4] 承包商 （Contractor）

指分包商的报价书附录中指定的当事人，以及此当事人的合法继承人。除非分包商同意，不指此当事人的任何受让人。

[1.1.5] 承包商的指示 （Contractor's Instruction）

是由承包商的分包合同代表做出的指示。

[1.1.6] 承包商签发的中标函 （Contractor's Letter of Acceptance）

指承包商签署的对分包商报价书的正式接受函，包括任何所附的由合同各方达成并签订的协议构成的备忘录。

[1.1.7] 承包商的分包合同代表 （Contractor's Subcontract Representative）

指承包商在分包商的报价书附录中指定的，或根据第6.3款［承包商的分包合同代表］随时指定的代表承包商的当事人。

[1.1.8] 业主 （Employer）

指附件A的A部分中名称为业主的当事人和其合法继承人，或此类当事人的受让人。

[1.1.9] 工程师 （Engineer）

指业主为主合同目的而指定作为工程师工作，并在附件A的A部分中指明的人员，或者是业主随时指定并根据主合同通知承包商并由承包商通知分包商的其他当事人。

[1.1.10] 分包商的报价函 （Letter of Subcontractor's Offer）

指由分包商填写完成的，名称为分包商的报价函的文件，包括提交给承包商的已签字的分包工程报价。

[1.1.11] 主合同 （Main Contract）

指业主与承包商之间签订的有关主包工程的合同，其要点在本附件A的A部分中给出。

[1.1.12] 主合同 DAB（Main Contract DAB）

指主合同下指定的争议评判委员会。

[1.1.13] 主合同竣工检验（Main Contract Test on Completion）

是指由分包商根据第 9.1 款［分包合同的竣工检验］规定在分包工程竣工时进行的检验，构成主合同竣工检验的一部分。

[1.1.14] 主包工程（Main Works）

指主合同定义的工程。

[1.1.15] 一方（Party）

指承包商或分包商（根据上下文而定），承包商和分包商统称为"合同双方"（the Parties）。

[1.1.16] 分包合同（Subcontract）

指合同双方之间的协议，由第 1.5 款［分包合同文件的优先次序］中列出的文件组成。

[1.1.17] 分包合同协议书（Subcontract Agreement）

指根据第 1.9 款［分包合同协议书］中所指的分包合同协议书。

[1.1.18] 分包合同工程量表（Subcontract Bill of Quantities）

指由分包商填写完成的，随分包商报价书一同提交的名为工程量表的文件，包含在附件 C 中。

[1.1.19] 分包合同开工日期（Subcontract Commencement Date）

指第 8.1 款［分包工程的开工］中指定的日期。

[1.1.20] 分包合同 DAB（Subcontract DAB）

指分包商报价书附录中指定的一人或三人，或第 20.5 款［分包合同 DAB 的任命］中指定的其他人。

[1.1.21] 分包合同缺陷通知期（Subcontract Defects Notification Period）

指根据第 11.2 款［分包合同的缺陷通知期］用于通知缺陷的期间。

[1.1.22] 分包合同图纸（Subcontract Drawings）

指包括在分包合同中的分包工程的图纸，以及承包商根据分包合同签发的任何附加的和/或更改的图纸。

[1.1.23] 分包合同货物（Subcontract Goods）

指分包商的施工机械、分包工程生产设备、用于形成全部或部分分包工程的材料（包括分包商按照分包合同仅仅提供材料（如果有）），以及分包商的临时工程，或者视情况指其中之一。

[1.1.24] 分包合同履约保证（Subcontract Performance Security）

指第 4.2 款［分包合同履约保证］中的保证（可能有多份）。

[1.1.25] 分包合同的生产设备（Subcontract Plant）

指根据分包合同由分包商实施组成永久工程一部分的仪器、机器和车辆。

[1.1.26] 分包合同价格（Subcontract Price）

指第 14.1 款［分包合同价格］中定义的价格，包括根据分包合同进行的调整。

［1.1.27］分包合同的进度计划（Subcontract Programme）

指第 8.3 款［分包合同进度计划］及附件 F 中定义的进度计划。

［1.1.28］分包合同区段（Subcontract Section）

指分包商的报价书附录中界定的部分分包工程。

［1.1.29］分包合同规范（Subcontract Specification）

指分包合同中命名为规范的文件，以及根据分包合同对规范进行的任何增补和修改。本规范详细说明了分包工程，可能包括计算书和技术说明等类似性质的文件。

［1.1.30］分包合同竣工检验（Subcontract Tests on Completion）

指根据第 9.1 款［分包合同的竣工检验］分包商在分包工程竣工时进行的检验，此检验可在分包合同中说明或双方协商决定，此检验不构成主合同的竣工检验。

［1.1.31］分包合同的竣工时间（Subcontract Time for Completion）

指在分包商的报价书附录中说明的，根据第 8.2 款［分包合同竣工时间］的规定，由开工日期起算到分包工程竣工的时间（包括按照第 8.4 款［分包合同竣工时间的延长］的任何延期）。

［1.1.32］分包合同的变更（Subcontract Variation）

指按照第 13 条［分包合同的变更和调整］被指示或者批准作为变更的分包工程的任何变动。

［1.1.33］分包工程（Subcontract Works）

指根据分包合同，由分包商实施和完成的永久工程，以及分包商为了实施和完成永久工程和修补任何缺陷所需的临时工程，或视其情况指其中之一。

［1.1.34］分包商（Subcontractor）

指承包商接受的分包商报价书附录中指明为分包商的当事人，以及其合法继承人。除非承包商同意，不指此当事人的任何受让人。

［1.1.35］分包商的文件（Subcontractor's Documents）

指分包商根据合同提供的计算书、计算机程序和其他软件、图纸、手册、模型和其他技术性文件（如果有）。

［1.1.36］分包商的施工机械（Subcontractor's Equipment）

指为实施及完成分包工程以及进行修补所需的所有仪器、机械、车辆和其他用具，不包括分包商的临时工程、承包商和业主的施工机械（如果有）、分包合同的生产设备、材料和其他组成永久工程一部分的任何物品。

［1.1.37］分包商的报价书（Subcontractor's Offer）

指被承包商中标函接受的分包商的报价函和分包商与此报价书一起提交的其他文件，包括分包商报价书附录。

［1.1.38］分包商的人员（Subcontractor's Personnel）

指分包商代表和分包商在工程现场使用的所有人员，可能包括职员、劳工和分包商或分包商的分包商（如果有）的其他雇员，以及协助分包商实施分包工程的任何其他人员。

［1.1.39］分包商代表（Subcontractor's Representative）

指在分包商报价书附录中由分包商指定的或者根据第 6.4 款［分包商代表］中随时指定的代表分包商的人员。

[1.2] 标题和旁注（Headings and Marginal Notes）

在解释和理解分包合同条件时，本分包合同条件中的标题和旁注不应考虑在内。

[1.3] 分包合同的解释（Subcontract Interpretation）

如果指明主合同的某一款或规定适用于分包合同，则应对其进行必要的修改，包括：任一处提及业主和/或工程师时应被视为承包商，提及承包商时应被视为分包商，提及工程时应被视为分包工程，提及主合同的另一条或其中定义的术语时应被视为本合同条件中相应的条或款或定义的术语。任何提到"主合同条款"处，应指主合同条件中的相应的条和款。除非指明是主合同条款，任何条款或子条款是指本分包合同条件中的条和款。

表示单一性别的词包含所有性别；表示单数的词也表示复数，反之亦然；表示当事人的词包括公司和其他法人实体。

"同意"、"已同意"、"协议"等字眼的规定均应作书面记录；"书面的"（written）或"书面文件"（in writing）指手写的、打印的、印刷的或电子制作的，并应形成永久性记录。相应的英语单词同主合同 1.2 款［解释］。

[1.4] 分包合同的通信联络（Subcontract Communications）

分包合同下所有的通信联络都应该发送、传递或交付到分包商报价书附录中指定的收件人的地址，或收件人书面告知的另一个通信地址。

[1.5] 分包合同文件的优先次序（Priority of Subcontract Documents）

分包合同文件的优先次序如下：

（1）分包合同协议书（如果有）；

（2）承包商发出的中标函（如果有）；

（3）分包商的报价函；

（4）分包合同专用条件和附件，不包括在本条款其他地方所列出的任何附件的任何部分；

（5）分包合同通用条件；

（6）分包合同规范；

（7）分包合同图纸；

（8）分包合同工程量表以及分包合同中其他费率表和价格表，包括计日工表（如果有）和付款计划表（如果有）；以及

（9）被承包商接受的构成分包商报价书一部分的，并被承包商中标函列出的任何其他文件。

各分包合同文件间应相互解释，承包商可对文件中的歧义进行任何必要的澄清或发出指示。如果一方发现文件中有错误或缺陷，应及时通知另一方当事人。

[1.6] 通知、同意、批准、证书、确认、决定和裁定（Notices, Consents, Approvals, Certificates, Confirmations, Decisions, and Determinations）

在分包合同的规定中，任何当事人的任何通知、同意、批准、申请、证书、确认、决定或裁定，除另有说明外，均应为书面的。通知、同意、批准、申请、证明、确认、决定或裁定，作动词用时亦应同样理解。并且均不得无故拒绝发出或者延迟发出。

[1.7] 分包合同项下共同的和各自的责任（Joint and Several Liability under the Subcontract）

如果一方是由两个或两个以上的成员依据适用的法律组成的联营体、联合集团或其他非法人组织，联营体各成员对分包合同的实施承担共同的和各自的责任；这些成员应将他们的牵头人告知合同的另一方，该牵头人有权约束另一方和每一位成员；未得到另一方同意，联营体一方不得改变其联营体组成或法律地位。

[1.8] 分包合同的法律和语言（Subcontract Law and Language）

适用于主合同的国家（或其他管辖范围）的法律、主导语言和通信联络的语言，同样适用于分包合同。

如果分包合同的一部分没有使用主导语言，则这些文件要按照主导语言进行解释，如果和主导语言的解释之间存在歧义时，承包商应该发出必要的澄清或指示。如果存在多种语言编写的分包合同版本，则以主导语言编写的版本为准。

[1.9] 分包合同协议书（Subcontract Agreement）

合同双方应在分包商收到中标函后的 28 天之内签署分包合同协议书，应采用分包合同专用条件所附格式。用于签约的印花税和法律规定的其他类似开支由承包商承担。

（注：本合同条件指南中说明，如果根据分包合同适用的法律或者主合同的规定，业主不同意该分包合同，自承包商通知分包商该意见后：

（a）双方无需继续履行分包合同，但不能损害任一方由于另一方之前的违约行为而获得的权利；

（b）承包商应立刻返还分包商的分包合同履约保证；且

（c）承包商应在合同解除后 28 天内，支付 15.3 款［主合同终止后的付款］（a）至（d）中规定应支付的金额和/或费用。）

[1.10] 与业主无合同相互关系（No Privity of Contract with Employer）

分包合同中的任何规定都不应被理解为在分包商与业主之间可能存在任何合同关系。

[1.11] 分包合同区段（Subcontract Sections）

任何与分包工程相关的内容和本合同条件，也适用于投标书附录中界定的分包合同区段。

第 2 条 主合同（The Main Contract）

本条共 5 款，主要内容包括：

分包商对主合同的了解和应遵守的事项；

主合同文件以及主合同下的指示、决定、权利和补救。

[2.1] 分包商对主合同的了解（Subcontractor's Knowledge of Main Contract）

承包商应提供主合同的所有文件供分包商查阅，承包商应向分包商提供一份主合同的投标书附录和专用条件的副本，以及适用于主合同而不同于通用条件的任何其他合同条款的规定。如果分包商要求，承包商应向分包商提供一份主合同的真实副本，但提供上述有关资料时，均不包括主合同金额及其附件 A 的 A 部分列出的保密信息。分包商应被视为已经全面了解了主合同的各项相关规定。

分包商应及时地将其在审阅分包合同和主合同或实施分包工程时发现的歧义或不一致处通知承包商，承包商应该发布一些必要的澄清说明或者指示。

[2.2] 遵守主合同（Compliance with Main Contract）

除非分包合同条款另有要求，分包商应该履行并承担主合同规定的承包商关于分包工程的所有义务和责任，但是分包商没有义务履行以下事项：

（ⅰ）主合同第 2.2 款［许可、执照或批准］；

（ⅱ）主合同第 4.7 款［放线］；

（ⅲ）主合同第 4.8 款［安全措施］的第（d）项和第（e）项；

（ⅳ）主合同第 4.9 款［质量保证］；

（ⅴ）主合同第 4.13 款［道路通行权与设施使用权］；

（ⅵ）主合同第 4.15 款［进场路线］的第（a）项和第（b）项；

（ⅶ）主合同第 4.19 款［电、水和燃气］；

（ⅷ）主合同第 4.22 款［现场安保］的第（a）项；

（ⅸ）主合同第 7.8 款［矿区使用费］；

（ⅹ）主包工程的总体协调和项目管理；以及

（ⅺ）附件 A 的 B 部分列明的例外情况（如果有）。

分包商应在分包合同规定的范围内，对分包工程进行设计、实施和竣工以及修补缺陷，以免因其任何行为或疏漏导致承包商违反主合同规定的义务。

根据第 8.7 款［分包合同误期损害赔偿费］和第 17.3 款［分包合同的责任限度］，如果分包商违反分包合同，应保障承包商不会因此承担主合同项下的任何赔偿。而且承包商可以根据第 3.3 款［承包商与分包合同有关的索赔］，从本应支付给分包商的金额中得到补偿。

（注：本合同条件指南中说明，如果主合同要求承包商向业主提交分包商的副担保书（Collateral Warranty），分包商应按时向承包商提交一份以业主为受益人的带有签章的副担保书，以便承包商履行该义务。副担保书应按照主合同专用条件所附的格式或经业主批准的其他格式开具。）

[2.3] 主合同项下的指示和决定（Instructions and Determinations under Main Contract）

分包商应遵守工程师作为承包商指示发出的关于分包工程的所有指示和决定。如果分包商直接从业主和工程师处接受指示，则其应该立即通知承包商的分包合同代表并提供一份书面直接指示的复印件，在该直接指示被书面确认作为承包商的指示时，分包商才有义务遵守。

如果承包商通知的任何工程师的指示和决定造成了分包合同的变更，第 13 条［分包合同变更和调整］将适用。

[2.4] 主合同下的权利、应得权利和补偿（Rights, Entitlements and Remedies under Main Contract）

分包商应拥有承包商在主合同下关于分包工程的权利、应得权利和补偿，并且承包商应采取措施保证分包商从业主（包括工程师）那里获得这些权利、应得权利和补偿。此义务应符合第 20.1 款［通知］和第 20.2 款［分包商的索赔］有关分包商义务的规定。

[2.5] 主合同文件（Main Contract Documents）

如果分包合同中的任何文件是由业主一方编制的，则主合同第 1.11 款［承包商使用业主的文件］将适用。

第 3 条 承包商 (The Contractor)

本条共 5 款，主要内容包括：

承包商的指示；

承包商向分包商提供施工现场的义务；

承包商与分包合同有关的索赔和业主与主合同有关的索赔；

承包商应负责主包工程的协调。

[3.1] 承包商的指示 (Contractor's Instructions)

分包商应该只从承包商的分包合同代表处接受通过书面方式发布或确认的任何与分包合同相关的指示。该合同代表就分包工程发布的指示，拥有与主合同第 3.3 款 [工程师的指示] 中工程师类似的权利。

[3.2] 现场通道 (Access to the Site)

承包商应在一定时间内给予分包商进入和占有施工场地的权利，这段时间应确保分包商能够按照第 8.3 款 [分包合同进度计划] 的约定实施分包工程，但是承包商没有义务将现场的任何部分提供给分包商专用。

[3.3] 承包商与分包合同有关的索赔 (Contractor's Claims in Connection with the Sub-contract)

承包商有权依据任何本合同条件的规定向分包商索赔任何费用，承包商应在得知索赔事件发生后的 28 天内向分包商发出通知并详细说明索赔的依据。发出通知后 28 天内，承包商应尽快向分包商提交详细具体的索赔资料，包括索赔金额的证明。承包商应努力与分包商就索赔金额协商达成一致。否则，承包商应在考虑分包商的观点、证据和所有其他相关情况下做出公平的决定，并通知分包商，同时提交理由和支持资料。如果此决定的通知在应向分包商支付日期到期前 7 天之内发出，这笔钱可从支付款额中扣减。依据本款，承包商仅仅有权扣减分包商付款或另对分包商或分包合同履约保证进行索赔。

在承包商无权扣减对分包商的付款却发生了扣减的情况下，承包商应向分包商支付融资费用（利率依据 14.9 款 [分包合同下延误的付款] 的规定），并应补偿和免除分包商因此扣减带来的损害，包括所有的索赔、误期损害赔偿费、损失和开支（包含法律费用和开支）。

[3.4] 业主与主合同有关的索赔 (Employer's Claims in Connection with the Main Contract)

如果业主对承包商的索赔涉及分包商，则承包商应立即给分包商发一份该索赔材料的复印件，分包商应就此向承包商提供所有合理的帮助。在承包商认为其有权将该索赔转移给分包商的情况下，第 3.3 款 [承包商与分包合同有关的索赔] 将适用。

[3.5] 主包工程的协调 (Co-ordination of Main Works)

承包商应负责主包工程的总体协调和项目管理。按照第 6.1 款 [分包合同下的合作]，承包商应负责分包工程与承包商的工作以及其雇佣的其他分包商工作的协调。

当承包商指示要求时，分包商应向承包商提交其用来实施分包工程的详细的安排和方法。未经承包商事先同意，分包商不得对这些安排和方法进行实质性的更改。

第 4 条 分包商 (The Subcontractor)

本条共 4 款，主要内容包括：

分包商的一般义务；

分包合同的履约保证；

分包工程的现场通道和分包商的文件。

[4.1] 分包商的一般义务 (Subcontractor's General Obligations)

分包商应根据分包合同的规定以及承包商的指示，在分包合同规定的范围内对分包工程进行设计，并按照分包合同的要求对其进行实施、竣工和修补任何缺陷。除附件 D 中指定者外，分包商应提供分包合同规定的人员、监督、劳工、生产设备、分包商的施工机械和文件以及其他所有资源。分包商应负责现场施工方法的完备性、稳定性和安全性，并应负责使竣工的分包工程实现分包合同中要求的功能。

[4.2] 分包合同履约保证 (Subcontract Performance Security)

分包商应在收到承包商中标函 28 天内，按照分包商报价书附录中规定的金额、币种，自费向承包商提交履约保证，且应由承包商批准的机构和国家（或管辖区）签发。在所有的其他方面，主合同第 4.2 款［履约保证］适用于此履约保证。

[4.3] 分包工程现场通道 (Access to the Subcontract Works)

分包商应允许业主和承包商的人员在任何适当的时间进入现场或其他地点（如材料或分包工程生产设备的制造、生产、使用和储存处）去检查、检验、计量，测试材料、工艺和检查分包工程的进度。

[4.4] 分包商的文件 (Subcontractor's Documents)

分包商除了对其文件保留版权和知识产权外，这些文件应成为承包商文件的一部分。在所有其他方面，主合同第 1.10 款［业主使用承包商的文件］适用于分包商的文件。

第 5 条 分包合同的转让和分包
(Assignment of the Subcontract and Subcontracting)

本条共 2 款，主要内容包括：

分包合同的转让和分包工程的再分包。

[5.1] 分包合同的转让 (Assignment of Subcontract)

未经另一方的事先同意，一方不得转让整个或任何一部分分包合同，或合同中和合同下的任何权益或利益。但是，下列情况不需要经过事先同意：

（a）由银行或金融机构为受益人做担保的任一方可以转让其分包合同项下任何应支付或将支付的款项的权利，且/或

（b）如果工程师根据主合同第 4.5 款［分包合同权益的转让］指示转让分包合同，或是如果业主根据主合同第 15.2 款［由业主提出终止］终止主合同，同时承包商被业主要求终止主合同，那么承包商有权将分包合同转让给业主。

[5.2] 分包 (Subcontracting)

未经承包商事先同意，分包商不得将分包工程再分包出去。但是分包商提供劳务、分包合同指定的材料供应商和再分包商，无需取得同意。分包商需要对再分包商的一切行为或过失负责，且应至少提前 14 天通知承包商其每个再分包商计划的和现场的开工日期。

分包商的每个再分包合同中应包含如下规定，即承包商有权在以下情况下要求再分包商将再分包合同下的权益转让给承包商：

（ⅰ）如果这些义务延期超过了缺陷通知期，且承包商在缺陷通知期到期前提出了转让要求，或

（ⅱ）如果分包合同根据第 15.6 款［由承包商终止分包合同］终止。

（注：本合同条件指南中说明，如果根据适用的法律要求分包商的再分包合同需要经过业主和承包商双方的同意，则本条第一段"未经承包商事先同意"应改为"未经承包商和业主双方事先同意"。）

第 6 条　合作、职员和劳工（Co-operation, Staff and Labour）

本条共 4 款，主要内容包括：

分包合同下的合作；

承包商的分包合同代表和分包商代表。

［6.1］分包合同下的合作（Co-operation under the Subcontract）

分包商应与业主的人员及其雇佣的其他任何承包商，承包商和承包商的人员及其雇佣的其他分包商，以及任何合法的公共机构的人员合作，给予他们适当的机会实施工作。本款规定不影响承包商在第 3.5 款［主包工程的协调］中的责任。

承包商应确保自己的人员及其雇佣的其他分包商与本分包商合作，并给予适当的机会实施工作。如果任何上述人员不与分包商合作，阻碍分包商履行义务并且造成了工期延误和/或招致费用，分包商应向承包商发出通知。依据第 20.2 款［分包商的索赔］，分包商有权按照第 8.4 款［分包合同竣工时间的延长］延长工期和获得这些费用的支付，并将之包含在分包合同价格中。

［6.2］在其他方供职的人员（Persons in the Service of Others）

分包商不应该招聘或者试图招聘承包商和业主的员工和劳工；承包商不应该招聘或者试图招聘分包商的员工和劳工。

［6.3］承包商的分包合同代表（Contractor's Subcontract Representative）

承包商应指定自己的分包合同代表并且赋予其必要的权力，使其能代表承包商的利益，发布承包商的指示。该代表应能流利地运用第 1.8 款［分包合同的法律和语言］中规定的语言进行交流。

承包商应在分包合同开工日期之前，将作为承包商分包合同代表的姓名和详情通知分包商，如果其在分包工程进行的过程中需要暂时离开现场，承包商需要指定一个合适的替代人并通知分包商。

［6.4］分包商代表（Subcontractor's Representative）

分包商应指定分包商代表并且赋予其必要的权力，使其能代表分包商的利益，负责接

受承包商的指示并指导分包商的人员按照分包合同履约。该代表应能流利地运用第 1.8 款〔分包合同的法律和语言〕中规定的语言进行交流。

如果该分包合同代表在分包工程进行过程中需要暂时离开现场，分包商需要经过承包商的事先同意，指定一个合适的替代人。

第 7 条 施工机械、临时工程、其他设施、生产设备和材料

（Equipment，Temporary Works，Other Facilities，Plant，and Materials）

本条共 5 款，主要内容包括：

分包商对施工机械、临时工程和/或其他设施的使用；

承包商免费提供的材料及分包商误用赔偿的相关规定；

分包合同的生产设备和材料的所有权；

分包商的施工机械和分包合同生产设备。

〔7.1〕分包商对施工机械、临时工程和/或其他设施的使用（Subcontractor's Use of Equipment，Temporary Works，and/or Other Facilities）

承包商应对附件 D 中列出的业主的施工机械、承包商的施工机械、临时工程和其他设施负责，并使其在分包商按照进度计划实施和完成分包工程的时间内保持可用状态。但上述设施由分包商人员操作、驾驶、指挥、使用或控制时，分包商应对其负责。除非附件中明确指出，这些机械、临时工程和设施不应被分包商独家使用。未经承包商的同意，分包商不得将业主和承包商的施工机械用于场地外。

当承包商向分包商提供施工设备、临时工程和/或其他设施时，分包商应进行外观检查，如果有任何短缺、缺陷或违背约定应立即通知承包商，承包商应立刻整改。

〔7.2〕免费提供的材料（Free-Issue Materials）

承包商应在一定的时间内，将附件 D 中指定的免费材料在指定地点免费提供给分包商，此时间应使分包商能够按照分包合同进度计划实施和完成分包工程。分包商应对这些免费材料进行外观检查，如果有任何短缺、缺陷或违背约定应立即通知承包商。除非双方同意或承包商另有指示，承包商应对这些短缺、缺陷和违背约定之处立即进行整改。这些免费材料应在外观检查之后，处于分包商的照看、保管和控制之下，但这不应解除承包商对无法通过外观检查发现的短缺、缺陷和违背约定的责任。

〔7.3〕误用的赔偿（Indemnity for Misuse）

分包商因自身误用承包商提供的业主和承包商的施工机械、临时工程、免费材料和/或其他临时设施造成的任何财产、不动产或个人的损害赔偿费或损失时，其应给予承包商赔偿并使承包商免受上述情况带来的损害。

〔7.4〕分包合同的生产设备和材料的所有权（Ownership of Subcontract Plant and Materials）

形成永久工程的分包商的生产设备和材料，在

（a）生产设备和材料运至现场后，或

（b）依据主合同第 8.10 款〔暂停时对生产设备和材料的支付〕承包商有权获得相当于生产设备和材料价值的付款时（以先发生的上述条件为准），均应成为承包商的财产，

但应符合工程所在国的法律。

[7.5] 分包商的施工机械和分包合同生产设备（Subcontractor's Equipment and Subcontract Plant）

分包商对自己所有的施工机械负责。当施工机械被运至现场时，分包商的施工机械被视为专供实施分包工程使用，未经承包商的同意，分包商不能移走，但用于运输物资或人员的交通工具除外。

分包商的生产设备应属于主合同定义的生产设备，并且主合同关于生产设备的规定适用于分包合同的生产设备。

第8条　开工和竣工（Commencement and Completion）

本条共7款，主要内容包括：

分包工程的开工日期和竣工时间；

分包合同进度计划的编制要求；

分包商的工期索赔和误期损害赔偿费；

分包合同进度报告和分包工程的暂停。

[8.1] 分包工程的开工（Commencement of Subcontract Works）

承包商应至少提前14天通知分包商分包合同的开工日期；分包商应在开工日期后尽早实施分包工程。

[8.2] 分包合同竣工时间（Subcontract Time for Completion）

分包商应该在第10.1款［分包工程的竣工］规定的分包工程竣工时间或者在第8.4款［分包合同竣工时间的延长］允许延长的竣工时间内完成分包工程。

[8.3] 分包合同进度计划（Subcontract Programme）

附件F中的规定适用于分包工程进度计划的编制，所规定的进度计划即为分包合同进度计划。

分包商应在收到中标函或承包商按照主合同第8.3款［进度计划］提交的承包商进度计划后14天内（以较迟者为准），向承包商提交一份详细的实施分包工程的进度计划。初期的进度计划的格式和细节应完全遵守主合同中关于进度计划和进度报告的要求和附件F的A部分列明的要求。

如果实际的工程进展太慢难以在分包合同竣工时间内竣工，和/或工程进展已经（或将）落后于分包工程计划时，承包商可以发布指示要求分包商提交更新的进度计划和调整施工措施的报告。报告应说明分包商为加快进度而采取的赶工措施。除非承包商通知，否则分包商应采用上述赶工措施，由此而导致增加人员和/或工时，和/或物资所产生的费用和风险由分包商承担。如果赶工措施导致承包商产生额外的费用，承包商有权依据第3.3款从分包合同总价中扣除该费用。

[8.4] 分包合同竣工时间的延长（Extension of Subcontract Time for Completion）

如果因以下原因延误了分包工程的竣工时间，分包商有权依据第20.2款［分包商的索赔］索赔工期：

（a）分包合同变更或分包合同中某项工作的工程量发生了实质性的改变；

　　（b）根据本合同条件中某款规定的有权延长分包工程的竣工时间的原因造成的延误；

　　（c）承包商及其员工或其他分包商引起或导致的任何延误、阻碍和阻止；

　　（d）主合同第 8.4 款［竣工时间的延长］列举的任何原因。

　　当按照 20.2 款［分包商的索赔］决定每一个延长的时间时，承包商可以复审以前的决定，并可增加（但不应减少）整个的延长时间。

［8.5］分包合同的进度报告（Subcontract Progress Reports）

　　如承包商要求，分包商应编制并向承包商提交月进度报告，该报告应包含主合同第 4.21 款［进度报告］中（a）到（h）段落规定的细节。提交日期应较承包商的主合同进度报告提交日期至少提前 5 天，承包商应将他提交报告的日期通知分包商。

［8.6］由承包商暂停分包工程（Suspension of Subcontract Works by the Contractor）

　　承包商可以随时发布指示，要求分包商暂停部分或全部的分包工程。在通知中，承包商应说明暂停的理由。除非暂停的原因是分包商的责任，否则主合同第 8.9 款［暂停的后果］、第 8.10 款［暂停时对生产设备和材料的支付］、第 8.11 款［持续的暂停］和第 8.12 款［复工］将适用。

　　在第 16.1 款［分包商暂时停工的权利］规定的情况之外，除非承包商发出指示，分包商不得暂停部分或全部的分包工程。

［8.7］分包合同误期损害赔偿费（Subcontract Damages for Delay）

　　如果分包商未能按期竣工，并且因此导致承包商无法遵守主合同第 8.2 款［竣工时间］的规定，承包商有权根据第 3.3 款，就此违约从分包合同总价中扣除误期损害赔偿费。

　　分包商由于分包工程延误对承包商承担的责任应该在其报价书附录中规定的金额之内，如无此规定，该责任应该限定在分包合同中标金额的 10% 以内。

第 9 条　竣工检验（Tests on Completion）

　　本条共 2 款，主要内容包括：

　　分包合同和主合同下的竣工检验。

［9.1］分包合同的竣工检验（Subcontract Tests on Completion）

　　只要分包合同规定了竣工检验，分包商在准备好实施每一项检验的日期后，应将该日期向承包商发出适当的通知。如果分包工程未能通过竣工检验，分包商应尽快整改缺陷，并按照分包合同相同条款的规定再次进行检验，直到检验通过。

［9.2］主合同的竣工检验（Main Contract Tests on Completion）

　　只要分包合同规定或者明确提到了主合同的竣工检验，主合同第 9 条［竣工检验］应该适用。分包商应及时履行本条款规定的义务，以使承包商能够完成其在主合同项下竣工检验的义务。

第 10 条　分包工程的竣工和接收
(Completion and Taking-Over the Subcontract Works)

　　本条共 3 款，主要内容包括：

分包工程竣工和接收的条件及相关规定；

承包商对分包工程的接收。

[10.1] 分包工程的竣工 (Completion of Subcontract Works)

当满足以下条件时，分包工程达到竣工状态：

（a）除不会实质影响分包工程发挥预定使用功能的少量未完成工作和缺陷外，分包工程已依据分包合同完成；

（b）分包工程已经通过分包合同规定的竣工检验；以及

（c）如分包合同规范要求，分包商已经提交了分包工程的竣工文件、操作和维护手册。

分包商应该在他认为分包工程可以竣工前的 7 天内通知承包商。承包商在收到该通知后的 21 天内应该通知分包商，分包工程已经完成并列明竣工日期；或其关于分包工程未完成的意见并列出为达到竣工状态尚需完成的工作。分包商应在根据本款规定发出下一次通知前完成这些工作。

[10.2] 分包工程的接收 (Taking-Over Subcontract Works)

如果：

（a）分包工程已经按照 10.1 款完成；并且

（b）在附件 C 中没有规定在业主接收前承包商应接收分包工程。

当主包工程，或者分包工程所位于的主包工程的一个区段/一个部分（分包工程是它的一部分）获得接收证书，或根据主合同第 10.1 款［工程和区段的接收］视为获得接收证书，则分包工程应被视为已经接收。接收日期应该和接收证书中载明的日期一致，并从即日起，分包商不再承担第 17.1 款［分包商的风险和保障］中规定的照管分包工程的责任。

如果由于承包商向业主索赔费用造成分包工程接收的延误，则分包商有权根据第 20.2 款［分包商的索赔］的规定，就此延误招致的费用获得补偿，承包商应在收到索赔费用的 14 天内，或者在分包合同的缺陷责任期满之后的 84 天之内，向分包商支付补偿费用，以二者中较早的时间为准。

如果分包工程的接收延误是由于承包商的责任导致的，承包商应按照第 20.2 款［分包商的索赔］的规定补偿分包商因此延误招致的任何费用。

[10.3] 由承包商接收 (Taking-Over by the Contractor)

如果要求承包商在主包工程接收之前接收分包工程，则应遵守附件 C 的相关规定。

第 11 条　缺陷责任 (Defects Liability)

本条共 3 款，主要内容包括：

分包工程接收后分包商的义务；

分包合同的缺陷通知期应如何计算；

颁发履约证书的条件。

[11.1] 分包工程接收后分包商的义务 (Subcontractor's Obligation after Taking-Over)

分包工程接收后，按照分包合同：

(a) 第 11.2 款［分包合同的缺陷通知期］和

(b) 第 11.3 款［履约证书］的规定，

主合同的第 11.1 款［完成扫尾工作和修复缺陷］、11.4 款［未修复缺陷］、11.5 款［移出有缺陷的工作］、11.6 款［进一步的检验］、11.7 款［进入权］和 11.8 款［承包商的调查］应适用。

如果主合同第 11.1 款子段（b）中的全部工作是由于分包工程的生产设备、材料或工艺不符合分包合同要求或分包商未能履行分包合同项下的其他义务引起的，则所有此类工作应由分包商自担风险和费用进行；如果是由于其他原因引起的，承包商应立即通知分包商，按照 13.2 款［分包合同变更的计价］的规定，该项工作应按分包合同变更的形式来计价。

如果分包工程因分包商的责任造成了缺陷或损害，导致承包商依据主合同第 11.5 款、11.6 款和 11.8 款发生了附加的费用，承包商有权依照第 3.3 款的索赔程序从分包价款中扣除该笔费用。

[11.2] 分包合同的缺陷通知期（Subcontract Defects Notification Period）

分包合同的缺陷通知期应为通知分包工程缺陷的时期，从分包工程全部接收完毕开始，持续到主包工程或分包工程所属区段的缺陷通知期到期日为止。

如果由于分包商的失误造成了分包工程的缺陷或损害，导致依照主合同第 11.3 款［缺陷通知期的延长］延长了缺陷通知期并使承包商发生了额外的费用，则承包商有权依照第 3.3 款，将该笔费用从分包合同价格中扣除。

[11.3] 履约证书（Performance Certificate）

由工程师按主合同规定签发的履约证书也适用于分包工程，只有在工程师向承包商颁发了履约证书后，分包商的义务才视为履行完毕。证书上载明的日期，是承包商主合同义务履行完毕之日，也是分包商分包合同义务履行完成之日。承包商收到工程师颁发的履约证书后，应立即向分包商提供复印件。

履约证书签发后，主合同的第 11.10 款［未履行的义务］和 11.11 款［现场清理］应适用。

（注：本合同条件指南中说明，如果分包合同竣工日期明显早于主合同下的竣工时间，分包商的义务一直延续到承包商履行完主合同下的所有义务是不合适的，则本款可修改为：

直到承包商向分包商签发了分包合同履约证书（并写明分包商履行完分包合同义务的日期）之后，分包商的履约义务才算完成。承包商应在分包合同缺陷通知期结束后 28 天内，或者在分包商提交了所有分包商的文件，完成并检验了全部分包工程，修复完所有缺陷之后即可签发分包合同履约证书。）

第 12 条　计量和估价（Measurement and Evaluation）

本条共 3 款，主要内容包括：

分包工程的计量程序和方法；

估计工程量和实际工程量；

如何对分包合同进行估价。

[12.1] 分包工程的计量（Measurement of Subcontract Works）

分包工程应依据主合同第 12.1 款［工程计量］和 12.2 款［计量方法］进行计量。

工程师和承包商对分包工程进行计量工作时，承包商应通知分包商参与协助并提供详细资料，如分包商未能参加，则分包商应认可工程师的计量准确。

当分包工程以记录形式进行计量时，承包商应通知并准许分包商一同出席审查计量记录，并就该记录与工程师达成一致。如果分包商未能参加，则分包商应被视为接受承包商与工程师达成一致的记录（或承包商未能到场但被视为认可的记录）。如分包商不同意上述记录，应在审查后七日内通知承包商，承包商应将此通知转给工程师，工程师对此通知所做出的任何决定，承包商应立即通知分包商；如果分包商在七日内未发出书面通知，则视为认可该记录。

不管当地的惯例如何，计量应该是计量分包工程每部分工程量的实际净值，所用的计量方法也应该是主合同中载明使用的。

如果承包商未按本款要求向分包商发出通知，或者已经发出通知，但对照工程师按主合同 12.1 款［工程计量］发出的通知和情况发现该通知并不合理，则承包商应与分包商协商就分包工程的计量达成一致意见；否则，承包商应适当考虑分包商的意见和相关情况，就计量结果做一个公平的决定，将之告知分包商并附支持材料。

[12.2] 估算工程量和实际完成的工程量（Quantity Estimated and Quantity Executed）

分包合同工程量表中所列的工程量，或者费率和价格表中的任何工程量，都是估算工程量，而不是分包商被要求实施的实际准确的工程量。

当工程量的增加或减少，不是由于按第 13.1 款［分包工程的变更］做出的指示引起的，而是由于工程量超过或少于分包合同中工程量表或其他费率和价格表中载明的工程量时，不需要发出承包商指示。

[12.3] 分包合同的计价（Evaluation under the Subcontract）

承包商应与分包商协商就分包合同价格达成一致意见，分包工程项下的各项工作计价时以下情况适用于分包合同：

（a）依照第 12.1 款［分包工程的计量］商定的或决定的计量结果；

（b）主合同第 12.3 款［估价］中第二段和第三段的规定。

如未能达成一致意见，承包商应适当考虑分包商的意见后做出一个公平合理的计价，并立即通知分包商，附上支持材料。

当分包工程任何一部分工作的删减形成分包合同变更的一部分（或全部），且未对删减部分价值达成一致时，主合同第 12.4 款［删减］应适用。

第 13 条　分包合同的变更和调整
(Subcontract Variations and Adjustments)

本条共 6 款，主要内容包括：

承包商和工程师有变更分包工程的权力以及变更程序；

分包工程变更的计价和建议请求；

立法和成本改变导致的分包合同的调整；

分包合同关于计日工的规定。

[13.1] 分包工程的变更（Variation of Subcontract Works）

只有承包商发布指示，分包工程才能进行变更。在工程师颁发整个主包工程接收证书之前，承包商有权变更，并可要求分包商递交建议书。分包商应执行工程师或承包商的分包合同代表以承包商指示的形式做出的每项变更，如果其不能及时获得执行变更所需的物资，应立即通知承包商并附支持依据，承包商应取消、确认或者更改他的变更指示。

分包合同变更可能包括主合同第 13.1 款［有权变更］中从（a）到（f）段中描述的所有事项。

[13.2] 分包合同变更的计价（Valuation of Subcontract Variations）

除双方另有约定，每项分包工程的变更都应按第 12.3 款［分包合同的计价］进行估价，每项分包变更的价值从分包合同价格中扣减或增加。

如果分包工程已竣工，而承包商在这之后发布了变更指示，在分包合同变更估价时应考虑分包商为执行变更，重新向现场调集资源以及/或留在现场合理发生的额外费用或责任。

[13.3] 要求提交分包合同变更的建议书（Request for Proposal for Subcontract Variation）

如果承包商或工程师在发布分包合同变更之前要求分包商递交建议书，分包商应尽快提交，否则，应给出理由。建议书应包括：变更工作的实施方法和进度计划；对分包工程进度计划和完工时间的调整及变更费用的估算。承包商收到建议书后应尽快予以答复，分包商在此期间，不应延误任何工作。

[13.4] 因立法变动引起的分包合同的调整（Subcontract Adjustment for Changes in Legislation）

在分包商的报价提交之后，如果工程所在国法律或者对法律的司法解释或官方政府解释发生变化，影响分包商履约并导致费用增减，则分包合同价格应作出相应调整。如果分包商因此遭受了损失，其有权索赔工期和费用。

[13.5] 因费用波动引起的分包合同的调整（Subcontract Adjustments for Changes in Cost）

当主合同第 13.8 款［因费用波动而调整］适用时，分包合同价格也应根据劳务、货物、材料以及任何投入物费用的涨落，按照主合同第 13.8 款第三段所述公式和分包商的报价书附录中数据调整表里的数据进行调整计算。如果没有数据调整表，则应采用主合同第 13.8 款中用于合同价格调整的相同调整系数。

[13.6] 分包合同的计日工（Subcontract Daywork）

如果分包合同中有计日工表，承包商可以指示分包商按照计日工实施分包合同的变更，并按计日工表进行估价，同时应采用主合同第 13.6 款［计日工］中设定的程序。

第 14 条 分包合同的价格和支付（Subcontract Price and Payment）

本条共 11 款，主要内容包括：

分包合同价格的确定及调整；

分包合同预付款的支付与偿还；

分包商月报表和竣工报表的编制与提交日期；

承包商的期中支付证书申请和分包合同的期中支付；

保留金的扣留与返还；

分包合同的最终支付及承包商责任的停止；

延误支付的处理办法及支付的货币。

[14.1] 分包合同价格（The Subcontract Price）

分包合同价格应根据合同第 12.3 款［分包合同的计价］确定，并依照相关规定进行调整。分包商应支付其应支付的所有税费，而分包合同价格不应因此类费用进行调整，除非主合同作了同样的调整。

分包商应在承包商提出要求后 7 日内，向其提供分包合同中各包干项的价格分解表，供承包商在处理分包商提交的月报表时参考。

[14.2] 分包合同预付款（Subcontract Advance Payment）

承包商应按分包商报价书附录中写明的货币与比例向分包商分期支付预付款。在此之前分包商应向承包商提交预付款保函，该保函的币种和金额应与预付款相对应，并由承包商认可的国家（或地区）的实体依照主合同第 14.2 款［预付款］工程师批准的类似格式签发。在预付款还清之前，分包商应保证预付款保函一直有效，但保函的总额应随预付款的偿还而减少。

预付款应按照第 14.6 款［分包合同的期中支付］的规定，在对分包商的期中支付（不包括预付款及保留金的扣减与偿还）中按百分比扣减的方式偿还，每次偿还 20%，直至还清全部预付款。此种扣减应从期中付款的总额（不包括预付款及保留金的扣减与偿还）超过分包合同中标金额的 20% 时开始。如果在接收分包工程前或终止分包合同前，预付款尚未偿清，分包商应立即偿还剩余部分。

[14.3] 分包商的月报表（Subcontractor's Monthly Statement）

分包商应编制并向承包商提交月报表及相关支持文件，并包括月进度情况的报告，详细说明自己有权得到的款额。每期月报表应在主合同第 14.3 款［申请期中支付证书］规定的承包商提交月报表的日期前 7 日提交，承包商应将此日期告知分包商。分包商的每一份月报表均应包含主合同第 14.3 款中（a）至（d）段和（f）、（g）段里所列明的项目。

[14.4] 分包商的竣工报表（Subcontractor's Statement at Completion）

分包商应在主合同第 14.10 款［竣工报表］规定的承包商提交竣工报表日期的前 7 天，提交一份报表。如分包合同第 10.3 款适用，分包商应在整个分包工程被承包商接收后的 28 天内递交一份包含主合同第 14.10 款（a）至（c）段中列明信息的报表。

[14.5] 承包商申请期中支付证书（Contractor's Application for Interim Payment Certificate）

在分包商向承包商提供了月报表后，承包商有义务将每期分包商月报表中申请的金额体现在其编制的下一期承包商支付申请中。

关于分包商的月报表，分包商提出此类要求时，承包商应毫不迟延地通知分包商并提供下列事件发生日期的相关证明材料：

（a）依照主合同第 14.3 款［申请期中支付证书］，承包商确实已将下一期报表提交给工程师；和（b）承包商已收到工程师依据主合同第 14.3 款签发的对该下一期报表的期中支付证书。

如果承包商收到此类要求后，未能提供关于工程师是否以及何时签发了期中支付证书的相关信息，那么，期中支付证书应被视为在主合同第 14.3 款中规定的承包商报表提交截止日之后的第 35 天已经签发。

[14.6] 分包合同的期中支付（Interim Subcontract Payments）

承包商收到分包商月报表或竣工报表的 70 天内，他应向分包商支付上述报表中包含的款项，以及承包商认为分包商有权获得的其他金额。

承包商有权按照分包商报价书附录中载明的保留金比例在对分包商的月支付中扣留保留金，直到附录中载明的上限为止。

但存在下述理由时，承包商有权保留或推迟支付该月报表的任何金额：

（a）如果分包商报价表附录中规定了最小支付额度，而分包商月报表中的金额加上承包商认为分包商有权获得的金额（扣除保留金等）少于该额度。但是上述规定不适用于承包商最终报表中所包含的分包商月报表金额；

（b）分包商月报表所包含的金额未得到工程师的认可，且仅针对未签发支付证书部分的金额，而未签发证书不是由于承包商的行为或过失造成的；

（c）工程师已经对分包商月报表中的款额签发了证书，但业主并没有将涉及的分包合同款项全部支付给承包商，没有支付的那部分分包款，承包商可以推迟支付；或

（d）承包商根据分包合同认为分包商月报表的任何金额不应支付，和/或根据第 3.3 款［承包商与分包合同有关的索赔］有权扣除任何金额时，但承包商应基于公平原则来确定。

如果业主是由于下列原因没有对承包商支付时，则承包商无权依据本款（c）段规定推迟或扣留支付分包商月报表中的任何款额：

（ⅰ）承包商在主合同项下的行为或失误；和/或

（ⅱ）业主破产或无力偿还债务、进入清算程序、已有对其财产的接管令或管理令、与债权人达成和解。为了债权人的利益，在财产接管人、受托人或管理人的监督下营业，或采取具有与前述行为相似效果的任何行动（在适用法律下）。

对于承包商在以往分包商月报表中扣留或延迟支付款项的，应在其从业主处收到相关款项后 7 天内支付给分包商。

如果分包商有义务提供分包合同履约保证，则承包商在收到该保证之前，不应向分包商支付任何款额。

[14.7] 分包合同下保留金的支付（Payment of Retention Money under the Subcontract）

如果分包商报价书附录中载明保留金比例，则承包商应在收到业主付款后的 14 天内，按照主合同第 14.9 款［保留金的支付］所规定保留金的百分比，向分包商支付。

如果第 10.3 款［由承包商接收］适用于：

（a）整个分包工程时，承包商应在接收后 28 天内将保留金的前一半支付给分包商；

（b）分包工程的一部分时，承包商应在接收后 28 天内就该分包合同项支付一定百分比的保留金。该百分比是将估算的该部分的分包合同价值除以估算的最终分包合同价格

的 40%。

在分包合同缺陷通知期期满 7 日内，承包商应将尚未支付的保留金支付给分包商。但如果根据第 11 条，此时尚有任何工作需要完成时，承包商有权在此类工作完成之前扣留该工作的估算成本。

[14.8] 分包合同的最终支付（Final Subcontract Payment）

分包商应编制一份最终报表草案，并在分包合同缺陷通知期期满后 28 天内提交给承包商。该草案应列明分包商认为应最终支付的分包合同价格以及应归属于他的其他一切款额，并提供证明文件。如果承包商对该最终报表的某些部分无法进行核实，可以要求分包商提供进一步详细的资料。

在分包合同缺陷通知期期满 56 天内，承包商应支付分包合同最终应付款的剩余价款。

[14.9] 分包合同下延误的付款（Delayed Payment under the Subcontract）

如果承包商未能支付根据第 14 条应当支付的任何价款，主合同第 14.8 款［延误的付款］应适用，延误期应视为自第 14 条规定的支付日期开始计算。

如果承包商依据第 14.6 款中的（c）段没有进行支付，分包商有权获得该笔过期未付的款额相应的融资费，利率与主合同第 14.8 款所采用的利率相同，延误期从第 14.6 款规定的支付日期开始计算。该融资费的支付，应在承包商支付以往扣留或延期的款项之后的 14 天内，或在承包商收到业主依据主合同第 14.8 款支付的包含该笔款项的支付金额的 7 天内，以较早者为准。

[14.10] 承包商责任的停止（Cessation of the Contractor's Liability）

自主合同履约证书签发之日起，且承包商已将该日期通知了分包商，承包商不再对分包商承担有关责任，除非在此日期前，分包商依据第 20.2 款［分包商的索赔］发出了索赔通知。在主合同履约证书载明的日期之后，分包商履行任何之前未履行的义务，仍有权获得相应的支付。

[14.11] 分包合同支付的货币（Subcontract Currencies of Payment）

分包合同的价格以及其他应当支付的任何款额都应按照分包商报价书附录中规定的币种进行支付。

第 15 条 主合同的终止和由承包商终止分包合同（Termination of the Main Contract and Termination of the Subcontract by the Contractor）

本条共 6 款，主要内容包括：

主合同的终止及终止后的付款；

分包合同终止时对分包商已完工作的计价；

由于分包商违约导致主合同终止时的支付；

承包商终止分包合同的权力及终止时的支付。

[15.1] 主合同的终止（Termination of Main Contract）

如果主合同终止或者主合同项下的履约被承包商和/或业主解除，承包商应立即通知分包商解除分包合同，除非他被要求根据第 5.1 款（b）段规定向业主转让分包合同。

在业主归还主合同项下的履约保证后的 7 日内，或依据本款发出的终止通知生效日之后的 28 天内（以较早者为准），承包商应将分包合同的履约保证归还分包商，除非主合同的终止是由于分包商违约造成的。

[15.2] 分包合同终止日的估价（Valuation at Date of Subcontract Termination）

终止通知一经生效，承包商应立即对分包工程、货物和分包商文件等进行估价并估算分包商根据分包合同完成的现场内外的工作应得的金额。

如果分包合同是按照第 15.1 款终止的，则承包商的计价应考虑工程师按照主合同第 15.3 款［终止日的估价］所作的估价；如果是按照第 15.6 款［由承包商终止分包合同］终止的，则承包商的计价应考虑第 12.3 款的规定。承包商应将分包合同的估价通知分包商，并附上详细的证明资料。

[15.3] 主合同终止后的付款（Payment after Termination of Main Contract）

如果分包合同的终止是由于主合同的终止或由于承包商和/或业主按主合同第 19.7 款［根据法律解除履约］造成的，则应将已支付给分包商的金额或费用中没有被包含的下列金额支付给分包商：

（a）分包工程、货物和分包商的文件的价值以及分包商实施的分包合同项下的工作的任何其他价款；

（b）将分包商的施工机械或临时工程从场地运走所发生的费用，或应分包商要求，将其运回分包商国内的费用或运往其他地点但费用不得高于运回国内的运费；

（c）遣散分包商的所有与分包工程相关的全职职员和劳工发生的合理支出；

（d）分包商为完成分包工程，合理产生的任何其他费用或债务；

（e）由于此终止，导致分包商承担的利润或其他损失。

如果主合同依据主合同第 15.3 款［由业主终止］被终止，并且不是由于分包商的违约造成的，则分包合同一经终止，承包商应立即将上述费用支付给分包商；如主合同的第 19.7 款［根据法律解除履约］适用于主合同，或者依照主合同第 16.2 款［承包商提出终止］或依照主合同第 19.6 款［可选择的终止、支付以及解除履约］主合同已被终止，则承包商应在收到业主付款后 7 天内，或者分包合同终止后 112 天内，（以较早者为准）将任何上述费用支付给分包商。当业主付款后，任何分包商的生产设备和材料即应成为业主的财产并放置在业主要求的地方。

但是：

（a）由于分包商违约而导致主合同被终止，则依照本款不应进行任何支付金额，且第 15.4 款［因分包商违约导致的主合同终止］应适用；

（b）依照主合同第 15.5 款［业主终止合同的权利］或 19.6 款［可选择的终止、支付以及解除履约］或 19.7 款［根据法律解除履约］，主合同已被终止，则分包商无权要求任何利润损失的支付；

（c）本条款不影响合同终止前分包合同一方因另一方任何违约获得赔偿支付的任何权利，或在分包合同项下任何其他获得支付的权利。

[15.4] 因分包商违约导致的主合同终止（Termination of Main Contract in Consequence of Subcontractor Breach）

如果主合同的终止是由于分包商违约引起的，分包商应有权获得以下支付：

（a）分包工程、货物和分包商的文件的价值，以及分包商实施的分包合同项下的工作的任何其他价款，但是该笔费用必须根据第15.2款进行估价，并且尚未支付给分包商；以上价款应减去：

(b) 依据主合同第15.4款［终止后的支付］，分包工程终止时业主所蒙受的并从承包商处得到的任何补偿，包括在执行、完成和修复任何缺陷过程中所发生的任何额外费用、误期损害赔偿费以及其他所有因分包工程终止招致的费用；还应减去：

(c) 由于主合同的终止导致的承包商的一切损失和损害赔偿费，以及因主合同的终止导致承包商与其他的分包商之间产生的一切债务。

只有上面（b）段所述的金额已根据主合同确定，且承包商已将金额立即通知了分包商，承包商才支付上述款项。如果上述（a）段中的金额少于上述（b）、（c）段中的总额，则承包商有权从分包商那里获得该差额的补偿。

[15.5] 分包合同的整改通知（Notice to Correct under the Subcontract）

如果分包商未能履行分包合同项下的任何义务，则承包商可以通知要求分包商在其指定的合理期限里完成整改。

[15.6] 由承包商终止分包合同（Termination of Subcontract by the Contractor）

在不损害分包合同项下的其他权利或补偿时，如果分包商履约时发生了主合同第15.2款［由业主提出终止］(a) 到 (f) 段中列明的事件或情况，则承包商有权提前14天向分包商发出通知，终止分包合同并将其驱逐出场地；如发生主合同第15.2款 (e) 或 (f) 中的情形，承包商可以立即通知分包商终止分包合同。

承包商可以将分包工程的一部分从分包商手里剥离出来，自己实施完成或者交由他人实施完成。在这种情况下，分包商应弥补承包商由此产生的费用。

如果承包商依照本款规定终止了分包合同，则主合同第15.2款的最后三段内容应适用，分包商有权获得下列款额的支付：

(ⅰ) 分包工程、货物和分包商的文件的价值，以及分包商实施的分包合同项下工作的任何价款，且该笔费用已进行估价但未支付；但应减去：

(ⅱ) 承包商因此遭受的任何损失和在修复缺陷过程中所发生的所有其他额外费用、误期损害赔偿费等。

只有（ⅱ）段中的金额已经确定，承包商才支付上述款项。如果上述（ⅰ）段中的金额少于上述（ⅱ）段中的金额，则承包商有权从分包商那里获得该差额的补偿。

本条款不影响合同终止前分包合同任一方因另一方违约获得赔偿支付的权利，或在分包合同项下获得付款的任何其他权利。

第16条　分包商提出的暂停和终止
(Suspension and Termination by the Subcontract)

本条共3款，主要内容包括：

分包商暂时停工或放慢进度的含义；

哪些情形会导致分包商有权终止分包合同；

分包商终止合同后承包商的支付义务。

[16.1] 分包商暂时停工的权利（Subcontractor's Entitlement to Suspend Work）

如果承包商未能支付应支付给分包商的任何款额，根据：

（ⅰ）第 14 条，但不属于第 14.6 款中（a）到（d）段规定的情况；或

（ⅱ）分包合同 DAB 的决议。

分包商在至少提前 21 天通知承包商说明未能支付的情况后，可以暂停施工或放慢工作进度，除非或者直到分包商收到该支付款额。如果分包商在发出终止通知前，随后收到了通知里的支付款，他应尽快合理地复工。如果分包商因暂停或放慢施工进度而受到损害，他有权索赔工期、费用和合理的利润。

[16.2] 由分包商终止（Termination by Subcontractor）

如果：

（a）分包商依据 16.1 款发出通知后 28 天内，仍未获得通知中所述的支付款；

（b）承包商或业主已破产、被清算或无法控制其财产；或

（c）承包商实质上已无法履行分包合同项下的义务。

则，在不损害分包合同或其他情况下的任何其他权利或补偿的情况下，分包商向承包商发出通知后可终止分包合同。若出现本款（a）、（c）段所述情形，分包商应至少提前 14 天发出通知终止合同，在（b）段中所述情形下，分包商可以在发出通知后立即终止分包合同。

[16.3] 分包商终止时的支付（Payment on Termination by Subcontractor）

依照 16.2 款发出的终止通知生效后，承包商应立即向分包商归还分包合同履约保证和 15.3 款中（a）至（e）段中列明的尚未支付的金额和费用。

本条款不影响合同终止前分包合同任一方因另一方违反分包合同获得赔偿支付的权利，或在分包合同项下任何其他获得付款的权利。

第 17 条 风险和保障（Risk and Indemnities）

本条共 3 款，主要内容包括：

分包商的风险和保障；

承包商和分包商互为保障的内容；

分包合同的责任限度。

[17.1] 分包商的风险和保障（Subcontractor's Risks and Indemnities）

从开工之日起，分包商应对照管分包工程和货物负有全部责任，直至分包工程被接收之后，分包工程的照管责任应分别转移给业主或承包商，分包商应：

（a）对接收但未完成的收尾工作继续承担照管责任直至收尾工作完成；

（b）对由分包商的任何行为所造成的损失负有偿付责任；

（c）承担先前分包商负有偿付责任的事件所发生和存在的任何损失。

如果在分包商照管分包工程期间，分包工程发生了任何损失和损害，分包商应毫不迟延地进行整改。如果上述损失或损害是由下列原因引起的：

（ⅰ）分包商应负责的原因，则修复工作由分包商自行承担风险和费用；

（ⅱ）主合同第 17.3 款［业主的风险］中列明的风险；则分包商应立即通知承包商，如果工程师要求并由承包商的指示确认，分包商应修复此类损失或损害，同时主合同第

17.4 款［业主风险的后果］中的内容均应适用；

（ⅲ）承包商或其人员的任何行为或违约；依照第 20.3 款［分包商的索赔］，分包商有权从承包商处获得因此招致的费用；

（ⅳ）上述（ⅰ）至（ⅲ）段以外的其他原因；依据附录 E 中列明的相关保险单，分包商有权索赔此类修复费用。

主合同第 17.1 款［保障］的第一段应适用于分包商的保障。

［17.2］承包商的保障（Contractor's Indemnities）

承包商应保障分包商在以下情况免于承担索赔、损失和相关的开支：

（a）主合同第 18.3 款［人员伤害及财产损失保险］（d）段中（ⅰ）、（ⅱ）、（ⅲ）中所述的事件；

（b）主合同项下承包商对永久工程的设计（如果有）中出现的过错、缺陷或缺项的情况，分包商为了履约所作的设计除外；

（c）由于业主、业主人员、承包商、承包商人员以及他们各自的代理人的任何渎职、恶意行为或违反主合同而造成的任何人员的身体伤害、生病或死亡；

（d）由于承包商、承包商人员以及他们各自的代理人的任何渎职、恶意行为或违反分包合同而造成的，任何人员的身体伤害、生病或死亡。

承包商根据本条款的保障不包含由于分包商的设计（如果有）、分包工程的实施和竣工以及任何缺陷的修补导致的事件。

［17.3］分包合同的责任限度（Subcontract Limitation of Liability）

除非符合第 15 条、16.3 款、17.1 款和 17.2 款，合同任一方在使用分包工程时的损失（包括工程、利润、合同或与分包合同有关的任何间接损失或损害），合同另一方均不应承担赔偿责任。除非符合第 7.1 款、7.2 款、8.7 款和 17.1 款，否则分包商应支付给承包商的与分包合同有关的赔偿总额度不应超过分包合同专用条件中载明的金额，若没有规定此金额，则为"分包合同中标金额"。

本款不适用于违约方因欺诈行为、故意违约或轻率的不当行为所承担的责任限度。

第 18 条 分包合同保险（Subcontract Insurance）

本条共 3 款，主要内容包括：

分包商的投保义务有哪些；

由承包商和/或业主安排的保险；

保险证明和未能投保时的处理。

［18.1］分包商的投保义务（Subcontractor's Obligation to Insure）

分包商应按照附录 E 中规定的名称和金额对风险进行投保，并使保险自开工之日直至分包工程被接收之日保持有效。分包商应对其人员进行投保，主合同第 18.4 款［承包商人员的保险］应适用。

［18.2］由承包商和/或业主安排的保险（Insurance Arranged by the Contractor and/or the Employer）

承包商应按照附录 E 中的详细规定，对其负责的主合同项下的保险进行投保，并保持其有效；由业主安排的主合同项下保险的详细情况应与附录 E 保持一致，如果业主未能办理或使之保持有效，分包商有权从承包商处索赔按照该保险本应获得的补偿金额。

分包商在审查与分包工程有关的保险范围时，如发现存在不当之处，应立即通知承包商。

如果分包工程、货物或属于分包商的其他物品在保险期间发生了破坏或损害，而且该保险应由承包商和/或业主办理，在根据保险单确定针对相关毁损提出索赔后，如果由相应的保险人对索赔进行了支付，分包商应获得的索赔额为扣除相关免赔额后的金额，或者分包商损失的金额，以较少者为准。分包商应将赔付款用于替换或修复被破坏或被损害的部分。

[18.3] 保险证明和未能投保（Evidence of Insurance and Failure to Insure）

依照第 18 条，当合同任一方被要求进行投保并使之保持有效时，若另一方要求，他应立即提供保险证明和保险费支付收据。如果其未能履行上述要求，另一方可在发出对该证据的请求后，按照保险范围办理保险并使之保持有效，并支付保险费。违约方应以调整分包合同价格的方式，向另一方支付在办理保险时发生的保险费以及任何额外费用。

第 19 条　分包合同的不可抗力（Subcontract Force Majeure）

本条共 1 款，主要内容包括：

主合同的不可抗力条款适用于分包合同。

[19.1] 分包合同的不可抗力（Subcontract Force Majeure）

主合同的第 19 条［不可抗力］应适用于分包合同。

第 20 条　通知、分包商的索赔和争议
（Notices，Subcontractor's Claims and Disputes）

本条共 7 款，主要内容包括：

索赔通知的相关规定；

分包商索赔的程序以及分包合同争议的解决；

分包合同 DAB 的组成和运作机制；

仲裁的前提、规则和程序。

[20.1] 通知（Notices）

在不影响第 4 条［分包商］一般原则的情况下，如果主合同要求承包商向工程师或业主提供任何通知、信息或者保持同期记录，则分包商也应及时以书面形式向承包商提供上述各类材料，以使承包商能够遵守主合同的条款，除非其无法从承包商处合理得知该要求。

不受第 20.2 款和第 3.3 款规定的限制，对于已经发生或者将来很可能发生的会对其他各方的活动产生不利影响或者造成分包工程或主包工程工期延误的事件，一方应立即通知另一方；对于已经发生或者将来很可能发生的会引起分包合同和/或主合同价格上升的

事件，分包商也应立即通知承包商。

[20.2] 分包商的索赔（Subcontractor's Claims）

如果分包商认为他有权索赔工期和费用，则主合同的第 20.1 款［承包商的索赔］应适用。但下列情况除外：

（a）分包商应该在他已得知或应得知索赔事件的 21 天内发出索赔通知，否则他将丧失该项索赔的全部权利；

（b）分包商应该在他已得知或应得知索赔事件的 35 天内或在分包商建议并经承包商批准的其他期间内，提交完整详细的索赔报告；

（c）涉及"支付证书"的部分都应替换成"按照第 14.6 款［分包合同的期中支付］对分包商进行期中支付"；和

（d）下列规定用于替代主合同第 20.1 款中倒数第二段的规定：

对分包商索赔的工期和/或费用，承包商应与分包商磋商并尽力达成一致。如果未能达成一致，在收到分包商全部详细索赔报告或进一步的详细资料后 49 天内，或在双方认可的其他任何时间内，承包商应：

（ⅰ）基于分包商索赔报告中已被证实的那部分工期和费用以及其他相关情况，做出一个公平的理赔决定；

（ⅱ）通知分包商适当的附加支付和/或延长竣工日期，并说明理由及引用的本段规定。和

（ⅲ）给分包商附加支付以及延长分包工程竣工时间。

在根据第 20 条做出了修改前，各方应履行依照本款达成的协议或做出的决定。

[20.3] 未能遵守（Failure to Comply）

如果由于分包商未能遵守第 20.1 款中的第一段，和/或第 20.2 款的规定，导致承包商不能在主合同项下从业主方获取除分包商索赔金额之外的其他赔偿金额，则，不损害承包商由于分包商未能遵守上述规定的其他补偿权利，承包商有权根据第 3.3 款从分包合同价格中扣除该项金额。

[20.4] 分包合同的争议（Subcontract Disputes）

如果承包商与分包商之间因分包合同或分包工程的实施产生了争议，任一方可向另一方发出争议通知函。

承包商可以在其发出的争议通知函中，或在收到分包商发出的争议通知函的 14 天内，告知分包商他认为该争议事项同时也涉及主合同项下业主与承包商的争议事项，并附上理由。如果承包商就此通知了分包商：

（a）双方应在争议通知函发出之日至少 112 天后（或双方同意的其他时段），将该争议提交分包合同 DAB；

（b）如果之前未曾向主合同 DAB 提交过分包合同争议，则依据主合同第 20.4 款［获得 DAB 的决定］，承包商应在争议通知函发出之日起 28 天内（或被合同双方均认可的其他时间内），将该争议提交给主合同 DAB，并抄送分包商。如果主合同第 20.8 款［DAB 的任期届满］适用，则承包商应立即通知分包商；以及

（c）分包商应及时地向承包商提供其合理要求的信息和帮助，以便承包商能尽力地去处理主合同项下的分包合同争议。

如果未能在本款（b）段规定的时间内向主合同 DAB 提交分包合同争议，或者主合同 DAB 的委任期满时，任一方在此之后都有权向分包合同 DAB 提交该争议，本款的（a）段规定不再适用。

在根据本款（a）段认可的或双方同意的任何时间之后，承包商有权将该争议递交分包合同 DAB；或分包商有权自行决定是将该争议递交分包合同 DAB，还是根据第 20.7 款［分包合同的仲裁］提交仲裁。

若承包商在发出的争议通知函中，并未告知分包商该分包合同争议事项也涉及主合同项下业主和承包商之间合同争议事项，或在承包商收到分包商发来的争议通知函 14 天内，任一方都有权将该争议提交给分包合同 DAB。

除非分包合同已被撤销、否定或终止，分包商应继续按照分包合同实施分包工程。

[20.5] 分包合同 DAB 的任命（Appointment of the Subcontract DAB）

承包商和分包商之间的争议应由分包合同 DAB 来做出决定，委员会应由各方在争议通知函发出之日的 42 天内或在第 20.4 款中（a）段中规定时间或另外同意的时间后 42 天内完成任命。除非分包商报价表附录中规定委员会应由三个成员组成，否则应由一位具备相应资质的人员担任。

如果分包合同双方未能在规定时间内就任命委员会成员或替代成员达成一致，则应合同一方或双方的要求，FIDIC 主席或其代表可以任命分包合同 DAB 成员，这项任命应是最终的、确定的。每一方应负责支付给任命的实体或官员酬金开支的一半。

对委员会的任命可由双方共同协商终止。除非双方另有约定，当委员会根据第 20.6 款［获得分包合同 DAB 的决定］对提交的争议做出了裁决而且此时合同双方没有提交新的争议时，则委员会的任期也即期满。

在其他方面，主合同第 20.2 款［争议评判委员会的任命］应适用于分包合同 DAB 的任命，但争议评判协议的通用条件中涉及聘请费支付的相关条款和程序规则中第 1 至第 4 条的规定不适用。

[20.6] 获得分包合同 DAB 的决定（Obtaining Subcontract DAB's Decision）

任一方都可以根据第 20.4 款以书面形式向分包合同 DAB 提交争议，同时抄送给另一方。除本款明文规定外，主合同第 20.4 款［获得 DAB 的决定］的各个方面都应适用于分包合同争议的解决。

分包合同 DAB 的决定对合同双方都有约束力，但若合同任一方在收到该决定的 28 天内，发出了不满意的通知，合同双方在将争议提交仲裁前应试图友好解决。除非合同双方另有约定，仲裁可以在不满意通知发出后第 28 天或此后开始，即使双方未曾试图友好解决。

如果一方未能遵守委员会的决定，另一方可以提交仲裁机构，以获得强制执行该决定的裁决。在此情况下提交仲裁，无需获得委员会的决定或者做出友好解决的努力。

[20.7] 分包合同的仲裁（Subcontract Arbitration）

如果分包合同 DAB 的决定未能成为终局决定，双方也未能友好解决，则争议应按照国际商会的仲裁规则最终解决；并且主合同第 20.6 款［仲裁］也应适用于分包合同争议。

第四节　FIDIC《生产设备与设计—建造合同条件》（1999 年第 1 版）

FIDIC《生产设备与设计—建造合同条件》（1999 年第 1 版）"新黄皮书"是在 FIDIC 1988 年出版的《电气与机械工程合同条件》（"黄皮书"）与 1995 年出版的《设计—建造与交钥匙工程合同条件》（"橘皮书"）基础上重新编写的。1999 年出版的"新红皮书"、"新黄皮书"和"银皮书"三本书均统一为 20 条。其中，大约 80％的条款名称和内容都是一样的，对使用者非常方便，本节中凡"新黄皮书"与"新红皮书"相同的条款就不再作介绍，只介绍那些不同的条款内容。

"新黄皮书"适用于电气、机械设备供货，以及建筑或工程的"设计—施工"总承包，承包商负责设计和提供生产设备和（或）其他工程，可包括土木、机械、电气和（或）建筑物的任何组合。

"新黄皮书"共 20 条，170 款。20 条包括：一般规定，业主，工程师，承包商，设计，职员与劳工，生产设备、材料和工艺，开工、延误和暂停，竣工检验，业主的接收，缺陷责任，竣工后检验，变更和调整，合同价格与支付，业主提出终止，承包商提出暂停和终止，风险与责任，保险，不可抗力，索赔、争议和仲裁。后附争议评判协议书一般条件。

专用条件的内容主要是专用条件的编写指南，包括部分范例条款，后附 7 个体现"国际商会"规则的保函格式。上述两部分后还附有投标函、合同协议书及争议评判委员会协议书的格式。

下文中的各款标题前面方括号〔　〕内的数字为 FIDIC "新黄皮书"（1999 年第一版）原版相应的款号。

第 1 条　一般规定（General Provisions）

本条共 14 款，主要内容包括：
本合同条件中的关键术语的定义；
本合同文件的组成及优先顺序；
文件的提供、照管及版权；
合同双方的信息沟通、保密规定和权益转让；
合同语言、法律和联合承包的规定。

〔1.1〕定义（Definitions）

"新黄皮书"也和"新红皮书"一样，将定义分为六大类，共有 58 个定义，其中有 6 个定义与"新红皮书"不同，现介绍如下：

〔1.1.1.1〕合同（Contract）

指包括合同协议书、中标函、投标函、本合同条件、业主的要求、资料表、承包商的建议书，以及在合同协议书或中标函中列出的其他文件。

〔1.1.1.5〕业主的要求（Employer's Requirements）

指包括在合同中以此命名的文件，并按合同规定对之进行的任何补充和修改。本文件列明了工程的目的、范围和/或设计和/或其他技术标准。

[1.1.1.6] 资料表（Schedules）

指合同中由承包商填写并随投标书提交的各种文件，可包括数据、表册、付款计划表和/或价格表。

[1.1.1.7] 承包商的建议书（Constructor's Proposal）

指包括在合同中，由承包商随投标函提交的以此命名的文件，该文件可能包括承包商的初步设计。

[1.1.1.10] 保证书（Schedule of Guarantees）和付款计划表（Schedule of Payments）

指包含在"资料表"中并以此命名的文件（如果有）。

[1.1.6.9] 变更（Variation）

指按照合同条件第 13 条［变更和调整］被指示或被批准作为变更的，对业主的要求或工程的任何变动。

其余定义均与"新红皮书"完全相同。

[1.5] 文件的优先顺序（Priority of Documents）：

合同文件的优先顺序如下：

（a）合同协议书；

（b）中标函；

（c）投标函；

（d）专用合同条件；

（e）通用合同条件；

（f）业主的要求；

（g）资料表；

（h）承包商的建议书及组成合同的其他文件。

各合同文件之间应可相互解释，工程师可对文件中的歧义进行澄清。

[1.8] 文件的照管和提供（Care and Supply of Documents）

承包商的文件由自己保管，并应向业主提供六套。如一方发现对方文件有技术性的错误或缺陷时，应及时告知对方。承包商应在工地保存一套合同文件及其他文件，供业主方人员查阅。

[1.9] 业主的要求中的错误（Errors in the Employer's Requirements）

如果由于"业主的要求"中的错误导致承包商延误工期或招致了费用损失，则承包商可向工程师申请工期、费用和利润索赔。

工程师在审核承包商的上述索赔要求时，需确定一个有经验的承包商在按照第 5.1 款的要求审核"业主的要求"时，是否不能发现该错误，或难以发现该错误的程度，并据之确定索赔。

[1.11] 承包商使用业主的文件一款中，将"新红皮书"中的"规范、图纸"改为"业主的要求"。

[1.2] 解释、[1.3] 通信交流、[1.4] 法律和语言、[1.6] 合同协议书、[1.7] 权益转让、[1.10] 雇主使用承包商文件、[1.12] 保密事项、[1.13] 遵守法律、[1.14] 共同的

和各自的责任，10 款内容均与"新红皮书"完全相同。

第 2 条　业主 (The Employer)

本条共 5 款，主要内容包括：

业主向承包商提供施工现场的义务；

业主应向承包商提供协助和配合；

承包商对业主的项目资金安排的知情权；

业主的索赔权以及应遵循的程序。

[2.1] 现场进入权、[2.2] 许可、执照或批准、[2.3] 雇主人员、[2.4] 雇主的资金安排、[2.5] 雇主的索赔，5 款内容均与"新红皮书"完全相同。

第 3 条　工程师 (The Engineer)

本条共 5 款，主要内容包括：

工程师的权力和职责范围；

工程师如何将其权力委托给其助理；

工程师如何下达指令；

对业主更换工程师有何限定；

工程师做决定时应遵循的程序和要求。

[3.3] 工程师的指示（Instructions of the Engineer）

工程师为了实施工程，可根据合同向承包商发布指示，承包商只能从工程师或其助理处接受指示。工程师一般应发布书面指示。但没有"新红皮书"口头指示的规定。

[3.1] 工程师的任务和权力、[3.2] 由工程师付托、[3.4] 工程师的替换、[3.5] 确定，4 款内容均与"新红皮书"完全相同。

第 4 条　承包商 (The Contractor)

本条共 24 款，主要内容包括：

承包商在合同中的基本义务，包括设计等；

履约保证的相关规定；

对承包商代表的要求以及对分包、转让、合作以及现场放线的规定；

关于现场作业、安全、质量保证及环保的规定；

关于现场数据、现场条件、道路通行权、运输、化石等方面承包商所承担的责任和享有的权利；

关于进度报告的内容以及提交程序的规定。

[4.1] 承包商的一般义务（Contractor's General Obligations）

承包商应按照合同设计、实施、完成工程及修补缺陷，提供合同规定的生产设备、承包商的文件以及所需的人员、货物和其他服务。

工程应包括为满足业主的要求、承包商的建议书和资料表中规定的或合同中隐含的任何工作，以及为工程的稳定和安全有效地运行所需的工作。承包商应对现场作业、施工方法的安全性和可靠性负责。

当工程师要求时，承包商应提交其采用的施工安排和施工方法的细节，如作重要改变，需事先通知工程师。

[4.4] 分包商（Subcontractor）

与"新红皮书"基本相同，仅不包含业主有权要求将分包合同的权益转让给业主的规定。

[4.5] 指定分包商（Nominated Subcontractor）

指工程师根据第 13 条［变更与调整］的规定，指定承包商雇用的分包商。如承包商向工程师提出反对意见并附有详细依据，可以不雇用该指定分包商。

[4.6] 合作（Cooperation）

承包商应按合同规定或业主的指示与业主的人员、业主的其他分包商及公共当局人员合作。如这些合作和服务导致了一个有经验的承包商在提交投标书时产生了不可预见的费用，则构成变更。承包商应对其在现场的活动负责，并按照"业主的要求"中的规定协调自己与其他承包商的活动。

[4.11] 中标合同金额的充分性（Sufficiency of the Accepted Contract Amount）中加上设计内容。

[4.2] 履约保证、[4.3] 承包商的代表、[4.7] 放线、[4.8] 安全措施、[4.9] 质量保证、[4.10] 现场数据、[4.12] 不可预见的外界条件、[4.13] 道路通行权与设施使用权、[4.14] 避免干扰、[4.15] 进场路线、[4.16] 货物运输、[4.17] 承包商的设备、[4.18] 环境保护、[4.19] 水电和燃气、[4.20] 业主的设备和免费供应材料、[4.21] 进度报告、[4.22] 现场安保、[4.23] 承包商的现场作业、[4.24] 化石，19 款内容均与"新红皮书"完全相同。

第 5 条 设计（Design）

本条共 8 款，主要内容包括：

承包商的一般设计义务；

业主对"承包商的文件"编制的要求；

承包商在设计过程中应遵守的基本原则；

承包商在工程移交之前必须提交的文件。

[5.1] 一般设计义务（General Design Obligations）

承包商应按"业主的要求"中的标准负责设计。承包商的设计人员或设计分包商应具备必需的经验和能力，并应将有关人员情况报送工程师，取得其同意。

当收到开工通知后，承包商应仔细检查业主的要求，包括设计标准及计算书，以及放线的基准依据等。如发现错误，应在投标书附录规定期限内通知工程师，工程师应就是否变更通知承包商。如果这些错误是一个有经验的承包商在提交投标书前本应发现的，则不给予工期和费用调整。

[5.2] 承包商的文件（Contractor's Documents）

承包商的文件包括：业主的要求中规定的技术文件、满足法规要求报批的文件、竣工文件以及操作和维修手册。编写时应使用合同规定的语言，还应编制指导承包商的人员所需的文件。

如业主的要求中规定承包商的文件应提交工程师审核或批准时，则应按规定提交，工程师的审核期一般不应超过 21 天。如审核认为该文件不符合合同要求，承包商应自费修改并再次提交工程师审批。

对需提交工程师审批的文件：

（a）工程师应通知承包商是否批准，如在审核期满时仍未收到工程师的通知，则应视为工程师已批准该文件。在工程师批准前，相应部分的工程不能开工；

（b）对涉及设计和施工的承包商的文件的审核期期满前，不得开工；

（c）该部分的实施必须在审核批准后才能开工；

（d）若承包商希望修改已提交的文件，应立即通知工程师，并按上述程序将修改的文件报工程师。工程师可指示承包商编制进一步的文件。

任何此类审批不解除承包商的任何义务和责任。

[5.3] 承包商的承诺（Contractor's Undertaking）

承包商应承诺其设计、承包商的文件、施工和竣工的工程将会符合工程所在国的法律以及经过变更的合同的各项文件。

[5.4] 技术标准和规章（Techenical Standard and Regulations）

承包商的设计、文件、施工和竣工均应符合工程所在国的技术标准、建筑、施工和环境方面的法律、工程产品的法律以及业主的要求中规定的相关标准。上述法律为业主接收工程时通行的法律，标准为基准日期时适用的版本，如在基准日期后版本有修改或更新，承包商应通知工程师，并提交建议书，如工程师认为需修改，则构成变更。

[5.5] 培训（Training）

承包商应根据业主的要求中的具体规定对业主的人员进行操作和维修培训。如合同中有规定，在培训完成前，不能认为工程已经竣工。

[5.6] 竣工文件（As-Built Documents）

承包商应编制一套完整的竣工记录保存在现场，并应在竣工检验开始前提交给工程师两套副本。承包商还应按工程师的要求提交竣工图给工程师审核。

在颁发接收证书前，承包商应按业主的要求中的规定向工程师提交竣工图的副本，否则，不能认为工程已完工，也不能接收。

[5.7] 操作和维修手册（Operation and Maintenance Manuals）

在竣工检验开始前，承包商应向工程师提交暂行的操作和维修手册，其详细程度应能达到业主操作和调试生产设备的要求。

在工程师收到此手册的最终版本以及业主的要求中为此目的规定的其他手册之前，不能认为工程已按接收要求竣工。

[5.8] 设计错误（Design Error）

如果承包商的文件中出现错误、缺陷、不一致等问题，即使已得到批准或同意，也应由承包商自行修正。

第 6 条 职员与劳工 (Staff and Labor)

本条共 11 款，主要内容包括：

承包商雇用职员和劳工应注意的问题，如：工资标准、食宿、交通、安全等；

承包商按规范/工程量表的要求为业主方人员提供设施；

合同对承包商遵守劳动法以及工作时间的要求；

合同对承包商在施工期间日常管理工作的要求；

合同对承包商的人员的技术水平与职业道德的要求。

[6.2] 工资标准和劳动条件、[6.3] 正在服务于业主的人员、[6.4] 劳工法规、[6.5] 工作时间、[6.7] 健康和安全、[6.8] 承包商的管理工作、[6.9] 承包商的人员、[6.10] 承包商人员和设备的记录、[6.11] 妨碍社会治安行为，以上 9 款内容均与"新红皮书"相同。[6.1] 雇用职员和劳工、[6.6] 为职工提供设施，2 款内容也与"新红皮书"相同，但将其中的"规范"改为"业主的要求"。

第 7 条 生产设备、材料和工艺 (Plant, Materials and Workmanship)

本条共 8 款，主要内容包括：

承包商应如何实施工程；

业主方人员的现场检查和检验；

工程师在什么情况下可拒收；

不合格工程的返工；

有关矿区使用费的规定。

[7.2] 样品 (Samples)

承包商应按第 5.2 款 [承包商的文件] 中所述的对承包商的文件的送审程序，自费向工程师提交样品和资料，供其审核；样品包括制造厂商的和合同规定的样品；工程师可用变更指令的方式要求附加样品；样品上应列明原产地和在工程中的用途。

[7.1] 实施方法、[7.3] 检查、[7.4] 检验、[7.5] 拒收、[7.6] 补救工作、[7.7] 工程设备和材料的所有权，以上 6 款内容均与"新红皮书"相同。[7.8] 矿区使用费内容也与"新红皮书"相同，但将其中的"规范"改为"业主的要求"。

第 8 条 开工、延误和暂停 (Commencement, Delay and Suspension)

本条共 12 款，主要内容包括：

开工日期和竣工时间应如何确定；

进度计划应如何编制；

承包商的工期索赔和工程拖期时的补偿；

暂停与复工。

[8.3] 进度计划 (Programme)

承包商应在收到开工通知 28 天内，向工程师提交一份详细的进度计划。当进度有变动时，应提交一份修订的进度计划。

进度计划的内容包括：

（a）工程实施顺序；

（b）"承包商的文件"一款中规定的审核期限和业主的要求中规定的提交审批的期限；

（c）合同中规定的检查、检验的安排；以及

（d）一份支持报告，包括：各阶段的施工方法，人员和施工设备的数量等。

如果工程师在收到进度计划后 21 天内，未提出意见，则承包商可据之工作，业主的人员也可据之安排自己的工作；承包商应及时将未来可能影响工作、增加合同价格或延误工期的事件通知工程师。工程师可要求承包商估计事件的影响，按"变更程序"一款提出建议；当工程师指出工程进度不符合要求时，承包商应及时提交一份修正的进度计划。

［8.4］竣工时间的延长（Extension of Time for Completion）

如果由于下列任一原因延误了工期，承包商可索赔工期：

（a）发生合同变更；

（b）本合同条件中允许承包商索赔工期的原因；

（c）异常不利的气候条件；

（d）流行病或政府行为造成人员和货物不可预见的短缺；

（e）业主方或其他承包商的影响在现场造成的延误。

承包商应按索赔条款规定提出索赔。工程师在确定延长时间时，可审查已给出的延期，但只能增加延期，不能减少已批准的延期时间。

［8.1］工程的开工、［8.2］竣工时间、［8.5］当局引起的延误、［8.6］进度、［8.7］误期损害赔偿费、［8.8］暂时停工、［8.9］暂停的后果、［8.10］暂停时对工程设备和材料的支付、［8.11］持续的暂停、［8.12］复工，10 款内容均与"新红皮书"完全相同。

第 9 条　竣工检验（Tests on Completion）

本条共 4 款，主要内容包括：

承包商在竣工检验中的义务；

如果检验被延误，各方应负的责任；

竣工检验未能通过时的处理方式。

［9.1］承包商的义务（Contractor's Obligation）

承包商在按照 5.6 款［竣工文件］和 5.7 款［操作和维修手册］的规定提交各种文件后，应按照本条和 7.4 款［检验］的要求进行竣工检验；承包商应提前 21 天将可以进行每项竣工检验的日期通知工程师，检验应在此后 14 天内，由工程师指定的日期进行。

除专用条件中另有说明，竣工检验应按下列顺序进行：

（a）启动前检验：应包括适当的检查和（"干"或"冷"）性能检验，以证明每项生产设备都能安全地承受下一阶段的启动检验；

（b）启动检验：包括规定的运行检验，以证明工程或区段能在所有可应用的操作条

件下安全运行；

（c）试运行，证明工程或区段运行可靠，符合合同要求。

试运行过程中，承包商应告知工程师，工程已可进行任何其他竣工检验，以证明是否符合业主的要求中的标准和保证书的要求。试运行不构成业主的验收，除另有说明外，试运行期间生产的产品属于业主。

如业主提前使用了工程，竣工检验时应考虑到有关影响；如工程或区段通过上面的（a）、（b）、（c）项竣工检验后，承包商应尽快向工程师提交正式的检验报告。

[9.2] 延误的检验、[9.3] 重新检验、[9.4] 未能通过竣工检验，3 款内容均与"新红皮书"完全相同。

第 10 条　业主的接收（Employer's Taking Over）

本条共 4 款，主要内容包括：

业主接收工程或区段的前提条件和承包商获得接收证书的程序；

业主接收部分工程的限制条件和规定；

业主干扰承包商按时进行竣工检验时承包商的权利。

[10.1] 工程和区段的接收、[10.2] 部分工程的接收、[10.3] 对竣工检验的干扰、[10.4] 地面需要复原，4 款内容均与"新红皮书"完全相同。

第 11 条　缺陷责任（Defects Liability）

本条共 11 款，主要内容包括：

承包商在缺陷通知期的主要责任；

修复缺陷费用的承担；

延长缺陷通知期的条件；

签发履约证书的条件；

签发履约证书后承包商的工作。

[11.2] 修补缺陷的费用（Cost of Remedying Defects）

以下原因造成的缺陷，应由承包商承担风险和费用：

（a）工程的设计，由业主负责的部分设计除外；

（b）生产设备、材料和工艺不符合合同要求；

（c）涉及培训、竣工文件以及操作和维修手册等由承包商负责的事项产生的不当操作或维修；或

（d）承包商未能遵守任何其他义务。

上述原因之外的原因造成的缺陷，业主应立即通知承包商修复并按变更处理。

[11.1] 完成扫尾工作和修复缺陷、[11.3] 缺陷通知期的延长、[11.4] 未修复缺陷、[11.5] 移走有缺陷的工作、[11.6] 进一步的检验、[11.7] 进入权、[11.8] 承包商的调查、[11.9] 履约证书、[11.10] 未履行的义务、[11.11] 现场清理，10 款内容均与"新红皮书"完全相同。

第 12 条　竣工后检验 (Tests After Completion)

本条共 4 款，主要内容包括：

竣工后检验的程序；

如竣工后检验被延续，相关方的义务和权利；

如工程未能通过竣工后检验时的处理方法。

[12.1] 竣工后检验的程序 (Procedure for Tests After Completion)

如合同中规定了竣工后检验，则业主应：

（a）为竣工后检验提供必要的全部电力、设备、燃料、仪器、劳力、材料和有资质、有经验的人员，以及

（b）按照承包商提供的操作和维修手册进行竣工后检验，可要求承包商参加并给予指导。

此类检验应在工程或区段被业主接受后的、合理的、可行的时间内尽快进行，业主应提前 21 天将开始进行竣工后检验的日期通知承包商。除非另有商定，这些检验应在该日期后 14 天内由业主决定的日期进行。如承包商未来参加，业主可自行进行该检验，承包商应承认该检验结果。竣工后检验应由双方共同整理和评价该检验结果，评价时应考虑业主提前使用该工程的影响。

[12.2] 延误的检验 (Delayed Tests)

如因业主的原因拖延了竣工后检验从而导致承包商产生了额外费用，承包商可向工程师提出索赔费用和利润。工程师应按照合同相关条款做出决定。

如由于非承包商的原因，竣工后检验未能在缺陷通知期或双方商定的期限内完成，则应视为工程或区段的竣工后检验已完成。

[12.3] 重复检验 (Retesting)

如果工程或某区段未能通过竣工后检验，则承包商应按 11.1 款要求完成缺陷修复，之后，任一方均可要求按原来的条件再重复进行竣工后检验。

如果未通过检验和重新检验是由于承包商的设计、工艺、材料、生产设备引起的，并导致了业主的额外费用，业主可提出索赔。

[12.4] 未能通过竣工后检验 (Failure to Pass Tests After Completion)

如果工程或某区段未能通过竣工后检验，则：

（a）若在合同中规定了相应情况的损害赔偿费，当承包商在缺陷通知期内向业主支付了此笔费用，则可认为已通过了竣工后检验。

（b）如承包商提议对工程或区段进行调整或修正时，需要报告业主，在业主同意的时间才能进入并进行调整或修正，如在缺陷通知期内业主未给予答复，则可认为已通过了竣工后检验。

如果承包商申请进入工程或生产设备去调查未通过竣工后检验的原因或进行调整或修正，业主无故拖延给予许可，导致了承包商的额外费用，承包商有权通知工程师索赔相应费用和利润，工程师应就此做出决定。

第 13 条　变更和调整（Variations and Adjustments）

本条共 8 款，主要内容包括：

工程师有变更工程的权力；

承包商可运用价值工程提出建议书；

暂定金额的概念和支付；

立法变动和物价波动导致的工期和费用的调整。

[13.1] 有权变更（Right to Vary）

在颁发接收证书前，工程师有权变更，并可要求承包商就变更提出建议书；但变更不应包括准备交给他人实施的任何工作的删减。

承包商应执行变更指令，但：

（ⅰ）如不能得到相应货物；

（ⅱ）变更将降低工程的安全性或适用性；或

（ⅲ）对保证表的完成产生不利影响时；

承包商可暂不执行，并应迅速通知工程师，工程师收到通知后应取消或确认或改变原来的指示。

[13.2] 价值工程（Value Engineering）

承包商可随时向工程师提出建议书，只要他认为此建议可缩短工期，降低造价，提高工程运行效率和/或价值，或对业主产生其他效益；承包商应自费编制此建议书，并应包括 13.3 款中所列的内容。

[13.3] 变更程序（Variation Procedure）

若工程师在发布变更指令前要求承包商提交建议书，承包商应尽快提交，否则，应说明原因。建议书应包括：变更工作的实施方法和计划；对工程总进度计划的调整以及变更费用的估算。工程师收到建议书后应尽快表态，此时承包商应照常工作。对每次变更，工程师应按第 3.5 款［确定］的要求商定或确定调整合同价格（包括利润）和付款计划表，并应考虑承包商根据第 13.2 款［价值工程］提交的建议。

[13.5] 暂定金额（Provisional Sums）

与"新红皮书"大部分相同，只是将"由指定分包商或其他单位采购"删去，改由承包商自己采购。

[13.4] 以适用货币支付、[13.6] 计日工、[13.7] 因立法变动而调整、[13.8] 因费用波动而调整，四款内容均与"新红皮书"完全相同。

第 14 条　合同价格与支付（The Contract Price and Payment）

本条共 15 款，主要内容包括：

合同价格的性质；

预付款的支付与扣还；

期中支付证书和最终支付证书的申请和签发；

材料和生产设备款的支付办法；

应支付的时间和延误支付的处理方法；

保留金的扣留与退还；

各类支付货币间的兑换率的规定。

[14.1] 合同价格（The Contract Price）

除非专用条件中另有规定：

（a）合同价格应以中标合同金额为总价包干，但可按合同规定调整；

（b）承包商应支付合同要求其支付的一切税费，但立法变更时允许调整；

（c）资料表中可能给出的任何工程量是估计值，不能作为要求承包商实施工程的实际工程量；

（d）资料表中可能给出的任何工程量或价格仅应用于资料表说明的用途，不一定适用于其他目的。

如工程的任何部分是按实际工程量进行支付，应遵循专用条件中有关规定，并相应调整和决定合同价格。

[14.3] 申请期中支付证书（Application for Interim Payment Certificate）

承包商应按合同规定的支付期限最后一天（如无规定，则在每个月末）之后，按工程师同意的格式向他提交一式六份的月报表，列出认为自己有权获得的款额，同时附上进度报告等证明文件。

月报表的内容和顺序如下（以应支付的货币表示）：

（a）截至月末已实施的工程和承包商的文件的估算合同价值（包括变更）；

（b）立法变动和费用波动导致的增减款额；

（c）保留金的扣除：按投标书附录规定的百分率乘上述两项款额之和，一直扣到保留金限额为止；

（d）预付款的支付与扣还；

（e）为生产设备和材料的预支款和扣还款；

（f）其他应追加或减扣的款项，如索赔款等；

（g）扣除所有以前的支付证书中已经确认的款额。

[14.9] 保留金的支付（Payment of Retention Money）

主要规定均与"新红皮书"相同，只是退还的比例不同，本书规定为50%。此外还要求在"投标书附录"中规定区段的价值百分比，否则，不能按50%返还保留金。

[14.2] 预付款、[14.4] 支付计划表、[14.5] 拟用于工程的工程设备和材料、[14.6] 期中支付证书的颁发、[14.7] 支付、[14.8] 延误的付款、[14.10] 竣工报表、[14.11] 申请最终支付证书、[14.12] 结清单、[14.13] 最终支付证书的颁发、[14.14] 业主责任的停止、[14.15] 支付的货币，12款内容均与"新红皮书"完全相同。

关于缺陷通知期开始后有关各类报表及证书的提交及付款的顺序如图4-1所示。

第 15 条　业主提出终止 (Termination by Employer)

本条共5款，主要内容包括：

承包商的哪些违约行为可导致业主有权终止合同；

业主终止合同的程序；

业主终止合同后对承包商已完成工作的估价和支付；

业主出于自身的原因终止合同的权利。

［15.1］通知改正、［15.2］由业主提出终止、［15.3］终止日的估价、［15.4］终止后的支付、［15.5］业主终止合同的权利，5 款内容均与"新红皮书"完全相同。

第 16 条　承包商提出暂停和终止
(Suspension and Termination by Contractor)

本条共 4 款，主要内容包括：

承包商暂停工作或放慢进度意味着什么；

业主的哪些行为将导致承包商有权终止合同；

终止合同后承包商的义务；

终止合同后如何对承包商进行补偿。

［16.1］承包商暂停工作的权利、［16.2］承包商提出终止、［16.3］停止工作和承包商设备的撤离、［16.4］终止时的支付，4 款内容均与"新红皮书"完全相同。

第 17 条　风险与责任 (Risks and Responsibility)

本条共 6 款，主要内容包括：

业主和承包商互为保障的内容；

工程照管的责任；

业主的风险及其后果的处理；

工程知识产权与工业产权的保护；

合同双方的赔偿责任限度。

［17.5］知识产权和工业产权大部分与"新红皮书"相同。

承包商对业主的侵权保障内容变化如下：

承包商对业主的侵权保障包括以下任一方面：（ⅰ）承包商的工程设计、制造、建造或实施；（ⅱ）承包商设备的使用；或（ⅲ）工程的合理使用。

［17.1］保障、［17.2］承包商对工程的照管、［17.3］业主的风险、［17.4］业主风险的后果、［17.6］责任限度，5 款内容均与"新红皮书"完全相同。

第 18 条　保险 (Insurance)

本条共 4 款，主要内容包括：

不论哪一方去投保，投保方的投保程序和要求；

工程、生产设备和承包商设备的保险要求；

对第三方人员和财产的保险要求；

对承包商的人员的保险要求。

［18.1］保险的总体要求、［18.2］工程和承包商设备的保险、［18.3］人员伤害及财产损失保险、［18.4］承包商人员的保险，4款内容均与"新红皮书"完全相同。

第19条　不可抗力（Force Majeure）

本条共7款，主要内容包括：

在本合同条件中对不可抗力的定义；

发生不可抗力后双方各自的责任；

双方对不可抗力造成的后果各自应承担的责任和义务；

不可抗力导致终止合同时的处理方法；

由于法律的规定导致解除履约时的处理方法。

［19.1］不可抗力的定义、［19.2］不可抗力的通知、［19.3］将延误减到最小的义务、［19.4］不可抗力的后果、［19.5］不可抗力影响分包商、［19.6］可选择的终止、支付以及解除履约、［19.7］根据法律解除履约，7款内容均与"新红皮书"完全相同。

第20条　索赔、争议和仲裁（Claim，Disputes and Arbitration）

本条共8款，主要内容包括：

承包商索赔的程序；

争议评判委员会（DAB）的组成和运作机制；

仲裁的前提、规则和程序；

通过DAB、友好解决和仲裁解决争议的途径。

［20.2］争议评判委员会的任命（Appointment of the Dispute Adjudication Board）

"新黄皮书"和"银皮书"的争议评判委员会（DAB）是"临时DAB"（ad-hoc DAB），即只有在发生争议时才任命。

届时，一方向另一方提交争议通过DAB解决的意向通知书，之后的28天内，双方联合任命DAB成员，当他们对提交的争议做出决定时，"临时DAB"成员的任期即期满，如此时又有争议提交时，可继续工作，但任期期满的规定同上。

［20.4］获得DAB的决定（Obtaining Dispute Adjudication Board's Decision）

"临时DAB"根据［20.2］款的规定任命。DAB收到委托或附录1"争议评判协议书"一般条件第6条中提到的预付款（以二者较晚日期）之后的84天内（或DAB建议并经双方认可的期限内），做出DAB的决定。

其余规定同"新红皮书"。

［20.1］承包商的索赔、［20.3］对DAB未能达成一致、［20.5］友好解决、［20.6］仲裁、［20.7］未能遵守DAB的决定、［20.8］DAB的任期届满，6款内容均与"新红皮书"完全相同。

关于通过DAB方式解决争议或走向仲裁的程序如图4-2所示。

第五节　FIDIC《设计采购施工（EPC）/交钥匙 项目合同条件》（1999 年第 1 版）

FIDIC《设计采购施工（EPC）/交钥匙项目合同条件》（1999 年第 1 版）（以下简称"银皮书"）是在 1995 年 FIDIC《设计—建造与交钥匙工程合同条件》（橘皮书）基础上重新编写的。"银皮书"适用于以交钥匙方式为业主提供工艺或动力设备或类似设施，承建各类工厂、电力、石油开发以及基础设施的"设计—采购—施工"的总承包项目。

这种模式适用于业主方希望事先能确定工程项目的总价以及工期，由承包商承担项目的设计和实施的全部职责，为此宁愿让承包商报较高的价格，同时承包商也要承担较大的风险。不少私人融资项目以及一些国家的公共部门都趋向采用此类模式，这类项目经常处在民法（Civil Law）环境下。在这种模式的实施过程中，只要承包商能满足"业主的要求"中规定的功能标准，业主就不过多地干预承包商的工作，但要在竣工检验和验收时按照"业主的要求"严格验收。

"银皮书"不适用于以下情况：

（1）如果投标人没有足够的时间或资料来仔细研究和核查业主的要求或进行风险评估和估价；

（2）如果工程项目涉及相当数量的地下工程或投标人未能调查的区域内的工程；

（3）如果业主要严密监督或控制承包商的工作，或要审核大部分施工图纸；

（4）如果每次期中付款都要请一位行政官员或其他中间人（Intermediary）确定。

"银皮书"通用条件共包括 20 条，166 款。20 条包括：一般规定，业主，业主的管理，承包商，一般设计义务，职员和劳工，生产设备、材料和工艺，开工、延误和暂停，竣工检验，业主的接收，缺陷责任，竣工后检验，变更和调整，合同价格和支付，业主提出终止，承包商提出暂停和终止，风险和责任，保险，不可抗力，索赔、争议和仲裁。后附争议评判协议书一般条件。

专用条件的内容主要是专用条件的编写指南，包括部分范例条款，后附 7 个体现"国际商会"规则的保函格式。上述两部分后还附有投标函、合同协议书及争议评判委员会协议书的格式。

下文中的各款标题前面方括号［　］内的数字为 FIDIC"银皮书"（1999 年第一版）原版相应的款号。

第 1 条　一般规定（General Provisions）

本条共 14 款，主要内容包括：

本合同条件中关键术语的定义；

本合同文件的组成及优先顺序；

文件的提供、照管及版权；

合同双方的信息沟通、保密规定和权益转让；

合同语言、法律和联合承包的规定。

[1.1] 定义（Definitions）

"银皮书"也和"新红皮书"一样，将措辞和词组的定义分为六大类，共有58个定义，其中有12个定义与"新红皮书"不同，有9个定义与"新黄皮书"不同。

在"新红皮书"中的"中标函"、"投标函"、"资料表"、"投标书附录"、"中标合同金额"、"最终付款证书"、"期中付款证书"、"付款证书"这些措辞和词组在"银皮书"中没有。

下面介绍与"新黄皮书"不同的9个定义：

[1.1.1.1] 合同（Contract）

指包括合同协议书、本合同条件、业主的要求、投标书和合同协议书列出的附加文件。

[1.1.1.2] 合同协议书（Contract Agreement）

指1.6款［合同协议书］中所述的合同协议书及所附各项备忘录。

[1.1.1.4] 投标书（Letter of Tender）

指包含在合同中的由承包商签署提交的工程报价以及随同提交的所有其他文件（不包括本合同条件和业主的要求）。

[1.1.1.5] 性能保证书（Performance Guarantees）和付款计划表（Schedule of Payments）

指合同中包括的具有上述名称的文件（如果有）。

（注：一般在国际上，如世行的工程招标文件中，Performance Security可译为履约保证，包括两种形式：Performance Guarantee指银行开具的履约保函，以及Performance Bond指担保公司开具的履约担保。

但"银皮书"中的Performance Guarantee是指性能保证书，它是一份技术性文件，系指承包商对自己设计建造的工程，包括对其提供的生产设备的性能保证，还包括验收考核指标。）

[1.1.2.4] 业主的代表（Employer's Representative）

指业主在合同中指名或按照第3.1款的规定任命的人员，他代表业主管理工程的实施。

[1.1.2.6] 业主的人员（Employer's Personnel）

指业主的代表、其助手及业主和业主的代表的所有其他雇员，以及业主和业主的代表通知承包商作为业主的人员的任何其他人员。

[1.1.3.7] 缺陷通知期（Defects Notification Period）

根据专用条件中的规定，从接收证书中注明的工程或区段的竣工日期算起，至根据合同可通知修复工程或该区段中缺陷的期限（包括依据有关合同条款决定的所有延期）。如果专用条件中没有规定这一期限，即可默认该期限为一年。

[1.1.4.1] 合同价格（Contract Price）

指在合同协议书中写明的，经商定的工程设计、施工、竣工和修补缺陷的款额，包括按照合同做出的调价（如果有）。

[1.1.5.4] 永久工程（Permanent Works）

指将由承包商按照合同设计和实施的永久工程。

（注：即工程竣工后留作业主财产的那部分工程。）

"业主的要求"、"承包商的文件"、"变更"三个措辞和词组与"新黄皮书"完全相同。

其他措辞和词组与"新红皮书"、"新黄皮书"完全相同。

[1.5] 文件的优先顺序（Priority of Documents）

合同文件的优先顺序如下：

(a) 合同协议书；

(b) 专用合同条件；

(c) 通用合同条件；

(d) 业主的要求；

(e) 投标书和组成合同的任何其他文件。

各合同文件之间应可相互解释。

[1.6] 合同协议书（Contract Agreement）

自合同协议书规定的日期起，合同全面实施和生效。为签订合同协议书的印花税等费用由业主承担。

[1.8] 文件的照管和提供（Care and Supply of Documents）

规范和图纸由业主保管，并应向承包商提供两套。承包商的文件由自己保管，并应向业主提供六套。如一方发现对方文件有技术性的错误或缺陷时，应及时告知对方。承包商应在工地保存一套合同文件及其他文件供业主方人员查阅。

[1.9] 保密性（Confidentiality）

除履行合同义务和遵守法律规定外，双方应将合同的详情视为私人的和秘密的。没有征得业主的事先同意，承包商不得对外发表或透露工程的任何细节。

[1.12] 保密事项（Confidential Details）

业主不得要求承包商向他透露在投标书中注明是秘密的任何信息。但为证实承包商遵守合同的情况，业主可要求承包商向他透露合理需要的其他信息。

[1.7] 转让、[1.10] 业主使用承包商的文件、[1.11] 承包商使用业主的文件、[1.13] 遵守法律、[1.14] 共同的及各自的责任，5 款均与"新红皮书"、"新黄皮书"完全相同。

第 2 条　业主（The Employer）

本条共 5 款，主要内容包括：

业主向承包商提供施工现场的义务；

业主应向承包商提供协助和配合；

承包商对业主的项目资金安排的知情权；

业主的索赔权以及应遵循的程序。

[2.1] 进入现场的权利（Right of Access to the Site）

在承包商提交履约保证后，业主应按专用条件中的规定，给予承包商使用和占有现场的权利。如业主未能按规定提供现场，承包商有权索赔工期、费用及利润。

[2.5] 业主的索赔（Employer's Claims）

业主有权依据合同规定向承包商索赔工期、费用和利润。业主得知索赔事件发生时应尽快发出通知并提出依据，业主应按第 3.5 款［决定］的要求商定或确定索赔的款额或工期（工期索赔应在缺陷通知期期满前发出）。

业主仅有权根据本款或第 14.6 款（1）和（2）的规定在付款证书中直接扣减其索赔款额，或另外向承包商提出索赔。

[2.2] 许可、执照或批准、[2.3] 业主的人员、[2.4] 业主的资金安排，3 款内容均与

"新红皮书"、"新黄皮书"完全相同。

第 3 条 业主的管理 (The Employer's Administration)

本条共 5 款，主要内容包括：

业主的代表和其他业主的人员的职权和权限；

业主如何将其权力委托给其助理；

业主及其被授权的人员向承包商发布指示的有关规定；

业主做决定时的有关程序和要求。

[3.1] 业主的代表 (The Employer's Representative)

业主任命一位业主的代表，代表其依据合同进行工作。业主的代表被认为可以履行合同中规定的业主的全部权力，但终止合同除外。若业主计划更换业主的代表，应在 14 天之前将替换人的姓名、地址、职责和权力以及任命日期通知承包商。

[3.2] 其他业主的人员 (Other Employer's Personnel)

业主或业主的代表可随时将其权力委托给其助理（包括一名驻地工程师和/或生产设备、材料的独立检查员等），也可随时撤销委托。助理应具有适当的资质，能履行委派的任务、行使相应的权力，并能流利地使用交流语言。

[3.3] 被授权的人员 (Delegated Persons)

所有被授权的人员（包括业主的代表和助理）只在授权范围内向承包商发布指示，包括任何批准、校核、证明、同意、检查、检验、通知、建议、要求、试验等，均与业主的各类指示同样有效。但

（a）除另有说明外，上述各类指示均不解除承包商的任何职责；

（b）如未对任何工作、生产设备或材料提出否定意见，不等于批准，也不影响业主拒绝接受的权力；

（c）承包商可以向业主对被授权人员的决定提出质疑，业主应迅速对提出的质疑进行确认、取消或更改。

[3.4] 指示 (Instructions)

业主或被授权的人员可向承包商发布书面指示，说明其有关义务及与之相关的条款，承包商应接受此类指示。如此指示构成变更，则按第 13 条［变更与调整］的规定办理。

[3.5] 决定 (Determinations)

当业主需对任何事项表示同意或做出决定时，应与各方协商，力争达成协议。否则，业主应按照合同，做出公平的决定，通知承包商并附详细依据。如承包商对该决定不满，应在收到通知后 14 天内通知业主。这时，任一方均可将争议提交 DAB。

第 4 条 承包商 (The Contractor)

本条共 24 款，主要内容包括：

承包商在合同中的基本义务；

履约保证的相关规定；

对承包商代表的要求以及对分包、转让、合作以及现场放线的规定；

关于现场作业、安全、质量保证及环保的规定；

关于现场数据、现场条件、道路通行权、运输、化石等方面承包商所承担的责任和享有的权利；

关于进度报告的内容以及提交程序的规定。

[4.3] 承包商的代表（Contractor's Representative）

大部分与"新红皮书"、"新黄皮书"相同。只是没有强调承包商的代表应以全部时间指导工作，并在离开时要取得业主同意。

[4.4] 分包商（Subcontractor）

承包商对分包商的一切行为和过失负责，并不得将整个工程分包出去。若专用条件中有规定的，承包商应在28天前通知业主以下事项：拟雇佣的分包商及其经验的详细资料；分包商承担的工作及现场工作的计划开工日期。

[4.5] 指定分包商（Nominated Subcontractor）

指定分包商是业主根据第13条［变更与调整］的规定，指定承包商雇佣的分包商。如承包商向业主提出反对意见并附有详细依据，可以不雇佣该指定分包商。

[4.7] 放线（Setting Out）

承包商应根据合同中规定的原始基准点、基准线和基准标高给工程放线，为工程正确定位，并应纠正工程中的位置、标点、尺寸或定线中的任何错误。

[4.10] 现场数据（Site Data）

业主应在基准日期之前及以后向承包商提供现场水文、地质、环境等相关数据和资料。承包商应负责核实和解释所有此类资料。除第5.1款［一般设计义务］中提出的情况外，业主对这些资料的准确性，充分性和完整性不承担责任。

[4.11] 合同价格的充分性（Sufficiency of the Contract Price）

承包商应被认为已确信合同价格是恰当的和充分的。如无其他规定，合同价格包括承包商根据合同应承担的（包括暂定金额的）全部义务，以及为正确设计、实施和完成工程以及维修的全部有关事项的费用。

[4.12] 不可预见的困难（Unforeseeable Difficulties）

除合同另有说明外：

（a）承包商应被认为已取得有关可能影响工程的风险、意外事件和其他事件的全部必要的资料；

（b）签署了合同意味着承包商预见到为顺利完成工程的所有困难和费用，接受了相应的全部职责；并且

（c）合同价格不因任何未预见到的困难和费用而调整。

[4.17] 承包商的设备（Contractor's Equipment）

承包商应负责所有承包商的设备，这些设备运到现场后应视为工程施工专用。

[4.1] 承包商的一般义务、［4.2］履约保证、［4.16］货物运输、［4.21］进度报告、[4.24] 化石，5款均与"新黄皮书"相同，但将"工程师"的角色改为"业主"。

[4.9] 质量保证，与"新红皮书"、"新黄皮书"相同，但将"工程师"的角色改为"业主"。

[4.6] 合作，与"新黄皮书"完全相同。

［4.8］安全措施、［4.13］道路通行权与设施使用权、［4.14］避免干扰、［4.15］进场路线、［4.18］环境保护、［4.19］电、水和燃气、［4.20］业主的设备和免费供应的材料、［4.22］现场安保、［4.23］承包商的现场作业，9款均与"新红皮书"、"新黄皮书"完全相同。

第 5 条　设计（Design）

本条共 8 款，主要内容包括：

设计—建造总承包商的一般设计义务；

业主对"承包商的文件"编制的要求；

承包商在设计过程中应遵守的编制的要求；

承包商在工程移交之前必须提交的文件。

［5.1］一般设计义务（General Design Obligations）

承包商应负责工程的设计，并应被认为在基准日期前已仔细检查了业主的要求（包括设计标准和计算书），并对业主的要求的正确性负责，即业主不对业主的要求中的任何错误、遗漏以及数据或资料的准确性和完整性负责。承包商从业主或其他方面收到任何数据或资料并不解除承包商对工程设计和施工的责任。

但在以下情况下，业主应对业主的要求中的数据和资料的正确性负责。

（a）在合同中规定的不能改变的或业主应负责的那些部分的数据或信息；

（b）对工程预期目的的说明；

（c）竣工检验和性能的标准；

（d）承包商不能核实的部分、数据或信息，但合同另有说明除外。

［5.2］承包商的文件（Contractor's Documents）

承包商的文件包括：业主的要求中规定的技术文件、满足法规要求报批的文件、竣工文件以及操作和维修手册。编写时应使用合同规定的语言。还应编制指导承包商的人员所需的文件。

如业主的要求中规定承包商的文件应提交业主审核或批准时，则承包商应按规定提交，业主的审核期一般不应超过 21 天。如审核认为该文件不符合合同要求，承包商应自费修改并再次提交业主审批。

除双方另有协议的范围外，对工程的每一部分都应：

（a）在对承包商的所有文件的审核期期满前，不应开工；

（b）该部分的实施必须在审核批准后才能开工；

（c）若承包商希望修改已提交的文件，应立即通知业主，并按上述程序将修改的文件报业主。

任何此类审批不解除承包商的任何义务和责任。

［5.3］承包商的承诺、［5.4］技术标注和规章、［5.5］培训、［5.6］竣工文件、［5.7］操作和维修手册、［5.8］设计错误，6款均与"新黄皮书"相同，但将"工程师"的角色改为"业主"。

第 6 条 职员与劳工 (Staff and Labor)

本条共 11 款，主要内容包括：

承包商雇用职员和劳工应注意的问题，如：工资标准、食宿、交通、安全等；

承包商按规范/工程量表的要求为业主方人员提供设施；

合同对承包商遵守劳动法以及工作时间的要求；

合同对承包商在施工期间日常管理工作的要求；

合同对承包商的人员的技术水平与职业道德的要求。

[6.1] 雇用职员和劳工、[6.6] 为职工提供设施，2 款均与"新红皮书"相同，但将"新红皮书"中的"规范要求"改为"业主的要求"。

[6.2] 工资标准和劳动条件、[6.3] 正在服务于业主的人员、[6.4] 劳工法规、[6.8] 承包商的管理工作、[6.11] 妨碍社会治安行为，5 款均与"新红皮书"、"新黄皮书"完全相同。

[6.5] 工作时间、[6.7] 健康和安全、[6.9] 承包商的人员、[6.10] 承包商人员和设备的记录，4 款均与"新红皮书"、"新黄皮书"相同，但将"工程师"的角色改为"业主"。

第 7 条 生产设备、材料和工艺 (Plant, Materials and Workmanship)

本条共 8 款，主要内容包括：

承包商应如何实施工程；

业主方人员的现场检查和检验；

工程师在什么情况下可拒收；

不合格工程的返工；

有关矿区使用费的规定。

[7.2] 样品 (Samples)

承包商在将材料用于工程之前，应自费向业主提交样品。每件样品应列明原产地和在工程中预期的用途。

[7.1] 实施方法、[7.7] 生产设备和材料的所有权，2 款均与"新红皮书"、"新黄皮书"完全相同。

[7.3] 检查、[7.4] 检验、[7.5] 拒收，3 款均与"新红皮书"、"新黄皮书"相同，但将"工程师"的角色改为"业主"。

[7.6] 补救工作，与"新黄皮书"相同，但将"工程师"的角色改为"业主"。

[7.8] 矿区使用费，与"新红皮书"相同，但将"新红皮书"中的"规范"改为"业主的要求"。

第 8 条 开工、延误和暂停 (Commencement, Delays and Suspension)

本条共 12 款，主要内容包括：

开工日期和竣工时间应如何确定；

进度计划应如何编制；

承包商的工期索赔和工程拖期时的补偿；

暂停与复工。

[8.1] 工程的开工（Commencement of Works）

除非合同协议书另有规定：

（a）业主应至少提前 7 天向承包商通知开工日期；并且

（b）开工日期应在合同协议书规定的合同全面生效日期后的 42 天内开工；

承包商应在开工日期后，尽早开始实施工程。

[8.3] 进度计划（Programme）

承包商应在收到开工通知 28 天内，向业主提交一份详细的进度计划。当进度有变动时，应提交一份修订的进度计划。

进度计划的内容包括：

（a）工程实施顺序；

（b）根据第 5.2 款［承包商的文件］规定的审核期限；

（c）合同中规定的检查、检验的安排；以及

（d）一份支持报告，包括：各阶段的施工方法，人员和施工设备的数量等。

如果业主在收到进度计划后 21 天内，未提出意见，则承包商可据之工作，业主的人员也可据之安排自己的工作；承包商应及时将未来可能影响工作、增加合同价格或延误工期的事件通知业主。当业主指出工程进度不符合要求时，承包商应及时提交一份修正的进度计划。

[8.4] 竣工时间的延长（Extension of Time for Completion）

如果由于下列任一原因延误了工期，承包商可索赔工期：

（a）发生合同变更；

（b）本合同条件中允许承包商索赔工期的原因；或

（c）因业主方或其他承包商的影响在现场造成的延误。

承包商应按索赔条款规定提出索赔。业主在确定延长时间时，可审查已给出的延期，但只能增加延期，不能减少已批准的延期时间。

[8.5] 当局引起的延误（Delays Caused by Authorities）

如果满足下列全部条件，承包商可提出工期索赔：

（a）承包商已经遵守了工程所在国合法当局制定的程序；

（b）当局延误或干扰了承包商的工作；

（c）这些延误或中断是一个有经验的承包商在递交投标书时无法合理预见的。

[8.2] 竣工时间、[8.7] 误期损害赔偿费，2 款均与"新红皮书"、"新黄皮书"完全相同。

[8.6] 进度、[8.8] 暂时停工、[8.9] 暂停的后果、[8.10] 暂停时对生产设备和材料的支付、[8.11] 持续的暂停、[8.12] 复工，6 款均与"新红皮书"、"新黄皮书"相同，但将"工程师"的角色改为"业主"。

第 9 条　竣工检验 (Tests on Completion)

本条共 4 款，主要内容包括：

承包商在竣工检验中的义务；

如果检验被延误，各方应负的责任；

竣工检验未能通过时的处理方式。

[9.4] 未能通过竣工检验 (Failing to Pass Tests on Completion)

如对工程或某个区段进行重新检验后仍未通过，则业主有权：

(a) 下令按第 9.3 款［重新检验］要求再次重复竣工检验；

(b) 如工程中的问题使该工程和某个区段基本上对业主没有使用价值时，业主可拒收并按 11.4 款［未修复缺陷］(c) 的规定处理；或

(c) 可在对合同价格减扣后，颁发接收证书。

如果在合同中没有规定减扣方法，业主可要求：

（ⅰ）双方商定减扣额，但仅限于弥补业主的损失，并在签发接收证书前支付给业主；或

（ⅱ）按第 2.5 款［业主的索赔］的规定，由双方商定或确定。

[9.1] 承包商的义务：与"新黄皮书"相同，在本款中将"工程师"的角色改为"业主"。

[9.2] 延误的检验、[9.3] 重新检验，2 款均与"新红皮书"、"新黄皮书"相同，但将"工程师"的角色改为"业主"。

第 10 条　业主的接收 (Employer's Taking Over)

本条共 3 款，主要内容包括：

业主接收工程或区段的前提条件和承包商获得接收证书的程序；

业主接收部分工程的限制条件和规定；

业主干扰承包商按时进行竣工检验时承包商的权利。

[10.2] 部分工程的接收 (Taking Over of Parts of the Works)

除在合同中证明或经双方同意外，任何部分工程（除"区段"外）业主均不得接收和使用。

[10.3] 对竣工检验的干扰 (Interference with Tests on Completion)

如由于业主方原因使承包商的竣工检验在 14 天内不能进行，承包商应尽快进行竣工检验。如果由于业主方原因拖延了竣工检验，招致工期延误或增加了费用，承包商有权索赔工期、费用和利润。

[10.1] 工程和区段的接收与"新红皮书"、"新黄皮书"相同，在本款中将"工程师"的角色改为"业主"。

第 11 条　缺陷责任（Defects Liability）

本条共 11 款，主要内容包括：

承包商在缺陷通知期的主要责任；

修复缺陷费用的承担；

延长缺陷通知期的条件；

签发履约证书的条件；

签发履约证书后承包商的工作。

[11.9] 履约证书（Performance Certificate）

只有当业主向承包商颁发了履约证书（在其中注明承包商完成合同义务的日期），才能认为承包商的义务已经完成；业主应在最后一个缺陷通知期期满日后 28 天内颁发履约证书；或在承包商提供了所有承包商文件、完成了所有工程施工和检验、修复了所有缺陷的条件下尽快颁发；只有履约证书才应被视为构成业主对工程的认可。

如业主未能按上述要求颁发履约证书，则：

（a）应认为履约证书已在本款要求的应颁发日期后的 28 天的日期颁发；并且

（b）第 11.11 款 [清理现场] 和第 14.14 款 [业主责任的停止]（1）项的规定应不适用。

[11.1] 完成扫尾工作和修复缺陷、[11.3] 缺陷通知期的延长、[11.4] 未修复缺陷、[11.5] 移走有缺陷的工作、[11.7] 进入权、[11.10] 未履行的义务、[11.11] 清理现场，7 款均与"新红皮书"、"新黄皮书"完全相同。

[11.2] 修补缺陷的费用与"新黄皮书"相同。

[11.6] 进一步的检验、[11.8] 承包商的调查，2 款均与"新红皮书"、"新黄皮书"相同，但将"工程师"的角色改为"业主"。

第 12 条　竣工后检验（Tests After Completion）

本条共 4 款，主要内容包括：

竣工后检验的程序；

如竣工后检验被延迟，相关方的义务和权利；

如工程未能通过竣工后检验时的处理方法。

[12.1] 竣工后检验的程序（Procedure for Tests After Completion）

如合同中规定了竣工后检验，则业主应：

（a）为竣工后检验提供必要的全部电力、燃料和材料，并安排动用业主的人员和生产设备。

（b）承包商应提供有效进行竣工后检验所需的所有其他设备、装备以及有资质和经验的人员。

（c）承包商应在任一方可能合理要求的业主和/或承包商人员参加下进行竣工后检验。此类检验应在业主接收工程或区段后合理的时间内尽快进行，业主应提前 21 天将开始进行竣工后检验的日期通知承包商,除非另有商定,这些检验应在该日期后 14 天内业主决定的日期进行。应由承包商负责整理和评价该竣工后检验结果,评价时应考虑业主提前使用该工程的影响。

[12.2] 延误的检验、[12.4] 未能通过竣工后检验,2 款均与"新黄皮书"相同,但将"工程师"的角色改为"业主"。

[12.3] 重复检验与"新黄皮书"完全相同。

第 13 条 变更与调整 (Variations and Adjustments)

本条共 8 款,主要内容包括:

业主有变更工程的权力;

承包商可运用价值工程提出建议书;

暂定金额的概念和支付;

立法变动和物价波动导致工期和费用的调整。

[13.1] 有权变更 (Right to Vary)

在颁发接收证书前,业主有权变更,并可要求承包商就变更提出建议书。但变更不应包括准备交给他人实施的任何工作的删减。

承包商应执行变更指令,但:

(ⅰ) 如不能得到相应货物;

(ⅱ) 变更将降低工程的安全性或适用性;或

(ⅲ) 对保证书 (Schedule of Guarantees) 的完成产生不利影响时。

承包商可暂不执行,并应迅速通知业主。业主收到通知后应取消、确认或改变原来的指示。

[13.5] 暂定金额 (Provisional Sums)

暂定金额(即业主方的备用金)只有业主才能动用,动用的款额构成合同价格的一部分。业主指示承包商所做的涉及使用暂定金额的工作包括:

(a) 由承包商实施的变更工作,按变更程序估价;

(b) 由承包商从指定分包商或其他渠道采购生产设备、材料或服务,此时承包商应得到他为此实际支付的费用以及相应的管理费和利润(按合同规定的百分比计算)。业主有权要求承包商提交有关报价单、发票、凭证、收据等。

[13.8] 因费用波动而调整 (Adjustment for Changes in Cost)

如果合同价格要根据劳力、货物及工程其他投入成本的变化进行调整时,应按专用条件的规定进行计算。

[13.4] 以适用货币支付,与"新红皮书"、"新黄皮书"完全相同。

[13.2] 价值工程、[13.3] 变更程序、[13.6] 计日工、[13.7] 因立法变动而调整,4 款均与"新红皮书"、"新黄皮书"相同,但将"工程师"的角色改为"业主"。

第 14 条　合同价格与支付（Contract Price and Payment）

本条共 15 款，主要内容包括：

合同价格的性质；

预付款的支付与扣还；

期中支付证书和最终支付证书的申请和签发；

材料和生产设备款的支付办法；

应支付的时间和延误支付的处理方法；

保留金的退还；

各类支付货币间的兑换率的规定。

[14.1] 合同价格（The Contract Price）

除非在专用条件中另有规定：

（a）合同款的支付应以总价合同价格为基础，按合同进行调整；

（b）承包商应支付合同中要求支付的各项税费。除第 13.7 款［因立法变动而调整］外，合同价格不因任何这些税费而调整。

[14.2] 预付款（Advance Payment）

当承包商按照本款及专用条款的要求提交保函后，业主应支付一笔用于动员和设计的无息预付款。

（a）如专用条件没有说明预付款的数量，则本款不适用；

（b）如专用条件没有说明分期付款的期数和时间安排，则只应有一次预付款；

（c）如专用条件没有说明预付款的适用货币和比例，则应按合同价格支付时的适用货币和比例支付；

（d）如专用条件没有说明预付款的分期扣还率，则按预付款总额除以合同价格（减去暂定金额）得出的比率计算。

业主签发第一笔预付款证书的前提是：

（ⅰ）收到期中付款申请报表；

（ⅱ）收到履约保函；

（ⅲ）收到预付款保函（保函由业主批准的国家相应机构按业主同意的格式开具）。

承包商应保证预付款保函在归还全部预付款之前一直有效，但担保额度可随预付款的归还而减少。如在保函期满前 28 天仍未还清，则应延长保函有效期直到预付款全部还清为止。

预付款应在期中支付中按比例扣还，扣还的比率按专用条件中的规定（如无，按上述（d）的比率）直到预付款还清。上述比率对其他应付款（不含预付款的支付与扣还以及保留金的偿还）也适用。

如果在整个接收证书签发前，或由于业主提出的终止，或由于承包商提出的终止，或由于不可抗力导致的终止，在终止之前，预付款尚未还清，则承包商应立即偿还剩余部分。

[14.3] 申请期中支付证书（Application for Interim Payment Certificate）

承包商应按合同规定的支付期限最后一天（如无规定则在每个月末）之后，按业主同意的格式向其提交一式六份月报表，列出认为自己有权获得的款额，同时附上进度报告等证明文件。

月报表的内容和顺序如下（以应支付的货币表示）：

（a）截至月末已完成的工程以及承包商的文件的估算合同价值（包括变更）；

（b）立法变动和费用波动导致的增减款额；

（c）保留金的扣除：按专用条件中规定的百分率乘以前两项款额之和，一直扣到保留金限额为止；

（d）预付款的支付与扣还；

（e）其他应追加或减扣的款项，如索赔款等；

（f）扣除以前所有的报表中已经确认的款额。

[14.4] 支付计划表（Schedule of Payment）

如合同中包括用于分期支付合同价格的支付计划表，则

（a）该表中所列的分期付款额对应上一款中的（a）项，以及按照第 14.5 款 [拟用于工程的生产设备和材料] 中规定估算的合同价值；

（b）如工程的实际进度比计划进度慢，则业主可修改分期付款额。

如合同中没有支付计划表，承包商应提交一份工程每季度用款估算书（但无约束力），第一份应在开工后 42 天内提交，以后每季度提交一份修正的季度用款估算书。

[14.5] 拟用于工程的生产设备和材料（Plant and Materials Intended for the Works）

如果根据合同，承包商必须具备下列条件，才有权得到尚未运到现场的生产设备和材料的期中付款：

（a）当该生产设备和材料已在工程所在国，并已按业主的指示标明为业主的财产；或

（b）已向业主提交了保险证据和银行保函，该保函是由业主批准的实体按批准的格式签发的，保函的数额和币种与该项付款相同。将生产设备和材料在现场妥善储存，并做好防止损害的保护之前，该保函一直有效。

[14.6] 期中付款（Interim Payments）

在业主收到和认可履约保证之前，不办理期中付款。

业主在收到报表和证明文件后 28 天内，应将不同意支付的任何子项通知承包商，并附细节证明。除下列情况外，业主不应扣发应付的款项：

（a）如承包商提供的货物或工作不合格，在更换和修正前，可扣发相应价值的款项；

（b）如进行的工作和服务达不到合同要求。

业主有权在支付证书中改正以前支付证书中的错误。业主颁发支付证书不表明对工作的批准和接受。

[14.7] 付款时间的安排（Timing of Payments）

除 2.5 款 [业主的索赔] 中另有规定外，业主应按以下时间向承包商支付：

（a）支付第一笔预付款的时间：在合同开始实施和生效日期后 42 天和业主收到履约保证、预付款申请表和预付款保函之后 21 天，两个日期中较晚者；

（b）业主应在工程师收到承包商的报表和证明文件后 56 天内，支付每期报表中的应付款额（最终报表除外）；以及

（c）业主应在收到最终报表和结清证明后 42 天内，支付应付的最终款额。

各种货币的应付款应汇入合同指定的付款国中承包商指定的银行账户。

[14.13] 最终付款（Final Payment）

业主应按第 14.7 款 [付款时间的安排]（3）的规定，向承包商支付最终应付款额（但应减去业主先前已支付的款额），并应考虑到业主索赔所产生的扣减额。

FIDIC "银皮书" 中缺陷通知期开始后，有关各类报表、证书的提交及付款的顺序如图 4-4 所示。

图 4-4　FIDIC "银皮书" 中缺陷通知期开始后有关各类报表、证书的提交及付款的顺序图

[14.15] 支付的货币（Currencies of Payment）：

合同价格应以合同协议书中指定的货币种类支付；以下规定适用于用一种以上货币支付的情况：

（a）如中标合同金额全部以当地币表示：

ⅰ）当地币与外币的支付比例或款额，以及支付时使用的固定汇率均按合同协议书中规定执行，除非双方另有约定；

ⅱ）暂定金额和因立法变动调价时，按适用的货币和比例支付；

ⅲ）支付进度款时，除因立法变动调价者外，第 14.3 款期中支付证书中前 4 项内容按本款（a），ⅰ）规定执行；

（b）误期损害赔偿费的支付也按专用条件规定的货币及比例执行；

（c）承包商应支付给业主的其他款项，以业主开支的货币支付，或双方商定；

（d）如承包商应以某种货币支付给业主的金额超过业主应以该种货币支付给承包商的金额，业主可由以其他货币支付给承包商的款额中弥补此差额；

（e）如在合同中未规定兑换率，则采用基准日期当天工程所在国中央银行的汇率。

[14.8] 延误的付款、[14.12] 结清证明、[14.14] 业主责任的停止，3 款均与"新红皮书"、"新黄皮书"完全相同。

[14.9] 保留金的支付、[14.10] 竣工报表，2 款均与"新黄皮书"相同，但将"工程师"的角色改为"业主"。

[14.11] 最终付款的申请，与"新红皮书"、"新黄皮书"总的规定相同，在本款中将"工程师"的角色改为"业主"。

第 15 条　业主提出终止 (Termination by Employer)

本条共 5 款，主要内容包括：

承包商的哪些违约行为可导致业主有权终止合同；

业主终止合同的程序；

业主终止合同后对承包商已完成工作的估价和支付；

业主出于自身的原因终止合同的权利。

[15.1] 通知改正、[15.3] 终止日的估价，2 款均与"新红皮书"、"新黄皮书"相同，但将"工程师"的角色改为"业主"。

[15.2] 由业主提出终止，与"新红皮书"、"新黄皮书"相同，将"工程师"改为"业主"，但在（c）中将"（ii）或收到工程师有关质量问题通知后 28 天内不进行整改"删去。

[15.4] 终止后的支付、[15.5] 业主终止合同的权利，两款均与"新红皮书"、"新黄皮书"完全相同。

第 16 条　承包商提出暂停和终止(Suspension and Termination by Contractor)

本条共 4 款，主要内容包括：

承包商暂停工作或放慢进度意味着什么；

业主的哪些行为将导致承包商有权终止合同；

终止合同后承包商的义务；

终止合同后如何对承包商进行补偿。

[16.1] 承包商暂停工作的权利、[16.3] 停止工作和承包商设备的撤离，2 款均与"新红皮书"、"新黄皮书"相同，但将"工程师"的角色改为"业主"。

[16.2] 承包商提出终止，与"新红皮书"、"新黄皮书"相同，仅删去（2）"工程师未能在收到报表和证明文件后 56 天内签发支付证书"。

[16.4] 终止时的支付，与"新红皮书"、"新黄皮书"完全相同。

第 17 条　风险与责任 (Risks and Responsibility)

本条共 6 款，主要内容包括：

业主和承包商互为保障的内容；

工程照管的责任；

业主的风险及其后果的处理；

工程知识产权与工业产权的保护；

合同双方的赔偿责任限度。

[17.1] 保障（Indemnities）

承包商应保障业主、业主的人员或代理人在以下情况下免于承担索赔、损失及相关的开支：

（a）在承包商设计和施工过程中，出现人身伤亡或疾病时（除非是由于业主及其人员的渎职、恶意行为或违约引起）；

（b）由承包商的设计、施工、竣工、修补缺陷等引起的，以及不是由于业主及其人员、代理人的渎职、恶意行为或违约引起的，对任何财产的损害或损失；

若由于业主及其人员的过失、故意行为或违约导致人员伤亡、疾病以及第 18.3 款 [人员伤害及财产损失保险] 中的例外责任事件，业主应保障承包商及其人员免于承担有关索赔、损失和相关开支。

[17.3] 业主的风险（Employer's Risks）

业主的风险包括：

（a）战争、敌对行为、入侵、外敌活动；

（b）在工程所在国内叛乱、恐怖活动、革命、暴动、军事政变或篡夺政权或内战；

（c）承包商的人员和承包商及分包商的其他雇员之外的人员在工程所在国内的暴乱、骚乱或混乱；

（d）工程所在国内的战争军火、爆炸物资、电离辐射或放射性污染，但承包商使用此类材料除外；

（e）由音速或超音速的飞机及其他飞行器造成的压力波。

[17.2] 承包商对工程的照管，与"新红皮书"、"新黄皮书"相同，仅删去对"部分工程"的照管。

[17.4] 业主风险的后果，与"新红皮书"、"新黄皮书"相同，仅删去"对业主的行为风险（除合同规定之外，业主占有或使用部分永久工程，以及业主方负责的工程设计）造成的损失，承包商可索赔利润"的规定。

[17.5] 知识产权和工业产权，与"新黄皮书"完全相同。

[17.6] 责任限度，与"新红皮书"、"新黄皮书"相同，仅将"中标合同金额"改为"合同协议书中规定的合同价格"。

第 18 条　保险（Insurance）

本条共 4 款，主要内容包括：

不论哪一方去投保，投保方的投保程序和要求；

工程、生产设备和承包商设备的保险要求；

对第三方人员和财产的保险要求；

对承包商的人员的保险要求。

[18.1] 保险的总体要求（General Requirements for Insurances）

与"新红皮书"、"新黄皮书"相同，仅要求"当投保方支付了保险费后，在专用条件规定的期限内应向另一方提供支付证据"，而不是要求"投保方在支付了保险费后，在投标书附录中规定的期限内将支付证据或保单提交对方并通知工程师"。

[18.2] 工程和承包商设备的保险（Insurance for Works and Contractor's Equipment）

大部分与"新红皮书"、"新黄皮书"相同，只是下面两点不同：

（a）保险有效期应为保险证据生效至颁发履约证书的日期，保险范围为承包商及分包商在此期间造成的损失和损害。

（b）在保险有关规定中的第（d）点涉及［业主的风险］，只对其中的第（c）点"承包商的人员和承包商及分包商的其他雇员之外的人员在工程所在国内的暴乱、骚乱或混乱"的风险所导致的损失或损害进行保险，每次的免赔额不应超过专用条件中规定的数额。（若无此规定，则不对此项业主的风险保险。）

[18.3] 人员伤害及财产损失保险，与"新红皮书"、"新黄皮书"完全相同。

[18.4] 承包商人员的保险，与"新红皮书"、"新黄皮书"相同，但保险对象中没有工程师。

第 19 条　不可抗力（Force Majeure）

本条共 7 款，主要内容包括：

在本合同条件中对不可抗力的定义；

发生不可抗力后双方各自的责任；

双方对不可抗力造成的后果各自承担的责任和义务；

不可抗力导致终止合同时的处理方法；

由于法律的规定导致解除履约时的处理方法。

[19.1] 不可抗力的定义、［19.2］不可抗力的通知、［19.3］将延误减到最小的义务、[19.5] 不可抗力影响分包商、[19.7] 根据法律解除履约，5 款均与"新红皮书"、"新黄皮书"完全相同。

[19.4] 不可抗力的后果，与"新红皮书"、"新黄皮书"相同，只是在本款中，此类终止的情况下，不由工程师确定已完成工作的价值，而是业主应向承包商支付本款规定的各类款项。

[19.6] 可选择的终止、支付以及解除履约，与"新红皮书"、"新黄皮书"相同，在本款中将"工程师"的角色改为"业主"。

第 20 条　索赔、争议和仲裁（Claim、Disputes and Arbitration）

本条共 8 款，主要内容包括：

承包商索赔的程序；

争议评判委员会（DAB）的组成和运作机制；

仲裁的前提、规则和程序；

通过 DAB、友好解决和仲裁解决争议的途径。

[20.1] 承包商的索赔、[20.6] 仲裁，2 款均与"新红皮书"、"新黄皮书"相同，但将"工程师"的角色改为"业主"。

[20.2] 争议评判委员会的任命，与"新黄皮书"完全相同。

[20.3] 对 DAB 未能达成一致、[20.4] 获得 DAB 的决定、[20.5] 友好解决、[20.7] 未能遵守 DAB 的决定、[20.8] DAB 的任期届满，5 款均与"新红皮书"、"新黄皮书"完全相同。

关于通过 DAB 方式解决争议或走向仲裁的程序如图 4-2 所示。但在图 4-2 中规定"双方向 DAB 提交材料，副本送交另一方和工程师"，在银皮书中仅规定"双方向 DAB 提交书面材料，副本送交另一方。"

第六节　FIDIC《设计，建造及运营项目合同条件》（2008 年第 1 版）

一、概述

为了使读者了解国际上工程项目管理合同条款范本的最新发展，本节中对 2008 年出版的 FIDIC《设计，建造及运营项目合同条件》（金皮书）的内容作较全面的介绍。

(一)"金皮书"的编制背景

工程项目管理模式随着各国工程建设实践的不断发展而创新，先后出现过多种模式（第一章中已有介绍），这些模式也在不断发展和衍生出新的模式。近十年来，一种新的项目管理模式——"设计，建造及运营"（Design-Build-Operate，DBO）正逐步应用在一些类型的工程项目中，如污水处理、供水工程、火电站以及核电站等。

FIDIC 正是基于 DBO 模式发展的需要，编制出版了一本新的合同条件，即 FIDIC《设计，建造及运营项目合同条件》（Conditions of Contract for Design，Build and Operate Projects）（2008 年第 1 版）（金皮书），该合同条件于 2008 年第四季度正式出版发行。

(二) DBO 模式的特点

1. 由一家承包商完成全部设计—建造—运营工作

DBO 模式的主要特点是将项目的设计、建造以及长期运营和维护工作，一并交给一个承包商来完成。对业主来说，这一模式易于保证项目在运营期满之前，一直处于良好的运营状态，减少由于设计失误或建造质量差等原因导致在缺陷通知期（"金皮书"中的"保留期"）期满后出现的各种问题以及由此造成的损失。在 DBO 模式下，承包商不仅负责项目的设计和建造，而且负责在项目建成后提供持续性的运营服务，这将鼓励承包商在进行设计时，考虑项目的建造费用和运营费用，采用工程项目全生命周期费用管理的理念，以实现全生命周期费用最优化的目标。

2. 业主方负责融资

与 BOT 模式相比，DBO 模式由业主融资，承包商仅负责按照业主的要求按时保质地完成设计、建造和运营工作。业主负责按时向承包商付款，并应提供一份详细说明其财务安排的财务备忘录，以保证承包商能按时得到付款。业主享有运营产生的全部收益。由于承包商不负责融资，在运营阶段只负责运营和维修工作，因而承担的风险较 BOT 模式要小得多。

3. DBO 的两种方式

DBO 模式又可分为两种方式，"绿色场地（Green Field Scenario）"和"棕色场地（Brown Field Scenario）"。前者主要指在一片未开发的场地上建造项目并进行运营，后者指场地上已有建筑物，拟建项目在原有建筑物的基础上进行改造，并进行运营。"金皮书"是基于"绿色场地"模式和运营期为 20 年的项目编制而成的合同范本，当采用"棕色场地"模式或运营期显著不同于 20 年的项目，应对条款进行相应的修改。

（三）"金皮书"的整体构架和项目流程

（1）"金皮书"主要包括各个不同实施阶段的流程图、通用条件、专用条件和各类协议书、信函等范本，后附争议评判协议书的一般条款和争议评判委员会的程序性规则，基本遵循了 1999 版 FIDIC 系列合同条件的格式和布局。

（2）通用条件共有 20 条，195 款。20 条包括：一般规定，业主，业主代表，承包商，设计，员工，生产设备、材料和工艺，开工日期、竣工和进度计划，设计—建造，运营服务，试验，缺陷，变更和调整，合同价格和付款，由业主终止，由承包商暂停和终止，风险分担，特殊风险，保险，索赔、争议和仲裁。

与"新黄皮书"相比，新增了"运营服务"一条，并对"风险分担"、"特殊风险"、"保险"的内容和编排顺序进行了调整，使其逻辑性更强。

（3）专用条件分为 A、B 两部分，A 部分为合同数据，替代了"新红皮书"、"新黄皮书"中的"投标书附录"；B 部分是专用合同条件的特定条款（Special Provisions），包括招标文件编写说明、特定条款编写说明和示例。这与"新红皮书"（2006 多边银行协调版）的编排格式相同。

二、"金皮书"中合同条款的一般性规定

FIDIC"金皮书"共包含 20 条，195 款，本节中将对这些条款的主要内容和规定，特别是一些新的理念和规定作一简介。本节中不按逐条逐款的顺序介绍，而是将一些相关条款适当合并在一起进行介绍。读者需要逐条逐款阅读时，可查看英文原文或何伯森主编的《国际工程合同与合同管理》（第二版）。

本节中小标题之后 ［ ］ 中的数字为英文原版中的条款号。

（一）一般规定（General Provisions）

1. 定义（Definitions）

"金皮书"共 83 个定义，其中有 31 个新的定义。与以往不同的是，措辞和词组定义部分的编排次序摒弃了原来 99 版合同条件版本中的六个分类，完全按照英文术语首个字母的顺序进行排列，十分便于查找。下面仅对新增的和含义有变化的术语的定义和与之相关的新概念进行介绍。

（1）涉及合同的术语

1）合同（Contract）：指合同协议书、中标函、投标函、本合同条件、业主要求、资料表、承包商建议书、运营许可证，以及在合同协议书或中标函中列出的其他进一步的文件。

2）合同完成日期（Contract Completion Date）：指运营服务完成的日期，将在合同完成证书中注明。

3）合同完成证书（Contract Completion Certificate）：由业主代表向承包商颁发的证书，标志着承包商承担的设计—建造和运营服务的全部义务的最终完成。

（2）涉及设计—建造的术语

1）设计—建造（Design-Build）：指承包商根据合同设计、建造、试验并完成工程，以及获得试运行证书所要求进行的全部工作。

2）设计—建造期（Design-Build Period）：指从开工日期到试运行证书中规定的日期为止的那段时间。

3）截止日期（Cut-Off Date）：指设计—建造竣工时间之后的一个日期（也包含批准的延期之后的该日期），通常在合同数据中规定。承包商必须在该日期前完成设计—建造工作并开始运营项目，否则，可视为承包商违约，业主有权终止合同。

4）设计—建造竣工时间（Time for Completion of Design-Build）：指合同数据中规定的，自开工日期算起，至工程或某区段完成时（连同批准的延长期）为止的全部时间。

5）试运行证书（Commissioning Certificate）：由业主代表向承包商颁发，标志着设计—建造期的结束和运营服务期的开始。

6）保留期（Retention Period）：指试运行证书中规定的日期后的一年，用于完成扫尾工作。相当于"新黄皮书"的缺陷通知期。

（3）涉及运营服务的术语

1）运营服务（Operation Service）：指运营管理要求中规定的对设施的运营和维修。

2）运营服务期（Operation Service Period）：指从试运行证书中规定的日期开始，到合同完成证书规定的日期为止的一段时间。

3）运营管理要求（Operation Management Requirement）：指业主为运营服务的恰当实施而制定的一整套程序和要求，该要求应写入业主要求中。

4）运营和维修计划（Operation and Maintenance Plan）：指由承包商提交的运营和维修设施的计划，该计划经双方同意并包含在合同中。

（4）涉及有关财务、资金、支付和审计的术语

1）合同价格（Contract Price）：指在基准日期承包商对设计—建造和运营服务的报价（包括资产更换资金）以及按照合同做出的调整。

2）成本加利润（Cost Plus Profit）：指成本加上在合同数据中规定的百分比利润，该百分比利润仅在某款规定承包商有权获得成本加利润时才添加。

3）财务备忘录（Financial Memorandum）：指详细说明业主财务安排并附在业主要求之后或构成业主要求的一部分文件。

4）资产更换资金（Asset Replacement Fund）：指为了工程能够持续有效地运营，按照资产更换计划更换生产设备所需的资金。

5）设计—建造最终报表（Final Statement Design-Build）：指承包商向业主代表提交的，说明全部设计—建造工作价值的一份报表。

6）设计—建造最终付款证书（Final Payment Certificate Design-Build）：指业主代表签发的，说明承包商将从业主方拿到全部设计—建造款额的一份证书。

7）运营服务最终报表（Final Statement Operation Service）：指承包商向业主代表提交的，说明全部运营服务工作价值（包括已批准的资产更换资金的支出）的一份报表。

8）运营服务最终付款证书（Final Payment Certificate Operation Service）：指业主代表签发的，说明承包商将从业主方拿到的全部运营服务款额及合同规定的其他款额的一份证书。

9）审计机构（Auditing Body）：指在运营服务期间审计并监督业主和承包商是否遵守运营管理要求的机构。审计机构是独立的第三方，与"业主代表"不同，它没有指示和决定的权力，只可以监督或提出建议。

10）维修保留金和维修保留金保函（Maintenance Retention Fund and Maintenance Retention Guarantee）：维修保留金是在运营服务期从承包商的期中付款中扣除的款额，用于支付按照合同维修工程所需的费用。承包商可以用维修保留金保函替代维修保留金。在合同完成证书颁发后，业主须将剩余的维修保留金和维修保留金保函退还给承包商。

关于"商业风险"和"损害风险"的定义见本节"七、合同双方的风险分担"。

2. 一般规定中的其他主要内容

（1）解释（Interpretation）[1.2]

与"新红皮书"基本相同，其中增加了以下两个常用词的解释：

shall（应该）：指有关的一方或个人根据合同规定有履行相关责任的义务；

may（可能）：指有关的一方或个人有权选择做或不做相关事宜。

（2）运营许可证（Operating Licence）[1.7]

业主应在颁发中标函的同时，向承包商颁发运营许可证，给予他在运营服务期运营和维修工程的权利。运营许可证在颁发试运行证书时自动生效，并在颁发合同完成证书前持续有效。但承包商没有现场的任何不动产权、所有权及受益权。在合同由于任何原因终止时，该许可证也立即中止。

（3）业主要求中的错误（Errors in the Employer's Requirement）[1.10]

承包商有义务仔细检查业主要求，如发现其中有错误，应立即书面通知业主代表错误的类型和详情，并要求其给出修正指示。在收到通知后，业主代表应立即向承包商确认业主要求中是否存在错误以及要求承包商采取的措施。

如因此使承包商遭受延误和（或）产生费用，承包商应有权获得工期和费用以及利润的补偿。

（4）其他各款

如"通知和其他通信交流"，"文件的优先次序"，"业主使用承包商文件"，"承包商使用业主文件"，"保密事项"，"遵守法律"，"共同的和各自的责任"与"新红皮书"或"新黄皮书"基本相同或完全相同，在此不再赘述。

（二）"金皮书"中各方的权利与义务

下面主要介绍"金皮书"中业主和承包商的一般权利与义务，包含"金皮书"第2条"业主"、第3条"业主代表"、第4条"承包商"的内容，并分析"金皮书"有关条款的特点。

1. 业主的一般权利与义务

在第2条"业主"中，现场进入权[2.1]、许可、执照或批准[2.2]、业主人员

［2.3］三款，"金皮书"与"新红皮书"大部分相同，"投标书附录"改为"合同数据"，"工程师"改为"业主代表"。在"业主的资金安排"一款中，增加了"财务备忘录"等内容，将"业主的索赔"一款移到了第 20 条中。

业主的资金安排［2.4］：业主应当在财务备忘录中详细说明对工程设计、实施和运营的资金安排，包括资产更换资金。当需对备忘录内容进行实质性变更时，业主应向承包商发出通知并附详细资料。

2. 业主代表的职责与权力

业主代表是代表业主管理项目的人员。

（1）业主代表的职责和权力（Employer's Representative's Duties and Authority）［3.1］

业主代表应在签订合同前由业主任命，应被视为代表业主工作。其成员应包括有适当资格的工程师和其他有能力的专业人员。业主代表可行使合同中明示或隐含的属于他的权力，但无权修改合同，也无权解除任一方根据合同应承担的职责、义务或责任。除非双方另有约定，业主将不对业主代表的权力作进一步限制。业主代表的批准和指示等行为，不应解除承包商根据合同应承担的责任。

（2）业主代表的授权（Delegation by the Employer's Representative）［3.2］

业主代表可用书面形式将其职责和权力授予有适当资格和能力的助理，也可撤销此类授权。助理可被任命为检验生产设备、材料、工艺或监督运营服务的独立检验人员。但业主代表无权将根据第 3.5 款［确定］任何事项的权力授予他人。

助理仅在授权范围内对承包商发出指示，与业主代表的决定具有同等效力。如承包商对助理的行为有疑问，业主代表应尽快对该行为加以确认、否定或更改。业主代表有权改变助理的决定。

（3）业主代表的指示（Instructions of the Employer's Representative）［3.3］

业主代表或某授权助理应书面向承包商发出实施工程和修补缺陷的指示。承包商应接受并遵守这些指示。如指示构成变更，则应按变更和调整的规定执行。

如承包商认为业主代表的指示不合理，应提出书面意见。业主代表应随后确认或修正该指示。

（4）业主代表的更换（Replacement of the Employer's Representative）［3.4］

业主不能随意更换业主代表，必须更换时，应提前 42 天通知承包商，如承包商有合理的理由反对，则不能更换。

（5）确定（Determinations）［3.5］

当业主代表根据本款规定商定或确定某些事项时，应与每一方协商并尽力达成协议。如无法达成协议，业主代表应根据合同做出公平的决定，通知双方，并附详细材料，每一方均应执行。如任一方不同意，可提交 DAB 以至仲裁。

3. 承包商的一般权利和义务

"金皮书"的第 4 条"承包商"与"新红皮书"和"新黄皮书"中的规定有许多相同之处，但增加了运营服务期的权利和义务以及对"承包商财务状况改变"的相关规定。

（1）承包商的一般义务（Contractor's General Obligations）［4.1］

承包商应按合同规定设计、实施、运营工程并修补缺陷。工程竣工和运营时均应满足预期目的。承包商应完成业主要求、承包商建议书和资料表中规定的工作，合同中隐含的工作，以及为了工程的稳定、完成、安全和正常运行所需的工作。

承包商应提供合同规定的生产设备、人员、材料、其他物品、承包商文件和相应的服务，并在设计—建造期和运营服务期内对全部现场作业、施工方法和整个工程的完备性、稳定性和安全性承担责任。

当业主代表要求时，承包商应提交施工安排和方法的详细资料。如需对这些安排和方法作重大改变，应事先通知业主代表。承包商应参加所有由业主或业主代表合理要求其参加的会议。

（2）履约保证（Performance Security）[4.2]

承包商应自费开具符合规定格式、符合合同规定的金额和币种的履约保证，提交给业主。与履约保证有关的重要时点如图 4-5 所示。

图 4-5 "金皮书"中与履约保证有关的重要时点图

如规定了履约保证的期满日期，而承包商在该日期 28 天前尚无权收到合同完成证书，承包商应将履约保证的有效期延至工程和运营服务完成之日或有权收到合同完成证书之日。如承包商未能维持其有效性，则业主有权终止合同。

业主可以在下列任一情况下没收部分或全部履约保证：承包商未能按要求延长履约保证的有效期；承包商未能在商定或确定后 42 天内，将其同意或根据第 3.5 款 [确定] 或第 20 条 [索赔、争议和仲裁] 的规定确定的应付金额支付给业主；承包商在收到业主要求纠正违约的通知后 42 天内未能纠正；或承包商违约，业主有权终止合同时。

如业主没有正当理由而没收了履约保证，则应赔偿承包商因此而产生的所有损害赔偿费、损失和开支。

（3）承包商代表（Contractor's Representative）[4.3]

承包商应任命承包商代表（注：即承包商的施工现场经理），并授予他必要的权力。承包商应在开工日期前，将拟任命人员的姓名及详细资料提交业主代表。如承包商拟重新任命、撤销或更换承包商代表，必须经业主同意。

承包商代表应全职在现场工作，离开现场时应征得业主代表同意，并指定合适的替代人员。承包商代表应代表承包商接受业主代表或授权助理的指示，并能流利地用主导语言进行交流。

（4）分包商（Subcontractors）[4.4]

承包商不能将全部工程分包出去。如果事先没有约定，承包商不能将运营服务分包出去。承包商应对分包商、分包商代理人或雇员的行为负责。一般承包商在选择材料供应商或向合同中已指明的分包商分包时，无需取得同意；对其他拟雇用的分包商，须事先得到业主代表的同意。

承包商应至少提前 28 天将每个分包商的预计开工日期通知业主代表。

分包条款的内容不能与主合同抵触，更不能成为不履行主合同条款的依据。

（5）指定分包商（Nominated Subcontractors）[4.5]

指定分包商是指业主要求中指明的或开工后由业主代表指示承包商雇用的分包商。如承包商向业主代表发出了反对通知，并附详细的证明材料，则可拒绝雇用该分包商。

（6）合作（Co-operation）[4.6]

承包商应根据合同规定或业主代表的指示，当业主、其他承包商以及公共当局的人员在现场或附近从事本合同中未包括的工作时，为他们提供适当的条件，包括使用承包商设备、临时工程或道路。

如执行该指示产生的费用达到了不可预见的程度，则该指示构成变更。承包商应协调自己与其他承包商的活动。

（7）放线（Setting Out）[4.7]

承包商应根据合同规定或业主代表通知的原始基准点、基准线和基准标高对工程进行放线。承包商应核实此类数据的准确性，并对工程所有部分的正确定位负责。

如果一个有经验的承包商不能合理发现此类错误并由此引起了延误或费用，则他有权索赔工期和费用加利润。

（8）安全程序（Safety Procedures）[4.8]

承包商应负责现场的全部安全工作。

（9）质量保证（Quality Assurance）[4.9]

在每一设计、实施和运营阶段开始前，承包商应向业主代表提交包括所有程序细节的技术性文件。

承包商应根据合同建立一套质量保证体系，并允许业主代表对其进行审查。遵守质量保证体系不应解除承包商根据合同承担的任何责任。

（10）现场数据（Site Data）[4.10]

在基准日期之前或之后，业主应向承包商提供其拥有的现场地表以下、水文和气候条件的所有有关数据，包括环境数据。但承包商应负责解释这些数据。

在考虑费用和时间的基础上，承包商应被认为已取得了对投标、工程或提供运营服务可能产生影响的风险的全部必要资料。承包商应被认为在提交投标书前，已视察和检查了现场、现场周围环境、现场数据等，并得到了他要求的所有相关事项，包括：现场的形状和性质，含地表以下条件；水文和气候条件；为实施和完成工程以及修补缺陷所需的工作和货物的范围和性质；工程所在国的法律、规章和政府部门的办事程序和劳务惯例，以及承包商对道路通行、食宿、设施、人员、电力、运输、水和其他设施的要求。

（11）中标合同金额的充分性（Sufficiency of the Accepted Contract Amount）[4.11]

承包商应被认为他已确信中标合同金额是恰当充分的，并建立在对所有现场数据的检查核实和现场视察的基础上。

中标合同金额包括了承包商根据合同应承担的全部义务。

（12）不可预见的物质条件（Unforeseeable Physical Conditions）[4.12]

"物质条件"系指承包商在施工时遇到的自然物质条件和人为条件及其他物质障碍和污染物，包括地表以下和水文条件，但不包括气候条件。当承包商遇到他认为不可预见的不利物质条件时，应尽快通知业主代表，但应继续施工，并遵循业主代表的指示。如指示构成变更，则应执行第13条［变更和调整］的规定。

如承包商因此延误了工期或增加了费用，则承包商有权索赔。

（13）道路通行权和设施（Rights of Way and Facilities）[4.13]

承包商应为其所需的专用或临时道路以及现场以外的任何附加设施自担风险和费用。

（14）避免干扰（Avoidance of Interference）[4.14]

承包商应避免不必要的扰民行为（如妨碍公众方便，干扰道路的使用）。如发生上述行为，则承包商应承担所有损害赔偿。

（15）进场通道（Access Route）[4.15]

承包商应被认为已确信进场通道是适宜可用的，并应选择合适的运输工具和路线，以防止损坏道路或桥梁，同时应负责维修进场通道，提供交通标志并负责涉及进场通道引起的索赔。

（16）货物运输（Transport of Goods）[4.16]

如专用条件中无相关规定，则承包商应至少提前21天，将生产设备或货物运达现场的日期通知业主代表；负责工程或运营服务所需货物和其他物品的包装、运输、接收、存储；保障业主免受因货物运输而引起的损害赔偿费等支出，并应支付由货物运输引起的索赔。

（17）承包商设备（Contractor's Equipment）[4.17]

承包商应对所有承包商设备负责。设备一经运至现场，均应被视为专用于实施工程和提供运营服务。无业主代表的同意，承包商不得将任何主要设备运离现场。运送货物或承包商人员离开现场的车辆除外。

（18）环境保护（Protection of the Environment）[4.18]

承包商应采取一切合理措施保护现场内外的环境。

（19）电、水和燃气（Electricity，Water and Gas）[4.19]

承包商应负责提供其所需的所有电力、水和其他服务。

但出于为工程和运营服务的目的，承包商也有权使用现场已供应的电、水、燃气和其他服务，并向供应单位支付费用。

（20）业主设备和免费供应的材料（Employer's Equipment and Free-Issue Materials）[4.20]

在工程实施过程中，承包商可使用业主设备，在使用时对设备负责，并按规定或双方商定的价格向业主付款。

业主应按业主要求中的规定，根据合同中规定的时间和地点，提供"免费供应的材料"。承包商应对材料进行目测检查，如果有短少、缺陷或缺项，应迅速通知业主代表，业主应立即采取补救措施。

此后材料应由承包商照管，但业主仍应对目测检查时不明显的短少、缺陷或缺项负责。

（21）进度报告（Progress Reports）[4.21]

在设计—建造期，承包商应按与业主代表商定的格式编制月进度报告，将一份正本、五份副本提交业主代表。第一次报告所包含的期间，应从开工日期起至当月月底。此后每月应提交一次报告，直到颁发合同完成证书为止。报告应在每次报告期最后一天之后的7日内提交，其详细内容应在业主要求中做出规定。

如无另外规定或商定，报告的内容应包括：

1）设计、承包商文件、采购、制造、货物运达现场、施工、安装、调试、试运行和运营服务每一阶段进度的图表和详细说明；

2）反映设备制造、更换和现场进展的照片；

3）每项主要生产设备和材料的有关厂商名称、制造地点、进度，以及开始制造、承包商检验、试验、发货、运抵现场的实际或预计日期；

4）第6.10款［承包商人员和设备的记录］中的细节；

5）材料的质量保证文件、试验结果及证书副本；

6）变更清单、根据"承包商的索赔"以及"业主的索赔"条款规定发出的通知；

7）安全统计，包括涉及环境和公共关系的任何危险事件的详情；

8）实际进度与计划进度的比较，包括拟采取的措施。

运营服务期承包商也应定期提交报告，其详细内容应在业主要求中规定。

（22）现场安保（Security of the Site）[4.22]

承包商负责现场安保，负责阻止未经授权的人员进入现场。

（23）承包商的现场作业（Contractor's Operations on Site）[4.23]

承包商应将其作业、设备和人员限制在现场或有权进行工作的区域。

在颁发试运行证书后，承包商应立即清除并运走所有与运行无关的物品和垃圾。

合同完成证书应在承包商从现场运走不再需要的设备、材料、垃圾和临时工程后颁发。承包商应始终保持现场和工程的清洁和安全。

（24）化石（Fossils）[4.24]

在现场发现化石、文物及其他遗迹均应由业主照管。承包商应采取合理的预防措施，防止此类物品被移动或损坏。

如发现此类物品，承包商应立即通知业主代表，业主代表应发出相应指示。如承包商因执行该指示而延误工期或增加费用，则有权索赔。

（25）承包商财务状况的改变（Changes in the Contractor's Financial Situation）[4.25]

如承包商发现自身财务状况的改变可能对合同履行产生不利影响，应立即将详情通知业主代表。在收到通知的28天内，业主应给出要求承包商采取何种措施的建议。

承包商应每年向业主提供审计后的财务报表和财务报告。

三、设计—建造期各方的责任

下面介绍"金皮书"中设计—建造期各方的责任的主要内容，包含第5条"设计"、第8条"开工日期、竣工和进度计划"、第9条"设计—建造"以及第12条"缺陷"的内容。

DBO 模式将合同期划分为设计—建造期和运营服务期。在设计—建造期内，承包商将完成所有合同规定的设计、施工和检验工作。开工日期和竣工日期指设计—建造期的起止时点。

（一）设计期间各方的责任

1. 设计义务一般要求（General Design Obligations）[5.1]

承包商应负责设计工作，向业主提供合格的设计人员和分包商的详情，并保证其参加业主代表的讨论会。

收到开工通知后，承包商应仔细检查业主提供的基准依据，并在合同数据中规定的期间内，将发现的错误通知业主代表。业主代表收到通知后应确定是否变更。如该错误是一个有经验的承包商在提交投标书前应发现的，则不予调整。如在合同数据规定的期间后发现错误，则适用 1.10 款［业主要求中的错误］的规定。

2. 承包商文件（Contractor's Documents）[5.2]

承包商文件应包括业主要求、5.5 款［竣工文件］和 5.6 款［操作和维修手册］中规定的文件，使用交流语言编制。业主人员有权检查编制工作，如业主要求中规定需业主代表审核，则文件应在合同数据中列出。业主代表应在审核期内做出回应，如无特殊规定，一般审核期应是 21 天。如业主代表认为文件符合要求，则应同意；否则应通知承包商自费修改、重新提交审核文件，并承担业主因此产生的费用。

文件未获同意前，工程相应部分不得开工。如已提交但业主代表未回应，审核期满时即应视为业主代表同意。工程的施工应按业主代表同意的承包商文件进行。如欲修改已提交的文件，应按上述程序，书面提交修改后的文件。业主代表的同意不解除承包商的任何义务和责任。

3. 承包商的承诺（Contractor's Undertaking）[5.3]

在业主代表合理要求后，承包商应自费编制进一步的承包商文件，还应承诺其设计、文件、实施和竣工的工程符合工程所在国法律和变更后的合同文件。

4. 技术标准和法规（Technical Standards and Regulations）[5.4]

设计、文件、施工和竣工的工程均应符合工程所在国在基准日期适用的技术标准和颁发试运行证书时已有的法律。如基准日期后新标准生效，承包商应通知业主代表，并提交相应的建议书。如业主代表确定需遵守该标准，且原建议书构成变更，则应进行变更。

5. 竣工文件（As-Built Documents）[5.5]

承包商应编制一套完整的竣工记录以说明实施工程的竣工位置、尺寸和细节。竣工记录应保存在现场，在设计—建造竣工试验开始前应提交两套副本给业主代表；承包商并应向业主代表提供竣工图，并取得其同意。在颁发试运行证书前，承包商应向业主代表提交竣工图副本。收到此类文件前，不应认为颁发试运行证书的相关工作已完成。

6. 操作和维修手册（Operation and Maintenance Manuals）[5.6]

试运行期开始前，承包商应向业主代表提供两份操作和维修手册，以便业主操作、维修、拆卸、重新安装、调整生产设备和工程，并应在颁发试运行证书前提供手册的补充资料。业主代表收到这些文件前，不应认为工程或区段已竣工。

7. 设计错误（Design Error）[5.7]

如发现承包商文件中有错误，即使业主代表已同意，由该错误导致的问题仍由承包商自费修正。

（二）设计—建造期各方对进度管理的责任

1. 开工时间 (Commencement Date) [8.1]

如专用条件没有规定，承包商应在收到中标函后 42 天内开工，业主代表应至少提前 14 天将开工日期通知承包商。承包商应在开工日期后 28 天内开始设计和实施工程。

2. 竣工时间 (Time for Completion) [8.2]

承包商应在合同规定的时间（含批准的延期）内完成设计—建造工作，包括通过竣工试验，完成合同中有关工程和区段竣工要求的工作，并编制和交付承包商文件。

3. 竣工时间的延长 (Extension of Time for Completion of Design-Build) [9.3]

如因变更、异常不利的气候条件、流行病或政府行为导致人员或货物不可预见的短缺，业主、业主人员或其他承包商造成延误等原因而导致竣工延误，则承包商有权要求延长竣工时间，但需发出索赔通知。如争议被提交 DAB，承包商有权获得 DAB 裁定的竣工时间的延长。

如承包商在设计—建造期已遵守工程所在国合法当局制定的程序，但当局干扰了其工作，且属不可预见，则可据之索赔。

4. 进度计划 (Programme) [8.3]

收到开工通知后 28 天内，承包商应向业主代表提交详细的进度计划，包括：

（1）承包商计划实施工程的顺序和各阶段的预期时间；

（2）运营服务的期限；

（3）承包商文件审核和其他相关期限，包括提供样品及业主要求中其他批准的期限；

（4）合同规定的检验和试验的顺序和时间安排；

（5）支持报告，包括：承包商为设计—建造和运营服务拟用方法的描述；承包商对各主要阶段现场所需人员和设备的估算；承包商拟用于运营服务的人员计划。

业主代表收到进度计划后 21 天内，如未提出意见，则承包商应据之工作。

如果任何时候，承包商收到业主代表指出计划不符合合同的通知，或与实际进度和承包商意向不一致，承包商应在 14 天内提交修订的计划。

在设计—建造期，如业主认为承包商的进度过慢，无法按时完工（按照合同可延长设计—建造竣工时间者除外），业主代表可指示承包商提交修订的进度计划和拟整改的方法，承包商自担风险和费用并承担业主为此增加的费用。

每一方应尽力对可能发生的不利事件向另一方提出建议。业主代表可要求承包商提交可能发生事件的预期影响估计和建议书。

5. 误期损害赔偿费 (Delay Damages) [8.5]

承包商如未在合同规定的时间（含批准的延期）内完成设计—建造工作，应向业主支付误期损害赔偿费，金额应在合同数据中规定，并在设计—建造竣工日至试运行证书注明日期之内每月支付，但总额不应超过合同数据中规定的最高限额。赔偿费并不解除其完成设计—建造和运营服务的责任。

6. 暂停的后果 (Consequences of Suspension) [9.8]

业主代表可随时指示承包商暂停，但需说明原因。暂停期间，承包商应保护好工程。如暂停归因于承包商，则其无权索赔。否则，如因暂停和复工而导致承包商工期延误和费用增加，其有权索赔工期和费用。但由于修复有缺陷的设计、工艺或材料，或暂停期间未采取保护措施而导致工期延长或费用增加则不可索赔。

如暂停持续 84 天以上，承包商可要求复工，提出要求后 28 天内业主代表未许可，则承包商可通知业主代表将暂停影响的部分视为删减。如影响到整个工程，承包商可发出终止通知。

7. 复工 (Resumption of Work) [9.11]

发出复工指示后，承包商和业主代表应检查受到暂停影响的部分，承包商应修复此期间出现的缺陷。业主代表应书面记录承包商的修复工作。

8. 设计—建造的完成 (Completion of Design-Build) [9.12]

当满足下述全部要求时，可认为设计—建造工作已完成。

（1）工程已按业主要求和其他合同文件的规定全部完成设计和实施；

（2）工程通过设计—建造竣工试验；

（3）承包商文件已提交并被批准；

（4）已颁发试运行证书。

9. 未能完成 (Failure to Complete) [9.13]

如承包商在截止日期前未完成设计—建造工作，业主可允许他在延长期内完成，如承包商在延长期仍未完成，业主可重复上述步骤，或在终止合同后由业主自行或雇佣他人完成。

业主有权从承包商处收回直接损失，但以误期损害赔偿费最大限额、合同数据中规定的总额或中标合同金额为限。

（三）设计—建造期各方对费用管理的责任

详见本节后文中"六、合同价格和付款"。

（四）设计—建造期各方对质量管理的责任

1. 设计—建造的竣工试验 [11.1] [11.2] [11.3] [11.4]

承包商应在提交相关文件后，进行设计—建造竣工试验，并应至少提前 21 天将可进行试验的时间通知业主代表。试验应在提交相关文件后 14 天内，在业主代表指示的时间内进行，依次包括启动前试验、启动试验和试运行，以检验工程是否符合业主要求规定的标准。试验收益归业主所有。

如工程或区段通过了试验，承包商应提交结果报告。如业主不当地延误了试验，承包商有权索赔工期和费用以及利润。如承包商不当地延误了试验，业主代表可通知承包商在收到通知后 21 天内进行试验。如承包商 21 天内未进行试验，业主人员可自行试验，风险和费用由承包商承担。该试验被视为承包商在场时进行，结果应被认为正确。

如未能通过试验，则业主代表可拒收工程或区段，业主代表或承包商也可要求按相同条款和条件重新试验。如仍未通过，则业主代表有权指示承包商再次试验，或发出改正通知。

2. 缺陷的修补 [12.3] [12.4]

如出现缺陷，业主（或其代表）应通知承包商修补。如未在合理时间内修补，业主（或其代表）可确定最迟修补日期并通知承包商。如在该日期仍未修补，且缺陷应由其自费修补，则业主可要求业主代表从合同价格中扣除相应款额。

如缺陷使承包商不能试运行或运营工程，且使业主丧失了全部或部分工程带来的全部利益，则业主可终止合同，并有权从承包商处获得该部分的付款和融资费用，以及拆除、清理现场和向承包商退还生产设备和材料的费用；业主在自行或雇用他人完成工程时，有权考虑应付给承包商的款额后，收回任何额外的费用。

如修补工作可能影响工程性能，业主代表可在修补后 28 天内，通知承包商重新进行合同中要求的试验。承担修补费用的一方承担重新试验的费用和风险。

如缺陷不能在现场迅速修补，经业主同意，承包商可将有缺陷的生产设备移出现场修补。此时业主可要求增加履约保证金额，或提供其他保证。

如业主代表要求，承包商应在其指导下调查缺陷原因。除非应由承包商承担修补费用，否则应由业主代表确定调查的费用加利润并计入合同价格。

四、运营服务期各方的责任

下面介绍"金皮书"中运营服务期业主和承包商的角色定位以及各方的责任，主要包含第 10 条"运营服务"和第 11 条"试验"的相关内容。运营服务期中支付管理有关内容见本节"六、合同价格和付款"。

（一）一般要求（General Obligations）［10.1］

运营服务期是 DBO 模式特有的阶段，是承包商在完成设计和施工工作后，受业主委托进行生产运营并为业主的项目获得经济效益的重要阶段。在这一阶段，业主是投资者，是产品和收入的所有者和唯一受益人。业主代表是管理者，他负责帮助业主完成投资回收，通过合同控制承包商的行为，以保证产品的产量和质量达到要求，并最终盈利。承包商则是项目运营者，负责具体的运营和维护工作，并从业主处获得合同规定的运营服务的付款。

承包商应遵守合同中规定的运营管理要求及经双方同意的任何修改，并遵守运营和维修计划以及操作和维修手册的要求，未事先得到业主代表的批准，不得对此类安排和方式做出任何重大改变。在运营服务期间，承包商应负责保证工程适用于原定目的。

工程的运营人员和维修人员，包括生产设备操作员，应具备实施运营服务的相应经验和资质。所有运营和维修人员的姓名及其资质和经验的详细资料应提交业主批准，未经批准不得上岗。

（二）运营服务期的时间管理

1. 运营服务的开始（Commencement of Operation Service）［10.2］

如果在业主要求中没有另外的规定，运营服务应在工程或任何区段的设计—建造工作完成之后，从试运行证书中注明的日期开始。如果试运行证书或任何附带通知中，包含超出合同规定的要求，承包商应遵守此类要求，但如果因此遭受了附加的费用损失，承包商可根据第 20.1 款［承包商的索赔］的规定，得到业主的补偿，但由于承包商的错误导致的费用损失除外。

承包商应遵守运营管理的要求以及第 5.5 款［竣工文件］和第 5.6 款［操作和维修手册］的规定，提供运营服务。

如果承包商希望修改已提交并由业主批准的设计或文件，承包商应将修改后的设计或文件，包括修改的必要性的书面解释，提交业主代表审核。在业主代表书面同意前，承包商不应实施此类修改。业主代表的同意不解除承包商的任何义务和责任。

2. 运营服务期的延误和干扰（Delays and Interruptions during the Operation Service）[10.6]

运营服务期间的延误和干扰应按如下方式商定和确定：

（1）由承包商导致的延误或干扰

如果运营服务期间由承包商引起的或由于承包商负有责任的原因导致的任何延误或干扰，承包商应赔偿业主包括收入、利润和管理费在内的任何损失。支付的赔偿款额应根据第3.5款［确定］的规定商定或确定，业主有权从下一次向承包商的付款中扣减相应款额。但承包商向业主支付的总赔偿款额不应超过合同数据中规定的额度。任何此类延误或干扰不能得到运营服务期的延长。

（2）由业主导致的延误或干扰

如果运营服务期间由业主引起的或由于业主负有责任的原因导致了任何延误或干扰，业主应赔偿承包商的费用和利润损失。支付的赔偿款额应根据第3.5款［确定］的规定商定或确定，业主应通过对下一次向承包商的付款作相应调整来支付款额。除非业主出于自身便利的原因终止合同，业主向承包商支付的赔偿总额不应超过合同数据中规定的额度。任何此类延误或干扰不能得到运营服务期的延长。

（3）由业主暂停

业主代表可以在运营服务期间的任何时间指示承包商暂停运营服务。暂停期间，承包商应保护并维修设备，以防止产生任何损失。

如果暂停运营服务是由于承包商的错误或承包商负有责任的环境因素造成的，则应将其视为由承包商导致的延误或干扰。否则，应将其视为由业主导致的延误或干扰。

如果由于任何既不是承包商的错误，也不是合同规定的承包商负有责任的环境因素导致的暂停已持续84天以上，承包商可以要求业主代表允许其继续提供运营服务。如果在提出这一要求后28天内业主代表没有给予许可，承包商可根据第16.2款［由承包商终止］的规定发出终止通知。

在发出继续提供运营服务的指示后，承包商和业主代表应联合对工程进行检查。承包商应修复生产设备的任何损失或缺陷，业主代表应书面记录所有需由承包商承担的修复工作。如果工程暂停不是由于任何承包商的错误或承包商负有责任的环境因素造成的，承包商有权在运营服务重新开始之前，获得对工程进行修复的费用加利润的付款。

3. 运营服务的完成（Completion of Operation Service）[10.8]

如果运营服务期不延长，承包商运营和维修生产设备的义务应在合同规定的运营服务期末终止。尽管如此，承包商在其有权获得合同完成证书前，必须完成应由自身履行的其他服务。

颁发合同完成证书的前提是承包商完成以下工作：

（1）根据第11.8款［合同完成前的联合检验］规定的检验；

（2）根据第11.9款［合同完成前试验的程序］规定的试验；

（3）根据第5.6款［操作和维修手册］的规定，更新提供性能记录和数据的操作和维修手册；

（4）根据第11.8款［合同完成前的联合检验］的规定，修复在检验时发现的缺陷。

（三）运营服务期的质量管理

1. 独立符合性审计（Independent Compliance Audit）[10.3]

业主和承包商应至少在运营服务开始之前 182 天，共同任命在运营服务期间进行独立公正审计工作的审计机构，由其审计和监督业主和承包商在运营服务期间遵守运营管理要求的表现。任命审计机构的条款应包括在业主要求中，如果双方不能在任命上协商一致，则双方应将该事项提交给争议评判委员会（DAB），由 DAB 来任命并通知双方。

审计机构应在运营服务开始的同一天开始履行其职责，对审计机构的付款应来自暂定金额。双方应配合审计机构的工作，并对审计机构所作报告中提出的问题给予适当关注。

2. 原材料的交付（Delivery of Raw Materials）[10.4]

业主应对业主要求中规定的免费供应给运营期使用的原材料、燃料、消耗品及其他此类物品的发放、供应以及运送至现场（或其他指定地点）负责。业主应保证所有此类物品在质量、目的和功能方面符合合同要求。

如果任何此类物品或产品未按照协商的运送计划运送，或质量与规定的有差异，并因此导致承包商产生附加费用，承包商应有权获得费用加利润的补偿。

如果由于承包商的责任造成的故障、维修、修复、更换或其他操作错误；或由承包商承担的健康、安全和环境风险；或合同中承包商的任何行为或疏漏造成的延误，则承包商不能获得补偿。

3. 培训（Training）[10.5]

承包商应按照业主要求中规定的范围，对业主人员进行工程操作和维修培训。培训的计划和日程应取得业主的同意，且承包商应提供有经验的培训师资和业主要求中规定的培训材料。业主应负责提供培训设施以及任命和挑选合适的人员参加培训。

4. 未能达到生产产量（Failure to Reach Production Outputs）[10.7]

如未能达到合同要求的生产产量，双方应共同确定未能达到产量的原因。

如未能达到产量的原因在于业主或业主方的任何雇员或代理，则在与承包商磋商后，业主应书面指示承包商需要采取的措施。如果承包商因未能达到产量或业主指示而采取措施并遭受任何附加费用，业主应向承包商支付费用加利润。

如未能达到产量的原因在承包商，则在与业主磋商后，承包商应采取一切必要措施使产量恢复至合同要求的水平。如因未能达到产量或承包商采取的措施而使业主遭受任何损失，承包商应按照合同数据中的规定向业主支付履约赔偿费。

除非合同数据中另有规定，承包商不能达到生产产量要求的情况持续 84 天以上时，业主可以根据第 3.5 款［确定］的规定，允许承包商在降低产量的情况下继续运营服务，此时应相应减少给承包商的运营费用。如生产产量不能达到合同数据中要求的最小产量，则应提前 56 天书面通知承包商，根据第 15.2 款［由承包商违约终止］提出终止合同。此时，业主有权选择自行完成运营服务工作或指定他人提供运营服务。

5. 合同完成前的各项检验 [11.8] [11.9] [11.10] [11.11] [11.12]

（1）在运营服务期期满前至少 2 年，业主代表和承包商应对工程进行一次联合检验。承包商应在联合检验完成后 28 天内提交一份工程状况报告，指出维修工作（包括日常维修工作和缺陷修正）、更换工作以及所需进行的其他工作。

承包商应提交一份在剩余的运营服务期内进行此类工作的进度计划。在收到该报告后，业主代表可在剩余运营服务期内，指示承包商进行报告中列出的工作。根据投标阶段编制的更换进度计划和第 14.18 款［资产更换资金］的规定，资产更换资金中更换生产设备的报价应计入月付款。其他工作应由承包商自费进行。

（2）上述工作圆满完成后，业主应指示承包商根据第 11.9 款［合同完成前试验的程序］的规定开始合同完成前试验。除第 10.4 款［原材料的交付］指出的由业主负责的事项外，承包商应提供一切必要的人员、电力、燃料、水和其他材料，并在可能需要的情况下承担修复工作。

合同完成前试验应在运营服务期即将结束时按照业主要求中的规定进行。业主应至少提前 21 天将试验日期通知承包商。除非另有协议，试验应在此日期后 14 天内，由业主确定的日期开始。试验的结果应由业主代表和承包商进行汇编和评价。承包商应在收到结果后 7 天内，向业主代表送交任何试验、检验或监测的结果。在评价结果时，应考虑承包商在运营服务期间对工程提前使用（如果有）而产生的影响。

试验一旦完成，承包商应通知业主代表，并准备好进行最终检验。如业主代表对承包商合同完成前试验满意，业主代表应在颁发合同完成证书前通知业主和承包商。

（3）如果由于承包商在合同完成前试验中的任何无故延误导致业主费用增加，业主应有权向承包商索赔，索赔款可由业主从任何应支付或到期应支付给承包商的款额中扣除。

如果承包商未能在第 11.9 款［合同完成前试验的程序］中确定的日期开始试验，业主代表应通知承包商，如该试验在此通知后的 14 天内不能开始，该试验将由代表业主的其他人承担。在这种情况下，承包商应接受此类试验的准确性和有效性，业主将有权从任何应支付或到期应支付给承包商的款额中扣减由其他人完成该试验的相关费用。

如果由于不是承包商的原因，导致工程或区段的合同完成前试验不能在合同期内完成，则工程或区段应视为已经通过试验。

（4）如果工程或区段未能通过合同完成前试验，业主代表应有权下令再次进行试验；或拒收工程或区段；或应业主要求，在合同价格中扣除由承包商和业主协商同意的款额后也可颁发合同完成证书。承包商应继续完成合同规定的其他义务。

如果工程或区段未能通过合同完成前试验，但在业主的要求下业主代表向承包商颁发了合同完成证书，如承包商提议对工程或区段进行调整或修改，业主（或其代表）可以向承包商发出指示，在业主方便的时间允许承包商进入工程或区段。承包商应在收到业主指示后的合理期间内，负责调整或修改以达到试验的要求。但如果承包商在相关合同期内没有收到此类通知，该工程或区段应被视为已经通过了试验。

在颁发了合同完成证书后，承包商因为调查未能通过试验的项目，或因为进行调整或修改，如果由于业主无故延误允许承包商进入工程或检查生产设备而使承包商遭受附加费用，承包商有权获得由此导致的费用加利润的支付。

（5）如果工程或区段未能通过合同完成前试验，承包商应负责修复在运营服务期间发生的损害或缺陷，不论它是由业主或其代表通知的，还是由承包商自己发现的。并且业主可要求按相同的条款和条件，重新进行此项未通过的试验和任何相关工程的合同完成前试验。

如果未通过试验和重新试验是由承包商违约引起，并导致业主遭受附加费用损失，则承包商应向业主赔偿，业主可从任何应支付或到期应支付给承包商的款额中扣除。

业主代表可进行他认为必要的额外试验、检验和监测，费用应由业主承担，但如果额外试验是因承包商的责任引起，费用则应由承包商承担。

五、变更与调整（Variations and Adjustments）

下面介绍"金皮书"中设计—建造期和运营服务期的变更与调整的相关规定，包含第13条"变更与调整"的相关内容。

其中主要规定了：业主代表有权指示变更以及变更的程序；承包商可运用价值工程提出建议书；暂定金额的使用范围和支付，以及因立法变动、技术改变和物价波动导致的工期和费用的调整。

1. 变更权（Right to Vary）［13.1］

在颁发试运行证书前，业主代表有权指示变更，或要求承包商提交变更建议书。承包商应执行每项变更，但如面对无法取得变更所需的货物、变更将降低工程的安全性或适用性或对运营服务产生不利影响等情况，承包商应立即通知业主代表，业主代表在收到通知后，应取消、确认或更改变更指示，承包商应执行此指示。

如果业主或业主代表欲在运营服务期内指示变更，应给予承包商详细书面说明。承包商应按变更程序的规定进行此项变更。

2. 价值工程（Value Engineering）［13.2］

承包商可以随时向业主代表提交具有以下特征的书面建议书，如：加速工程竣工；降低业主实施、维护或运营工程的费用；提高业主已完成工程的效率或价值；提高运营服务的效率或为业主带来其他利益。

建议书应由承包商自费编制，并应包括13.3款［变更程序］所列条目。

3. 变更程序（Variation Procedure）［13.3］

如果业主代表在发布变更指示前，要求承包商提交建议书，承包商应尽快提交建议书或说明他不能提交的理由。

建议书内容应包括：

（1）对建议进行的设计和/或工作及进度计划实施的说明；

（2）对调整进度计划和竣工时间的建议；以及

（3）对调整合同价格的建议。

业主代表收到建议书后应尽快答复。在此期间，承包商不应延误任何工作。业主代表应向承包商发出每一项实施变更的指示和各项费用要求。

在指示或批准一项变更后，业主代表应与合同双方商定或确定对合同价格和付款计划表的调整，并应包括合理的利润。

4. 以适用货币支付（Payment in Applicable Currencies）［13.4］

如合同价格是以一种以上货币支付的情况，变更时应规定适用的货币及款额；应考虑变更的工作所需的货币比例和合同价格支付的货币比例。

5. 暂定金额（Provisional Sums）［13.5］

暂定金额为业主方的备用金，必须有业主代表的指示和批准才能动用暂定金额，动用的相应款额构成合同价格的一部分。业主代表指示承包商涉及使用暂定金额的工作包括：

（1）由承包商实施的变更工作，按变更程序估价；

（2）由承包商采购生产设备、材料或服务时，承包商应得到其为此实际支付的费用以及相应的管理费和利润（可按资料表或合同数据中列明的百分比计算）。

业主代表有权要求承包商提交有关报价单、发票、凭证、收据等。

6. 因法律改变的调整（Adjustments for Changes in Legislation）［13.6］

因法律改变而需要作出的调整应被作为一项变更。任何一方均可书面通知另一方要求作出此类调整。

在基准日期后，如工程所在国的法律或技术标准和规定发生了变化，导致费用的增减并影响承包商履行合同义务时，即应对合同价格和设计、实施和运营的进度计划作出调整。

如因法律改变而使承包商遭受延误和（或）发生附加费用时，承包商可向业主代表提出工期和附加费用的索赔要求，并提交证据。

业主代表应对承包商的索赔要求进行商定或确定。

7. 因技术改变的调整（Adjustments for Changes in Technology）［13.7］

当业主代表接受了承包商提出的价值工程建议书；或业主代表指示承包商使用新技术、新材料或新产品，或对承包商使用新技术、新材料或新产品有法定要求，从而引起费用增减时，则应对合同价格和设计、实施和运营的进度计划作出调整，此时承包商有权索赔工期和附加费用。

8. 因费用改变的调整（Adjustments for Changes in Costs）［13.8］

合同价格以及单价和价格应根据付款计划表中的费用指数资料表（如果有）进行调整。

（注：设计—建造期加上运营服务期使得 DBO 合同的周期很长，如果没有调价公式和相关规定，则承包商面临的风险太大。应该在设计—建造期和运营服务期分别列入调价公式，这样会使双方的风险分担较为合理。）

六、合同价格和付款（Contract Price and Payment）

下面介绍"金皮书"中设计—建造期和运营服务期涉及付款的相关手续和规定。主要包括第 14 条"合同价格和付款"的相关内容。

1. 合同价格（The Contact Price）［14.1］

合同价格应是由承包商为设计—建造和运营服务，在基准日期时提交的报价金额（包括资产更换资金）和按照合同以及根据变更或索赔产生的调整应支付给承包商的全部款额，其中包括应由承包商支付的所有税费和关税。

（注：合同价格是考虑了各种费用调整后，工程项目合同的最终结算价格。）

2. 预付款证书的申请颁发和支付［14.2］［14.7］［14.8］

业主应向承包商支付一笔用于动员和设计的无息预付款。合同数据中应规定预付款总额和适用货币。

业主代表在收到承包商的预付款申请报表、履约保函和由业主批准国家的相应机构开具的预付款保函后，应在收到预付款申请的 14 天内签发预付款期中付款证书，并在之后的 21 天内付款。

承包商应保证预付款保函在归还全部预付款前一直有效，但保函额度可随预付款的归还而减少。

如合同数据中未规定预付款扣还方式，则按以下规定扣还：

当期中付款超过中标合同金额与暂定金额之差的 10％时开始扣还；按预付款货币种类与比例，扣还每次月支付证书金额的 25％，直到还清为止（以上付款和扣还均不包括预付款的支付和扣还以及保留金的扣留与退还）。

如在颁发试运行证书前，由业主或承包商提出终止，或由特殊风险导致终止，在终止前预付款尚未还清时，则承包商应立即偿还剩余部分。

3. 期中付款证书的申请、颁发和支付 [14.3] [14.7] [14.8] [14.9]

（1）预付款和期中付款证书的申请（Application for Advance and Interim Payment Certificates）[14.3]

承包商应在每个月末之后，按业主代表批准的格式向其提交报表，详细说明承包商认为其有权得到的款额，标明应付的货币，并附证明文件。该报表包括：

1）截至月末已实施的工程和承包商文件的估算合同价值（含变更）；

2）由于法律、费用和技术改变，应增减的款额；

3）保留金的扣留（按合同数据中规定的百分比乘上述两项款项之和），直至限额为止；

4）预付款的支付和扣还；

5）按照 14.6 款 [拟用于工程的生产设备和材料的付款] 的规定，对生产设备和材料的预支和扣还款；

6）暂定金额中，因承包商购买生产设备、材料或服务而应付给承包商的款额；

7）运营服务的应付款；

8）使用资产更换资金支付的款额；

9）对维修保留金作出的调整；

10）根据合同或其他规定（包括索赔），应付的其他增减款额；并

11）减去所有以前期中付款证书中已确认的款额。

（2）期中付款证书的颁发

业主代表应在收到期中付款申请报表和证明文件后 28 天内，向业主送交期中付款证书，说明业主代表确定的应付款额（包括由 DAB 决定的应付给承包商或应由承包商返还的款额），并附证明资料。该款额应在业主代表收到相应的报表和证明文件后 56 天内支付。

在颁发试运行证书前，如承包商期中付款证书申请的款额（在扣除保留金后）少于合同数据中规定的期中付款最低限额，业主代表可通知承包商，不颁发期中付款证书。除此之外，不得扣发期中付款证书。

但如承包商提供的物品或完成的工作不符合合同要求，可以扣发修正或重置的费用，直到改正为止；如承包商未完成合同规定的工作或义务，可以扣除该工作或义务的价值，直到完成为止。

业主代表可在任何付款证书中，修改以前的付款证书。

付款证书不应被视为业主代表对工程的接受、批准、同意或满意。

（3）支付货币的汇入银行

每种货币的应付款额，应被汇入合同指定的付款国境内承包商指定的银行账户。

（4）融资费

如承包商不能按时收到业主付款，他有权按合同规定的应付款日期，就未收到的款额按月计复利收取融资费。除非合同数据另有规定，融资费应以高出支付货币所在国中央银行贴现率的3％（年利率）计算，以同种货币支付。承包商有权得到上述付款而无需正式通知和证明，同时也不损害他的其他权利。

4. 付款计划表（Schedule of Payments）［14.4］

如本合同包括了一份在设计—建造期和/或运营服务期，分期支付总价和/或单价的付款计划表，则表中所列的分期付款额，应是为申请期中付款证书而估算的价值。此时，14.6款［拟用于工程的生产设备和材料的付款］将不再适用。

如分期付款额不是参照实际进度确定的，且发现实际进度与付款计划表中所依据的进度不一致时，业主代表可商定或确定修改分期付款额。

如合同中未包括付款计划表，承包商应按季度提交其预计每个季度应付款的估算单，直到颁发试运行证书为止。

5. 资产更换计划与资产更换资金（Asset Replacement Schedule and Asset Replacement Fund）［14.5］［14.18］

资产更换计划是由承包商编制的包含资产更换清单和时间安排的计划。

资产更换资金是在资产更换计划中列出的为更换生产设备提供的资金，以实现运营服务期间工程持续有效的运营。

（1）在运营服务期，承包商按规定提交每一次期中付款证书申请时，有权将按资产更换计划表更换项目时应得的资金列入其中。使用资产更换资金支付的金额不能高于资产更换计划表中规定的应付款额。任何未按资产更换计划表上的日期或列出的其他运营里程碑进行更换的项目，在更换完成前不予支付。

如资产更换在资产更换计划中规定日期之前，在规定日期到达前不予支付。如资产在规定的日期到达前或到达时未被更换，需在更换后才予支付。除变更外，在资产更换计划中未注明的资产更换不予支付。

（2）如按照更换计划，在合同完成时资产更换资金仍有剩余，各方共同商定不再需要或使用时，剩余款额应由各方平等分享，承包商有权在其申请的运营服务最终付款证书中包括此分享款额。

（3）下列费用应包含在合同价格中，由承包商承担。不允许使用资产更换资金支付：

1）与修补缺陷相关的日常维修；

2）寿命少于5年的生产设备和材料的更换；

3）在规定期间为主要生产设备更换提供备件；或

4）资产更换表中未确定的生产设备和材料的更换。

（4）当承包商计划更换在资产更换表中列出的生产设备的任何更换项时，应至少提前28天通知业主代表。

业主应按照业主代表在期中付款证书中确认的款额用资产更换资金付款，该资金将只能按照资产更换表中确定的更换价值和时间间隔进行支付。如生产设备项目需要提前更换，则在表中规定的更换日期到达前，相应的款额不予支付。

如合同价格因费用改变而进行了调整，资产更换资金部分的应付款额也应同样进行调整。

（5）如合同根据第 15 条［由业主终止］或第 16 条［由承包商暂停或终止］的规定予以终止，则资产更换资金的剩余部分，包括自然增长的利息，应被视为业主所有。

6. 拟用于工程的生产设备和材料的付款（Payment for Plant and Materials intended for the Works）［14.6］

期中付款证书中应包括已运抵现场的生产设备和材料的预支金额。当这些生产设备和材料已构成永久工程的一部分时，再将预支金额从期中付款证书中扣除。

业主代表决定生产设备和材料预支金额的前提是：

（1）承包商已准备好生产设备和材料的可供检查的记录（如订单、收据等）以及购买和运往现场的费用报表和证据；

以及（2）或（3）

（2）对于属于合同数据中所列的装运付费的生产设备和材料，如已运抵工程所在国并正运往现场途中，则承包商应向业主代表提交装船的清洁提单或其他证明和该生产设备和材料的保函，有效期至生产设备和材料运抵现场并采取妥善保管措施时；或

（3）对于属于合同数据中所列的在现场交付时付费的材料和生产设备，已运到现场并妥善保管。

生产设备和材料的预支额度为实际费用（包括运费）的 80%，支付货币与涉及合同价值与已支付时的货币相同。

如合同数据中未列有预支金额的生产设备和材料清单，则以上规定不适用。

7. 保留金的支付与维修保留金（Payment of Retention Money and Maintenance Retention Fund）［14.10］［14.19］

（1）保留金：颁发试运行证书时，业主代表应返还承包商前一半保留金。如某区段颁发了试运行证书，应按保留金前一半的相应百分比返还承包商。承包商可将后一半保留金计入设计—建造最终报表中。

（2）维修保留金：在运行服务期间，业主每次从给承包商的期中付款中扣减 5%，从颁发试运行证书后的第一笔付款开始，持续到最后一个期中付款证书被颁发时，或直到达到合同数据中规定的限额，以较早者为准。承包商可采用维修保留金保函代替维修保留金。

如合同要求的维修未能进行，业主可在通知承包商后自行维修，并申请相应的维修保留金。如此金额不足以支付维修费，则可从向承包商的付款中扣减。

在合同完成证书颁发后，维修保留金的全部剩余金额应被包括在运行服务最终付款证书中并支付给承包商。

8. 设计—建造最终付款证书的申请和颁发［14.11］［14.12］

（1）在保留期结束后的 28 天内，承包商应向业主代表提交设计—建造最终报表并附证明文件，列出：

1）设计—建造阶段所有已完工作的价值；

2）承包商认为根据合同中涉及设计—建造应支付给他的任何其他款额。

承包商在提交设计—建造最终报表时应提交一份书面文件，承诺该报表中包含了根据

合同或与合同中设计—建造有关的应解决的全部和最终的工作事项。

如业主代表不同意或无法核实该报表中的任何部分，他应与承包商努力协商达成协议，承包商据此协议向业主代表提交最终报表。此后业主代表对同意款额颁发设计—建造最终支付证书。

如各方对相关事项无法达成协议，或承包商在上述 28 天内未提交付款申请，则业主代表应对其认为承包商应得的款项颁发期中付款证书。如承包商对证书中确定的款额不满意，可将此事件提交 DAB 做出决定。

（2）在收到承包商提交（或重新提交）的设计—建造最终报表和书面承诺后 28 天内，业主代表应向业主递交设计—建造最终付款证书，并抄送承包商，说明：

1）设计—建造最终应付的款额；和

2）在对业主以前支付过的所有款额以及业主有权得到的全部款额加以核算后，业主和承包商之间有关设计—建造款相互欠款的余额。

在收到最终付款证书时，业主应按照规定向承包商付款。设计—建造的最终付款证书中确认的款额（含 DAB 决定的应支付的款额），应在业主收到最终付款证书后 56 天内支付。

设计—建造期的期中付款和最终付款程序如图 4-6 所示。

图 4-6　设计—建造期的期中付款和最终付款程序图

9. 运营服务最终付款证书的申请、颁发和结清证明 [14.13] [14.14] [14.15]

（1）运营服务最终报表：在收到合同完成证书后的 56 天内，承包商应向业主代表提交运营服务最终报表并附证明文件，列出：

1）运营服务阶段所有已完工作的价值，包括可从资产更换资金得到的款额；

2）承包商认为根据合同规定应支付给他的任何其他款额，包括维修保留金中任何未使用的部分。

（2）书面结清证明：承包商在提交运营服务最终报表时，应提交一份书面结清证明，该证明是确认运营服务最终报表和设计—建造最终报表二者的总额，代表了应支付给承包商的全部和最终的结算款额。

结清证明可注明，只有在颁发了运营服务最终付款证书和退回了承包商的履约保证后，该结清证明才生效。

（3）运营服务最终付款证书：业主代表在收到承包商的运营服务最终报表和结清证明后 28 天内，应向业主递交运营服务最终付款证书，并抄送承包商，说明：

1）运营服务最终应付的款额；

2）合同最终应付的款额；和

3）确认业主先前已付的所有款额以及业主有权得到的全部款额后，业主和承包商之间相互欠款的余额。

如业主代表不同意或无法核实运营服务最终报表的某一部分，应与承包商协商，并应就商定的款额颁发运营服务最终付款证书。如无法商定，业主代表应就他认为应付给承包商的款额颁发运营服务最终付款证书。如承包商不同意该款额，他可提交 DAB。

收到最终付款证书时，业主应按规定向承包商付款。运营服务的最终付款证书中确认的款额（含 DAB 决定的应支付的款额），应在业主收到最终付款证书后 56 天内支付。

运行服务期的期中付款和最终付款程序如图 4-7 所示。

图 4-7　运行服务期的期中付款和最终付款程序图

10. 业主责任的停止（Cessation of Employer's Liability）[14.16]

除承包商在设计—建造最终报表或运营服务最终报表中明确包括的款项外，业主不应再对承包商承担与合同有关或由工程实施引起的任何责任。但业主因赔偿义务或其他不当行为应负的责任除外。

如承包商在收到业主代表颁发的设计—建造最终付款证书或运营服务最终付款证书后 56 天内，未将任何事项提交 DAB，则应视为承包商已接受了该证书确认的款额。

当业主对运营服务最终付款证书中的款项已全部支付，并将履约保证退还承包商时，业主对承包商的责任即终止。

11. 支付的货币（Currencies of Payment）[14.17]

合同价格应以合同数据中指定的货币种类支付。

如指定了一种以上的货币，应按下述规定进行支付：

（1）如中标合同金额仅以当地币表示：

1）除非双方另有约定，当地币与外币的支付比例或款额以及支付时使用的固定汇率均按合同数据中的规定执行；

2）暂定金额和因法律变化调价时的支付，按适用的货币和比例执行；

3）支付进度款时，除因法律变化调整外，"期中付款证书的申请"［14.3］中前 4 项内容按本款（1）项的 1）的规定执行；

（2）误期损害赔偿费的支付也按合同数据规定的货币及比例执行；

（3）承包商应支付业主的其他款项以业主花费于该款项的货币支付，或由双方商定；

（4）如承包商应以某种货币支付给业主的金额超过业主应以该货币支付给承包商的金额，业主可由以其他货币支付给承包商的款额来弥补此差额；

（5）如合同数据中未规定汇率，则使用工程所在国中央银行在基准日期时的汇率。

七、合同双方的风险分担（Risk Allocation）

下面介绍"金皮书"中合同双方的风险分担。

DBO 模式中，承包商负责按照业主的要求按时保质地完成设计、施工和运营工作，业主则负责根据其完成情况与合同的符合程度，按合同规定对承包商进行支付，并应提供一份详细说明其财务安排的财务备忘录，以保证承包商能按时得到工程款。业主享有运营产生的全部收益。根据这一角色分工，"金皮书"第 17 条"风险分担"和第 18 条"特殊风险"中详细规定了各方所应承担的风险以及风险事件发生后各方的责任和义务。

与其他版本不同的是"金皮书"将风险分为商业风险（Commercial Risk）和损害风险（Risk of Damage），对特殊风险单列一条进行论述。商业风险系指导致任何一方产生财务损失和（或）时间损失的风险，这些损失保险公司一般不提供保险或从商业上讲无法投保。损害风险系指导致物质损失，或工程损坏，或属于任何一方的其他财产损害的风险，不包括商业风险。

（一）合同双方在设计—建造期和运营服务期的商业风险和损害风险

1. 业主的风险分担

（1）设计—建造期业主的风险（The Employer's Risks during the Design-Build Period）［17.1］

1）在设计—建造期，业主承担的商业风险有：

（ⅰ）根据合同规定应由业主承担的，或由业主负法律责任的财务损失、延误或损害；

（ⅱ）业主在现场表面、上空、地下、内部或贯穿现场，建造工程或工程任何部分的权利；

（ⅲ）为了工程或工程任何部分，或为设计、施工或完成工程的目的，使用或占有现场（但承包商滥用或错误的使用除外）；以及

（ⅳ）除非合同另有规定，业主使用或占有永久工程的任何部分导致的损失或损害。

2）在设计—建造期，业主承担的损害风险有：

（ⅰ）按合同施工所导致的对道路、照明、空气、水或其他公用设施使用权的干扰而产生的损害（但由承包商施工方法引起的损害除外）；

（ⅱ）任何应由业主负责的或业主要求中包含的工程设计因素的失误、错误、缺陷或遗漏（但根据合同应由承包商承担的设计中的此类情况除外）；

（ⅲ）一个有经验的承包商不能合理预见并做好充分防范措施的任何自然力的作用（但在合同数据中指明应由承包商分担的部分除外）；以及

（ⅳ）第 18 条［特殊风险］规定的特殊风险。

（2）运营服务期业主的风险（The Employer's Risks during the Operation Service Period）［17.3］

1）在运营服务期，业主承担的商业风险有：

（ⅰ）根据合同规定应由业主承担的，或由业主负法律责任的财务损失、延误或损害；

（ⅱ）除非合同另有规定，业主使用或占有永久工程的任何部分；以及

（ⅲ）为工程或其任何部分，或为运营和维修永久工程的目的，使用或占有现场。

2）在运营服务期，业主承担的损害风险有：

（ⅰ）按合同进行运营和维修所导致的对道路、照明、空气、水或其他公用设施的使用权的干扰而产生的损害（但由承包商的运营和维修方式引起的除外）；

（ⅱ）任何应由业主负责或业主要求中包含的工程设计因素的失误、错误、缺陷或遗漏（但根据合同应由承包商承担的设计中的此类情况除外）；

（ⅲ）一个有经验的承包商不能合理预见并充分做好防范措施的任何自然力的作用；以及

（ⅳ）第18条［特殊风险］中规定的特殊风险。

（3）业主风险的损害后果（Consequences of the Employer's Risks of Damage）［17.6］

如应由业主承担的风险发生，并导致工程、其他财产、货物或承包商文件的损失，承包商应立即通知业主代表，并应按照业主代表的指示，修补此类损失和损害。此类指示应视为一项变更。

除非合同另有规定，在设计—建造期，承包商有权索赔修补工作导致的工期延误和费用加利润的损失，如在运营服务期，承包商仅有权索赔费用加利润。

（4）业主提供的保障［17.10］［17.11］［17.12］

业主应保障承包商、承包商人员以及其代理人免受以下所有的索赔、损害赔偿费、损失和开支（包括法律费用和开支）：

1）由于业主、业主人员或其代理人的任何疏忽、恶意行为或违反合同造成的人身伤害、疾病、死亡或对除工程之外的任何财产的损失或损害；以及

2）合同规定的业主应承担的风险。

同时，业主应保障承包商免受由于下列情况提出的知识产权和工业产权的侵权索赔：

（ⅰ）由于承包商遵循业主要求而引起的必然结果，或

（ⅱ）由于业主为以下原因使用任何工程引起的结果：为合同中指明或可合理推断以外的某种目的；或与非承包商提供的任何物件联合使用，除非此类使用在基准日期前已告知承包商，或在合同中有明确说明。

业主保障承包商免受伤害的义务，应按照承包商的风险可能导致的损害、损失或伤害的程度，按比例减少。

2. 承包商的风险分担

（1）设计—建造期承包商的风险（The Contractor's Risks during the Design—Build Period）［17.2］［17.5］

除合同规定的设计—建造期业主的风险外，其他所有的风险均由承包商承担，包括对工程和货物的照管及由此导致的风险。照管的责任指在合同终止前，承包商应在整个设计

一建造期承担照管全部工程及构成工程的货物的责任；如合同终止，承包商应自终止通知生效时，解除照管工程的责任。

（2）运营服务期承包商的风险（The Contractor's Risks during the Operation Service Period）[17.4]　[17.5]

运营服务期承包商应承担的风险有：

1）由承包商负责的设计、施工或工程所用材料导致的风险（即使在设计—建造期，由业主或业主代表主持进行、批准或见证了检验也不能免除该责任）；以及

2）所有由运营和维修永久工程和照管工程所导致或引起的风险，合同条件中列明的业主的风险除外。

同时，承包商还要承担运营服务期照管永久工程的责任，以及他在运营服务期承诺完成的任何扫尾工作，直到该工作完成为止，并承担由此导致的任何风险。

（3）承包商风险的损害后果（Consequences of the Contractor's Risks of Damage）[17.7]

如应由承包商承担的风险发生，并导致工程、其他财产或货物的损害，承包商应立即通知业主代表，并应按照业主代表的指示进行修补。所有此类更换、修补或改正工作应由承包商自费完成。

（4）承包商提供的保障 [17.9]　[17.12]　[17.11]

承包商应保障业主、业主人员及其代理人免受以下所有索赔、损害赔偿费、损失和开支（包括法律费用和开支）：

1）由承包商负责的设计、施工、竣工以及修补缺陷引起的，或在上述过程中由承包商原因造成的任何人员的人身伤害、疾病或死亡（除非是由于业主、业主人员或其代理人的任何疏忽、恶意行为或违反合同造成的）；以及

2）任何财产，不动产或动产（本工程除外）的损害或损失，当此类损害或损失是由承包商负责的设计、施工、竣工或运营和维修工程引起，或由承包商、承包商人员及其代理人，或由他们中任何人直接或间接雇用的任何人员的疏忽、恶意行为或违反合同造成的。

承包商应保障业主免受承包商的工程设计和其他专业服务中的一切错误带来的伤害，这些专业服务导致了工程不合格，或导致业主任何损失和（或）损害。

承包商还应保障业主免受由于承包商的设计、制造、建造或实施工程，或承包商设备的使用，或工程的合理使用所产生的或与之有关的任何其他索赔。

承包商保障业主免受伤害的义务，应按照业主的风险可能导致所述损害、损失或伤害的程度，按比例减少。

（二）特殊风险

1. 特殊风险（Exceptional Risk）[18.1]

特殊风险是由特殊事件产生的风险，它包括但不限于：

（1）战争、敌对行动（不论宣战与否）、入侵、外敌行动；

（2）工程所在国内的叛乱、恐怖活动、革命、暴动、军事政变或篡夺政权，或内战；

（3）工程所在国内的，承包商人员和承包商及其分包商的其他雇员之外的人员造成的暴乱、骚乱或混乱；

（4）不是单独由承包商人员和承包商及其分包商的其他雇员参与的罢工或停工；

　　（5）工程所在国内战争军火、爆炸性物资、离子辐射或放射性污染，但可能由于承包商使用此类军火、炸药、辐射或放射性引起的情况除外；

　　（6）不可预见的或一个有经验的承包商也无法合理预见并采取充分防范措施的自然灾害，如地震、飓风、台风或火山活动。

2. 特殊风险的通知和处理［18.2］［18.3］

　　如一方因特殊风险使其履行合同规定的任何义务已经或即将受到阻碍，该方应向另一方发出风险通知，并应明确说明需履行的但已经或即将受到阻碍的义务。通知应在该方察觉（或应察觉）到构成特殊风险的有关事件后 14 天内发出。通知发出后，该方应在该特殊风险阻碍其履行义务期间，免于履行该义务。但根据合同，任一方向另一方的支付义务不应因特殊风险而免除。

　　任一方均应始终尽一切努力，使特殊风险对合同履行造成的延误减至最小。当一方不再受特殊风险影响时，应向另一方发出通知。

3. 特殊事件的后果（Consequences of an Exceptional Event）［18.4］

　　如承包商已发出特殊风险通知，并因该风险导致工期和费用损失，则在设计—建造期，他有权索赔工期，但如特殊风险定义（2）～（5）中所述事件发生在工程所在国内时，无论在设计—建造期还是运营服务期，承包商都有权索赔费用。

　　业主代表在收到此类通知后，应按照第 3.5 款［确定］的规定，对这些事项进行商定或确定。

4. 自主选择终止、付款和解除（Optional Termination，Payment and Release）［18.5］

　　如由于特殊风险，使整个工程的实施已连续 84 天几乎无法进行，且已在规定时限内发出特殊风险通知；或如由于同一特殊风险，停工时间总计已超过 140 天，则任一方可向另一方发出终止合同的通知。终止应在通知发出 7 天后生效，承包商应按照第 16.3 款［停止工作和承包商设备的撤离］的规定执行。

　　在发生此类终止时，业主代表应确定已完工作的价值，并颁发付款证书，包括：

　　（1）已完成的且其价格在合同中有规定的任何工作的应付款额；

　　（2）为工程订购的，且已交付给承包商或承包商有责任接受交付的生产设备和材料的费用。当业主为此付款后，此类生产设备和材料应成为业主的财产（风险也由业主承担），承包商应将此类工程设备和材料交由业主处置；

　　（3）承包商在预期要完成工程的情况下，合理导致的任何其他费用或负债；

　　（4）将临时工程和承包商设备撤离现场，并将其运回承包商本国设备基地的费用（或运往其他目的地的费用，但不能超过运回本国基地的费用）；以及

　　（5）在合同终止时将完全是为工程雇用的承包商的职工遣返回国的费用。

5. 根据法律解除履约（Release from Performance under the Law）［18.6］

　　如发生各方不能控制的任何事件（包括但不限于特殊风险事件），使任一方或双方履行合同义务成为不可能或非法，或根据本合同适用的法律，合同双方有权解除进一步的履约，则在任一方向另一方就此类事件发出通知时：

　　（1）合同双方应解除履约，但不影响任一方对另一方此前违约享有的权利；以及

　　（2）业主应支付给承包商的款额，应与业主自主选择终止时，所支付给承包商的金额相同。

八、保险（Insurance）

下面介绍"金皮书"中各方的投保责任和保险范围，包含"金皮书"第 19 条"保险"的内容。

保险是风险转移的一种重要方式，通过投保可以将部分风险转移给保险公司承担。在"金皮书"中，商业风险一般是无法投保的，只有损害风险中的一部分可以通过投保进行转移。在"金皮书"的第 19 条保险中，详细规定了各方应投保的险种和保险范围。

1. 一般要求（General Requirements）[19.1]

在不限制合同规定的承包商和业主的义务或职责的前提下，承包商应依据业主批准的保险人和保险条件，办理他所负责的保险并维持其持续有效。业主不应无故扣押或拖延相关的批准。保险额为业主所要求的最小额，承包商也可根据需要自费添加他认为必要的其他保险。每当业主要求时，承包商应向业主提交根据合同由其负责投保的保险单。每项保险费支付后，承包商应向业主发送付款收据的副本。

如果承包商未办理合同中规定在设计—建造期应由承包商提供的保险，或未在设计—建造期内维持其持续有效，或未按上述要求提供保险单或收据，业主可办理该保险，并维持其有效性，支付保险费，并可随时在对承包商的支付中扣回该费用。

如承包商或业主中任一方未遵守依据合同有效的保险条件，未遵守方应保障另一方免受由此导致的所有损失和索赔。

承包商还应负责通知保险人关于工程实施和运营服务中性质、范围或进度的任何改变；在履行合同的全部时间内，保证合同规定的保险充分和有效。

任何保险单中的免赔限额不应超过合同数据中规定的数额。

如果承包商没有违反保险的相关规定，但未能从保险人处收回赔款，则此项损失应根据双方风险分担的相关规定，由各方按其责任比例分担。如果由于承包商违反保险相关规定，导致未能从保险人处获得赔款，则承包商应承担由此遭受的损失。

2. 设计—建造期承包商提供的保险（Insurance to be provided by the Contractor during the Design-Build Period）[19.2]

（1）工程

1）保险范围：承包商应以他和业主的名义联名投保，从开工日期之日起至颁发试运行证书之日止，维持下述范围保险有效：

（ⅰ）工程以及相关的材料和生产设备的全部重置价值，但不超过合同数据中规定的免赔额。保险范围涵盖工程任何部分的损失或损害，包括由于有缺陷的材料或工艺造成的有缺陷的设计或施工所导致的损失或损害；以及

（ⅱ）附加重置价值的 15％（或合同数据中规定的其他数值），用于修补损失或损害的额外花费，包括专业服务费、拆除和移出垃圾的费用。

保险范围应包括业主和承包商在颁发试运行证书前任何时候的所有损失或损害。对于颁发试运行证书日期前的原因导致的、在颁发设计—建造最终付款证书前发生的未完成工程的损失或损害，该保险应继续有效，也包括承包商由于遵守第 12 条［缺陷］中所规定的义务，进行任何运营活动所造成的损失或损害。

2）保险不包括的内容：承包商负责的工程保险范围可以不包括下列内容：

（ⅰ）修复有缺陷（包括有缺陷的材料和工艺）或其他不符合合同规定的工程任何部分的费用，包括由于缺陷和不符合事项造成工程任何其他部分损失或损害的修复费用；

（ⅱ）间接或后续的损失或损害，包括任何由于延误而导致的合同价格的减少；

（ⅲ）磨损、短缺和偷窃；

（ⅳ）设计—建造期的业主风险，除非在合同数据中另有规定；

（ⅴ）特殊风险，除非在合同数据中另有规定。

（2）承包商设备

承包商应以他与业主的联合名义，对由承包商运至现场的承包商设备和其他在合同数据中规定的物品投保。

（3）因未尽到职业责任应承担的义务

承包商应为自身和由其负责的任何人员在履行其职业责任中因疏忽、过失、缺陷、错误和遗漏而导致的法律责任投保，数额不应少于合同数据中规定的额度。

此项保险应包含对承包商的一个附加赔偿，即赔偿由于承包商自身的责任，在进行专业工作时造成的任何疏忽过失、缺陷、错误或遗漏，而导致的工程不符合合同规定的目的以及对业主造成的任何损失或损害。

承包商应根据合同数据中规定的期限维持此保险有效。

（4）人员伤害和财产损失

承包商应以他与业主的联合名义，为在履行合同过程中引起，并在设计—建造最终付款证书颁发前发生的任何人员伤害、财产（工程本身除外）损失或损害办理保险。但不包括合同规定的设计—建造期的业主风险或特殊风险导致的损失或损害。

此保险单应包含交叉责任条款，以使其相当于承包商和业主作为单独的被保险人一样。

此项保险需在承包商开始现场工作前生效，并应持续至颁发设计—建造最终付款证书时一直有效，保险额度不应少于合同数据中规定的数额。

（5）雇员的伤害

承包商应对他雇用的任何人员或任何其他承包商人员的伤害、患病、疾病或死亡引起的索赔、损害赔偿费、损失及支出（包括法律费用和支出）的责任办理并维持保险。业主和业主代表也应由该保险单得到保障，但由业主或业主人员的任何行为或疏忽引起的损失和索赔的情况除外。

此项保险应在承包商人员参与施工的整个期间维持全面有效。

对于任何分包商的雇员，此项保险可由分包商投保，但承包商应对分包商的保险符合上述规定负责。

（6）法律和当地惯例要求的其他保险

法律和当地惯例要求的其他保险应在合同数据中详细注明，承包商应自费依据合同数据中注明的细节办理此类保险。

3. 运营服务期承包商提供的保险（Insurances to be provided by the Contractor during the Operation Service Period）[19.3]

（1）工程火灾拓展范围险

承包商应以他与业主的联合名义，按照合同数据中的规定，在运营服务期为工程投保工程火灾拓展范围险。运营服务期应在此项工程火灾拓展范围险生效后开始，且此项火险的条件和细节已被业主批准。

此项保险单条款应在不晚于应颁发试运行证书日期的 28 天后提交业主批准，并在试运行证书中注明的日期生效。

（2）人员伤害和财产损失

承包商应在颁发试运行证书前，使人员伤害和财产损失的保险生效，并维持其持续有效至颁发合同完成证书时止。此项保险应符合合同数据中规定的数额和条件。

（3）雇员的伤害

承包商应在颁发试运行证书前，使雇员的伤害的保险生效，并维持其持续有效至颁发合同完成证书为止，或承包商或其分包商的雇员最终离开现场为止，两者中以较晚的时间为准。

（4）法律和当地惯例要求的其他保险

法律和当地惯例要求的其他保险应在合同数据中详细注明，承包商应依据合同数据中注明的细节自费办理此类保险。

（5）其他可选的运营保险

应在合同数据中详细注明需要投保的其他可选的运营保险，承包商应依据合同数据中注明的细节自费办理此类保险。

九、索赔、争议和仲裁（Claim，Dispute and Arbitration）

下面介绍"金皮书"第 20 条中有关索赔、争议和仲裁的条款，主要规定了：承包商和业主索赔的程序；设计—建造期和运营服务期 DAB 的任命和运作机制；通过 DAB 解决争议以及友好解决争议的程序；仲裁解决争议的程序。

1. 承包商的索赔（Contractor's Claim）［20.1］

如果承包商认为，其有权得到设计—建造竣工时间的延长和（或）任何附加付款，他必须遵循以下程序：

（1）通知

承包商应在察觉可索赔事件后 28 天内向业主代表发出通知，否则，即丧失该索赔的权利。如承包商可证明延迟提交是正当的，可将详细资料提交 DAB。如果 DAB 裁定延迟提交是合理的，则 DAB 可撤销 28 天限制，并向双方提出建议。

（2）同期记录

在发出通知后，承包商应在现场保留用以证明索赔的同期记录。业主代表收到通知后可检查并指示承包商保留同期记录，并可要求复印。

（3）详细资料

在承包商察觉可索赔事件发生后的 42 天内，或 DAB 允许的期限内，或业主代表认可的期限内，承包商应向业主代表递交一份详细的索赔报告，包括索赔的工期和款额、依据和详细的证明资料以及业主代表要求的资料。

如果承包商未能在 42 天内或经允许的时间内提供索赔的有关依据，则将丧失索赔的权利，但如承包商认为需要延迟提交，他可提交 DAB 裁定。如果 DAB 认为合理，则可撤销 42 天的限制，向双方提出建议。

如果引起索赔的事件具有连续影响，则：

1）承包商应每隔 28 天递交一份期中索赔报告，说明累计的索赔时间和/或款额，业主代表可要求进一步的资料；

2）在索赔的事件的影响结束后 28 天内，或在承包商建议并经业主代表认可的期限内，承包商应递交一份最终索赔报告。

（4）业主代表的回应

业主代表在收到充分详细的索赔报告或要求的证明资料后 42 天内，或在业主代表和承包商商定的期限内，应商定或确定给予的竣工时间的延长和（或）有权索赔的费用款额。

业主代表还可以要求必要的附加资料，但仍应在收到承包商充分详细的索赔报告 42 天内，对该索赔给予回应。

如果业主代表没有给予回应，任一方均可认为业主代表拒绝了索赔，并可将此事项提交给 DAB。

承包商仅有权得到每一份付款证书中已被证实应付的索赔款额。

任一方如果对业主代表的决定不满，可在收到该决定后 28 天内向业主代表和另一方发出不满通知，并将争议提交 DAB。如果在 28 天内任一方均未发出不满通知，业主代表的此项决定应被视为已被双方接受。

2. 业主的索赔（Employer's Claim）[20.2]

根据本合同条件规定，业主有权向承包商索赔，业主或业主代表应在意识到某事件可能导致索赔时，向承包商尽快发出通知并提供详细资料。

详细资料中应说明索赔条款、依据和证据。业主代表应商定或确定业主有权索赔的款额。

任一方如对业主代表的决定不满，可在收到该决定后 28 天内向业主代表和另一方发出通知，将争议提交 DAB。如果收到该决定后 28 天内任一方均未发出不满意通知，业主代表的此项决定应被视为已被双方接受。

由 DAB 确定的业主索赔款额可在合同价格和支付证书中扣减。

3. DAB 的任命及到期[20.3][20.4][20.11]

（1）设计—建造期的 DAB 的任命：合同双方应在合同数据中规定的日期前，联合任命设计—建造期的 DAB。DAB 可为一人或三人，如为三人时，双方各推荐一人并报对方认可，双方同这二人共同推选商定第三人，由第三人担任主席。

合同双方与 DAB 签订协议书并商定委员及其咨询专家的报酬，由双方各担负一半；双方有权共同解聘或任命 DAB 的成员，但不能单方面行动。

DAB 的期满日期为：在颁发试运行证书时；或 DAB 正在处理争议，在给出其决定的 28 天后，以较晚者为准。

（2）如果在任命 DAB 成员过程中发生下列任一情况：合同双方未能在规定日期就任命一名 DAB 成员达成一致；或未能在规定日期向对方提出 DAB 人选或就第三位 DAB 成员达成一致；或 DAB 任一成员不能履行职责后 42 天内，双方未就替代人选达成一致。

此时可由合同数据中指定的任命机构或官员与双方协商后最终任命 DAB 成员。任命机构或官员工作的报酬由合同双方各担负一半。

（3）如 DAB 任期结束或在引发争议时 DAB 已经不存在（包括运营服务期），双方可直接将争议提交仲裁。

4. 避免争议（Avoidance of Dispute）[20.5]

在任何时候，双方可商定将争议书面提交 DAB，要求其提供帮助和/或组织非正式讨论，以解决双方之间的不一致。双方都应出席此类非正式讨论，但双方不一定执行此非正式会议上的任何口头或书面的建议，DAB 在争议解决过程中也不受此约束。

如果双方间产生争议，无论是否进行过非正式讨论，任一方均可将此争议书面提交 DAB。

5. DAB 的决定与友好解决[20.6][20.7][20.9]

（1）如合同任一方对业主代表处理争议不满，均可在发出通知 28 天内，将争议事项书面提交 DAB 主席，另一方应在 21 天内向 DAB 作出回应，以上提交和回应均应将副本送业主代表和另一方。如果不满意的一方未在上述 28 天期限内将此事项提交 DAB，则不满意通知应被视为无效。DAB 应在收到另一方回应后 84 天内（或如无回应，则在收到提交争议后 105 天内，或双方同意的其他期限内）做出决定，并通知双方和业主代表，决定应对双方均具有约束力。

如果任一方对 DAB 的决定不满意，或 DAB 在收到一方提交材料后 84 天内未能做出决定，任一方均可在此后 28 天内向另一方发出不满意通知，并将此通知副本送交 DAB 主席，否则任一方均无权申请仲裁。

如果 DAB 决定一方向另一方付款，DAB 可要求收款方提交一份恰当的保证。

在 DAB 调停争议过程中承包商应继续施工。

（2）如果任一方对 DAB 的决定不满意的通知已发出，双方在仲裁开始之前，应努力友好解决争议；除非双方另有商定，且双方未能友好解决，仲裁可在不满意通知发出后 28 天或其后开始。

（3）如双方在规定的 28 天时间内，对 DAB 的决定未发出不满意通知，则该决定应成为最终决定并对双方均具有约束力。但如合同任一方随后不执行该决定，另一方可将此事件直接提交仲裁；此时其他程序（包括友好解决）均不适用，而另一方同时还享有合同规定的其他权利。

6. 仲裁（Arbitration）[20.8]

如 DAB 的决定未能成为最终决定，双方也未能友好解决，除非双方另有约定，争议应按合同约定的国际仲裁最终解决。

（1）仲裁应根据国际商会仲裁规则；

（2）根据国际商会仲裁规则任命三位仲裁员；

（3）按合同规定的交流语言进行。

仲裁员有权查阅与争议有关的一切文档（包括业主代表的决定和 DAB 的决定）；业主代表可被传作证人，并可向仲裁员提供证据。合同双方在仲裁过程中均可补充理由和证据；DAB 的决定可作为仲裁时的证据。

仲裁可在工程竣工之前或之后进行，但合同双方、业主代表和 DAB 的义务，均不应因仲裁工作而改变。

7. 运营服务期间出现的争议（Disputes Arising during the Operation Service Period）[20.10]

在运营服务期双方出现争议，应提交一人DAB（运营服务DAB）解决。此人应在颁发试运行证书时由双方共同商定并任命，如双方对此任命未能达成一致，则应根据20.3款的规定予以任命。

被任命的人员任期五年。每个五年期末，双方应商定并任命新的运营服务DAB。如果双方和原DAB的人员均同意，该DAB的人员可续任。双方与运营服务DAB之间的协议书应参照本通用条件后附录中的争议解决协议书编写。

运营服务DAB的报酬由双方商定，各方负担一半。

取得运营服务DAB决定的程序依据20.6款进行，并应在收到另一方回应后的84天内（或在未收到回应时，在收到争议双方的此类提交和证明文件后的105天内），给出其决定。

如果任一方对于运营服务DAB的决定不满意，则应适用20.6款、20.7款、20.8款及20.9款的规定。

思　考　题

1. 如何运用FIDIC编制的合同条件？FIDIC1999年新版合同条件编制的原则是什么？

2. 为什么在国际工程合同条件中都要对常用的措辞和词组加以定义？这些定义的适用范围是什么？

3. FIDIC合同条件中一般分包商与指定分包商有什么不同？

4. FIDIC合同条件在变更中使用价值工程的程序是什么？变更时的费用如何确定？

5. 什么叫"暂定金额"？承包商投标报价时如何考虑由"暂定金额"中支付的款项？

6. 遇到业主违约或不可抗力因素时，承包商可得到的补偿和支付条件与平时有何不同？

7. 根据FIDIC《施工分包合同条件》（2011年第一版），分包商应该履行哪些主合同项下的义务？

8. FIDIC《施工分包合同条件》（2011年第一版）中，对分包商的预付款和月支付报表有什么特殊规定？

9. FIDIC《施工分包合同条件》（2011年第一版）中分包商索赔的程序与FIDIC"新红皮书"中，承包商索赔的程序有什么相关之处？有什么相同点和不同点？

10. FIDIC"新红皮书"、"施工分包合同条件"、"新黄皮书"、"银皮书"和"金皮书"中对争议评判专家的任命方式有什么不同？

11. FIDIC"新红皮书"中解决争议一共有几种途径？如何殊途同归？

12. FIDIC"新红皮书"、"新黄皮书"和"银皮书"在竣工检验要求与合同价格支付方面有什么不同？

13. FIDIC"新黄皮书"、"银皮书"和"金皮书"在承包商设计工作的管理程序和责任分担上有什么不同？

14. FIDIC"金皮书"在风险分担与特殊风险的论述和规定上与"新黄皮书"有哪些异同点？

15. 试列表比较FIDIC"新黄皮书"和"金皮书"的工作范围、价格方式、管理方式和风险管理等。

16. FIDIC"金皮书"在运营服务期的价格支付方面有什么特点和规定？

17. FIDIC"金皮书"在试运行期和运营服务期有什么规定和要求？

第五章 NEC 与 AIA 合同

国际上近年来在工程项目管理的模式和理念方面有了长足的发展。FIDIC 合同条件在国际工程项目管理上应用广泛，但在英国、英联邦国家还是习惯于采用英国有关的学会等组织编制的各种合同范本，而美国国内及个别境外投资的项目则习惯于采用美国有关的学会、协会等组织编制的各种合同范本。为此，在本章中将以英国土木工程师学会（ICE）和美国建筑师学会（AIA）编制的有关合同范本为例介绍一下英国和美国国内常用的合同范本。

第一节 英国的 NEC 合同范本

一、英国的合同范本制定机构

英国建筑业合同范本的历史悠久，在世界上尤其是在英联邦国家和一些地区（如我国香港地区）有广泛的影响。近年来为了适应建筑业的需要，各合同范本制定机构致力于采用新的合同理念，制定了很多有开创性的合同范本。建筑业自身的需要以及历史发展渊源造成了英国建筑业中各种合同范本同时存在的局面。英国合同范本种类繁多，大致可分为适用于一般建筑、土木工程、政府项目，以及特殊用途的合同。英国出版合同范本的机构主要有：合同审定联合会（Joint Contracts Tribunal，JCT），英国土木工程师学会（Institution of Civil Engineers，ICE），英国政府出版机构（Her Majesty's Stationery Office，HMSO），以及咨询建筑师协会（Association of Consulting Architects，ACA）等。

下文将以英国土木工程师学会制定的第三版"新工程合同"（New Engineering Contract，NEC）为例，详细介绍英国合同范本的特点。英国土木工程师学会创建于 1818 年，是在英国代表土木工程师的专业机构及资质评定组织，在国际上也颇有影响。ICE 的成员包括从专业土木工程师到学生在内的会员 84000 多名，其中五分之一在英国以外的 150 多个国家和地区。ICE 是在英国土木工程方面负责专业资格注册、教育、学术研究与资质评定的专业机构。ICE 出版的合同条件目前在国际上亦得到广泛的应用。ICE 的通信地址及网址是：

地址：One Great George Street，Westminster，London SW1P 3AA

网址：http：//www.ice.org.uk

二、NEC 系列合同范本的历史与编制理念

多年来，ICE 编制的许多合同文件被世界各国广泛采用和借鉴，其中使用最多的是《ICE 合同条件（土木工程施工）》。FIDIC 早先的合同条件，如《土木工程施工合同条件》（红皮书）（1987 年第四版）及以前的版本主要是借鉴 ICE 合同条件。ICE 合同范本也为分包合同、设计—建造模式分别制定了合同范本。但是鉴于传统模式的 ICE 合同条件存在一个此类合同常见的缺点，即合同当事人从自身的商业利益出发，在合同实施过程中容易产生冲突；"工程师"在合同管理过程中，特别是在出现争议时的公正性日益受到质疑，因而在合同执行过程中容易产生索赔和争议。

为了解决上述问题，ICE 组织了以马丁·鲍恩斯博士（Dr. Martin Barnes）为首的专家工作组，包括资深工程师、工料测量师、律师、项目经理等专业人士，经过几年努力，于 1993 年研究制定了一套全新的合同范本，命名为新工程合同（New Engineering Contract，NEC）[1]，并于 1995 年出版了第二版，更名为《工程施工合同》。最新版的 NEC 系列合同范本是 2005 年 7 月出版的第三版，简称为 NEC3。

英联邦推荐各政府部门在英国所有的公共项目上使用新版 NEC 合同范本。这一决定肯定了 NEC 合同范本中体现的创新性和各种独到之处。在 NEC 合同制定 20 年以来，很多重要项目都采用了 NEC 合同，例如伦敦 2012 年奥运会、新西兰基督城国际机场、"哈雷六"英国南极考察站等。一方面项目建设水平达到业主的要求，另一方面也维护了承包商和供应商的权益。这些成果进一步促进了 NEC 合同在英国以及国际上的广泛使用。香港政府已经决定自 2015 年开始在所有政府项目上采用 NEC 合同范本。

最新版 NEC 合同范本还特别指出，成功使用 NEC3 的关键是完成一种"文化转变"（Cultural Transition），把传统的工程合同关系从一种被动的管理与决策模式转变为着眼于未来的有创造性的合作关系。简而言之，就是从对抗型的项目组织形式转变为合作型的项目组织形式。

与传统的 ICE 合同相比，NEC 系列合同范本体现了英国合同体系发展的最新成果，在合同理念和设计思想上有很多独到之处。NEC 合同的主要特点如下：

1. 灵活性

NEC 合同适用于所有工程领域，诸如土木、电气、机械和房屋建筑工程，并可用于不同的工程建设管理模式和合同采购策略。NEC 合同允许承包商承担工程项目的全部或部分设计责任或者不承担任何设计责任，从而形成各种不同工程建设管理模式，包括设计—建造，CM 以及传统模式等。NEC 合同提供了 6 种主要选项（对应于不同支付方式），适用于 6 种主要选项的 9 条核心条款和 18 项可任选的次要选项。工程分包的比例可以从 0%一直到 100%。NEC 合同并不是针对任何特定的法律体系而编写的，因而其使用并不仅限于英国。

---

① 可参见中英文对照版《NEC 工程施工合同与使用指南》. 方志达译，中国建筑工业出版社，1999 年.

2. 简洁性

NEC 合同尽量采用浅显易懂的语言，避免使用长句子，尽量避免使用只有合同专家才能理解的法律术语和措辞。

3. 体现"伙伴关系"（Partnering）理念的项目管理方法

NEC 合同的基本工作原则是合同参与各方应相互信任与合作。核心条款第一条第一款明确说明了这一点，以体现"伙伴关系"和"团队精神"。在合同双方之间合理分摊风险，鼓励业主和承包商共同预测、防范和管理风险；通过明确项目决策的客观依据，减少项目决策的主观性；引入"早期警告程序"，并规定处理"补偿事件"的方法；设立"评判人"制度，尽量把争议解决在萌芽状态。

4. 有利于项目的信息化管理

NEC 合同的主要工作程序是基于工程实践制定的。各个合同范本均附有工作流程图来说明合同中的主要工作程序。这些流程图可以为开发合同管理软件提供依据，并可以支持以电子网络技术为基础的信息交流，最终实现"无纸化项目管理"。

三、NEC 系列合同涉及的各方以及文件类型

与传统的工程项目合同相比，NEC 合同不再设立传统意义上的建筑师（工程师）来同时承担设计与项目监理的责任。业主与承包商直接协商进行重要的项目决策。如果合同双方不能通过合同的规定解决争议，则需要通过独立的评判人（Adjudicator）来解决。评判人是 NEC 第三版中引入的一个新角色。业主和承包商联合指定评判人，与业主签订标准的评判人合同（NEC 六类标准合同之一）。评判人根据合同独立工作，调解合同实施过程中的争议。

图 5-1 表示了 NEC 合同涉及的如下各方之间的关系：

（1）业主（Employer）。

（2）项目经理（Project Manager）：代表业主方从事工程项目全过程管理的人员，有权对承包商发变更令。

（3）监理人（Supervisor）：由业主方雇用，负责检查工程施工质量是否符合合同要求。

（4）承包商（Contractor）。

（5）分包商（Subcontractor）。

（6）供应商（Supplier）。

（7）设计师（Designer）。

（8）评判人（Adjudicator）。

此处"Supervisor"译为监理人，是因为 Supervisor 与国内的监理工程师相比同样主要担负检查工程质量的责任。但是国内的监理工程师在工程项目中所承担的责任要比 NEC 里定义的 Supervisor 广泛。

NEC 系列合同范本从第二版的五个主要文件扩展到第三版的六大类文件。每一类合同范本都配有相应的使用指南与流程图等，来帮助用户正确使用这些合同范本。以下是 NEC3 的文件分类：

（1）工程施工合同（Engineering and Construction Contract，ECC，黑皮书）。适用于

图 5-1 NEC 合同系列——合同主要参与者和他们间的合同关系

所有工程领域的工程施工。可选用六种不同支付方式（详见下文）。可以根据主合同的规定把部分工作和责任转移给分包商。

（2）工程施工分包合同（Engineering and Construction Subcontract，ECS）。适用于选定了总承包商以后再选定分包商。

（3）专业服务合同（Professional Services Contract，PSC）。用于聘用专业咨询人员、项目经理、设计师、监理人等专业技术人员或机构。

（4）定期采购合同（Term Service Contract，TSC）。用于指定固定期限内提供采购服务供应商。

（5）采购合同（Supply Contract，SC）。用于大宗货物的采购。

（6）框架合同（Framework Contract，FC）。这是 NEC3 新增加的合同范本，用于在业主和承包商之间在完全确定项目内容之前建立一种工作关系。

（7）评判人合同（Adjudicators Contract，AC）。业主聘用"评判人"（详见下文）的合同。

此外 NEC 合同系列还包括五个简要版本的合同，适用于规模较小，结构简单，风险较低，对项目管理要求不太苛刻的工程项目。

（1）简要工程施工合同（Engineering and Construction Short Contract，ECSC）。

（2）简要工程施工分包合同（Engineering and Construction Short Subcontract，ECSS）。

（3）简要专业服务合同（Professional Services Short Contract，PSSC）。

（4）简要定期采购合同（Term Service Short Contract，TSSC）。

（5）简要采购合同（Supply Short Contract，SSC）。

四、ECC 合同介绍

工程施工合同（ECC）代表了 NEC 合同范本的核心思想，是整个 NEC 合同体系的基石。以下详细介绍 ECC 合同的基本结构和内容。

（一）ECC 合同的结构

ECC 合同的组织结构与传统类型的合同相比有显著的不同。合同的主要内容称为"核心条款"（Core Clauses），大致相当于传统意义上的通用条件。业主方在招标时可根据支付方式选用六个"主要选项"（Main Option Clauses）中的一个。然后可根据实际需要选定"次要选项"（Secondary Option Clauses）。如不需要次要选项可不选。图 5-2 为 ECC 工程施工合同的选项结构。

图 5-2 ECC 工程施工合同的选项结构

任何一份合同只能选择一个主要选项，实质上是为合同选定一种支付方式。主要选项定下来之后，则可按 ECC 合同中给出的"主要选项条款"，将之并入"核心条款"，所以"主要选项"条款的编号都是与"核心条款"的编号对应和配套的。例如：如果选用了选项 A——带有分项工程量表的标价合同，则需补充一批"合同用词及其定义"，其子款号仍在（11.2）款之下，增加了 20）合同价款、24）迄今已完工工程总价、28）实际成本，余类推。业主方在编制招标文件时可根据需要选用次要选项，也可以不选。

1. 核心条款（Core Clauses）（共九条）

无论项目采用何种合同策略，都必须采用并遵守核心条款的工作程序。核心条款包括：总则、承包商的主要责任、工期、付款、测试和缺陷、补偿事件、所有权、风险和保险、争议和合同终止，共计九部分。

2. 主要选项条款（Main Option Clauses）（共六项）

根据项目不同的风险分摊方案及工程款支付的不同方式，业主在准备招标文件时，可根据自身的管理能力和项目的具体情况通过选择主要选项条款来决定合同策略。任何项目必须且只能选择如下选项之一：

A. 带分项工程表的标价合同（Priced Contract with Activity Schedule）

B. 带工程量表的标价合同（Priced Contract with Bill of Quantities）

C. 带分项工程表的目标合同（Target Contract with Activity Schedule）

D. 带工程量表的目标合同（Target Contract with Bill of Quantities）

E. 成本补偿合同（Cost Reimbursable Contract）

F. 管理合同（Management Contract）

以上六个选项实际上代表了四种类型的合同模式，即标价合同（Priced Contract）、目标合同（Target Contract）、成本补偿合同以及管理合同。标价合同适用于项目范围已经有明确的定义的情况。目标合同的制定也需要有明确定义的项目范围，但是在具体操作上与标价合同有较大不同。承包商的投标价将成为合同的"目标成本"（Target Cost），如果发生费用超支或节约，业主与承包商将按照合同事先规定的方式进行分摊，这样合同双方都会致力于降低项目成本。成本补偿合同则对承包商的费用实报实销，并按比例支付给承包商间接费。管理合同既适用于通常的管理合同模式也适用于 CM 管理模式。

NEC 工程施工合同（ECC）的选项与项目风险的分担情况，见表 5-1 所列。

NEC 工程施工合同（ECC）的选项与项目风险的分担　　　　表 5-1

主要选项	激励机制	财务风险	其他风险
A. 标价合同＋分项工程表	进度付款鼓励承包商加快工程进度	由承包商承担：固定合同价	承包商对分项工程表的准确性负责
B. 标价合同＋工程量表	承包商努力把工程成本控制在合同价以内	由承包商承担：固定合同价	业主对工程量表的准确性负责
C. 目标合同＋分项工程表	利益分享机制促进业主与承包商双方合作以降低成本	由双方通过利益分享机制分担	承包商对分项工程表的准确性负责
D. 目标合同＋工程量表	利益分享机制促进业主与承包商双方合作以降低成本	由双方通过利益分享机制分担	业主对工程量表的准确性负责
E. 成本补偿合同	无	由业主承担	项目成本可能超支
F. 管理合同	无	由业主承担	项目成本可能超支

3. 次要选项条款（Secondary Option Clauses）

NEC 第三版对次要选项进行了重新标号，调整了顺序和一些内容。次要选项条款共18 项，包括：X1 至 X20 共 15 项（X 的序号并不连续，是为了预留一些序号，补充插进新的内容）；Y 选项，在 Y（UK）2 与 Y（UK）3 中任选其一；W 选项，在 W1 与 W2 中任选其一，用于争议的解决；Z 选项为其他内容。

业主在准备招标文件时，可根据项目的具体情况及业主的要求选用以下次要选项，也可不选。

以下是次要选项条款的名称：

X1. 通货膨胀引起调价（Price Adjustment for Inflation）（适于主要选项 A、B、C 和 D）

X2. 法律的变化（Changes in the Law）

X3. 多种货币（Multiple Currencies）

X4. 母公司担保（Parent Company Guarantee）

X5. 区段竣工（Sectional Completion）

X6. 提前竣工奖金（Bonus for Early Completion）

X7. 误期损害赔偿费（Delay Damages）

X12. "伙伴关系"协议（Partnering Agreement）

X13. 履约保证（Performance Bond）

X14. 支付承包商预付款（Advance Payment to the Contractor）

X15. 承包商对其设计所承担的责任只限于运用合理的技术和精心设计（Limitation of the Contractor's Liability for His Design to Reasonable Skill and Care）

X16. 保留金（Retention）（只用于主要选项 A、B、C、D 和 E）

X17. 功能欠佳赔偿费（Low Performance Damages）

X18. 有限责任（Limitation of Liability）

X20. 关键绩效指标（Key Performance Indicators）

Y（UK）2. 1996 年房屋补助金、建设和重建法案（The Housing Grants, Construction and Regeneration Act 1996）

Y（UK）3. 1999 年合同（第三方权利）法案［The Contracts (Rights of Third Parties) Act 1999］

Z. 其他合同条件（Additional Conditions of Contract）

W1，W2. 争议的解决

限于篇幅，本章只对次要选项条款 X12，W1，W2 加以介绍。如需了解其他选项的详细情况可查原文或中译文。

4. 其他规定

（1）合同资料（Contract Data）

合同资料用于说明工程项目以及合同的基本情况，比如开工日期、现场资料的来源、承包商的情况，以及参加工程的主要人员等。合同资料的第一部分由业主在招标文件中提供，包括适用于所有合同策略的说明条款以及根据不同合同策略供选择的说明条款。合同资料的第二部分由承包商填写，随投标书一并递交，包括竣工日期、合同总价、成本组成表等。

（2）成本组成表（Schedule of Cost Components）及成本组成简表（Shorter Schedule of Cost Components）

成本组成表有两种用途，适用于除了主要选项 F（管理合同）以外的所有主要选项：

1）规定因补偿事件引起的成本变化的计价中所应包含的成本组成项目。

2）规定承包商可直接得到补偿的成本组成项目。

（二）"伙伴关系"与次要选项 X12

NEC 合同通过使用次要选项 X12，在项目各参与方之间建立一种多方"伙伴关系"，旨在促进工程项目上的多方合作。达成伙伴关系的各方不仅包括合同的双方而且包括与项目有关的其他各方。然而这并不意味着在伙伴关系参与各方相互间形成了多方合同关系。各方之间仍然需要签订传统意义上的双方合同。该选项要求各方在履行双方合同的基本义务的同时还要承担 X12 选项所规定的义务。

使用 X12 选项时，需要在合同条款中增加 4 个条款：X12.1，X12.2，X12.3，X12.4。同时在合同资料中说明业主所要达成的目标。该选项要求明确列出所有达成伙伴关系的各方并要求所有达成伙伴关系的各方尽力合作，为达成这一共同的目标而努力。同时该选项明确说明了各方的关键绩效指标（Key Performance Indicator，KPI）以及各方在完成绩效指标以后将根据本条款的规定得到的奖金。

为了解决项目上可能出现的争议，达成伙伴关系的各方应共同确定核心项目组（Core Group）成员。核心项目组的成员负责协调伙伴成员之间的关系。如果经过核心项目组的努力而未能妥善解决争议，则争议各方应使用在争议方之间存在的双方合同来解决争议。

如果由于伙伴关系中的某一方的过失而造成了损失，各方亦应通过各方之间存在的双方合同来解决。但 X12 选项并未对这种情况做出明确规定。对于违反 X12 选项规定一方的最终惩罚是将来不再给违约方达成伙伴关系的机会。

（三）第三版对解决争议的规定以及次要选项 W1 和 W2

ECC 第三版中采用评判（Adjudication）作为解决争议的主要方法。次要选项 W1 和 W2 规定了具体的执行程序。次要选项 W2 实际上保留了第二版中有关仲裁的条款。增加 W1 选项的目的是为了满足英联邦"1996 年房屋补助金、建设和重建法案"（Housing Grants，Construction and Regeneration Act 1996，HGCRA）的要求。ECC 第二版中的争议解决程序中规定，各方在一定时限之后方能提出评判，而 HGCRA 规定各方可随时提出评判要求。这是次要选项 W1 和 W2 的主要区别。ECC 合同使用如表 5-2 所示的表格来说明如何使用评判人解决合同中的争议。

争议评判表　　　　表 5-2

争议起因	应由何方提交评判人	应在何时提交评判人
项目经理或监理人的作为或不作为	承包商	承包商向项目经理提出双方之间的争议后二至四周内，承包商应在察觉项目经理或监理人作为或不作为后四周内将争议提交评判人
任何其他原因	任一当事方	向另一当事方和项目经理提出争议后二至四周内

评判人应在合同允许时限内，将决定连同理由通知当事人双方和项目经理。在此期间，当事人双方和项目经理应继续正常工作。除非有仲裁庭（Tribunal）介入，评判人的决定具有最终约束力。

要求评判的一方应在提出争议的同时提交有关的证据资料。任一当事方可在此后四周内继续提供资料给评判人。评判人应在资料提供期限截止后的四周内做出决定。如经双方当事人同意，评判人也可推迟做出决定。评判人针对争议独立做出决定，监理人有权审查并要求有关的项目经理和监理人改正其作为或不作为。评判人与当事一方的函件需抄送另一当事方。如果评判人认为承包商有权得到额外费用或工期，应使用补偿事件方法加以计算。若评判人辞职或不能履行职责，当事双方应共同选择新评判人。

若评判人未能在规定期限内做出决定或者某一当事方不满意于评判人的决定，该当事方可以向另一当事方要求将争议提交给仲裁庭。在整个合同工程竣工之前或合同提前终止之前不应开始仲裁程序。仲裁庭有权审查并改变评判人的决定。仲裁程序完全独立于评判人所做出的决定。双方当事人提供给评判人的资料、证据和申辩不对仲裁程序构成限制。

(四) ECC 第二版和第三版的核心条款比较

ECC 规定的六种合同策略都必须使用下列九条"核心条款"：总则；承包商的主要责任；工期；测试和缺陷；付款；补偿事件；所有权；风险和保险；争议和合同终止。ECC 第三版核心条款的主要变化体现在如下条款：间接费率，关键日期以及风险列表的定义（条款 11.2，30.3），关于不可抗力的规定（条款 19，60.1，90.1），缺陷责任证书颁发以后计价付款的规定（50.1），补偿事件的通知与处理程序（条款 60），施工机械所有权的转移（条款 70），以及合同的终止（条款 90）。

ECC 第三版中修改了间接费的计算方法。间接费来自于两方面：与分包有关的间接费等于适用于分包的间接费率乘以分包成本；与直接费用有关的间接费则等于适用于直接费的间接费率乘以所有实际成本。第三版条款 30 中把第二版中的现场进驻日（Possession Date）改成了现场使用日（Access Date），主要的区别在于业主把现场转交给承包商的程序。第三版还明确规定承包商的进度应满足关键日期的要求。

ECC 第三版中添加了条款 19 关于不可抗力的规定。这一规定和条款 60.1 中关于补偿事件的规定和条款 91.7 中对终止合同的规定是直接相关的。如果有不可抗力事件发生，承包商不能按合同规定完成工程施工，可根据这些规定来处理。

第三版中条款 50.1 的规定理顺了工程竣工，颁发缺陷责任证书和最后几个结算日之间的关系。这一规定更正了第二版中承包商在工程竣工期间可能得不到及时付款的不合理情况。第三版中对条款 60 关于补偿事件的定义以及处理程序做了很多细节性的修改。

第三版中条款 70 不再要求把施工机械的所有权转交给业主。第二版条款 90 中对争议的解决的规定移到了第三版中的次要选项部分，成为选项 W1 和 W2。另外对终止合同的原因也做了调整。

第二节　美国的 AIA 合同范本

一、美国合同范本制定机构以及常用的合同范本

美国建筑业常用的合同范本是在建筑业自身的发展演化过程中逐渐产生的。政府机构在此过程中的影响与协调作用仅限于与政府投资有关的部分。这与美国社会与政治体制中权力分化与自由市场经济的理念是一致的。近年来美国合同范本的内容和形式也不断的更新分化，形成多样化的局面。美国制定标准合同范本的机构主要是建筑师、工程师和承包商的专业组织。这些组织在制定标准合同的过程中并非各自为政，而是保持着非常密切的合作关系。这些机构主要有美国建筑师学会（The American Institute of Architects，AIA），工程师联席合同文件委员会（Engineers Joint Contract Documents Committee，EJCDC），以及美国总承包商协会（Associated General Contractors of America，AGC）。此外美国各级政府机构也为政府投资项目发布了一些合同范本。

下文将以美国建筑师学会制定的合同范本为例简单介绍一下美国的合同范本。始创于1857年的美国建筑师学会是美国主要的建筑师专业社团。该机构致力于提高建筑师的专业水平，促进其事业的成功并通过改善居住环境提高大众的生活标准。该机构通过组织与参与教育、立法、职业教育、科研等活动来服务于其成员以及全社会。AIA 的成员主要是来自美国及世界其他国家和地区的注册建筑师，目前成员总数已超过 83000 名。AIA 的一个重要成就是制定并发布了一系列的标准合同范本，在美国建筑业界及国际工程承包界特别在美洲地区具有较高的权威性。AIA 的通信地址及网址是：

地址：1735 New York Ave.，NW Washington，DC 20006，USA

网址：http：//www.aia.org

由于美国制定常用的工程合同范本的机构分别代表建筑师、工程师和承包商，合同范本的适用范围略有不同。各合同范本制定机构之间同时存在着合作与竞争的关系。各业主与建设单位可以根据项目的具体情况灵活选用。值得注意的是，美国的各级政府与法律体系纷繁复杂，对于建筑合同的签订与执行往往有着或多或少的影响。无论业主选用何种合同范本，一般都需要聘请专业法律人员审阅最终的合同。

二、AIA 合同范本简介

美国建筑师学会（AIA）于 1888 年制定的早期合同范本开创了美国合同范本的先河。当时发布的 AIA 合同范本仅仅是一份业主和承包商之间的协议书，称为"规范性合同"（Uniform Contract）。1911 年，AIA 首次出版了《施工通用条件》（General Conditions for Construction）。经过多年的发展，AIA 形成了一个包括 200 多个独立文件在内的复杂体系。AIA 合同范本为各种工程管理模式制定不同的协议书，而同时把通用条件作为单独文件出版。

AIA 随时关注建筑业界的最新趋势，每年都对部分文件进行修订或者重新编写。而每隔 10 年左右会对文件体系及内容进行较大的调整。在 2007 年，AIA 对整个文件的编号系统以及内容都做了较大规模的调整。

AIA 出版的系列合同范本是在美国应用最为广泛的合同文件之一。很多重要的 AIA 合同范本是和其他建筑行业组织，如美国总承包商会（AGC）等组织联合制定的，力求集思广益，努力均衡项目参与各方的利益，合理分担风险，不偏袒包括建筑师在内的任何一方。

AIA 文件的不断修订既参考了最新的法律变更又反映了不断变化的科技与建筑工业实践。AIA 合同范本形式灵活，经过适当的修改可适应多种类型项目的需要。AIA 文件的用词力图通俗易懂，尽量避免使用晦涩的法律语言。

传统上 AIA 合同范本仅以印刷方式出版，新技术的发展使电子出版成为可能。AIA 合同范本目前也以软件的方式发售。使用者可通过 AIA 提供的软件根据项目的需要生成合同范本。电子格式合同范本更便于使用和管理。AIA 合同软件还可生成一份专门的文件，详细说明用户修改过的合同与标准合同范本之间的差异。

三、AIA 标准合同文件系列

AIA 系列合同范本经过多年的发展已经形成了系列化的，包括多个独立文件在内的体系。这些文件适用于不同的工程建设管理模式、项目类型以及项目的各个具体方面。合同体系的编号系统的每一位编号都有明确的含义，如图 5-3 所示。根据图示的定义就可以大致了解文件的内容。

系列	类型	模式	序列号	发布年份
A	2	0	1	— 2007

A: 业主承包商协议	1: 协议书	0, 1, 2: 传统模式	1, 2, 3, … 9
B: 业主建筑师协议	2: 合同条件	3: CMa, CMc	
C: 其他协议	3: 保函/资质	4: 设计—建造	
D: 杂项	4: 分包协议	5: 室内设计	
E: 示例	5: 指南	6: 国际工程	
F: 备用编号	6: 备用编号	7: 项目集管理	
G: 合同管理及办公	7: 投标/施工	8: 备用编号	
常用表格	8: 建筑师业务	9: 集成化模式	

图 5-3　2007 年 AIA 文件编号系统（引自 AIA 出版的指南）

AIA 合同范本根据文件的不同性质大致分为 A、B、C、E、D、G 六个系列：

（1）A 系列。业主与总承包商、CM 经理、供应商之间，总承包商与分包商之间的合同文件（协议书及合同条件）；施工合同通用条件以及与招投标有关的文件，如承包商资格申报表，各种保证的标准格式等。

（2）B 系列。业主与建筑师之间的合同文件。

（3）C 系列。建筑师与专业咨询机构之间的合同文件。

（4）D 系列。建筑师行业有关文件。

（5）E 系列。电子文件协议附件。

（6）G 系列。合同和办公管理中使用的文件。

本节将简单介绍与建筑施工合同直接相关的 A、B、C 系列标准文件。表 5-3 列出了这三个系列的主要文件的编号以及名称。本节中不对 D、E、G 系列加以详细介绍。D 系列与 G 系列主要与建筑设计公司与事务所的内部业务管理有关。E 系列仅包含几个电子文件交换以及与建筑信息模型（BIM）有关的示例。

AIA 主要合同范本一览表　　　　　　　　　　表 5-3

编　号	名　　　称
A101-2007	业主与承包商协议书标准格式（固定总价）。其他业主与承包商协议书标准格式有：A102-2007（成本补偿，有最大价格保证），A103-2007（成本补偿，无最大价格保证），A105-2007（住宅与小型项目专用，包含通用条件），A107-2007（固定总价，用于有限范围项目）
A121-2014	业主与承包商长期业务合同
A132-2009	业主与 CM 经理协议书标准格式（CMa 专用）

续表

编　号	名　称
A133-2009	业主与 CM 经理协议书标准格式（CMc 专用）。类似的标准格式有 A134-2009（成本补偿，无最大价格保证）
A141-2014	业主与设计—建造承包商协议书标准格式
A142-2014	设计—建造承包商与施工承包商协议书标准格式
A151-2007	业主与家具、装修及设备供应商协议书标准格式（固定总价）
A195-2008	业主与承包商使用集成化项目管理的协议书标准格式
A201-2007	施工合同通用条件。其他通用条件有：A232-2009（CMa 专用）
A221-2014	业主与承包商签订长期业务合同时使用的项目订单
A251-2007	家具、装修及设备合同通用条件
A295-2008	业主与承包商使用集成化项目时的合同通用条件
A401-2007	承包商与分包商协议书标准格式。类似文件有：A441-2014（设计—建造项目专用）
A503-2007	补充条件指南。类似文件包括：A533 CMa-2009（CMa 专用）
B101-2007	业主与建筑师协议书标准格式。其他业主与建筑师协议书标准格式有：B102-2007（未规定建筑师的服务范围），B103-2007（大型复杂项目专用），B104-2007（限定范围的项目专用），B105-2007（住宅与小型公共项目专用）等
B132-2009	业主与建筑师协议书标准格式（CMa 专用）。类似的标准格式有 B144ARCH-CM-1993（建筑师提供 CMa 服务）
B133-2014	业主与建筑师协议书标准格式（CMc 专用）
B143-2014	设计—建造承包商与建筑师协议书标准格式
B152-2007	业主与建筑师协议书标准格式（室内设计专用）
B153-2007	业主与建筑师协议书标准格式（家具、装修及设备设计专用）
B195-2008	业主与建筑师协议书标准格式（集成化项目管理）
B200 系列	确定建筑师服务范围的标准文件
B221-2014	业主与承包商签订长期业务合同时发给建筑师的服务订单
B503-2007	业主与建筑师协议书内容修订指南
B161-2002	业主与咨询机构协议书标准格式（美国境外工程项目专用） 类似文件有：B162-2002（简要格式）
C132-2009	业主与 CM 经理协议书标准格式（CMa 专用）
C141-2009	业主与 CM 经理协议书标准格式（CMa 专用）
C191-2009	业主与咨询机构协议书标准格式（设计—建造专用）
C195-2008	集成化项目管理联合体成立协议书
C401-2007	建筑师与专业咨询机构协议书标准格式。类似文件有：C727-1992（特殊服务专用）
C441-2014	建筑师与咨询机构协议书标准格式（设计—建造专用）

四、AIA 合同范本的组合使用与工程项目管理模式

AIA 合同范本的"核心文件"（Keystone Document）是施工合同通用条件，有包括

A201－2007 在内的多个不同版本。该文件是工程合同文件的重要组成部分，详细规定了业主和承包商之间的权利和义务及建筑师的职责和权限等。AIA 的合同范本的基本设计理念是把各种版本的通用条件与各种协议书配合使用。这些协议书既包括业主与建筑师、承包商之间的协议书，也包括确立工程项目上其他合同关系所使用的协议书。

工程项目各方可以根据工程建设的实际情况与需要组合使用 AIA 合同范本。在选择适用的 AIA 合同范本的时候需要考虑的两个主要因素是工程建设管理模式及合同计价方式。AIA 为常见的工程建设管理模式出版了专用的范本，包括传统模式，风险型 CM 经理（CMc），代理型 CM 经理（CMa），设计—建造，项目集管理（Program Management），以及最新的集成化项目管理方法。计价方式主要有总价合同、成本补偿（有最高限价），以及成本补偿（无最高限价）。另外，AIA 也为不同的项目类型制定了一些专用的合同范本，包括住宅、小型项目、有限范围的项目、大型复杂项目、美国境外项目、室内设计等。

（一）传统模式／设计—投标—建造模式

AIA 合同范本中最基本的组合形式是配合使用 A201-2007 施工合同通用条件与 A101-2007 业主与承包商协议书标准格式，适用于在传统模式下以固定总价方式支付的情况。如果通过成本补偿方式确定合同价格，仍需使用 A201-2007 作为通用条件，但是所使用的业主与承包商协议书则有不同。A102-2007 适用于有最大价格保证的情况。A103-2007 适用于不使用最大价格保证的情况。

由于工程项目的具体情况不同，多数工程项目都需要使用专用条件来补充修改 A201 的标准规定。这项工作通常应由专业法律人员进行。具体细节可参阅 AIA 文件 A503《专用条件指南》。对标准化合同条款的修改会对工程合同的整体性有很大影响，因此必须谨慎对待。例如条款的变更会改变项目各方之间的风险分配，项目参与各方均应严格审查一切条款变更。专用条件的编写必须清晰明确，与标准条款有明确的区分，以便于各方审阅。

B101-2007 是业主与建筑师协议书标准格式。AIA 还为具体的项目类型和服务范围制定了一些专用版本，从 B102 一直到 B109，参见表 5-3。其中 B102-2007 的使用比较特殊。该协议书不具体规定建筑师的服务范围，因此需要与 B200 系列配合使用，具体规定建筑师的服务范围。业主可根据需要要求建筑师提供任何下列的服务：设计与施工阶段管理，前期设计，选址与规划，价值分析，古迹保护，保安与规划，施工阶段管理，物业管理，开车与试运行，地区与市政规划，绿色建筑 LEED 认证，室内设计，家具、装修及设备设计。其中 LEED（Leadership in Energy and Environmental Design）环保体系认证是为了适应近年来绿色建筑和可持续发展的日益盛行而新制定的文件。

如果项目规模较大或者比较复杂，业主则应使用 B103-2007 与建筑师签订协议书。这种情况下业主需要另外聘请专业人员制定概预算与项目进度计划，并可以实施快速路径法（Fast Track）、分段施工法等来加快工程进度。在这种情况下建筑师提供的服务主要限于设计阶段，只需要保证设计满足业主的预算要求，而不需要进行详细的成本估算。建筑师有时还需要使用 C401-2007 和咨询方签订合同。

此外，AIA 还为住宅和小规模项目以及有限范围的项目专门制定了专用版本的协议书标准格式。业主和承包商之间可以使用 A105-2007 或者 A107-2007。这两个协议书标准格式已经包含以 A201 为基础的简要通用条件，可独立使用。在这种情况下，业主与建筑师之间则需签订 B105 或者 B104。

承包商和分包商之间可以使用 A401-2007 确定合同关系。该文件规定了各方的权利和义务，并引用了 A201 里的很多规定。各方可在文件中留出的空白处填入协议的细节。经适当修改之后，A401-2007 也可适用于分包商与下级分包商的合同。

图 5-4　适用于传统模式的合同范本之间的关系

图 5-4 总结了适用于传统模式的各种合同范本之间的关系。

（二）CM 模式

CM（Construction Management）作为一种与传统模式和设计—建造相提并论的项目管理模式在很多国家都有多年的历史。如果把 Construction Management 作为项目管理模式直接译成汉语不容易确切表达其含义，因此一般直接称为 CM 模式或者 CM 经理。美国的 CM 模式分为代理型（CM as Agent，或者 CM-Advisor）和风险型（CM at Risk）两类。

代理型 CM 经理与业主之间签订的协议书标准格式为 C132-2009，该文件必须和业主与建筑师的协议书 B132-2009 配合使用。如果建筑师兼任 CM 经理，则协议书中还应该包括一份补充条件 B144 ARCH-CM -1993。CM 经理与业主之间签订的不是施工合同。业主需另外与承包商签订 A132-2009 业主与承包商的协议书。合同额则需要通过招标或谈判方式确定。此时该项目的"核心文件"则必须采用为此情况专门制定的施工合同通用条件版本 A232-2009，这个文件是上述所有协议书签订的基础。该文件与标准版的 A201-2007 的主要区别在于其第二条关于合同管理的规定。该条分别规定了建筑师和 CM 经理在施工阶段拥有的责任和义务。建筑师和 CM 经理作为独立的两方根据 A232-2009 共同进行合同管理。图 5-5 表示了适用于代理型 CM 模式的各种合同范本之间的关系。

图 5-5　适用于代理型 CM
模式的合同范本之间的关系

风险型 CM 经理在工程项目建设中的角色更接近于传统意义上的承包商。风险型 CM 经理既在项目设计及策划阶段提供专业服务也负责具体的施工。

如果业主需要在施工合同中规定最高限定价格，则应与 CM 经理签订 A133-2009。在项目开始阶段 CM 经理向业主提出包含保证最高价格（GMP）的建议书。业主可以接受或拒绝该建议书，或以此为依据进行谈判。当业主接受该建议书后，CM 经理开始准备工程实施。该协议书将 CM 经理的服务分为施工前阶段与施工阶段两部分。为了加快工程进度，这两个阶段的一些工作可同时进行。业主为了能够直接监控工程成本，也可采用成本补偿而非 GMP 的方式与 CM 经理协议书 A134-2009。业主与建筑师之间的协议书则需

要使用 B133-2014 而不是 B101-2007。在此适
用的施工通用条件仍然是 A201-2007。图 5-6
表示了适用于风险型 CM 模式的各种合同范
本之间的关系。

(三) 设计—建造模式

AIA 设计—建造全套文本的核心部分是业
主与设计—建造承包商协议书之间的协议
A141。该文件包括协议书和三个主要组成
部分：

图 5-6　适用于风险型 CM
模式的合同范本之间的关系

A：合同条件，相当于传统模式中的
A201，因此不需与 A201 配合使用。

B：确定工程费用的方法。当双方约定采用固定总价的时候，则不使用该部分。

C：保险和担保，规定了保险和担保所应涵盖的内容。

协议中还要求各方从以下三种定价方式中选定一种：固定总价，成本补偿加设计—建
造承包商的佣金，以及成本补偿加设计—建造承包商的佣金并有保证最高价格。

图 5-7　适用于设计—建造模式的合同范本之间的关系

业主在项目前期可以与专业咨
询人员签订 C141-2014，使用设计
—建造模式时，业主与咨询机构制
定协议书标准格式。根据这项协
议，专业咨询人员可以协助业主进
行项目前期规划、概预算、确定项
目指标等工作。如果业主最终决定
采用设计—建造方式，则可以与设
计—建造承包商签订 A141-2014，
并要求设计—建造承包商与建筑师

协商签订 B143-2014。然后设计—建造承包商可以与施工承包商签订 A142-2014。建筑师
与承包商分别应使用的分包合同是 C441-2014 和 A441-2014。图 5-7 表示了适用于设计—
建造模式的各种合同范本之间的关系。

(四) 集成化项目管理

集成化项目管理（Integrated Project Delivery，IPD）是 AIA 在 2007 年提出的一个新
概念，要求项目参与各方竭诚合作，努力为业主提供最大价值，减少浪费，在项目建设的
全过程中最大限度地提高效率。集成化项目管理的原则适用于各种工程项目管理模式，而
不仅限于传统模式里的业主、建筑师和承包商之间的三角关系。这种方法在原则上与起源
于英国的伙伴关系（Partnering）类似。根据 AIA 的规定，实现集成化项目管理的方法有
三种，分别使用 2008～2010 年间发布的标准合同范本。

作为一个过渡措施，项目参与各方之间可以使用一系列与现存项目管理模式类似的协
议书来确定各方之间的关系。A195-2008 是业主与承包商使用集成化项目管理时应签订的
协议书标准格式。这一文件只规定业主与承包商之间的业务关系，例如计费方式等，而不
包括承包商具体的工作范围。该文件还要求承包商提供保证最高价格。B195-2008 是业主

与建筑师之间应签订的协议书标准格式。同样，这一文件只确立业主与建筑师之间的业务关系，而不规定建筑师具体的工作范围。A295-2008 专门用于规定承包商和建筑师在项目建设各个阶段的责任与义务，其功能与 A201 相同。该文件还为 A195-2008 和 B195-2008 提供了很多具体的合同条款规定。这一合同范本还具体规定了各方在项目建设的各个阶段如何协调工作。该文件规定各方必须同意使用建筑信息模型（Building Information Model，BIM）。这种管理方式的基本构架与风险型 CM 模式类似。图 5-8 表示了使用这种 IPD 时各种合同范本之间的关系。

另外，各方也可以只使用一个合同范本 C191-2009，来建立一种多方合同关系。这样各方从项目建设的一开始就能够为了共同制定的目标和预计的成本而共同努力，共担风险，共享收益。该多方合同至少应有业主、建筑师、承包商三方参与。

图 5-9 表示了使用这种 IPD 模式时各种合同范本之间的关系。

图 5-8　适用于过渡型 IPD
模式的合同范本之间的关系

图 5-9　适用于多方合同型 IPD 模式的
合同范本之间的关系

业主、建筑师、承包商以及其他重要项目组成员也可以专门为某一工程项目成立一个有限责任公司，专门使用集成化项目管理的原则进行项目设计与施工。在该公司的构架下，参与各方需签订 C195-2008 来确定这种合作关系。业主还需和该公司使用 C196-2008 另外签订投资协议。建筑师、CM 经理和承包商专门就他们提供的服务与该有限责任公司使用 C197-2008、C198-2010、C199-2010 分别签订合同。公司与除了业主以外的任何其他合作方之间的合同都与具体的业绩挂钩，并鼓励各方之间的合作，迅速解决任何可能出现的问题。建立这种关系的目的是为业主提供高质量的工程，并为其他各方带来显著的经济效益和其他的奖励。图 5-10 表示使用有限责任公司实现集成化项目管理时各种合同范本之间的关系。

图 5-10　使用有限责任公司实现 IPD
时各种合同范本之间的关系

近年来，一些大型公共设施项目开始试用一种把集成化项目管理和精益建设（Lean Construction）结合起来的项目管理模式，称为集成化精益项目管理（Integrated Lean Construction）。这种项目管理模式要求项目参与各方在项目执行的早期就签订一个多方合同，共同承担项目风险并分享利润。包括承包商甚至分包商在内的项目参与方从项目初步设计开始就参与项目实施，协商如何降低成本，保证工程质量，满足工期要求。在详细设计完成时会确定目标成本（Target Cost）、目标工期（Target Schedule），以及相应的绩效考核指标。如果项目完工以后实际成本低于目标成本，节省的费用的一部分会成为各方分享的利润的一部分。

这种项目管理模式不但鼓励项目参与各方为整个项目的利益而努力，而且让参与各方在项目前期就有机会参与到项目规划与决策的过程中来。这一点集中体现了集成化项目管理和精益建设这两种新型项目管理理念的精髓。

（五）项目集管理

AIA 最近为项目集管理（Program Management）发布了一系列合同标准格式。业主可以通过与建筑师签订 B172-2013 建立长期合作关系。业主还需另外签订合同雇佣设计经理和项目集经理协助业主管理一系列的工程项目。此时仍然是按照传统模式的设计—投标—建造的基本工作程序进行。图 5-11 表示项目集管理的各种合同范本之间的关系。

图 5-11　适用于项目集管理的合同范本之间的关系

（六）特殊用途的合同范本

除了与项目管理直接挂钩的合同范本以外，AIA 还为一些特殊的项目类型、使用情况以及业务类型制定了一些专用合同范本。

自 2007 年开始，AIA 专门为绿色建筑发布了一系列的专用版本。很多常用合同范本都有对应的绿色建筑版本，这些专用版本的文件编号都带有"SP"加注。

AIA 为了方便美国建筑师在海外市场开展业务，发布了一个专用的业主—建筑师协议书标准格式，称为 B161-2002 业主与咨询机构协议书标准格式。通常由于专业注册与当地法律规定等原因，美国建筑师在海外市场仅可为工程设计提供咨询服务而不能直接承担工程设计。因此在原文中，业主一词使用的是"Client"而不是如同在其他 AIA 文件中使用"Owner"一词，而把建筑师称为"咨询机构"（Consultant）。业主必须直接雇佣当地的建筑师承担设计任务，美国建筑师一般只起辅助作用。该文件可用于规范与澄清项目各方之间的基本关系以及各方的权利与义务。

在美国，室内设计、家具、装修及设备设计也是在建筑师的相关业务范畴之内。因此 AIA 专门为此出版了一套合同范本，见表 5-4。

AIA 合同范本组合关系——室内设计与装修　　表 5-4

工程类别	核心文件	业主与供应商协议书	业主与建筑师协议书
家具、装修与设备	A251	A151	B152 或者 B153
室内设计	A251	不适用	B152

除了上述与合同管理直接相关的范本以外，AIA 还出版了其他与工程建设相关的辅助性范本。这些范本涉及工程项目建设的各个方面，例如：招投标，资质声明，担保与保证等。详见表 5-5。

AIA 出版的其他范本　　　　　　　　　　　　　　　　　表 5-5

编号	名　称	编号	名　称
A305-1986	承包商资质声明	A701-1997	投标人须知
A310-1970	投标担保	A751-2007	家具、装修与设备报价邀请与须知
A312-1984	履约担保与支付担保	B305-1993	建筑师资质声明

五、AIA 文件 A201《施工合同通用条件》2007 年版的主要变化

2007 年版 A201 合同范本集中考虑了过去 10 年里来自建筑工业各个层面的用户的反映，对很多条款都作了不同程度的修改。下面就简要说明一下主要的修改内容。

1. 初始裁定人、索赔与仲裁

A201 多年以来一直规定建筑师作为"独立的第三方"负责解决业主和承包商之间的争议。然而对业主方来说很难接受受雇于业主的建筑师会做出不利于己方的决定。长期以来，承包商普遍认为建筑师不可能完全做到公正对待业主和承包商，而建筑师也越来越不愿意卷入到业主与承包商之间的纷争之中。因此，新版 A201 引入了一个新的角色称为"初始裁定人"（Initial Decision Maker，IDM），作为真正的独立第三方来解决业主和承包商之间的争议。根据合同规定，在提出调解、仲裁，以至诉讼之前，各方必须首先将争议提交给初始裁定人裁定。如果合同中没有明确设定初始裁定人，则由建筑师充任。

鉴于新版 A201 设立了初始裁定人，索赔与仲裁事宜就不再是建筑师的专有责任了。因此，新版 A201 把关于索赔与仲裁的规定从第四条有关建筑师的规定中分离出来，移到了整个文件的最后，形成了一个新条款——第 15 条。

2. 电了文件的使用

计算机绘图在建筑师和设计机构使用非常广泛。往往整套设计图都以电子文件形式发布。但是在施工阶段转交给承包商的却往往还是图纸。人们发现，如果把设计图以电子方式交给承包商，更为方便而且比较经济。可是，这样各方之间必须就知识产权问题达成协议。新版 A201 特别提到了这一点，AIA 还为这一目的制定了一些专用的范本。

3. 财务状况的披露与支付工程款

1997 年版 A201 允许承包商要求业主披露其财务状况，并可以在得到业主答复前停工等待。业主方面则认为这一规定不够具体，承包商有可能会借故滥用这一规定。因此新版 A201 规定承包商只有在下列情况下才能要求业主披露其财务状况：

（1）业主未能按规定付款；

（2）发生对工程造价有重大影响的工程变更；

（3）承包商以书面形式提出理由怀疑业主的支付能力。

新版 A201 关于复工的规定与 1997 年版相同。业主仍必须提供足够的证据证明工程款已备齐以后，承包商才能复工。

同时，业主根据新版 A201 的规定，可以要求承包商提供证据证明已经向分包商支付

了工程款。如果有必要，业主可以向承包商和分包商/供应商支付联名支票，以保证分包商/供应商及时得到支付。

4. 承包商审阅项目文件

新版 A201 与旧版之间用词的差别不是十分明显，只在语意上稍微加以调整。新版 A201 淡化了承包商在审阅项目文件时可能承担的责任。承包商不可能像专业设计人员一样审阅工程图纸与设计资料，其责任仅限于向业主和建筑师报告所发现的任何问题。

5. 业主/建筑师的及时回应与批准

1997 年版 A201 规定建筑师和业主在对承包商作出回应的时候需要遵守具体的时限，一般是 15 天。新版的 A201 不再规定具体的时限，而是规定业主和建筑师应该在"合理的时限"内作出回复。但是这样如果双方对这个问题没有提前达成共识，很有可能会导致争议。

6. 业主/建筑师对指定现场管理人员意见

新版 A201 规定，业主和建筑师在开工之前可以依据适当理由拒绝接受承包商提出的现场管理人员人选。同时还规定，未经业主允许，承包商不得随意撤换现场管理人员。而在 1997 年版中只规定承包商需要提供称职的现场管理人员。

7. 建筑师管理合同的责任

新版 A201 在文字上进一步淡化建筑师管理合同的责任。整个第 4 条的标题从"合同管理"改成了"建筑师"，第 4.2 款的标题从"建筑师的合同管理"改成了"合同管理"。建筑师视察现场的主要目的不再包括随时向业主报告工程进展，也不再包括"尽力向业主保证工程没有施工缺陷"。不过，建筑师还是要保证业主对工程进展要有适当的了解（Reasonably Informed）。这些变化反映了近年来在美国，建筑师在工程管理中的角色正在逐渐削弱。

8. 承包商责任保险

1997 版 A201 规定业主可以要求承包商通过购买工程管理责任（Project Management Protective Liability Insurance，PMPLI）为业主和建筑师可能出现的失误投保。新版 A201 不再要求承包商这样做，而是要求承包商把业主和建筑师作为额外投保人加到承包商根据合同需要购买的一般商业保险之中。

9. 终止合同

新版 A201 允许业主在通知承包商 10 天之后雇用他人或者自行接管工程施工，而 1997 年版 A201 则要求业主遵守更为繁琐的程序才能终止与承包商的合同关系。业主在 10 天内必须给承包商两次通知，给承包商改正其过失的机会。

六、AIA 文件的发展趋势

AIA 标准合同范本系列的发展深受项目管理模式的发展的影响。AIA 合同范本从最早的传统模式逐渐发展到多个系列用于 CMa、CMc 以及设计—建造模式。近年来又新增加了适用于多种集成化项目管理以及项目集管理的合同范本。

AIA 认识到，信息技术会对建筑行业产生深远的影响。建筑师在日常业务中不可避免的要使用电子文件与数据。尤其是近年来 BIM 的普及使用会给整个行业带来革命性的变化。这种影响无疑也会波及合同管理以及合同标准格式。AIA 会努力在制定与修改合同范本方面考虑到这种影响。

　　绿色建筑在近年来逐渐影响到美国建筑业的方方面面。为了照顾到绿色建筑在项目管理过程中的特殊需要，主要的 AIA 标准合同范本都有相对应的绿色建筑专用版本。这些合同范本都是在最近这几年新制定出版的。与其他有多年发展历史的合同范本一样，这些合同范本必将在实践中逐渐发展完善。

　　AIA 严格控制合同范本的版权。传统上 AIA 出版的合同范本都是以纸质原件的形式按件出售给用户的。用户不得私自复印。近年来，AIA 主要以 pdf 格式发售合同范本。用户最初需要向 AIA 购买软件，根据具体需要修改并生成合同文件。现在所有这些功能都可以通过 AIA 网站实现了。但用户仍然可以购买纸质原件的合同范本。

　　与 NEC 合同范本形成鲜明对照的是，AIA 的合同范本与美国建筑业的方方面面有着千丝万缕的联系。合同条款的正常实施依赖于美国国内的法律体系以及保险制度，因此，这些合同条款很难在世界上其他国家与地区直接使用。AIA 虽然为在美国国外的工程专门编制了合同范本，但是其适用范围有限。这种现状恐怕很难在短时期内改变。

思 考 题

1. NEC 合同的特点是什么？
2. 请说明 NEC 合同体系下各类合同的适用情况以及参与各方的合同关系。
3. ECC 合同体系下各方的权利、义务和责任各有哪些？
4. AIA 合同体系包括哪些类型的合同版本？彼此之间有什么联系？
5. 请简述 AIA 合同和 NEC 合同为解决业主与承包商之间争议而设立的新角色及其相似之处。

本章主要介绍与国际工程承包密切相关的联营体协议书、国际租赁合同、国际劳务合同、国际技术转让合同以及代理协议，并对这些合同的主要类型和主要条款进行分析。

第一节　联营体协议书

一、概述

（一）联营体的优缺点

联营体（Joint Venture，JV）可以由中国国内各工程公司组成或由中外公司组成。由中外公司组成联营体并在中国境内注册时，联营体的组成必须遵守《中华人民共和国合同法》及相关法律。如果在对方所在国境内注册，则应遵守对方所在国的相关法律。联营体在实施任何项目时，均应遵守项目所在国的有关法律法规。

各工程公司组成联营体，或是为了增强自己的竞争实力，或是项目所在国实行地方保护政策，要求外国投标者必须与本国承包商组成 JV 共同投标，或是项目所在国给予本国承包商许多优惠；世界银行贷款项目也对外国企业与本地承包商组成的 JV 在评标时给予优惠；外国承包商也愿意与本地承包商组成 JV，使投标更具竞争力，同时还可以利用当地承包商的社会关系，为夺标和实现项目目标创造更为便利的条件。总之，组成 JV 是为了得到承包合同，并在实施项目时盈利，这是组成 JV 各方的共同目标。JV 的优点主要是：

（1）可增强融资能力；

（2）在专业特长方面互补，增强专业技术水平，降低报价；

（3）分担施工风险；

（4）工程项目所在国承包商参加 JV，有利于外国承包商了解该国业务，并往往可享受优惠待遇，便于利用当地的廉价劳动力以降低工程造价；

（5）有助于提高发展中国家工程公司的管理水平和技术水平。

由于联营体是由多方参与的协作型组织，它又存在一些缺点。在组成联营体时，应给予高度重视。主要缺点是：

(1) 管理层次增多，不易迅速决策；

(2) 内部职责划分不清时，易产生内部矛盾；

(3) 出于各自的利益考虑，投标价格可能会偏高。

(二) 联营体的类型和特点

联营体一般可分为两大类：法人型 JV 和合同型 JV。

1. 法人型联营体 (Corporate Joint Venture)

法人型联营体实际上是一种合资公司，是具有独立法人资格的各方同意联合组成新的经济实体，共同承担民事责任，并注册登记的新的法人。其合作方式为各当事人认缴一定的注册资本额，并按照其认缴的资本额在联营体总注册资本中所占的直接比例，分享联营体的利润，分担风险和损失。联营体各方关心的是整个项目的利润和损失，因此他们必须一同制定项目的目标，共同决策。即使有具体事项的分歧，但最终目的和权益是一致的。

2. 合同型联营体 (Contractual Joint Venture)

合同型联营体也称为合作型联营体（Cooperative JV）或分担型联营体（Seperative JV），但性质是一样的，即具有独立法人资格的各方按照合同的约定进行经营，其权利和义务由合同约定。他们具有共同的经济目的，为了获取投标的项目，在项目实施和经营等方面进行协作，而就相互间的职责、权利和义务关系达成协议。所订立的联营体协议书是制约各方的主要手段。

工程项目实施时的联营体多半是合同型联营体，在法律词典中，JV 也可译为"临时合伙"。

在具体协作时，各方可根据自己的特长，在实施项目时分担自己的责任，分担的方法可以按设计、施工、货物采购等，也可以把土建工程分为若干部分（如基础工程、上部结构等），由各方分担。

协议书的订立只是针对某一具体的工程项目，在完成项目，清理了该项工程的一切财务账目（即清理了 JV 的财务和权益）后，即宣告联营终止。

合同型联营体又可分为两种：

(1) 投资入股型（Equity JV）。投资入股型类似于法人型联营体，但不注册为新的法人，不产生新的经济实体，只是一个关系较为紧密的联营体。联营各方约定共同出资，共同经营，共担经营风险。各方按照出资的比例或者协议的约定分享利润，承担民事责任和连带责任。

(2) 协作型（Cooperative JV，Consortium）。协作型联营体也不产生新的经济实体，且是一个较为松散的联合体，其组织性较弱。在承包经营中，独立核算，不必设立出资条款和盈亏分派条款。通常规定建立一个共同管理联营体的机构，或由一个联营体成员对联营的项目进行组织和协调，负责对外进行业务联系，对内组织、协调生产，使各联营体成员相互提供便利和优惠。各联营体成员出一部分资金作为协调组织机构的办公费用，但此部分费用不具有出资的性质。联营体成员间的业务往来，仍然要通过订立各种合同来进行，如购销合同、技术转让合同等。

协作型联营体的松散程度还与联营体成员是否向项目业主承担连带责任有关，即如果某一成员造成业主损失而又无法向业主做出全额赔偿时，其他成员因连带责任须共同向业主承担赔偿责任。如果联营体成员各自承担自己的责任，不负连带责任，则联营更加松散。但就目前建筑市场的现状而言，项目业主普遍要求联营体中的任一成员对其他成员的行为对业主负连带责任。

联营体的类型可用图 6-1 简单示出：

```
                    ┌─ 法人型（Corporate JV）
                    │
                    │                        ┌─ 投资入股型（Equity JV）
联营体（JV）────────┤                        │
                    │                        │
                    └─ 合同型（Contractual JV）┤
                                             └─ 协作型（Cooperative JV）
```

图 6-1　联营体类型

各种类型联营体的主要区别见表 6-1。

各类 JV 的主要区别　　　　　　表 6-1

类型 主要区别事项	法人型联营体	合同型联营体	
		投资入股型	协作型
1. 是否注册为新法人	√		
2. 是否设立出资条款	√	√	
3. 风险分担方式			
按出资比例	√	√	
按任务分担方式			√
4. 利润分享方式			
按出资比例	√	√	
按任务分担方式			√
5. 是否为各自独立核算			√

我国《民法通则》中第四节"联营"规定：

第五十一条：企业之间或者企业、事业单位之间联营，组成新的经济实体，独立承担民事责任、具备法人条件的，经主管机关核准登记，取得法人资格。

第五十二条：企业之间或者企业、事业单位之间联营，共同经营、不具备法人条件的，由联营各方按照出资比例或者协议的约定，以各自所有的或者经营管理的财产承担民事责任。依照法律的规定或者协议的约定负连带责任的，承担连带责任。

第五十三条：企业之间或者企业、事业单位之间联营，按照合同的约定各自独立经营的，它的权利和义务由合同约定，各自承担民事责任。

其中的第五十一条相当于图 6-1 中法人型，第五十二条、五十三条均属合同型，五十二条相当于图 6-1 中的投资入股型，五十三条相当于图 6-1 中的协作型，是一种松散的合同型。

下面详细介绍法人型联营体协议书，再介绍工程项目中常用的投资入股型和协作型联营体的协议书。

二、法人型联营体协议书

在这一部分中，对协议书主要条款内容按下述方式介绍，即每一条款标题下分为"内容"和"说明"。"内容"是指根据具体情况写入协议书的条款内容，"说明"是对编写条款内容时的要求和注意事项逐一进行说明。

（一）联营体名称和地址

内容：成立联营体所依据的法律，联营体的名称和名称的使用原则，股东的责任形式为有限责任公司。

说明：对中外 JV，联营体的名称一般应包括中、英文两种。但如与项目所在国公司联营，JV 名称则须用英文和当地文字。JV 名称中应标明联营体所在地和联营字样。如果联营体在其他地区设有分公司，还应记载分公司的地址。

如果联营体在中国注册，联营体所依据的中国法律为《中华人民共和国合同法》、《中华人民共和国公司法》等相关法律。

（二）联营体各成员的名称、办公地址及其经济性质

内容：联营体各成员在其所属国注册的全称名称，注册的法定办公地址及其经济性质，联系电话和传真机号，法定代表人及其职务和国籍。

说明：企业的经济性质应标明企业是依照其管辖地的法律成立和存在，各当事人均有权从事本协议书规定的活动。必要时协议书中可增加如下内容：要求各当事人提供在形式和内容上均能令其他方满意的证明上述情况的文件。联营体的经济性质应为合资经营企业。

（三）联营体的经营宗旨、范围和规模

内容：组成联营体的目的和经营宗旨，经营范围和规模，联营体的年生产能力应达到或超过的营业额，联营体如何设立独立的账户。

说明：经营宗旨是指充分利用各方当事人的特长，加强各方间的经济合作，增加产品的销售，促使联营体为各方取得利润。经营的范围是指为国际上某些地区（地区范围可在协议书中做出具体规定）的工程项目提供的咨询、规划、设计、估价、施工、管理、监督和其他服务；协议书中也可写入今后如何扩大联营体的生产能力的内容。

中国境内的联营体应设立独立的外汇和人民币账户，并可在中国政府指定的机构进行调剂人民币和外汇等辅助活动。

（四）投资总额和注册资本

内容：联营体的投资总额（Total Amount of Investment）及来源组成；联营体的注册资本额（Registered Capital）；联营体各方认缴注册资本的百分比及具体金额，认缴的方式和时间安排；联营体各方注册资本缴纳的验资和核实。投资总额以及注册资本额的任何变化须经董事会和有关部门同意。

说明：认缴注册资本可一次性或分期在规定的时间内缴纳（例如：可在联营体营业执照生效日起三个月内缴纳不少于其认缴资本额的 15%，其余部分应在执照生效日后的六个月内缴齐）。各方投资应以现金缴纳（必要时，也可以实物代替出资）。

对中外联营体可明确规定中方公司以人民币或实物参与出资，人民币或其他外币均应存入联营体所开设的相应的账户。如外方缴纳外币，在需要转换为人民币时，可依照进入

联营体账户当日中国银行规定的买进该种外币的官方牌价兑换为人民币。

资本缴纳的验资和核实应由一定级别的注册会计师进行审核并发布证明当事人当时缴纳资本出资额的报告，全部验资费用由 JV 支付。JV 应根据此验资报告向当事人颁发联营体内资本缴纳的证明，并说明此证明是各当事人资本缴纳和在联营体中所拥有权益的决定性的依据。任何当事人未能在规定的期限内将其认缴的注册资本存入联营体的账户，则应依照协议书的有关条款给予罚款。

（五）董事会

内容：董事会（The Board of Directors）的成立，董事会的组成和任期，董事长的职责和权力，董事长、副董事长和董事任命方法，各董事的姓名、职务和地址，董事会的职责，召集董事会议和形成董事会议决议的有关规定。

说明：董事会是联营体的最高权力机构，联营体在取得营业执照时，董事会应成立并开始运作。董事会的董事长（Board Chairman）是联营体的法定代表人，可进行章程中授权的活动，或董事会明确书面授权的其他活动。董事长一般由出资最多的一方委派，副董事长由其他方委派。董事分别由各成员商定委派的名额。

董事会的一般职责如下（可视具体情况进行取舍）：

(1) 制定和修改联营体章程；

(2) 增加或转让联营体注册资本，研究决定联营体与其他经济组织的合并事宜；

(3) 聘任或解聘总经理、副总经理、总工程师和总会计师；

(4) 筹措流动资金贷款；

(5) 接受或拒绝超过一定合同金额的项目；

(6) 决定利润分配方案和分配利润；

(7) 制定内部条例和规章以及对业主、工程师的总政策（如索赔政策等）；

(8) 设立分支机构；

(9) 审查和批准总经理提交的重要报告（如年度预算、年度商务报告等）；

(10) 决定所有职工包括高级职员的工资标准、雇用条件和解雇政策；

(11) 决定联营体到期和提前终止的清算事宜；

(12) 确定有关保险的原则；

(13) 制定实施工程所需机械设备的采购和租赁总政策，并批准有关费用。制定工程不再需要的机械设备的处理标准；

(14) 对管理机构提交给董事会的事项做出决定；

(15) 制定经营程序、指导方针以及财务和会计工作指导方针；

(16) 批准董事会认为需批准的其他事项。

董事会对上述第（1）、（2）事项须一致批准通过，其他事项的批准须以多数票通过。如有其他特殊要求应写明。

应说明各董事参加董事会的具体要求、董事会的决议方法和表决权的计算方法及在会议召开日期前多少天以书面形式将会议的日期、时间和地点及有关的议题通知各方。例如，构成董事会议有效的最少人数及必须参加人，董事参加董事会议的方式可以是本人、其代表人或以电话形式参加。后两种方式董事本人须在董事会后规定的时间内（一般为24 小时）以规定的方式进行确认等。

另应说明紧急情况下，召集董事会议的方法及决议方法。

除召集董事会通过有关决议外，如经各位董事书面签署同一书面决议的各个文本，可以不经过会议而通过该决议。

参加董事会议的人员，由于参加会议而发生的旅费、住宿费和相关的费用一般由联营体进行支付。

（六）经营管理机构

内容：经营管理机构的产生，人员组成和管理机构的职责，决策程序；主要负责人的姓名、任期、职责；现场经理部的组成和人员任命；现场经理部的职责和权限。

说明：经营管理机构是联营体的最高运作机构，应负责联营体的日常管理，除对联营体董事会负责外，应为独立自主的机构。

管理机构一般由总经理、副总经理和若干部门经理组成，由董事会任免管理机构的总经理和副总经理并确定任期以及是否可以连任，董事会有权随时解除总经理或副总经理的职务，不需说明任何理由。总经理和副总经理的提名方式可在协议书中做出具体规定。

管理机构的职责包括：

（1）根据董事会确定的总政策全面监督并控制与联营体履行协议书有关的全部活动；

（2）执行董事会做出的决定；

（3）批准工程施工方法和总进度计划；

（4）选择分包商及批准主要分包合同；

（5）批准由各方和/或第三方实施的技术研究和其他专门服务及预算，审核并批准与此有关的费用；

（6）审查财务计划并递交董事会批准；

（7）监督对业主或第三方的索赔工作；

（8）批准经过审计的联营体的投标费用；

（9）处理不归董事会负责但与工程实施有关的其他任何事项。

董事会决定高级职员的职责范围。副总经理协助总经理工作，并对总经理负责，总经理可任命若干部门经理。部门经理分别负责各部门工作，并对总经理和副总经理负责。

应说明召开管理机构会议以及形成会议纪要的有关规定，包括：会议通知的发出时间，会议的日期、时间、地点和议题，构成会议有效的必须参加人和最少参加人数，紧急情况下的会议，以及在会议期间不能就所讨论事宜达成一致意见时的处理方法等。

联营体可设监察组织机构，也可不设，视情况而定。该组织成员由各成员公司委派，主要职责是对联营体的事务执行情况进行全面监督。

联营体管理机构应根据项目的具体情况，批准设立现场经理部，现场经理部对管理机构负责，按其指示行事，并应监督该工程项目严格按合同的有关规定实施。

现场经理部一般由现场总经理（General Manager），商务副经理（Deputy Business Manager）和现场副经理（Deputy Manager）组成。商务副经理一般负责与工程有关的财务运作，现场副经理则着重负责现场的施工组织安排和解决施工技术问题。商务副经理和现场副经理的任用由管理机构决定，其他现场组织人员由总经理聘用（一般是从当地招聘）。

现场经理部有权在工程实施现场代表联营体，但经理部就项目合同的实质性修改所进行的谈判须经管理机构批准。财务账目的巨大变动、大型设备采购及类似事务的处理均应及时通知管理机构并获其批准。

项目的财务账目和重要函件应由现场总经理和商务总经理共同签字，如其中一人缺席，财务账目由管理机构进一步确定授权签字人选，重要函件可由有关的现场副经理签字。

（七）购买设备、物资和服务

内容：采购设备、物资和服务的原则。

说明：联营体在采购所需要的设备、物资和服务时，如果是中外联营体，且在中国境内注册，中国国内提供的产品与可能进口的产品相比，如规格相同，且具有相同的质量，价格合理，同时在其他方面也具有竞争力，则应优先采用中国国内产品。

（八）联营体各成员的职责和义务

内容：分别规定联营体各成员的职责和义务。

说明：应分别列明各成员的职责，一般考虑如下内容：

（1）办理营业执照和正常进行业务经营所需的各种许可，以及代表联营体处理所有涉及注册地有关当局的事务；

（2）征募联营体中方和外方高级管理人员、技术人员和技术工人；

（3）办理联营体办公场所及办公设施的租赁和经营联营体所需的其他项目；

（4）办理联营体在其注册地的国家和地方的税收优惠；

（5）办理联营体职员的出入境手续及进行与联营体有关的活动时的交通和住宿；

（6）开发、获得设计和技术，进行技术转让；

（7）培训联营体人员；

（8）开发新项目；

（9）办理其他事项，如办理联营体所需要的贷款；办理为执行本工程项目的合同，联营体各成员国所需要的任何进出口许可证等。

如果 JV 是由外国公司与当地公司组成，上述第（1）、（3）、（4）项一般由联营体中的当地公司承担。

JV 各成员的义务：

（1）缴纳各自认缴的联营体的注册资本；

（2）联营体的会计账簿应遵守注册地的有关会计制度；

（3）未经董事会书面批准，任何成员均不得为联营体或其资产设立抵押或提供作为抵押品，许可留置或设置其他债权；

（4）处理联营体向各成员委托的其他事宜；

（5）按照诚信原则，联营体各成员应尽自己最大努力确保联营体的经济活力和盈利。

（九）盈余及亏损分派的比例或标准

内容：联营体成员应按照其所缴纳的资本在注册资本中所占的直接比例，分享联营体的利润，分担风险和损失。另应说明如何处理联营体任何债务和义务。

说明：盈余和亏损是指缴纳了联营体的所有税费后的盈余和亏损。在分配利润时，应说明支付各成员公司的币种和金额、汇款方式、汇往银行等。

（十）联营体协议书的修改

内容：协议书条款内容的修改程序。

说明：协议书的任何修改须经董事会一致通过并呈报有关部门批准。对中外公司组成的联营体，协议书的任何修改均应符合《中华人民共和国合同法》以及新颁布的有关规定和实施细则。这些新的法律法规，可能给联营体带来优惠，也可能产生负担。对这种情况，尤其是产生不利影响的情况，可在协议书中作出详细说明（如可规定：由于法律法规的变更导致不再保护某成员的权利时，该成员可终止协议书），以保护各成员的利益。此时受到不利影响的成员应迅速通知其他各成员，各成员在收到该通知后，应迅速对涉及本协议书的有关内容进行协商并作出必要修改。

（十一）联营体成员以现金以外的财产出资

内容：联营体成员以现金以外的财产出资的方法和审批程序。

说明：一般允许联营体成员以现金以外的财产（如实物或财产权）出资，但不得以劳务和信用出资。以现金以外的财产出资须经董事会批准。

（十二）工程投标

内容：国际市场的调查，工程项目投标价格的确定，投标的原则。

说明：工程项目的投标价格，应由联营体董事会参考国际市场标准加以确定。

联营体应定期地进行国内外的市场调查，经有关机构批准，联营体可在不同地区设立相应的分支机构。

（十三）劳动管理

内容：联营体的职工和管理人员在雇用、劳动纪律、辞职和报酬等方面的具体规定；董事会确定联营体高级管理人员的工资、劳动保险、福利、住房补贴和差旅标准等；董事会决定联营体的雇用人员总数、工作时间，并可随时对其进行修改；总经理依照联营体内部劳动规则行使劳动管理权利，同时，具有向职工直接发放应得奖金和解聘职工的自主权利；联营体职工有关辞职的规定；职工雇用试用期及解雇职工的有关规定。

说明：职工的劳动管理一般包括职工的招聘，雇用，辞退和辞职，工资，劳动保险，生活福利，奖金，劳动纪律，退休保险，医疗保险等以及其他涉及联营体职工的事项。

在中国境内注册的中外公司组成的联营体，其劳动管理除应遵守联营体成立后董事会制定的联营体内部劳动规则外，还应遵守中国有关的法律法规。

联营体雇员有关辞职的规定，主要考虑近几年内是否参加过联营体主办的培训计划。对参加过培训的职员，要规定一个为联营体提供服务的年限，或规定其他补偿联营体培训费用的办法。例如：职工调往其他单位时，由调人单位补偿联营体的培训费用。职工辞职无权索要其积累未付的工资以外的经济补偿或离职生活津贴。

支付雇员报酬的币种、金额也应作出相应的说明，如在中国国内的消费可考虑支付人民币。

职工试用期及解雇职工的有关规定，主要考虑试用期满后是升职，还是解雇；如解雇职工，需确定支付离职生活津贴的额度（一般为一个月的工资）。

（十四）联营体的联营期限及期满后的资产处理

内容：规定联营体的具体联营期限，联营期限的起算日期，延长联营期限，联营期满后的资产处理规定。

说明：联营期限一般从颁发联营体营业执照之日算起。

经联营体董事会一致批准，联营期限可以延长。但应在联营体期满之前一定的时间内（一般为六个月），由某一方或董事会提出延长联营期限的申请。

联营期满或协议书终止后的资产处理应包括下列内容：

（1）组成清算委员会（Liquidation Committee），说明委员会的人数及人选要求（如各成员公司委派的名额），清算委员会应建立清算联营体资产和清偿债务的程序，包括清册（Schedules）、法律行为（Legal Action）、优先支付（Priority）、JV 剩余资产的处理、对外公告及权力的保留等。制定清算程序并应保证联营体的剩余财产是以当时的公平市场价格清算的。

清册是指在查清联营体财产、资产和债务后，编制资产负债表，制定清算方案，呈报董事会批准后执行。

法律行为是指清算委员会可代表 JV 进行起诉和应诉。

优先支付是指从联营体剩余资产中优先支付清算费用和清算委员会的酬劳后，再进行剩余资产的分配（包括支付币种的优先权）。

清算结束后，注销合资企业，并对外发布公告。

权力的保留是指联营体协议书终止不得损害终止日之前各成员已积累的权利和义务，除非该成员自动放弃。

（2）购买联营体。应说明如下事项：

1）协议书终止时，联营体中任一方可从其他方购买联营体中其他方原来拥有的权益。说明购买及付款方式（多于一方购买时，可采用投标方式，以价格较高的一方为中标方）。

2）非联营体成员愿意购买联营体或其中的资产权益。一般采用拍卖的方式，由清算委员会选择一家国际承认的估价公司进行估价，拍卖的价格不应低于此价格。

（3）联营体协议书提前终止时，各方应合作并促使联营体迅速向各方按其投资的形式和币种归还其投资或其按比例应得的份额。

（十五）保险

内容：联营体投保的范围、险种，保险的金额，保险公司的选择。

说明：为确保工程项目顺利完成，联营体在其经营活动中应对下列险种进行投保：建筑工程一切险、安装工程一切险、社会保险、机动车辆险以及其他必须进行投保的险种。

一般地，联营体应对自己不可接受的风险进行投保，将风险转移给第三方。

中外公司组成的联营体应争取由在中国登记注册的任何保险公司主办保险。由董事会确定保险范围和保险金额，JV 应认真选择信誉好、保险费用又低的保险公司。

（十六）违约责任、争议的解决

内容：协议书终止的有关规定，协议书终止后各方所享有的权利，争议的解决。

说明：如果出现任何下列情况，可终止本协议书。

（1）联营体严重亏损，在财务上无法恢复时，JV 任何成员均可退出联营体。

（2）JV 任何成员严重违反本协议书（如不履行协议书中规定的责任和义务，并在接到书面通知指出该违约后一定的时间内未能进行补救），守约方可终止本协议书。

（3）由于"不可抗力"，JV 任何成员无法履行本协议书规定的义务，且在收到该遭受不可抗力影响的成员的书面通知后，该状态持续一定时间以上（一般为六个月），其他 JV

成员可终止本协议书。

（4）任何成员因任何原因（如破产、清算、解散，或无力清偿到期应付债务，或其债权人接管其经营，或有关金融机构暂停其兑换优惠，或政府剥夺或没收其企业、财产或资产中的任何重要部分或任何其他原因）无力实现其对联营体的义务，则其他成员可终止本协议书。

（5）如果因任何原因联营体被撤销或被废止其营业执照或停止存在，任何当事人均可终止本协议书。

（6）如果任何当事人未能按照协议书规定的形式、条件和时间缴纳其认缴的注册资本，则该当事人应向联营体另付一笔违约赔偿金。如果延期缴纳持续一个月以上，其他方当事人可终止本协议书。因本条款终止联营体协议书时，违约当事人应向守约当事人赔偿因此遭受的损失。

（7）如未能及时收到建立联营体和履行本协议书所必需的政府部门的批件，则任何当事人均可终止本协议书。

由于一方当事人违约而终止本协议书的，其他方当事人应享有以下积累性的权利（Cumulative Rights）：

（1）要求违约当事人向其他方当事人或其指定人出售其在联营体中的全部权益。其价格可以是联营体中该当事人份额的账面价值，或是守约当事人所接受的国际承认的评估员所评估的价格，择其较低者。

（2）要求违约当事人向他方当事人支付赔偿费，该赔偿费是为了补偿受此影响的当事人的损失（包括联营体的利润损失）。

（3）如果未要求违约方按上述第（1）条出售其权益，则终止协议书的当事人应提前一定时间通知其他当事人，以便迅速组成资产清算委员会并开始清算程序。

争议的解决步骤如下：

（1）当争议事件出现后，当事人应迅速通知对方当事人，说明争议事件出现的时间和性质。争议各当事人之间应首先通过友好协商予以解决（应规定一个具体的期限，如56天内）。

（2）如友好协商不成，任何当事人均可将此争议提交协议书中规定的仲裁委员会，仲裁委员会按其仲裁规则作出终局裁决，此裁决对所有当事人均有约束力。败诉方应承担全部仲裁费用。

（3）特别仲裁庭的组成以及仲裁程序中所使用的语言由协议书规定。

特别仲裁庭一般由3人组成，争议双方当事人各指定一名仲裁员，再按仲裁规则的规定指定第三名仲裁员。仲裁员的指定均应符合仲裁庭的仲裁规则。

（十七）权益的转让

内容：联营体任何一方转让其在联营体内权益的规定。

说明：联营体任何一方未经他方当事人的书面同意，不得以任何方式转让其在联营体中的全部或任何部分权益。

有意转让其全部或部分资产权益的当事人，应在转让日前一个合理的时间（如84天）向他方当事人提出此种转让意向的书面通知。

当联营体的一方进行权益转让时，非转让的当事人有权按照不低于任何非联营方提出的价格和条件，优先购买所转让的权益。

受让方应签署本协议书并受本协议书的约束后，转让才能生效。同时尽快更换新的资本缴纳证明，以反映联营体内各方新的权益所有权关系。

（十八）其他

内容：不可抗力，协议书适用的法律及采用的语言，联营体各种货币资金的使用平衡，有关税收、财务和审计的规定，相关技术保密的规定，协议书的生效日期，协议书的排他性，发给联营体各成员的通知。

说明：不可抗力一般是指下列任何情况：骚乱、战争、敌对行为、罢工、火山爆发、地震、台风、飓风或其他巨大自然灾害，以及当事人不能合理预见和不能控制的其他事件，应在合同中具体列明。

如果一方当事人因不可抗力不能履行本协议书规定的义务，他应在规定的时间（一般为 14 天）内书面通知其他方当事人，并应在可能的情况下，采取措施，减少或消除不可抗力的影响，并在最可能短的时间内设法履行其因不可抗力而受到影响的义务。同时，对由于无法履行或延迟履行义务而使他方蒙受的任何损失，均不承担责任。

适用的法律是指在履行协议书过程中出现任何争议时需采用的法律。在中国境内注册的联营体，其联营体协议书应适用和符合已颁布的中国法律。如果没有可适用的中国法律，可采用国际法中通常可接受的标准和原则或国际惯例。

在中国注册的联营体是中国法律规定的法人，其合法权益、经营自主权和各方当事人在联营体中的权利应受中国有关法律法规的制约和保护。

应写明使用各种货币资金的原则，注意各种货币间的使用平衡，在失衡状态下如何进行调整等。如果是在中国注册的中外联营体，一般需要支出的费用可能包括培训国外联营体职员的费用，外籍人员的工资和外国技术人员的费用，进口在中国（或工程项目所在国）无法获得相同质量、规格并具有竞争力的仪器设备等的支出、分红，可能有的联营体各种货币贷款的本金和利息，可能有的许可证使用费，以及联营体负担的其他费用支出。

联营体的财务账目应遵守注册地的法律法规。如在中国注册的中外联营体，其税收、财务和审计的规定，包括外汇汇出税、所得税、增值税等，另应说明纳税币种及税收优惠（分别列出免征、减征和优惠项目）、办理进出口许可证等，上述内容均可以附件形式列入联营体协议书。

联营体的信息保密内容包括：联营体的经营状况，客户名单，销售，价格和财务资料；转让的技术（包括对接触转让技术的人员要求）；协议书终止后，有关的保密条款仍然有效；泄密后的处罚措施（包括赔偿直接或间接的实际损害和商业机会损失价值）。

联营体协议书可采用一种以上的语言编写，但应规定一种主导语言，以便出现相互矛盾时，以主导语言编写的协议书为准。

协议书的排他性是指联营体各成员必须保证联营期间不再与其他的实体公司在联营体的注册地组成合资企业经营与联营体相似的业务。

为便于发送联营体的有关通知和文件，应详细说明各成员、联营体、董事会、管理机构的邮政地址及通知和文件的发送方式。如地址发生变更，应及时通知联营体和各成员。

由于联营体注册为新的法人，需要办理很多事宜，因此在成立初期，可设立"筹备处"，有关这方面的规定也应列入协议书条款中。

三、投资入股型联营体协议书

投资入股型联营体协议书的构成同样分为两个部分（见法人型联营体协议书）。但是由于其未注册为新的法人，在出资方式和资金使用方面与法人型联营体有较大的区别。投资入股型联营体协议书的具体条款如下。

（一）联营体的名称

内容：联营体的名称、组建联营体的目的。

说明：联营体成立后使用的名称，包括中文和英文名称（如果是中外联营体），同时说明组建联营体的目的是为了承揽什么项目。

（二）联营体各个成员的情况说明

内容：联营体各个成员的情况说明。

说明：联营体各个成员的情况包括名称、注册地、联系电话和传真号码、法人姓名等；应说明各成员均是在各自国家的法律下经营。

（三）联营体主办公司

内容：联营体主办公司的名称，对各方的要求。

说明：联营体主办公司，也称联营体牵头方，是指代表联营体与业主进行沟通，接收业主的指令等的联营体的一方。其他各方通过联营协议或签署独立的授权委托书授权联营体主办公司代表联营体各方行事。

联营体各方应利用自身丰富的专业知识及经验，相互合作，为联营体作出贡献，确保协议书的顺利实施。

（四）联营体内部管理

内容：联营体管理的组织机构设置。

说明：应规定对联营体进行管理的组织机构的设置及其职责和权力。

监管会（Supervisory Board）是联营体的最高权力机构，其责任可参照法人型联营体协议书中董事会的责任条款；主办公司（Sponsor Company）代表联营体进行工作，也可叫牵头方（Leading Partner），但应受监管会领导；其主要承担组织、协调及协议书管理的责任；项目部（Project Team）是根据监管会的决定成立的，受监管会和主办公司的领导，项目团队的组织、权力的分配等细节应由监管会决定。

（五）投资入股的比例与损益分担

内容：联营体成员投资入股的比例，损益分担的条件，所得税的缴纳等。

说明：应说明无论协议书工作范围发生多大的变化，联营体成员入股的比例是固定不变的。

在实施工程及完工后，各方的利润分享或损失分担以及营运资本将按照各方投资入股的比例确定。但应首先满足下列条件：

（1）提供并支付由于执行协议书而发生的或与执行协议书有关的所有费用；

（2）根据监管会的决定，对已向联营体提出的索赔，或联营体可预见到的索赔，提供适当的储备金；

（3）为监管会确定认为必要的任何不可预见事件提供储备金；

（4）偿还由银行和各方预支的所有金额。

出资条款应写明各方参与的股份并据此出资，提供或获取担保、保证金或保函以及分摊由于协议书和工程实施而产生的或与之相关的权利、义务、风险、费用、损失和利益。如果协议书的履行结果为亏损，各方有责任按参与股份比例对亏损进行分摊。

原则上，当适用法律允许时，各方自行缴纳各自的所得税。监管会决定不再需要的任何储备金，应按入股比例的规定进行分配。

(六) 授予协议书前后发生的费用

内容：授予协议书前发生的费用的分担以及授予协议书后履行协议书过程中发生的费用分担。

说明：一般地，在授予协议书前，各方就组建联营体事宜进行协商所发生的费用以及参加资格预审、投标至授予协议书，此期间每一方发生的费用均由各方自行承担；但涉及投标保证相关的费用则由各方根据入股比例进行分摊。

如果将工程项目合同授予联营体，那么与投标保证相关的费用以及各方提交投标书前发生的其他约定费用，将在监管会审批同意后由联营体承担。

(七) 项目团队中的主要管理人员

内容：项目经理和项目副经理的委派，项目经理的义务。

说明：应规定项目经理和项目副经理将从哪个成员中委派，项目经理将接受联营体监管会的委托，代表联营体对工程项目进行管理。监管会应有权替换项目经理。

在工程项目合同授予后，项目经理的主要职责有：

(1) 按JV与业主签订的合同组织项目的实施；

(2) 签署项目实施过程中的有关文件；

(3) 与业主方和/或任何其他项目相关方进行各种谈判；

(4) 实施JV授予他的其他相应的权力；

(5) 未经业主同意，项目经理不应离开项目现场。

(八) 项目员工

内容：项目员工的雇佣、替换和调离，实施工程的其他人员的雇佣。

说明：如果可能的话，应从联营体成员的雇员中选择实施项目所需的一般员工。为确保联营体有足够称职的人员，可以规定，对项目经理合理要求的，拥有必要才能的雇员，联营体成员应积极提供，在此类雇佣方面，联营体优先于其他方面的人员。如果项目经理认为某个人不能胜任，有权使用有才能者替换任何人员。

对于为联营体工作的人员，在未经项目经理书面同意的情况下，每一方都不得从联营体中抽调出去自己的人员，但项目经理不得无故扣押这类同意。

联营体可直接招募实施工程所需的其他人员，其雇佣、报酬和解雇均应获得项目经理的批准。

(九) 联营体的融资

内容：资金的筹集方式，联营体获取资金的优先顺序，启动资金。

说明：资金的筹集方式通常需要由监管会决定。

通常联营体获取资金的优先顺序如下：

(1) 业主的付款，包括预付款。

(2) 联营体从银行获取的贷款。在此情况下，如果银行要求各方提供保函，各方应单独地按各自在联营体中参与的股份比例以及在监管会做出提供保函决定之日起的合理时间内提供该保函。

（3）各方的出资。在监管会做出要求各方出资的规定时，各方应按各自在联营体中参与的股份比例缴纳其资金，并严格遵守所规定的出资方式和时间（应说明，如不按时出资，可按其违约处理）。

为满足联营体启动的要求，可设置一笔启动资金，由各方按照各自参与的股份比例出资。

（十）联营体的账户和账目

内容：联营体账户和账目的规定，联营体收入和支出程序，项目预算的编制，对联营体账目的检查和审计等。

说明：在业主接受投标后，应尽快以联营体的名义开立银行账户（以下简称"联营体账户"）。联营体收到的所有与项目相关的款额应立即汇入上述银行账户中，且联营体需要支付的与项目相关的日常款额应从联营体账户中提取或支付。

联营体在现场设立账簿，详细记录收支情况。监管会应决定联营体所采用的会计政策和会计核算方法，并监督账簿记录使其符合联营体协议书要求和记录完整。

联营体应随时准备好上述账簿和所有记录文件，以供各方检查。除非征得所有成员同意，这些账簿和记录不应被带离现场。

项目经理应准备好联营体所有资产和负债记账，同时还应准备好资产负债表和损益表，并将其复印件呈送各相关方。

联营体协议书需对联营体的收入与支出程序做详细规定，例如，可以规定：联营体内所有的取款和支付均要求有两个人的签名，一人来自于主办公司，一人来自于其他成员（这些签字人均须事先获得监管会的批准），并附由联营体内各方现场代表签字的付款申请。

为了管理联营体的预算，各方可共同编制项目预算，并将其作为项目的目标预算。

项目所在地的银行账户应由项目部根据监管会批准的权限管理。联营体各方均有权检查账目，但需提前一定的时间通知主办公司、项目部和其他各方。

工程结束时，所有账目和记录必须妥善保存在监管会决定的地方，由此发生的费用由联营体承担。

联营体应接受监管会指定的会计师事务所或注册会计师进行年度审计，此类审计的费用应包含在联营体的成本费用中。

尽管有上述规定，任何一方应有权在任何合理时间自付费用，由其内部审计员或外部审计员对上述账簿和其他财务文件进行审计。

（十一）担保、保函和其他担保

内容：联营体提供担保和保函的规定。

说明：国际工程承包业主通常要求联营体提交履约担保、预付款担保等。因此，可对此类担保做出如下规定：与联营体协议书执行有关且必需的银行保函、担保和/或其他保证应以联营体的名义提供。此类担保的准备和提交流程应依照招标文件和工程项目合同的规定，并经各方同意。

各方应根据各自的参与份额，按比例承担由这类银行保函、担保和/或其他保证引起的所有费用和责任。

（十二）生产设备、材料和施工设备

内容：生产设备和材料的采购规定，施工设备的采购和租赁规定。

说明：联营体应就用于永久工程上的生产设备、材料的采购，以及施工设备的采购、租赁等做出规定，以确保工程的有效实施。至少应对如何获得这些资源的决策程序，在联营体协议书中做出规定。

例如，在任何情况下，当项目经理认为在联营体内部不能购买/租用到合适的施工设备时，如果可能的话，可通过其他渠道租用该类设备。

又如，对采购设备的限制：对于购买或出售超过2百万元人民币的设备，应事先获得监管会的书面批准。

（十三）退出联营体

内容：联营体协议书下收益或负债的转让。

说明：未事先获得其他成员书面同意的情况下，任何成员不应将其在联营体协议书下的收益或负债转让给任何其他公司或个人，但其他成员的同意不得无故被扣押。其他内容可参见法人型联营体协议书。

（十四）联营协议的终止

内容：联营体终止的情况，终止后的清算。

说明：联营体终止的情况包括：

（1）工程项目合同未授予联营体（包括业主根据招标文件退回投标保证和联营体各方之间的义务解除）；

（2）业主决定不再进一步实施该项目；

（3）联营体承担的工程已经完工，联营体及协议各方之间的权利和义务以及担保和负债都将终止。

对于后两种情况，在工程竣工后或不再需要该工程时，除非各方另有协议，否则应尽快将联营体拥有的所有材料和其他不动产或动产，以监管会决定的任何方式卖给各方或其他方，此类销售的收益应存入联营体账户的银行存款中。

（十五）争议解决

内容：联营体成员违约的处理，争议解决的方式和程序。

说明：如果任何成员未能履行联营体协议书下其应履行的任何职责，其他成员将有权向违约方发出书面通知，要求其在合理时间内纠正违约行为。否则其他成员可以采取必要的措施，向违约方索赔损失。

因履行联营体协议书引发或与其相关的任何争议应通过相互协商的方式友好解决，如果协议各方未能友好解决此类争议或纠纷，则可申请仲裁。在联营体协议书中应规定具体的仲裁组织、仲裁地、采用的仲裁规则等。

联营体协议书还应对与业主有关的争议是否可单独采取索赔行动做出规定。

（十六）其他事项

内容：保密责任，联营体协议书等适用的语言。

说明：联营体各成员不得向联营体成员之外的任何一方（除了向项目的业主或工程师）透露任何投标内容，并且应该对所有从成员内部获得的技术、财务或市场信息严格保

密，直到此类信息已经完全公之于众。

对联营体协议书、分包合同、实施工程过程中产生的各类函件、会议纪要、备忘录等应规定适用的语言。

四、协作型联营体协议书

此种联营体，协议书当事人在注意自己经济利益的同时，还要注意共同经营的经济效益，服从管理委员会或主办公司的统一管理，以实现协作的目的。在订立协作型联营体协议书时，可参照投资入股型联营体协议书的主要条款，但应注意：

（1）协作型联营体的名称及合法地址中应说明联营体主办公司的名称及办公地址。

（2）应说明协作型联营体各方，根据工程项目所在国的有关法规，本着互利互惠、共同发展的原则，通过友好协商，在不改变各自企业性质及隶属关系的前提下，同意组成联营体参加该工程项目的投标和实施。

（3）说明协作型联营体各方在整个工程项目中的具体分工。分工内容一定要十分明确，将业主方要求实施的内容，充分考虑到联营体各方的专长，具体分给联营体内各个成员。

（4）联营各方的权利与义务条款应说明：

联营各方均是独立的经济实体，各自经营，独立核算，自负盈亏。联营体对各方的债务不负连带责任。

联营成员间的业务来往（包括原材料供货、设备租赁、技术服务及技术转让等）须分别订立经济合同，实行内部优惠。

为实施工程项目，联营成员所需的同质同价产品和服务应优先采用联营体内可获取的产品和服务。

联营成员各自的财产所有权、正常经济活动和合法收入受法律保护，联营体和其他联营成员不得干预和处理。

联营成员有独立进行其他经济活动的权利。

联营成员有服从协调组织机构统一管理的义务，不得以任何理由拒绝这种统一管理。

协作义务，即联营成员在享有协作权利的同时，负有对其他联营成员提供协作的义务。为了实现共同的经济目的，要求联营体各方积极履行其工程项目合同义务，同时为联营体其他方履约创造条件。

第二节 租 赁 合 同

一、综述

（一）租赁的概念

租赁（Lease），从字义上来解释，"租"系指把物件供给他人使用而收取报酬，"赁"是指租用他人物件而支付费用。所谓"租赁"，是指由物品所有者（出租方，Lessor）按照租赁合同的规定，在一定期限内将物品出租给使用者（承租方，Lessee）使用，承租方按期向出租方交纳一定的租金（Rentals）。在此种交易中，出租方将物品的使用权出租给承租方，物品的所有权仍归出租方。

（二）租赁的类型

根据租赁贸易的特点，可划分为传统租赁和现代租赁。传统租赁是指出租方将自己已有财产出租给承租方。现代租赁则是以融物为其形式，以融资为其特征。现代租赁的当事人可能涉及出租方、承租方、供货方或设备的生产厂商，甚至涉及金融机构。

现代租赁的方式有融资租赁、经营性租赁、衡平租赁以及其他方式的租赁。

融资租赁（Financing Lease），是由承租方自行向制造厂商或其他供货方选定需要的设备，确定其品种、规格、型号、交货条件等，然后由租赁公司在与承租方签订租赁协议后，向该制造厂商或其他供货方按已商洽好的条件，订购上述设备。

经营性租赁（Operating Lease），或称服务性租赁，适用于一些需要专门技术进行保养或技术更新较快的设备。所有维修保养和管理等工作，都由租赁公司负责，承租方可提前一定的时间向出租方发出通知，中途解约。这种租赁方式，出租方不仅要承担设备陈旧过时的风险，而且要承担租约期满，承租方不愿继续租用或承购设备，或中途解约的风险，故其租金要比融资租赁高。

衡平租赁（Leveraged Lease）又称杠杆租赁，是租赁公司在投资购买租赁设备时，可享有衡平权利益。即租赁公司在购买价格昂贵的设备时，只需自筹该项设备所需资金的一部分，通常为 $20\% \sim 40\%$，其余 $60\% \sim 80\%$ 的资金则通过将该设备作为抵押品向金融机构贷款，然后将购进的设备租给承租方，并将收取租金的权利转让给贷款的金融机构。但该设备的所有权仍归租赁公司。这种租赁方式主要适用于价值巨大的租赁物件。

本章主要介绍传统租赁合同和融资租赁合同。

二、传统租赁合同

传统租赁合同具有如下特征：

（1）在租赁合同存续期间，承租方只取得该租赁财产的使用权，所有权仍归出租方；

（2）财产租赁合同的标的物是在租赁期满后承租方能够返还出租方的特定物，并且返还的是原物；

（3）租赁合同是有偿合同；

（4）出租方发生变更，原租赁合同的权利、义务给予租赁财产新的所有人。

以下为传统租赁合同的主要条款，在签订租赁合同时，需根据租赁财产的特点，对条款的内容进行适当取舍和修改。

传统租赁合同的主要条款内容如下。

1. 合同开始部分

主要内容包括：双方当事人的名称，合同编号，签订地点，签订时间。

2. 租赁财产

主要内容包括：租赁财产及附件的名称、数量、质量与用途。

3. 租赁期限

主要内容包括：租赁期限，租赁期限的起算日期，延长租赁期限。

4. 租金

主要内容包括：租金标准，租金的交纳期限，租金支付方式和支付时间。

5. 各当事人的权利和义务

出租方的权利与义务主要包括：

（1）有权按合同的有关规定，收取租金；

（2）按时将合格的租赁财产交承租方使用；

（3）维修租赁财产，保证租赁财产在租赁期内能够正常使用；

（4）租赁期满后，按合同规定时间返还承租方提供的押金或其他担保；

（5）在承租方未经同意已将租赁财产进行了任何改装时，出租方有权要求恢复原状；不能恢复原状时，有权要求承租方赔偿由此改装造成的损失。

承租方的权利与义务主要包括：

（1）按合同规定交付租金；

（2）按合同规定，正当使用租赁财产；

（3）不得随意将租赁财产转让给任何第三者，确需进行转租时，须征得出租方的同意；

（4）合同期满或终止时，返还出租方原租赁财产；

（5）未经出租方同意，承租方不得将租赁财产进行任何改装。

6. 维修保养

主要内容包括：租赁期间租赁财产的保管责任，维修保养责任，维修费用等。

租赁财产的必要修理一般应由出租方负责，这是因为租赁合同本身要求出租方应承担确保租赁财产符合使用标准的义务，因此在正常使用情况下，发生零件、附件的合理磨损致使租赁财产不能正常使用时，出租方应及时更换和维修。如出租方不及时履行维修义务，承租方可代为修理。代为修理的费用应从租金中扣除，当扣除租金不足以抵消修理费时，出租方应补偿给承租方差额部分。

7. 押金

主要内容包括：押金的具体数额、用途、退还，出租方扣除押金的规定。

8. 违约

（1）出租方违约行为与责任的主要内容包括：

1）未按时间提供租赁财产；

2）未按质量提供租赁财产；

3）未按数量提供租赁财产；

4）未按合同规定委派合格的技术人员提供技术服务，未能保证租赁财产的正常使用。

在上述任一情况下，则视为出租方违约。在出租方违约时，致使承租方不能如期正常使用或在租赁期内不能正常使用租赁财产，出租方应向承租方支付一定数额的违约金。如果合同规定的违约金不足以补偿承租方由此产生的经济损失时，出租方应另外向承租方支付差额部分的赔偿金。

（2）承租方违约行为与责任的主要内容包括：

1）不按时交纳租金；

2）逾期不归还租赁财产；

3）将租赁财产转让、转租或将租赁财产变卖、抵押；以及

4）其他违反合同的行为。如使用财产不当或擅自拆改租赁财产等。

在上述情况下，则视为承租方违约。在承租方违约时，出租方有权解除合同，限期按质按量收回租赁财产，并且承租方应向出租方支付一定数额的违约赔偿金。

在不按时交纳租金时，出租方有权追索欠款，并获得相应的利息补偿，同时还享有合同规定的其他权利。

9. 争议的解决

主要内容包括：应在合同中明确规定争议的解决方式，包括争议解决的程序、地点，争议处理过程中采用的语言等。

10. 其他

主要内容包括：适用的法律，编写合同的语言，合同的生效以及合同正、副本份数和备案等。

三、融资租赁合同

融资租赁分为国内融资租赁和国际融资租赁。国内融资租赁是指租赁关系的当事人、标的物和权利义务的发生均在一国境内的租赁。国际融资租赁从广义上说是指租赁关系的当事人、标的物和权利义务的发生这几项因素中至少有一项是分属不同国家的租赁；狭义上，仅指出租方与承租方分属不同的国家的租赁。融资租赁合同的条款涉及的事项与传统的类似，其区别主要在相关规定方面。下面重点说明融资租赁区别于传统租赁的相关内容。

1. 合同开始部分

主要内容包括：合同号码，签订日期、地点。

2. 租赁物件

主要内容包括：租赁物件的名称、规格、型号、技术要求、数量及其使用地点，租赁物件的购买、交货和验收。租赁物件是指由承租方选定的，以租用、留购为目的，出租方融资向承租方选定的供货方购买的技术设备。出租方和承租方共同参加有关的订货谈判，并与供货方（或生产厂商）共同商定租赁物件的价格、交货期、交货方、交货地点、支付方式等商务条款，承租方与供货方（或生产厂商）商定租赁物件的名称、规格、型号、数量、质量、技术标准、技术服务及设备品质保证等技术条款。出租方主签购买合同，承租方则副签。

如果供货方（或生产厂商）或出租方不能如期交付租赁物件，需规定拖期供货责任，以及何种情况下不承担责任。

3. 合同期限

主要内容包括：合同期限，合同期限的起算日期，还租期限。合同期限指从合同生效之日至出租方收到承租方所有应付的租金和应付的其他一切款项后出具租赁物件所有权转移证明书之日。融资租赁的租赁期限相对较长，一般为租赁物件使用年限的75%。

4. 租金

融资租赁的租金由以下几部分构成：①出租方为承租方购买租赁物件和向承租方交货所发生的购置成本（包括物件的价格、运费、保险费）；②租前息，指从出租方支付上述费用的支付日至还租期限起算日止所产生的利息；③双方商定的一致同意计入成本的其他费用。

5. 租赁物件的所有权和使用权

在本合同期限内，出租方拥有租赁物件的所有权，而承租方享有使用权。承租方除非征得出租方的书面同意，不得有转让、转租、抵押租赁物件或将其投资给第三者及其他任何侵犯租赁物件所有权的行为，也不得将租赁物件迁离合同中规定的使用场所或允许他人使用。

为保障承租方对租赁物件的使用权，在合同期限内，如任何第三者由于出租方的原因对租赁物件提出任何权利主张，概由出租方负责。承租方的使用权不得受到影响。承租方负责保管、维修和保养租赁物件，并承担全部费用；承租方应为出租方在租赁期间内检查租赁物件的完好程度和使用情况提供方便；如果需要，由承租方与供货方或制造厂家签订租赁物件的维修保养合同。租赁物件本身及其设置、保管、使用、维修等发生的一切费用、税款等均由承租方承担。

6. 租赁物件的质量

出租方一般在有关租赁物件的质量品质、技术性能、适用与否方面对承租方不承担任何责任。购买合同有专门条款规定供货商就合同货物的技术质量等问题直接对承租方负责；合同货物直接交付承租方，由承租方在目的港接收货物并验收。如出现质量问题，出租方应根据承租方的书面要求和提交的有关证据、证明材料等，依据购买合同及时向供货方索赔或采取其他补救措施。

7. 租赁物件的灭失及损毁

在本合同期限内，承租方承担租赁物件灭失或损毁的风险。不管发生任何情况，承租方均需按期交付租金。

如租赁物件灭失或损毁，承租方应立即通知出租方，出租方可选择下列方式之一，由承租方负责处理并承担一切费用：

（1）将租赁物件复原或修理至可完全正常使用的状态；

（2）更换与租赁物件同等状态和性能的物件；

（3）租赁物件灭失或损毁至无法修理的程度时，承租方应向出租方支付合同规定的损失赔偿金额，同时，出租方应将租赁物件（以其现状）的所有权，以及包括对任何第三者的权利转让给承租方。

8. 保险

合同应明确规定租赁物件必须保险以及应投保的险种。一般出租方应对租赁物件投保财产险，并使之在还租期限内持续有效，如需要，可加保安装险、对第三者损害事故责任险等。保险费由承租方负担，计入实际成本。

保险期限应从货到目的港之日起至合同期满日止。

如果发生保险事故，承租方应在事故发生后立即通知出租方和保险公司，并提供一切必要的证据和证明文件，以便出租方向保险公司索要保险金。如果损失不在保险范围之内或保险金不足以弥补全部损失时，承租方承担一切经济后果，这是融资租赁的特点。

9. 权利的转让和抵押

在本合同期内，出租方有权将本合同赋予其的全部或部分权利转让给第三者，或提供租赁物件作为抵押，承租方不得有任何异议。但出租方的上述转让不得影响承租方在本合同条件下的任何权利和义务。出租方对其权利的转让和抵押应及时通知承租方。

10. 担保

承租方的担保人应向出租方出具不可撤销的租金担保函。承租方负责将本合同的复印件转交担保人。担保人对承租方不能按时交付租金或其他违约行为，应付督促承租方履行合同之责，并代付所欠租金。

第三节 国际劳务合同

一、概述

（一）劳务人员的职业分类

为了对劳动力进行科学化、标准化管理，国际劳工组织（International Labor Organization）编制的《出国劳务人员职业分类》（Occupational Classification of Workers in Migration）共将劳务人员按职业名称（Occupational Titles）分为908种职业，并对每一种职业名称进行了定义性的解释，说明该职业名称的性质和目的，并指出该职业名称与其他名称相近职业名称的区别。劳务人员的职业分类有助于供需双方在签订劳务合同时，避免因在职业名称理解上的偏差而产生麻烦。

就建筑业的情况而言，出国劳务人员主要是专业技术人员（高级和一般技术人员）、管理人员和工人（熟练和非熟练工人）。专业技术人员如建筑师、土木工程师、设计工程师等，熟练工人如木工、砌砖工等，非熟练工人指一般未经过技术培训的工人。

（二）劳务合同的类型

劳务合同可以由劳动力本人与雇主直接签订，也可以通过双方劳务代理机构签订。因此，劳务合同的类型按合同当事人所属国籍和其权利与义务关系的发生地，可分为国内劳务合同和国际劳务合同。

（1）国内劳务合同

是指签订合同的当事人（雇主和劳务人员），双方权利与义务关系的发生均在同一国境内的劳务合同。

（2）国际劳务合同

是指签订合同的当事人（雇主和劳务人员）分属不同的国家，或合同当事人具有同一国家的国籍，但其权利与义务关系发生在另一个国家的劳务合同。

我国劳务资源丰富，是世界主要的劳务输出国之一。本节从劳务代理机构的角度讲述国际劳务合同内容。对不需劳务代理的劳动力，在直接与雇主签订劳务合同时，也可参考相关内容。

二、国际劳务合同内容

国际劳务合同是由劳务输出国的劳务人员和劳务输入国的雇主签订的确定劳动服务关系和明确双方权利和义务的一种具有法律效力的协议。在具体运作时，可由劳务输出国的劳务输出代理机构代表雇主与劳务人员签订劳务合同，但雇主应对代理机构进行相应的授权委托。

劳务合同的订立必须以国际公约和有关法律法规为基础，包括：

（1）国际劳工组织通过的保护临时流动劳务及其家属权益的国际公约和建议书。作为国际劳工组织的成员国，只要是双方国家批准参加的国际公约和建议书，凡是涉及外派劳务人员合法权益的条款，在谈判时均可引用。

（2）我国的《劳动法》及《对外承包工程和劳务合作管理条例》。

（3）劳务输入国的有关法律、法规。

劳务合同的主要内容如下：

1. 合同当事人

即劳务人员及其雇主双方的姓名、地址。

2. 合同期限

规定合同期限、合同的生效日期和劳务的试用期限（Probation Period），试用期满后的处理规定等。

3. 工作内容和工作时间

应明确规定工作的范围，工作地点（Place of Employment），工作日（Working Days）和工作时间（Working Hours）。在合同中应写明每周工作的天数（通常每周不超过 6 天，有的国家的惯例是在公司办公室工作 5 天，在施工现场工作 6 天）。工作时间是指每天工作小时数的最高限度（以小时计，一般不超过 8 小时）和每周工作小时数的最高限度（以小时计，一般不应超过 48 小时）。

4. 假日和休假

应具体说明按照劳务输入国的政府规定，每周的休息日是哪一天。另应说明劳务人员应享受劳务输入国政府颁布的法定节假日。若要加班，应依据当地法律，明确规定加班费的标准。

5. 工作报酬

应明确规定劳务人员的基本工资金额，以及应享受的其他福利，如住房津贴、伙食津贴、交通补贴和其他补贴。劳务人员的工资应为上述各项的总和。同时应规定工资的支付方式和时间，并应说明以何种货币支付工资。如果雇主要求以当地币支付部分工资时，要确定出当地币和外币的比例，确定当地币所占比例时主要考虑劳务人员在当地的费用支出。考虑到通货膨胀的影响以及劳务人员工效和技能的提高，应要求雇主进行适当的工资调整，即给予一定的工资年递增是合理的。

6. 住宿和膳食

雇主一般免费提供适宜的住房（对使用面积可作出具体说明）及厨房和厨房用具（可视实际情况决定是否在合同中列明厨房用具的名称），并免费提供水、暖、电、燃料等。

对雇主是否免费提供膳食或膳食津贴也应做出说明。在提供膳食津贴时，需考虑项目所在国食品价格以及采购和运输条件。

7. 劳保和福利

雇主应一般为劳务人员免费提供一般劳保用品和专用劳保用品，并应免费提供工作所需的各种工具。

雇主应为劳务人员在整个合同期间因病或因工伤提供免费医疗、药品和住院治疗，并规定因病或因工伤休假期间的工资如何支付。雇主应为所有劳务人员投保人身意外险，费用由雇主承担。

8. 旅费和交通费用

应规定劳务人员前往和离开项目所在国的国际旅费，在项目所在国内平日上下班的交通费由何方承担。劳务来源地的劳务输出代理机构应按本国政府的有关规定办理人员出入本国国境的一切必要手续，并承担有关费用。劳务输入代理机构应按项目所在国的有关规定办理人员出入其国境、居留及工作许可等一切必要的手续，并承担有关费用。

9. 缴税

应对劳务输出国和输入国对劳务人员征收有关税费的缴税责任作出明确说明。

10. 预付工资

雇主在劳务人员抵达工地后，一般应向劳务人员以当地币支付一定金额的预付工资作为劳务人员的生活安置费，该笔费用可分几次从劳务人员的薪金中扣回。合同中对是否给予预付工资，预付工资的金额以及扣回方法应做出具体规定。

11. 合同展期

如需延长劳务人员工作期限，则应在本合同期满之前的一定时间（至少提前一个月），经双方协商就有关内容达成一致时（主要指劳务人员延期后的工资和福利待遇），可延长合同期限。

12. 终止合同

应做出期满终止合同和中途终止合同的规定，以及合同终止后的费用结算。

13. 职责和义务

一般规定劳务人员的职责和义务。视需要也可同时列出雇主的一般义务。

劳务人员应该遵守项目所在国的有关法律法规，尊重该国的风俗和习惯；劳务人员应该严格遵守雇主公司的规章制度，严格执行本合同。

14. 遗体的处理

劳务人员在合同期间如因病或因工伤死亡，合同应规定相关处理方式。一般雇主应负责其遗体的妥善处理并承担死者遗物运回其来源地的费用。

15. 争议的解决

应规定因执行本合同所发生的双方之间发生争议的处理方式。

16. 其他

应规定劳务合同编写的语言以及合同适用的法律等。

三、订立合同应注意的问题

1. 有选择地使用合同条款，对于不同的项目所在国的具体情况，可对前述的合同条款内容进行增加、修改和删除。

2. 劳务市场千变万化，因此订立合同要考虑当时的市场行情，同时要考虑到既要使合同于己有利，又要具备一定的竞争性。因此，合同谈判要具有一定的灵活性，最好在不损害己方根本利益的前提下促成与对方的合作。这就需要准备让步性的备选方案。

如：国外雇用工人往往有试用期（无试用期对我方有利），由于语言和自然环境变化，试用期内我国工人可能不易达到对方的要求，如需规定试用期，可考虑期满后如不满意可调换工种或工程，如必须解雇，应说明返程路费由谁负担。

3. 有关合同条款的补充和修改，必须经过双方的协商，形成书面文件由双方的授权代表签字生效，并成为劳务合同的组成部分。

第四节　国际工程技术转让合同

一、概述

技术合同是法人之间、法人与非法人组织之间、法人与公民之间以及公民之间，就技术开发、技术转让、技术咨询和技术服务所订立的确定双方权利与义务关系的协议。从上述技术合同的概念可以得知：技术合同包括技术开发合同、技术转让合同、技术咨询合同和技术服务合同。本部分主要介绍国际技术转让合同。

国际技术转让（Technology Transfer）可以定义为一个国家或一个企业对技术知识的购买、融合和使用，但不是开发新技术。其目的是促进本国某一产业的技术进步。技术转让是国际上技术转移的一种方式，所转让的技术知识一定是某一项新的或较新的技术成果，而不是利用公知的技术知识为对方提供咨询服务。

（一）国际技术转让合同的概念和种类

技术转让合同是指当事人双方就专利申请权的转让、专利权的转让、专利实施许可和非专利技术转让，明确相互权利义务关系的协议。因此，技术转让合同可分为专利申请权转让合同、专利权转让合同、专利实施许可合同和非专利技术转让合同。

（1）专利权转让合同是指专利权所有人将其依法享有的专利技术转让给另一方当事人并收取一定报酬的合同。

（2）专利申请权转让合同是指发明人或设计人在就其发明创造成果申请专利之前，将其申请专利的权利转让给受让方并收取一定报酬的合同。

（3）专利实施许可合同按专利实施范围的不同分为独占实施许可合同、排他实施许可合同和普通实施许可合同。在签订合同时，必须在合同条款中明确列出专利技术实施的地域范围和时间期限，专利实施许可合同只有在专利权的存续期间内有效。

（4）非专利技术转让合同是指转让方（Assigner）将拥有的非专利技术成果提供给受让方（Assignee），明确相互之间非专利技术成果的使用权、转让权，受让方支付约定使用费所订立的合同。

（二）国际技术转让的五个基本过程

1. 技术转让的可行性评价

首先对将要转让的技术进行可行性评价，这也是对技术进行选择的第一步。作为技术的受让方（或称业主）要根据本国、本地区、本公司的发展需要以及能力和资金等因素对转让的技术做出选择。

2. 选择技术的转让形式

技术转让形式可分为所有权转让和使用权转让。对同一技术转让所有权的价格要高于转让使用权的价格。

3. 改进转让技术，以满足其可转让性

技术的受让方要高度重视技术在转让过程中的改进，努力使技术适应环境。如果没有这种改进，一旦技术援助终止，则原制定的转让计划将难以实现。不但影响实现项目的预

期成果，而且对国际技术转让者的声誉会产生不利影响。

4. 将转让技术并入公司的全盘业务

在技术转让过程中，技术的消化吸收是转让工作中的重要组成部分。只有当转让技术与技术受让方公司的技术和管理达到有机结合，成为该公司正常作业系统和作业过程必不可少的一部分，并能为其发展战略提供支持时，才算是被完全消化吸收了。

5. 实施转让技术并进行转让技术管理

为了保证转让技术在实施过程中获得成功，不仅要学会运用和掌握该种技术，而且要学会创新和推广，赋予其更强的生命力。因此，作为技术的受让方要同时对管理技术进行开发和引进，向其工作人员提供适当的制度、工具和技术，确保对新技术的吸收、应用和发展。

二、技术转让合同的主要条款

技术转让合同可能是专利申请权转让合同、专利权转让合同、专利实施许可合同和非专利技术转让合同的一种或几种的结合。转让的内容不同，使得它们各有自己的特点。因此，在签订技术转让合同时，应根据合同的不同类型和内容，对下述技术转让合同的内容进行修改、增加或删减。

（一）技术转让合同的开始部分

内容：应写明技术转让合同的签订日期、签订地点、合同当事人名称和办公地点、签订合同所依据的法律和技术转让项目的名称。

说明：上述内容示例如下：

"本合同由以下各方于_____年___月___日，在_____（签订地名称）制定并签订：

（合作各方的国籍、名称、联系地址）

双方根据_____（国家）的法律，就_____（项目名称）转让，经协商一致达成如下协议：

（下接合同条款）"。

（二）技术转让合同的主要内容

1. 项目名称

内容：技术转让项目的名称。

说明：项目名称中应说明是技术转让项目。

2. 名词和术语，合同语言

内容：专用技术名词和术语的定义和解释；编写合同的语言。

说明：技术转让合同的内容具有很强的专业性，为防止双方在理解上的不同而发生争议，应在合同中对一些专业性名词术语和简化符号作出确切的解释。

应规定编写合同的语言，当多于一种语言编写合同时，应规定一种主导语言。在两种语言编写的合同出现歧义时，应以主导语言编写的合同为准。

3. 关于转让技术

内容：转让技术的名称及基本内容、要求和工业化程度，转让的有效期。

说明：转让技术的基本内容包括提供与实施转让技术有关的技术资料、技术指导或技术服务。应规定提供技术资料和进行技术指导或技术服务的具体的时间、地点。

如果转让的是一种专利技术，则转让的有效期不能超出专利技术的有效期。对于与他人共有专利权的专利技术，在转让时必须获得其他共有人的同意，否则，只能转让其在专利技术中所占有的份额。

如果专利技术转让是转让专利技术的所有权，则在合同生效后，受让方成为该项专利技术的新的所有者，而转让方则不再享有所有权；如果在转让前转让方已实施了专利技术或与第三方签订了专利实施许可协议，对此种情况如何处理应在转让合同中作出明确说明。

合同中应规定使用转让技术的范围。

4. 进度计划及履行方式

内容：实施技术转让的进度安排

说明：履行技术转让合同的具体时间安排，包括提供技术资料、技术指导和技术服务的时间、地点安排及其他的具体要求，如人员培训计划，试运行计划和正式投产计划等。

5. 合同期限

内容：合同生效日期和合同期限。

说明：应根据项目的具体情况规定合同的生效条件和生效日期。

合同的生效日期一般从合同签订日开始。合同期限从合同生效日开始计算。

6. 义务和责任

内容：双方在技术转让过程中应履行的义务和应承担的责任。

说明：

（1）技术转让方的义务和责任：

1）应按照合同规定的内容、方式、时间和地点，提供技术资料并进行技术指导；

2）转让方应保证所转让技术的可靠性和实用性，能够在合同规定的生产领域内应用和取得预期的效果；

3）承担合同规定的保密义务。转让方对于受让方的技术背景情况以及所转让的技术应予以保密。

如果技术转让方未能履行上述义务，则视为违约，应负违约责任。受让方有权解除合同，违约方应向受让方支付违约赔偿金。

（2）技术受让方的义务和责任：

1）在合同规定的范围内使用该项技术，不得私自扩大使用范围；

2）按照合同的有关规定支付使用费；

3）承担合同约定的对受让技术的严格保密义务。

如果技术受让方未能履行上述义务，则视为违约，应负违约责任。技术转让方有权解除合同，并要求受让方返还技术资料以及支付违约赔偿金。

7. 保密

内容：技术资料的保密范围、保密责任、保密期限、泄密后的赔偿。

说明：这是技术转让合同不可缺少的重要条款，技术转让中涉及开发研究过程中积累起来的各种数据、资料，转让方提供的原始数据和资料，现有的技术状况等。因此应通过双方协商，在合同中对技术的保密范围、保密事项、保密起止时间以及保密责任等做出明确规定。

8. 技术指导

内容：技术指导或技术服务的具体内容。

说明：根据所转让的技术确定相应的技术指导和技术服务的内容，包含技术指导和技术服务的时间、地点、方式和费用。

9. 风险

内容：风险，风险分担。

说明：风险是指在具体实施转让技术时未能达到合同中规定的目标。此时，需要分析造成目标失控的原因，分清主观（如组织、协调不力等）和客观（如现有物资设备不合格等）原因，也可请本技术领域的专家进行评定。合同中应列明风险责任如何承担等内容。

10. 技术转让的法定手续

内容：办理技术转让的法定手续，双方办理有关手续的分工。

说明：合同中应写明需办理哪些法定手续和由谁办理。

在外国办理技术转让手续时，应遵守项目所在国和技术转让方所在国的有关技术转让的法律和规定。

11. 验收标准和方法

内容：验收依据的标准和验收方法，验收的时间，参加验收的专家资格。

说明：合同中应规定验收的标准，验收采用的方法，由谁出具技术项目验收证明。

根据转让方提供的技术规范，双方商定验收标准和方法并将其列入合同中。具体的验收方法可采用组织有关部门进行鉴定或专家评定。但在合同中最好规定参加验收的部门或专家的资质。

12. 合同价格和支付

内容：技术转让的合同价格以及支付方式、支付时间。

说明：合同价款的确定应考虑技术成果应用后的经济效益和社会效益（包括持续年限），开发成本，技术成果的工业化程度，转让方享有的技术权益，承担责任的大小等因素。

支付方式可采取一次总付、一次总算分期支付、按利润百分比提成支付、按销售额百分比提成支付等方式。一次总付和一次总算分期支付应规定具体的支付时间，其他支付方式应规定支付的期限。

在按利润百分比或销售额百分比提成支付时，合同中应明确规定利润或销售额的计算方法。

另应说明支付的币种及金额。

13. 技术改进

内容：技术转让成果的后续改进和分享办法。

说明：后续改进是指在本合同有效期内，任何一方或双方就合同所转让的技术成果所作的革新和改进。双方应在合同中约定，转让技术成果的后续改进由哪一方承担完成，以及后续改进成果属于哪一方。同时，可写明改进成果的分享办法。

14. 合同的变更和终止

内容：合同变更程序，合同终止，合同终止后的清算。

说明：合同签订后，除非经双方协商同意，任何一方不得擅自变更或终止合同。除非由于下列情况，使得合同履行已成为不可能或不必要时，当事人一方有权通知另一方终止合同：

（1）另一方违反合同；

（2）发生不可抗力；或

（3）所转让的技术已被他人公开。

因上述原因终止合同时，当事人一方应向对方发出书面通知，同时说明终止合同的具体原因，并出具令对方满意的有关的证明资料和证据。

在合同中应规定上述三种情况中任一情况下解除合同后的责任分担和赔偿方法。

15. 违约

内容：违约及违约赔偿金的计算办法。

说明：双方商定违约条款的有关内容，并明确列入合同。同时，规定在一方违约时，另一方可享受的权利。

转让方违约：

（1）不按照合同约定转让技术；

（2）转让方超越合同约定范围，擅自向第三方转让该种技术；

（3）违反合同的保密规定，造成泄密，使受让方产生损失。

受让方违约：

（1）未按照合同约定及时支付使用费；

（2）受让方超越合同约定范围，擅自允许第三方使用该种技术；

（3）违反合同的保密规定，造成泄密，使技术转让方产生损失。

在发生上述违约情况时，违约方应向对方支付违约赔偿金。

双方可协商确定违约赔偿金额，该金额一般不超过合同价款。违约方在支付违约赔偿金后，一般不再对其他损失进行赔偿。

16. 争议的解决

内容：争议的解决程序和采用解决争议的方式。

说明：解决程序中应包括：

（1）在争议事件出现后合同规定的时间内，当事人一方可向对方当事人发出通知，并说明事件发生的原因、可能造成的后果以及对方当事人应负的责任；

（2）对方当事人应在合同规定的时间内做出回答等。

在诸多解决争议的方式中，应首先采用双方友好协商解决和请中间人进行调解方式解决争议。在上述友好解决未果的情况下，可提交仲裁。在合同中应规定双方选定的仲裁地点和仲裁规则。仲裁裁决是终局的，对双方均具有约束力。

17. 合同附件

内容：合同附件，合同附件的法律效力。

说明：当事人双方可经过协商确定下列与履行合同有关的资料并以附件形式列入合同，构成合同的一部分，其与合同的其他条款具有同等法律效力。合同附件包括：技术背景资料、技术转让可行性论证、技术评价报告、技术标准、技术规范、项目任务书和计划书、图纸、有关的表格、数据照片以及其他与履行合同有关的资料。

18. 其他

内容：适用的法律以及其他双方商定的事宜（如中介方、定金、财产抵押、担保等）。

说明：合同如果是通过中介机构介绍签订的，则中介合同应以附件形式成为本合同的一部分。合同中应写明中介方的权利、义务、服务费以及服务费的支付方式。

委托代理人签订本合同时，应出具委托证书。

三、订立合同的注意事项

（1）国际上技术转让应注意遵循有关的国家法律和法规，切记在进行技术转让时，必须办理有关的法律手续，否则，签订的技术转让合同将是一个无效合同。

（2）技术转让是为了促进本地区或本公司的技术进步，因此，在签订技术转让合同前，必须对转让技术做出可行性评价以确保转让技术具有长期的生命活力，使技术的受让方能从中获利。

第五节　代　理　协　议

一、综述

（一）代理协议的概念

由于国际工程在社会、法律、经济以及商务习惯等方面的复杂性，对于我国的国际工程公司，尤其是刚刚进入国外市场的公司，需要从工程所在国雇用代理人，来熟悉国外的经营和工作环境。为此，就要选择合适的代理人，并与其签订代理协议。代理协议（Agency Agreement）实际上是一种委托合同，是指当事人双方约定一方为另一方处理事务的协议。本文称其为委托方（Principal）和代理方（Agent）。依据代理协议，代理方应以委托方的名义办理所委托的事宜，而委托方则应对代理方所进行的合法委托事务的法律后果承担责任。

（二）代理人的作用

1. 代理人可提供项目信息

代理人（Agent）是国际承包商在新环境下，获得工程项目的主要信息来源。代理人可以及时获得当地大型项目的招标信息，并且可以跟踪一些潜在招标项目的进展状况。可以随时向业主宣传公司的经营能力和业绩，甚至可直接引见公司代表与业主洽谈。

2. 代理人可提供社会环境信息

代理人可提供与实施工程项目有关的法律、经济、政治、宗教、风俗等情况。如提供与实施工程有关的当地材料和设备的价格、劳务水平和价格、国家的各种税收及税收优惠，货物进出口的规定等。这些资料将有助于承包商进行合理的投标报价。

3. 代理人可提供其他服务

如代理人能对公司在当地的业务提出合理化建议，供公司领导层决策时参考。还可以为公司介绍一些当地的技术人员或信誉较高的咨询公司参与本公司的业务，以及可以代表承包商在承包商的授权范围内，办理日常事宜等。

4. 满足工程所在国的法律要求

有的国家法律规定，外国公司只有雇用当地代理人，才能在该国开展工程投标与承包业务。

二、代理协议的主要内容

由于代理人的重要性，选择一个良好的代理人并签订合理的代理协议，直接关系到随后业务顺利的展开。代理协议的主要内容如下：

1. 代理协议开始部分

写明双方当事人的名称、国籍、注册地址以及代表人的姓名、职称和联系地址；代理协议的签订日期和地点等。协议应写明代理协议的目的、性质、实施的范围和双方的愿望。

2. 委托和授权

应写明委托人委托的每一事项以及代理人的权限范围，并出具权力委托书。委托代理应具有排他性（Exclusive Agency），即应在协议中写明代理人是该地区的唯一代理。

3. 服务

服务的内容多少涉及代理费用，因此，双方应在协商并达成一致意见后，将代理方应提供的服务内容详细列出。这有助于避免协议执行过程中的争议。

国际工程代理的服务内容通常包括下列方面：

（1）向委托人提供潜在的雇主、咨询人、其他承包商以及政府当局的信息；

（2）向委托人提供市场和其他信息，包括有关的法律法规和为通过资格预审的正确方法以及其他编制合同文件和实施合同所必需的其他规则；

（3）在本地区帮助委托人办理其获得和实施合同所必需的政府当局的任何执照、证书或许可；

（4）对所有与将货物、设备和材料进口到本地区相关的事宜提供帮助和提出建议；在与此相关的海关手续方面，在安排从当地目的港到交货地的运输方面以及在设备和材料再出口方面提供帮助；在准备工作上提供帮助并递交和办理全部或部分免除海关关税或其他评估的所有申请。

4. 代理费用

一般地，代理费用不应超过当地法律有关代理费的规定或当地的惯例。代理费的比例一般为合同额的 0.5%～5%。在政府对代理未做出规定的国家，应根据提供的服务和当地的惯例确定代理费用。

关于代理费用的支付方式应在合同中事先约定。在协议中最好加入"只有在委托人获得工程合同并收到工程业主的付款之后，才按比例支付代理费用"等内容。代理费用应分几次支付。

5. 协议期限

协议的生效日期一般为协议的签订日期，即从协议签订日开始生效，并且应在协议终止之前持续有效。要注意协议期限与工程项目合同期限间的协调。

6. 保密

一方提供给另一方的无论何种性质的所有信息和资料，双方均应严格保密。没有获得提供信息和资料方的明确同意，不应该向任何第三方透露。必要时，可对泄密后果做出相应规定。

7. 义务和责任

应详细列出在协议期间双方应履行的义务和应尽的职责，一般包括下列内容：

代理人的义务和责任：

（1）依据协议规定，亲自办理事务。要求代理人在其授权范围内，亲自办理事务，没有委托人的事先同意，代理人不得将被委托的事务进行再次委托；

（2）按约定时间和方式报告有关委托事务的进展情况，并提交必要的证明文件；

（3）办理委托事务中所得收益应及时转移给委托人；

（4）应代表和维护委托人的利益，努力获得工程合同。

委托人的义务和责任：

（1）承担代理人在其授权范围内办理委托事务的法律责任；

（2）预支和返还给代理人办理委托事务所需的日常费用开支；

（3）按协议规定及时支付代理费用。

同时，为了避免对代理人的不正当行为或违法行为承担责任，在协议中最好写明"除非有委托人的书面指示，委托人对代理人所进行的各种活动不承担任何道义和法律上的责任；代理人不得以委托人的名义从事非法活动或对外承担任何义务"。

8. 代理协议终止

应写明代理协议终止的条件以及协议终止后的善后事宜。终止协议的情况包括：

（1）任何一方当事人终止协议，提出终止协议方应赔偿对方的损失；

（2）任何一方当事人丧失履约能力。如其法人资格被撤销，破产等。

发生上述事件后，提出终止协议方，应立即通知对方，并应采取必要的措施减少由此造成的损失。协议中应明确规定赔偿金额。

9. 其他

应写明代理协议使用的语言；适用的法律；争议的解决以及双方商定的其他事宜。如采用多于一种语言编写本协议时，应规定一种主导语言，在出现相互矛盾时，以主导语言编写的协议文本为准。同时，应说明相互间发送的通知和来往信函均应使用与本协议相同的语言。

三、其他注意事项

不同的国家对代理行为有不同的规定，同时由于对协议语言理解上的偏差，经常会产生争议。因此，在签订代理协议和履行协议过程中，双方应注意：

（1）代理协议中对代理人的授权范围必须明确，否则代理人在办理所委托事务时，可能会产生偏差，给他人造成损失。委托人对该损失负有不可推卸的责任。

（2）在履行代理协议过程中，委托人如发现代理人的代理行为违法，则应立即向代理人发出表示反对的书面通知，以免为代理人的违法行为承担责任。

（3）在一些国家，代理协议需报政府有关部门登记注册，并且还可能要求委托人到代理人所在国驻委托人国家的大使馆对代理协议进行签证（Authentication）。

思 考 题

1. 试简述联营体的类型及其主要区别。在我国《民法通则》中有何规定？
2. 在实施项目过程中，各种类型联营体如何进行经营核算？联营体各成员如何分担经营中的风险？
3. 试述融资租赁合同的基本概念和融资租赁的基本程序。
4. 在劳务合同中如何合理规定劳务人员的工作时间、节假日及报酬？
5. 技术转让合同中的转让方式有哪些？如何对转让技术的实施结果进行评价？
6. 代理协议中代理人的职责有哪些？在寻找代理人时应注意什么？

本章首先对"合同管理"的概念进行了讨论，指出合同管理应从合同签订前的准备工作、合同实施阶段的工作以及协作精神三个方面来完整地理解。然后比较详细地从业主方和承包商方的角度对合同管理的各阶段的工作内容（包括风险管理和索赔管理）进行了讨论。对项目实施阶段业主、工程师（业主代表）和承包商的主要职责进行了分析和比较，最后讨论了争议产生的原因及如何正确地对待和处理争议，并介绍了国际工程项目争议的多种解决方式。

第一节 合同管理概论

一、合同管理的概念

（一）合同

合同是一个契约。合同是平等主体的自然人、法人以及其他组织之间设立、变更、终止民事权利义务关系的协议。国际工程合同是指不同国家的有关法人之间为了实现在某个工程项目中的特定目的而签订的确定相互权利和义务关系的协议。

合同文件包括在合同协议书中指明的全部文件。一般包括合同协议书及其附件、合同条件、投标书、中标函、技术规范、图纸、工程量表以及其他列入的文件（如 FIDIC "银皮书"中还包括业主的要求、承包商的建议书、附录等）。

AIA 的 A201 合同条件中还规定合同实施后所发出的修改命令（包括由各方签署的对合同的书面补充、变更命令、施工变更指示，由建筑师发布的书面的次要工程变更等）也属于合同文件。

总之，工程合同包括工程项目合同协议书中列明的全部合同文件以及这些文件包含的内容。

（二）合同管理

合同管理指参与项目的各方均应在合同实施过程中自觉地、认真严格地遵守所签订合同的各项规定和要求，按照各自的职责，行使各自的权利、履行各自的义务、维护各方的权利，发扬团队精神，处理好"伙伴关系"，做好各项管理工作，使项目目标得到完整的体现。

虽然合同是有关双方的一个协议，包括若干合同文件，但对于合同管理的深层涵义，应该引申到合同协议签订之前。从下面三个方面来理解合同管理，才能做好合同管理工作。

1. 做好合同签订前的各项准备工作

虽然合同尚未签订，但合同签订前各方的准备工作（特别是业主一方）对做好合同管理至关重要。这些准备工作包括准备各类合同文件草案、准备各项招标工作，做好评标工作，特别是要做好合同签订前的谈判和合同文稿的最终定稿。

在合同中既要体现出在商务和技术上的要求、严谨明确的项目实施程序，又要明确合同双方的权利和义务。对风险的管理要将合理分担的精神体现到合同条件中去。

业主方的另一个重要准备工作即是选择好业主方的项目管理人员（可以是咨询工程师、业主代表或 CM 经理等，以下用"工程师"代表各类项目管理人员）。工程师可以由进行工程前期可研和设计工作的咨询设计公司选派，也可以由另一家咨询公司选派。工程师最好能够提前选定，以使他们能够参与合同的制定（包括招标文件的拟定、招标、谈判、签约等）过程，依据他们的经验，提出合理化建议，使合同的各项规定更为完善。

承包商一方在合同签订前的准备工作主要是制定投标战略，做好市场调研，在得到招标文件之后，要认真细心地分析研究招标文件，能够比较好地理解业主方的招标要求。在此基础上，一方面可以对招标文件中不完善以至错误之处向业主方提出修改建议；另一方面也必须做好风险分析，对招标文件中某些不合理的规定提出自己的建议和要求，并力争在合同谈判中对这些不合理的规定进行适当的修改。

2. 做好合同实施阶段的各项管理工作

这一阶段是实现合同内容的重要阶段，也是一个相当长的时期。在这个阶段中合同管理的具体内容十分丰富，将在以下两节中比较详细地分析讨论。

3. 提倡伙伴关系与协作精神

合同实施过程中应该提倡项目中各方的协作精神，共同实现合同的既定目标。实际上，实现合同标的必然是一个相互协作解决矛盾的过程，在这个过程中，工程师起着十分重要的协调作用。一个成功的项目，必定是业主、承包商以及工程师按照双赢（Win-Win）、项目伙伴关系（Partnership）以及团队协作精神（Team Spirit）来共同努力完成的。目前在国外，许多国际工程项目合同管理中，非常推崇这种精神。

二、本章的主要内容

由于合同双方的职责、权利和义务是不同的，本章中将分别介绍业主方和承包商方在项目实施各个阶段中合同管理的工作内容，包括各方的风险管理和索赔管理。同时也对传统模式和 DB 中工程师的职责、权限和工作内容进行分析、介绍，也对 EPCT 模式相关内容进行了论述；对项目实施阶段合同有关各方（业主、工程师/业主代表、承包商）的主要职责进行对比和分析；讨论了争议产生的主要原因以及如何减少争议、如何处理"伙伴关系"，以利于项目顺利完成；最后介绍了国际工程项目争议的多种解决方式，重点介绍了仲裁。

本章主要参照世界银行国际招标的工程采购合同范本以及 FIDIC 相关合同条件范本

中对合同管理的要求进行论述。

第二节 业主方的合同管理

在本节中，首先简要地论述业主对一个工程项目的前期管理，包括选择咨询公司以及咨询人员的原则；之后再较详细地介绍在项目实施期的管理中，协助业主进行项目管理的工程师的职责。本节还从业主的合同管理角度对风险管理与索赔管理进行了讨论。

目前，我国已成为资本输出国，有一批国际工程项目已成为投资方，因而也应十分重视从业主方角度抓好对项目的合同管理。

一、业主方对项目前期的管理

（一）项目前期管理工作的重要性

一个国际工程在项目前期阶段（有时称投资前阶段）的各项管理工作十分重要。项目前期阶段的工作内容一般包括地区开发、行业发展规划、项目选定阶段的机会研究、预可行性研究以及可行性研究，最后通过项目评估来确定项目。这些工作对于把握住投资机会，对项目进行科学地、实事求是地分析和评估，从而正确地立项十分重要。因为，如果立项错误，则会对项目实施过程中的合同管理，特别是投产运行造成极大的困难和损失。

做好上述工作的关键有两点：一是选择一家高水平的咨询公司来从事这些投资前的各项工作，以便能得到一份符合客观实际的可行性研究报告；二是业主应该客观地、实事求是地根据评估的结果和自己的融资能力来决定项目是否立项。

（二）选择高水平的咨询

在国外，业主对一个工程项目的研究、决策与管理主要依靠咨询公司。国外的咨询业是一个十分兴旺发达的产业。咨询服务是依靠专家的知识、经验和技能为业主提供的一种高层次、智力密集型的服务。由于项目管理的重要性，特别是投资前阶段各项工作的重要性，国外业主在选择咨询公司时首先考虑的是咨询公司的能力、经验和信誉，而不是报价。关于世行以质量为基础的选择（QBS）在第三章中已有介绍。

国外有许多咨询公司专门为业主服务，其服务内容范围广泛，可提供单项咨询服务，也可作为业主代理人在项目开发和实施的全过程进行工作。下面，介绍一个美国"业主服务（Owner Services）"公司的服务范围：

1. 前期阶段

（1）设计招标文件与编制合同文件；

（2）确定项目设计目标、预算与进度要求；

（3）审阅和管理项目计划；

（4）参加地方政府项目有关各方的会议。

2. 设计阶段

（1）设计管理与协调；

（2）成本估算与预算；

（3）预算方案更新；

（4）进度计划安排；

　　（5）运用价值工程提出改进设计的建议；

　　（6）设计审查与监督；

　　（7）施工可行性审核；

　　（8）施工规划：建议承包方式；

　　（9）施工招标文件编制。

　　3. 采购阶段

　　（1）监督申报批准手续；

　　（2）施工采购：审阅施工招标文件，主持标前会议，评审承包商的投标，协助业主进行合同谈判等。

　　4. 施工阶段

　　（1）施工监理规划；

　　（2）现场监理；

　　（3）支付申请审查；

　　（4）提出替代方案或审查承包商提出的替代方案；

　　（5）质量控制；

　　（6）施工图设计审查；

　　（7）变更与索赔控制。

　　（三）选定项目的实施模式

　　在第一章中对项目的多种实施模式已有介绍，业主在确定项目立项时，应请咨询公司提出方案，经分析比较后确定项目实施模式。

　　项目立项后的实施工作可由原来承担前期咨询工作的公司继续承担。这种方式的优点是咨询公司对项目的各项资料比较熟悉，工作思路连贯，可以加快进度，总报价较低。而且如果咨询公司事先知道只由该公司承担立项前的工作，则可能因这阶段工作费用较低而不愿意接受。第二种方式是将立项后的工作交另一家咨询公司承担，这种方式的优点是可由第二家公司对立项前的咨询报告进行客观的评价，提出改进方案，获得集思广益的效果；但缺点是进度可能稍慢，总报价也可能稍高。

　　在实践中采用哪种方式主要看业主一方对咨询公司的了解和信任程度以及咨询公司的信誉和水平，而咨询费用一般不是决定性因素。

　　（四）办理批准立项手续

　　在项目通过评估立项，确定项目地点之后，应办理与工程建设项目有关的法律、地方法规规定的各项批准和立项手续。

二、业主方对项目实施期的管理

　　（一）业主方管理的一般职责

　　一个工程项目在评估立项之后，即进入实施期。实施期一般指项目的勘测、设计、专题研究、招标投标、施工、设备采购、安装、调试直至竣工验收。在这个阶段业主方对项目管理应负的职责主要包括：

　　1. 设计阶段

　　（1）委托咨询设计公司进行工程设计，包括有关的勘测及专题研究工作。

（2）对咨询设计公司提出的设计方案进行审查、选择和确定。

（3）对咨询设计公司编制的招标文件进行审查和批准。

（4）选择在项目施工期采用的管理方式，选定项目管理公司或监理公司或 CM 经理或业主代表等。

（5）采用招标或议标方式，选择承包商。

（6）进行项目实施前期的各项准备工作，如征地拆迁，进场道路修建，水、电和天然气的供应等。

在设计阶段业主一方要特别注意的问题是：

地基勘测工作及地基设计方案的正确性。基础是任何建筑物最重要的部位，如果地基勘探资料数据不正确，可导致建筑物基础部位设计的错误，危及整个建筑物的安全。设计方案选定后，应要求咨询设计公司精心设计，尽可能避免和减少在承包商已确定且工程已开工的情况下进行设计变更。尽管 EPCT 项目总承包商对业主提供资料的正确性和完整性负责，但笔者认为，业主方仍应尽可能地提前做好地质资料的勘探，特别是对大型复杂的工程项目，更应注意这项工作。

地基勘探的失误以及开工后设计图纸的变更将为承包商提供极好的索赔机会，从而影响业主一方的投资控制和进度控制。因此业主一方在进行设计阶段的合同管理时，重点要抓地基勘测和设计的质量。可以组织专家或其他咨询公司认真地进行审查，也可组织专家采用价值工程方法对设计方案进行研讨和改进。

总之，宁可在设计阶段放慢一点进度，工作做细致一些，以免招致开工后的变更和索赔。尽管出现了大的设计问题时可依据咨询合同向咨询公司或保险公司索赔，但也很难弥补对业主造成的损害。

2. 施工阶段

当一个工程开工之后，传统模式和 DB 模式现场具体的监督和管理工作全部都交给工程师负责了，但是业主也应指定业主代表负责与工程师和承包商的联系，处理执行合同中的有关具体事宜。EPCT 模式，业主代表可履行合同中规定的业主的全部权力（终止合同除外）。对一些重要的问题，如工程的变更、支付、工期的延长等，均应由业主负责审批。

下面介绍在施工阶段业主一方的主要职责。

（1）将任命的业主代表和工程师（必要时可撤换）名单和他们的职责、权限，以书面形式通知承包商，如系国际贷款项目还应该通知贷款方。

（2）继续抓紧完成施工开始前未完成的工程用地征用手续以及移民等工作。

（3）同意承包商转让部分工程权益的申请（如有申请时），批准履约保证和承保机构，批准承包商提交的保险单和保险公司。

（4）负责项目的融资，以保证工程项目的顺利实施。

（5）在承包商有关手续齐备后，及时向承包商拨付有关款项，如工程预付款、设备和材料预支款、每月的月结算、最终结算等。这是业主最主要的义务。

（6）及时签发工程变更命令（包括批准由工程师/业主代表与承包商协商的这些变更的单价和总价）。

（7）批准经工程师研究后提出建议并上报的工程延期报告。

（8）负责为承包商开证明信，以便承包商为工程的进口材料、生产设备以及承包商的施工装备等办理海关、税收等有关手续。

（9）协助承包商（特别是外国承包商）解决生活物资供应、材料供应、运输等问题。

（10）对承包商的信函及时给予答复。

（11）负责编制并向上级及外资贷款单位报送财务年度用款计划、财务结算及各种统计报表等。

（12）负责组成验收委员会进行各区段及整个工程的试车、初步验收和最终竣工验收，签发有关证书。

（13）尽可能通过友好协商解决合同中的争议，如需对合同条款进行必要的变动和修改，需与承包商协商，并签订补充协议。

（14）如果承包商违约，业主有权终止合同并授权其他人去完成合同。

（二）工程师在合同管理中的地位与职责

此处工程师指 FIDIC "新红皮书"、"新黄皮书" 中的工程师。

如何正确理解工程师的职责？应该参照 FIDIC《委托人/咨询工程师协议书（白皮书）指南》中的论述。该范本中在讨论到 "合同方面的任务" 时，特别说道：

关于咨询工程师（单位）在管理合同中的任务使用 "监理（Supervision）" 的措辞可能会产生严重的误解，因此，应避免这种用法。值得注意的是，"红皮书"、"黄皮书"、"橘皮书" 以及 1999 版的《施工合同条件》，都避免使用早先版本中可以看到的 "监察和监理工程（Watch Over and Supervise the Works）"，而提出 "合同中规定的（或委托他的）任务（Duties Specified（or Assigned to Him）in the Contract）"。如果对此类任务需要简明地描述，可用 "管理合同和检查工程（Administer the Contract and Inspect the Works）"。

上面这一段重要论述的意思是：工程师作为业主的人员，其职责是按照业主和承包商订立的合同，为业主管理合同和检查工程进度、质量，并协助业主管理好投资，包括正常的支付、变更，调价、支付和索赔的审查和支付等。

工程师对合同的管理与承包商在实施工程时的管理的理念、方法和要求都是不一样的。

承包商是工程的具体实施者，他需要制定详细的施工进度和施工方法，研究人力、机械的配合和调度，安排各个部位施工的先后次序以及按照合同要求进行进度管理、质量管理、安全管理和环境管理，以保证按合同对工期的要求高效优质地完成工程。

工程师则是按照业主和承包商的合同中规定的职责和权限来管理和检查工程，他不负责具体地安排施工和研究如何保证质量的具体措施，而是宏观上检查和控制施工进度，按承包商在开工时提交的施工进度计划以及月计划、周计划和修改后的施工进度计划进行检查和督促，对施工质量则是按照合同中技术规范及图纸中的要求去进行检查验收。工程师可以向承包商提出建议，但并不对如何保证质量负责，工程师提出的建议是否采纳，由承包商自己决定，因为他要对工程质量和进度负责。对于成本问题，承包商要精心研究如何去降低成本，提高利润率；而工程师主要是按照合同规定，严格为业主把住支付这一关，并且防止承包商的不合理的索赔要求。在国际工程中，现场施工安全管理是由承包商负全部责任，而工程师完全不承担安全施工责任的。

工程师的具体职责是在合同条件中规定的，如果业主要对工程师的某些职权作出限制，他应在合同专用条件中作出明确规定。

工程师的职责综述

工程师的职责也可以概括为进行业主方的项目管理，负责依据业主和承包商的合同进行工程的进度控制、质量控制、投资控制以及做好协调工作。具体的职责如下：

（1）协助业主评审投标文件，提出决标建议，并协助业主与中标者谈判，商签承包合同。

（2）在工程合同实施过程中，按照合同要求，全面负责对工程的监督和检查，协调现场各承包商之间的关系，负责对合同文件的解释和说明，处理矛盾，以确保合同的圆满执行。

（3）审批承包商申请的分包报告，并要求承包商在所订的分包合同中应包括合同条件中规定的保护业主权益的条件。但分包商的工作应由承包商直接进行管理，承包商必须按照与业主签订的合同中的图纸、技术规范及合同条款的要求管理分包商。对分包商工作质量等重要问题验收时，一般是由承包商先验收，但最终必须得到工程师的认可和批准才算正式验收。

（4）进度控制。监督检查承包商的施工进度，审查承包商的施工进度实施计划，如发现不符合合同要求之处，可要求承包商修改，监督工程各区段及各分部工程进度计划的实施，督促承包商按期或提前完成工程。按照合同条件主动处理工期延长问题，或接受承包商申请的有关工期延长问题。必要时发出暂停施工令和复工命令，并及时处理由此而引起的工期延长等问题。

（5）质量控制。包括对设计的管理，对施工质量和材料、设备的检查等，但工程质量的第一责任人是承包商。下面分别论述在传统模式和 DB 或 EPCT 模式下业主方对质量控制的职责：

1）在传统模式下，工程师应负责提供原始基准点、基准线和参考标高，审核检查并批准承包商的测量放样结果。还应帮助承包商正确理解设计意图，负责有关工程图纸的解释、变更和说明，发出图纸变更命令，提供新的补充图纸，在现场解决施工期间出现的设计问题。

若合同要求承包商进行部分永久工程的设计或要求承包商提交施工详图，工程师应对这些图纸进行审核、批准；同时还要处理因承包商设计图纸供应不及时或修改引起的拖延工期及索赔等问题。

工程师应监督承包商认真贯彻执行合同中的技术规范、施工要求、图纸上的规定和所建立的质量保证体系，以确保工程质量满足合同要求。制定各类对承包商进行施工质量检查的补充规定，或审查、修改和批准由承包商提交的质量检查要求和规定；及时检查工程质量，特别是基础工程和隐蔽工程；指定试验单位或批准承包商申报的试验单位，检查批准承包商的各项实验室及现场试验成果；及时签发现场试验或其他有关试验的验收合格证书；严格检查材料、设备质量，批准、检查承包商的订货（包括厂家、货物样品、规格等）；指定或批准材料检验单位；检查或抽查进场材料和生产设备（包括配件、半成品）的数量和质量。

2）在 DB 或 EPCT 模式下均由承包商负责设计，而设计环节对整个工程的质量关系重大，因此工程师/业主在质量管理过程中应十分重视抓好设计管理。

承包商应按"业主的要求"中的标准全面负责设计工作，并将各部分的设计文件递交工程师/业主审批，批准后才能开工。业主方应按规定的审批日期及时批复，以保证工程的顺利实施，如需修改，由承包商自费修改。

承包商应对工程质量和环保要求全面负责，并建立质量保证体系，工程师/业主有权审查并批准，如工程师/业主提出要求，承包商应提交施工安排和方法的细节，如之后有重要改变应通知业主方。

施工过程中，工程师/业主可进入现场检查材料、设备制造并进行规定的全部检验，如发现不合格时，可要求承包商自费整改，之后进行再检验。

工程师/业主均应按照"业主的要求"中的标准和要求进行竣工检验，包括试运行。如合同中规定了竣工后检验，则应在工程被业主接收后的一段时间进行，承包商应尽力协助。如未能通过该项检验，承包商应整改并按合同规定处理有关事项。

（6）投资控制

1）负责审核承包商提交的每月完成的工程量及相应的月结算财务报表，处理价格调整中的有关问题并审查签署月支付证书，及时报业主审核、支付。

2）在工程快竣工时，核实竣工工程量，以便进行工程的最终支付。审查并与承包商讨论，确认承包商提交的竣工报表和最终报表，签发最终付款证书。

3）尽量避免和减少变更。当必须变更时，应认真评估变更可能引起的工期索赔与造价索赔。

4）处理好索赔。当承包商违约时，代表业主向承包商索赔。处理承包商提出的各类索赔。处理索赔问题时，均应与业主和承包商协商后，提出处理意见。如果业主或承包商中的任一方对工程师的决定不满意，可以提交DAB或提交仲裁。

（7）人员考核。承包商如欲替换派去工地管理工程的施工项目经理，须经工程师同意；工程师有权考查承包商进场人员的素质，包括技术水平、工作能力、工作态度等；工程师有权随时撤换不称职的施工项目经理和不遵守合同规定、坚持有损HSE的行为以及玩忽职守的工作人员。

（8）审核承包商要求将有关生产设备、施工机械、材料等物品进、出海关的报告，并及时向业主发出要求办理海关手续的公函，督促业主及时向海关发出有关公函。

（9）工程师应记录自己的现场管理工作日记，保存一份质量检查记录，以作为每月结算及日后查核时用。如工程师与业主方签订的合同有要求时，工程师应根据积累的工程资料，整理工程档案。

（10）参加竣工验收或受业主委托负责组织并参加竣工验收。

（11）及时签发合同条款中规定的各类证书与报表。

（12）定期向业主提供工程情况报告（一般每月一次）并根据实际情况及时向业主呈报工程变更报告，以便业主签发变更命令。

（13）积极协助调解业主和承包商之间的各种矛盾。当承包商或业主违约时，按合同条款的规定，处理各类有关问题。

（14）处理施工中的各种意外事件（如不可抗力、不可预见的自然灾害等）引起的问题。

（三）各个层次工程师人员的职责

在 FIDIC "红皮书" 以及 ICE 编制的合同条件中，都将 "工程师" 分为三个层次，即工程师、工程师代表及助理。而 "新红皮书"，则将 "工程师" 分为工程师及其助手，助手包括驻地工程师（相当于工程师代表）和对设备和材料进行检验的检查员。

下面按工程师、驻地工程师和检查员三个层次，比较详细地讨论在为业主管理合同和检查工程时，这三个层次的人员各自的职权和分工。

1. 工程师

指由少数级别比较高，经验比较丰富的人员组成的委员会或小组，行使合同中规定的工程师的职权（类似于中国的总监理工程师），大部分工程师这一层的成员不常驻工地，但会不定期地去工地考察处理重大问题；审批驻地工程师呈报的各类报告；同业主研究决定有关重要事宜。下述有关的重要问题必须由工程师亲自处理（有的需报业主批准），这类问题包含：

（1）签发工程开工令。

（2）审查合同分包。

（3）撤换不称职的承包商的施工项目经理和（或）工作人员。

（4）签发接收证书、履约证书、最终报表及最终支付证书等。

（5）批准承包商递交的部分永久工程设计图纸和图纸变更。

（6）签发各类付款证书，对使用暂定金额、补充工程预算、承包商申请的索赔以及法规变更引起的价格调整等问题提出意见，上报业主批准。

（7）就工期延长、工程的局部或全部暂停、变更命令（包括增减项目、工期变更、决定价格等）等问题提出意见，上报业主批准。

（8）处理各种意外事件引起的问题。

（9）按合同条款规定处理承包商违约或业主违约的有关问题。

（10）调解和处理现场的矛盾引起的各类问题。

（11）其他。

2. 驻地工程师（Resident Engineer）

指受工程师指派常驻工地，代表工程师行使所委托的那部分职权的人员，在 "红皮书" 中一般称为 "工程师代表"，通常称为驻地工程师。工程师可以按两种方式指派驻地工程师：一种是按专业分工，如工地现场施工、钻探灌浆、实验室工作等；另一种则按区段，如将一条高速公路的合同分成几个区段，每个区段派一位驻地工程师。

为了能及时解决工地发生的各类问题，工程师可以考虑将下列全部或部分职权委托给驻地工程师：

（1）澄清各合同文件的不一致之处。

（2）处理不利的外界障碍或条件引起的问题。

（3）发出补充图纸和有关指示，解释图纸。

（4）为承包商提供测量所需的基准点、基准线和参考标高，以便工程放线，检查承包商的测量放样结果。

（5）检查施工的材料、生产设备和工艺，并进行现场每一个施工工序的验收。

（6）指示承包商处理有关现场的化石、文物等问题。

(7) 计量完工的工程。

(8) 检查承包商负责的工地安全、保卫和环保措施。

(9) 保存试验和计量记录。

(10) 审查承包商提交的竣工图纸。

(11) 处理与运输和道路有关的问题。

(12) 处理承包商的劳务出现的各类问题。

(13) 向工程师呈报每月付款证书，事先校核证书中的工程量及价格（包括价格调整的计算）。

(14) 要求承包商制定或修改进度计划。检查进度计划，在进度拖延时，向承包商发出赶工令。

(15) 在需要时，命令承包商按"计日工"进行某些工作。

(16) 处理夜间和公休日工作问题。

(17) 出于保护工程或安全的原因，需要马上采取行动时，安排紧急补救工作或暂停工程。

(18) 缺陷通知期内检查承包商应完成的扫尾工作和缺陷修补工作，处理缺陷调查有关问题。

(19) 呈报承包商的设备进出口的申请报告。

(20) 就补充工程预算上书工程师。

(21) 防止和减少承包商的索赔。研究承包商的索赔要求，并向工程师提出建议。

(22) 主持工地会议，发布会议记录，保存与承包商往来的所有公函。

(23) 处理"指定分包商"有关问题。

(24) 与实施合同的有关各方打交道，并保存来往公函。

(25) 协调工地中各承包商之间的关系。

(26) 其他。

3. 检查员

工程师或驻地工程师可指派检查员协助他进行一部分工作，一般包括：

(1) 工地施工现场值班，监督承包商现场施工质量。

(2) 派往工地以外的设备制造厂家监督检查生产设备的用料和加工制造过程。

(3) 派往工地内或工地之外的预制构件或施工用料（如混凝土）加工厂，监督检查加工质量。

(4) 其他。

三、业主方的风险管理

关于国际工程的风险管理（Risk Management）在本书中仅从业主方和承包商方合同管理的角度来阐述。本节中首先介绍风险管理的概念和特点，再介绍业主方在项目决策阶段（立项实施前）和项目实施阶段两个阶段的风险管理。

（一）风险管理概述

风险是所有工程建设项目共有的特征。工程建设项目除了一般的项目所具有的项目的一次性、唯一性、项目目标的明确性和实施条件的约束性之外，还具有项目复杂程度高、整体性强、实施时间长、当地气候、地质等自然条件影响、生产者的流动性和当地政府的管理和干预等特点。因为不可预见的因素多，风险出现的可能性大，所以风险管理在整个工程项目建设过程中都十分重要。

1. 风险的定义和风险管理的特点

(1) 风险的定义

风险是一种可以通过分析推算出事件发生的后果及概率（Probability）的不确定性事件（Uncertainty），事件发生的后果多半是损失，但也有可能是收益。

风险可以用函数式表示如下：

$$风险 = f(事件发生的后果，事件发生的概率)$$

(2) 工程项目风险管理的一般特点

1) 风险管理的对象是指那些可以求出其概率分布的不确定性事件。

2) 风险的普遍性。一个工程项目在实施中的风险往往是客观存在的，项目各方都可能遇到风险，因而也都应该按照"伙伴关系"的理念来承担一部分风险并共同防范风险，这种风险分担体现在双方签订的合同中。

3) 风险管理应该贯穿在项目准备和实施的全过程。风险管理应该贯穿在项目的前期准备工作（如业主方准备招标文件、承包商方准备投标等）和项目实施的各项工作之中，通过风险管理可以减少或避免损失，但在项目实施过程中也可能出现新的风险，因而风险管理应该贯穿在项目准备和实施的全过程。

4) 风险的二重性。Heilmann 根据风险的危害和机遇的二重性特点，将风险划分为纯风险（Pure Risk）和投机风险（Speculative Risk）。纯风险只有产生负作用的可能性，因此主要是造成损失，如不可抗力；投机风险是指负作用和正作用都有发生的可能，产生损失的同时也伴随着获益的可能性，如地质条件、通货膨胀、汇率变化等则属于投机风险。

风险一般会造成损失，但如风险管理成功也可能有所获益。投机风险也叫风险利用，但无论合同哪一方都不应该把自己的效益建立在投机风险上，而只是在项目实施过程中应该研究如何管好风险和利用风险（相关案例见第三节中承包商的"外汇风险"）。下面我们谈到的风险管理主要从降低风险造成的损失这一角度来分析。

2. 风险分担的原则

风险分担的一般原则是：谁能最好地控制风险，且能产生最好的整体效益则将该风险分配给谁。在进行风险分配时，必须注意考虑和研究以下几个问题：

(1) 确定关键风险因素。

(2) 考虑到各方承担风险的能力，风险的分配应该比较公平。

(3) 风险在谁的控制范围内，应该将风险分配给能够最佳控制风险的一方。

(4) 业主是否愿意参与风险管理。

(5) 如果风险是不可控制的，应由哪一方来处理风险对整个项目最经济有效。

(6) 哪一方可以享有处理风险的最大收益。

(7) 如果风险发生，损失将由谁承担。

(8) 如果某种风险转移出去后，是否会造成业主又面临另一种风险。

3. 风险管理的内容简介

风险管理一般包括下列几个步骤：

（1）风险辨识（Risk Identification）。即按照某一种风险分类的方法，将可能发生的风险因素列出并进行初步的归纳分析。

（2）风险评估（Risk Evaluation）。即采用适用的理论和方法，并结合过去类似风险发生的信息来分析发生损失的概率分布。

（3）风险的控制与管理（Risk Control and Management）。包括风险回避、风险减轻、风险转移和风险自留。

本节中主要是对各阶段业主方的风险辨识、评估、风险控制与管理进行较详细的讨论。

（二）业主方的风险管理措施

我国近年来已经成为资本净输出国，投资额逐年增长，投资内容包含多个方面。我们此处主要讨论国际工程项目的投资，如基础设施建设、能源合作、资源开发等，特别是我国企业作为 BOT/PPP 模式的主要投资方时，因为这类项目往往投资数额大，回收时间长，因而从业主的视角进行风险管理愈益重要。

1. 风险辨识

风险因素是指可能产生风险的各类问题和原因。分析风险因素是风险管理的第一步，一个善于驾驭风险的管理者必须对项目各个阶段所可能遇到的风险因素有一个比较全面的、深刻的分析。

风险辨识就是按照项目的实施程序和某一种风险分类方法，列出项目各个阶段可能发生的风险因素，从中找出主要风险因素，分析彼此之间是否相关，研究风险因素产生的原因，并将其进行初步的归纳。

（1）项目决策阶段业主方的风险因素分析

从提高项目的效益、避免和减少失误的角度来看，项目决策阶段的风险管理比实施阶段更为重要。业主方在项目决策阶段一般可能遇到下列一些风险因素：

1）投资环境风险（指投资所在国及地区），包括：

① 投资所在国及地区政治环境稳定与否。

② 当地政府有关外国投资的法律、法规、各项政策的健全性与稳定性。

③ 当地政府的投资导向意图。

④ 社会环境格局是否稳定。

⑤ 当地政府是否腐化。

⑥ 投资国基础设施是否落后。

2）市场风险，包括：

① 项目建成后的效益，影响效益的因素。

② 国际和国内市场发展趋势和产品销售前景。

③ 同类产品的竞争。

3）投资融资风险，包括：

① 投资估算是否准确。

② 融资方案是否可靠，资金是否落实。

③ 融资方案中的外汇风险（包括汇率变化、项目所在国外汇政策变化、国际硬通货的不稳定性、人民币升值或贬值等）。

④ 物价上涨引起投资膨胀。

4）设计风险，包括：

① 设计单位的水平能否达到项目所要求的技术水平，如为 DB 或 EPCT 模式，则要特别注意该模式总承包商或某设计分包商的设计能力。

② 要求采用的新技术、新工艺、新设备是否与项目所在国的生产和管理水平相匹配，是否适合当地国情。

③ 当地的原材料供应（包括数量和质量）是否能满足新技术和新工艺的要求。如果必须采用进口原料，相应带来的各种风险。

5）工程地质风险，包括：

① 地质勘探的面积和取样不足。

② 地质情况复杂地区的各种意外变化。

③ 地下水流量和流向。

6）资源风险，包括：

① 地质资源储量未探明

② 地质资源的质量达不到设计要求。

7）施工风险，包括：

① 业主方应负责准备的施工条件（如水、电、燃气、境外交通运输等）不配套或未按招标文件规定日期完成。

② 雇用的承包商不合格，导致工期、工程质量没有保证。

8）布局安全风险，包括：

① 项目本身防火、防尘、防毒、防辐射、防噪音、防污染、防爆炸等方面的风险。

② 项目周围环境的不安全和干扰因素。

9）不可抗力风险，包括：

① 战争、入侵、禁运。

② 恐怖活动、革命、暴动、军事政变或内乱。

③ 暴乱、骚乱、罢工等。

④ 军火、爆炸、放射性污染等。

⑤ 自然灾害，如：地震、飓风、火山爆发等。

10）其他风险。

（2）项目实施阶段业主方的风险因素分析

1）业主方管理水平低，不能按照合同及时地、恰当地处理工程实施过程中发生的各类问题。如不能及时办理审准手续，不能按时征地拆迁及做好开工前的准备工作等，均将导致承包商索赔。

2）业主方选择工程师（或业主代表，下同）失误。

① 工程师不胜任项目管理工作，不能按照合同及时地、恰当地处理工程实施中发生的各类问题。

② 工程师渎职、不负责任造成的各种损失。

③ 少数工程师以权谋私、行为腐败或被承包商拉拢腐蚀所造成的损失和风险。

3）设计引起的各种风险

① 设计依据的有关基础资料（包括地质、水文、气象等方面）不正确，引起开工后的大量变更，导致承包商的大量索赔。

② 设计图纸（包括图纸变更）供应不及时，使工程实施停工待图，导致工程竣工延误以及承包商的工期及其他索赔。

虽然当设计方造成重大失误时，业主方可根据协议要求补偿或要求事先进行职业责任保险，但补偿和保险都很难弥补对业主一方所造成的损失。

4）融资风险。

① 在项目实施阶段资金不落实、原承诺贷款单位或上级单位由于各种原因不能及时提供资金。

② 货币资金价值波动，包括当地币/外币贬值。

③ 贷款后不能及时归还引起的问题。

5）业主方负责供应的设备和材料的风险

① 设备、材料质量不合格。

② 设备、材料未能按计划运达工地。

③ 设备部件未能及时配套供应。

6）承包商水平低引起的风险。

① 不能保证工程质量。

② 工期拖期。

虽然业主可采取没收履约保证、驱逐承包商的工地项目经理以及按承包商违约驱逐承包商、另找一家承包商施工等措施，但业主方仍将会在工期和费用方面蒙受重大损失。

7）承包商及供货商的各种索赔。

8）通货膨胀的风险。

9）不可抗力风险（内容同前）。

2. 风险分析和评估

包括分析风险的性质和对目标的影响程度、风险发生的概率和概率分布情况，特别要关注风险后果影响大并且发生概率高的风险因素。

对风险概率的评估有两种方法：

客观概率（Objective Probability）。是一种根据大量已掌握的数据，用统计方法进行计算的方法，这种方法所得结果是客观存在的，不以人们的意志为转移，称为客观概率。

主观概率（Subjective Probability）。在实际工作中，往往很难计算出客观概率，而是由有关专家根据各自的经验和分析，对事件发生的概率作一个比较合理的评估，这就是主观概率。对于大型复杂工程项目，由于缺少历史资料的借鉴，因而常常采用主观概率的方法估计风险概率。

（1）业主方项目决策阶段的风险评估

业主方项目决策阶段的风险评估主要是论证项目风险因素对投资效益的影响，这时投资决策者所需考虑的是风险因素的性质，即某个风险因素是可能造成损失、轻微损失还是可能获益。为做好风险分析和评估，一方面要收集足够数量的历史资料，另一方面，还要依靠相关领域的专家咨询，建立风险评估模型，对风险进行综合评估。

表 7-1 为工程项目风险评估表，表中首先要列出风险因素，而后列出每一项风险因素

对目标的影响程度，即风险后果，再分析出该项风险因素发生的概率。在第一次初步评估后，应删去对目标影响程度很小且发生概率低的风险因素，以使进一步评估时，剩下的风险因素保持在8～5个。这时，一般应对高风险因素的管理提出建议。

工程项目风险评估表   表 7-1

项目名称_____

评估人_____   日期_____

风险因素	风险后果（对目标的影响程度）					风险概率					对管理高风险因素的建议
	极严重	严重	中等	较轻	很小	很高	高	中等	低	很低	
风险因素一											
风险因素二											
风险因素三											

（2）业主方项目实施阶段的风险评估

根据项目决策阶段业主方的风险因素分析，在项目实施阶段所研究的风险虽也有投机风险，但大多是纯风险，纯风险发生的后果多半是造成损失，而做好风险管理则可以减少这些风险带来的影响，进而使损失降到最低。

3. 风险管理措施

业主方的风险管理应从前期抓起，即从投资机会研究、可行性研究和设计抓起，在项目开始阶段，"风险控制/成本"比值最高，即花费较低的成本，能对项目风险进行较好的控制。

业主方的风险管理措施一般可分为风险回避、风险减轻、风险转移和风险自留四方面，如图7-1所示。

（1）风险回避（Avoidance）

主要指业主方在工程项目立项决策时，认真分析风险，对于发生频率高、可能造成严重损失的风险因素要逐一深入研究，提出技术上可行、经济上合理的防范措施，或变更工期计划和降低某些目标要求以避开某些风险。对综合风险大、发生频率高的项目则应回避、不予批准或采用其他替代方案。

（2）风险减轻（Abatement）

主要指采取某些措施将风险事件的不利后果和发生概率降低到一个可接受的程度，如可以通过修改原设计方案，或是增加合作者和入股人来降低和分散风险。

图 7-1 风险管理措施选择示意图

（3）风险转移（Transfer）

对于不易控制的风险，业主方一般可采用两种转移方法：

　　1）保险。即对可能遇到的风险进行投保，将风险的不确定性转化为一个确定的投保费用，这是转移风险最主要的方式。对于咨询、设计或监理公司，可要求他们去投职业责任保险（Professional Liability Insurance），对承包商，可要求他们去投保工程一切险、第三方责任保险等。

　　目前在国际上，比较提倡由业主去统一进行投保，因为由各个承包商去分别投保有以下缺点：

　　① 各个承包商投保保单包括的范围不统一，既可能重复，又可能漏保。

　　② 保险费大幅度增加。当分开投保，且每一个保单涉及的范围较小且投保金额不多时，保险人谈判时的地位就比较弱，此时保险费会大幅度增加。

　　③ 分散投保时，各承包商缺乏讨价还价能力，因而就可能接受比较高的免赔额。

　　④ 业主不能控制索赔。在发生索赔事件时，由承包商和保险公司去谈判，业主不能控制。

　　对于大型项目，往往采取由业主去统一进行投保的方法，即保单以业主和所有参与工程项目的承包商的联合名义投保。这样由于保险额大，保险公司就愿意接受低保险费，规定比较优惠的免赔额，既可以减少保险费支出，也可以避免某些项目漏保、重复保险以及索赔时不同保险公司之间的争执。业主一方保险可使处理索赔问题时只面对一个保险公司。业主一方在工程开工前就可以知道工程的总保险费用和保险条件，对管理有关的风险做到心中有数。业主在进行大型工程保险时，还可找一家风险与保险咨询公司做顾问，听取其关于选择保险项目的建议。

　　对于一个复杂的、风险大的大型工程项目，往往由若干家保险公司组成联合体来承保，以分散每家保险公司的风险。

　　2）通过签订合同和选择合同类型将部分风险转移给设计方、技术转让方、承包商，但如果对方很有经验时，这样做可能导致较高的报价。

　　(4) 风险自留（Retention）

　　在对风险进行了认真的分析与研究之后，对于那些发生概率非常小或即使发生造成的损失也不大的风险，业主方一般可采用在预算中自留风险费的方法，以应付不测事件。

　　而且，并不是所有的风险都是应该转移的，有些风险转移是很不经济的。对于一些发生后可能造成巨大损失，但发生概率极低的风险一般也都留给自己。如FIDIC"新红皮书"中第17.3款〔业主的风险〕就是这个思路。该款中，业主的风险包括：

　　(a) 战争、敌对行为等活动；

　　(b) 工程所在国国内叛乱、恐怖活动、革命、暴动等；

　　(c) 承包商及分包商的雇员之外的人员在工程所在国国内的暴乱、骚乱等；

　　(d) 工程所在国国内的战争军火、爆炸物资、放射性污染等；

　　(e) 由音速或超音速的飞机等造成的压力波；

　　(f) 除合同规定之外，业主使用或占有的任何部分永久工程；

　　(g) 业主方负责的任何部分的工程设计；

　　(h) 一个有经验的承包商无法合理预见并防范的自然力的作用。

　　前面五点发生的概率极低，而后三点是承包商一方无力控制和防范的，如果把这些风险都归为承包商的风险，则业主将面对的是每一个承包商所提交的报价都包含了高额风险费。在项目实施期间如果这些风险不出现或出现的很少，则风险费都将成为承包商的利润，业主为此将遭受重大的损失。

总之，业主方在整个项目流程中，都应该采用价值管理、价值工程和风险管理的思路和方法来分析资金的价值，以做好每个关键决策。

四、业主方的索赔管理

(一) 索赔管理概述

1. 索赔的定义和概念

(1) 定义

Longman 辞典对索赔 (Claim) 一词所下的定义为：作为合法的所有者，根据自己的权利提出的有关某一资格、财产、金钱等方面的要求。

美国 AIA 文件 A201《施工合同通用条件》(2007 年版) 中，第 15.1 款 [索赔] 中对索赔的定义是：索赔是合同一方基于合同提出的要求或主张，寻求得到款项支付或其他权利。"索赔"这一术语还指业主和承包商之间由合同引发的或与合同相关的其他争议和事项。提出索赔的一方应承担提供索赔证据的责任。

在法律词典中，Claim 一词也可译为权利要求、权利主张、债权、所有权等。在工程项目管理中，索赔的概念不是指一般的权利要求，而是指合同一方由于尽了比合同中规定的义务之外更多的义务，或是自身的权益受到损害时，向合同另一方提出的对自身权利的补偿要求。也就是说，不包括完成原合同规定的义务所得到的权利。

(2) 与索赔有关的概念

对索赔有两种理解：一是广义的，即索赔包括变更、物价调整、法律变更引起的调整等，即凡是原合同之外的新增的工作以及权益受到损害所产生的费用和时间均属于可索赔的内容；二是狭义的，即不包含变更、物价调整、法律变更引起的调整等。本书中述及的索赔是广义的概念。

根据上述定义与概念，当业主和承包商中的任一方多尽了义务或自身的权益受到损害时，均可向对方提出索赔。由此可见，索赔一词不仅适用于承包商对业主，也适用于业主对承包商，承包商对分包商（包括供应商），分包商（包括供应商）对承包商等。

关于"反索赔"。对于业主向承包商的索赔，在国内外有两类提法：一类是不论承包商对业主或业主对承包商提出自己权利补偿要求时，均称为索赔，FIDIC、AIA、ICE 等国际上权威性组织编写的各类合同条件中均采用此提法，本书中亦采用此提法；另一类把业主对承包商的索赔称作"反索赔"(Counter Claim 或 Defence Against Claim)，这两个英文词组的原意是"逆向索赔"、"防范索赔"，实际含义是指当承包商向业主提出索赔时，业主方对承包商索赔的策略性反措施，或者说防范措施，包括向承包商进行的交叉索赔 (Cross Claim)。反索赔也应包括在承包商未向业主提出索赔的情况下，当业主利益受到损害时可对承包商提出的索赔。在国外权威性的合同范本中，不采用"反索赔"一词。

2. 索赔的特点

(1) 索赔作为具有法律意义的权利主张，在工程承包活动中，其主体是双向的或多向的。业主与订合同的若干承包商之间，承包商与分包商、供应商之间，均存在相互间索赔的可能性。

（2）索赔必须以法律和合同为依据。工程承包合同和合同所应适用的准据法规定了工程承包合同当事人之间的权利义务关系。只有一方违约或者违法，才可能构成对另一方法律权利和经济利益的损害，受到损害的一方也才有可能向违约方提出索赔要求。

（3）索赔必须建立在违约事实和损害后果都已经客观存在的基础上。违约事实可以表现为违约方的作为或不作为，而其后果是给守约方造成了明确的经济利益上的损害或时间上的损失，以虚拟的损害事实提出索赔要求是不能成立的。

（4）索赔应当采用明示的方式。即索赔应该反映在书面文件上，索赔的内容和要求的范围应该是明确而又肯定的，不能含糊其词，模棱两可。

（5）索赔的结果。一般当索赔方证据确凿时，应获得款项、工期或者其他形式的赔偿。

（二）索赔的依据和程序

1. 索赔的依据

在发生违约事实和损害后果的情况下，受损害的当事人一方应该有充分的根据，才能通过索赔的方式取得赔偿。在实践中，无论是哪一方的索赔都应该是围绕着违约事实是否存在这一前提进行的。索赔的依据包括：

（1）法律与法规

一般来说，业主往往依循本国法律的规定，要求在工程承包合同中确认本国有关的民商法律和法规作为合同的准据法，并据以对合同进行解释。此外，工程项目所在国的建筑法、合同法、招标投标法、公司法、海关法、税法、劳动法、环境保护法等法律和相关的法规都会直接影响工程承包活动。当任一方违背这些法律或法规时，或在某一规定日期之后发生的法律或法规变更，均可引起索赔。

（2）合同和合同文件

工程承包合同是工程承包当事人之间最基本的约定文件。应当指出，不论国内有关部委的合同文件范本，或是国际上权威性组织的合同文件范本，只有依据有关工程项目的实际情况，正式编入合同的条款才能作为索赔的依据。

（3）施工文件和有关资料

施工文件有一部分是属于合同文件的，如图纸、技术规范等。有一些虽然不是正式的合同文件，但它客观地反映了工程实施有关活动的文字记录，也是索赔的重要依据。主要包括：

1）施工前与施工过程中编制的工程进度表；

2）每周的施工计划和每日的各项施工记录；

3）会议记录。应将重要的会议内容写成会议纪要，并由双方签字确认；

4）由承包方提出的各类施工备忘录；

5）各方的来往信函；

6）由工程师检查签字批准的各类工程检查记录和竣工验收报告；

7）工程施工录像和照相资料；

8）各类财务单据，包括工资单据、发票、收据等；

9）现场气象记录；

10）市场信息资料，特别是官方机构（如统计局的价格指数等）定期公布的信息资料；

11）其他资料。

从法律上讲，上述施工文件应及时提交对方，并得到工程师或工程师代表和/或承包商的确认，才能构成索赔的依据。

（4）前期索赔文件

前期索赔主要是指在招标过程中，投标人投标后至签订承包合同前这一期间所发生的索赔问题。一方面，业主在投标人中标后，可能会提出超出原招标文件范围的要求，或者要求增加不合理的合同条款，致使双方无法签订或迟延签订工程承包合同，给中标方造成经济损失。另一方面，投标人在投标有效期内可能要求撤销投标，或提出严重背离招标文件的要求，拒签合同，单方毁标，给招标单位造成损害。这些事实都会构成前期索赔，而与之有关的招标与投标文件（包括投标保证）以及招标所应适用的法律是前期索赔的依据。

总之，从法律和合同的视角，索赔文件都应该在得知或应当得知索赔事件的日期起，按合同中规定程序和期限内送交对方，才能构成索赔的证据。

2. 索赔的程序

索赔是承包工程实施过程中经常发生的问题，但在过去常常拖到引起索赔的事件发生后很长时期甚至拖到工程结束后才讨论索赔，依据的记录和资料也不完整，因而很容易产生分歧和争论。为此，FIDIC 在"新红皮书"（1999 版）第 2.5 款中规定了业主向承包商的索赔程序，在第 20.1 款中规定了承包商对业主的索赔程序。其中很重要的一个规定就是如果承包商不按合同条件中规定的期限提交索赔申请或相关资料，则不给予索赔权，但对业主的索赔并无此规定。而在 FIDIC "新红皮书"（2010 年多边银行协调版）第 2.5 款［业主的索赔］中，对业主向承包商的索赔做出了索赔通知的时限补充规定，即为业主得知或应当得知索赔事件发生后的 28 天内。上述规定的详细介绍见第四章第二节中，此处不再赘述。

业主方向承包商一方的索赔一般可直接从向承包商的支付中扣除（如误期损害赔偿费），或在扣除前由工程师与承包商协商并在决定后书面通知承包商（如要求承包商赶工时的工程师加班费）。

（三）业主方的索赔管理措施

业主方的索赔管理应该前伸到项目的勘测设计、招投标和合同谈判与签订阶段，这一阶段工作中要有防范风险、减少承包商索赔机会的明确思路，做到防患于未然。

1. 增强前期风险防范意识，防止和减少承包商的索赔

"增强前期风险防范意识"应理解为包括做好咨询、设计和招标文件的准备等各项前期工作，因为合同文件的前期准备工作对管好索赔至关重要。

（1）把好勘测设计关，尽量减少开工后的设计变更

勘测工作的充分性和正确性对搞好设计和预防开工后的索赔十分重要。

在传统模式的合同条件中一般均明确规定，业主方应对提供的水文地质等原始资料的正确性负责。如果原始资料有错，必然会给施工造成困难和延误，使承包商有机会索赔。在进行设计工作时，首先要认真审查工程项目的设计方案，包括类型和尺寸；其次是工程的质量标准，规定要合理而明确；第三就是审查工程的数量、施工顺序和时间安排。总之

在将设计图纸和规范等编入招标文件之后，就不宜作大的变更，任何设计变更都将为承包商提供极好的索赔机遇。在国外，一般招标时仅提供初步设计，而将施工详图设计交由承包商去做，因而在初步设计中就要把好上述三方面的关口。

在 EPCT 模式中，虽然一般合同条件中大部分设计风险均由承包商负责，但在合同中规定的不许改变的或业主应负责的那部分数据或信息，以及承包商不能核实的部分数据或信息一般仍由业主负责（详见第四章第四节相关条款规定）。

（2）编好招标文件

招标文件是签订合同的基础，在进行设计工作的同时，编好招标文件十分重要。这里仅从索赔管理的角度再强调以下几点。

1）合同中各个文件的内容要一致，尽量避免和减少相互之间的矛盾和歧义，以减少索赔事由。

2）文件用语要推敲，要严谨，以便在产生争议时易于判断。

3）要注意资料的可靠性，尽可能详细、客观地反映实际情况。

4）要注意比较公正地处理业主和承包商的利益，风险合理分担。只有在十分必要时才加上限制索赔条款（Disclaimer Clauses），如业主对地质资料的准确性不负责任，承包商认为必要时可自行勘察，这样就将风险转移给了承包商。但这类条款的增多势必引起承包商在投标时加大风险费，抬高报价。

5）对于价值高且工程量大的项目，可要求承包商投标时提交"单价分析表"（Breakdown of Prices），以备评标和日后处理索赔时用。

（3）做好评标，签订好合同

1）评标时要对"特低标"慎重处理，特低标似乎可为业主节省投资，但也往往是引起索赔的一个原因。在评标时可利用"单价分析表"等对报价进行仔细的分析，如若某一投标人大部分子项报价不合理，则不应被选中标。

2）在合同谈判时防止承包商修改合同条款的要求。承包商在投标时发现的招标文件的某些问题往往在合同谈判时提出要求修改，此时业主方应从索赔管理角度进行仔细的分析，当然对合理的建议和要求也应采纳。

（4）慎重选择业主自营项目

除非业主自营时可以大量节约投资和/或保证质量，一般不应确定过多的业主自营项目。对自营项目要加强管理，因为自营项目在供货时间、质量、设备配套等方面任一个环节出问题均会给承包商造成索赔机会。

（5）保险

应尽可能依靠保险转移风险，如业主方负责保险时，在工程变更时要补办保险，以便在发生投保范围内的风险时可向保险公司索赔。

2. 业主要善于依靠工程师来处理索赔

工程师是受业主之托管理合同的，业主方在索赔管理中也应善于依靠工程师。

（1）工程师为业主管理索赔，包括处理承包商要求的索赔和代表业主向承包商提出索赔，在这里我们先讨论如何处理承包商要求的索赔。

工程师在处理索赔时，起到一个咨询顾问作用。一般说来，工程咨询只有建议权而无决策权，但是业主也可以在确定工程师的职责权限时，考虑将某一限定款额和/或工期以下的索赔授权工程师做出决定，这个权限应在合同条件的专用条件中明确规定，使承包商在投标时即知晓。而对较大的款额和/或工期索赔，工程师在处理索赔时一方面要及时地调查事实和证据，另一方面要倾听业主和承包商双方的意见，起到一个缓冲和协调的作用，避免和减少业主和承包商之间面对面的冲突。一般工程师在充分调研的基础上，总是先和业主商定可以给予承包商索赔的限额，再去和承包商谈判，如在授权的限额之内，即可做出决定，否则，再在双方之间进行协调。

（2）工程师应及时地向业主递交如何处理承包商的索赔建议书，建议书内容一般包括：

1）承包商申请索赔内容的摘要：包括要求索赔的事由、金额、时间、依据等。

2）处理该索赔事项有关的合同依据（列出有关条款序号和内容）和法律依据，有关证据和材料。

3）与承包商的索赔要求相对应的工程师的计算方案、计算方法和数据，并列表对比。有关计算成果一定要实事求是，这一点非常重要。

4）工程师对该项索赔的处理方案的正式建议。

5）各种附件，主要是承包商的索赔申请报告和依据以及其他证明材料等。

如果业主在合同专用条件中规定了工程师可做决定的索赔款额和/或工期天数，在做出处理决定后工程师也应参照上述建议书向业主备案。

（3）在为业主进行索赔管理时，工程师应做到以下几点：

1）要有防范风险的意识，防患于未然，要分析合同，列出承包商可能要求索赔的各种可能性，在管理中注意防范，如督促设计人员及时提供图纸，尽量减少变更等。

2）加强责任心，做好现场记录和监理日记，以便在承包商提出索赔时有自己的记录和依据。

3）要认真学习和研究合同文件，特别是合同条件，在出现索赔事件之后，要及时进行调研，弄清事实，保存证据，才有可能根据合同提出有理有据、公平合理的建议。

总之，处理承包商的索赔是工程师日常的一项重要工作，也是对工程师素质和水平的一个考验。业主一方面要依靠工程师，另一方面也应对工程师提出明确具体的要求。

（四）业主方可向承包商索赔的内容和有关条款

在承包商未按照合同要求实施工程时，除了工程师可向承包商发出批评或警告，要求承包商及时改正外，在许多情况下工程师可根据合同条款代表业主向承包商提出索赔。

1. 业主方可向承包商索赔的内容

在发生下列承包商未按合同要求实施工程、损害业主权益或违约的情况时，业主可索赔费用和（或）利润。

（1）工程进度太慢，要求承包商赶工时，索赔工程师的加班费。

（2）合同工期已到而未完工，索赔误期损害赔偿费。

（3）质量不满足合同要求时，如：

1）由于某一部分工程不合格被拒绝接受，在承包商自费修复后，业主可索赔重新检验费；

2）不按工程师的指示拆除不合格的工程和材料，不进行返工时；

3）不按工程师的指示在缺陷通知期内修复缺陷时，

在 2）、3）两种情况下，业主可找另一家公司完成此类工作，而向承包商索赔支付给另一家公司的成本及利润。

（4）未按合同要求办理保险。如在合同中要求承包商办理保险时，有两种支付办法：一种是在工程量表中列明办理各种保险时的保险费；另一种是不在工程量表中列明，此时承包商应将保险费列入间接费。在承包商未按合同要求办理保险，且在工程量表中未列明保险费时，业主可在下面两种情况下向承包商索赔：

1）由业主去办理在合同中要求承包商办理的保险的相关费用；

2）由于合同变更或其他原因造成工程施工的性质、范围或进度计划等方面发生变化，承包商未按合同要求去及时办理保险，由此造成的损失或损害。

（5）未按合同条件要求采取合理措施，造成运输道路、桥梁的破坏。

（6）未按合同条件要求、无正当理由不向指定分包商支付。

（7）由于变更等原因，最终结算价超过合同价的某一百分比（如 15%），而又给予了承包商合理的工期补偿时（但也必须在合同条款中有此类规定）。

（8）严重违背合同（如进度一拖再拖，质量经常不合格等），工程师一再警告而没有明显改进时，业主可没收履约保函（但此时业主方一定要有确切的事实依据和证据，否则承包商可起诉）。

（9）当承包商在签订分包合同时，未按合同条件中的要求写入保护业主权益的条款，致使业主权益受到损害时。

在发生下列情况时，业主可向承包商进行工期索赔（指延长缺陷通知期）。

（1）如果由于缺陷使工程的某个区段或某个生产设备无法按预定目的使用，业主可要求延长缺陷通知期（但延长时间不得超过两年）。

（2）如果承包商未按相关法律法规办理涉及设计、施工、竣工、修补缺陷以及纳税等要求的手续，耽误了工期，业主可索赔工期。

（3）如果对任何生产设备、材料或工艺检验不合格时，工程师可拒收并要求承包商修复缺陷以达到合同要求，并可要求重新检验。如果因此延误了工期，业主可要求工期索赔。

（4）如果对工程进行重新检验后仍未通过竣工检验时，工程师可下令重新检验，如果因此延误了工期，业主可要求工期索赔。

（5）业主方有正当的理由要求延长履约保证的有效期或暂不退还履约保证时，也有权要求工期索赔。

2. 业主方向承包商索赔的有关条款与方式

索赔有两种理解方式，广义的索赔包括合同条款中明示的或隐含的索赔内容，加上变更和调价可索赔和补偿的内容；狭义的索赔仅指合同条款中明示的或隐含的索赔内容。在下面的表 7-2、表 7-3、表 7-4、表 7-5 中，以及后面的表 7-7、表 7-8、表 7-9、表 7-10 中，用 T 代表工期索赔，C 代表费用索赔，P 代表利润索赔，表中所列的条款内容是指广义的索赔。

业主方的索赔可采取由工程师通知承包商或直接扣款的方式。

参照 FIDIC "新红皮书"（1999 年第 1 版），业主可向承包商索赔的明示的和隐含的条款以及有可能索赔的内容列入表 7-2、表 7-3 中。

传统模式下业主可向承包商索赔的明示的有关条款表　　表 7-2

（参照 FIDIC"新红皮书"1999 年第 1 版）

序号	条款号	条款内容	有可能索赔的内容
1	4.2	履约保证	$T+C+P$
2	4.19	电、水和燃气	$C+P$
3	4.20	业主的设备和免费供应的材料	$C+P$
4	5.4	付款证据	$C+P$
5	7.5	拒收	$T+C$
6	7.6	补救工作	$T+C+P$
7	8.6	进度	C
8	8.7	误期损害赔偿费	C
9	9.2	延误的检验	$C+P$
10	9.3	重新试验	$T+C$
11	9.4	未能通过竣工检验	$T+C+P$
12	11.3	缺陷通知期的延长	T
13	11.4	未修复缺陷	$C+P$
14	11.11	现场清理	C
15	13.7	因立法变动而调整	C
16	15.4	终止后的支付	$C+P$

传统模式下业主可向承包商索赔的隐含的有关条款表　　表 7-3

（参照 FIDIC"新红皮书"1999 年第 1 版）

序号	条款号	条款内容	有可能索赔的内容
1	1.7	转让	$C+P$
2	1.8	文件的保管和提供	$T+C+P$
3	1.13	遵守法律	$T+C+P$
4	4.4	分包商	$C+P$
5	4.5	分包合同权益的转让	$C+P$
6	4.14	避免干扰	C
7	4.16	货物运输	C
8	8.1	工程的开工	$T+C$
9	10.2	部分工程的接收	C
10	17.1	保障	$C+P$
11	17.3	业主的风险	$T+C+P$
12	17.5	知识产权和工业产权	C
13	18.1	保险的总的要求	C
14	18.2	工程和承包商设备的保险	C
15	18.3	人身伤害及财产损失保险	C
16	18.4	承包商人员的保险	C
17	19.3	有责任将延误降低到最小限度	T
18	19.7	根据法律解除履约	$C+P$

依据 FIDIC "银皮书"（1999 年第 1 版），业主可向承包商索赔的明示的和隐含的条款以及有可能索赔的内容列入表 7-4、表 7-5 中。

EPCT 模式下业主可向承包商索赔的明示的有关条款表　表 7-4

（参照 FIDIC "银皮书" 1999 年第 1 版）

序号	条款号	条款内容	有可能索赔的内容
1	4.2	履约担保	$T+C+P$
2	4.19	电、水和燃气	$C+P$
3	4.20	业主的设备和免费供应的材料	$C+P$
4	7.5	拒收	$T+C$
5	7.6	修补工作	$T+C+P$
6	8.6	工程进度	C
7	8.7	赔偿及延误利息	C
8	9.2	延误的试验	$C+P$
9	9.3	重新试验	$T+C$
10	9.4	未能通过竣工试验	$T+C+P$
11	11.3	缺陷通知期限的延长	T
12	11.4	未能修补缺陷	$C+P$
13	11.11	现场清理	C
14	12.3	重新试验	C
15	13.7	因法律改变的调整	C
16	15.4	终止后的付款	$C+P$

EPCT 模式下业主可向承包商索赔的隐含的有关条款表　表 7-5

（参照 FIDIC "银皮书" 1999 年第 1 版）

序号	条款号	条款内容	有可能索赔的内容
1	1.7	权益转让	$C+P$
2	1.8	文件的保管和提供	$T+C+P$
3	1.13	遵守法律	$T+C+P$
4	4.4	分包商	$C+P$
5	4.14	避免干扰	C
6	4.16	货物运输	C
7	8.1	工程的开工	$T+C$
8	17.1	保障	$C+P$
9	17.3	业主的风险	$T+C+P$
10	17.5	知识产权和工业产权	C
11	18.1	有关保险的一般要求	C
12	18.2	工程和承包商设备的保险	C
13	18.3	人身伤害和财产损害险	C
14	18.4	承包商人员的保险	C
15	19.3	将延误减至最小的义务	T
16	19.7	根据法律解除履约	$C+P$

第三节 承包商的合同管理

在本节中，首先介绍承包商一方在合同签订前的准备工作，然后重点介绍在合同实施阶段承包商的合同管理，之后对风险管理和索赔管理两个问题从承包商合同管理的角度进行讨论。

一、承包商方在合同签订前的准备工作

承包商一方在合同签订前的两项主要任务是：争取中标和通过谈判签订一份比较理想的合同，这两项任务均非易事。下面从投标和合同谈判两个阶段来讨论。

（一）投标阶段

该阶段又可分为两个阶段。

1. 资格预审阶段

资格预审是承包商能否参与投标的第一关，十分重要，资格预审报表中小的失误即有可能导致承包商失去进入投标的机会。承包商申报资格预审时应注意如下事项：

（1）注意积累资料。资格预审的内容实际上即是公司的现实情况，特别是财务能力、工程经验和诚信记录，因而应在平日即建立一个供资格预审专用的小信息库，将有关资料存储在内并及时补充完善。到填写某个项目的资格预审文件时，将基本信息调出来，再针对业主的要求加以修改补充即可。

（2）在投标决策阶段，即在进行市场开发调研阶段，要注意搜索信息，如发现合适的项目，应及早动手作资格预审准备，并应及早针对该类项目的一般资格预审要求，参照一般的资格预审评分办法给自己公司评分，这样可以提前发现问题，研究对策，必要时可及早动手寻找联营体伙伴。如施工机械力量不足则可考虑寻找施工机械力量强的分包商作为联营体伙伴，或采购新机械等。

（3）做好递交资格预审表后的跟踪工作，可通过代理人或当地联营体伙伴公司跟踪，特大项目还应依靠大使馆的力量跟踪，以便及时发现问题、补充资料。

（4）资格预审时，对如果投标中标后要采取的措施（如派往工地的管理人员、投入的施工机械等），能达到要求即可，不宜做过高、过多、不切实际的承诺。

2. 投标报价阶段

以下从合同管理角度讨论投标报价时应注意的事项：

（1）写一份投标备忘录。在投标过程中，投标小组必定要对招标文件反复进行细致而深入的研究，这时应将每位投标人员发现的问题汇总归纳分为三大类：

1）第一类问题是在投标过程中必须要求业主澄清的。如 DB 或 EPCT 项目招标文件"业主的要求"中某些要求含糊不清，这些情况可能导致开工后的实施困难和风险，对投标人明显不利。因此，必须在投标过程中（包括在业主召开的标前会议上）及时质询，要求书面澄清。

2）第二类问题是某些合同条件或规范要求过于苛刻或不合理，投标人希望能够通过签订合同前的谈判修改招标文件中这些不合理的规定，以便在合同实施阶段使自己处于比较有利的地位。

3）第三类问题是可以在投标时加以利用的或在合同实施阶段有可能用来索赔的，这类问题一般在投标时是不提的。

投标组组长应将各小组发现的问题归纳后单独写成一份备忘录。第一类问题应及时提出书面质询；第二类问题留到合同谈判时用；第三类问题留给负责工程实施的工地项目经理在有索赔机会时参考。

（2）订好 JV 协议。如果和外国公司或国内公司组成 JV 投标时，一定要事先认真订好 JV 协议，包括 JV 各方的职责、权限、权利、义务等。如果与外国公司组成 JV 时，我方公司人员一定要进入最高领导层和担任各执行部门的领导职务（不论正职或副职）并且要有职有权，这对学习外国公司的管理经验和保证项目的顺利实施十分重要。订好 JV 协议对于谈判签订合同和执行合同十分重要。投标时及中标后的 JV 协议（中标后可以有少量补充和修改，但要向业主明示）的副本要交给业主。有关 JV 协议的详细内容要求参见第六章第一节。

（3）要设立技术专家小组仔细研究招标文件中技术规范及图纸等方面的技术问题，包括业主提供的原始技术资料中数据是否够用，是否正确，技术要求是否合理，本公司的技术水平能否满足要求，特别要注意哪些技术方面的风险等。这样才能制定出切实可行的项目实施的计划和方法。

（4）要吸收有设计经验的工程师参加投标，以便准备备选方案，要做到方案有特色，能为业主节约投资、提前投产或改善使用条件，这对中标非常有帮助。但技术诀窍不能泄露，防止他人利用。

对于 DB 和 EPCT 项目，更需要有设计工程师参加投标，并且要仔细分析研究"业主的要求"中提供的技术标准、工艺和设备性能要求，投标时所提交的设计方案对于这类项目能否中标十分重要。

（5）投标时要有本公司的律师和/或聘请当地律师研究项目所在国有关法律，如合同法、招投标法、税法、海关法、劳务法、外汇管理法、仲裁法等。这不但对确定合理的投标报价很重要，也为以后的合同实施（包括索赔）打下基础。

（6）投标时不应投"赔本标"（指做工程项目或某一个子项时的成本低于直接成本），不能随意设想"靠低价中标、靠索赔赚钱"，因为靠索赔赚钱是一件很不容易的事，必须具备很多条件，如项目所在国法制比较健全，业主资金来源比较可靠，工程师比较公平，而最重要的是承包商有一个很强的项目管理班子（下面还要详述）。所以投标时绝不应投赔本标，在采用不平衡报价时也不要轻易把某些子项做成低于直接费的项目，以防在变更引用该单价时吃亏。

（7）投标时一定要有物资管理专家参加。因为一个工程项目中，物资采购占费用的很大份额，物资管理专家的参加一方面可对物资的供应有一个可靠的策划，另一方面可以保证中标后在物资采购这一重要环节中大量节约成本以提高效益。

（8）如未中标，要及时索回投标保证。

（二）合同谈判阶段

这一阶段一般是在投标人收到中标函后，由合同谈判小组在签订合同前就上述投标备忘录中的第二类问题与业主谈判。

谈判时应一个一个问题地谈判，要准备好几种谈判方案，要学会控制谈判进程和谈判气氛，还要准备回答业主方提出的问题。谈判时要根据实际情况（如一、二标之间报价的差距、业主的态度等）预先确定出哪些问题是可以让步的，哪些问题是宁可冒丢失投标保证金的风险也要坚持的。总之，制定谈判策略非常重要。如果谈判时业主方提出对招标文件内容进行修改，承包商方可以之作为谈判的筹码。关于国际工程承包合同谈判的准备工作和谈判技巧参阅笔者主编的《国际工程承包》（第三版）第三章内容。

二、承包商方在项目实施阶段的合同管理

在合同实施阶段，承包商的中心任务就是按照合同的要求，认真负责地、保证质量地按规定的工期完成工程并负责维修。具体到承包商一方的项目实施管理，又大体上分为两个方面，一方面是承包商项目现场机构内部的各项管理；另一方面是按合同要求组织实施和完成项目的各项管理。当然，这两方面不可能截然分开。

承包商项目现场机构内部的各项管理指的是承包商的现场项目经理可以自己做出决定并进行管理的事宜，如现场组织机构的设置和管理；人力资源和其他资源的配置和调度；承包商内部的财务管理（包括成本核算管理）等。除非涉及执行合同事宜，业主和工程师不应也不宜干预这些内部管理，当然也可以对承包商提出建议，但应由承包商作出决策。

另一方面指按合同要求组织和完成实施项目有关的各项管理，我们在这里叫做承包商的合同管理，本节只从承包商的合同管理角度对其在项目实施阶段的职责作一概括性的介绍和讨论。

（一）按时提交各类保证

如履约保证（有时在签订合同前即要求提交）、预付款保函等。

（二）按时开工

根据工程师的开工命令或合同条件规定的日期按时开工，否则会构成违约。

（三）提交项目实施进度计划

在开工后规定的时间内，应按合同中规定的工作范围、技术规范、图纸的要求，向工程师递交一份项目可实施的进度计划，根据此计划负责组织有关设计工作、物资采购工作及现场施工，每月的进度计划亦须事先报工程师。

每周在工程师召开的会议上汇报工程进展情况及存在问题，提出解决办法。

如果工程师根据此工作进度实施计划进行检验后认为承包商的工程进度太慢，不符合合同工期要求时，工程师有权下令承包商赶工，由此引起的各种开支由承包商承担。如果承包商无视工程师的书面警告或不采取相应措施时，业主可认为承包商违约。

在这里要特别说明的是：项目进度计划不是合同文件，是承包商在保证质量和依据合同要求按期竣工的前提下，制订的对各项工作的调度和安排的计划，承包商完全有权利按照价值工程的理念和工地现场的具体情况作出调整和修订，但应将修订后的进度计划及时提交给工程师。

（四）保证工程质量

1. 传统模式下

承包商应按工程质量的检验标准和合同中的规范和图纸中的规定，制定各种有效措施保证工程质量，并且在需要时，根据工程师的指示，提出有关质量检查办法的建议，经工程师批准执行。承包商应负责按工程进度及工艺要求进行各项有关现场及试验室的试验，

所有试验成果均须报工程师审核批准，但承包商应对试验成果的正确性负责。承包商应负责施工放样及测量，所有测量原始数据、图纸均须经工程师检查并签字批准，但承包商应对测量数据和图纸的正确性负责。

在订购材料之前，如工程师认为需要，应将材料样品送工程师审核，或将材料送工程师指定的试验室进行检验，检验成果报请工程师审核批准。对进场的材料承包商应按工程师的要求随时抽样检验质量。承包商应按合同要求，负责生产设备的采购、检验、运输、验收、安装、调试以及试运行。如果工程师认为材料或工程设备有缺陷或不符合合同规定时，可拒收并要求承包商采取措施纠正；工程师也有权要求将不合格的材料或设备运走并用合格产品替换，或要求将之拆除并适当地重新施工。如果承包商拒不执行这些要求将构成违约。

2. DB 或 EPCT 模式下

承包商应按照合同要求设计、实施、完成工程以及修补缺陷，提供合同规定的生产设备、承包商的文件以及所需的人员、货物和其他服务。

工程应包括为满足业主的要求、承包商的建议书和资料表中规定的或合同中隐含的任何工作，以及为工程的稳定和安全有效运行所需的工作。承包商应对现场作业、施工方法的安全性和可靠性负责。

承包商应按照批准的设计对工程质量和环保要求全面负责，并建立质量保证体系，工程师/业主有权审查并批准。

施工过程中，工程师/业主可进入现场检查材料、设备制造并进行规定的全部检验，如发现不合格时，承包商应自费整改，之后进行再检验。

如合同中规定了竣工后检验，业主应在工程被接收后的一段时间进行，承包商应尽力协助。如未能通过该项检验，承包商应整改并按合同规定处理有关事项。

（五）设计

在传统模式下，承包商应根据合同规定或工程师的要求，进行全部或部分永久工程的设计并绘制施工详图，报工程师批准后实施，但承包商应对所设计的永久工程负责。如果工程按批准的设计图纸施工后暴露出设计中的问题，在工程师要求时，承包商应拆除并重新施工，否则会构成违约。

在 DB 或 EPCT 模式下，总承包商都要负责设计，但这两种模式对总承包商负责设计的要求既有相同之处，也有不同之处。下文中参照 FIDIC "新黄皮书" 和 "银皮书" 条款的规定来进行介绍。

两类模式的相同之处包括：

承包商均应按 "业主的要求" 中的标准负责设计。

承包商提交的文件中均应包括 "业主的要求" 中规定的技术文件，并应符合工程所在国相关的技术标准。承包商应承诺其设计和报批要求的各类文件（包括操作和维修手册以及指导承包商人员工作的文件）、施工和竣工的工程均符合工程所在国的法律、法规以及经过变更的合同。

提交给工程师/业主的审核期一般不应超过 21 天。如审核认为该文件不符合合同要求，承包商应自费修改并再次提交审批，该部分的实施必须在审核批准后才能开工。若承包商希望修改已提交的文件，还应按上述程序上报审批。但审批均不解除承包商的任何义务和责任。

两种模式的不同之处主要包括：

在 DB 模式下，承包商在收到开工通知后，应仔细检查业主的要求。如发现错误，应在投标书附录规定期限内通知工程师，工程师应就是否变更通知承包商。如果这些错误是一个有经验的承包商在提交投标书前本应发现的，则不给予工期和费用调整。

在 EPCT 模式下，承包商负责工程设计时应被认为在基准日期前已仔细检查了业主的要求（包括设计标准和计算书），并对业主的要求中数据或资料的准确性和完整性负责，即对工程设计和施工负有全部责任。

但业主应对"业主的要求"中下列的数据和资料的正确性负责：在合同中规定的不能改变的或业主应负责的那部分的数据或资料；对工程预期目的的说明；竣工检验和性能的标准以及承包商不能核实的部分、数据或资料，合同另有说明除外。

（六）协调、分包与联营体

1. 协调

如果承包商是工地中主要的承包商时，则应按合同规定和要求为其他承包商及分包商提供方便和服务，但可以收取相应的费用。

2. 分包

按照合同规定，不得将整个工程分包出去，可在投标时即明确分包商，也可在开工后再选定分包商。在后者情况下，一定要事先取得工程师（或业主代表）的书面批准，否则将构成违约。

在签订分包合同时，承包商应将合同条件中规定的、要求在签订分包合同时写入的保护业主权益的条款包括在分包合同中，否则所造成的对业主权益的损害并由承包商负责补偿。

3. 联营体（JV）

如采用 JV 形式承包工程时，要写明 JV 中的牵头单位、各成员承担各自的责任和共同的责任。如联营体未登记注册为正式法人单位，一定要在 JV 协议或补充条款中由各成员正式授权给牵头单位，用其公章盖章及其代表签字代表联营体办理各种事宜。

（七）保险

承包商应按合同条件中的要求及时办理保险（包括对自己的工作人员和施工机械的保险）。在工程条件发生变化（如延期、增加新项目等）时，也应及时去补办保险以免造成意外的损失。

（八）安全

承包商应按合同要求和制定的安全计划，全面负责工地的安全工作，包括安装各种安全设施、采取相应的施工安全措施、安全教育等。同时要在接收证书颁发前保护工程、材料和未安装的生产设备。

（九）其他

1. 报表

（1）按合同要求，每月按时提交进度报告。

（2）按合同要求和工程师的指示，每月报送进、出场机械设备的数量和型号，报送材料进场量和耗用量以及报送进、出场人员数及计日工报表等。

（3）按工程所在国有关主管单位（包括海关、项目所在州、省有关机构），业主或工程师的要求，按时报送各类报表，办理各种手续。

2. 维修

负责施工机械的维护、保养和检修，以保证工程施工正常进行。

三、承包商的风险管理

（一）概述

国际工程承包是一项充满风险的事业。在国际工程承包市场上，承包商以投标的形式争取中标，拿到项目的过程竞争激烈。一个承包商，如果拿不到项目，就无利润可谈，如果仅仅拿到项目，但投标价过低，或招标文件中有许多对承包商不利的条款，或投标时计算失误，或由于其他原因导致经营管理失败而亏损，久之则会导致承包商破产倒闭，外国人称国际工程承包市场为"风险库"并不过分。据统计，国外的承包企业每年约有10％～15％破产倒闭。因而，对每一个承包商来说，一个项目投标和经营管理的成败，对企业发展都有一定的影响。

但国际工程市场对各国承包商仍然有着极大的吸引力，因为在国际工程承包中，风险和利润是并存的，没有脱离风险的纯利润，也不可能有无利润的纯风险。关键在于承包商能不能在投标和经营的过程中，善于识别、管理和控制风险。

从理论上说，业主方在编制招标文件时应努力做到风险合理分担，但实际上能做到这一点的业主极少。因此，承包商在中标承包后将承担大部分风险，风险管理的任务很重。风险管理能力已成为衡量企业竞争力的重要指标，也是企业"软实力"的一种体现，应将海外风险管理纳入企业的战略管理。

关于风险的概念、风险管理的一般特点和内容在第二节中"业主方的风险管理"部分已有阐述。下面着重分析一下承包商方可能遇到的风险因素、风险分析方法和风险管理措施。

（二）风险因素分析

国际工程和国内工程相比，风险要大得多。由于国外承包工程涉及工程所在国的政治和经济形势，有关进出口、资金和劳务的法律法规，每个项目都会遇到不熟悉的地理和气候条件、不同的技术要求和规范，以及与当地政府部门的关系等问题，这就使国际承包商常常处于复杂多变的环境中，可能产生风险的因素也极为广泛。

风险因素范围很广，内容很多。本节仅按风险的来源性质划分为政治风险、经济风险、技术风险、商务及公共关系风险和管理风险这五个方面来分析讨论国际工程承包中承包商方可能遇到的各种风险因素。

1. 政治风险

政治风险是指承包市场所处的不稳定的地区和国家的政治背景可能给承包商带来的风险，而这类风险如果发生，往往会带来严重的经济损失。但一般政治动乱都是有先兆的，承包商在投标决策阶段就应加强调查研究，做好防范预案。政治风险大致有以下几个方面：

（1）地区风险。虽然全球的发展趋势是和平与稳定，但由于一些大国之间的争权、博弈和插手，在一些地区，如往年国际工程承包的"乐土"中东地区，如今局势动荡，战乱不断，恐怖主义盛行，安全形势严重恶化，对我国在这些地区开拓市场的企业构成巨大的风险。地区风险往往牵涉到周边一大片国家。因而是企业走出去首先应该关注的风险。

（2）政权变更。领导人的更迭，有时是通过选举，有时是由于内战，但这类风险在招投标阶段造成的影响比较大，因为许多大型基本建设项目对国计民生的影响都比较大，往往成为代表不同政治派别以及民族种群的各个政党的争斗焦点。而且不同党派往往有不同的外交倾向，加上一些大国的插手和干预，因而使一些项目的招标评标充满变数，这也是我国企业要特别注意的一类风险。

（3）战争和内乱。工程所在国发生局部的战争或内乱，造成国内动乱，以至政权更迭、国内政治经济情况恶化、建设项目可能被终止或毁约；建设现场直接、间接遭到战争的破坏或不得不中止施工，施工期限被迫拖延，成本增大；在骚乱期间，承包商为保护其生命财产而撤退回国或转移他处，从而被迫支付许多额外开支等。这些情况常使业主和承包商都遭到极大损失，而承包商只得到极少的赔偿，有时甚至得不到赔偿。

（4）法律风险。一方面表现在一些发达国家，虽然法律体系比较完善，但也比较复杂，我国企业一般十分缺乏国际工程承包法律方面的人才，因而在签订合同和项目实施过程中不会用法律保护自己的合理权益，很容易由于触犯法律导致多方面的损失。另一方面表现在大量发展中国家，法律体系不完善，与国际化接轨程度较低，因而容易导致在税收交纳、劳资关系、安全环保、安全审查、专利保护等方面都面临着许多不易预测的风险。特别是有些国家司法机关不独立，政治关系不透明，导致司法腐败。还有少数国家政府公信力比较差，有时会采用强权手段掠夺以及征收外国企业。这都是需要十分警惕的。

国际工程项目的争议，一般在订立合同时均会约定采用争议评判委员会和/或通过仲裁解决，但也有的项目订合同时不了解国际惯例，甚至约定在当地通过诉讼解决争议，导致争议久拖不决，造成很大的麻烦。

（5）国有化、没收、征用、拒付债务。业主国家根据本国政治和经济需要，颁发国有化政策，强行将承包工程收归国有，且不代替原项目业主履行义务，导致承包商无处申诉。有时可能对外国公司强收差别税，禁止汇出利润或采取歧视政策。

某些国家在财力枯竭的情况下，对政府项目简单地废弃合同，拒付债务。有些政府可以使用主权豁免理论，使自己免受任何诉讼。有些工程所在国政局发生根本性变化，原来执政对立面推翻旧政府，掌握政权，宣布不承认前政府的一切债务，致使承包商无法收取已实施而尚未支付的应付款额。

（6）制裁与禁运。某些国际组织、西方大国对工程所在国家实行制裁与禁运，一般都会对工程造成很大影响。

（7）对外关系。业主国家与邻国关系好坏，其边境安全稳定与否，是否潜藏战争危险；业主国家与我国关系好坏，中国政府与工程所在国是否有某些涉及工程承包的协议，均会影响工程的顺利进行。

（8）业主国家社会管理、社会风气等方面。业主国家政府办事效率高低，政府官员廉洁与否，当地劳务素质，当地劳务的工会组织对外国公司的态度，是否常用罢工手段向雇主提出各种要求等，都将直接或间接地影响工程能否正常进行。在签订合同时，尽可能有这方面的风险防范条款。

如某公司在 A 国承包一项工程，使用当地劳务，该国国内实行高福利政策，工人的工资待遇高；工程进行期间，该国物价上涨，工人通过罢工等手段，迫使承包商数次提高工资，而业主又不给予合理补偿；在与 A 国劳工部门交涉过程中，该部门往往偏袒劳工。频繁的罢工和涨工资均会给承包商造成很多困难和损失。

总之对待政治风险，一定要一个一个地区、一个一个国家地具体分析，既要关注其历史沿革，更要关注其未来走向，以尽可能减少这方面的损失。

2. 经济风险

经济风险主要指承包市场所处的经济形势和项目所在国的经济实力及解决经济问题的能力，主要表现在付款方面。有些经济风险并不随具体工程项目而产生，而是国家层次或市场层次的风险，但是一般均给承包商带来损失。经济风险主要有以下几个方面：

（1）外汇风险。外汇风险涉及一个很大的范围，工程承包中常遇到的外汇问题有：工程所在国外汇管制严格，限制承包商汇出外币；外汇浮动，当地币贬值；有的业主对外币延期付款，而利率很低，但承包商向银行贷款利率较高，因而倒贴利率差；有时订合同时所定的外汇比例太低，不够使用；订合同时选定的外汇贬值等。

为了保护自己，承包商通常要求工程付款应以某种较稳定外汇硬通货计价或签合同时即固定汇率。如果难以获得业主同意，应有适当的保值条款。

如果项目团队管理水平较高，善于分析和利用风险，也有可能利用汇率波动把风险后果转为利润。如 A 公司在 E 国投标某电站工程，总报价为 1.2 亿第纳尔，外汇支付比例为 40%，以美元支付。美元与第纳尔按固定比值 1 美元＝5 第纳尔，外汇支付额为 960 万美元。在谈判中，业主要求 A 公司降价 5%，即降至 1.14 亿第纳尔。该公司经研究接受了业主的要求，但以各种借口要求增加 8% 的外汇比例，业主接受了新报价。施工期间，美元与当地第纳尔比值急剧下降，由原来 1：5 贬至 1：25。A 公司便从第二次报价增加的 134.4 万美元中拿出 51 万美元，按 1 美元＝25 第纳尔比率换取 1275 万第纳尔用于工程，最终结算实得收益为 1043.4 万美元，7203 万第纳尔，比第一次报价多得 83.4 万美元和 3 万第纳尔。该公司经过对当地金融市场进行深入研究，判定当地币将可能大幅度贬值，因此采取降低总价而提高外汇支付比例的方法，取得了成功。

（2）保护主义。有些国家，特别是发展中国家，制定了保护其本国利益的措施（包括一些法律和规定）。概括起来有以下几个方面：

1）规定合资公司中对外资股份的限制，以保证大部分利益归本国。

2）对本国和外国公司招标条件不一视同仁。对外国公司的劳务、材料、设备的进入附加种种限制。

3）有些国家对本国和外国公司实行差别税收。

为了得标，外国承包商有时不得不屈从其规定，这就潜伏着经济风险。

（3）税收歧视。国际承包商到外国承包工程，必然被列为该工程所在国的义务纳税人，因此必须遵守该国的税收法令、法规。但承包商经常面对的是工程所在国对外国承包商所实行的种种歧视政策，常常被索要税法规定以外的费用或种种摊派。

以上列出的政治与经济风险是与工程所在国及当时国际政治经济环境密切相关的，它们并不针对某一具体项目，但对所有项目都会产生影响，需要承包商对国际市场作全面深入而系统的分析研究。

下列风险是与承包工程各个项目工作有直接关系，但经济损失与收益的机遇并存，包括：

（1）物价上涨与价格调整风险。物价上涨风险是最常遇到的风险，在一些发展中国家则更为严重。有时虽有价格调整公式，但是包含的因素不全，或有关价格指数不能如实地反映情况，均会造成很大损失。

如一个中外联营体投标某亚行贷款的抽水蓄能电站项目，合同谈判经历了近三个月，当时国际石油价格已连续三年上涨，但该 JV 在谈判中，仅争取到将"本地油料"列入调价公式，而未能将沥青列入调价公式，结果在开工后的两年中，沥青价格上涨了 60%，造成了很大的经济损失。之后，该 JV 的牵头方就此问题以情势变更为由，申请索赔沥青涨价的差价。但因用合同条款的调价公式来明确双方的风险分担是一种国际惯例，而该合同调价公式中仅列入了一项"当地油料"，从而沥青涨价的索赔未得到仲裁庭的支持。

（2）业主支付能力差，拖延付款。业主资金不足，支付能力差，以各种方式拖欠支付，如拖延每月支付而合同中未定有拖延支付如何处理的规定；或虽然有业主拖延支付时应支付利息的规定，但利率很低；或业主找借口拖延签发变更命令而使新增项目得不到支付；或业主在工程末期拖延支付最终结算工程款与返还保留金等。

（3）工程师的拖延或减扣。由于工程师工作效率低，拖延签署支付；或是工程师过于苛刻，有意拖延支付；或以各种借口减扣应支付的工程款。

（4）海关清关手续繁杂。承包商在合同执行过程中，往往大量物资需从国外进口，一方面，有的承包商不了解当地法规、政策；另一方面，有些国家清关手续繁杂，海关办事效率低，工作人员作风不廉洁，以致造成物资供应不及时，影响工程施工，甚至造成工程拖期。

（5）分包。分包风险应从两方面分析，即作为承包商选择分包商可能出现的风险与作为分包商被总包商雇用时可能出现的风险。

承包商作为总包商选择分包商时，可能会遇到分包商违约，不能按时完成分包工程而使整个工程进度受到影响的风险，或者对分包商协调、组织工作做得不好而影响全局。有时我国总承包商将工程某部分分包给国内有关施工单位，合同协议职责不清，风险责任不清，容易相互推诿。有时分包单位派出的人员从技术干部到工人的素质均无法审查，也是造成经营管理不善的重要原因。

如果一个工程的当地分包商比较多，则容易引起许多干扰和连锁反应。如分包商工序的搭接和配合不合理；关键路线上的分包商拖期、违约或破产，从而使局部工程影响到整个工程；分包商的无理索赔等。

如果作为分包商承揽分包合同，常遇到总包商盲目压价，转嫁合同风险或提出各类不合理的苛刻的条件要求分包商接受，则会使分包商处于被动地位。

（6）没收保函。这方面承包商可能遇到的风险有：

1）业主无理提取保函中的款额。这类风险通常发生在履约保函和维修保函上。如由于业主方面原因而造成承包商无法正常履约，而业主却找借口向银行无理提取保函款。又如，一些工程完工后，由于设计或是业主方面的原因，运行效果未能达到原定标准，业主借此向银行提取维修保函款。

现在一般国际工程项目均使用无条件保函，订合同时，可以根据情况，争取加入以下内容"业主在发现承包商有任何违约时，应在根据保函提出索赔之前给他一个补救的机会"，以此来限制业主权利，保护承包商的利益。

2）到期的保函拖延不归还，此时承包商仍面临风险。在一些中东国家，对保函有效期的认识模糊，尽管保函规定期限已到，但业主不及时归还，还可能使承包商遭到损失。因而在保函中一定要写明保函有效日期。

（7）带资承包的风险。有些合同中，业主明确要求承包商带资承包，即采用先垫资，再支付的办法。但到工程开工后，业主拖延或无力支付，致使承包商不能及时收回资金。在业主要求垫付资金的情况下，承包商一定要做到以下两条：

1）要求业主为承包商的垫付资金开出银行支付担保。这样，如果业主赖账，承包商可以向担保银行提出索赔。

2）确认业主的项目资金确有保证。在多数国家，这类工程发包时，银行都出具资金保证证明。承包商切记不要轻信业主的口头许诺或解释。

（8）实物支付。有些合同中，业主提出以实物（如矿产品，包括石油）代替现金支付承包商工程款，当承接此类项目时，就要做矿产品的品位评估，市场调查。预测市场行情，研究销售手段和途径，寻找可靠的销售代理人。这种实物支付通常在双方谈判期间要初步确定价格和数量，对承包商来讲，就要承担实物销售和换汇抵偿工程价格的风险。

3. 技术风险

（1）地质地基条件。一般业主提供一定数量地质和地基条件资料，但不负责解释和分析，因而这方面的风险很大。如在施工过程中发现现场地质条件与设计出入很大，施工中遇到大量岩崩坍方等引起的超挖超填工作量和工期拖延。又如在施工中遇到大量的地下水等。特别在 EPCT 项目中，地质地基风险更为突出，几乎全由承包商负责。

（2）水文气候条件。包括两方面，一方面指对工程所在国的自然气候条件估计不足所产生的问题，如严寒、酷暑、多雨等对施工的影响；另一方面是当地出现的异常气候，如特大暴雨、洪水、泥石流、坍方等。虽然按照一般的合同条件，后一类异常气候造成的工期拖延可以得以补偿，但财产损失很难全部得到补偿。

（3）材料供应。一是质量不合格，没有质量检验证明，工程师不验收，因而引起返工或由于更换材料拖延工期。二是材料供应不及时（包含业主提供的材料或承包商自己采购的材料），因而引起停工、窝工，有时甚至引起连锁反应。

（4）设备供应。同样有质量不合格和供应不及时两个问题，还有一个设备不配套的问题，如供货时缺配件，或是未能按照安装顺序按期供货，或是机械设备运行状况不佳等。

（5）技术规范。技术规范要求不合理或过于苛刻，工程量表中说明不明确或投标时未发现。

如某公司在中东某国承包某工程时，技术规范要求混凝土入仓温度为 23℃，由于投标时间短促，未发现此问题的不合理性。实际上该国每年 5～10 月天气异常炎热，一般室外温度可达 45℃以上，承包商经多方努力（如大量采购人造冰、以冰水拌合，晚间预冷骨料等），增加了不少成本，也只能达到 28℃，后经过给工程师做工作，取得工程师的谅解，把入仓温度改为不超过 30℃。

（6）提供设计图纸不及时。如由于咨询设计工程师工作的问题，提供图纸不及时，导致施工进度延误，以至窝工，而合同条件中对图纸提供的时间又没有明确的规定。

（7）工程变更。包括设计变更和工程量变更两个方面。变更常影响承包商原有的施工计划和安排，带来一系列新的问题。如果处理得好，在执行变更命令过程中，可向业主要求索赔，把风险转化为利润。如果遇到不讲理的业主或工程师，不按实际情况确定变更项目的单价，则会受到损失。

（8）运输问题。对于陆上运输要选择可靠的运输公司，订好运输合同，防止因材料或设备未按时运到工地而影响施工进度。对于海上运输，由于港口压船、卸货、海关验关等很容易引起时间耽误，影响施工。

（9）外文条款翻译引起的问题。由于翻译不懂招标文件和合同，不懂技术所产生的各种翻译错误而又未被发现。

4. 公共关系等方面的风险

（1）与业主的关系。如业主方工作效率低下，延误办理承包商的各种材料、设备、人员的进关手续，延误支付，拖延签发各种证书等。

（2）与工程师的关系。如不按进度计划要求发放施工图纸、已完工的工程得不到及时的确认或验收或不及时确认进场材料等。

（3）联营体内各方的关系。联营体内的各家公司是临时性伙伴，彼此不了解，很容易产生公司之间或人员之间的矛盾，影响配合，影响施工。联营体协议订得不好，如职责、权利、义务等不明确，也会影响合作；联营体牵头公司的工作作风和水平也会对项目的实施有很大影响。

（4）与工程所在国地方部门的关系。这里主要指工程所在地区的有关政府职能部门，如劳动局、税务局、统计局以至警察局等，如果关系处理不好也会招致麻烦和风险。

5. 管理方面的风险

（1）项目经理不称职。工地领导班子不胜任、不团结，不能及时解决所遇到的各类问题，不具备和业主、工程师打交道的能力。

（2）工人效率。特别是到一个生疏的国家和地区，雇用当地工人施工时，对当地工人的技术水平、工效以及当地的劳动法等，都应有仔细的调查了解。

国内派出的工人，由于气候、生活条件等原因，有时工效也会受到很大影响。

（3）开工时的准备工作。由于订购的施工机械或材料未能及时运到工地，工地内通水、通电、交通等准备工作未做好引起的问题。

（4）施工机械维修条件。当地维修条件不能满足要求，或备用件及材料购置困难等。

（5）不了解的国家和地区可能引起的麻烦。在投标时因时间紧迫而未及细致考察工地以外的各种外部条件，如生活物品供应、运输、通信等条件，而到开工后才发现，往往需要增加许多开支。

（6）对 DBO 项目，我国总承包商都缺乏海外项目长期运营的经验，包括在订合同时和实施过程中如何避免运营风险，都应该不断地探索和总结经验。

上述的种种风险因素很难全面概括国际承包工程中可能遇到的各类风险。值得再一次强调的是国际工程承包的每一位管理人员头脑中一定要有风险意识，要能及时发现风险苗头，力争防患于未然。

（三）承包商方的风险管理措施

在对风险进行分析和评价之后，对于风险极其严重的项目，有时承包商会主动放弃投标；对于潜伏严重风险的项目，除非能找到有效的回避措施，投标时应采取谨慎的态度；

而对于存在一般风险的项目，承包商应从工程实施全过程入手，全面地、认真地研究风险因素和采用可以减轻、转移风险、控制损失的方法。

1. 风险的分析和防范必须贯穿于项目全过程

（1）投标阶段。这一阶段如果细分还可分为资格预审阶段、研究投标报价阶段和递送投标文件阶段。

资格预审阶段只能根据对该国、该项目的粗略了解，对风险因素进行初步分析。将一些不清楚的风险因素作为投标时要重点调查研究的问题。

在投标报价阶段可以采用一种比较简明适用的方法——专家评分比较法来分析一个项目的风险，该方法主要是找出各种潜在的风险并对风险后果作出定性估计，评价风险的后果及大小。

采用专家评分比较法分析风险的具体步骤如下：

第一步，由投标小组成员、有投标和工程施工经验的专家，最好还有去项目所在国工作过的工程师以及负责该项目的成员组成专家小组，共同就某一项目可能遇到的风险因素进行分析、讨论、分类、排序，并分别为各个风险因素确定权数，以表示其对项目风险的影响程度。

第二步，将每个风险因素出现的可能性分为很大、比较大、中等、不大、较小这五个等级，并赋予各等级一个定量值（如1.0、0.8、0.6、0.4和0.2），由专家打分。

第三步，将每项风险因素的权数与等级分相乘，求出该项风险因素的得分。若干项风险因素得分之和即为此工程项目风险因素的总分。显然，总分越高说明风险越大。表 7-6 为用专家评分比较法对风险进行分析的示例，表中并未列出全部风险因素。

专家评分比较法分析风险 表 7-6

可能发生的风险因素	权数 (W)	风险发生的可能性 C					$W \cdot C$
		很大 1.0	比较大 0.8	中等 0.6	不大 0.4	较小 0.2	
1. 物价上涨	0.15		✓				0.12
2. 业主支付能力	0.10			✓			0.06
⋮							⋮
10. 海洋运输问题	0.10			✓			0.06
$\Sigma W \cdot C = 0.52$							

$\Sigma W \cdot C$ 叫风险度，表示一个项目的风险程度。由 $\Sigma W \cdot C = 0.52$，可说明该项目的风险属于中等水平，是一个可以投标的项目，风险费可以取中等水平。

根据对风险的分析，确定工程估价中风险费的高低，决定总报价，同时将对风险的分析送交项目投标决策人，以便研究决定是否递送投标文件。

（2）合同谈判阶段。一般业主方在编制合同条件时，往往将大部分风险推给承包商，所以在合同谈判之前，承包商应参照前文中介绍的项目风险分担应遵循的几条原则，对照投标文件中的合同条件（特别是专用条件）来分析本项目中的风险分担是否合理，并力争在合同谈判阶段修改一些十分不合理的条款，以防止承担过多的风险。

（3）合同实施阶段。项目经理及主要领导干部要经常对投标时开列的风险因素进行分析，特别是权数大、发生可能性大的因素，以主动防范风险的发生。同时还要注意研究投标时未估计到的风险，不断提高风险分析和防范的水平。

合同实施往往是一个比较长的期间，在此期间的决策错误很可能会招致新的风险，这也是项目团队应该警惕的。

（4）合同实施结束时应专门对风险管理问题进行总结，以便不断提高本公司风险管理的水平。

2. 正确判断和确定风险因素

一个工程在投标时可能会发现许多类似风险的因素和问题，究竟哪一些属于风险因素？哪一些不属于风险因素？这是进行风险分析时必须首先研究解决的问题。

风险因素一般是指那些潜在的危险，可能导致经济损失和时间损失的因素。

能够正确地估计和确认风险因素，首先在于深入细致的调查研究，包括对项目所在国和地区的政治形势、经济形势、业主资信、物资供应、交通运输、自然条件等方面的调查研究。其次是依赖投标人员的实践经验和知识面。因为一个项目投标牵涉到招标承包、工程技术、物资管理、合同、法律、金融、保险、贸易等许多方面的问题，因此，要有各方面的有经验的专家来参加分析研究。国外一些公司，对重要项目的风险评价，都要在由总经理主持的公司专门会议上审议认可后才能实施。

除了重视商务方面的风险因素外，对于技术方面的风险因素也绝不能掉以轻心，例如复杂的地质问题、水文问题，苛刻的设备性能要求和安装调试要求，高标准的环保要求等。对这类问题，不论在投标阶段或是项目实施阶段都应及时组织有经验的工程师和专家进行专题研究，制定技术措施，防范这类风险的发生，有时也要制定一些应急措施。

在项目投标阶段会可能发现许多不确定因素，凡通过调查研究可以排除的，或是根据合同条款可以在问题发生后通过索赔解决的，一般都不列为风险因素，例如图纸变更、工作范围变更引起的费用增加。

3. 风险的管理和防范措施

如果一个公司在经过细致的调研和慎重的分析研究后，认为该国家或该项目存在"致命风险"时，可以不参加投标，或在某些情况下故意投"高标"以体面地退出竞争，避免风险。

下面讨论的均指参加正常投标和签订合同情况下的风险管理和防范，主要可以从以下几个方面入手。

（1）风险的回避

1）充分研究合同条款。在投标阶段及时发现招标文件中可能招致风险的因素，争取在合同谈判阶段，通过修改、补充合同中有关规定或条款来解决。

注意列入必要的支付条款。如有些招标文件未列入调价公式，则应主动争取列入等。

2）外汇风险的回避。外汇风险在对外承包企业中主要表现在两方面，一是外汇收支过程中的汇兑损失，二是企业所持有的流动外汇现金的贬值。为避免在这两方面遭受损失，应在签订合同前，考虑以下几种方法：

① 增设保值条款。在订合同时，如果合同用当地币计价，支付一定比例的外币，在当地币贬值较快的情况下，最好采用固定汇率以防范外汇风险。

② 选择有利的外币计价结算。包括以下两点：一是要选择国际金融市场上可自由兑

换的货币，如美元、英镑、欧元、日元等，这些货币一旦出现汇率风险可以立即兑换成另一种货币。二是要在可自由兑换货币中争取硬通货，即汇价稳定或趋于上浮的货币。

③ 使用多种货币计价结算。国际工程承包合同中有时采用几种货币组合支付的形式，这种做法能减轻只采用单一货币带来的汇率风险，特别是向几个国家购买设备和材料时。

④ 参加汇率保险。向保险公司投保汇率保险是一种可行方法。虽然这样做要缴纳一笔保险费，但却可以避免因汇率剧降而吃大亏。

⑤ 注意研究人民币与各种硬通货的汇率走向，也是防范风险外汇的一项重要内容。

3）减少承包商资金的垫付。除了业主方在开工时支付一定的预付款外，承包商在开工时往往还要垫付一笔费用购置施工机械及修建临建工程。这笔费用越少越好，一旦遇到风险，可以进退自如。这笔投资如能控制在工程总价的15％以下，正常情况下不会有太大风险。因为工程总价中所含利润、风险费及设备折旧费往往不低于15％；反之，如果超过30％，则风险必将加大。一般情况下，承包商除使用公司原有设备材料外，还可以采用在当地租赁、要求分包商自带设备等措施来减少自身资金的垫付。

（2）风险的分散和转移

向分包商转移风险，是国际承包商常用的转移风险方式。在分包合同中，通常要求分包商接受主合同文件中的各项合同条款，使分包商分担一部分风险。有的承包商直接把风险比较大的部分分包出去。有时将业主规定的误期损害赔偿费如数订入分包合同，将这项风险转移给分包商。一般国际通用的分包合同范本中都有相关规定，熟悉国际惯例的分包商，都能接受这类条件。

（3）自留风险和控制风险损失

在投标报价中要考虑一定比例的风险费，作为处理自留风险时的预留费用，在国内也叫不可预见费。这笔费用一般在工程总成本的3％～6％之间，对于一个工程而言，是取高限还是取低限，取决于风险分析的结果，以及工程的规模和总造价等因素。

善于索赔也是避免风险损失的重要措施之一。

四、承包商的索赔管理

承包商的索赔管理是一件十分重要的工作，它关系到承包商的经济效益，进度和质量管理，甚至项目的成败。一个承包商既面对业主方，又面对众多的分包商、供应商、彼此之间都有一个向对方索赔和研究处理对方要求索赔的问题。因而索赔管理从一开始就应列入重要议事日程，并应使全体项目管理人员都具有索赔意识。

关于索赔的定义、概念、特点以及索赔的依据和程序，都在上一节中"业主方的索赔管理"部分进行了讨论。下面着重分析承包商索赔管理中的几个问题。

（一）承包商的索赔管理措施

1. 建立精干而稳定的索赔管理小组

对一个工程项目来说，索赔是一件自始至终都不可中断的工作，而且往往延续到工程竣工之后的很长一段时间，所以一定要在组织上落实一个索赔管理小组，一般可设在合同管理部门内。

索赔管理小组的人员要精干而稳定，不能经常调动，以便系统地进行该项工作并积累经验，对索赔管理小组人员的素质要求包括：

（1）知识结构方面。要熟悉合同文件，有一定的法律基础知识和一定的施工经验，熟练掌握工程成本的分析计算方法。

（2）外语水平方面。要能熟练地阅读理解外文合同文件和有关信函，有较高的口语水平，并具有书写外文索赔函件的能力。

（3）对一个索赔管理人员的素质要求。此处援引一位英国资深工程师的看法。他认为一个索赔管理人员：

1）要敏感（Sensitive）。有强烈的索赔意识，犹如足球运动员有机会就临门一脚那样的意识，一有机遇就要抓住。

2）要深入（Thorough）。唯有掌握事情的始末才能主动出击，对外可据理力争，对内可驾驭监督，如果事实不清楚，只能等待上帝恩赐。

3）要耐心（Patient）。要有韧性，一次不行，改天再谈，坚忍不拔，绝不气馁。

4）要机智（Tactful）。要懂得国际惯例，索赔涉及合同双方，需要协商，要懂得适当让步，适可而止，本着合作与和解精神，要选择有利时机，让大家都保持体面地达成协议。

2. 组织全体管理人员学习合同文件，使每一个人都建立索赔意识

（1）一个工程的管理主要是依据合同进行管理，因而工地施工项目经理组织各个部门的管理人员学习合同文件（特别是合同条件）十分重要。学习的目的一方面是促使承包商自己认真执行合同，另一方面则是要培养每一个管理人员的索赔意识，使他们会依据合同抓住每一个索赔的机遇。

合同条件中有一些是明示的可以索赔的条款，如工程师未能按承包商通知书中的要求日期交给承包商有关图纸，从而造成施工延误或费用增加时，应给予承包商以工期、费用和利润补偿。另一些是合同条件中隐含着可以索赔的机遇，如在一般情况下，承包商应按照合同条件中规定的"合同文件的优先次序"处理合同文件之间有矛盾的问题，但如在某一些部位，工程师的指示违背了合同文件的优先顺序并给承包商造成工期和费用损失时，承包商可提出索赔。

因此，在学习合同文件时，要深入而细致地理解合同条件中隐含的意思，从而可避免风险并抓住许多索赔机遇。

（2）虽然索赔工作应由索赔管理小组统一管理，但每一个管理部门（如进度管理、成本管理、质量管理、物资管理、设计等部门）均应与索赔管理小组密切配合，提供索赔线索，研究索赔策略，进行索赔计算，以使通过索赔避免损失并增加效益成为整个工地各个部门的理念和重要工作。

3. 加强文档管理注意保存索赔资料和证据

索赔工作成败的关键之一是索赔的依据，有关可用于索赔的资料和证据包含的内容在"业主方的索赔管理"一部分内已有详细介绍。在这里要强调的是文档保管的重要性。

项目组的整个文档保管一定要有专人负责，从项目一开工即加强这方面的管理，索赔小组和各个有关部门对索赔有用的原始资料和证据都要专门建档保管，对与业主方和与各个分包商、供应商的有关索赔资料也应分别建档，并采用计算机合同管理信息系统进行管理。

4. 抓住索赔机遇，及时申请索赔

在认真学习合同文件，提高每一个部门每一个人索赔意识的基础上，凡是发现的索赔机遇都应及时报索赔管理小组，经与有关领导研究后，及时提出。最好的索赔机遇就是业主方要求变更以及按照合同规定进行价格调整，当然还有许多其他的机遇，下面讨论几个认识问题。

（1）注意索赔的时限和时效要求。FIDIC 编制的合同条件都要求在可索赔事件发生后28 天内及时递交索赔申请意向书，之后的 14 天内提交全面的索赔要求，包括数值计算、引用的合同条款和证据等，以便工程师及时调查和处理。承包商一方不应顾虑索赔会影响双方友好合作的气氛，只要是索赔确有证据即可。如果不按合同条件要求的日期提交即会丧失索赔权。应该索赔的问题不要求索赔，反而会被对方认为是管理水平低下的表现。

另一个非常重要的概念即"诉讼时效"，我国《民法通则》规定是两年，诉讼时效期间是从知道或应当知道权利被侵害时起计算。因而一定要了解项目所在国的诉讼时效（一般仲裁也参照这个时效），虽然按照合同条件要求及时提交了索赔申请意向书和索赔要求，但如果该索赔未能得到解决，则一定要在诉讼时效期限内不断地向对方重申自己的索赔主张，可考虑一年左右写一封备忘录，将原来索赔未解决的项目全附在后面，这一点非常重要，否则可能导致索赔因过了诉讼时效而得不到仲裁庭或法官支持。

（2）大额索赔与小额索赔。大额索赔肯定是要提的，对小额索赔也应按提交索赔报告期限及时提交；索赔谈判时可将小额索赔作为索赔谈判时的筹码，即放弃小的保大的，以使对方心理上感到平衡，得到一些满足。

5. 写好索赔报告，重视索赔额的计算和证据

写好索赔报告的原则是实事求是，即以相关法律、合同规定和事实为依据，抓住主要矛盾，说理性强。

索赔报告中关于费用和时间索赔计算要认真准确，每一项计算数据的来源要有依据，一般采用合同工程量表中的单价，如需采用其他单价或价格，一定要有凭证（如当地权威机构发布的或发票上的价格等）。

支持索赔报告的各种证据要靠平日积累，发现索赔机遇时，应有意识地进行记录和收集资料。

平时一定要重视书面文件的书写、签章、保管以及投送和签收证据的保留。在十分必要时，如投送重要文件而业主方拒收或不签收条时，要请公证处证明重要文件的内容和投送日期，以免留下隐患。

6. 注意索赔谈判的策略和技巧

组织精干的、包括有关方面专家的谈判小组，谈判前做好谈判思想准备、方案准备和资料准备，掌握好谈判进程，注意原则性和灵活性，要善于协调谈判气氛，保持冷静的头脑，心平气和地据理力争，避免不礼貌的提问，将会上谈判与会下公关活动相结合。关于谈判的详细论述参见"国际工程管理系列丛书"中的《国际工程谈判》一书。

（二）承包商方索赔应注意的事项

1. 认真履行合同，按时保质地完成工程

这一点对于在业主和工程师心目中树立承包商的良好形象十分重要，因为每一阶段按时并保证质量地完成工程的最大的受益人是业主。承包商认真履行合同中规定的义务，可

以为索赔打下一个良好的基础。即使在索赔谈判中遇到麻烦，只要不构成业主违约，承包商也应坚持正常施工。

2. 索赔工作中要依靠律师

大中型项目应聘请当地律师作为项目律师，定期来工地考察了解情况，协助审定有关合同、索赔信函等重要文件，以保证这些文件符合当地法律。千万不能等问题积累成堆时才找律师。最好本公司或项目组有律师能够长期参加索赔工作。

3. 必要时应聘请高水平的索赔专家

如果索赔数额大，而业主和工程师一方处理问题不够通情达理时，则应考虑聘请高水平的索赔专家。在国外有一些公司和专家在这方面很有经验，虽然一般索赔专家聘用费都很高，但是他们往往能依据自己对法律和合同的理解及索赔经验，为承包商索赔的成功作出重要贡献。国外的许多承包商常常聘请索赔专家协助进行索赔。

4. 注意平日和业主、工程师建立友谊

在上述认真履行合同的基础上，平日应注意和业主、监理工程师建立个人间的友谊，这将十分有利于解决索赔和争议，可以把一些"谈判"变成个人之间的意见交换，使彼此的观点接近，再在正式谈判中确认。尽可能与业主及工程师直接谈判解决争议，落实自己的索赔要求。实在解决不了，再将争议提交 DAB。

5. 将争议提交 DAB

在将争议提交 DAB 后，应仔细听取 DAB 专家的意见并尊重 DAB 专家的调解建议，在此基础上解决争议。如果 DAB 的调解方案仍未被任一方接受，则可走向仲裁或诉讼。

6. 有法律约束力的争议解决方式的选择

有法律约束力的争议解决方式指仲裁或诉讼。对工程争议而言，一般应选择仲裁方式，在合同条款中订入仲裁条款。因为仲裁是由申请人指定仲裁员，专家仲裁，保密性好，时间短、费用省、一裁终局，我国已加入"纽约公约"，可在该公约的缔约国内保证裁决书意见的执行。

但在提交仲裁之前，除委托法律专家起草仲裁申请书外，还应尽可能倾听工程管理专家的咨询意见，特别是要仔细审查准备提交的证据，以保证仲裁的成功。

（三）承包商方向业主索赔的内容和有关条款

1. 承包商方向业主索赔的内容

当发生业主方要求增加工作内容、损害承包商权益或业主方违约时，承包商可视不同情况要求工期、费用和利润方面的索赔。这些情况可概括为以下一些方面：

（1）工程变更。变更可引起索赔的内容包括工程项目或工程量的增加，工程性质、质量或类型的改变，工程标高、尺寸和位置的变化，各种附加工作以及规定的施工顺序和时间安排的改变等。这些变更一般会引起工程费用增加和/或工期延长，可以据实要求索赔。如变更指令要求删减某些项目或工作量，从而造成承包商人员窝工和设备的积压时，同样也可要求索赔。

（2）国家或州、省的法令、法规、政令或法律在某一规定日期后发生变更，影响到承包商的成本计算或外汇使用、汇出受到限制时，均可索赔。

（3）物价上涨。一般可按照价格调整公式、官方的有关规定或合同中的有关其他规定在每次支付时索赔。

（4）工期因素的影响。

1）非承包商方的原因造成的竣工期限的延长。如额外或附加的工作，或合同条件中提到的误期原因，或异常恶劣的气候条件，或业主造成的任何延误、干扰或阻碍等，不但可导致承包商的工期索赔，而且视具体情况可以索赔费用和利润。

2）工程暂停所造成的承包商的工期、费用和利润损失。

3）业主方要求承包商加速施工（Acceleration）时，承包商应与业主谈判加速施工以及随后的相关措施等的索赔补偿条件，并用书面文字确定下来。

（5）工程师的指示。工程师的指示大多是按照合同规定发布的，也可能有一些不是。不论哪一类指示，均有可能为承包商提供索赔机遇，如：

1）要求补充图纸或补充进行合同中未规定的设计时；

2）提供的测量原始数据有错误或地质水文资料有错误时；

3）要求附加打孔或钻探工作时；

4）要求采取措施保护化石和文物时；

5）当咨询工程师的设计侵犯专利权时；

6）要求剥露或开孔检查质量而检查后工程质量合格时；

7）要求进行合同规定之外的检验时；

8）工程师纠正工程师助理的错误指示时；

9）其他（如工程师的指示违背合同优先顺序并造成损失）。

以上指示造成承包商增加工作量，延误工期或导致其他损害后果，承包商均可索赔。

（6）业主方未尽到应尽的义务。如土地规划未获批准，未能提供招标时许诺的开工准备工作，未及时给出施工场地及通道等，导致承包商的损失。

（7）有经验的承包商不可预见的各种问题，以及现场施工条件的变化。

（8）属于业主风险或特殊风险给承包商造成的损失。

（9）业主违约造成的各种不良后果。

（10）其他（如工程保险中未能从保险公司得到的补偿，业主雇用的其他承包商的干扰等）。

2. 承包商可向业主索赔的有关条款

（1）参照 FIDIC"新红皮书"（1999 年第 1 版），承包商可向业主索赔的明示的和隐含的条款以及有可能索赔的内容列入表 7-7、表 7-8 中。

传统模式下承包商可向业主索赔的明示的有关条款表　　　表 7-7

（参照 FIDIC"新红皮书"1999 年第 1 版）

序号	条款号	条款内容	有可能索赔的内容
1	1.9	延误的图纸或指示	$T+C+P$
2	2.1	进入现场的权利	$T+C+P$
3	3.3	工程师的指示	$T+C+P$
4	4.6	合作	$T+C+P$
5	4.7	放线	$T+C+P$
6	4.12	不可预见的外界条件	$T+C$

续表

序号	条款号	条款内容	有可能索赔的内容
7	4.24	化石	$T+C$
8	7.2	样本	$C+P$
9	7.4	检验	$T+C+P$
10	7.6	补救工作	$T+C+P$
11	8.3	进度计划	$T+C+P$
12	8.4	竣工时间的延长	T
13	8.5	由公共当局引起的延误	T
14	8.8，8.9，8.11	工程暂停；暂停引起的后果；持续的暂停	$T+C+P$
15	8.10	暂停时对生产设备和材料的支付	$C+P$
16	9.2	延误的检验	$T+C+P$
17	10.2	对部分工程的验收	$C+P$
18	10.3	对竣工检验的干扰	$T+C+P$
19	11.2	修补缺陷的费用	$C+P$
20	11.6	进一步的检验	$C+P$
21	11.8	承包商的检查	$C+P$
22	12.4	删减	C
23	13.2	价值工程	C
24	13.5	暂定金额	$C+P$
25	13.6	计日工	$C+P$
26	13.7	因立法变动而调整	$T+C$
27	13.8	因费用波动而调整	$C+P$
28	14.8	延误的付款	$C+P$
29	15.5	业主终止合同的权利	$C+P$
30	16.1	承包商暂停工作的权利	$T+C+P$
31	16.4	终止时的支付	$C+P$
32	17.4	业主风险的后果	$T+C+P$
33	18.1	保险的总体要求	C
34	19.4	不可抗力的后果	$T+C$
35	19.6	可选择的终止、支付和返回	$C+P$
36	19.7	根据法律解除履约	$C+P$

传统模式下承包商可向业主索赔的隐含的有关条款表 表7-8

（参照 FIDIC "新红皮书" 1999 年第 1 版）

序号	条款号	条款内容	有可能索赔的内容
1	1.3	通信联络	$T+C+P$
2	1.5	文件的优先次序	$T+C$
3	1.7	转让	$C+P$

续表

序号	条款号	条款内容	有可能索赔的内容
4	1.8	文件的保管和提供	$T+C+P$
5	1.13	遵守法律	$T+C+P$
6	2.3	业主的人员	$T+C+P$
7	3.2	工程师的授权	$T+C+P$
8	3.3	工程师的指示	$T+C+P$
9	4.2	履约保证	C
10	4.10	现场的数据	$T+C+P$
11	4.20	业主的设备和免费供应的材料	$T+C+P$
12	5.2	对指定的反对	$T+C$
13	6.6	为职工提供设施	$C+P$
14	8.1	工程开工	$T+C+P$
15	8.12	复工	$T+C+P$
16	12.1	工程计量	$C+P$
17	12.3	估价	$C+P$
18	17.1	保障	$C+P$
19	17.5	知识产权和工业产权	C
20	19.3	将延误减至最小的责任	T

（2）参照 FIDIC"银皮书"（1999 年第 1 版），承包商可向业主索赔的明示的和隐含的条款以及有可能索赔的内容列入表 7-9、表 7-10 中。

EPCT 模式下承包商可向业主索赔的明示的有关条款表　　　　　表 7-9

（参照 FIDIC"银皮书"1999 年第 1 版）

序号	条款号	条款内容	有可能索赔的内容
1	2.1	现场进入权	$T+C+P$
2	3.4	指示	$T+C+P$
3	4.6	合作	$T+C+P$
4	4.24	化石	$T+C$
5	5.4	技术标准和法规	$T+C+P$
6	7.4	试验	$T+C+P$
7	8.4	竣工时间的延长	T
8	8.5	当局造成的延误	T
9	8.8，8.9，8.11	暂时停工；暂停的后果；拖长的停工	$T+C+P$
10	8.10	暂停时对生产设备和材料的付款	$C+P$
11	9.2	延误的试验	$T+C+P$
12	10.3	对竣工试验的干扰	$T+C+P$
13	11.2	修补缺陷的费用	$C+P$
14	11.6	进一步试验	$C+P$

续表

序号	条款号	条款内容	有可能索赔的内容
15	11.8	承包商调查	$C+P$
16	12.2	延误的试验	$C+P$
17	12.4	未能通过竣工后试验	$C+P$
18	13.5	暂列金额	$C+P$
19	13.6	计日工作	$C+P$
20	13.7	因法律改变的调整	$T+C$
21	13.8	因费用改变的调整	$C+P$
22	14.8	延误的付款	$C+P$
23	15.5	业主终止合同的权力	$C+P$
24	16.1	承包商暂停工作的权利	$T+C+P$
25	16.4	终止后的付款	$C+P$
26	17.4	业主风险的后果	$T+C+P$
27	18.1	有关保险的一般要求	C
28	19.4	不可抗力的后果	$T+C$
29	19.6	自主选择终止、支付和解除	$C+P$
30	19.7	根据法律解除履约	$C+P$

EPCT 模式下承包商可向业主索赔的隐含的有关条款表　　　　表 7-10

（参照 FIDIC "银皮书" 1999 年第 1 版）

序号	条款号	条款内容	有可能索赔的内容
1	1.3	通信交流	$T+C+P$
2	1.5	文件的优先次序	$T+C$
3	1.7	权益转让	$C+P$
4	1.8	文件的保管和提供	$T+C+P$
5	1.13	遵守法律	$T+C+P$
6	2.3	业主人员	$T+C+P$
7	3.3	受托人员	$T+C+P$
8	4.2	履约担保	C
9	4.10	现场数据	$T+C+P$
10	4.20	业主的设备和免费供应的材料	$T+C+P$
11	5.1	设计义务一般要求	$T+C+P$
12	6.6	为员工提供设施	$C+P$
13	7.3	检验	$T+C+P$
14	7.6	修补工作	$T+C+P$
15	8.1	工程的开工	$T+C+P$
16	8.12	复工	$T+C+P$
17	17.1	赔偿	$C+P$
18	17.5	知识产权和工业产权	C
19	19.3	将延误减至最小的义务	T

（四）承包商可索赔的费用

承包商可索赔的费用一般应该基于工程投标报价所包括的内容，但也有一些不包含在内的。现将可索赔的费用内容简述如下：

（1）直接费。包括额外发生的（包括加速施工）人工费、材料费、机械折旧费及机械购置费、分包商费等。

（2）间接费。包括工地管理费、保函费、保险费、税金、贷款利息、业务费、临时工地设施费等。

（3）企业总部管理费。

（4）由于业主方原因延长工期的间接费等。

（5）业主拖延付款利息（融资费）。

（6）交涉索赔发生的费用。

（7）利润。

（8）其他。

第四节　项目实施阶段合同有关各方的关系

项目实施阶段是一个相当长的时期，这个时期内合同有关各方如何根据合同的要求，尽到自己一方的主要职责和义务，如何正确地处理与其他各方的关系，减少矛盾与冲突，加强相互之间的理解、配合和协作，对于顺利地实施合同管理，高质量地按期完成工程项目并且成功地进行投资控制与成本管理都是十分重要的。并且对业主和承包商双方都是有利的，这就是本节要讨论的问题。

一、传统模式和 EPCT 模式下业主、工程师（业主代表）和承包商在项目实施阶段合同管理中的主要职责

（一）传统模式

业主和承包商是合同的双方，而工程师则是受业主雇用来按照业主和承包商的合同进行项目管理的。从合同管理的角度看，各方的职责和义务是不同的，但目标又是一致的，下面对传统模式下业主、工程师和承包商在合同管理中的主要职责采用列表形式进行对比分析，如表 7-11。

传统模式下业主、工程师和承包商在合同管理中的主要职责对比表　　　　表 7-11

序号	合同内容	业主	工程师	承包商
1	总的要求	项目的立项、融资和实施前的准备工作 项目的招标与承包商的选定 决定工程师的职责和权限，并通知承包商 对工程师提交的各类报告及时批复处理 按合同规定，向承包商颁发接收证书、履约证书，归还预付款保证、履约保证等	受业主聘用，按业主和承包商签订的合同中授予的职责、权限实施合同管理，进行监督、检查和督促	按合同要求，全面负责工程项目的具体实施（含合同要求的部分永久工程的设计、施工等）、竣工和维修 按合同规定，向业主提交各类保证（如预付款保证、履约保证等） 申请接收证书，提交竣工报表、最终报表及结清证书等

续表

序号	合同内容	业主	工程师	承包商
2	进度管理	按合同规定提前通知承包商开工日期 审查确定暂停、复工、工期延长和承包商的工期索赔 如承包商工期拖延，可要求承包商自费赶工 可考虑将较短的工期变更和索赔交由工程师决定，报业主备案	按照承包商开工后送交的总进度计划，以及季、月、周进度计划，检查督促 下开工令，下令暂停、复工、延期 对承包商提出的工期索赔，提出具体建议报业主审批	收到业主通知后应尽早开工 制定具体进度计划，研究各工程部位的施工安排，工种、机械的配合调度以保证施工进度 应提交详细的施工计划及支持报告 如因自身原因拖延工期而业主要求赶工时，应自费赶工 根据合同规定及实际情况提交工期索赔报告
3	质量管理	定期了解检查工程质量 平日主要依靠工程师管理和检查工程质量 对重大质量事故进行研究和决策 按合同要求进行竣工检验，及必要时的重新检验，并做出相关决定	审查承包商的重大施工方案并可提出建议，但保证质量的措施应由承包商决定和实施 拟定或批准质量检查办法 严格对各部位、每道工序的质量进行检查和检验。对不合格者下令返工 对生产设备和材料的质量进行检验，不合格者可要求替换	负责工程的放线和定位 按规范和图纸的要求，拟定具体施工方案和措施，保证工程质量，对质量问题和现场安全全面负责 按合同规定提交竣工文件、操作和维修手册 按工程师指定日期进行竣工检验
4	造价管理	按合同规定的要求支付和扣还预付款 审批工程师审核后上报的期中支付表和期终支付 与工程师讨论并批复有关索赔问题 可考虑将较小数额的支付或索赔交由工程师决定，报业主备案 提出业主方的索赔	按照合同规定严把支付关，审核后报业主审批 研究承包商的索赔内容、提出自己的计算方法和建议的款额，报业主审批	拟定具体措施，从人工、生产设备和材料采购、机械使用以及内部管理等方面采取措施降低成本，提高利润率 及时提交各类支付申请报表 设立索赔组，及时提交索赔报告
5	风险管理	注意研究重大风险的防范，特别是合同条件中规定的"业主的风险" 按合同规定，保障承包商及其人员在合同规定的某些情况下免于承担有关索赔和损失，并履行业主对承包商的知识产权和工业产权侵权保障的职责	替业主把好风险关，进行经常性的风险分析，研究提出防范措施	注意风险管理，尽可能减少自身风险造成的损失 做好索赔工作 按照合同规定，保障业主及其人员在某些情况下免于承担有关索赔和损失带来的伤害，并履行承包商对业主的知识产权和工业产权侵权保障的职责
6	变更	对工程师提交的变更报告（包含他对承包商建议的分析意见）应尽快审批回复	工程师有权提出变更，并可要求承包商就变更提出建议书；审查变更建议书，分析和计算变更对工期和价格的影响，报业主审批	按工程师要求提交变更建议书 承包商可随时运用价值工程理念提出变更建议 变更时，提出工期和价格调整的建议

（二）EPCT 模式

业主和承包商是合同的双方，业主代表一般情况下，可履行合同中业主的全部权利，实际上是代表业主进行日常的 EPCT 项目的管理，重大问题需提出自己的意见报业主审批。下面对他们的主要职责列表对比分析，见表 7-12。

EPCT 模式下业主、业主代表和承包商在合同管理中的主要职责对比表　　　　表 7-12

序号	合同内容	业主	业主代表	承包商
1	总的要求	项目的立项、融资和实施前的准备工作 项目的招标与承包商的选定 将业主代表的职责和权利等通知承包商 对业主代表提交的各类报告及时批复处理 如承包商对业主代表的决定提出质疑，业主应迅速答复 按合同规定，向承包商颁发接收证书、履约证书、归还预付款保证、履约保证等	受业主聘用，被认为可履行合同中规定的业主的全部权利（终止合同除外）	按合同要求以交钥匙方式全面负责项目的设计（含工艺）、设备采购、安装、调试和施工 按合同规定，向业主提交各类保证（如预付款保证、履约保证等） 申请接收证书，提交竣工报表、最终报表及结清证书等
2	进度管理	按合同规定提前通知承包商开工日期 审查确定暂停、复工、工期延长和承包商的工期索赔 如承包商工期拖延，可要求承包商自费赶工	按承包商开工后送交的总进度计划，以及季、月、周进度计划，检查督促 下开工令，下令暂停、复工、延期 对工期索赔，提出具体建议报业主审批	收到业主通知后应尽早开工 尽力保证施工进度，应提交详细的施工计划及支持报告 如因自身原因拖延工期而业主要求赶工时，应自费赶工 根据合同规定及实际情况提交工期索赔报告
3	质量管理	如"业主的要求"中有规定，则应审核承包商的文件，特别是设计，这对保证工程质量十分重要。各部分工程的设计不经审核批准不得开始施工 按合同要求进行竣工检验，及必要时的重新检验，并做出相关决定 在业主需要时，组织竣工后检验，并提供竣工后检验的人力、电力等条件	定期了解检查工程质量。保证质量的措施应由承包商决定和实施 对重大质量事故进行研究和提出整改要求	对工程的放线以及定位负全责，并应核实所有现场的水文、地质及环境等资料 除去合同条款中列明的情况外，对"业主的要求"的正确性负责。对工程设计和施工负全部责任，提交全部"承包商文件" 特别要做好设计工作，使之符合工程所在国的法律和技术标准，并及时报业主审批（如有要求时），审批并不减免承包商的责任 拟定具体施工方案和措施，保证工程质量，对质量问题全面负责 按合同规定提交竣工文件、操作和维修手册，并按业主规定的日期进行竣工检验和试运行 按业主指定的日期，协助并参加竣工后检验，并负责整理和评价该检验结果

续表

序号	合同内容	业主	业主代表	承包商
4	造价管理	按合同规定的要求支付和扣还预付款 审查和支付期中和期终支付 审查和批复承包商的索赔 提出业主方的索赔	按照合同规定执行各项有关的款项支付和扣还等工作 研究索赔内容、就有关计算方法和数额和承包商商议，并上报业主审批	合同为总价包干，不因未预见到的困难而调整 拟定具体措施，从人工、设备和材料采购、机械使用以及内部管理等方面采取措施降低成本，提高利润率 及时提交各类支付申请报表 设立索赔组，及时提交索赔报告
5	风险管理	注意研究重大风险的防范，特别是合同条件中规定的"业主的风险" 保障承包商及其人员在合同规定的某些情况下免于承担有关索赔和损失 按合同规定，在某些情况下，履行业主对承包商的知识产权和工业产权侵权保障的职责	替业主把好风险关，进行经常性的风险分析，研究提出防范措施	首先注意风险管理，尽可能减少自身风险造成的损失 做好索赔工作 按照合同规定，保障业主及其人员在某些情况下免于承担有关索赔和损失带来的伤害 在某些合同规定的情况下，履行承包商对业主的知识产权和工业产权侵权保障的职责
6	变更	业主有权变更，或要求承包商就变更提出建议书，并应尽快回复	分析和计算承包商提交的变更建议书对工期和价格的影响，报业主审批	按业主要求提交变更建议书 承包商可随时运用价值工程理念提出变更建议 变更时，提出工期和价格调整的建议

二、工程实施中的矛盾与争议

（一）矛盾的普遍性

国际工程是一项跨国性的经济活动，也常常受政治因素影响，参与方往往来自不止一个国家，彼此之间的文化背景、社会体制以及民族风俗习惯不同，在项目中所处的地位和经济利益也不同，因而合同中有关各方相互之间的矛盾和争议是不可避免的。如何处理好这些矛盾与争议就成为项目能否成功的关键因素，合同有关各方概莫能外。

要正确处理和解决矛盾首先要正确认识矛盾。矛盾是普遍存在的，是绝对的，它存在于事物发展的一切过程中，又贯穿于一切过程的始终。如果我们既认识到矛盾的普遍性，又认识到国际工程合同有关各方有许多不同的背景，就会对于从事这样一个充满风险和挑战的事业，有充分的思想准备，就应该潜心研究如何认真解决遇到的矛盾和争议。

（二）国际工程争议产生的主要原因

国际工程项目比一般工程项目复杂得多，合同管理要求十分严格。由于是跨国的经济活动，每次接触的都是不同国家的合同方，各国的法律不同，自然条件各异，因而国际工程项目的风险比国内项目大得多。再加上国际工程市场长期为发达国家垄断，进入的难度很大，许多公司往往以低投标价去中标项目，企图通过索赔来盈利，这也是容易导致争议的原因。

国际工程项目实施阶段产生争议的原因可归纳如下。

1. 招标文件和合同签订存在的问题

业主方准备的招标文件实际上是合同的草案，在编制招标文件以及合同谈判签订中存在的各种问题，往往为合同实施过程中产生争议埋下了隐患，如：

（1）合同文件风险分担不合理，业主方在招标文件中将过多的风险推给承包商（如规定很高的"误期损害赔偿费"且不规定上限），承包商为了中标项目，不敢在合同谈判中据理力争、要求修改；

（2）合同（包括商务条款和技术文件）中词语定义模棱两可，不清晰，不严格；

（3）合同中各个文件之间有矛盾，签订合同时未发现；

（4）合同条款中涉及各方职责、权利、义务以及违约责任的文字表述不明确、不严格；

（5）主合同与分包合同及其他相关合同之间的矛盾；

（6）技术要求不合理，投标时未发现；

（7）承包商报价过低；

（8）其他。

2. 合同实施过程中存在的问题

（1）合同一方或双方管理水平低，导致合同实施过程中产生各类问题；

（2）合同一方不具备足够的财力来完成项目；

（3）缺乏"团队精神"，不理解"伙伴关系"，沟通交流不够；

（4）不能用"双赢"理念及时协调和处理产生的矛盾；

（5）不重视书面文件的正确书写、签章和文件的合法有效性；

（6）不重视书面文件的提交和签收的手续和文件保管；

（7）工程师不能按照合同规定比较公平地调解和处理争议；

（8）总承包商的管理监督与协调不力；

（9）分包商企图通过索赔盈利；

（10）不重视索赔的时效性；

（11）项目合同管理者回避矛盾，把争议推给上级机构或律师；

（12）拖欠付款，从而导致违约金和利息；

（13）设计变更或对施工提出不合理的要求，导致增加工程量和/或拖延工期；

（14）以不合理的借口随意终止合同，更换实施单位；

（15）拖延批复承包商的工期或费用索赔；

（16）不遵守项目实施过程中双方的书面约定；

（17）业主方拒绝支付因自身原因引起的工期拖延造成的各类损失；

（18）其他。

由于产生争议的这些原因在国际工程实施中具有普遍性，因而各个国际组织编制的合同文件都在不断地研究和改进解决争议的方法。

三、如何正确认识与解决合同管理中的矛盾与争议

（一）"伙伴关系"的含义

伙伴关系（Partnership）是指为了合同的标的，即完成工程项目这一共同目标，合同

有关各方应该尽可能地密切配合、相互支持、相互谅解，友好地解决矛盾与争议，使工程项目能按时、保质地完工。

项目按时、保质的完工对业主方来说，可以尽快投产、取得多方面的效益；对承包商来说，一方面可得到一定的经济收益，另一方面也为公司创了声誉、积累了经验、培养了人才，为今后开发市场打下了基础；对工程师同样也是经济收益与信誉双丰收。所以"伙伴关系"正是基于按时、保质完成项目能使项目有关各方均有较大收益的思想基础上建立的。

（二）合同有关各方对解决矛盾和争议应有正确的认识

如何解决这些矛盾与争议，笔者认为各方首先应解决以下几个认识和理念问题。

1. 业主方

（1）为了减少和解决好矛盾和争议，业主方必须准备一份高水平的招标文件（相当于合同草案），除了要做到系统、完整、准确、明了，以及在文件中各方职责分明、程序严谨外，最主要的是要做到风险分担合理，也就是将项目风险分配给最有能力管理或控制风险的一方。合同条款要避免含混不清，特别是有关职责、义务和风险分担的条款应尽可能明确、具体，以便实际操作。

合同中还应该有必要的激励措施。

（2）业主应该认识到，承包商虽然是为业主提供多方面的服务，但在合同面前双方是平等的伙伴，都必须按合同规定办事。

（3）业主应该恪守自己的职责，尽到自己的义务，其中最主要的义务就是按合同规定的条件及时地向承包商支付（包括索赔支付）。

（4）业主应该主动协调自己与承包商的关系，在合理范围内，积极支持承包商的工作，应该认识到承包商按时保质地完成项目的最大受益者是业主；如果双方之间矛盾重重，致使项目质量不好或竣工时间延误，受损失最大的也将是业主。

2. 承包商

（1）承包商在投标阶段要认真细致地调查市场情况，研究与招标文件有关的各种资料以及现场情况，使自己的投标建立在投标价格能够完成项目任务的基础上。

（2）承包商在投标时要认真地进行风险分析，要研究业主方的项目资金来源是否可靠，研究合同中的各项支付条款是否合理，合同条款中有关风险分配是否合理、是否明确，有哪些隐含的风险（包括技术风险），以便确定风险度以及考虑风险费和其他风险管理措施。

（3）承包商应该认识到自己的最重要的义务就是按时（或提前）向业主交付一个质量符合合同要求的工程，也就是要想尽一切办法确保工期和质量。这也是取得业主和工程师的信任并和他们建立良好关系的基础。

（4）影响承包商、业主及工程师关系的因素除了承包商是否认真地实施工程之外，就是如何处理索赔。索赔是承包商维护自己权益的一种措施，但小题大做、漫天要价甚至欺骗式的"垃圾索赔"必然会损害自己的形象，影响与业主和工程师的关系，这将导致彼此之间缺乏信任感，也必将影响以后的索赔工作。因此应提倡依据法律、法规和合同，注意证据，实事求是地索赔。

3. 工程师

（1）工程师受聘于业主，但工程师在受业主之托进行项目管理时，主要依据的是法律、法规以及业主和承包商之间的合同。工程师应在合同规定的职责和权限范围之内尽职尽责地做好工作。

（2）工程师应该是独立于业主和承包商之外的法人单位，不能和承包商、分包商、供应商等合同实施单位有任何经济关系。

但工程师在受业主聘用，为业主提供服务期间，就属于"业主的人员"了。合同条件要求工程师在处理各种问题时，应尽可能与双方协商，考虑到各种情况，按照合同做出公平的决定。公平（Fair）指的是在处理问题时，应该认真地按照有关法律以及业主和承包商签订的合同中的各项规定，根据实际情况，充分听取业主和承包商双方的意见之后，做出自己的决定。

工程师必须认识到：业主和承包商签订的合同中的各项规定和要求体现了业主和承包商双方的权利和义务，因而按合同办事既保护了业主的正当利益，同时也保护了承包商的正当利益，因为合同中规定的承包商的利益是业主同意的。

（3）工程师是争议的第一调解人。工程师每天都在现场工作，直接和业主和承包商接触，应充分发挥协调作用，在业主和承包商之间起一个润滑剂作用，应努力避免扩大矛盾，尽量把矛盾和争议及时就地解决，这样就能最大限度地保证工程项目的顺利实施。

（三）国际和国内解决争议的发展趋势

1. 英国制定工程项目合同理念的发展

从 20 世纪 90 年代初起，英国的建筑业掀起了一场行业反思活动，政府、业主、承包商和行业协会都参加到这个活动中来，共同研究和考虑英国建筑业的出路和现代化的过程。两位业界的领袖：迈克尔·莱升（Michael Latham）爵士在 1994 年 7 月发表了《团队建设》（Constructing the Team）报告，约翰·依根（John Egan）爵士在 1998 年 7 月发表了《建筑业反思》（Rethinking Construction）报告。两个报告都对英国建筑业的现行模式进行了评估，确定了改革的目标，提出了一个清晰可行的改革与发展的战略模型，其中很重要的一个理念就是要改变过去合同双方对抗式的关系，进而转变为伙伴式的合作关系。

英国土木工程师学会（ICE）制定最新版的 NEC3 合同范本时特别指出，应该从一种被动的管理与决策模式转变为有远见的创造性的合作关系。也就是说，应该从一种对抗型的项目组织形式转变成为合作型的项目组织形式，这是完成一种"文化转变（Culture Transition）"。

NEC3 合同范本的核心条款中，"工作原则"第一款的条文是：业主、承包商、项目经理和监理人应按本合同的规定，在工作中相互信任、相互合作。评判人应按本合同的规定独立工作。

在后面的条款中，还规定了要在合同双方之间合理分摊风险，鼓励业主和承包商共同预测、防范和管理风险；引入"早期警告程序"，并规定处理"补偿事件"的方法；设立"评判人"制度，尽量把争议解决在萌芽状态等。许多条款的理念都体现了"伙伴关系"和"团队精神"。

英国咨询建筑师协会（ACA）在 2000 年出版了 PPC2000《项目伙伴关系标准合同格

式》，这是国际上第一个以项目伙伴模式命名的标准合同范本，是上述英国政府建设研究机构的报告《建筑业反思》的一个直接成果，这个范本倡导合同各方信任与合作，并将伙伴关系的理念进一步付诸实践。

2. 国际上解决争议的发展趋势

前面几章介绍的许多国外范本中都体现了在工程项目合同实施过程中，尽可能调解或友好解决争议的精神。如：

(1) FIDIC"新红皮书"、"新黄皮书"、"银皮书"、"金皮书"中都是将工程师或业主代表解决不了的争议提交给 DAB，由 DAB 去现场调研，听取双方意见，提出解决建议，促进争议的解决。当合同双方不能接受 DAB 的建议时，再经过友好解决或提交仲裁。

(2) FIDIC"白皮书"中提出了要设一位中立的调解人（Neutral Mediator）调解争议，如果调解失败，再走向仲裁。

(3) NEC3 引入评判人（Adjudicator）制度，要求评判人是某一个领域的专家，经验丰富，熟悉工程合同管理和造价管理，作风公正，并完全独立于合同双方之外。在承包商与项目经理或监理人之间发生争议时，将争议提交评判人，提出解决方案，解决争议，当合同双方不能接受评判人的意见时，再提交仲裁。

(4) AIA. A201 合同条件中规定，将争议首先提交初始裁定人（Initial Decision Maker），如初始裁定人提出的方案不能解决争议，任一方均可申请仲裁，但在仲裁之前，应由美国仲裁协会受理，依据其制定的建筑行业调解程序指定调解员进行调解，如果调解不成功，再进行仲裁。

由此可见，国际上目前非常强调在工程项目合同实施过程中以调解的方式解决争议，而不是一发生争议就提交仲裁或诉讼。

3. 国内解决争议的发展趋势

(1) 2008 年 5 月开始执行的九部委制定的《标准施工招标文件》中规定：双方应首先友好协商解决争议，如解决不成，可提交争议评审组评审，如不愿提请争议评审或不接受争议评审组意见的，可以按专用条款中规定的仲裁或诉讼方式解决争议。

(2) 目前，国内的一些仲裁委员会（如中国国际经济贸易仲裁委员会、北京市仲裁委员会）都制定了"建设工程争议专家评审规则"，提倡工程项目合同双方产生争议时，首先采用争议评审的方式解决争议，解决不了的，再申请仲裁，并正在建立"争议评审专家库"。

由此可见，我国目前也正在倡导在采用仲裁或诉讼方式解决争议之前，尽可能的通过友好解决或者争议评审组调解争议。

(四) 学会正确处理工程项目实施中的矛盾

1. 对解决矛盾和争议的辨证的认识

有了"伙伴关系"这一指导思想，就要求各方采取正确的态度和方法来处理矛盾，各方之间也应该相互信任并建立个人友谊，平日加强交流，以便互相理解，要依靠合同和证据进行说理，讲究公关技巧和方法。

虽然按照伙伴关系和团队精神去解决矛盾和争议的理念是正确的，这也是国际上解决争议的大方向，但是应该看到，在全世界的许多项目中，特别是业主方，还不能在短时期内完全理解和接受这种思想。

每一个参加国际工程承包的单位和个人，都应该认真地学习这个理念，加强这方面的宣传，这也许要持续很长的时间才能为有关项目各方理解，但我们仍应坚持不懈地这样做。

2. 用恰当的方式和方法来处理和解决矛盾

在国际工程项目的实施过程中，矛盾是不可避免的。在很多时候解决矛盾是要通过斗争的，特别是对于承包商，要学会一手持"盾"，即要有防范风险的思想，防范业主方一切不合理的、苛刻的要求和作法；一手持"矛"，也就是利用好合同中自己一方可利用的条款和规定。正确的斗争方法就是要学会利用合同来防范风险，保护自己并争取合理的权益。

解决矛盾和争议的步骤一般是先私下讨论、协商，尽可能坦诚地交换意见，依靠工程师的协调，友好解决；实在解决不了时，则可通过 DRB（或 DAB、DB）解决，应尽量避免矛盾激化走向仲裁或诉讼。在国际工程界同行中有这样一句话"不理想的友好解决也胜于诉诸法律"（A poor settlement is better than a good lawsuit.）。这并不是否定仲裁或诉讼这些具有强制力的法律手段，而是提倡首先按照"伙伴关系"、"团队精神"和"双赢"的思想去管理项目，尽可能友好地去解决矛盾和争议。

这种按照"伙伴关系"和"团队精神"去解决矛盾和争议的思想，也正是我们国家提倡的"和谐社会"、"和谐世界"的理念，也就是说，我们要努力去创造一个和谐的项目管理环境，去宣传和实践和谐项目管理的新理念，才能及时地解决矛盾和争议，更好更快地完成工程项目。

第五节　国际工程项目争议的解决

国际工程项目是一类十分复杂的，涉及不同国家和地区，不同民族，不同政治、经济、文化、宗教背景的项目，因而其管理的过程中必然充满着大量的矛盾，也常会因为多种原因引起各方之间的索赔，如果索赔通过协商被友好地解决了，就不存在争议的问题了。然而事实上，争议几乎是不可避免的。争议的形成需要具备以下三个条件：

合同一方，即索赔方（Claimant），向另一方提出了工期、费用、利润等方向的索赔；

被索赔方（Claimee）完全或部分拒绝该索赔的有效性；

索赔方不接受被索赔方对其索赔的拒绝。

因而在所有的国际工程项目合同条件范本中几乎都有一条"争议的解决"（Settlement of Dispute），而且往往都将"索赔、争议和仲裁"编入一条，这也说明这三者之间的密切关系。

一、ADR 的基本概念

（一）国际上工程项目争议的解决方式

国际法学界将除诉讼之外解决争议的方式称之为"争议解决替代方式"（Alternative Disputes Resolution，ADR）。

ADR 一般包括如下四类方式：调解；DRB/DAB/DB；仲裁和其他各类方法。

1998 年，美国通过了世界上第一部 ADR 的立法——《1998 争议解决替代法》（Alternative Dispute Resolution Act of 1998)。在该法案中，ADR被定义为：替代性争议解决的程序，包括除了法官主持的审判以外的任何程序或过程。在这些程序中，采用一个中立的第三方，通过诸如早期中立评价、调停、调解、小型审判或仲裁等方式来协助解决争议事项。

（二）ADR的特点

（1）意思自治。充分尊重当事人的意思自治，赋予当事人充分的自主权。

（2）灵活性。程序具有较大的灵活性。当事人可根据争议的具体情况来选择合适的解决方案和程序。

（3）除仲裁外，其他ADR程序所达成的协议不具有法律约束力。

（4）非对抗性。ADR是提倡双方妥协让步以达成一致来友好解决争议，与诉讼中双方针锋相对的对抗相比，ADR方式更有助于维护双方之间长久的经贸交往和人际关系。

（5）非公开性。ADR程序的非公开性使得大量涉及当事人个人隐私和商业秘密的争议能秘密解决，有效地保护了当事人的个人隐私和商业秘密。

（6）如果采用某一种ADR方式未能解决争议，当事人仍可将争议提交仲裁或诉讼解决。

（7）ADR各种方式之间的界限划分并不明显，一般具有共通性和融合性，如调解—仲裁以及在仲裁中调解等方式。

（8）程序简便、快捷，费用低廉。

二、国际上工程项目实施过程中不具备法律约束力的各类争议解决方式

（一）世界银行和FIDIC合同文件范本中的争议解决方式

1. 由工程师进行调解

（1）国际咨询工程师联合会（FIDIC）在20世纪90年代中期之前编制的合同文件，以《土木工程施工合同条件》（1987年第4版）（"红皮书"）为代表，一直沿用首先将争议提交给工程师，由工程师进行调解，并向合同双方提出解决争议的方案，供双方考虑及作出决策。

英国ICE等合同条件过去也一直沿用此方法。

（2）工程师处理争议的方式受到了批评，因为：工程师受雇于业主，因而很难保证其公正性（Impartially）；承包商向工程师提交的争议，多半是工程师在工程实施过程中已做出的决定，因此这种解决争议的方法成功率较低。

但笔者认为，工程师仍应该是争议的第一调解人。因为工程师工作在现场，对工程进展和合同实施情况十分熟悉，与项目合同双方联系紧密，并且是双方产生矛盾时的第一当事人。如果能够及时化解争议，将十分有利于双方在比较和谐的气氛中继续实施和完成工程；而且解决争议速度快，节省时间；如果工程师能够公平地与双方协商和做出决定，调解的结果必然容易为双方接受，不但可以节省费用，并且易于执行。

因而，FIDIC"新红皮书"（1999年第1版）仍然要求工程师对合同双方的矛盾和争议应该"公平"（Fair）处理。如何理解"公平"处理？笔者认为：首先，工程师要做到"兼听"，特别是要认真听取承包商的意见，并且一定要对业主实事求是地反映自己的观点，做出解决争议的决定时，既要符合法律规定和合同约定，又要实事求是，重视证据。

工程师如果不敢表达自己的意见，一味地偏袒业主方，则很容易造成承包商将争议提交DB，甚至将业主方推向仲裁的被申请人的位置，因而很可能造成业主"赔了夫人又折兵"（既被迫付出款项，又丢了面子）。

2. DRB/DAB/DB

（1）争议评审委员会（Dispute Review Board，DRB）

这种方式是 20 世纪 70 年代首先在美国的隧道工程中发展起来的，由合同双方共同出资聘请三位专家调解争议。美国科罗拉多州的艾森豪威尔隧道工程包含价值 1.28 亿美元的土建、电器和装修三个合同，在 4 年的工程实施中发生了 28 起争议，均通过 DRB 调解解决，并得到双方的尊重和执行。

世界银行关注到 DRB 这种新的争议解决的替代方式，并开始在其贷款项目中试行。1980～1986 年期间，由世行和泛美开发银行贷款的洪都拉斯 EL. Cajon 水电站工程（坝高780 英尺，水电站装机容量 300 兆瓦，总造价 2.36 亿美元），五次争议的总金额达 2030万美元，均由 DRB 调解成功，并为双方接受执行，工程按期完成，且未发生仲裁或诉讼。DRB 的费用仅用了 30 万美元。

在 1995 年 1 月世行出版的《工程采购标准招标文件》中正式规定：1000 万至 5000万的项目可由合同双方商定采用下述三种方式中的任一种来调解争议：DRB（三位争议审议专家）；DRE（一位争议审议专家），或"红皮书"中的工程师。

下面简单介绍我国黄河小浪底水利枢纽工程的 DRB。

1996 年底，应世界银行的要求，小浪底工程在开工不久即开始组建 DRB。业主方经过较长时间的调查研究以及与 3 个标段（大坝、泄洪洞、水电站）承包商的多次协商和谈判，签署了"四方协议"，随后确定了 DRB 的 3 位成员。小浪底的 DRB 于 1998 年 4 月 22日正式成立。

小浪底工程 DRB 专家的选聘是根据加拿大国际工程管理公司（CIPM）的建议，对拟定候选人进行资格预审和选择是参照下述几个方面的评分标准：学历（10%）、工作经验（15%）、知识面（12%）、仲裁和争议处理经验（20%）、国际工程经验（15%）、熟悉FIDIC 或类似合同的程度（10%）、中国（亚洲）工作经验（8%）和水电工程施工经验（10%）。

最后选定的小浪底工程的 DRB 专家包括：

戈登·杰尼斯（Gordon L. Jayes）：任 DRB 主席。美国人，国际律师协会、国际建筑工程委员会名誉主席，FIDIC 准仲裁员，伦敦仲裁院注册成员。曾参与国际工程争议评审、仲裁工作 35 年，约 70 项工程。

皮特·布恩（Peter L. Booen）：（业主方推荐人）英国人，1965 年伦敦高等学院理科硕士，高级土木工程师，多年从事施工合同管理、法律和争议协调工作。FIDIC 认可评审员、鉴定人和调解员。从事国际土木、水利工程合同管理 34 年。1999 年 FIDIC 新版合同条款的主要起草人。

皮埃尔·江彤（Pierre M. Gettton）：（三个标段承包商共同推荐人）瑞士人，英国土木工程师联合会成员，注册工程师，瑞士仲裁法庭、ICC、维也纳仲裁法庭和伦敦仲裁院等仲裁员，具有 25 年国际工程仲裁经验，参与工程项目 56 项。

小浪底工程 DRB 专家的费用包括月聘请费、现场日工作报酬、日旅行费和其他开支，需得到业主和承包商的一致同意。业主承担 50％的月聘请费（2000 美元），各标段承包商按合同签字时的合同价所占比例分摊剩余的 50％。业主承担 50％的现场日工作报酬（950 美元）、日旅行费（950 美元）和其他开支，各标段承包商按 DRB 成员在各标段所花时间分摊剩余的 50％。

小浪底工程 DRB 的一般工作方式如下：争议双方将要提交给 DRB 的争议写成书面材料，提前一定时间先寄送给三位 DRB 专家，他们一年来 2～3 次工地现场，每次大约停留两周时间，听取双方陈述，查看现场状况，核实相关证据，商讨评判意见，并写出书面评判建议。建议中针对提交的争议的每一个子项，联系合同约定和技术要求，进行具体分析，对双方的观点表达支持或局部支持，或不支持，但不对索赔补偿的款额数提出具体建议。也就是说只定性地表态而不定量地提出具体的数字，补偿款额数留待双方根据 DRB 专家的评判意见协商决定。

(2) 争议评判委员会（Dispute Adjudication Board，DAB）

FIDIC 在 1999 年新出版的《施工合同条件》（新红皮书）、《生产设备与设计—建造合同条件》（新黄皮书）、《EPC/交钥匙项目合同条件》（银皮书）中均统一采用 DAB，并且附有"争议裁决协议书的通用条件"和"程序规则"等文件。

1）在 FIDIC99 版合同条件中 DAB 专家有两种任命方式：

① 常任（full-term）DAB 专家

土建为主的项目内容相对单一，因而需要的专家类型也比较单一。

FIDIC "新红皮书"规定，在工程开工日期后 28 天内，由双方联合任命"常任 DAB"专家。这些专家在收到任一方提交的争议时，定期来工地调研，听取意见，评判争议，提出建议，供双方考虑。常任 DAB 的特点：

常任 DAB 专家独立、公平，是熟悉工程管理的专家，有处理争议的经验。

常任 DAB 专家自始至终为本项目服务，通过阅读工程项目有关文件，了解合同内容，定期访问工程现场，因而十分熟悉工程情况。

常任 DAB 成员在阅读双方提交的争议文件的基础上，定期与双方直接见面和沟通，可以深入地了解项目各方的要求。

② 临时（ad-hoc）DAB 专家

针对不同的争议内容聘请不同专长的评判专家，一般用于 FIDIC "新黄皮书"和"银皮书"，这两类合同既有土建又有较多的机电或其他类型的工程，技术范围广泛而复杂，如果请常任专家，他们的知识面很难覆盖多种专业，因而采用"临时 DAB"。当一方向另一方提交争议意向通知书后 28 天内，由双方联合任命"临时 DAB"专家。

临时 DAB 的特点：

临时 DAB 专家独立、公平，既熟悉工程管理，又有与该工程项目相关内容的专业特长，有处理争议的经验。

临时 DAB 专家仅在产生某一项争议时才设立，应及时了解工程项目的有关文件和合同内容，以便处理争议。该项争议解决（或不能解决）后，该临时 DAB 即解散。

临时 DAB 专家在阅读双方提交的争议文件的基础上，与双方直接见面和沟通，可以比较深入地了解项目各方的要求。

2）如合同条件中采用 DAB，最后解决争议可能有三种方式，包括：双方执行 DAB

的决定解决争议、通过协商友好解决争议以及通过仲裁裁决解决争议。这三种方式以及六个途径详见本书第四章第三节关于"新红皮书"第 20 条的介绍及图 4-2。

2005 年 5 月，世行《工程采购招标文件》新范本以及 2006 年 3 月的 FIDIC "新红皮书"（多边银行协调版）新版本中，将 DRB 改为 DB（Dispute Board），即"争议委员会"，但基本内容和工作程序没有大的改动。

（二）美国 AIA 合同条件

美国 AIA 合同条件中对争议处理的程序如下：

（1）美国 AIA 合同条件（2013 版）设置了初始裁定人（Initial Decision Maker）（也可由建筑师担任）。

（2）初始裁定人可对合同任一方提交给他的索赔或争议做出初始裁定。初始裁定应对双方均具有约束力。

（3）如任一方不同意该裁定时，可以提请调解。为此，争议双方必须先到"美国仲裁协会"进行书面登记，也可同时提出仲裁要求，但必须在仲裁之前先进行调解。调解需根据"美国仲裁协会建筑业调解规则"进行，经调解达成的协议具有法律效力。

（4）如果登记后 60 天的调解期内还未能解决问题，则开始仲裁，由仲裁员做出的裁决应具有最终法律效力。

（三）英国的两种合同范本中争议处理程序

1. ECC 合同

英国土木工程师学会（ICE）在 1995 年出版了《工程与施工合同》（ECC2），2005 年出版了第三版 ECC3，2013 年又进行了修订。

（1）合同核心条款规定的工作原则是合同参与各方在工作中应相互信任，相互合作。风险由合同双方合理分担。在工作程序中引入"早期警告程序"以防范风险。共同确定核心项目组（Core Group）成员，该成员负责协调伙伴成员之间的关系。

（2）ECC 评判人（Adjudicator）制度。评判人类似 DAB 专家，由合同双方推选并相互批准，费用由双方平均分摊。

对评判人的素质要求是：某一专业领域的专家，经验丰富，威信高，也是合同管理专家，熟悉工程造价，作风公正，并完全独立于合同双方，身体健康。

（3）ECC 中争议的评判程序：产生争议后，任意一方均可在争议产生后二至四周内，将其提交评判人，另一方可在此后 4 周内提供进一步的资料。评判人收到资料之后，才去现场听取双方意见，并在允许时限内，将评判决定通知双方。除非经仲裁庭改正，评判人的决定是最终的和有约束力的。

若评判人未能在规定期限内做出决定或者某一当事方不满意评判人的决定，该当事方可向另一方要求将争议提交仲裁。在整个合同工程竣工之前或合同提前终止之前，仲裁程序不应开始。仲裁庭有权审查争议并改正评判人的决定。双方当事人提供给评判人的资料、证据和论辩不对仲裁程序构成限制。更详细的介绍请参阅第五章第一节内容。

2. PPC2000 ACA 项目伙伴关系协议（2013 修订）

（1）伙伴关系团队成员对发生的任何争议均应通知其他成员和业主代表。涉及争议的成员应自行寻求解决方案，必要时可请伙伴关系指导顾问给予咨询。

如果未能解决分歧，业主代表应在收到关于争议的通知后 10 个工作日内召开核心小组会议，并要求有关的团队成员协商解决分歧。

（2）任命"调解人"（conciliator）。如果未能解决分歧，则可请调解人按照 ACA 的调解程序进行调解。如调解成功，项目团队各方签署的书面协议对各方均有约束力，如一方不遵守，其他任一方均可要求进入评判程序。

（3）选定评判人（Adjudicator）。对争议进行评判，并给出他的决定及理由，有关各方应遵守此决定。如任一方未能遵守评判决定，则其他成员可要求进入仲裁或诉讼。

（4）仲裁。当争议提交仲裁时，在伙伴关系团队成员之间应达成任命一名仲裁员的决定。如未能达成一致，则由伙伴关系协议中指定的任命人（appointor）来任命一名仲裁员。仲裁员应有足够的权利公开审查和修改任何与以前伙伴关系团队成员有关的决定。仲裁员的决定是最终的，并对涉及争议的伙伴关系团队成员具有法律约束力。

（5）诉讼。如果在伙伴关系协议中规定将争议提交诉讼，则不能同时提交仲裁。与伙伴关系协议有关的索赔和诉讼的法律时效，从该协议规定的竣工日期开始算起。

（四）香港房屋署和交通署的"伙伴关系"项目管理文件

该文件规定：选择双方均同意的"解决争议顾问"（Dispute Resolution Adviser），由顾问来调解争议并提出建议，但如果有任一方不同意则走向仲裁或诉讼。

（五）其他 ADR 方式

1. 调停（Mediation）/调解（Conciliation）

指中立的第三方（即调停人/调解人，Mediator/Conciliator）应争议双方当事人的请求，通过协商，尽量协调双方的分歧，而不是直接通过有约束力的决定来解决双方之间争议的方法。这是 ADR 中最为常见的作为其他形式基础的一种形式。

其区别在于：进行调停的中立的第三方仅仅是劝解争议双方降低各自的要求，起到达成和解的"穿针引线"的作用；而调解比调停更为正式，中立的第三方会更加积极地给出意见，还可推荐一个争议解决方案，通常有律师介入，费用也较高。

目前世界上有许多机构出版了管理调解的规则，其中最有影响力的规则如下：

1）国际商会的 ICC 调解规则，1988 年 1 月 1 日；

2）特许仲裁员协会调解规则，1981 年 7 月 1 日；

3）联合国国际贸易委员会的 UNCITRAL 调解规则，1989 年 12 月 4 日；

4）英国土木工程师协会的 ICE 调解程序，1994 年；

5）欧洲—阿拉伯商会规则；

6）解决投资争议国际中心的 ICSID 调解规则。

绝大多数规则都规定：无论是调停人还是调解人，如果没有当事人的同意，在调停/调解不成功后，不得担任本争议案的仲裁员。

2. 调停—仲裁（Mediation-Arbitration，"Med-Arb"）

实际上是"调停"与"仲裁"相结合的混合程序，即先由调解机构进行调停，若调停不成功，再根据当事人协议提交仲裁，由仲裁机构进行裁决，从而解决争议。

如双方当事人均同意，也可以推选同一个人同时作为调停人和仲裁员。优点是调停人对当事人和争议比较熟悉，效率高，适用于金额较小且当事人急于解决争议的项目。

3. 评判（Adjudication）

双方当事人在签订合同时约定，如发生争议，首先由评判人（Adjudicatior）对双方的争议事项做出决定，并且它应该一直有效，直至争议被提交仲裁、诉讼或双方达成协议。当事人可以同意遵守由评判人作出的无约束力的"评判书"，也可以将它提交到仲裁庭做成"裁决书"，或提交到法院做成"判决书"，这样执行起来更有保障。

4. 早期中立评价（Early Neutral Evaluation）

指中立的专家，就争议的事实问题、法律问题、可能出现的结果，以及各方在案件中的优势和劣势向双方作出客观的分析与评论，这将有助于使双方抛弃各自不现实的想法，或至少使他们对自己在案件中的优势和劣势有更清楚的认识，有利于双方协商解决争议。

5. 简易陪审团审判（Summary Jury Trial）

指由法院为当事人提供陪审员组成陪审团，进行简化的审判工作，然后陪审团共同讨论并对案件提出"建议性"意见。此方式与"早期中立评价"相似，"陪审团"所作出的"建议性"意见可以帮助争议双方清楚地认识到己方在案件中的优势和劣势。其程序相对一般审判程序来说更加简单快捷，有利于双方协商解决争议。

目前，随着 ADR 应用范围和领域的不断扩展，下面所示的一些知名的国际性或地区性的机构均提供各类 ADR 服务：

（1）国际商会（International Chamber of Commerce）。

（2）联合国国际贸易法委员会（United Nations Commission on International Trade Law）。

（3）美国仲裁协会（American Arbitration Association）。

（4）纽约公共资源中心（Center for Public Resources）。

（5）英国争议解决中心（Centre for Dispute Resolution）。

（6）英国特许仲裁员学会（Chartered Institute of Arbitration）。

（7）澳大利亚仲裁员协会与调停协会（Institute of Arbitrators & Mediation Australia）。

（8）（加拿大）不列颠哥伦比亚国际商事仲裁中心（British Columbia International Commercial Arbitration Centre）。

（9）香港国际仲裁中心（Hong Kong International Arbitration Centre）。

（10）日本商事仲裁协会（The Japan Commercial Arbitration Association）。

（11）韩国商事仲裁院（Korean Commercial Arbitration Board）等。

三、具备法律约束力的争议解决方式——仲裁

（一）仲裁的程序和执行

1. 仲裁的程序

以下主要介绍中国"仲裁法"及"中国国际经济贸易仲裁委员会（CIETAC）"仲裁规则中规定的程序。在国外仲裁时，要参照所选定的仲裁机构的仲裁程序。

（1）合同约定仲裁。在签订合同时应明确规定争议时采用仲裁方式，并在合同专用条件中规定仲裁机构名称、仲裁地点、仲裁语言及选用的仲裁规则等。工程项目，特别是国际工程项目，应尽可能不用诉讼方式。

（2）申请仲裁。当争议不能通过调解等方式解决时，合同任一方均有权向专用合同条件中规定的仲裁机构提交仲裁申请书，说明申请人依据的合同条款中的仲裁协议，以及案情、仲裁请求，并提交证据。

（3）指定仲裁员。申请人（Claimant）和被申请人（Respondent）均应在该仲裁委员会的仲裁员名册中指定一名仲裁员，第三名仲裁员（即首席仲裁员）由双方选定或共同委托仲裁委员会选定，由该三名仲裁员组成仲裁庭。

（4）审理。仲裁庭在审阅双方书面材料后，一般可约定时间开庭审理，倾听双方申诉和答辩，询问问题及质证。监理工程师、DAB委员均可作为证人。

（5）调解。按照中国的"仲裁法"，仲裁庭可在仲裁过程中调解。但在国外，要依据各国的仲裁法或仲裁机构仲裁规则的规定。

（6）裁决。如调解不成功，则由三名仲裁员合议裁决，写出裁决书。

（7）执行。如一方不执行裁决，则由法院强制执行。我国已加入《纽约公约》，国际工程仲裁案同样可强制执行。

2. 仲裁的优势

（1）程序简便

仲裁实行"一裁终局"制度，没有上诉或再审程序，裁决自作出之日即产生法律效力。

（2）充分自治

当事人可自主选择仲裁机构、仲裁员、仲裁地点、仲裁语言、仲裁规则及仲裁所适用的法律。

（3）信息保密

仲裁实行不公开审理开庭制度。未经双方当事人的同意，第三人不可旁听案件审理，仲裁过程及结果不公布于媒体。

裁决结果可在不同国家执行，因为国际仲裁的应用基于两个国际公约，即：《1958年联合国承认及执行外国仲裁裁决公约》（纽约公约），根据该公约的规定，缔约国的仲裁裁决能直接申请在参加该合约的100多个缔约国法院得以强制执行，执行力可涉及另一方在相关国家的财产；《联合国国际贸易法委员会国际商事仲裁示范法》（1985）（国际商事仲裁示范法）。亚太地区大多数国家均实施上述两个规则。

一般的涉外诉讼案件，如外方不执行，还没有由国外相关法院强制执行的国际公约。

3. 申请撤销裁决

如一方能证明仲裁裁决有下列情形之一的，可向仲裁委员会所在地法院申请撤销裁决：

1）没有仲裁协议的；

2）裁决的事项不属于仲裁协议范围或仲裁委员会无权仲裁的；

3）仲裁庭的组成或仲裁程序违反法定程序的；

4）当事人隐瞒了影响公正裁决的证据或证据是伪造的；

5）仲裁员在仲裁该案时有索贿受贿、徇私舞弊、枉法裁决行为的。

当仲裁裁决被法院撤销时，当事人可重新申请仲裁或向法院起诉。

（二）在仲裁中调解争议——东方经验

中国国际经济贸易仲裁委员会（CIETAC）1989年即在仲裁规则中规定，实行仲裁与调解相结合，即可以在仲裁过程中调解。CIETAC的这个创新被国外同行誉为"东方经验"。

1. 在仲裁中调解争议的做法

按正常程序开庭仲裁，首先请争议双方陈述观点，列举证据，但要求保持良好的开庭气氛，以便为调解打下基础。在双方陈述辩论之后，仲裁庭可征求双方意见是否愿在仲裁庭的主持下进行调解，但一定要尊重双方当事人的意思自治原则，双方均同意，才可开始调解。

在调解前，仲裁庭要在庭上向双方说明：在调解过程中，任一方和任一位仲裁员的陈述、观点、意见和建议，如调解不成功，均不得在其后的仲裁程序、司法程序和任何其他程序中引用，也不得作为其请求、答辩或反请求的依据。在调解前也要向双方说明：在调解过程中如任何一方不同意继续调解或仲裁庭认为调解不可能成功时，则继续仲裁过程。

调解开始时，一般可采用"背靠背"的方式，即仲裁庭一方一方地背靠背地交谈，听取他的倾诉、举证、意见、建议和要求，并以仲裁员个人身份和他们交换意见，帮助他们认识自己一方的不足，启发他们让步，这样效果比较好。调解过程中，仲裁庭不宜一开始拿出和解方案要双方确认，只有在双方意见十分接近时，仲裁庭才可提出建议性方案，促使双方和解。如双方意见达成一致，则要求双方的代理人及时起草"和解协议"，仲裁庭据之起草"裁决书"或"调解书"。至此，就完成了在仲裁中调解的程序，仲裁委将该"裁决书"或"调解书"发给争议双方。由于是自愿让步达成和解并协商决定支付方式（包括币种和支付时间），所以在执行时一般都会比较顺利。

2. 在仲裁中调解的优点

1）结案速度快，节省时间；

2）如调解成功可达到"双赢"；

3）有利于双方继续保持"伙伴关系"和今后的合作；

4）易于执行；

5）建立在和解协议基础上的裁决书有利于双方的诚信记录；

6）手续简单，节省费用。

我国的仲裁法第五十　条：仲裁庭在作出裁决前，可以先行调解。当事人自愿调解的，仲裁庭应当调解。调解不成的，应当及时作出裁决。调解达成协议的，仲裁庭应当制作调解书或者根据协议的结果制作裁决书。调解书与裁决书具有同等法律效力。这是对我国"在仲裁中调解"经验的总结与肯定。

3. "东方经验"的国际反响

西方不同的文化背景对这种做法有着不同的反映，大陆法系的国家的法官在诉讼中可以对当事人双方进行调解，因而对仲裁中调解的态度比较宽容。而英美法系国家的一些法学工作者认为：法官在诉讼中是独立的公断人，因而必须与案件保持一定距离，才能显示其公正；仲裁员在调解过程中的"私下"会晤违反正当程序（Due process）和自然公正（Natural justice）；当事人不愿向仲裁员披露秘密信息，害怕仲裁员将自己的观点或"底牌"告诉对方；而且，如调解不成功，将会影响仲裁员的权威性。

笔者认为：我们是以仲裁庭作为一个集体，在仲裁庭上调解，不存在"私下"会晤的问题，在调解过程中，也要充分尊重双方当事人的意思自治，仲裁员不提出方案强加给任一方；任一方在调解过程中的各种意见是否愿意经由仲裁员告诉对方，完全取决于当事人。调解是为了促成双方和解，仲裁员的诚恳态度会让双方感到仲裁员是站在中立和公平的立场为双方服务的。因而，如调解不成功也并不影响仲裁员的威信。总之，仲裁员的素质、仲裁庭的独立性和公正性，仲裁员的耐心、毅力和调解的技巧，对调解成功是至关重要的。近年来，一些英美法系国家，如加拿大、澳大利亚、印度、新加坡等和我国香港地区均已明文规定仲裁员可以在仲裁过程中进行调解。

2002年通过的《联合国国际贸易法委员会国际商事调解示范法》第12条"调解人担任仲裁员"中明确规定：只要当事人约定，即可由调解人同时担任仲裁员。这可以看作是近年来国际上对仲裁与调解相结合解决争议的结论性意见。

但具体到不同国家，一定要研究该国法律以及相关仲裁委员会或仲裁院的仲裁规则，才能确定可否在仲裁中调解。

四、诉讼（Litigation）

有一些国际工程项目和国内工程项目在合同中约定将争议提交诉讼；也有的项目在合同中没有约定争议解决方式，而在发生争议时合同一方往往将争议提交诉讼。

诉讼是指司法机关在双方当事人和其他诉讼参与人的配合下，依法审理和解决争议的全部活动。国际民事诉讼是指含有国际因素，或者从某个主权国家的角度来说含有涉及国外因素的民事诉讼。在国内又称涉外民事诉讼。即在有关的民事诉讼中涉及两个或两个以上国家的法人和争议，或与两个或两个以上的国家存在不同程度的联系。

（一）仲裁与诉讼的异同

1. 相同之处

（1）解决合同争议的决定都是由第三者独立做出的，并都对当事人具有法律约束力。

（2）仲裁和诉讼过程中都可以进行调解。

2. 区别之处

（1）仲裁机构一般均为民间性质，而诉讼则是在国家专门的审判机关进行的。

（2）仲裁的事项与范围通常是由双方当事人签订合同时事先或事后约定的，仲裁员不得对当事人双方约定范围以外的事项进行仲裁；法院可以随时受理法律规定范围内的任何合同争议。

（3）仲裁的方式较为灵活。凡加入"纽约公约"的国家，其仲裁裁决结果可以在相关国家得到执行。仲裁专业性强，保密程度高。

（4）仲裁实行一裁终局制度，而诉讼程序中，败诉的一方如不服时，可向上一级法院提出上诉，申请重审。

（二）国际民事诉讼程序

1. 起诉和受理

起诉是当事人因自己的合法权益受到侵害时，向法院提出诉讼请求，要求给予确认和保护的行为。起诉的一方称为原告（Plaintiff），被起诉的一方称为被告（Defendant）。受理是法院对原告的起诉进行审查，确定是否立案，法院受理案件之后，应及时将起诉通知和诉状副本送达被告，并要求被告在一定限期提出答辩状。

2. 开庭之前

英美法系国家的诉讼程序在开庭之前应明确争议的范围和主要争论点；大陆法系国家则由独立法官进行预审，在预审中确定双方争议的范围。

3. 开庭审理

（1）英美法系国家的诉讼

争议案件可分为事实问题和法律问题两个方面。陪审团一般由 12 名陪审员组成，其职权在于断定事实，听取证言并做出结论，而法官的职责则在于确定案件所应适用的法律。

庭审往往以双方当事人对抗的形式进行。先由双方当事人的律师做开庭陈述；接着由原告律师询问原告证人，目的是引导陪审团和法官接受自己的主张；由被告律师进行"反询问"。被告律师如认为原告缺乏充分的诉讼理由，可以申请法院驳回原告起诉。如果此项请求没有被法院接受，被告律师可以叫被告证人出庭接受询问，并由原告律师对其进行反询问。

（2）大陆法系国家的诉讼

案件由全体法官开庭审理。开庭时，由双方当事人进行辩论，一般由原告或其委托律师首先陈述自己的诉讼请求，指出被告侵权行为的事实，提出诉讼请求等；然后由被告或其委托律师发言，对原告的指控提出答辩；通过辩论后，由法官做出判断。

4. 判决

英美法系国家，当采用了陪审团时，法官的判决不必说明理由，只援引陪审团的决定即可。在没有采用陪审团的场合，法院所做的判决除应包括法官所做的决定外，还应包括做出这种决定的推理过程，说明事实根据和法律根据。此外，还允许在判决中包括持不同意见法官的观点。

大陆法系国家，法官的判决书只是提及立法文件，简略叙述事实以及得出的结论，判决中不允许出现不同观点。

5. 上诉

上诉是当事人不服第一审法院的判决，在该判决发生效力之前，要求上级法院纠正下级法院在审理中可能做出的错误裁判而加以审查纠正的一种程序。

各国的审级制度分为两审终审制和三审终审制两种。英美法系国家有两级上诉法院，但上诉法院只审查下级法院的书面记录，不接受新的证据。上诉审查一般限于审查法律问题，对于陪审团断定的事实一般不予复查。

在美国，当事人对上诉法院的判决如有不服，可以向州或联邦最高法院提起上诉。

大陆法系国家的二审法院的审理程序，对案件的事实和法律方面的问题都进行审理。当事人可以提出新的证据，但不能提出新的要求。大陆法系国家法院的第一审和第二审叫做实审，而把第三审叫做法律审，只审查法律根据。

（三）法院调解

法院调解有利于促使当事人相互谅解，彻底解决争议，维持合作关系。同时，也减少诉讼程序，节约诉讼成本，提高办案效率。

美国法院的附属调停（Court Annexed Mediation）：在美国，法官不参加调停，而是把案件交给非营利性的调停协会来进行，但其程序根据法院的规则来决定。各方从调停员名册中选出一位调停员（Mediator），再选出中立调停员，由 3 人共同组成调停委员会。他们在听取双方的主张后，协商并提出调停方案，然后通知当事人并要求其在一定期限内答复。如果拒绝，案件就转入法庭审理。

（四）对外国法院判决的承认和执行

我国民事诉讼法中规定，我国与外国法院互相承认和执行对方法院的判决，必须符合下述条件：

1）判决是终局的；

2）有条约或互惠存在；

3）不违反我国法律的基本准则和我国国家社会的利益。

否则，应退回外国法院。凡符合上述条件的外国判决，应由我国法院作出裁定，承认其效力，并依我国民事诉讼法规定的执行程序执行。

在外国法院做出的诉讼判决是否可能在第三国执行，要依据该国的法律规定及其与相关国家的约定而定。因为各国还没有一个类似"纽约公约"一样可以相互承认判决结果，并代为监督执行的公约。

（五）诉讼时效

诉讼时效是指权利人在一定期间内不行使民事权利，而在该一定期间届满时即丧失请求司法机关保护其民事权利的制度。

我国《民法通则》和《合同法》中对诉讼时效期间做出规定，一般有下列三类诉讼时效：

（1）普通诉讼时效为二年。

（2）特殊诉讼时效有两种：一是短期诉讼时效，诉讼时效期间为一年；二是因国际货物买卖合同和技术进出口合同争议提起诉讼的，诉讼时效期间为四年。

（3）最长诉讼时效为二十年。

在外国，诉讼时效要依各国的民法和合同法等法律条文的规定为准，因而在国际工程项目产生争议时，一定要遵守合同中规定的提出索赔要求的时限，以及诉讼时效，以免丧失自己合理的权利主张。

思　考　题

1. 合同管理的基本概念是什么？

2. 为什么抓好项目实施前的各项工作对管理好合同十分重要？

3. 业主方合同管理的一般职责有哪些？

4. 业主方风险管理应抓住哪些环节？

5. 业主方索赔管理包括什么内容？应注意什么问题？

6. 承包商在签订合同前应做好什么工作？

7. 承包商有哪些风险防范措施？

8. 承包商的索赔管理应抓住哪几个环节？

9. 除书上列举的以外，你还能补充一些国际工程中争议产生的原因吗？

10. 国际和国内解决争议的发展趋势是什么？你能结合前几章的论述，详述一下国际上高水平合同范本中解决争议的理念和做法吗？

11. 如何理解"团队精神"与"伙伴关系"？如何处理国际工程项目实施中的大量矛盾？

全 书 的 结 论

在国际工程实践中学好和用好合同是管好工程项目的关键，是项目建设成败的关键，也是合同各方创造多方面效益的关键。学会用"伙伴关系"和"双赢"思想来解决矛盾对各方来说都是一种良好的职业素养，也是一种高水平的公关技巧和领导艺术。

希望每一位正在从事和即将从事国际工程事业的朋友都下功夫学习和研究国际上通用的各类合同范本和你正在从事的工程项目的合同（特别是合同条件），努力把自己培养成我国十分迫切需要的人才——国际工程合同管理专家。

主 要 参 考 文 献

[1] The World Bank. Standard Bidding Documents：Procurement of Works，2012.

[2] The World Bank. Standard Bidding Documents：Procurement of Works & User's Guide(2007 Revised Edition).

[3] The World Bank. Standard Procurement Documents：Standard Request for Proposals Selection of Consultants，2011.

[4] FIDIC. Conditions of Contract for Construction(1999 1st Edition).

[5] FIDIC. Conditions of Contract for Construction(MDB Harmonized Edition)，2010.

[6] FIDIC. Conditions of Contract for Plant and Design-Build (1999 1st Edition).

[7] FIDIC. Conditions of Contract for EPC/Turnkey Projects (1999 1st Edition).

[8] FIDIC. Client/Consultant Model Services Agreement (2006 4th Edition).

[9] FIDIC. Conditions of Contract for Design，Build and Operate Projects (2008 1st Edition).

[10] FIDIC. Conditions of subcontract for Construction (2011 1st Edition).

[11] FIDIC. Model Representative Agreement (2013 1st Edition).

[12] ICE. The Engineering and Construction Contract，2005.

[13] AIA. General Condition of Contract for Construction，2007.

[14] CIOB. Code of Practice for Project Management for Construction and Development. Blackwell Publishing. 2002.

[15] Nael G. Bunni. FIDIC 系列工程合同范本——编制原理与应用指南(第三版). 张水波，等译. 北京：中国建筑工业出版社，2008.

[16] [英]布莱恩 W. 托特蒂尔. FIDIC 用户指南 1999 年版红皮书和黄皮书实用指南. 崔军译. 北京：机械工业出版社，2009.

[17] [英]皇家特许建造学会. 业主开发与建设项目管理实用指南(第三版). 李世蓉，毛超，虞向科，编译. 北京：中国建筑工业出版社，2009.

[18] [英]罗吉·弗兰根，乔治·诺曼. 工程建设风险管理. 李世蓉，徐波，译. 北京：中国建筑工业出版社，2000.

[19] [英]William Godwin. 工程建设合同. 刘梦娇，等译. 北京：中国建筑工业出版社，2008.

[20] [英]土木工程师协会. 新工程合同条件(NEC)：工程施工合同与使用指南. 方志达，等译. 北京：中国建筑工业出版社，1999.

[21] 何伯森. 国际工程合同与合同管理(第二版). 北京：中国建筑工业出版社，2010.

[22] 何伯森. 国际工程合同管理(第二版). 北京：中国建筑工业出版社，2011.

[23] 何伯森. 国际工程承包(第三版). 北京：中国建筑工业出版社，2015.

[24] 何伯森. 工程项目管理的国际惯例. 北京：中国建筑工业出版社，2007.

[25] 何伯森. 建设工程仲裁案例解析与思考. 北京：中国建筑工业出版社，2014.

[26] 张水波，陈勇强. 国际工程合同管理. 北京：中国建筑工业出版社，2011.

[27] 张水波，何伯森. FIDIC 新版合同条件导读与解析. 北京：中国建筑工业出版社，2003.

[28] 杨俊杰，王力尚，余时立. EPC 工程项目总承包项目管理模板及操作实例. 北京：中国建筑工业出版社，2014.

[29] 刘俊颖，李志永. 国际工程风险管理. 北京：中国建筑工业出版社，2013.

[30] 蒋兆祖，刘国冬. 国际工程咨询. 北京：中国建筑工业出版社，1996.

[31] 邱闯. 国际工程合同原理与实务. 北京：中国建筑工业出版社，2002.

[32] World Bank，Asian Development Bank，Inter-American Development Bank. Public-Private Partnerships Reference Guide，version 2.0.

[33] 于本瑞，侯景新，张道正. PPP 模式的国内外实践及启示. 现代管理科学，2014.

[34] 中国财政学会公私合作(PPP)研究专业委员会课题组. 公私合作伙伴关系(PPP)的概念、起源与功能. 经济研究参考，2014.

[35] 曹远征. PPP 模式开拓"一路一带"基建新局面. 国际工程与劳务，2015.

[36] 张水波，等. PPP application in infrastructure development in China：Institutional analysis and implications. International Journal of Project Management. 2015，33：497-509.

[37] 贾英姿. 科学合理界定政府在 PPP 中的角色和责任. 中国证券报，2015-11-23.

[38] 李培峰，等. 深入交流　互利共赢　建立长期合作理念——香港地区伙伴关系管理模式简介及推广. 国际经济合作，2013，6.

[39] 王天灵. 丝路基金需防控八大风险. 国际工程与劳务，2015，1.